CSSCI来源集刊

法律方法

Legal Method

第26卷

主　　编·陈金钊　谢　晖
执行主编·蒋太珂

中国出版集团
研究出版社

图书在版编目 (CIP) 数据

法律方法 . 第 26 卷 / 陈金钊 , 谢晖主编 . -- 北京 : 研究出版社 , 2019.9
ISBN 978-7-5199-0668-9

Ⅰ . ①法… Ⅱ . ①陈… ②谢… Ⅲ . ①法律 – 文集 Ⅳ . ① D9-53

中国版本图书馆 CIP 数据核字 (2019) 第 254016 号

出 品 人：赵卜慧
责任编辑：张立明

法律方法（第 26 卷）
FALV FANGFA（DI 26 JUAN）

作　　者　陈金钊　谢　晖 主编
出版发行　研究出版社
地　　址　北京市朝阳区安定门外安华里 504 号 A 座（100011）
电　　话　010-64217619　　64217612（发行中心）
网　　址　www.yanjiuchubanshe.com
经　　销　新华书店
印　　刷　北京市艺辉印刷有限公司
版　　次　2019 年 3 月第 1 版　　2019 年 3 月第 1 次印刷
开　　本　710 毫米 ×1000 毫米　1/16
印　　张　24
字　　数　410 千字
书　　号　ISBN 978-7-5199-0668-9
定　　价　78.00 元

法律方法

（第26卷）

序　　言

人们不能总是消费别人的信任而不断地进行压服，司法裁判只有阐明裁判结论的形成过程和正当性理由，才可能提高裁判的可接受性，实现法律效果和社会效果的有机统一。法律方法就是站在维护法治的立场上，把法律作为修辞进行说服的纠纷解决方法，其包括但不限于法律发现、法律解释、利益衡量、漏洞填补、法律推理以及法律论证。而法律方法论则是对法律如何被运用的一系列解释、论证和推理的技巧、规则、程序、原则的系统思考。由于对逻辑思维的轻视，我国法律方法论的研究起步较晚。但自 21 世纪初以来，随着对思维方式的体系化改造，法律方法论研究逐渐成为我国法学研究中的一门显学。

创刊于 2002 年的《法律方法》，迄今已经出版 26 卷，为法律方法论人才的培育，法律方法论研究的普及、深化、繁荣，提供了专业化的学术交流、切磋平台。多年来，幸赖学界同仁的支持、出版界同仁的合作，《法律方法》与学界同仁一道，共同推动了中国法律方法论的研究，见证了法律方法论研究的繁荣。

法律方法论研究的持续繁荣蕴含着研究契机的转换。随着裁判文书上网、案例指导制度的建立，学界越来越关注司法实践发展出来的教义规则及其方法支撑。法律方法论的研究正从以译介消化域外相关理论为特色的学说继受阶段，转向以本国立法、司法实践的教义学化为契机的本土化时代。面对这一新的发展趋势，我们认为，促进法治中国建设、生成法学教义规则，理应成为今日法律方法论研究的出发点和落脚点。法律方法论研究也应当在继续深挖法律方法的基础理论之上，提炼能够回应我国实践需要的命题。

因而，我们需要继续深挖法律方法的基础理论，拓展法律方法论的应用研究。

一是法律方法与法治的关系。法律方法依托于法治，没有法治目标，要不要法律方法都无所谓。基于何种法治立场、实现何种法治目标、讲述何种法治故事，是奠定法律方法论价值取向的前提性问题。如果忽略对这些问题的研究，法律方法的研究、运用必将沦为方法论上的盲目飞行。

二是法律方法与逻辑的关系。逻辑是思维的规律和规则。法律方法表现为各种具体的法律思维规则，法律思维规则构成了法律方法的骨架。如今，逻辑学经历了传统的形式逻辑向实质逻辑的转向。结合逻辑学的新变化，建构法律解释、法律推理、法律论证模型，对夯实法律方法论的逻辑基础，强化法律方法论的实践指向，具有重要的理论和实践意义。

三是回应实践需要提炼新的命题。面对法律供给不足的现实，我们应当坚持“持法达变”思维，把法律当成构建决策、裁判理由的主要依据，重视体系思维，将宪法中的“尊重和保障人权”原则融入到法律思维或者法律方法之中，以防止“解释权”的误用、滥用。这意味着，法规范的供给不足隐含的是法律方法或者说法律思维规则供给不足。因此，面对法治实践的需要，应不断提炼出反映中国法治实践需要、满足中国法治实践需要的新的理论命题或者规则。

在法律方法研究重点发生转向的新时代，《法律方法》将“不忘初心，牢记使命”，继续秉持“繁荣法律方法研究，服务中国法治实践，培养方法论学术新进”的宗旨，为我国法律方法研究的繁荣，法律方法研究的实践取向，以及法律方法人才的培养，做出应有的贡献。同时也希望各位先达新进不吝赐稿，以法律方法论研究为支点，推动中国法治建设。

陈金钊

目 录　　法律方法（第26卷）

司法方法论

部门法方法论

域外法律方法

比例原则与价值的不可通约性难题*

——以南非宪法法院为考察对象

[德] 尼尔斯·皮特森 著** 曹 瑞 译***

摘 要 比例原则测试是南非宪法法院个人权利裁判法理中的一项核心教义。不过，作为比例原则测试的核心组成部分之一，在相互竞争的利益之间进行权衡却经常受到严厉地批判，因为它被认为缺乏合理的比较标准。因此，许多权衡的批判者主张，法院乃是通过对立法机关的价值决断进行二次猜测，以此来作出政策决定的。本文分析了南非宪法法院是如何应对这一批评的，详细地分析了判例法并发现事实上，当法院推翻一项立法时，极少进行权衡。在对立法机关进行纠偏时，法院通常将其判决建基于其它论据之上，比如过于宽泛、更小限制手段，或缺乏相容性。不过，当法院确认立法之合宪性，或对普通法规则进行纠正时，它进行权衡。在这两种情况下，法院并未与政治分支发生冲突，因此权衡不会带来任何的正当性问题。总之，法院更关注的是由立法机关负责作出决策，后者代表了社会中的各个群体，而不是由其自身来为深层次的价值冲突提供解决方案。

关键词 宪法法院 合宪性 宪法原则 反多数主义 限制 比例原则 不可通约性

---

* 基金项目：本文系山东师范大学青年教师科研项目（人文社科类）“推进合宪性审查背景下宪法权利限制的比例原则审查”（项目编号：18SQR003）的阶段性成果。

** 尼尔斯·皮特森，德国明斯特大学法学院公法学教授。本文原标题为 Proportionality and the Incommensurability Challenge in the Jurisprudence of the South African Constitutional Court，载《南非人权期刊》（South African Journal on Human Rights）2014 年第 30 卷第 3 期，第 405 – 429 页。

*** 曹瑞，男，山东新泰人，山东师范大学法学院讲师，法学博士，研究方向为法理学、法律翻译。

一、导论

比例原则是南非宪法审查的核心教义之一。不过，比例原则测试（proportionality test）却面临法学界的严厉批判。① 作为这一测试的组成部分之一，在相互竞争的利益之间进行权衡（balancing），经常被认为缺乏合理的比较标准。② 本文分析了南非宪法法院是如何应对这一批评的。在规范主义的讨论业已非常丰富的情况下，本文不试图再作赘述。相反，本文考察的是，南非宪法法院在哪些情况下适用比例原则测试，作出了真正的权衡，以及它是否找到了将权衡合理化的路径。

在早期的一个标志性判决中，南非宪法法院发展出了比例原则测试。③ 在 *Makwanyane* 案中，法院要判断，死刑对生命权所构成的限制能否根据南非过渡时期临时宪法中的限制条款（limitations clause）获得证成。④ 法院认为：

> 出于民主社会中合理且必须（reasonable and necessary）之目的而对宪法权利作出的限制，涉及相互竞争的价值之间的衡量（weighing up），并最终涉及以比例原则为基础的评估（assessment）……一般性的原则很容易确立，但是将这些原则适用到具体的情境中时，则必须通过一案一判（case by case）的方式进行。这是比例原则的内在要求，它要求对不同的利益进行权衡。在权衡的过程中，相关的考量因素包括：受限制的权利之性质，及其在以自由和平等为基础的、开放且民主的社会中的重要性；权利限制所欲达成的目的，及其在上述社会中的重要性；权利限制的程度，权利限制的效能，尤为重要的是该限制一定得是必须的，所欲达成的目的是否可以通过其它对上述权利损害更小的手段来实现。⑤

---

① 参见 S Woolman ' Out of Order? Out of Balance? The Limitation Clause of the Final Constitution'（1997）13 *SAJHR* 102, 114 – 21; L Blaauw – Wolf 'The "Balancing of Interests" with Reference to the Principle of Proportionality and the Doctrine of Güterabwägung – a Comparative Analysis'（1999）14 *SA Public Law* 178, 210; H Botha 'Rights, Limitations, and the（Im）possibility of Self – government' in H Botha, A van der Walt & J van der Walt（eds）*Rights and Democracy in a Transformative Constitution*（2003）13, 21 – 3; S Woolman & H Botha 'Limitations: Shared Constitutional Interpretation, an Appropriate Normative Framework & Hard Choices' in S Woolman & M Bishop（eds）*Constitutional Conversations*（2008）149, 157 – 60. 对这一批评的回应，参见 I Currie 'Balancing and the limitation of rights in the South African Constitution'（2010）25 *SAPL* 408 – 422; and D Bilchitz 'Does balancing adequately capture the nature of rights?'（2010）25 *SAPL* 423 – 444。

② 参见 J Habermas *Between Facts and Norms*（1996）259。

③ 比较 H Webb 'The Constitutional Court of South Africa: Rights Interpretation and Comparative Constitutional Law'（1998）1 *Univ Pennsylvania J Const L* 205, 228（将 Makwanyane 案与 Marbury v Madison 案进行了对比）。

④ *S v Makwanyane* 1995（3）SA 391（CC）.

⑤ Ibid para 104（per Chaskalson CJ）.

1996年南非共和国宪法的起草者们认可了这一路径，[⑥] 他们起草的限制条款明确地将 *Makwanyane* 案中提及的各项因素纳入其中，以作为比例原则测试的组成部分。[⑦] 不过，南非宪法法院的这一路径，与加拿大最高法院、德国联邦宪法法院等其它适用比例原则的法院相比有一个显著的不同。德国和加拿大的法院所采用的，是一种包含限制目的之正当性、限制与目的之间存在合理联结（rational connection）、更小限制手段存在与否、相互竞争之价值的权衡等四个步骤在内的结构化测试（structured test）。[⑧]

南非宪法法院明确拒绝了这种结构化的路径。在 *Manamela* 案中，法院认为：

> 应当注意到，（宪法）第36条中所详细列明的五个因素不能被视为是一份穷举清单（exhaustive list）。它们作为关键要素被纳入本条之中，当对一项限制是否在自由、民主社会里被认为是合理和正当的进行总体评估时，它们必须被考虑在内。从本质上说，法院必须要进行权衡作业，以达致一项关于比例原则的整体性判决，而不能机械地固守一份顺序清单（sequential check - list）。[⑨]

因此，南非宪法法院与加拿大和德国同侪们一样，都考量相同的要素。不过，这些要素不是独立的步骤，而是作为总体性权衡作业的组成部分。[⑩] 乍看起来，法院由此采取的是一种非常宽泛的路径。[⑪] 但是，进一步审视南非判例法，则会发现一幅更加微妙的画面。法院只有在确认被挑战之立法的合宪性时，或是在审查适用于私主体之间关系的普通法原则时，才会进行权衡。相反，当法院因立法侵犯某一宪法权利而将其推翻时，它采用其它的论证策略来证成其决定。除了在修辞意义上使用“权衡”一词，法院并不会开展实质性的权衡作业。

---

⑥ 参见南非宪法第36条第1款：“权利法案中的权利只能依据普遍适用的法律进行限制，并且对权利的这种限制在一个以人的尊严、平等和自由为基础的自由、民主社会里被认为是合理和正当的。对权利的这种限制究竟是否合理、正当，应当充分考虑所有相关因素，包括：（1）权利的性质；（2）限制目的的重要性；（3）限制的性质和程度；（4）限制的手段和目的之间的关系；（5）是否存在能够达成这一目的的更小限制手段。”

⑦ S Woolman & H Botha ‘Limitations’ in S Woolman, M Bishop & J Brickhil (eds) *Constitutional Law of South Africa* (2006) 34 - 69; K Iles ‘A Fresh Look at Limitations: Unpacking Section 36’ (2007) 23 *SAJHR* 68, 77.

⑧ 参见 R v Oakes [1986] 1SCR 103（关于加拿大）；D. Grimm ‘Proportionality in Canadian and German Jurisprudence’ (2007) 57 Univ Toronto LJ 383（关于德国）。

⑨ *S v Manamela* 2000 (3) SA 1 (CC) para 32.

⑩ Z Motala & C Ramaphosa *Constitutional Law* (2002) 417; G van der Schyff *Limitation of Rights* (2005) 278; Woolman & Botha ‘Limitations’ in S Woolman, M Bishop & J Brickhil (eds) *Constitutional Law of South Africa* (2006) 34 - 93; H Klug *The Constitution of South Africa* (2010) 117; SG Koutnatzis ‘Verfassungsvergleichende Überlegungen zur Rezeption des Grundsatzes der Verhältnismäßigkeit in Übersee’ (2011) 44 *Verfassung und Recht in Übersee* 32, 51; I Currie & J de Waal *The Bill of Rights Handbook* 6 ed (2013) 164.

⑪ 参见 SG Koutnatzis ‘Verfassungsvergleichende Überlegungen zur Rezeption des Grundsatzes der Verhältnismäßigkeit in Übersee’ (2011) 44 *Verfassung und Recht in Übersee* 32, 49，他认为在南非的语境下，比例原则和权衡基本是一样的。

导论以下，本文由四个部分组成，其中第二部分旨在提出理论框架。批评者们常常主张，权衡归根结底将会蜕变为政治决断。为了避免自身的正当性受到减损，法院必须对这一批评保持敏感。因此，我提出如下假设，法院经常采取各种策略以避免权衡。在第三部分我将分析，当法院宣称一部立法与宪法不一致时，它是如何立论的。我们将会看到，当法院企图以违宪为由推翻一部立法时，它通常会舍权衡而不用。在第四部分，我考察了南非宪法法院为数不多的几个真正进行了权衡的案件。结论部分，亦即第五部分认为，与对立法机关的价值决断进行二次猜测（second - guessing）相比，南非宪法法院更倾向于由前者来负责作出价值决断。

二、权衡的正当性挑战

尽管比例原则在各国宪法法院的司法实践中非常流行，但它仍然有一长串的批评者。⑫ 对比例原则测试的批判尤其集中在它的核心之处，即对相互竞争的宪法价值进行权衡，而这种权衡据称是不理性的。⑬ 权衡从本质上说是一种成本—收益分析：如果一项出于公共目的的政府举措，其边际收益大于对宪法权利的边际限制，那么对个人权利的限制就能够通过宪法的检视。⑭ 不过，成本—收益分析通常要求被比较的事物可以在同一个规范度量衡内进行测度。但是，当涉及相互竞争的宪法权利和价值之间的冲突及其化解时，可通约性往往是不存在的。⑮ 我们如何在某一公众人物的人性尊严和艺术表达的自由之间展开比较？我们如何比较未出生儿童的生命权与母亲的自我决定自由？

当下，在不可通约的价值之间进行权衡，已经成为我们日常生活的一部分。我们常常要在无法转换到同一个规范度量衡的各种备选项之间进行抉择。比较不可通约之选项的必然性，已经不局限于我们的私生活。它同样也构成了政治或道德决策的组成部分。当立法

---

⑫ 南非宪法学界的批评与回应，请参见 S Woolman ' Out of Order? Out of Balance? The Limitation Clause of the Final Constitution' (1997) 13 *SAJHR* 102, 114 - 21; L Blaauw - Wolf 'The "Balancing of Interests" with Reference to the Principle of Proportionality and the Doctrine of Güterabwägung - a Comparative Analysis' (1999) 14 *SA Public Law* 178, 210; H Botha 'Rights, Limitations, and the (Im) possibility of Self - government' in H Botha, A van der Walt & J van der Walt (eds) *Rights and Democracy in a Transformative Constitution* (2003) 13, 21 - 3; S Woolman & H Botha 'Limitations: Shared Constitutional Interpretation, an Appropriate Normative Framework & Hard Choices' in S Woolman & M Bishop (eds) *Constitutional Conversations* (2008) 149, 157 - 60; I Currie 'Balancing and the limitation of rights in the South African Constitution' (2010) 25 *SAPL* 408 - 422; and D Bilchitz 'Does balancing adequately capture the nature of rights?' (2010) 25 *SAPL* 423 - 444。

⑬ J Habermas *Between Facts and Norms* (1996) 259.

⑭ J Rivers 'Proportionality and Variable Intensity of Review' (2006) 65 *Cambridge LJ* 174, 200.

⑮ B Schlink *Abwägung Im Verfassungsrecht* (1976) 134 - 5; TA Aleinikoff 'Constitutional Law in the Age of Balancing' (1987) 96 *Yale LJ* 943, 972 - 6; Habermas *Between Facts and Norms* (1996) 259; R Christensen & KD Lerch 'Dass das Ganze das Wahre ist, ist nicht ganz unwahr' (2007) 62 *Juristenzeitung* 438, 439 - 40; S Tsakyrakis 'Proportionality: An Assault on Human Rights?' (2009) 7 *Int J of Constitutional Law* 468, 474; GCN Webber *The Negotiable Constitution On the Limitation of Rights* (2009) 92 - 3; B Schlink 'Proportionality in Constitutional Law: Why Everywhere but Here?' (2012) 22 *Duke J Comparative & Int L* 291, 299; P Sales 'Rationality, Proportionality and the Development of the Law' (2013) 129 *Law QR* 223, 236.

机关决定堕胎是否具有可接受性时，它必须在胚胎的生命权和母亲的自我决定权之间作出权衡。当它通过一部法律，允许对私人公寓进行监听时，它必须在隐私权和预防及起诉犯罪的有效性之间作出权衡。不过，立法机关是被要求作出诸如此类的“主观”决断的。如果立法决定与公民的偏好不符，在民主体制下，后者可以通过新人换旧人的方式作出回应。

相反，权衡的批评者们主张，司法权衡应以外在于法官之个人偏好的某种尺度的存在为先决条件。⑯ 所以他们声称，由立法机关作出的权衡不应在司法审查的过程中受到检查:⑰ 在相互竞争的目标和价值之间作出权衡，实际上是在抉择我们想要在何种社会中生活。回答这个问题是民选代议者的任务，他们要对这个社会中的成员负责；这不是法院要作的决定。

因此，批判的核心就在于，权衡纵容法院在法律推理的大幕之下作出政治判断。⑱ 本文假设，法院对于这一批判是有感的。法院之正当性的一项关键要素即是，它们被视为是作出法律而非政治决策的、中立的仲裁者。⑲ 因此，它们尽量避免以此类形象示人，即它们或许在追求一项政治议程。宪法法院也不能免俗于政治考量，这在当今时代已是众所周知。尽管如此，法院还是会用法律术语来构架高度政治性的决定。⑳ 这一点，在南非语境下尤为明显。南非宪法法院在很大程度上有赖于非国大（ANC）的支持，后者是南非政治体系中享有不可撼动地位的多数派政党。㉑ 因此，法院必须要在维护个人权利与保全自身的机构地位之间作出艰难权衡。㉒

为此，各国宪法法院必须发展出一套能够洗脱嫌疑的策略，以避免在审查立法时被误解为进行政治决策。它们必须要对立法机关表示礼让。㉓ 尽管法官在维持被挑战之立法的合宪性或处理私主体间的冲突时，权衡并不会对政治领域构成干涉；但是当法院试图以违

⑯ Aleinikoff ‘Constitutional Law in the Age of Balancing’ (1987) 96 *Yale LJ* 943, 973.

⑰ B Schlink ‘Der Grundsatz der Verhältnismäßigkeit’ in P Badura & H Dreier (eds) *Festschrift* 50 *Jahre Bundesverfassungsgericht II* (2001) 445, 461; Webber *The Negotiable Constitution On the Limitation of Rights* (2009) 147–8; Tsakyrakis ‘Proportionality: An Assault on Human Rights?’ (2009) 7 *Int J of Constitutional Law* 472; C Hillgruber ‘Ohne rechtes Maß? Eine Kritik der Rechtsprechung des Bundesverfassungsgerichts nach 60 Jahren’ (2011) 66 *Juristenzeitung* 861, 862.

⑱ 同时参见 F Venter ‘The Politics of Constitutional Adjudication’ (2005) 65 *Zeitschrift für ausländisches öffentliches Recht und Völkerrecht* 129, 165 (“对权利的某一特定限制能否获得比例原则的证成，仍然需要主观评断”)。

⑲ M Shapiro ‘The Success of Judicial Review and Democracy’ in M Shapiro & AS Sweet (eds) *On Law, Politics, and Judicialization* (2002) 149, 165.

⑳ A Stone Sweet *Governing with Judges* (2000) 200

㉑ 参见 T Roux ‘Principle and Pragmatism on the Constitutional Court of South Africa’ (2009) 7 *Int J of Constitutional Law* 106, 111。

㉒ H Klug ‘Introducing the Devil: An Institutional Analysis of the Power of Constitutional Review’ (1997) 13 *SAJHR* 185, 189.

㉓ 参见 P Lenta ‘Judicial Deference and Rights’ (2006) *TSAR* 456, 463。

宪为由推翻一部立法时，它会尽可能地避免进行权衡。在后一种情况下，它常常将判决建立在其它理由之上。法院的政治地位越是依赖于政治分支对其裁判法理的普遍接受程度，这种趋向就越是明显。

法院在不直接诉诸权衡的情况下，可以采用以下几种策略解决宪法权利的冲突。最明显的策略是，在比例原则分析的前期某一阶段解决这一案子。尽管南非宪法法院没有追随德国宪法法院或加拿大最高法院的结构化路径，但是比例原则测试的各项要素也构成了权衡测试的组成部分。因此，法院可以在权衡的过程中使用更小限制手段的主张。其它绕开权衡的策略则稍微有些晦涩。比如，法院可以运用相容性主张来决定权衡测试中某一项目的分量；或者，它可以将限制某一个人权利的证成责任分配给立法机关；抑或是提出程序性主张，通过确保程序的质量来实现对实体正义的维护。

这些策略并不相互排斥。相反，它们经常是紧密联系在一起的。尤其是相容性主张和证成责任的分担，这两者可以说是相辅相成的。比例原则测试包含着规范和实证的要素。目的正当性与比例原则测试涉及对被追求之目标的重要性的规范评价。反过来，合理联结阶段和更小限制手段阶段则主要涉及实证层面的考量。[24] 合理联结关注的是立法手段的有效性，更小限制手段则要求对潜在之替代性手段的有效性进行实证预测。

基于上述理由，法院很抗拒对立法目的之重要性作出评估。此外，它们也缺乏进行实证预测的资源或方法论上的训练。因此它们常常回归到辅助性的论证方式，以帮助它们避免自己作出决策。一方面，证成责任的分担使得法院可以要求立法机关为某一特定的政策选择说明理由，或者为一项实证预测作出证成。另一方面，立法的不相容性是一个迹象，表明立法机关没有像它宣称的那样赋予政策目标以相应的重要性，或者表明立法机关没能作出适当的事实预测。

三、南非宪法法院判例法中的权衡

在考察南非宪法法院关于比例原则的判例法时，我们经常会发现一种很强的权衡修辞。比如，在 *S v Bhulwana* 案中，O’ Regan 大法官发表的全体一致意见认为：

> 因此，总而言之，法院将限制性立法的目的、效果及其重要性置于天平的一端，将立法所造成之限制的性质与效果置于天平的另一端。对基本权利之侵犯越

㉔ 参见 B – O Bryde ‘Tatsachenfeststellungen und soziale Wirklichkeit in der Rechtsprechung des Bundesverfassungsgerichts’ in P Badura & H Dreier (eds) *Festschrift* 50 *Jahre Bundesverfassungsgericht I* (2001) 533, 555; C Engel ‘Das legitime Ziel als Element des Übermaßverbots’ in W Brugger, S Kirste & M Anderheiden (eds) *Gemeinwohl in Deutschland, Europa und der Welt* (2002) 103, 113; M Elliott ‘Proportionality and Deference: The Importance of a Structured Approach’ in C Forsyth, M Elliott, S Jhaveri, M Ramsden & A Scully Hill (eds) *Effective Judicial Review A Cornerstone of Good Governance* (2010) 264, 270; N Petersen ‘Avoiding the Common Wisdom Fallacy: The Role of Social Sciences in Constitutional Adjudication’ (2013) 11 *Int J of Constitutional Law* 294, 302 – 3。

是实质性的，其证成所依据的理由就必须越有说服力。[25]

在*Manamela*案中，法院援用了著名的格言，即限制条款“不允许用大锤砸坚果”。[26]此外，我们还经常发现法院对特定权利或公共利益之特殊重要性的提及。[27] 比如在*Ex parte Minister of Safety and Security*案中，Kriegler大法官发表的全体一致意见就主张：

> 生命权、人性尊严的权利以及身体完整的权利，无论从个人还是集体的角度，对于宪法所规定的价值体系来说都是至关重要和根本性的。[28]

通过给相互冲突的价值中的一方或双方分配分量（weight），法院得以在权衡的框架内展开论证。不过，审视法院据以做出判决的理由可见，当推翻一部立法时，它极少适用权衡。权衡的修辞不过是对败诉一方的“象征性安慰”（ritual bow）。[29] 相反，大部分违宪判决的案件都是通过更小限制手段或过于宽泛的论证作出的。[30] 不过法院在某些案件中也认为，被审查的法规缺乏正当目的或手段与目的之间不存在合理联结。此外，我们还发现了相容性主张，将举证责任或证成负担分配给国家，或者要求国家提供额外的程序性保障等替代方案。

（a）更小限制手段

在相当一部分的案件中，立法与宪法的不一致性是基于如下论证，即存在一个能够达到相同目的的更小限制手段。[31] 这方面最为著名的案子是*Makwanyane*案，上文对该案已经有所提及。[32] 在新宪法的起草过程中，非国大的政治精英与其基层政治支持者之间产生了分歧。政治精英主张废除死刑，因为在种族隔离时代它被不合比例地适用于黑人犯罪

㉕ *S v Bhulwana* 1995（1）SA 388（CC）para 18.

㉖ *Manamela* para 34.

㉗ 参见 Woolman & Botha ‘Limitations’ in S Woolman, M Bishop & J Brickhil（eds）*Constitutional Law of South Africa*（2006）34－71－2 & 34－76 的相关注释。

㉘ *Ex parte Minister of Safety and Security In Re S v Walters* 2002（4）SA 613（CC）para 28.

㉙ 参见 A Stone Sweet & J Mathews ‘Proportionality Balancing and Global Constitutionalism’（2008）47 *Columbia J Transnational L* 73, 90。

㉚ 参见 Currie & Waal *The Bill of Rights Handbook* 6 ed（2013）171。

㉛ 参见 *Makwanyane* para 127；*S v Williams* 1995（3）SA 632（CC）paras 64－77；*Ferreira v Levin NO* 1995（1）SA 984（CC）para 127；*S v Mbatha* 1996（2）SA 464（CC）para 26；*Mistry v Interim National Medical and Dental Council* 1998（4）SA 1127（CC）paras 29－30；*Manamela*（note 9 above）para 49；*Islamic Unity Convention v Independent Broadcasting Authority* 2002（4）SA 294（CC）para 50；*Nyathi v Member of the Executive Council for the Department of Health Gauteng* 2008（5）SA 94（CC）para 51；*Johncom Media Investments Limited v M* 2009（4）SA 7（CC）para 30。

㉜ *Makwanyane*.

者。[33] 相反，基层群众却支持死刑，因为南非的犯罪率居高不下。[34] 过渡时期临时宪法对此不置可否，因此法院在其早期的几个案件中被要求决断这一问题。

南非宪法法院院长 Chaskalson 在其判决中表示，死刑构成了残忍、不人道及有辱人格的惩罚。[35] 但是，他的分析并没有止步于此，而是继续追问这一限制能否根据过渡时期临时宪法中的限制条款获得证成。[36] 特别是，他提问道，假设在具有相同威慑效果的前提下，长期监禁是否真的是比死刑限制更小的一项刑罚。[37] 监禁的严苛程度弱于死刑，这一点似乎是显而易见的。但是关键的问题在于，它是否具有与死刑相同的威慑效果。Chaskalson 把证明责任交给了国家，并认为国家没有为死刑具有更大的威慑效力提出可信的理由。[38] 他主张，与刑罚的严苛程度相比，被逮捕、定罪以及处罚的可能性具有更大的威慑效力。[39] 因此，国家未能提供证成死刑所必须的、有说服力的实证论据。[40]

在 *Manamela* 案中，这是另一个影响深远的判决，法院同样运用了更小限制手段的论述。在该案中，法院要对刑法典中一项举证责任倒置条款的合宪性进行判断。[41] 如果某人被发现持有被盗物品，那么即可推定此人在获得该物品时明知该物品的卖家是没有处分权力的。为了逃脱定罪，违法者必须证明不存在犯意。法院认为，这一举证责任的倒置侵犯了镌刻于宪法第 35 条第（3）款第（h）项的无罪推定原则。[42]

国家主张，举证责任倒置条款乃是消除被盗财产黑市的一个必要举措，因为只有被告人本人知道其当时内心的真实想法。法院认为，如果买家习惯于保留能够证明购买行为的文书，在这种情况下举证责任的倒置或许是合理的。[43] 不过，在实践中，这一规定经常涉及生活贫困、无一技之长或不认字的人，他们不太可能为每天都在发生的非正式交易留存

---

[33] R Spitz & M Chaskalson *The Politics of Transition A Hidden History of South Africa's Negotiated Settlement* (2000) 331.

[34] Roux 'Principle and Pragmatism on the Constitutional Court of South Africa' (2009) 7 *Int J of Constitutional Law* 106, 118. 同时参见 Webb 'The Constitutional Court of South Africa: Rights Interpretation and Comparative Constitutional Law' (1998) 1 *Univ Pennsylvania J Const L* 205, 233。

[35] *Makwanyane* para 95.

[36] Constitution of the Republic of South Africa, Act 200 of 1993 s 33.

[37] *Makwanyane* paras 116 – 24.

[38] *Makwanyane* para 127. 同时参见 P Lenta 'Deterrence and Capital Punishment' (2007) 22 *SA Public Law* 385, 389 – 92（对该领域的实证文献进行了综述并认为支持死刑的证据是不充分的）。

[39] *Makwanyane* para 122.

[40] 在 *Makwanyane* 案中，法院的分析并没有止步于最小限制手段测试。相反，它的确进行了权衡。在第 III（f）部分，当我讨论相容性主张时，我会再谈到这个问题。

[41] *Manamela.* 法院要处理举证责任倒置问题的场合有很多。在 *Mbatha* 案中，法院也是依靠最小限制手段主张。在 *S v Ntsele* 1997 (11) BCLR 1543 和 *S v Mello* 1998 (3) SA 712 (CC) 中，法院主要依靠这一领域已经作出的判决先例。同时参见 *Bhulwana* 案，法院在该案中以手段与目标缺乏合理联结为由，宣布一项举证责任倒置规定为违宪。

[42] *Manamela* para 26.

[43] *Manamela* para 43.

纪录，因此也很难证明他们的清白。[44] 法院主张，由被追诉人承担证据责任（evidential burden）或许是一个更小限制手段。[45] 这一证据责任能够迫使被追诉人在拿不出正式证据的情况下提供看似可信的理由，以证明其为何相信所取得的物品不是被偷来的。由此，被追诉人的负担有所减轻，但检方仍然能够获得关于被追诉人内心状态的必要信息。

(b) 过于宽泛

在许多案件中，违宪判决是基于过于宽泛的理由作出的。[46] 通过认定一部立法过于宽泛，法院承认立法的核心是正当的，但是其范围过于宽泛，以至于侵犯了权利。这同样适用于立法与其目的之实现间不存在充分联结的情况。因此，过于宽泛的主张可以说是更小限制手段测试的一个特例。[47] 一部范围更窄的、紧密围绕于立法措施所指向之核心的立法，也就是一个更小限制手段。

一个例子是 Kriegler 大法官在 *Coetzee* 案[48]中发表的多数意见，在该案中，法院要对南非民事诉讼法的一项规定作出裁决。根据地方法院法（Magistrates' Court Act）的规定，如果一个判决债务人（judgment debtor）无法偿还债务，且不能证明其不具备债务偿还能力，则该债务人将有可能被投入监狱。这一规定的本来用意是迫使那些有偿还能力但又不情愿偿还债务的债务人履行其债务。[49] 不过，由于它的范围波及了那些确实没有偿还能力但又未能在庭审过程中证明这一点的债务人身上，因此被法院认定为过于宽泛。[50] 正如 Kriegler 大法官所指出的，受这一规定影响的大多是穷人、文盲或不懂法的人。[51]

还有一个例子是 *Islamic Unity* 案[52]，本案中法院要对一项广播法规进行审查，该法规禁止广播任何“有可能危害国家安全、公共秩序以及人民内部团结”的内容。助理首席大法官（Deputy Chief Justice）Langa 发表的全体一致意见认为，这一受挑战的规定构成了对表达自由的限制。[53] 他承认，这一规定乃是服务于促进和保护人性尊严、平等以及自由的

---

[44] *Manamela* para 44.

[45] *Manamela* para 49.

[46] 参见，比如，*Coetzee v Government of the Republic of South Africa* 1995 (4) SA 631 (CC) para 13; *Mbatha* (note 31 above) paras 21 – 4; *Case v Minister of Safety and Security* 1996 (3) SA 617 (CC) paras 48 – 61, 93; *South African National Defence Union v Minister of Defence* 1999 (4) SA 469 (CC) para 13; *Manamela* (note 31 above) para 43; *Islamic Unity Convention* (note 31 above) para 44; *First National Bank of SA Limited t/a Wesbank v Commissioner for the South African Revenue Services* 2002 (4) SA 768 (CC) para 108; *Phillips v Director of Public Prosecutions* 2003 (3) SA 345 (CC) para 28; *Jaftha v Schoeman* 2005 (2) SA 140 (CC) para 44, 48; *Malachi v Cape Dance Academy International (Pty)* 2010 (6) SA 1 (CC) para 38。

[47] Currie & Waal (note 10 above) 171.

[48] *Coetzee.*

[49] *Coetzee* para 8.

[50] *Coetzee* para 13.

[51] *Coetzee* para 8.

[52] *Islamic Unity Convention.*

[53] *Islamic Unity Convention* paras 25 – 36.

重要目的。[54] 不过，他认为：

这一规定的措辞失之于宽，波及范围也过于深远，以至于人们很难事先预料它真正禁止或许可的是什么。没有什么明了的标准被提供，以帮助决定此项禁止的范围。它否定了广播业者及其听众之听的权利（right to hear），形成以及自由表达和传播其对广泛主题之意见与观点的权利。[55]

在 *Prince* 案的少数意见中，Ngcobo 大法官展示了过于宽泛的主张是如何与相容性主张以及证明责任主张结合在一起的。该案要回答的是，宪法是否为拉斯特法里教教徒（rastafarians）预留了宗教上的例外，使其能够豁免于禁止使用印度大麻（cannabis）的一般性规定。[56] 在 *Prince* 案中，申请人是拉斯特法里教的一名教徒，该教在其宗教仪式上使用印度大麻。好望角律师协会（The Law Society of Cape of Good Hope）拒绝登记申请人的社区服务合同——这是成为律师的一项要求——由于他曾因持有印度大麻而被定罪，且表达过继续持有印度大麻的意愿。他主张，禁止使用或持有印度大麻的规定侵犯了他的宗教自由。

Ngcobo 大法官承认禁止麻醉药品的重要性。[57] 但是他主张，宗教性例外不会限制立法目的，因此这一规定——由于没有承认宗教性例外——过于宽泛了。[58] 宗教性例外不会对总体目标构成损害，这一主张并非毫无争议。实际上，这一假设正是多数派与少数派的主要分歧之处。[59] 法院的多数派明确拒绝了如下观点，即宗教性例外不会造成任何损害。一方面，法官们担心这一例外会对惩治麻醉药品的国家战略之有效性造成损害。[60] 另一方面，他们质疑，对印度大麻的宗教性使用是否对人体健康具有负面效果。[61]

为了证成其实证主张，Ngcobo 大法官首先提出了一项相容性主张。他指出，禁止使用或持有印度大麻的规定中，包含了出于研究或分析目的，抑或作为医疗用途的例外情形。[62] 因此，“政府认为，其目标的达成并不需要绝对禁止药物的使用或持有”。[63] 相反，政府似乎相信，如果计划得当，印度大麻所包含的危险将是可控的。

其次，Ngcobo 大法官给立法机关分配了一项证明责任，以证实严格地出于宗教用途

---

[54] *Islamic Unity Convention* para 45.

[55] *Islamic Unity Convention* para 44.

[56] *Prince v President of the Law Society of the Cape of Good Hope*（CCT 36/00）［2002］ZACC 1；2002（2）SA 794；2002（3）BCLR 231（25 January 2002）（per J Ngcobo with JJ Mokgoro and Sachs and AJ Madlanga concurring）.

[57] *Prince* para 47.

[58] *Prince* para 81.

[59] 但是同时参见 Botha（note 1 above）23 – 7（主张 *Prince* 案中多数派与少数派之间围绕案件相关语境所产生的主要分歧之处在于国家对于有效规制大麻类药物所享有的利益与拉斯特法里教作为边缘化少数群体的处境之间的冲突。）

[60] *Prince* para 132（per CJ Chaskalson, and JJ Ackerman and Kriegler）.

[61] *Prince* para 118.

[62] *Prince* para 54（per J Ngcobo）.

[63] *Prince* para 54（per J Ngcobo）.

而使用印度大麻确实是有损于个人健康的。[64] 接着，他继续论述了为什么出于宗教用途而使用印度大麻并不必然危及人体健康，[65] 以及通过设置一项行政计划来有效调控其潜在滥用的可行性。[66] 他并没有为自己的论述提供实证证据。相反，他认为针对印度大麻之禁止的表面证据（prima facie case）已经具备，并认为应当由立法机关向法院提供反对宗教性例外的实证数据。

Prince 案的讨论表明，法院并没有单纯地在宗教自由权和政府打击麻醉药品的利益之间进行权衡。相反，少数派意见质疑，立法机关在厘清价值冲突背后的事实问题上是否做足了功课。这一点在 Sachs 大法官的反对意见中尤为明显，他指出，拉斯特法里教是南非社会的一个边缘群体，他们无法通过政治过程来追求其权利和利益。[67] 因此，法院应当对立法机关进行问责，使其制定适当的事实发现程序并对这一规定进行裁剪，以至不超出实现立法目的所必须的范围。

（c）正当目的之阙如

在一些案件中，南非宪法法院以对某一权利的限制缺乏正当目的为由作出其判决。[68] 如果立法已然缺少一项正当目的，那么法院所不得不解决的、相互竞争的价值之间的冲突也就不存在了，因为与被侵犯的个人权利相抗衡的正当性规范考量因素消失了。其结果是，不可通约性难题不攻自破了。这一直觉在多个判决中都有体现。比如在 *Dawood* 案中，法院认为："这一立法疏失因此是毫无理由的，它原本可以在限制分析中得到衡量。"[69] 非常类似的表述在 *National Coalition for Gay and Lesbian Equality* 案中也可以发现，法院在该案中指出，"因此，在合比例性调查中，没有什么能够成为限制的程度及其对同性恋者所造成之损害性后果的权衡对象。"[70]

不过，法院在将一项政府举措之目的定性为不正当时会非常小心，因为这样一种定罪常常暗含着政治评价。[71] 决定正当性的标准是什么？有时，这些标准可以从宪法中获得。如果一项政府举措的目的直接地与宪法的禁止性规定相抵触，则其可以被视为是不正当的。一项试图建立种族隔离的规范，很明显地在追求一个不正当的目的，因为它与宪法对

---

[64] *Prince* para 56.

[65] *Prince* para 58 - 62.

[66] *Prince* paras 66 - 74.

[67] *Prince* para 157（per J Sachs）.

[68] 参见 *National Coalition for Gay and Lesbian Equality v Minister of Justice* 1999（1）SA 6（CC）para 37; *Dawood v Minister of Home Affairs* 2000（3）SA 936（CC）para 56; *Minister of Home Affairs v National Institute for Crime Prevention and the Re - integration of Offenders（NICRO）* 2005（3）SA 280（CC）paras 65 - 6 & 72 - 3; *Richter v the Minister of Home Affairs* 2009（3）SA 615（CC）para 76; *Centre for Child Law v Minister for Justice and Constitutional Development* 2009（6）SA 632（CC）paras 52, 57 & 60. *Bhe v Magistrate Khayelitsha* 2005（1）SA 580（CC）.

[69] *Dawood* para 56.

[70] *National Coalition for Gay and Lesbian Equality* para 37

[71] M Bishop 'Rationality is Dead! Long Live Rationality! Saving Rational Basis Review'（2010）25 *SA Public Law* 312, 322 - 5.

平等的保障截然对立。

但是，这样的案件并不经常出现。在其它案件中，法院若想将目的定性为不正当，就必须参考其它论据。策略之一或许是依靠相容性考量。一部立法的不相容性是一项指标，表明被追求的目的并不如其明确宣称地那样重要。另一项策略则是将证成负担分配给国家。如果政府官员未能在庭审过程中为被挑战的立法提出说得通的理由，法院将假定这样的立法没有正当的目的。

在 *National Coalition for Gay and Lesbian Equality* 案中，法院要面对的是这样一个条款，该条款将同性间的自愿性行为规定为犯罪。[72] Ackerman 大法官在多数意见中指出，同性性行为的入罪不仅构成了不公正的歧视，也侵犯了尊严权和隐私权。[73] 在证成分析中，他注意到国家并没有为入罪提供正当的目的。[74] 他继续说道：

> 共同体中之一部分人的私人道德观念的实行，这一观念很大程度是基于偏见，不能被定性为正当目的。因此，在合比例性调查中，没有什么能够成为限制的程度及其对同性恋者所造成之损害性后果的权衡对象。[75]

法院因此将证成负担分配给了国家。为了进一步证明其立场的正当性，法院展开了长篇的比较分析，以表明在其它民主社会中同性性行为的犯罪化也同样被认定为非法。[76]

NICRO 案的核心在于对囚犯投票权的保障。[77] 作为囚犯，申请人主张，在押期间被排除在选民登记和投票之外，侵犯了他们为宪法第 19 条第（3）款第（a）项所载明的投票权。政府试图从两个方面来证成对囚犯投票权的排除：首先，他们宣称，为囚犯提供投票机会的代价太高；[78] 其次，他们主张，允许囚犯投票将会向公众传递这样一个信息“政府对犯罪过于手软”。[79]

法院拒绝了这两方面的主张。第一个主张是没有说服力的，因为政府必须要为特定类型的囚犯作出投票安排。[80] 第二个主张则不能作为剥夺囚犯选举权的充足理由。[81] 由于政

---

[72] *National Coalition for Gay and Lesbian Equality*.

[73] *National Coalition for Gay and Lesbian Equality* para 32.

[74] *National Coalition for Gay and Lesbian Equality* para 37.

[75] *National Coalition for Gay and Lesbian Equality* para 37.

[76] *National Coalition for Gay and Lesbian Equality* paras 39 – 52. 美国法上唯一的例外是 *Bowers v Hardwick* 案。不过，南非宪法法院认为美国宪法有与南非宪法不一样的措辞，参见 *National Coalition for Gay and Lesbian Equality* para 53 – 5。

[77] *NICRO*.

[78] *NICRO* para 44.

[79] *NICRO* para 55.

[80] *NICRO* para 108（per J Madala）. 那些选择关押而不是罚款的囚犯实际上是享有投票权的。

[81] 参见 S Choudhry ‘“He had a Mandate”; The South African Constitutional Court and the African National Congress in a Dominant Party Democracy’（2009）2 *Constitutional Court Review* 1, 36。

府未能提出否决囚犯投票权的正当目的，对投票权的限制就无法得到证成。[82] 接着，法院运用相容性主张来支持其结论。[83] 被挑战的立法否决了所有囚犯的投票权，无论其罪行的严重程度。相反，宪法第47条第（1）款第（e）项允许被判处12个月以内监禁且不得易科罚金之任何囚犯竞选公职。授予囚犯被选举权却不授予选举权，这与宪法第47条的精神背道而驰。

在 *Bhe* 案中，法院要处理的是1927年黑人行政法（Black Administration Act）的一项规定，该规定专门对黑人跨州继承不动产的事项进行规制，而白人的跨州继承则由另一部法律进行规制。[84] 被挑战的规定赋予有关继承的习惯法以效力，根据后者，只有逝者的男性亲属才有资格作为继承人。在认定该立法构成对尊严权以及免受不公正歧视权的限制后，法院在其证成分析中谈及了该立法的目的。它认为，该立法"是作为一项致力于强化隔离和从属的种族主义计划之组成部分而被通过的"，因此缺乏正当的目的。[85]

Richter v Minister for Home Affairs 案是法院运用相容性主张决定个人权利限制是否服务于一项正当目的的一个例子。[86] 在 *Richter* 案中，申请人主张，暂居国外的南非公民无法在其居住国投票的事实侵犯了他们的投票权。南非选举法（South Africa Electoral Act）赋予选举期间不在国内的某些特定群体以投票的机会。这些人包括在海外为南非政府工作的人，以及短期出国度假、商务旅行或留学的人。不过，那些暂时在国外工作但在可预见的将来有意愿返回南非的人，却没有这样的机会。

在对这一投票权的限制能否被证成的分析中，法院注意到部长的法律顾问无法为该限制提供正当理由。[87] 在高等法院的诉讼程序中，政府曾主张，进一步为特殊选票提供机会将会给政府带来行政上的困难。不过，法院以不相容为理由否决了这一主张，因为有很多的团体已经被授予了这种特殊投票机会。在被授予了缺席投票权的群体和那些暂时在国外工作的人们之间，法院看不出有什么决定性的区别。[88] 因此，法院得出了该限制缺乏正当的政府目的之结论。[89]

上文所讨论的四个案例中，法院在认定个人权利限制并不服务于正当目的时使用了额外主张的有三个。在 *National Coalition for Gay and Lesbian Equality* 案中，法院将证成负担施于国家，并认为国家没有提出将同性性行为犯罪化的正当理由。此外，它进行了比较法的作业，以表明其它大部分的民主国家都采取了类似的立场。在 *Richter* 案中，它用相容

---

[82] *NICRO* paras 65 – 6.

[83] *NICRO* paras 65 – 6.

[84] *Bhe*.

[85] *Bhe* para 72.

[86] *Richter*.

[87] *Richter* para 72.

[88] *Richter* para 76.

[89] *Richter* para 78.

性主张来支持其关于政府目的不正当的判断。在 *NICRO* 案中，法院甚至动用了三种额外的主张：首先，它认为政府没有能够承担起证成负担；其次，相关规定被认为是过于宽泛的；以及第三，否决投票权背后的考量被认为与宪法所保障的竞选公职之精神不相容。唯一的例外是 *Bhe* 案，该案中执行一项种族主义和歧视性计划的目的是如此明显地不正当，以至于法院不需要额外主张的支援。

（d）合理联结之缺失

在其它案件中，法院依靠限制与其目的之间缺乏合理联结来作出判决。[90] 合理联结测试主要涉及手段与目的之间的实证关系。某一给定的政府手段是否可以以任何方式促进目标的实现？主要的问题是实证性的，且仅与相互竞争的价值等式中的一方有关。法院因此不用面对比较不可通约之价值的难题。由于合理联结测试试图决定受挑战之手段的有效性，因此它经常与举证责任要求结合在一起。

在 *Bhulwana* 案中，法院要处理刑法中的另一项举证责任倒置条款。[91] 根据被挑战的条款，除非有相反的证据，否则任何人被发现持有超过 115 克大麻（dagga）都将被推定为贩卖毒品。政府主张，这一推定的目的是为了帮助遏制非法毒品交易。不过，O' Regan 大法官发表的全体一致意见则认为，这一推定及其目的之间不存在合理联结。有证明表明，单纯为了个人吸食而持有超过 115 克大麻的情况并不鲜见，因此被证实的持有事实与被推定的贩卖事实之间不存在充分联结。[92]

在 *South Africa National Defence Union* 案中，申请人是正在服役的军人，他们加入公会的许可被立法否决了。[93] 由于组织和加入公会是宪法第 23 条第（2）项所明确保障的权利，法院轻而易举地就认定该立法构成对个人权利的限制。[94] 政府为这一禁止性规定作出了辩护，主张军人加入公会将威胁到南非国防军的纪律。不过，法院主张，单纯一项加入公会的权利并不必然包括罢工或集体谈判的权利。因此法院并不相信，单凭一项加入公会的权利：

> 就能削弱国防军的纪律和效率。事实上，通过允许军中同袍加入公会并建立申诉和控告的适当渠道，纪律很有可能得到强化而非消弭。[95]

---

[90] 参见，比如，*Bhulwana* paras 23 – 4；*South African National Defence Union* para 35；*Brümmer v Minister for Social Development* 2009（6）SA 323（CC）paras 65 – 6；*Law Society of South Africa v Minister for Transport* 2011（1）SA 400（CC）para 99。

[91] *Bhulwana*.

[92] *Bhulwana* paras 23 – 4.

[93] *South African National Defence Union*.

[94] *South African National Defence Union* para 30.

[95] *South African National Defence Union* para 35.

为了支持这一主张，法院参考了其它国家的做法，在这些国家，军人公会获得了有限度的许可。[96]

在 *Brümmer* 案中，法院运用了相容性主张来支持其对立法缺少合理联结的判断。[97] 该案中，申请人作为一名记者正在撰写一篇报道，他试图从社会发展部（Department of Social Development）那里获取一些信息。后者否决了他的请求，申请人的上诉也被拒绝了。当他在高等法院提起审查程序时，被申请人提出这一主张应当被否决，因为该申请是在信息公开促进法（Promotion of Access to Information Act）所规定的 30 天期限之后提出的。由于不确定这一诉讼时效的合宪性，高等法院将此案上交给了宪法法院。

宪法法院指出，在 30 天内获得法律建议、筹集资金、以及准备上述诉讼程序几乎是不可能的。[98] 法院因此认为，这一诉讼时效构成了对宪法第 32 条所规定的信息获得权（right of access to information），以及宪法第 34 条所规定的接近法院之权利（right of access to court）的限制。[99] 在证成分析中，法院承认时限规定具有重要功能：它们维护了法律的安定性，并确保了司法的效率，因为证据可能会随着时间的流逝而消失。[100] 不过，法院认为这些考量都不能适用于本案。[101] 在这类案件中，诉讼的展开并不依赖于证人，而证人之有效性的递减或证人记忆的淡化也将无关紧要，因此证据消失的危险微乎其微。[102] 即便保护证据的目的从原则上说是正当的，这一具体规定及其目标之间也不存在合理联结。此外，法院还指出，其它语境下的时间限制要慷慨的多，因为它们通常允许个人在决定作出后最晚 6 个月以内起诉政府。[103] 因此，就公共信息而言，没有一致性的理由可以说明为何短至 30 天的时限对于保护法律的稳定性以及司法的效率来说是必须的。[104]

上文讨论的三个案例表明，限制及其目标之间是否存在合理联结的问题经常需要一个实证背景。不过，法院似乎主要是将其作为分析性问题来对待的。在 *Bhulwana* 案中，法院提到在被证明和被推定的事实之间缺乏“合乎逻辑的联结”。[105] 但是，法院却用如下证据来支持其“合乎逻辑的”主张，即立法所设定的最小数额远不足以将一名大麻持有者定性为真正的毒贩。[106] 在 *South African National Defence Union* 案中，法院提出了一项关于公会会员身份之效果的实证假设，但是却从比较法的视角，用其它国家的做法来支持这一假

[96] *South African National Defence Union* para 34.

[97] *Brümmer.*

[98] *Brümmer* paras 54 – 6.

[99] *Brümmer* para 57.

[100] *Brümmer* para 64.

[101] *Brümmer* paras 65 – 6.

[102] *Brümmer* para 65.

[103] *Brümmer* para 67.

[104] *Brümmer* para 69.

[105] *Bhulwana* para 24.

[106] *Bhulwana* para 23.

设。最后，在 *Brümmer* 案中，法院认为有关时间限制的理由不适用于本案，并将其主张与相容性考量结合在一起，指出在其它语境下时间限制要宽裕的多。

（e）证成责任

给立法机关施加证成责任，是责成立法机关负责的一种方式。尽管政治问责通常可以通过选举来实现，但是政治精英有时也会有逆公共利益而为的激励。[107] 政治过程常常倾向于忽视社会少数群体的利益，[108] 或被强大游说集团的特定利益所捕获。[109] 在南非这样一党独大、且该党不担忧在可预见的将来被选票赶下台的政治体制中，这样的危险似乎尤为明显。[110]

宪法法院的任务之一就是在选举威胁不足以提供使政治行动者为了全体人民的利益而行动的充足激励的政治过程结构中，让政治行动者负起责任来。[111] 执行这一任务的方法之一是要求立法机关为其决定提供理由。如果立法机关无法为一项议会立法提供有说服力的证成，那么这项立法很有可能是草草写就的，或是立法机关想要偏袒某些特定利益。不过，上述理由都不足以证成对一项宪法权利的限制。

基于上述理由，假定立法机关总是能作出适当的事实预测也是不合理的。[112] 就此而言，死刑的引入或许是一个好的例子。在一个暴力犯罪猖獗的环境下，议会中的多数派会感觉到压力而对此作出强硬表态。因此，为了安抚公众，它有可能引入死刑。至于死刑是否真的具有额外的威慑效果并因此有助于降低犯罪率，则不是议会决策中的一个重要因素。相反，决定性的考量因素是，选民们是否相信死刑具有这样的威慑效果。在这种情况下，政府几乎没有动机去对其背后的实证假设展开研究。[113] 不过，单纯安抚公众并不能构成对生命权之如何严苛侵犯的正当理由。因此法院必须通过要求公开披露政治决策之实证根据或设置举证责任的方式，尽量使立法机关负起责任。

---

[107] 参见 Venter ‘The Politics of Constitutional Adjudication’（2005）65 *Zeitschrift für ausländisches öffentliches Recht und Völkerrecht* 129, 145。

[108] 此种危险通常被描述为“多数人的暴政”；参见 A de Tocqueville *De La Démocratie En Amérique*（1835）；JS Mill *On Liberty*（1859）。

[109] 首倡这一观点的是 M Olson *The Logic of Collective Action Public Goods and the Theory of Groups*（1965）127－8。

[110] 参见 P Lenta ‘Democracy, Rights Disagreements and Judicial Review’（2004）20 *SAJHR* 1, 30；Choudhry ‘“He had a Mandate”; The South African Constitutional Court and the African National Congress in a Dominant Party Democracy’（2009）2 *Constitutional Court Review* 1, 33。

[111] 参见 S Issacharoff ‘Constitutional Courts and Democratic Hedging’（2011）99 *Georgetown LJ* 961, 994（主张“南非宪法的诞生就是... 为了保障民主统治的结构和限制获得尊崇”）。

[112] 参见 JHH Weiler ‘Comment：Brazil － Measures Affecting Imports of Retreaded Tyres（DS32）’（2009）8 *World Trade Rev* 137, 144。

[113] 参见 Petersen ‘Avoiding the Common Wisdom Fallacy：The Role of Social Sciences in Constitutional Adjudication’（2013）11 *Int J of Constitutional Law* 294, 310。

法院以政府无法满足其证成负担或举证责任为由推翻一部立法的案子有好几个。[114] 这两种主张经常被发现与比例原则测试的要素，如正当目的或更小限制手段分析等结合在一起。在 *National Coalition for Gay and Lesbian Equality* 案中，法院将证成负担施于立法机关，由它来为同性性行为的犯罪化确定一个正当的目的。[115] 在 *Makwanyane* 案中，法院认定死刑不是威慑的必要手段，因为政府无法证明死刑比监禁的威慑效果更强。[116]

在 *Centre for Child Law* 案中，申请人是比勒托尼亚大学的一家法律诊所，它主张针对某些青少年犯罪的最低刑期的引入违反了宪法第 28 条，根据后者，在惩罚 18 周岁以下的青少年时，拘禁只能作为最后手段。[117] 它提出，最低刑期无法给法官提供充分的灵活性，以应对案件的具体情况并作出符合青少年利益最大化的决定。政府则辩称，该手段是打击南非猖獗的犯罪率所必须的。[118]

不过，在其证成分析中，法院认为政府没有为该限制提出一项明确的目的。该手段试图增加威慑，还是尽量平息公众对于青少年犯罪的愤怒?[119] 此外，法院还指责政府没有提供任何用于评估目的之正当性的实证证据。[120] 被告没有对青少年犯罪表达特殊关切。它并未证成为什么一项针对 16 至 18 周岁青少年的特别政策是必须的。[121] 由于政府未能证实该目的的正当性，对宪法第 28 条的限制将无法获得证成。[122]

在 *S v Steyn* 案中，申请人对一项规定发起了攻击。根据该规定，即使是在重罪案件中，针对定罪的上诉权也取决于初审法官的自由裁量权。[123] 他认为，这一规定侵犯了他受宪法第 35 条第（3）款第（o）项所保障的上诉权。政府则主张，为了减轻上诉法院的负担，也为了避免注定失败的上诉浪费法院的宝贵时间，这一限制是必要的。不过，法院认为政府：

> 没有举出任何关于阻塞上诉程序，无力上诉（unmeritorious appeals）之影响，以及任何与资源相关的问题之存在或其它能够证成（被挑战的）程序之存在的证据。[124]

---

[114] 参见 *Makwanyane* paras 127 & 146；*Case* para 93；*S v Steyn* 2001（1）SA 1146（CC）para 32；*NICRO* paras 65 –6；*Centre for Child Law* paras 54 –5。

[115] *National Coalition for Gay and Lesbian Equality* para 37.

[116] *Makwanyane* para 127.

[117] *Centre for Child Law*（note 68 above）.

[118] *Centre for Child Law* para 52.

[119] *Centre for Child Law* para 57.

[120] *Centre for Child Law* para 54.

[121] *Centre for Child Law* para 55.

[122] *Centre for Child Law* para 60.

[123] *S v Steyn*.

[124] *S v Steyn* para 32.

法院因此认定，由于国家未能满足其证成负担，受挑战的程序侵犯了宪法上的上诉权。

(f) 相容性主张

相容性主张试图在不直接评价立法目的之重要性的情况下，对立法机关在两个相互竞争的宪法价值之间作出的权衡进行调控。相反，法院试图通过观察该手段与此法律之其它要素的相容性，来推断立法目的的价值。[125] 如果目的的实施是不相容的，这就是一个迹象，表明立法机关没有如其声称的那样重视该立法目的；或者没有像其明确宣称的那样，将某一特定公共目标的风险视为迫在眉睫。基于此，有理由怀疑限制的主要目的或许另有他者。[126]

相容性主张常与其它主张，如缺乏正当目的或手段与目的缺乏合理联结等一并提出。[127] 不过有时候，相容性主张也为法院的权衡作业提供支援。一个主要的例子就是法院为 *Makwanyane* 案所作出的判决。在 *Makwanyane* 案中，法院考察了证成死刑的几种理由。关于威慑，由于政府无法证明死刑具有额外的威慑效果，法院给出了监禁是更小限制手段的结论。[128] 不过，法院的分析并没有止步于此。相反，它继续考察了惩罚能否证成死刑。[129]

Chaskalson 院长主张，惩罚“比威慑的分量要轻”。[130] 他继续道：

> 我们早已告别了对“以牙还牙、以眼还眼”这一圣经律例的照直执行。惩罚必须在一定程度上与犯罪相通约，但是没有必要与之等价或相同。政府不能把在恶毒攻击中将别人致盲的人的眼睛抠出来，也不能用阉割并将其以最不人道的形式投入监狱的方式来惩罚强奸犯。[131]

通过指出惩罚通常与所犯罪行并不相同，院长强调，在惩罚杀人犯时，死刑并不是唯一妥帖的惩罚手段。但他进一步强调，赋予惩罚原则以过重的分量将与和解原则不相容，后者在南非从旧的种族隔离体制向新的宪政民主政体转型的过程中发挥了重要作用。[132] 和解与试图为每一项错误寻找精确的惩罚是截然对立的。基于这一理由，Chaskalson 院长得出如下结论，即“根据我们的宪法，惩罚不能获得与生命权和尊严权相同的分量”，因此

---

[125] 参见 M Payandeh ‘Das Gebot der Folgerichtigkeit: Rationalitätsgewinn oder Irrweg der Grundrechtsdogmatik?’ (2011) 136 *Archiv des öffentlichen Rechts* 578, 610。

[126] N Petersen ‘Gesetzgeberische Inkonsistenz als Beweiszeichen’ (2013) 138 *Archiv des öffentlichen Rechts* 108.

[127] *NICRO* para 67; *Brümmer* paras 67 & 69; *Richter* para 76.

[128] See note 38 above and accompanying text.

[129] 参见 *Makwanyane* paras 129 – 31。

[130] *Makwanyane* para 129.

[131] *Makwanyane* para 129.

[132] *Makwanyane* para 130.

判处杀人犯死刑也不能根据宪法获得证成。[133]

（g）程序化

法院并不总是处理实体价值之间的冲突。有时，它们也要处理程序性的问题。我们的视角总是决定着我们对现实的认知。[134] 不同的人对同一事实可以合情合理地产生不一样的看法。如果我们的规范评价取决于我们对现实的认知，那么，现实是以何种程序构建起来的就显得尤为重要了。此时法院要面对的，是程序的效率与质量之间的冲突。这些冲突同样涉及权衡作业。程序的简化可以给行政分支和法院减轻负担，也可以节省经费，政府能够从中获益。但另一方面，如果受到影响的利益越是根本性的，那么程序的质量就变得越为重要。在这种语境下，法院或许可以更为自信地对相互竞争的利益进行权衡，因为对程序正义问题的回答乃是法院职责描述中的核心部分。[135]

在一些案件中，要使对实体权利的某些限制变得可接受，程序性的保障或许是必须的。个体权利受到的限制越严苛，确保限制的事实性要求得到满足就越重要。有偏差的政府决策从来都不是可欲的，但如果某人的人身自由受到有期徒刑或监禁的限制，那么，这类错误要比单纯的行政罚款类的错误严重得多。在这类案件中，法院或许可以接受对实体权利的限制，但会要求立法机关设置充分的程序保障措施，将行政或司法的决策错误降至最小。

此种程序性路径可以从南非宪法法院的若干案件中观察到。[136] 在 *C v Department of Health and Social Development* 案中，法院要处理的是这样一条规定，该规定允许社工将需要获得保护的儿童从其家庭监护中带走。[137] 在紧急情况下，社工被允许未经事先获得法院指令而将儿童带走。此后，他们要对事件展开调查，并在 90 天内提交一份报告。经过这段时间以后，该儿童将被带到儿童法院，以决定她或他是否确实需要照顾和保护。申请人主张，对社工的决策缺乏前置性的例行司法审查，这侵犯了宪法第 28 条第（1）款（b）项所保障的儿童获得父母照顾的权利。

Yacoob 大法官代表法庭发表的多数意见认为，从原则上说，在某些情况下把儿童从其家庭中带走是符合儿童最大利益的。[138] 但是，这一决定是错误的可能性却总是存在的。[139]

---

[133] *Makwanyane* para 146.

[134] H – G Gadamer *Wahrheit Und Methode. Grundzüge Einer Philosophischen Hermeneutik*（1960）270 – 312；C Taylor ‘Interpretation and the Sciences of Man’（1971）25 *The Review of Metaphysics* 3, 10 – 17.

[135] A Price ‘Rationality Review of Legislation and Executive Decisions：Poverty Alleviation Network and Albutt’（2010）127 *SALJ* 580, 590.

[136] 参见 *Chief Lesapo v North West Agricultural Bank* 2000（1）SA 409（CC）；*Lawyers for Human Rights v Minister of Home Affairs* 2004（4）SA 125（CC）；*C v Department of Health and Social Development*, *Gauteng* 2012（2）SA 208（CC）。

[137] *C v Department of Health* .

[138] *C v Department of Health* para 75.

[139] *C v Department of Health* para 76.

因此，通过设置程序性保障措施来最小化错误决定的几率，是符合儿童利益的。[140] 由于政府未能提供正当的理由，以解释为何不对社工将儿童带走的行为作出例行的司法审查，这一规定因缺乏充足的程序性保障措施而被认定为违宪。[141]

在 *Lawyers for Human Rights* 案中，法院要处理的是抵达某一港口的非法移民，在被转往别处或驱逐出境之前的待遇问题。[142] 根据南非移民法中一项饱受争议的规定，移民官无论何时发现有移民试图乘船进入南非，均可命令船长将非法移民扣留于船上并将其带离本国，或是将非法移民带下船拘留起来。法院认为，这一规定限制了宪法第 12 条所珍视的移民之自由与安全权。[143]

在证成分析中，法院主张，从原则上说，在船只驶离后将非法移民拘禁至其离开本国，是合理且正当的。[144] 不过，法院认为，该规定并未考虑到适当的程序性保障措施。该规定没有要求政府为拘禁寻求司法确认，无论非法移民的拘禁时间有多长。法院对此表示关切。[145] 法院因此判决该规定与宪法不一致，因为它没有规定超过 30 天以上的拘禁需要获得法院的指令。[146]

四、（真正的）权衡

南非宪法法院并非总是舍权衡而不用。事实上，它经常进行权衡。不过，在大多数情况下，法院进行权衡要么是为了确认一部立法的合宪性，[147] 要么是用它来分析处理私主体之间关系的普通法规范[148]或习惯法原则。[149] 比如在 *Christian Education* 案中，申诉人主张，禁止体罚学生的规定侵犯了家长的宗教自由，后者希望授权老师对其子女进行体罚。[150] 申诉人声称，体罚是基督教以及基督教教育的一个重要方面。

Sachs 大法官在其执笔的全体一致意见中承认，禁止体罚的规定构成了对家长的宗教

---

[140] *C v Department of Health* para 77.

[141] *C v Department of Health* paras 81 – 2.

[142] *Lawyers for Human Rights.*

[143] *Lawyers for Human Rights* para 33.

[144] *Lawyers for Human Rights* para 42.

[145] *Lawyers for Human Rights* para 43.

[146] *Lawyers for Human Rights* para 45.

[147] 参见 *Bernstein v Bester NO* 1996（2） SA 751（CC） paras 54 – 5；*Beinash v Ernst & Young* 1999（2） SA 91（CC） paras 17 – 21；*S v Dlamini* 1999（4） SA 623（CC） paras 54 – 7；*Christian Education South Africa v Minister of Education* 2000（4） SA 757（CC） paras 36 – 51；*De Reuck v Director of Public Prosecutions*（*Witwatersrand Local Division*）2004（1） SA 406（CC） paras 59 – 91；*Mohunram v National Director of Public Prosecutions*（*Law Review Project as amicus curiae*）2007（4） SA222（CC） paras 76 – 102；*Road Accident Fund v Mdeyide* 2011（2） SA 26（CC） paras 65 – 94；*South African Transport and Allied Workers Union v Garvas*［2012］ ZACC 13（CC） paras 61 – 84。

[148] 参见 *Khumalo v Holomisa* 2002（5） SA 401（CC） paras 41 – 4；*Twee Jonge Gezellen*（*Pty*）*Ltd v Land and Agricultural Development Bank of South Africa t/a The Land Bank* 2011（3） SA 1（CC） paras 56 – 65。

[149] Bhe（note 68 above） paras 96 – 7.

[150] *Christian Education* .

自由的限制。[151] 不过他认为，这一规定可以根据限制条款获得证成。在证成分析中，他系统性地适用了权衡测试。他承认宗教自由的重要性，[152] 但同时主张这一限制并非过于严厉，因为它并没有全面地剥夺家长按照基督教义抚养其子女的机会。[153] 在权衡测试的另一端，他认为，国家在保护学生免受贬低和侮辱方面享有利益。[154] 他援引了几份国际文件以及其它国家宪法法院旨在保护儿童免受其父母之宗教行为所引发的潜在损害后果的判决，以此来支持这一主张。[155] 此外，他还强调：

> 体罚的非法化有一项原则性和象征性的功能，旗帜鲜明地表达了对全体儿童的尊严以及身体和情感之完整性的尊重。[156]

因此，他认为禁止体罚的规定是正当的。[157] 在此过程中，Sachs 大法官展开了系统性的权衡作业。不过，他是在确认该法律的合宪性的同时这样做的。如果法院维持一项立法决定，它们就不能被指控涉足政治领域，因为法官对冲突所作的评价与立法机关的评价是一致的。因此，对权衡的正当性挑战在此处是不适用的。如果法院只是确认政治分支做出的一项决定，那么，指责法院在比例原则的遮羞布之下作出政治决策将变得毫无杀伤力。

在另外一种类型的案件中，南非宪法法院对权衡的适用也很有规律性，这些案件涉及对适用于私人之间的普通法原则进行合宪性审查。此处我们可以看到，法院关心的是在涉案双方之间进行公正的权衡，企图使双方都可以分得一杯羹。这一点，在 O’Regan 大法官为 *Khumalo* 案所作的全体一致判决中表现尤为明显。[158] 在本案的判决中，法院要对诽谤案件中出现的出版自由与人性尊严之间的冲突进行调处。在这类案件中，报纸发表了潜在的诽谤性事实，但是无法证明其真实性。O’Regan 大法官判定，将证明负担全然加之于任何一方，都将导致零和结果，而且：

> 此种零和结果，无论受益者是谁，都与在表达自由和人性尊严之间建立适当之宪法平衡的要求格格不入。[159]

因此她要求，出版商只要在现有的条件下能够证明该出版是合理的，就可以免于承担

---

[151] *Christian Education* para 27.
[152] *Christian Education* paras 36 – 7.
[153] *Christian Education* paras 38.
[154] *Christian Education* para 43.
[155] *Christian Education* para 41.
[156] *Christian Education* para 50.
[157] *Christian Education* para 52.
[158] *Khumalo*.
[159] *Khumalo* para 42.

诽谤的责任。[160] 她继续说道：

> 合理出版的辩护由此可以避免“赢者通吃”结果的出现，也可以在表达自由与人性尊严的价值之间建立适当的平衡。[161]

对普通法原则的宪法审查，不会招致立法审查那样的正当性挑战。南非宪法法院只是审查由其它法院发展出来的一套法律。因此，当宣布一项普通法原则违宪时，它并没有涉足政治领域。诚然，因此，当对普通法原则进行审查时法院热衷于在涉案的私主体之间进行公正权衡，观察到这一点也就不足为奇了。

法院适用纯粹的权衡测试来推翻立法的情况非常少见，但也不是完全不存在。*Ex parte Minister of Safety and Security* 案涉及刑事诉讼法的一项规定，该规定允许在无法逮捕或阻止嫌疑人潜逃的情况下将其杀死。[162] Kriegler 大法官发表的全体一致意见认为，这一规定构成了对生命权的侵犯。[163] 在证成分析中，Kriegler 大法官指出，在某些情况下杀死一名潜逃的嫌疑人或许是正当的，特别是当潜逃者对在场的人群或社会公众构成威胁时。[164]

不过，受到挑战的规定允许在诸如扒窃等相对微小的犯罪案件中使用致命武器。[165] 法院因此认为，“在受侵害的权利和所欲实现的利益之间存在明显的不合比例性”。[166] 由此看来，法官在某些案件中不能单纯依靠对政治过程之合理性的调控，还必须对政治分支之实体性评价进行干预。不过这种情况通常发生在以下案件中，一方面，目的与个人权利受限制之严厉程度之间明显不合比例；另一方面，针对立法机关的选举问责机制很弱或根本不存在。

在 *Ex parte Minister of Safety and Security* 这类涉及刑事司法规定的案件中，这一点尤为突出。犯罪分子通常来自于那些在政治论坛中没有代言人的经济—社会团体。此外，全体人民中的大部分都没有实施过犯罪行为，相反他们更害怕成为犯罪行为的受害者。因此，对犯罪事件的宽宏大量不会成为参选人的加分项。恰恰相反：对犯罪的强硬态度则可以赢得选票和选举。无可否认，刑事司法和刑事惩罚乃是社会秩序的必要元素。然而，立法机关仍然有义务设置程序性保障措施，以避免错误定罪以及不适当、不合比例的刑罚。如果政治过程无法确保法治原则在刑事司法体系中得到实现，那么这一任务将落到法院身上。因此，当审查并推翻刑事诉讼法或刑法时，法院迫于无奈作出权衡就不足为奇了。

---

[160] *Khumalo* para 43.

[161] *Khumalo* para 43.

[162] *Ex parte Minister of Safety and Security.*

[163] *Ex parte Minister of Safety and Security* para 30.

[164] *Ex parte Minister of Safety and Security* para 39.

[165] *Ex parte Minister of Safety and Security* para 41.

[166] *Ex parte Minister of Safety and Security* para 46.

五、结论

比例原则的批评者们指责法院以在相互竞争的权利和价值之间进行权衡为名，行政治决断之实。在几乎所有的案件中，这一权衡作业的答案都不是由宪法决定的，而是取决于主审法官的社会和政治背景。调处相互竞争的价值之间的冲突，实际上是在抉择我们想要在何种社会中生活，而这一抉择应交由对选民负责的政治机构来作出。从表面上看，南非宪法法院似乎特别容易招惹上诸如此类的批判。它采用了一种通行于全世界的比例原则测试，后者中包含着广泛的权衡追问，因此似乎尤其招架不住如下挑战，即不可通约的价值之间不可能以一种理性的方式进行比较。

不过，对南非宪法法院判例法的进一步审视，则呈现出一幅更为微妙的画面。事实上，当法院试图推翻一部立法时，它很少进行权衡。而在维持一部法律的合宪性或对普通法原则进行裁判时，它才进行权衡。不过，在后两类案件中，法院均未涉入政治领域。当它维持一部立法的合宪性时，它只是在确认而非推翻一项政治决断。当它处理一项普通法原则时，它是根据“法官造法”（judge – made law）作出的判决，因此不涉及权力分立的问题。

当法院试图宣布一项立法为违宪时，它常常将权衡弃而不用。相反，它基于别的考量来作出决策。这些考量一方面包括比例原则的其他构成元素，比如在限制及其目的之间缺乏合理联结，或存在更小损害手段。另一方面，它利用证成责任分担或相容性主张，或要求立法机关设置额外的程序性保障。这些做法并不总能全然杜绝司法对规范性价值冲突的裁决。[167] 特别是，人们有时会争论，法院所认定的更小限制手段是否真的与立法机关所选定的手段具有相同的有效性。[168] 不过，总的来说，法院更关注的是由立法机关负责作出决策，后者代表了社会中的各个群体，而不是由其自身来为深层次的价值冲突提供解决方案。[169]

（编辑：吕玉赞）

---

[167] 参见 Bishop ‘Rationality is Dead! Long Live Rationality! Saving Rational Basis Review’（2010）25 *SA Public Law* 312, 322 – 35。

[168] 由于被挑战立法背后的实证性事实发现路径并不成熟，这一问题因此更加严重了；参见 D Bilchitz ‘How Should Rights be Limited?’（2011）*TSAR* 568, 573 – 6。

[169] 为南非宪法法院的此种极简主义路径所作的辩护，参见 I Currie ‘Judicious Avoidance’（1999）15 *SAJHR* 138, 147 – 50. 但同时参见如下批评，A Cockrell ‘Rainbow Jurisprudence’（1996）12 *SAJHR* 1，他将法院的裁判法理归类为“彩虹法理”，试图在不存在共识的地方发现共识；CJ Roederer ‘Judicious Engagement: Theory, Attitude and Community’（1999）15 *SAJHR* 486，他以未完全理论化为由向极简主义路径发起了挑战；以及 P Lenta ‘Judicial Restraint and Overreach’（2004）20 *SAJHR* 544 576，他主张法院有时太过于束手束脚了，以至于无法为个人权利提供充分的保障。

法律论证：对其形式的分析

[德] 尼克拉斯·卢曼[*] 著　钟浩南[**] 译

一

多数法律论证理论关注的都是如何证成法律决定。对（几乎所有使用该术语的）法律人而言，论证都是有关证成的。这点是由论证的概念所决定的并且无需进一步解释①，同时也是后文论述的起点。然而，我们并不试图为那些从事论证的人们在寻找合理的、有说服力的论据方面提供帮助。毫无疑问，证成决定并区分那些具有不同说服力的论据具有重要意义，毕竟只要涉及决定，任何决定都可能以其他方式作出这一点就是毋庸置疑的。考虑到这种决定的偶在性质，为一种而非另一种可能的决定给出理由无疑是恰当的。随之而来的并非古老怀疑论的复兴——它（成功地）竭力揭示这样一个事实：理由不可能有理由。相反，让我们从一个悖论出发：所需的理由无法充当理由，即不是理由的理由。本文的要旨即在于通过观察和描述受过法律训练的人在处理论证时的行为，来“发展”这一悖论。

因此，我们首先必须澄清论证的概念，并使它摆脱说理这个套套逻辑的版本。这同时要求我们转而以一种运作的、非目的论的方式将该问题予以概念化。换言之，我们必须避免诸如“说理”这样的概念形式，因为其中并不包含论证失败的情形②。我们用来定义论证概念的区分是：

（1）运作/观察；

（2）自我观察/由其他观察者进行的观察；

---

* 本文译自 Niklas Luhmann, “*Legal Argumentation: An Analysis of its Form*”, trans. Lain Fraser, ed. Tim Murphy & Gunther Teubner, The Modern Law Review, May 1995, Vol. 58, No. 3。

** 钟浩南，男，陕西西安人，上海交通大学凯原法学院博士研究生，研究方向为法哲学、法社会学。

① 参见 Struck, *Zur Theorie juristischer Argumentation* (Berlin: Duncker and Humblot, 1977); Alexy, *A Theory of Legal Argumentation* (Oxford: Clarendon Press, 1989)。非法律的论证理论也同样如此：参见 Toulmin, *The Uses of Argument* (*Cambridge University Press*, 1958)。

② 今天已变得惯常的解决方案——关注意图并区分说理中成功和不成功的尝试——并不令人满意，因为在“意图”中它指向了“主观的”状态，却又想将其作为客观标准而使用。这就是为什么我们将关注点重新导向系统理论，而非基于主体的理论。

（3）有争议的/无争议的。

在此，我们选择这些区分的其中一面，将（法律）论证理解为一种法律系统自我观察的运作，它在法律系统自身的沟通脉络中，对关于如何分配“合法/非法”的符码值的意见分歧进行回应③。它是一种观察，因为其关键是在理由或错误的基础上进行区分和标示。在法律系统的情形中，论证涉及的是“合法/非法”的符码（正如在其他论证的情形中，符码是“真/不真”或“善/恶”一样）。而且，论证属于自创生系统的脉络，在其中沟通的具体特征只有通过向过去或未来的沟通进行递归性的指涉方可确定。因为我们在此关注的是论证，这就涉及意见及其解决的差异。

换言之，我们在观察和描述一种法律系统内的行为——更确切地说，即论证性沟通。这就已经限定了我们的对象：我们只关注法律系统，而非发生在它之外的任何东西，如心理系统，或者在科学、哲学、政治等之中的事情。并且我们还做出了进一步的假定，在使用论证的沟通之中，重点总是仅仅在于确保其在系统自身之内的影响。以这种方式来看，法律论证是一种法律系统用来说服自己，从而限定其运作朝着某个（而非其他）方向继续进行下去的手段。相关人在他们的头脑中如何思考法律论证，则是完全不同的问题。我们只能预设他们不是如此思考，而是有着其他考虑④。

法律系统中的所有运作（对我们而言，就意味着所有使其自身从属于法律系统的沟通）都必须标示出这样一个事实——它们属于法律系统，因为它们都指涉“合法/非法”的区分⑤。单是标示出这样一种所属关系就需要对区分的观察，但是并不一定需要论证。

并非所有法律系统的运作都表达论证。法律系统并不仅仅由论证组成。为澄清这一点，我们要将有关法律地位的决定和论证区别开来。有关法律地位的决定会改变法律的状态。它们使用“有效法”的标志，并且人们会说“移动”了它。这可以通过颁布制定法、条约、有拘束力的判决、行政行为、遗嘱、土地登记等方式来实现。这一层次的决定构成了直接产生影响的运作层次，在这一层次上，法律系统一次次地再生产出自身，即通过改变其地位来确立其地位。这类运作使自己归属于法律系统，由此使自身区别于单纯的事实——这些事实以这种或那种方式发生，人们可以选择是否以法律的方式予以处理。例如，一位顾客在床上抽烟造成宾馆失火；某人因乘坐公交——正如法学家们理解的那样（幸好不是每种情况都如此）——而缔结了一份合同。人们无法在事实和决定之间划出清

③ 为明确起见，我们需要补充说明“合法/非法”的符码既适用于个别案件也适用于整组的案件（例如，救助者是否充当了未经授权的代理人，并且可以基于此提出主张）。

④ 单是提出这个问题就意味着打开了潘多拉的魔盒。关于科学中的例子，参见 Gilbert and Mulkay，*Opening Pandora's Box：A Sociological Analysis of Scientists' Discourse*（Cambridge：Cambridge University Press，1984）。Lautmann 也提供了剖析证实论证背后的动机问题的深刻见解，参见 *Justiz— die stille Gewalt：Teilnehmende Beobachtung und entscheidungssoziologische Analyse*（Frankfurt：Athenaeum，1972）。

⑤ 与已被讨论很多的哈特的论题相比，参见其 *The Concept of Law*（Oxford：Clarendon Press，2nd ed，1994），我们所说的是运作的条件，而非承认“规则”。然而哈特的许多论述，尤其是关于这类承认规则的制度属性和非实质性，都可以按照所有法律实践的承认性面向来进行理解，而非作为一种特定类型的规则。

晰的边界，但是这并非我们此时的问题所在。我们在此关注的是，系统自创生层次的运作并不仅仅由论证组成。论证也是系统内部的运作，但却是一种不同类型的运作。当且仅当系统因为关于分配“合法/非法”符码值的意见分歧而使自己现身时，才会出现法律论证。只有这时，“理由有多好”才成为紧要的问题。

因此人们可以通过两种方式辨识出法律论证：它属于法律系统，并且区别于其他系统的运作。在这些区分的基础上，我们关心的问题是——论证发挥了何种功能。只有这个问题能让我们理解，系统何以在自我观察的运作层次上受到指引，进而发展出高度的复杂性、精细度和“法律理性”，而非将问题留给诸如“上层阶级总是对的”“政党总是对的”“军队总是对的”这种简单的论证（应当强调的是，这些简单论证中的每一个都完全符合论证的概念）。

二

论证是系统的一种运作模式，但却是一种特殊类型的模式，一种专门进行自我观察的模式⑥。但它一定是对系统对自身的简化。在论证发生的范围内，系统并不将自己视为一个（环境中的）系统，而是一个相互指涉的文本集合。因此，在此涉及的并非严格意义上的反思，即在系统内部重构出系统的同一性，而是在文本基础上的区分和标示。这些文本可能是制定法，或者是在相关文献或法院判决中有待发现的法律意见，或是其他源于法律实践的值得关注的文件⑦。因而就论证的目的而言，文本在系统中代表了系统，而且法学家们也已的确将这组相互指涉的文本称为“系统”。对法律人的技艺来说，论证前必须解决主要问题，就是找到法律文本——论题学传统所称的“发现”（inventio）⑧。这本身就需要一定法律能力，而且很大程度上正是这种能力使法律人保有他们的工作。

然而，当文本无法为应当如何做出裁判提供明确的指引时，就必须做出一种论证性的区分。对此进行观察已经是二阶观察了⑨，即观察对文本的观察，或者说对读者的观察。但这种二阶观察的方向是如何确定的？这种对文本观察的观察如何依然受制于且依赖于文本的呢？

---

⑥ 我们在此至少必须提及这种复杂的、反身性的观念，它是运作和观察这一区分的基础。这一区分以两种方式包含着自身。观察本身也是一种运作，它使用区分来观察运作。同时，观察和运作的区分本身当然又是一个观察。可以认为，这种形态的反身性表明了这一事实——我们正在基本观念的问题域内进行运作/观察。

⑦ Moore，‘Precedent, Induction and Ethical Generalization’ in Goldstein（ed），*Precedent in Law*（Oxford：Clarendon Press，1987）pp. 193 – 213，否认在普通法先例裁判的情况中需要文本；如此是为了确保伦理普遍化的自由空间。同时可参见其支持此论点而反驳道德怀疑主义的论证，Moore，‘Moral Reality’（1982）Wisconsin L Rev 1061。这只能作为一个引以为戒的例子——表明如果法律系统容许不受文本约束的论证，在其中会发生什么。

⑧ 因为书籍印刷使人们减少了对“发现”（invenire）的关注，所以今天对于话题的讨论是在极少历史记忆的情况下进行的。人们只需要浏览从 Viehweg，*Topik und Jrisprudenz*（Munich：Becle，1953，5th ed，1974）以来积累的文献就可以察觉该事实。

⑨ MacCormik，‘Why cases Have Rationes and What These Are’ in Goldstein（ed），*Precedent in Law*（Oxford：Clarendon Press，1987）p 155，在 161 页谈到了“二阶证成”（second – order justification）。

首先，我们可以按照论证的内部含义——论证“认为”它们在做什么——展开思考。论证使用它们自己的区分来观察和描述法律事件，在此我们看到“理由/错误”的区分扮演了一定角色。然而，它是多个必须被区分开来的形式，而无法被化约为某个单一的区分。正如心理系统中快乐（理由）和不快（错误）的情形一样，在此存在着一种质的二元性，它无法被化约为一种对称的、可相互转化的关系。对理由的否定尚不构成错误，正如对错误的否定也并未提供一个好的理由。

我们在乔治·斯宾塞-布朗主张的意义上使用“形式”一词⑩。依此，形式即是区分，它（仅仅）被用于标示其中的一面（而非另一面），还可能在后续运作中跨越区分的界线而标示出另一面⑪。任何类型的系统都使用形式——无论是生理系统、心理系统还是沟通系统——我们在此将对形式的使用称为“观察”，并且如果在此过程中有文本被生产出来的话，这种使用就是“描述”。因此，诸如“理由/错误”的形式就充当了观察的工具。论证即是使用这些工具的观察，是被形式所结构了的观察。

我们可以用理由的概念，意指好和坏（或者次好的）理由。与“观念”理论的所有词源会让我们相信的含义相比，理由并非位于某处可以被发现的东西，说理也并非沿着朝向理由的道路运动的过程⑫。相反，存在着一种论证的二元符码，它迫使人们根据理由的说服力对其进行评估；人们会关注符码在争议情形下的运用，从而在一些情况下（这也许实际上更为可取）关注基于反驳的论证。这无疑是符合经验的：人们论证时必须以某种方式给出理由，并且只有肯定或否定的评价才是问题所在。

相应地在错误的情形中，我们会想到错误和无错误的区分。表明论证存在错误（在此首先逻辑提供了帮助，但同时人们也会诉诸命题在经验上的不可能性）在任何情况下都会摧毁一个论证⑬。于是，只有在无错误的论证领域内才值得去寻找理由，并且只有在这个领域，才会产生基于不同偏好的持续争议。“错误”（区别于形式的谬误）形式的两面明确这样一点，在新近的法理学中变得平常起来的对逻辑和演绎的批判，被人们所夸大

---

⑩ 参见 *Laws of Form*（London：Allen and Unwin，1969）。

⑪ 斯宾塞-布朗对这些运作的术语分别是“区分”（distinction）、“标示”（indicate）和“跨越”（crossing）。

⑫ 关于这种具有统一取向的观念理论的过时，及其被语言学理论——其研究路径强调差异——的取代，其历史上的表述参见 Hacking，*Why Does Language Matter to Philosophy*?（Cambridge：Cambridge University Press，1975）。

⑬ 因为我们不考虑心理系统的内部状态，所以不需要进一步讨论逻辑错误是否在某些情况下也许不是必要的，或者当目的在于确保或维持共识时，错误甚至会是有利的。共识也许还会使核查错误成为没有必要的。对此，参见 Edmonds，‘Logical Errors as a Function of Group Consensus：An Experimental Study of the Effect of Erroneous Group Consensus upon Logical Judgements of Graduate Students’（1964）43 *Social Forces* 33. 许多职业的在高度不确定性状况下工作的需求，也同样可以归于此类。而且，职业团结的功能也许可被称为“使错误继续存在”。同时，职业是否使错误继续存在成为可能，或者尽管存在着错误的实践，它自己是否有足够可用的论据来确保其自身及其执业者继续存在，这些问题仍然是开放的。

了[14]。没有错误的论证尚未提供好的理由，在此意义上这种批判是正确的，但是并不能由此推论出，逻辑作为控制错误的工具是可以被抛弃的。

理由和错误的区别还体现在形式的标示中——区分的哪一面通常被标示出来，以及相应地哪一面通常不被标示。标示突出了值得重点关注的一面，这一面是诸问题之所在，并且在此举出进一步论据的后果还有待决定[15]。理由是对正面的标示，它赋予该形式以其名称。错误则是该区分反面的名称，一般而言它是被标示的那一面。这个对有关标示的决定的区分，也许会给人一种肤浅的印象，即在此涉及的只是某个单一的维度或对立。然而，我们已经澄清了不是这样，而且这会是一种过度的简化，即便是在论证自我观察的层次上也依然如此。

最后，理由和错误二者都预设了对论证背景的在先限制。在经典的思维结构中，这种限制包括两个部分——对普遍有效假定的依赖和对法律本身的依赖。如今，大多数普遍假定都已被抛弃。自身确定无疑的原则——人们根据这些原则来评价理由——不再是起点。而且当涉及无错误时，无论是逻辑的还是经验的确定性都已瓦解。在逻辑上，如今公理无非只是演算系统的组成部分，而且其在演算系统内部无法被证明。在经验上，关于量子力学的模型，人们普遍已经抛弃了一种独立于观察者的、被给予的、受规律支配的（或者至少具有统计学上的秩序）自然的观念[16]。如果人们不得不接受这种在全球通常被称为“基础危机”情况，那么为了限制论证，除了法律本身以及每次涉及的“当下案件”（instant case）（或者抽象地说，即“问题”（issue）），还有什么其他选择留给法学家呢？

有效的法律以文本的形式被人们所预设。当下案件或者问题，则指明了哪部文本将被援引。因此，这里也存在着一种质的二元性（也许表现为功能互补的形式）而非单一层次的对立。文本和当下案件，它们各自都是一个区分，而非一个区分的两面。所以，只有当当下案件或者问题发挥选择相关文本的功能时，那组以书写形式被固定下来的文本才会（几乎会以任意的方式）变得复杂起来。只要这些假定发挥着作用，法律就可以获得成长，论证则能依旧保持不变。

法律论证对文本的依赖，使人们可以理解解释和论证的联系。只有当文本可以以不同

---

[14] 关于此，参见 MacCormick, *Legal Reasoning and Legal Theory* (Oxford: Clarendon Press, 1978) p. 33；同时参见 p. 197：“只有当完成了论证中有意思的部分——选定法律的规则——以后，才能开始演绎。”

[15] 语言学中已经发展出了“标示/未标示”的区分（这又是一个观察的形式！）：参见 Lyons, *Semantics, vol* 1 (Cambridge: Cambridge University Press, 1977) pp. 305 – 311。

[16] 在法学家的论证中，人们几乎没有留意这种知识形式上的特定变化。但参见 Ladeur, ‘Alternativen zum Konzept der “Grenzwerte” im Umweltrecht. Zur Evolution des Verhältnisses von Norm und Wissen im Polizeirecht und im Umweltplanungrecht’ in Winter (ed), *Grenzwerte: Interdisziplinäre Untersuchungen zu enier Rechtsfigur des Unwelt – , Arbeits – und Lebensmittelrechts* (Dusseldorf: Werner, 1986) p 263. Ladeur 自己并没有超越这一假定——知识演化和法律演化的转变之间存在相似性，因而如果法学家们对赞同其观点持有疑虑是可以理解的。毕竟，人们希望足够确定地知晓，在这个“认识论危机”的新世界中论证可以如何进行，尤其是，以相当实践的方式来说，论证应支持何种利益。

的方式被解释时，且只在此范围内（因此并非这种情况，比如汽车在公路上的限速为 100 km/h)，才有解释的余地。在此意义上，书写的“形式”——文本和解释的区分（即字面意义和所表达的“有意义的”意义之间的区分）——是所有法律论证的前提。尽管关于解释，人们依然会想到某一阅读者的心理活动⑰，但作为一种运作的论证却绝非心理的而是沟通的行为⑱。因此，文本、案件、问题和以文本形式进行的解释，生产出了论证过程中的共识性维度。它们确保当下谈论的对象是相同的，并保证沟通可以通过使分辨相关和不相关之事成为可能而连接起来。

这是作为自我观察的论证行为所部分要求的。“论证理论”今天至少已经论述了相应的自我描述——即论述了对文本的准备，这种文本能够反映、开启、指引或者控制论证过程的自我观察⑲。所以，论证理论的确在与论证行为相同的观察层次上，进行“自我套用”（autologically）式的运作。这意味着正是它自己在给出理由（即使这些是理由之形式的理由），也正是它自己在试图避免错误。正是它自己在进行论证，因此必须使论证中被证成的论点也适用于其自身——这正是“自我套用”的含义⑳。论证理论被迫得出自我指涉的结论。然而，所有这些都自我套用式地正确，是且仅仅是因为论证理论受限于其观察工具——其观察工具与其所观察的观察者所使用的工具是一样的。接下来的问题就是：论证理论必须如此吗，或者人们能设想其他理论可能吗？

---

⑰ 今天即便在此，尤其是当涉及合理的、“客观的”解释标准时，人们同样会从社会的（例如专业的）可接受性的角度来斜视这些标准。例如在“解释共同体”的角色中，参见 Fiss，‘Objectivity and Interpretation’（1982）34 *Stanford L Rev* 739，at 746。文中，这种对解释的解释，目的在于避免对这种作为“戴面具的权力”的“解释共同体”进行概述。就此（对该争论的双方而言）还需要更仔细具体的概念化。

⑱ 这并不是要争辩，涉及之人不得不“一同思考”这一点。关于这个复杂的问题，参见 Luhmann，*Die Wissenschaft der Gesellschaft*（Frankfurt：Suhrkamp，1990）p. 11 ff。

⑲ 此处的“文本”并非指法律文本，而是由系统自我观察生产出的、概括系统同一性的自我描述。自我描述可能只是简单的名称，例如政治系统将自己描述为“国家”、法律系统描述为“正义”；也可能具有更丰富的内容，如一些现代社会的典型特征：工业化、理性化、劳动分工、风险等等。一方面，自我描述也是一种自我观察，也具有和一般自我观察同样的特点，即该观察本身处于自己的盲点之中，所以它不可能看到系统的全貌，而只能建构出一个简化版本的自我来观察。另一方面，自我描述又是系统最高层次的自我观察，其区别于一般自我观察之处在于：（1）自我描述是系统对自身同一性和整体性的反思。通过使用“系统/环境”的区分，系统将自己标示为系统，故而自我描述的对象不是个别的沟通运作或过程，而是系统整体；（2）自我描述是系统对自己的刻板印象，因而比一般的自我观察更加稳定，并对后者进行着结构性、规范性的指引。这意味着个别的自我观察往往会按照自我描述的标准文本来界定和理解自己。关于自我观察和自我描述，可参见 Niklas Luhmann，*Die Gesellschaft der Gesellschaft*，（Frankfurt am Main：Suhrkamp Verlag，1997），pp. 879 – 880；Niklas Luhmann，“Tautology and Paradox in the Self – Descriptions of Modern Society”，*Sociological Theory*，Vol. 6，No. 1（Spring，1988）。[译者注]

⑳ 因此，例如 Rieke and Sillars，*Argumentation and the Decision – Making Process*（Glenview，Ill：Scott，1984）p 1，这样介绍他们的计划：“这本书由论证构成。从总体上看，它构成了关于作出论证和判决之观点的例证。请记住（正向读者们说），本书是其研究主题内的一次实践，因为在其中我们将提出论据并要求你们支持那些论据。”

三

扩展其他观察可能性——它们可以提供结构更丰富的描述——的需求，一开始只是来自如下事实——今天我们知道这些理由无法实现它们的目的，而且无错性总是基于一些假定，这些假定的无错性无法在同一系统内得到保证。论证永远无法停止。我们不再生活在亚里士多德的世界里。所有这些都如此毋庸置疑，以至于我们今天有了新的方式来为自己打消顾虑：诸如实用主义、相对主义或实证主义这样的形式概念；像哥德尔、利奥塔这些名字；反观念的观察无力超越这些表述——要么是某人自己的不满，要么是飞入乌托邦，或者最终是对放弃飞入乌托邦的抱怨。但是对论证而言，由此得出了什么结论呢？难道最终的结果就是，人们最好还是放弃论证，以便他们以后就只是表达个人的偏好或者寻求保护的自身利益？

这些反应有多么当代也就有多么早熟。它们遗漏了某些来自于形式分析的可能性，而我们则已经在此方面迈出了第一步。我们只需要明确地问，想用何种形式（即用何种区分）来观察论证者——这些论证者们接着用他们的或者其他的形式来观察法律事件。换言之，关键在于利用二阶和三阶观察的可能性，并从认识论的角度，假定这种二阶控制论可能会指出摆脱困境的路径，该困境的典型特征是坚定地顺从于终极原则、理由、公理、先验（*a prioris*）和元叙事（*métarécits*）等问题。一阶观察者仅仅阅读文本并按照其直接的字面含义去理解它，而二阶观察者则追问应当怎样阅读和理解文本，以及文本阻止了何种论证。论证具有什么功能，以及论证者为何看起来会对具有好理由的判决感到满意等问题，则属于三阶观察的层次。

对此，我们可以通过信息冗余性的概念得到一个恰当的形式，或者重新用形式理论的术语来表述，即通过使用冗余（redundancy）和信息的区分[21]。一个沟通过程在多大程度上生产出意外，也就在多大程度上生产出信息。而在其并非如此的范围内，该沟通就是冗余的，它凭借已知之事在信息处理的过程中支持自身。它们是一个区分的两面，因为冗余和信息相互预设了对方，而且同时在概念上相互排斥对方。如果没有冗余，就不能识别任何信息，因为它无法与其他信息相区别[22]。但反过来也是成立的，只是为了信息处理才需要冗余。因此信息性冗余的形式意指一条可变的边界，该边界确定了信息处理过程中新的、意外的事情和不意外的事情。这同时也意味着，该形式区分了事件和结构，因为意外从来都是事件的属性（当然，当系统第一次碰到一些存在已久的情况——如现行法时，也

---

[21] 夏皮罗（Shapiro）将该区分作为其“Toward a Theory of *Stare Decisis*”（1972）1 JLS 125 一文的基础。在125f：“冗余是信息的对立。它将重复或样式引入消息之中。”

[22] 这就是为什么区分的一面通常也被称为熵，因而另一面则是负熵。参见 Lazzaro，*Entropia della legge*（Torino：Giappidulli，1985）。关于“多样/冗余”术语的使用，我们之后将再讨论该问题，另见 Atlan，*Entre le Cristal et la Fumée*（Paris：Seuil，1979）和‘Noise，Complexity and Meaning’（1989）3 *Revue Internationale de Systémique* 237。

可能有意外发生）。每一次重复都会使信息成为多余的[23]，即意味是冗余的。在此意义上，沟通也可以被视为一个不断将信息转化为冗余的过程[24]。

论证也同样如此！毫无疑问并非每一个沟通都是论证。论证的关键毕竟不只是使未知之事为人所知，在此意义上即告知。在论证中，人们显然要对一些特定的条件作出反应。为了描述这些条件，我们必须转向系统理论，并用多样（variety）的概念替代过于宽泛的信息概念。

多样提供了衡量复杂性标准。复杂性是会引发系统内信息处理的事件的数量和多样性（multifariousness）。这些事件也许是外部的，只要有理由以法律的方式处理它们。但是系统内的事件也会再生产，并在某些情况下增加系统的多样性，例如新法律法规的颁布[25]，或者普通法中有约束力的先例数量的增加[26]。用之前的术语来说，这些事件包括案件和判决，它们是法律系统的基本运作。系统自身多样性的增加，使系统可能进入的状态（总是暂时性的）的数量和多样性也随之增加，从而提升了其对环境的响应能力，但是这并不意味着要使系统适应于在环境中传播的各种观念，或是将评价直接从环境引入系统之内。

尽管系统和环境的差异本身使系统受到回应环境激扰的诱惑，并由此提升了系统自身的多样性，但是论证却利用现有的冗余来对抗这种趋势，并恢复足够的冗余。这即是说理的功能。论证势不可挡地再次激活已知的理由，但是在偶尔区分和否决的实践中也创造出新的理由，以实现如此的境况——系统能够基于极少的信息，相当快地计算出它正处于以及正在进入的状态。通过论证，系统将其自身意外的数量限制在可承受的范围内，并且使信息仅仅作为“添加在重复确认之流上的少量差异”[27]。

正如我们之前提到的，这种需求的起点在于文本的书写形式。在无限变化的情境（它会创造出无限的多样性）中，作为参照物的文本始终是不可或缺的，但是文本却无法充分地决定判决。这就是为什么，为了在面对如此巨大的多样性时依然能将法律实践为一个前后一贯的裁判脉络系统，人们还需要“裁量”或法理学“理论”，以及基于法律和事实结果的问题或论证的区分。因此理由无非发挥了冗余性的功能——就额外信息而言是多余的，但绝非在系统之内多余的。

为防止目前广泛的术语混淆，必须强调的是，在此涉及的并非实践（praxis）而是制作（poeisis）。它涉及的是系统对工作成果的生产，对进一步再生产的生产（即从产物中

---

[23] 关于信息和意义的区分（该论断并不适用于后者，因而意义代表了冗余）还参见 MacKay, *Information, Mechanism and Meaning* (Cambridge, Mass: MIT Press, 1969)。

[24] 正如文章 ‘Cybernetic Explanation’ 和 ‘Redundancy and Coding’ in Bateson, *Steps to an Ecology of Mind* (New York: Ballantine, 1972) 中那样。

[25] 立法引发的法律系统的混乱是讨论的起点，这对于 Lazzaro 尤其如此，参见前注 21。

[26] 夏皮罗的论题，参见前注 20。

[27] 该表述来自夏皮罗，同上注 p 131。

进行生产），而非诸如游泳、抽烟、聊天或推理（reasoning）等自我满足的活动㉘。这是系统的“自创生”（autopoiesis）。

四

使用信息和冗余的区分进行的观察，可以不指涉理由和错误。人们在描述中不会提及它们（正如在高阶类型的演算中，人们不再使用常量而使用变量）。人们不再关心是哪些理由在支持论证，以及犯下或避免了哪些错误。观察仅仅将自己限定在这一范围——发现这种冗余被找寻和使用，然后使用冗余和多样的区分，寻求在对观察者进行观察的层次上描述系统自创生特性的陈述。

这并不意味着可以使用任何区分（例如辩解者是男性还是女性）。关键在于将说理作为观察进行观察，假定它也使用区分——即好和坏的理由，或者有错和无错的理由㉙。于是就会发现，在寻找好的或者至少足够（令人满意的㉚）理由的背后，存在着对“充足”冗余的需求，它作为系统中“看不见的手”㉛ 赋予系统以秩序。二阶观察的“技艺”就在于忽略那些无疑重要和不可或缺的东西，在此即对理由的明确。这种排除的目的在于为适用不同的区分创造自由的空间，不同的区分不仅会产出不同的事情，而且建立在不再被明确表达的形式的基础上，还使结构更丰富的观察和描述成为可能。

我们可以以基于不同经验后果的说理方式为例来说明这点。毫无疑问，这种说理方式在今天具有重要地位且已变得十分广泛，尽管在康德的时代，它还是被完全否定的㉜。相

㉘ 根据自创生理论创始人马图拉纳（Humberto Maturana）的叙述，“实践”和“制作”的区分来自亚里士多德。亚里士多德在《尼各马可伦理学》中，将人类活动的形式分为理论沉思（theoria）、实践（praxis）和制作（poeisis）三类。其中，实践与制作的区别在于：制作是生产性的活动，以自身以外的某种工作成果为目的，因而仅仅具有手段价值；而实践则是以自身为目的，该活动本身就是有价值的。自创生 autopoiesis 一词，即是由 poiesis 加上前缀 auto－所构成，意为系统本身即是其自身运作的产物——它通过自己的运作脉络再生产出同种运作，进而生产出自身。关于自创生一词的由来，参见 Niklas Luhmann，*Introduction to Systems Theory*，trans. Peter Gilgen，Polity Press，2013，pp 77－78。［译者注］

㉙ 甚至在女性主义或基于阶级的解释中，人们已经尝试着至少达到二阶观察的层次，它们声称女性偏好的理由与男性不同，而且社会出身也会造成相应的歧视。即便这能够成立，也只意味得出了重要性层次有限的陈述。该版本因此只对人事政策是重要的，而且会与注重申请人个体性和专业素质指标的聘用模式相竞争。

㉚ 如我们所知，这种“有限理性”技艺的术语是由赫伯特·西蒙（Herbert Simon）引入的，参见 *Models of Man：Social and Rational：Mathematical Essay on Rational Human Behavior in a Social Setting*（London：Wiley，1957）pp 204f，在其中该术语频繁出现。此外，这同样是一个基于“令人满意的/最大化的”区分的概念。

㉛ 参见 Shapiro，前注 20，p 131。

㉜ “行动的后果只能从经验中教给人们与感觉相同的快乐或是不快，借此提出审慎的条款。但法律和约束力的概念去无法在直觉上从它们获知，”Buhle 在 *Lehrbuch des Naturrechts*（Göttingen：Rosenbusch，1798；reprint Brussels，1969，p 51）一书中这样写道。诚然，这一受哲学启发的格言不一定准确描述了旧时的法律实践。毕竟，曾经总是有某类安全阀存在，即公正（aequitas）或衡平的概念。它们在被宽泛理解的主权者之裁判权（jurisdictio）的框架内，使人们修正依据严格法律而作出的判决——因为判决不可接受的后果——成为可能。参见例如（依然在解释的层次而非采用质疑主权的形式）Domat，*Les Loix Civiles dans leur Ordre Naturel*（Paris：Coigard，2nd ed，1697）p 19：‘当自然法影响公正时，其适用性就很差’（Les loix naturelles sont mal appliquées，lorsqu’ on en tire des consequences contre l’ équité.）。

对而言，确定说理的法律后果——即如果用于证成判决的法规被适用的话，会实现的法律状态——并不困难㉝。在此，所涉及的无非是对自创生运作递归性的检验，这是在任何事件中都需要的。与此相比，对系统的冗余性而言，当判决是基于未来可能发生的情况时就会出现问题。因为判决必须在当下作出，所以这种证成方式只是在可能性的媒介中进行。这起初会导致系统多样性的极大增加，并由此使系统使用仍旧合适的形式。例如，如果判决是关于父母离婚后子女的监护权，那么现在可获得的关于未来的迹象，就可作为判决的规则来使用㉞。与植物和动物一样，法律系统也发展出了一种对当下发生之事的“预期性反应”，这些事情往往规律性地和未来的情形（或者说系统所假定的未来情形）相关㉟。但是这些关联恰恰在其被认为由科学担保之处是不确定的㊱。一位法官可以很容易地从因果假定和法律追求的效果（这构成了某部法律的基础）中找到依据。但是，当他认为这些是错误或者牵强的时候该怎么做呢㊲？一般情况下，科学会增加出现在个案或裁判规则中的观点的多样性，通过这种方式，其作用必定无法被评价为是增加了确定性，相反则是增加了不确定性。

法律人经常试图通过“平衡”收益、利益或者后果的公式来处理这些后果主义的问题。为了这么做，人们在裁判中发展出某种只针对特定案件的习惯。这种习惯并无可能超出当下案件的影响，即只提供了极少的冗余。由于不再对历史进行探查，这些平衡公式就显得是源于各种裁判情形，其中的关键在于打破 *qui suo iure utitur neminem laedit*㊳ 的规则，并迫使某个合法行为之人为伤害或损害进行补偿㊴。在这些案件中，“合法/非法”的严格

㉝ 关于法律后果和事实后果的区分，尤其参见 Lübbe - Wolff, *Rechtsfolgen und Realfolgen: Welche Rolle können Folgenerwägungen in der juristischen Regel - und begriffsbildung spielen?* (Freiburg: Alber, 1981)。特别值得阅读的是 Rudden, ‘Consequences’ (1979) 24 Juridical Rev 193，它使用了行为后果和法律后果的区分，以及作为“规则对自身产生之影响”的内在后果（inbuilt consequences）的概念。与之相关的，另参见 MacCormick, ‘Legal Decisions and Their Consequences: From Deway to Dworkin’ (1983) 58 New York U L Rev 239。

㉞ Théry, ‘The Interest of the Child and the Regulation of the Post - Divorce Family’ (1986) Int J Sociology of Law 14, pp 341 - 358，从法国的法律实践中识别出如下标准：（1）尊重父母的协议；（2）尊重子女的意愿；（3）对现状的认识。德国法似乎出于心理学的考量，发展出了如下规则：子女应当继续和已培养出更深厚纽带的一方父母在一起。但是如果心理学不支持这种规则，或者不再像之前那样确定地支持它，又该怎么办呢？参见 Limbuch, ‘Die Suche nach dem Kindeswohl: Ein Lehrstück der soziologischen Jurisprudenz’ (1988) 9 *Zeitschrift für Rechtssoziologie* 155。

㉟ 参见 Rosen, *Anticipatory Systems: Philosophical, Mathematical and Methodological Foundations* (Oxford: Pergamon, 1985)。

㊱ 这在环境法尤其如此。甚至前不久人们还建议为保护环境而建造高烟囱，但今天我们知道这样做只会让污染扩散得更远。关于这个例子，参见 Prittwitz, ‘Drei Idealtypen der Umweltpolitik’ in Simonis (ed), *Präcentive Umweltpolitik* (Frankfurt: Suhrkampp, 1988) pp 49 - 63，在第52 页。关于一般性的问题，另参见 Teubner, ‘How the Law Thinks: Toward a Constructivist Epistemology of Law’ (1989) 23 Law and Society Rev 727。

㊲ 经验研究无疑会在很大程度上支持他：参见 Höland: ‘Vom Machen und Messen von Gesetzen: Erkenntnisse aus der Forschungspraxis zur Reichweite der Gesetzesevaluation’ (1989) 10 *Zeitschrift für Rechtssoziologie* 202。

㊳ 根据权利行为之人不会损害他人［英译本编者注］。

㊴ 关于此，参见 Merkel, *Die Kollision rechtmäßiger Interessen und Schadenseratzpflicht bei rechtmäßigen Handlungen* (Strasbourg: Trubner, 1895) 一书中各处，关于利益衡量在 49 页以后。

符码没能充当指引，故而必须找到逃脱的径路，使人们可以以好像某人实施了违法行为那样来对待该合法行为之人。因此，利益平衡是一个克服悖论的“程式”。今天，绝对责任制赋予了这类情形以广泛但仍旧有限的适用空间。这正如其曾经所是的那样，是建立在亚里士多德学说[40]（一个人无法在现在决定法典未来将被如何适用，被正确地还是错误地，或者合法地还是非法地适用）的基础上。也许，人们可以考虑一些有可比性的情况，再次谨慎地将这类情形予以一般化。但是，这绝对无法正当化将利益平衡视为管控未来预期纠纷的一般法律原则。

考虑到这种起因于后果考量的多样性的增加，就很容易理解为何法律理论中愈多新近的发展力图支持不可废除、不得放弃的权利[41]。这些发展并不与19世纪的法律实证主义相对立，而是对立于这一论点——每个法律决定都必须以收益（或者利益、后果）平衡的方式作出[42]。法律系统是否会接受这种提议，并且不考虑后果地作出决定；是否会赋予后果平衡以外的观点以主观权利或客观原则（例如，绝不允许刑讯）的形式——这一切都有待观望。目前，我们看到的是一些缺少明确焦点的立场和争论[43]。人们也许还会怀疑，少数被声称是不得侵犯——即“不考虑后果地”发挥作用——的人权，能否完全摆脱普遍占主导地位的功利主义的支配。首先，人们肯定会问权利作为保证足够冗余性的工具是否充分，还是其实际上只能在引人瞩目的个案中证成决定（即对违反制定法的行为予以正当化）。但是即便人们得出结论认为实践中应当考虑后果，或者预见到这事实上（*de facto*）是法律系统的发展趋势，那些与人们并非从证成的角度，而是从冗余性的角度观察系统时所遇到的问题一样的问题，依旧悬而未决。因为无论这种论断听起来多么有说服力，在抛弃了所有先前（a priori）确立的标准或偏好秩序后，就只有判决的实际后果会是决定性的[44]（天堂禁止我们否认它!），但是多样性不断增加的法律系统会朝何种方向发展，依旧是一个开放的问题，除非它有论证来保证相应的冗余性或者承诺此种前景。但是如果合理证成的问题被信息性冗余的问题所取代，就可以用不同的区分模式来观察相同的事实状况，这又会引起其他类型的追问。

为了正当化刑事程序中对绝对原则的使用，哈斯默尔诉诸于历史上但留存至今的“法

---

[40] *Peri Hermeneias*（*On Interpretation*）（Eng tr，London：Heinemann，1938）IX［英译本编者注］。

[41] 尤其参见 Dworkin，Taking Rights Seriously（London：Duckworth，1977）。

[42] 关于刑事诉讼法特别有启发的是 Hassmer，‘Unverfügbares im Strafprozeß’ in Kaufmann（ed），*Festschrift Werner Maihofer*（Frankfurt：Klostermann，1988）pp 183 – 204。

[43] “目标性理由”和“正当性理由”二者都是可接受的——参见 Summers，‘Two Types of Substantive Reasons：The Core of a Theory of Common Law Justificaiton’（1978）63 Cornell L Rev 707——该信息并不当然解决这个问题，只是通过使其成为法官证成自由的一个方面而强化了它。另参见 Schroder，‘Rights Against Risk’（1986）86 Columbia L Rev 495。

[44] 在许多文献中，参见 Podlech，‘Wertungen und Werte im Recht’（1970）95 *Archiv des öffentlichen Rechts* 185，at 198f。

律文化”，与之对立的是完全消解为后果平衡㊺。人们同样大可以说，法律需要冗余性，并且自己将它们作为“固有值”㊻ 而生产出来。于是，先前绝对的和无条件的规范就会被吸纳进法律系统的递归和历史，但却不会阻碍系统使用任意的组合。

五

当无条件的规范和“终极理由”无法发挥其作用时，就会出现必须被填补的空缺。对无条件的指称（the *denotation* of the *unconditioned*）当然曾是一个悖论性的、自我否定的形象。即便我们放弃它也几乎不会失去什么，但是可以用什么来替代它呢?

在此，两面形式的概念同样可以提供帮助。在指涉的问题中，我们区分了“自我指涉”（self – reference）和“异己指涉”（other – reference）。显然，该区分只有在假定一个系统的前提下才可适用，因为否则人们就无法说“自我 –”和“异己 –”。具体而言，这是一个区分“再进入”（re – entry）已经被其区分出的一面的情形（在斯宾塞 – 布朗的术语的意义上）㊼。在斯宾塞 – 布朗的形式演算中，这一图形被用于使演算自身摆脱初始决定的任意性。原文如此总结到，“我们现在看到，那第一个区分、标示以及观察者不仅是可以互换的，而且在形式上是同一的”㊽。

对系统论而言，基本的区分是系统与环境的区分。它是由系统的运作生产出来的，换言之，是通过将系统的运作划归给系统而非环境来实现的。如果系统起始于自我观察和自我描述，那么它就只能在其与环境的区分中指涉自身。这恰恰缘于自我指涉和异己指涉的区分。于是世界——被每个区分所打破的“未标示的状态”——就成为由“再进入”所产生的想象空间（imaginary space），再进入自身的区分也与自身同一起来。从那一刻起，系统就只能通过将自己区别于环境来对待世界，从而避免将语词和事物，或者地图和领土相混淆㊾。

我们略过所有将该概念应用于全社会系统以及个别的社会子系统所引发的问题不谈。此处的关键在于，法律系统如何区分自我指涉和异己指涉。在那些赋予法律效力的运作的层次上，这是通过规范预期和认知预期的区分实现的。法律系统在规范性封闭和认知性开放的条件下进行运作。它通过维持规范预期——如果有必要的话，以反现实的方式——的功能来指认出自身，但相对于环境却时刻准备去学习㊿。无论在新的情境中论证有多少自

㊺ 前注 40，p 197ff。

㊻ “固有值”指递归性系统通过持续地将运作适用于之前运作的结果而生产出稳定值的能力。参见 von Foerster, *Observing Systems*（Seaside, Cal：Intersystems Publications, 2nd, 1984）［英译本编者注］。

㊼ 前注 10，p 56f，69ff。

㊽ 同上注，p 76。

㊾ 对此，关于心理系统及其有机体，参见 Miermont，‘Les conditions formelles de l’ état autonome’（1989）3 *Revue Internationale de Systémique* 295。

㊿ 对此，参见 Luhmann，‘The Unity of the Legal System’ in Teubner（ed），*Autopoietic Law：A New Approach to Law and Society*（Berlin：de Gruyter，1988）pp. 12 – 35。

由空间，法律系统都必须以有效法为开端，它不容许法律规范仅仅因为被某人违反而失去其效力。相比之下，当涉及查明事实时，法律系统可以也必须以认知的方式展开运作，并在必要之时修正预期。

这种表现为规范性的自我指涉和认知性的异己指涉形式的差异，在论证的层面上似乎与概念和利益的区分相对应。此处，人们当然必须将这些概念与 *Begriffsjurisprudenz* 和 *Interessenjurisprudenz*[51] 间不幸的争论分离开来，后者导致了 20 世纪初法教义学中反形式主义的兴起。今天，我们认识到（或者至少能够认识到）这场争论是基于一些历史上的错误判断，而且宣誓效忠于其中的任何一派都不再有意义。

在处理法律概念时，法律系统指涉向自身，即自身实践所凝炼的（condensed）经验和确立的区分。与此相对，通过指涉利益，法律系统指涉向环境。法律系统并不判定某人一定拥有何种利益，而是在这一节点上受到利益相关方自己表述的利益的指引[52]。

法律论证的进行总是具有对概念和利益二者的敏感性，通过这种方式，它在其自我指涉和异己指涉运作的层次上，将二者予以分离和结合。在其概念中，法律系统维持了成功的冗余，并由此发现自己在新型的裁判情境中，面临着在概念领域中在不连续性中确保连续性，以及（当需要时）以可具有概念性质的形式指出新区分的必要性。对利益的指涉在形式上是一种异己指涉——即使人们假定法律系统环境中利益相关方的利益处于一贯、可预期和统一的司法管控之中[53]。诚然，在被关于世界的司法知识判定为“利益”的事情中，人们可能会发现许多法官自己的概念包袱。而且，区分值得保护和不值得保护之利益的需求，连同“平衡”这些利益的需求，对什么可以被法律系统视为利益，都产生了相当的前结构化（prestructuring）作用[54]。然而，这仅仅提醒我们，异己指涉的观察也是法律系统自身的内部运作，并且只能以这种方式进入论证。因此，法律系统可以同时通过对利益的界定——在其中系统指涉向环境中的事实，来控制其能够容纳和处理的多样性的

---

[51] 从字面上讲，二者分别意为“概念法学”和“利益法学”。前者，例如普赫塔（Puchte）和温德沙伊德（Windscheind）的作品，类似于盎格鲁—美利坚的法律实证主义，但当然源于不同的哲学传统。后者，例如耶林（Jhering）和埃利希（Ehrlich）的作品，和盎格鲁—美利坚的法律实用主义和法律现实主义分享着一致的相似和差异之处。[英译本编者注]

[52] 利益语义在现代早期的发展阶段，尤其在经济学和政治学领域，关注点恰恰聚焦于：尽管利益是主观的事实，但正是因此，只要人们关注主体是如何界定其自身的利益的，利益就是可以被计算的。关于显然来自 Duc de Rohan 的口号，参见 Gunn，‘” Interest Will Not Lie”：A Seventeenth – Century Political Maxim’（1968）29 *Journal of the History of Ideas* 551. 另参见，Gunn，*Politics and the Public Interest in the Seventeenth Century*（London：Routledge，1969）；Luhmann，‘Interesse und Interessenjurisprudenz im Spannungsfeld von Gesetzgebung und Rechtsprechung’（1990）12 *Zeitschrift für Neuere Rechtsgeschichte* 1。

[53] 关于“维持之前已生效的秩序中的利益”，参见 Heck，*Gesetzesauslegung und Interessenjurisprudenz*（Tübingen：Mohr，1914）p 180. 另参见 Cardozo，*The Nature of the Judicial Process*（New Haven：Yale University Press，1921）p. 112。

[54] 卡多佐以几乎动人的坦诚写道，同上注 p 113：“如果你问他（法官）是如何知道一项利益比另一项更重要，那么我只能回答说，他必须像立法者那样从经验、学习和反思中——简而言之，从生活本身中——来获得他的知识。”社会学家在此将能够做出他们自己的假定。

程度。

正如我们已经看到的，这里不存在“利益平衡”的元规则，除非有人希望求助于衡平的古老定义、作为避免极端的正义，以及对黄金中道（golden mean）的追寻，等等。原则充当了接纳所有可能偏好、价值变迁和意识形态——这些都不由法律系统所控制——的媒介。如果人们转而以系统异己指涉和自我指涉的方式，来比较利益和概念，那么尽管从二者的任一一个中都无法得出利益平衡的规则，至少以下这点还是变得更清楚了——由概念所媒介的对裁判在系统之内影响的考虑，在多大程度上限制了系统将哪些东西作为利益予以认知和平衡。

最后，我们可以思考“概念/利益”模式对冗余性和多样性间关系的冲击。在为利益平衡留有许多余地之处，一种支持多样性而反对冗余性价值的不平衡，必然会带来一致、可靠和正义。从社会学的角度来看，人们也许可以因此假定，明确以利益为导向进行论证的系统，会增加其多样性并由此提升其接受环境激扰的能力，但也会付出相应的内部代价。人们不必将其视为是对系统自治性的限制，更不是令人愤慨的对强大社会利益压力的屈从。相反，这种描述也许符合出于善意的社会立法和审判的情形——它们倾向于损害大型组织的经济利益，并将其合法地边缘化。然而，由此产生的难题更多并非是“政治性”的，而是基于这一问题——社会的自创生如何回应这种论证文化，和以牺牲冗余性为代价而增加多样性的趋势。

（编辑：黄　涛）

“逻辑与法律”引论*

［英］本奇卡鹏（Trevor Bench - Capon）

［荷］帕肯（Henry Prakken）著** 杜文静译***

本文介绍了该期刊的逻辑与法律研究部分。我们将讨论逻辑在人工智能与法中所使用的几种方式，并提供一些之前关于这些主题工作的关键参考。我们还将列出一些我们认为已准备好进一步探讨的重要问题。我们鼓励在这些以及其他逻辑与法律问题上做出贡献。

一、逻辑与法律

本文的目的是介绍《逻辑与计算》期刊上的“逻辑与法律”研究部分。法律是至关重要的，它关系到所有人的生活。法律的影响也很重要，错误的成本可能很严重。为了遵守法律，它必须为它所影响的人所理解，并为人们所接受，必须以人们所能理解的方式加以解释。此外，必须以透明和负责任的方式实施法律。显然，计算机系统可以在所有这些方面提供帮助，但它们需要意义的明确性和推理的可靠性。因此，逻辑对法律来讲很重要。

在将逻辑应用于法律的早期，人们有一些过于简单的期望：将法律作为一种逻辑理论来表述，并推导出该理论的结果，就足够了。但这一观点被证明过于狭隘，因此，我们将在本文中讨论。我们将识别的一些逻辑在法律中的关键用途，通过简要地描述一些著名的历史研究，提及一些反映前沿动态的关键论文，最后指出一些当前主要问题，我们希望以论文形式出现在这里。我们将看到，解决将逻辑应用于法律所产生的问题需要推动了逻辑与推理的发展，也为一般逻辑技术提供了重要检测。通过对人工智能与法逻辑史的简要初步概述，我们将确定逻辑的三个主要角色，这些角色相对重要性的转变，以及相关的广义

---

* 基金项目：2018 年度陈金钊教授主持的国家社科基金重大项目“新兴学科视野中的法律逻辑及其拓展研究”（项目编号：18ZDA034）的阶段性研究成果。

** 本奇卡鹏（Travor Bench - Capon），英国利物浦大学计算机科学系教授；帕肯（Henry Prakken），荷兰乌得勒支大学信息与计算科学系和格罗宁根大学法学院双聘教授。本文原文发表于《逻辑与计算杂志》（Journal of Logic and Computation）2008 年第 18 卷第 1 期。

*** 杜文静，华东政法大学文伯书院副教授，主要从事法律逻辑、法律人工智能、法律证据推理等研究。

逻辑概念。

逻辑在法律中的最初用途是以一种清楚明确方式来表达法律。在这些方法中，推理被视为简单地从得到的形式表达中进行演绎。这一概念采用了一种狭窄的弗雷格式逻辑观，把推理看成是从表达出发的推理：一旦概念的意义被形式化，有效推论概念就会自动产生，使得主要任务是给出可靠完全的证明程序。换句话说，首先有表达法律，然后推理是由它产生的，而且可以在传统逻辑概念中进行。这种方法被塞科特等人所推广①，展示了这种方法用于新立法的优势，其中解释问题被减到最少，但在这方面成功不易推广到其他领域。

在此基础上所进行的尝试，让人们认识到：法律推理的许多方面都超越了传统逻辑方法的语义。在制定一部法律时，立法者很清楚，他们无法设想这部法律的所有适用情形。在通常情况下，他们会阐明一个一般规范，抓住所提措施的本质，然后用一系列的例外来限定它。他们所使用的是抽象概念，以便结合提交给法院的具体案件事实加以解释。此外，在不可避免地存在利益冲突的情形下，这会导致不确定性和意见分歧。因此，要想适用于法律，面对例外、冲突规则、模糊性和开放结构，这种逻辑必须稳健，要认识到理性分歧的可能性。

有些特征主要产生推理方法的革新，另一些特征则需要考虑语境、过程、相互作用和其他动态方面。处理这些特性的需要还导致了更广义的非弗雷格式逻辑概念。这本质上是逻辑发展的一个特例。例如，在欧洲科学基金会的"互动、交流、认知与计算中的逻辑建模"（LogICCC）项目中，首先逻辑学的计算转向和认知转向，更大的兴趣点是实际上如何进行推理，然后提及了互动转向，在从事社会互动的智能主体的行为语境中考虑推理，其意义在这些交际交流中形成。②

我们将依次讨论逻辑与法律的这三个方面。第二部分讨论表达的逻辑，第三部分讨论建模推理的逻辑，第四部分讨论建模互动的逻辑，第五部分确定了未来要探讨的一些重要主题，第六部分给出了一个简短的结论。

二、表达

本部分将讨论用逻辑表达法律的几个方面。

逻辑学的一个很早期的应用是，给出一种系统地揭示句法歧义的立法方法。③ 例如，法律起草者经常不加区别地使用"如果"，有时只表示充分条件，但有时却表示充要条件。

---

① M. J. Sergot, F. Sadri, R. A. Kowalski, F. Kriwaczek, P. Hammond and H. T. Cory, The British Nationality Act as a logic program. *Communications of the ACM*, 29, 370 – 386, 1986.

② European Scientific Foundation. LogICCC, Modelling Intelligent Interaction, Call for Proposals, http://www.esf.org/activities/eurocores/programmes/logiccc.html

③ L. E. Allen, Symbolic logic: A razor – edged tool for drafting and interpreting legal documents. *Yale Law Journal*66, 833 – 879, 1957.

这些不同解读常常会相互作用，产生大量可能的文本解读，比如，艾伦和萨克松的工作。④

法律中有许多语句表达的都是规范，其中包含了“可以”“必须”和“将要”等术语。道义逻辑试图为澄清这些术语的含义提供形式工具，因此，用道义逻辑来阐明法律分析就不足为奇了，比如，阿尔罗若和布里金⑤、麦卡蒂⑥、琼斯和塞科特⑦的研究成果。很明显，这里的一个重要方面是，从这些规范推导出来的规范立场和法律关系，如林达尔⑧、塞科特⑨和沙托尔⑩的成果。规范立场详尽地规定了如何规范具体主体的具体行为。例如，对本文的规范立场是，允许我们但没有义务写它，允许但没有义务不写它。法律关系表达了一个主体对另一个代理人的规范性期望以及主体们如何改变这些期望。合同是法律关系的一个重要来源，因此，建模法律关系特别在自动合同管理领域得以研究，参见法内尔等人的成果⑪。

既然规范制约着行为，规定了对违反规范的行为进行什么样的制裁，那就要有主体性、责任性和因果性概念来明确规定什么是遵守规范，什么是违反规范。这些概念在哲学逻辑与实践哲学中得到了广泛的讨论，但在人工智能与法中却没有受到足够的重视，请参见阿奎斯的研究工作⑫。

在法律上，时间和变化也具有相当重要的意义。法律是可以修改的，因此，我们必须承认规范在具体时间内有效。行为和事件会改变法律关系和规范立场，因此这些也必须能够动态分配。时间也很重要，因为它经常被用作规范条件的一部分。在时间和变化方面有一些人工智能与法的研究工作，运用事件演算⑬或可废止逻辑⑭，但还可以做更多。维拉

---

④ L. E. Allen and C. S. Saxon, More IA Needed in AI: Interpretation Assistance for Coping with the Problem of Multiple Structural Interpretations. *Proceedings of the Third International Conference on Artificial Intelligence and Law*, 53 -61. New York: ACM Press 1991.

⑤ C. E. Alchourrón and E. Bulygin, *Normative Systems.* Wien – New York: Springer – Verlag, 1971.

⑥ L. T. McCarty, A language for legal discourse I. Basic features. *Proceedings of the Second International Conference on Artificial Intelligence and Law*, 180 – 189. New York: ACM Press 1989.

⑦ A. J. I. Jones and M. J. Sergot, M. J. (1992), Deontic logic in the representation of law: Towards a methodology. *Artificial Intelligence and Law*1, 45 – 64, 1992.

⑧ L. Lindahl, *Position and Change. A Study in Law and Logic.* Dordrecht: Reidel, 1977.

⑨ M. J. Sergot. A computational theory of normative positions. *ACM Transactions on Computational Logic*, 2: 581 – 622, October 2001.

⑩ G. Sartor, Fundamental legal concepts: a formal and teleological characterization. *Artificial Intelligence and Law*14, 101 – 42, 2006.

⑪ A. D. H. Farrell, M. J. Sergot, M. Salle and C. Bartolini, Using the event calculus for tracking the normative state of contracts. *International Journal of Cooperative Information Systems*4, 99 – 129, 2005.

⑫ L. Åqvist, *Causing Harm: a Logico – Legal Study.* Berlin: Walter De Gruyter Inc. 1988.

⑬ R. Hernandez Marin and G. Sartor, Time and norms: a formalisation in the event – calculus. *Proceedings of the Seventh International Conference on Artificial Intelligence and Law*, 90 – 100. New York: ACM Press 1999.

⑭ G. Governatori, A. Rotolo and G. Sartor, Temporalised normative positions in defeasible logic. *Proceedings of the Tenth International Conference on Artificial Intelligence and Law*, 25 – 34. New York: ACM Press 2005.

和吉野较好地概述了这些问题以及可能的方法。⑮

还可以把法律从时间中抽象出来加以研究，如信仰修正。事实上，产生了信念修正的一篇论文⑯，将信念修正思想应用于确定规范减损结果的法律问题。然而，这项工作在逻辑与法律上几乎没有得到其他人的跟进。

与时间和变化相关的一个主题是，具体规定法律组织程序。法律经常规定要达到某种法律效果必须遵循的一系列行为。例如，利益诉求要求诉求人和仲裁者在一定时限内按规定律令采取一系列行为，使索赔生效。其他法律程序例子还有起诉程序、选举、审计程序、决策程序等。此外，组织机构通常会设计自己的程序，以符合法律要求。人们甚至可以考虑法院诉讼的一般程序，但是，正如我们将在下面解释的那样，既然这些程序与推理思想密切相关，我们将单列一节来讨论它们。法律合规程序的正式具体规定有很多实际应用，但在人工智能与法中，除了投票程序⑰、拍卖程序与谈判程序⑱、合规程序验证⑲等方面的一些初步工作外，目前还是一个被大大忽视了的主题。

对"传统"逻辑概念的第一个挑战来自于法律法规的几个结构性特征。⑳ 其中，包括使用例外情况，利用法律层级解决不同法规之间的冲突，互相参照立法的其他部分，认定条款（如健康但怀孕的教师在学校风疹爆发时被视为患病，有权申请疾病津贴），适用该法律的条件，以及具体规范的有效性条件。在人工智能与法中，非单调逻辑的第一个用途是用来解决这些特征，其概览参见帕肯和沙托尔的论文。㉑

然而，人们很快就认识到，"标准"非单调逻辑的适用性很有限，导致了我们要思考超越表达而进入推理，即认知转向。虽然法律提出的一些挑战可以通过调整或扩充逻辑来解决，但其他挑战似乎需要考虑语境与内容才能找到解决办法。最初，运用非单调逻辑使规则成为关注的焦点。尽管确定了解决规则冲突的几条原则，比如，新法优于旧法，特别

---

⑮ L. Vila and H. Yoshino, Time in automated legal reasoning. *Information and Communications Technology Law*7, 173 – 197, 1998.

⑯ C. E. Alchourrón and D. Makinson, Hierarchies of regulations and their logic. In R. Hilpinen (ed.): *New Studies in Deontic Logic*, 125 – 148. Dordrecht: Reidel, 1981.

⑰ J. Pitt, L. Kamara, M. J. Sergot and A. Artikis, Voting in on – line deliberative assemblies. *Proceedings of the Tenth International Conference on Artificial Intelligence and Law*, 195 – 294. New York: ACM Press 2005.

⑱ G. Governatori, M. Dumas, A. H. M. ter Hofstede and Ph. Oaks, A formal approach to protocols and strategies for (legal) negotiation. *Proceedings of the Eighth International Conference onArtificial Intelligence and Law*, 168 – 177. New York: ACM Press 2001.

⑲ H. M. Aldewereld, J. Vazquez Salceda, F. Dignum and J – J. Ch. Meyer, Verifying norm compliancy of protocols. In O. Boissier et al. (eds.), *Coordination, Organizations, Institutions, and Norms in Multi – Agent Systems*, pp. 231 – 245. Springer Lecture Notes in Artificial Intelligence 3913, Berlin 2006.

⑳ T. J. M. Bench – Capon, G. O. Robinson, T. W. Routen and M. J. Sergot, Logic programming for large scale applications in law: a formalisation of supplementary benefit legislation. *Proceedings of the First International Conference on Artificial Intelligence and Law*, 190 – 198. New York: ACM Press 1987.

㉑ H. Prakken and G. Sartor, The role of logic in computational models of legal argument: a critical survey. In A. Kakas and F. Sadri (eds.), *Computational Logic: Logic Programming and Beyond. Essays InHonour of Robert A. Kowalski, Part II.* Springer Lecture Notes in Computer Science 2048, Berlin 2002, 342 – 380.

法优于一般法以及上位法优于下位法，但事实证明，这些原则还不足以提供解决冲突的一般方法。这些一般原则通常只适用于某些类别的规则。刚才提到的那些规则只适用于成文法规。尽管也有些类似原则与判例法有关，比如，在判例法中上级法院裁决可能对下级法院具有约束力，但它们本身是可废止的，而且它们本身可能会发生冲突。更多的时候，冲突不是来自相互竞争的规范，而是来自对这些规范的各种解释。如上所述，法律所包含的条款是要根据具体案情由法院裁决加以逼近，这往往导致相互矛盾的解释。至少这引起了将判例法作为解释来源的需要。然而，仅仅将在先例案例中所做的决定表达为规则是不够的，因为新案例很少与先例精确匹配，因此，处理冲突规则的技术是不够的。此外，裁决通常可以在许多不同抽象层次上进行表达，从而使得这种规则的精确表达备受争议。这一认识促使人们从关注表达转向探讨推理模式，如类比推理、案例推理与理论构建。

下面我们将简要回顾人工智能与法中针对这些问题所使用的一些技术。

三、推理

上一节最后所提及的问题导致了对法律推论的几个更广泛解释。有些仍然保持着“标准”非单调逻辑的精神。例如，戈登㉒、帕肯和沙托尔㉓用规则来建模论辩式论证，在将推论程序建模为博弈过程时嵌入了处理例外与规则冲突的标准技术。哈赫和维赫雅提出了理由逻辑，㉔ 将理由念置于中心位置：把推理建模为竞争理由的构建与权衡，而规则仅仅是理由的一个来源，必须对竞争理由进行权衡。理由逻辑还提供了对应用规则的含义以及法律规则与法律原则之间的差异的复杂描述。㉕ 在所有这些工作中，一个令人关切的问题是，关于偏好标准的推理建模，并承认无法提供可靠的一般性冲突解决原则这一事实。

（一）案例推理

如上所述，人们经常需要看看个案裁决，了解在具体语境中如何根据冲突规范的内容得以解决冲突。这些裁决会告诉我们给定冲突考虑了哪些相关因素。在案例推理中，我们进一步尝试使用具体案例来表明，在这些案件中这些考虑如何证成了具体结果。如上所述，这里的主要挑战是处理如下事实：新个案很少与某个先例完全匹配。在人工智能与法

㉒ T. F. Gordon, The Pleadings Game – An exercise in computational dialectics. *Artificial Intelligence and Law*2, 239 – 292, 1994.

㉓ H. Prakken and G. Sartor, A dialectical model of assessing conflicting legal arguments in legal reasoning. Artificial Intelligence and Law 4, 331 – 36, 1996.

㉔ J. C. Hage, A theory of legal reasoning and a logic to match. *Artificial Intelligence and Law*4, 199 – 273, 1996.

㉕ B. Verheij, J. C. Hage and J. van den Herik, An integrated view on rules and principles. *Artificial Intelligence and Law*6, 3 – 26, 1998.

中，已经研发出一些有影响力的案例法律推理计算模型，参见里士兰等人的文中的概述，㉖ 路易和诺曼㉗、帕肯和沙托尔㉘讨论了这些模型的逻辑形式化。起初，这项工作试图将规则推理的论辩程序延伸到案例推理，后来用实际推理模型与理论形成模型组合出相关程序。

（二）实践推理与目的推理

有些法律裁决涉及自由裁量权的行使：仲裁者可以选择解决方案。在通常情况下，争议双方都会提出理由，法官的作用是选择哪一方应当占上风，但需要证明这个选择合理，这样才能为上级法院甚至可能是广大公众所接受，参见克里斯蒂的《法律论证中理想听众思想》第 10 章。㉙ 选择的正当性属于实践推理领域。在人工智能与法中，我们可以找到这类推理例子，特别是根据法律的根本目的或者为达到最理想的结论来关注选择的正当性。㉚

（三）理论形成

法律推理的一个长期观点㉛是，应当把解释过去所做出的裁决视为在构建一种理论。最近，本奇卡鹏和沙托尔重新提出了这一观点，㉜ 详细说明了什么构成了一种旨在解释判例法体系的理论，以及如何从给定的事实与先例出发来构建这种理论。这种方法也成为许多计算实验的对象，这些实验旨在评估从美国商业秘密法的一系列给定条件出发所构建的法律理论的质量。㉝

㉖ E. L. Rissland, K. D. Ashley and R. Loui, AI and Law: a fruitful synergy. *Artificial Intelligence*150, 1 – 15, 2003.

㉗ R. P. Loui and J. Norman, Rationales as argument moves. *Artificial Intelligence and Law*3, 159 – 189, 1995; R. P. Loui, J. Norman, J. Olson and A. Merill, A design for reasoning with policies, precedents, and rationales. *Proceedings of the Fourth International Conference on Artificial Intelligence and Law*, 202 – 211. New York: ACM Press 1993.

㉘ H. Prakken and G. Sartor, Modelling reasoning with precedents in a formal dialogue game. *Artificial Intelligence and Law* 6, 231 – 287, 1998.

㉙ G. C. Christie, *The Notion of an Ideal Audience in Legal Argument.* Dordrecht etc: Kluwer Academic Publishers, 2000.

㉚ T. J. M. Bench – Capon, K. Atkinson and A. Chorley (2005): Persuasion and value in legal argument. *Journal of Logic and Computation*15, 1075 – 1097, 2005; J. C. Hage, Comparing alternatives in the law. Legal applications of qualitative comparative reasoning. *Artificial Intelligence and Law* 12, 181 – 225, 2005.

㉛ L. T. McCarty, An implementation of Eisner v. Macomber. *Proceedings of the Fifth International Conference on Artificial Intelligence and Law*, 276 – 286. New York: ACM Press 1995.

㉜ T. J. M. Bench – Capon and G. Sartor, A model of legal reasoning with cases incorporating theories and values. *Artificial Intelligence*150, 97 – 142, 2003.

㉝ A. Chorley and T. J. M. Bench – Capon, An empirical investigation of reasoning with legal cases, through theory construction and application. *Artificial Intelligence and Law*13, 323 – 371, 2005.

（四）证据推理

上面所说的大部分内容都涉及规范性问题，涉及法律概念底层的案件事实分类，对这些概念的解释，以及从这些分类和解释中推导出规范性结果。事实上，大多数人工智能与法研究都是把案件事实作为给定的。然而，在法律实践中，案件主要是关于构建事实的，因此，如果某种逻辑不能处理证据推理建模，它就不能完全为法律服务。乍看起来，这可能被认为是统计学和概率论的问题，但由于各种各样的原因，这里有一个逻辑的位置。在法律案件中，统计所要求的数字往往无法获得，因此，必须使用定性推理模型。即使数字可获取，批评统计证据包括了诸多方面，诸如收集数据的方式可靠吗？统计模型正确地建模该问题了吗？结论是否从有保证的统计数字推导出来？这使得必须将统计证据运用嵌入到在更一般的法律论证模型之中。

在人工智能与法中，有一些关于证据推理的初步工作。例如，贝克斯、里德和沃尔顿将基于论证的非单调逻辑方法与论证型式方法（见下文）组合起来，形成了一种论证方法，[34] 而普尔则阐述了在他的理论体系中如何将证据推理情节方法建模为回溯推理。[35] 贝克期等人试图组合论证方法和情节方法。[36] 然而，仍有许多工作要做，特别是在与统计方法整合方面。

最后，让我们简单讨论一下人工智能与法中用于建模法律推理的两种更一般的形式技术。

（五）论证型式

从非形式逻辑工作中获得灵感，如沃尔顿的工作，[37] 使用论证型式解决了上面的一些问题，如帕肯的研究成果。[38] 论证型式是典型推理模式，或多或少与领域相关。论证型式建立了一种支持其主张的假定，必须针对所做出的批评，利用那种具体型式所特有的所谓批判性问题来进行防卫。证据推理的一个论证型式例子是：

如果证人说 P，那么 P。

---

[34] F. J. Bex, H. Prakken, C. Reed and D. N. Walton, Towards a formal account of reasoning about evidence: argumentation schemes and generalisations. *Artificial Intelligence and Law*11, 125 – 165, 2003.

[35] D. L. Poole. Logical argumentation, abduction and Bayesian decision theory: a Bayesian approach to logical arguments and its application to legal evidential reasoning. *Cardozo Law Review*22, 1733 – 1745, 2001.

[36] F. J. Bex, S. W. van den Braak, H. van Oostendorp, H. Prakken, H. B. Verheij and G. A. W. Vreeswijk, Sense – making software for crime investigation: how to combine stories and arguments? To appear in *Law, Probability and Risk*.

[37] D. N. Walton, *Argumentation Schemes for Presumptive Reasoning*. Mahwah, N. J.: Erlbaum, 1996.

[38] H. Prakken, AI and Law, logic and argument schemes. *Argumentation*19, 303 – 320, 2005.

该型式有三个批判性问题：

(1) 证人是否真诚？
(2) 证人是否处于观察 P 的位置？
(3) 证人是否正确地记住了 P?

实践推理的一种论证型式是：

我想达到 G，做 A 就会达到 G，所以，我应该做 A。

与之相关的批判性问题是：

(1) 做 A 会达到 G 吗？
(2) 有没有更好的方法来实现 G?
(3) 做 A 也会有不良后果吗？

在人工智能与法中，一直在明确使用论证型式，如在证据推理语境下[39]和在实践推理语境下。[40] 帕肯认为，人工智能与法的许多工作都隐隐约约地采用了论证型式方法。[41]

（六）论证框架

在逻辑与人工智能中，一直被认为在法律中有相当大影响力的一项成果是董番明引入的论证框架。[42] 他的方法本来用作非单调逻辑和逻辑编程的一种统一理论的，完全是抽象的，框架包含一个论证集和论证间的二元攻击关系。然后，论证的可接受性认为是相对于框架中论证子集而言，而这个论证子集能够防卫攻击者的攻击。在法律上，这一基本思想已以多种方式加以调整。例如，帕肯和沙托尔将董番明的抽象方法具体化了，他们使论证和攻击概念更加结构化，并展示了在框架内如何把握决定攻击关系的规则优先级推理。[43] 本奇卡鹏通过提升论证接受度引入了价值概念，该概念允许根据这些价值偏好顺序对攻击

㊴ F. J. Bex, H. Prakken, C. Reed and D. N. Walton, Towards a formal account of reasoning about evidence: argumentation schemes and generalisations. *Artificial Intelligence and Law*11, 125 – 165, 2003.

㊵ T. J. M. Bench – Capon, K. Atkinson and A. Chorley (2005): Persuasion and value in legal argument. *Journal of Logic and Computation*15, 1075 – 1097, 2005.

㊶ H. Prakken, AI and Law, logic and argument schemes. *Argumentation*19, 303 – 320, 2005.

㊷ P. M. Dung. On the acceptability of arguments and its fundamental role in nonmonotonic reasoning, logic programming, and n – person games. Artificial Intelligence 77, 321 – 357, 1995.

㊸ H. Prakken and G. Sartor, A dialectical model of assessing conflicting legal arguments in legal reasoning. *Artificial Intelligence and Law*4, 331 – 36, 1996.

与成功攻击进行一般区分，从而能够表达法律目的推理。

四、互动

法律推理的需要主要产生于不同当事人间的冲突语境，需要在解决冲突的规定法律程序内进行裁定。这意味着，法律推理通常采取对话论证交流形式，论证表达了替换观点，紧接着是采用其中一个观点而不是采用另一种的理性证成。争议的进行将受到与争议的具体形式相应的程序制约，其结果的正当性将取决于所遵循的这些程序。

这里有一个重要观点是，给定一系列事实和一整套法律，结果可能取决于必须遵循的程序。这意味着，我们无法从争议语境中提取推理来确定适当的结论：它与所遵循的程序交织在一起。㊹ 我们举出几个例子。在其他情况相同的案件中，结果可能取决于把证明责任分配给哪一方。如果是民事诉讼而不是刑事诉讼，结果可能会有所不同，因为罪行归属的证明标准较低。辛普森（O. J. Simpson）就是一例，他先是在刑事案件中被判无罪，后来又在民事案件中要承担民事责任。在一个辖区可采的证据，但在另一个辖区可能会被驳回。

因此，我们必须考虑能够确定这样一些问题：谁对每个子问题负有证明责任，论证与证据的具体部分是否可采，何时做裁决比较恰当，以及针对某些子问题所期望的证明标准。

此外，案件一开始就没有提供事实。虽然双方可能会有一些共识，但随着案件的进展，其他事实和解释理论将会出现并被构建。

承认这些观察之后，在过去15年，人工智能与法提出了一些法律程序的对话博弈模型，采用了哲学逻辑和论证理论中称为“形式论辩学”的技术。这是从戈登的计算模型开始的，该模型是一种理性重构的具体法律程序，即美国民事诉讼程序。㊺ 后续工作更多地集中在理想化程序上。这种人工智能与法工作在风格上与多主体系统中涉及论证的对话建模后期工作类似。帕肯给出了这两种工作的最新概述。㊻ 除了这项对话博弈工作，还有一些关于法律推理和法律程序中证明责任作用的工作。㊼

㊹ R. P. Loui, Process and policy: resource - bounded non - demonstrative reasoning. *Computational Intelligence*14, 1 - 38, 1998.

㊺ T. F. Gordon, The Pleadings Game - An exercise in computational dialectics. *Artificial Intelligence and Law*2, 239 - 292, 1994.

㊻ H. Prakken, Formal systems for persuasion dialogue. *The Knowledge Engineering Review*21, 163 - 188, 2006.

㊼ T. F. Gordon, H. Prakken and D. N. Walton, TheCarneades model of argument and burden of proof. *Artificial Intelligence*, 171, 875 - 896, 2007; H. Prakken and G. Sartor, Formalising arguments about the burden of ersuasion. *Proceedings of the Eleventh International Conference on Artificial Intelligence and Law*, 97 - 106. New York: ACM Press 2007; K, Satoh, S. Tojo and Y. Suzuki, formalizing a Switch of Burden of Proof by Logic Programming. *Proceedings of the First International Workshop on Juris - informatics*, Miyazaki (Japan), 19 June 2007. To appear in Springer Lecture Notes in Artificial Intelligence.

五、几个重要的研究主题

我们现在讨论我们认为目前在逻辑与法律方面最重要的一些问题，我们希望这些问题将在这里得到解决，当然，并不排除探讨其他问题。

（一）表达

1. 本体论

关于表达，一个主要关注点是本体论兴趣的增长。到目前为止，人工智能与法中使用的本体主要是同义词典或分类风格的本体，其目标是信息检索和跨语言理解等应用。在人工智能的其他领域，更复杂的本体论也取得了进展，是用描述逻辑来表达的。将这些技术引入法律领域似乎有相当大的余地：那些用于定义法律概念的规范似乎是描述逻辑的理想主题。此外，就法律概念分类的许多其他规范而言，描述逻辑可能具有更广泛的应用。但描述逻辑在逻辑与法律中的作用在很大程度上仍未得到解决。

2. 行为、时间、变化与程序

在人工智能中，一个反复出现的问题是，法律是行为、时间和变化的表达：我们是在考虑法律本身的变化，还是在考虑相关各方行为所导致的法律关系的变化。在人工智能与法之外，还有一些活跃的学术圈在致力于行为、时间和变化的逻辑，如果能看到把这项研究成果应用到法律领域，那将非常有趣。法律程序与合规程序似乎特别适合于用时态逻辑和行为逻辑来进行形式化，而模型检查技术也许适用于它们的形式验证。特别是，法规遵循这一极为重要的主题与这些问题密切相关。

（二）推理

1. 证据推理

证据推理是一个迄今为止仅作了初步探索的论题，它的可能发展方向包括：证据推理论证型式方法扩充（如统计证据处理），情节方法扩充，以及进一步整合这些方法，并与纯粹统计方法的整合。

2. 实践推理

实践推理是法律可以从法律之外的活跃研究领域获益的另一个主题。在主体系统背景下，探讨了在问题求解过程中所作选择的合理性。这个主题在法律上也很重要，因此有足够的空间将这项工作转移到法律领域。多主体系统领域的其他工作着眼于受社会规律约束的选择。在法律规划系统和指引守法的系统中，守法这一概念是与法律相关的。

3. 组合推理模式

解决法律问题通常涉及许多不同的推理模式，至少包括证据推理、案例推理、分类推理，有时在需要做出选择时还涉及实践推理。在解决法律问题过程中，将这些不同的推理模式结合起来，管理好从一种推理模式到另一种推理模式的过渡，在很大程度上尚未探索。

4. 论证累积

如果某主张有好几个论证，那就存在如何将它们组合起来以反映其集体力量的问题。由于法律论证和许多其他领域的论证一样，往往要有说服力，而不是强制性的，因此，经常会遇到需要考虑支持和反对立场的几个论证综合效果。在这种情况下，尽管每个论证单独来说都比较弱，但一个论证为几个该等论证综合起来击败的可能性可能会出现。要解决这一问题，就需要论证能累积的情境以及允许累积的机制。有一些获取累积的初步尝试如帕肯的工作，[48] 但还有许多工作要做。

5. 论证型式

论证型式为探讨具体问题提供了一种富有成效的方法，但这种方法还没有用尽它的效用。这里的工作将包括对具体型式及其有关问题的详细探讨，以及在推理与对话中对型式作用的一般性探讨。

（三）互动

1. 冲突与争议解决的调查程序

如上所示，很多年以来，人工智能与法一直在从事建模冲突与争议解决程序。这类模型或多或少是形式的，但即使在更加形式的情形下很少有人注意证明它们的性质，如程序是否保证终止，是否它给当事人“公平”机会来表达自己观点和攻击他方观点。在其他领域，对程序有更系统的研究。例如，在多主体系统背景下，拍卖、谈判和投票的程序已被广泛研究。这些工作为更严格地研究法律程序建模提供了良好的模型。将行为语言程序完全形式化，[49] 可作为一个例子，说明也许可以如何用一种更加经得起其性质形式调查检验的方式来建模法律纠纷解决程序。当然，所有这些也适用于前面讨论的更具体的法律组织程序。

2. 争议中的理性行为

由于法律推理往往发生在程序背景中，而在程序内推理的目的是说服其他参与者，因此，法律推理原则包括互动策略这一重要元素。到目前为止，在人工智能与法中，关于说服对话策略工作做得很少，但有一个例外是运用了博弈论，[50] 因此，有很好的机会运用博

---

[48] H. Prakken, A study of accrual of arguments, with applications to evidential reasoning. *Proceedings of the Tenth International Conference on Artificial Intelligence and Law*, 85 – 94. New York：ACM Press 2005.

[49] A. Artikis, M. J. Sergot and J. Pitt, An executable specification of a formal argumentation protocol. *Artificial Intelligence*, 171, 2007.

[50] B. Roth, R. Riveret, A. Rotolo and G. Governatori, Strategic argumentation：a game theoreticalinvestigation. *Proceedings of the Eleventh International Conference on Artificial Intelligence and Law*, 81 – 90. New York：ACM Press 2007.

弈论和其他相关领域的技术。

五、结语

我们认为有足够的机会将计算逻辑技术应用到法律，我们已经讨论了一些具体机会。然而，我们上面给出的主题列表绝不是详尽的。在逻辑与人工智能中还有许多其他的主题可以对人工智能与法做出贡献。法律领域的一个吸引力在于，它提供了丰富的现实例子。一个真正的优势是，在法律例子中使用的推理比在许多其他领域中得到更广泛的记录。

法律是一个逻辑学的认知转向与互动转向尤为普遍的领域。因此，逻辑在法律中的应用应该是互惠互利的：一方面，可以深入了解法律推理，如何使它具有计算性；另一方面，逻辑技术提供一个真实且具有挑战性的测试平台。我们认为，这部分就是这个交汇处的理想地点。

（编辑：吕玉赞）

法律解释中的词义

[美] 沃尔特·辛诺特·阿姆斯特朗著[*]　栾绍兴译[**]

法官在法律解释的过程中，通常会援引多方论据来证成自己倾向的解释。其中最常提及的两条，是词在法律文本的涵义和立法者的意图。基于以上两条因素，法律解释产生了两个流派：文本主义和意向主义。

简单来说，文本主义者认为词义是对法律文件进行法律解释的依据；意向主义者的观点是，法律解释应遵照法律起草者的意愿。以上两种主义，不但可用于法律解释，也可用于其他任何领域的解释。或者说，它们至少适用于所有语言类的解释，包括文学解释、圣经解释和日常会话的解释。由于不同领域之间，甚至一个法律体系中不同的参与者之间，进行解释的标准不尽相同，本文仅针对法官的法律解释。司法文本主义者主张法律文件中词义的普遍意义为解释的指导原则，司法意向主义者则认为司法解释的指导原则应为立法者的意图（或先前法官在判决先例时的意图）。

这样粗略的表述，让人有点迷糊，不知道文本主义者是否认为词义是进行司法解释的唯一指导原则。如果他们认为词义是司法解释的唯一指导原则，那么我们可以称其为“排他性”文本主义者，因为他们除文本之外的因素都排除在外。“排他性司法文本主义”意味着法官进行司法解释时，不应受到任何立法意图的影响。同样，“排他性司法意向主义”指司法解释不应受到任何法律文件中词的一般意义的影响。排他性意向主义者可能同意，文字是立法意图的象征，但他们认为立法意图才具有根本的意义。

很多观点介于排他性意向主义和排他性文本主义之间。一种立场称，每个案件中的司法解释都应将立法者意图和词义考虑在内。另一种立场是，立法意图是司法解释的根本指导原则，因为立法意图与词义产生冲突时，清晰的立法意图通常凌驾于后者之上，但当立法意图不明确时，法官依旧可以按照词义给出正确的司法解释。以此类推，也有人认为词

---

* 沃尔特·辛诺特·阿姆斯特朗（Walter Sinnott – Armstrong），男，达特茅斯学院哲学系主任，哲学和法学教授。作者感谢 Joshua Fairfield、George Fletcher、Dagfinn Follesdal、Kent Greenawalt、Andrzej Rapaczynski、Fred Schauer、Katrina Sifferd，哥伦比亚大学法学院和佛蒙特大学法学院的其他听众，以及圣地亚哥大学法学院法律解释研讨会的与会人员。本文刊载于美国《圣地亚哥法律评论》（SAN DIEGO LAW REVIEW），于 2005 年出版。

** 栾绍兴，男，山东即墨人，华东政法大学讲师、博士研究生，研究方向为法律方法、立法学。

义是司法解释的根本指导原则。同时还存在第四种立场，认为意图优先适用于某些法律领域（例如个人合同和遗嘱），而在词义优先适用于其他领域（例如刑法和宪法）。以上中立观点无法简单地归为意向主义或文本主义，本文将其称为“混合观点”。

混合观点看起来更有吸引力，但多数的法律理论家们对推到极致的观点更感兴趣。例如斯卡利亚（ Scalia）大法官认为：“是法律进行统治，而不是立法者的意图来统治”。① 可以说斯卡利亚是一位排他性文本主义者。另一个极端是，斯坦利·费什、史蒂文·克纳普和沃尔特·本恩·迈克尔斯提倡排他性意向主义。（他们都在圣地亚哥大学的法律解释研习班上为该观点辩护，这也是本文的目的所在）。这两种偏激的立场之间历来存在激烈的争论。

近来，拉里·亚历山大（Larry Alexander）和赛克瑞斯那·普拉卡什（Saikrishna Prakash）就排他性意图主义给出了有趣的新论断。② 他们认为，除立法者意图之外，并不存在所谓的一般意义上的词义。③ 明显，这一论断驳斥了排他性文本主义观点。也未为任何的混合观点保留空间。若亚历山大和普拉卡什观点是正确的，考虑“在立法意图的基础之上，什么情况下词义具有重要性或具有多大的重要性”已毫无意义，因为词义根本不独立于立法意图而存在。

与上述观点持不同看法，本文将为词义的一致性和重要性辩护。文章第一部分将就第一个论点给出更为确切地解释，亚历山大和普拉卡什反对的理论，也正是我们要维护的。文章第二部分将向读者展示为什么亚历山大和普拉卡什的论断未将词义的重要性完全否决。第三部分将把这一讨论置于更大的理论背景之下，阐述在司法解释中词义拥有重要性的原因。

一、什么是排他性意向主义？

亚历山大和普拉卡什反对所谓的“一种特别强大的概念文本主义形式”④，即“在没有任何显性或隐性的作者意图作为参照的情况下，就可以进行文本解释。⑤ 这个论题需要从多个角度进行澄清，好让大家知道本文要维护的究竟是何种立场。

首先，“文本”指某些文本，并非指所有文本。一些文本根本无法进行解释，因为文本本身无意义。因而，不应认为所有文本都可在无作者意图作为参考的基础上进行解释。

---

① 安东尼亚－斯卡拉，论法律解释：联邦法院和法律（1987）。正如亚历山大和普拉卡什指出的，尚不清楚斯卡拉的文本主义是否属于排他性范畴，因为他把起草人的笔误作为例外，剔除出来。但是，众所周知，我们更关注的是立场而非持立场者。

② 见注 1。

③ 排他性意向主义者也否认句子含意的存在，所以他们是不会认同下列观点，即词汇本身不具有含意，其含意仅仅存在于句子语境中。为了避免重复单词和或句子含意，单词含意和或句子含意，我们仅使用单词含意。这种简化不会影响我们的主要观点，因为排他性意向主义论者否定句子含意和单词含意的存在。

④ 见注 1，第 968 页。

⑤ 同上注。

此外，我们必须承认没有作者的意图作为参照，某些有意义的文本也无法进行合理的解释。因此，本文认为仅有某些文本可以脱离作者想要表达的意思而进行文本解释。这一限制条件与亚历山大和普拉卡什的观点不谋而合，因为两位想表达的是“不以任何意图为参照的文本解释不存在。”⑥ 若仅仅是某些文本可以脱离作者意图进行独立的文本解释，这一论点就是伪命题。因此，两位需要对“所有文本可以脱离作者意图进行解释”提出质疑。

第二，两位的观点否定了一种可能性——某些文本可以以特定的方式进行解释。要驳斥这一观点，本文不需宣称不存在文本可以独立于作者意图进行解释。也不需要宣称文本需要以这种方式进行解释，或以此方式进行文本解释具有重要意义。而主张：存在以这种方式进行文本解释的可能性，就可以推翻亚历山大和普拉卡什的论断。相应地，本文承认，某些文本的意义也可根据其他方法进行解释。本文认为，一种场合中使用的特定文本可以以两种方式进行解释。我们会思考讲话者所要传达的意思是什么，这取决于讲话者的意图。另一种方式是，我们可以思考文本中文字所表达的意思是什么。这种情况下，解释就不依赖于作者的意图。因为以上两种解释方式，本文均赞同，所以本文不否认文本可以根据其作者的原意来解释这一说法。但本文强调文本也可以以另外一种方式，即不依赖于作者原意的方式，进行解释。而这种可能性正是亚历山大和普拉卡什所否认的。

第三，亚历山大和普拉卡什的论点说的是“文本作者要表达的意思”⑦，这一点需要特别注意。词义或许取决于作者的其他意图或其他人的意图。但要分析词的意义，最好是根据“普通人在真实语境中使用这一个词语所表达的意思”来进行研究。两位作者主张的词义分析的办法是否正确，我们这里不予置评。即便这种分析是正确的，词义仍旧不取决于某个特定场合中的某个作者的意图。就同一个词来说，“某文本的作者表达的意思”和普通讲话者的意思通常会大相径庭。下文将就此进行具体的案例讨论。目前重点已经很明显，我们与亚历山大和普拉卡什之间悬而未决的问题并非是一般意义上的意图，而是一个特定的人物的特定意图，即作者的特定意图。

作者不必是实际存在的。亚历山大和普拉卡什明确指出，其论点“并不是为了证明只有在检验实际作者的意图时，解释才是可能的”。⑧ 他们包括假设的作者。然而，要想与之相关，假设的作者必须是口译员以某种方式“铭记”的作者。⑨ 因此，一个从未被特定口译员假设或假设的假设作者不能表明该口译员正在使用该作者的意图。此外，亚历山大和普拉卡什并没有讨论其他人的意图，他们既不是具体文本的实际作者，也不是假设作者。因此，参考其他实际演讲者在文本中所指或所指的单词的意思，并不是假设该特定文

⑥ 见亚历山大和普拉卡什的副标题，见注1。
⑦ 同上注，第968页（着重强调）。
⑧ 同上注，第969页。
⑨ 同上注，第976页。

本的作者。他们对作者的看法是灵活的，但事实并非如此。

还需注意的是，相关意图是有意义的。演讲者说出一个句子时，他通常想要引起一个行为（例如命令），或是带来某种影响（例如改变行为或让人们快乐）。我们有时称“一个立法者想要通过投票立法来实现的目标”为立法意图。数量足够的立法者拥有共同的意图时，这一共同意图就可称为法律意图。然而，这一目标或意图与“作者原意”不同。[10]作者原意可能是作者实现其目标的手段，但并不是作者的目标。作者想要实现的也不是对世界产生影响，而是表达一种意思。演讲者想要表达一个意思。本文赞同而亚历山大和普拉卡什反对的是：某些文本，可以脱离这种特定的作者意图而独立地进行解释。

亚历山大和普拉卡什将这一论点称为“丝毫不受原意约束的”文本主义，使这一观点变得更加晦涩难懂。我们的观点并不是词语的意思不受作者意图限制或独立于作者意图。因此，若以“丝毫不受原意约束的”来描述我们的观点，将会是一种误导。我们将看到，亚历山大和普拉卡什的多个观点都是不正确的，因为即使词义独立于作者意图，反对者也可以利用意图来为自己辩护。

最后，确定作者是谁也至关重要。比如，我援引一个人的话，但是却表达和所援引的内容完全不同的意思。我说，“这就是能证明该规则的例外”，意思是“这是一个支持这个规则、证明了它所持观点的例外”，而原作者说这个话的意思是，“这是一个检验这个规则、决定这一规则是否站得住脚的例外”。假设（如上例）现在多数人都使用这一表达方法来表达我所表达的意思。那么文本主义者也可以说，我说那些话的时候，那些话的意思就是其“字面意思”。因此具有争议的是：谁是真正的作者？我所要表达的意思取决于我的意图，而不是原作者的原意，甚至原作者很久以前的意思，这样说再自然不过了。换句话说，一个说话者在某个场合使用某一文本所表达的意思，取决于这一场合中使用这一文本的说话者的意图。然而，这种类比方法对于法律解释结果的影响巨大。这种方法表明制宪者和立宪者的意图不能决定当今宪法的意义和宪法解释。相反，当前使用宪法中的条款进行表述的说话者的意图却可以决定宪法的解释，而通常这些说话者要表达的意思已经和宪法无关，脱离了宪法的原意。我想亚历山大和普拉卡什也不想看到这样的结果。无论如何，首先需要确定“作者”是原作者（例如制宪者和立宪者）还是同样文本的当代使用者。幸运的是，按照本文的观点，我们不一定要确定真正的“作者”是谁。按照混合观点的来说，在不同的案例中，文本作者原意和当代的意义具有相关性，但还存在第三个相关因素——词义，而无论是过去还是现在，词义既独立于原意，又不与当前某个场合中某说话者的意思相关。

二、排他性意图主义论点的批驳

现在，既然亚历山大和普拉卡什的观点已经明确（正如我们希望的那样），接下来的

---

⑩ 见注1，第968、996页（着重强调）。

问题是，他们的观点是否正确。就词义的必要性，他们给出了五个论点予以反驳。本文接下来将逐一讨论这些论点。

1. 使用特定语言的意向

首先，他们指出，若某人使用了“canard”一词，在我们知道这位说话者使用的哪种语言之前，并不能得出这位说话者的意思。[11]“Canard”一词在法语中意思是“duck”（鸭子），但同样一串字母组合，同样的发音，在英语中意为“fib”（谎言）。当然，通过辨认说话者上下文使用的其他单词是法语还是英语，就可轻易得出说话者使用的语言类型，但那也只不过是试图证明作者意图的一个证据而已。

本文认为，除非我们知道说话者想要使用的语言，否则不能顺利得出说话者要表达的意思。原因是，说话者要表达的意思基于说话者意图之上，这是毋庸置疑的。事实上，只是换了一种说法，这一点也无关紧要。本文立场是，文本或使用中的文本在进行文本解释时，要么参照说话者的意思，要么参照词义。因此，本文相信，使用中的文本具有说话者要表达的意思。我们也同意，说话者要表达的意思取决于作者的意图。以上观点表明，词义是存在的，独立于作者意图而存在。

此外，我们需要确定的意图——说话者想要讲法语还是英语，仅仅是关于使用何种语言的意图。而不是关于使用了这种语言中的何种词语来表达何种意思的意图。因此，即使亚历山大和普拉卡什的例证显示，说话者的意思和词语的意思取决于某种意图，也不能证明任何一种意思都是取决于某种意图的，而这种意图才是我们存在争议的地方。词义即使不独立于其他作者原意，例如使用何种语言，可以独立于说话者的原意，在某个情况下也可以通过一个词语去表达任何的意思。

“canard”一词在英语有特定的词义，在法语中有另外的词义。要得出某种情况下说话者想要表达哪个词义（或其他的意思），我们需要知道说话者想要使用哪种语言。但仍然存在这样的情况：说话者在使用法语，但要表达的意思却不是这个词在法语中的意思。例如，说话者也许想要使用法语进行表达，但却误以为“canard”一词在法语中意为“pig”（猪）。

在这种情况下，说话者想要说法语，但却用“canard”一词来表达“猪”的意思。这位说话者虽然缺乏语言技能，但并没有改变“canard”一词的含义。在法语中“canard”一词得到意思仍然为“鸭子”（在英语中意思仍然为“谎言”）。由此，我们知道说话者记错了单词在法语中的意思。因此，无论什么情况下说话者具有何种意图，词义和词义的必要性都不会受到影响。

同一种语言在不同地区有不同的语言形式，这时上述情况也时有发生。亚历山大和普拉卡什列举了“chips”的例子，该词在英语中意为“薯条”，但在美语中意思则是更薄，

---

[11] 见注1，第974－975页。

更脆的“薯片”（而英国人称薯片为“crisps”），此外电脑迷则以此词来表示“微芯片”。[12]那又怎样？我们仍旧可以说，“chips”一词在英语中代表一种食物（即薯条），在美语中代表另一种食物（即薯片）。某个单词在不同的语言和方言之中有不同的意思，并不能证明词没有任何词义。

亚历山大在对话中对这一问题已经做出回应，他问道，当两个或者三四个甚至更多人，使用某个单词来表达一个新的意思时，这个单词是否就有了新的词义？在某些语境中“坏”意味着“好”，但是又有多少人需要使用“坏”这个字来表达“好”的意思，从而使“坏”获得一个新的词义呢？

我们承认，人们不能对数字进行规定，但这是意料之中的，也不是问题。我也不能规定多少年过去了人们才算变老，有些人就是老了。同样，虽然我们不能说明有多少说话者在某种意图的影响下必须要以使用一个词，从而使这个词拥有新的词义，但这并不会说明所有的单词都没有任何词义。虽然两者之间存在很大的模糊性，但这对两者来说是很好的例证。支持者的言论（有时称为滑坡论证）在这里产生了同样的结果。

此外，考虑一个词是否有特定词义这一问题，有些过于简单粗暴，下文会对此进行解释。确切来说，我们认为，只有在一个特定的语言中，词才有词义。因此，只有当那门语言存在时，词的词义才存在。必须有一个足够大的族群使用一种语言，这种语言才存在。按照这种观点，语言的模糊性问题必须以语言群体存在和语言存在为前提。即便这一问题未解决，我们依旧可以说在一种语言中，词具有词义。这足以论证，假设某些语言存在，那么某些词一定具有词义。

2. 意图表达含义而非不表达

亚历山大和普拉卡什的第二个论点是：一串符号具有意义还是仅仅是一个文本，取决于这串符号是否是由一个意欲通过它表达含义的作者。[13] 因此，若不能首先确定作者的意图，就不能确定一串符号仅仅是文本还是具有某种意义。

这一论点存在的问题是，它将重点置于错误的意图之上。一个是意欲表达某种含义而非不表达含义的意图，即有含义的表达。另一个是表达某个特定的含义而非其他含义的意图。我们与亚历山大和普拉卡什的争议在于后者。我们主张（他们反对）通过解释词义，文本能独立于“文本作者意图表达的含义”。争议点不涉及意欲表达某种含义而非不表达含义的意图。因此，我们承认没有文本能独立于所有作者意图而具有意义。甚至我们承认，脱离了想通过文本表达某种含义的某些（实际的或假设的）作者意图的一串符号称不上文本或具有意义——即某些作者的意图创造了充满意义的文本。

尽管我们不必扯得那么远，符号的图案似乎不由任何作者创造也能具有词义，更不用

---

[12] 见注1，第975页。
[13] 同上注。

说作者意图赋予符号图案意义。⑭ V假设闪电击中了十字路口的一棵树，并在树上留下了“STOP”（停止）字样。说英语的人看到后说：“哇！看那标志！简直不敢相信。闪电写下一个字。”一个仅会说法语的朋友回应道（以法语回应，在此将其翻译为）：“真的吗？这个字是什么意思？”说英语的人回答道（以法语回答）：“那些标志在英语中的意思是停止。”最后一句对我们来说是明白且真实的。但谈话者都清楚地知道作者并未意图使其有意义。因此，为了使一串符号具有词义，不需要创造意义文本的作者意图。

若在案例中加入一个语言共同体，道理就更显白了。假设靠近十字路口并看到这棵树的司机们就像在那儿看到了正常的停止标志一样有规律地停下，年年如此，来自其他方向的司机就会产生期待。树上的标志就在整个共同体中获得了词义，并且还具有了法律效力。一天，某个司机驶过大树而没有停车，被十字路口的一位司机撞了，这位司机期待被撞司机遵循在树前停止的惯例。来自该共同体的其他司机也知道自己被期待停在树前。这不是一个无过错管辖（no – fault jurisdiction），所以法院判决给予树前未停车的被撞司机赔偿金，并且上诉后维持原判。我们不认为这是个明显错误的判决。这表明树上的标志具有了有法律效力的词义。因此，无论是一般意义上的词义还是令词义具备法律效力，一个创造意义文本的作者意图都是不必要的。符号获取意义的途径是他们在共同体中被理解的方式，而不是他们被创造的方式。重要的是读者而不是作者。⑮

亚历山大和普拉卡什给出了两方面回应。第一，他们说共同体解释树上的标志时必须想象存在一个作者，并且考虑如果一个作者创造了这个标志，那么一个正常的的言说者会想通过它表达什么？我们不否认许多司机会进行想象和虚构，然而这不是必要的。若一名叫做卡罗尔的司机知道所有或大多数司机都认为标志意为“停止”，因此来到十字路口的司机期待其他司机在树前停下，那么基于此，卡罗尔就可以说树标意为“停止”，即使卡罗尔断然拒绝虚构带有意图的作者。

此外，那些虚构了作者的人又是如何得知普通言说者想通过这些标志表达什么？这很简单：他们知道这些标志在英语中的含义。他们知道这些标记在英语中的词义。如果他们不知道词义，那么也将无法想象普通言说者想通过这些标志表达什么。要理解这一点，只需想象闪电留下了一个你不认识的汉字。然后，有人询问：如果有作者创造了这个标记，那么作者想借此表达什么呢？你将无法回答。这表明任何对于存在作者意图的假设都是基于事先知道某种语言中这个标志的词义。因此，即使需要假定存在一个作者，也不可用来

---

⑭ 见弗莱德－绍尔，“形式主义”，耶鲁法律评论，第97页（1989）。

⑮ 还要考虑我们如何教婴儿语言。当婴儿第一次发出类似“狗”的声音时，父母会对孩子报以微笑，给予关注，或者让它靠近一些来奖励孩子。后来，当孩子在狗面前发出类似“狗”的声音时，父母通常会把孩子当成他或她想要的声音来表达它的通常含义。他们说，“哇！你说‘狗’，你的第一个词！万岁！”父母知道（或应该知道）孩子并不是有意要表达“狗”的通常意思，但正常的教学方法是在孩子有意表达“狗”的通常意思之前就将其解释为“狗”。要做到这一点，单词的意思必须独立于婴儿的意图。感谢 Joshua Fairfield 在讨论中提出该观点。

证明词义不存在。实际上，它或许可以用来证明相反的观点——我们需要承认词义。

亚历山大和普拉卡什对于树的例子给出的第二个回应则引用了语言的多样性。在另一门语言中，相同的标志“STOP”的含义可能是“你好”或其他含义。这里不存在限制。我们怎么能确定“STOP”的含义就是这个而不是其他可能含义呢?

答案是我们不会那么说，至少当我们想要保持精确时。恰当地说，一套符号并没有单个的词义。它具有的是一种语言中的词义。因此，即使“STOP”在另一种语言中的可能含义是“你好”，它在英语中的含义还是“停止”（halt）。既然树标处于根据英语中的含义进行解释的英语共同体背景下，就不应该把本是“树标在英语中的含义为‘停止’”的简写误解成“树标的含义就是‘停止’”。一旦我们认识到树上的标志在一种语言中具有一个词义，而在另一种语言中具有不同的词义，我们要问的就是哪个词义重要。这个问题已经预设了词义的存在。正如大树的例子，这个问题通常容易回答。什么是重要的，至少在某些用法（尽管不全是）中取决于语境（context），因为语境决定了决定了这套符号的解释。在其他存在一个作者意图用某种语言表达含义的例子中，重要的词义通常（虽然不总是）是作者意图使用的这种语言中的词义。这承认了某些情况下作者意图的重要性。然而，在我们与亚历山大和普拉卡什的争议中，这不是问题。上文已申明，即便哪个词义重要有时的确取决于作者意图使用的语言，但这并不表明词义不能独立于“文本作者的意图”。这种意图远不止涉及意图使用哪种语言，诸如标准英语。因此，词义可以独立于前者，即使它（有时）依赖于后者。因为这些理由，亚历山大和普拉卡什的第二个论点与他们第一个论点一样不成立。

3. 意图表达此含义而非彼含义

亚历山大和普拉卡什的第三个论点以一个例子开头：“假设一些人来到某地，看到地面上有符号，形状为“c”“a”和“t”。他们开始争论这些符号的含义是“家养虎斑猫”（tabby cat），还是“任何猫科动物”（any feline）或“爵士音乐家”（jazz musician）。随后，亚历山大和普拉卡什给出了三种结局。

第一种，辩论者“被告知符号是由建筑物上的水滴下来而形成的。他们对其含义的辩论应该立即停止：没有作者，没有意义。”⑯ 当然，我们同意这里不存在说者想要表达的含义。因为确实不存在任何说者或作者。我们也同意这些符号没有明确而单一的含义，因此讨论其含义是愚蠢的。尽管如此，这并不意味着符号根本没有意义。这些符号在不同方言或某种单一语言的个人习语中，可能具有所有三种含义——“虎斑猫”、“猫科动物”和“爵士音乐家”。我们声称词语具有独立于作者意图的含义，并不意味着每个单词都具有一个特定的含义。词语可能具有模糊性。当一个词的词义含糊不清时，辩论这个词到底是哪种含义是愚蠢的。它同时具有两种或所有含义。你仍然可以讨论说者想要表达的含

---

⑯ 见注1，第977页。

义，但如果没有说者，说者含义就要被排除。所以我们可以轻松解释为什么亚历山大和普拉卡什所举例子中的辩论正如它看上去那么愚蠢。

亚历山大和普拉卡什可能会回答说，真正愚蠢的是认为水印有任何意义，更不用说三个意义了。然而，我们已经在讨论闪电留下的停止标志时主张过，没有作者仍然可能具有词义。这点在这里同样适用，并且表明符号“c”“a”和“t”是如何在没有任何作者的情况下具有词义的。

第二种，符号不是由水滴形成的，而是由一个人留下的，这个人“告诉他们他从未意图写下字母，相反，他只是在描画一块块菜园的轮廓。”⑰ 这种情况可能与第一种情况有很大不同。因为这里不是简单的根本没有意图。而是似乎存在一个相反的意图，或者是一个不想表达任何含义的积极意图。亚历山大和普拉卡什推论说在这种情况下符号没有含义。

但这是推不出来的。我可能意图发出毫无意义的声音“gobbledygook”，但却碰巧说出了一个斯瓦希里语（Swahili）中有含义的词语。想象一位斯瓦希里人听到了我说的话并说道：“我不知道你会说斯瓦希里语。”我回答：“我不会说斯瓦希里语。这些发音在斯瓦希里语中有什么含义?”他回答：“含义是你是一头牛。”当然，作为说者，我并未想借这些发音表达任何含义。这也是为什么他不会感到被冒犯。但我们一致同意我的发音在斯瓦希里语中具有词义。这表明没有意图表达含义的声音和符号仍可能具有词义。这个教训也可适用于亚历山大和普拉卡什所举第二种情况下猫的例子。即便留下那些符号的人只是意图描画一块块菜园轮廓，即便他没有意图通过这些符号表达任何含义，这些符号仍可在某种语言中具有词义。

第三种，留下这些符号的人“告知［辩论者］，他为心爱的虎斑猫写了一首颂诗”。于是他们说：“辩论有了结果：这里的‘cat’（猫）的意思是‘tabby’（虎斑猫）”。(11)⑱ 这是一个奇怪的结论。虎斑猫是猫的一种，所以“猫”不可能真的是“虎斑猫”的意思。假设我有一个女儿，没有儿子，然后我说：“我有一个孩子。”这里的“孩子”并不是“女儿”的意思。“孩子”一词指一个包括儿子的更概括的分类，而我说的句子的意思是，我的女儿归属于这个更概括的分类。同样，在亚历山大和普拉卡什的第三种情况里，符号“c-a-t”的含义并非虎斑猫。即使常用于描述虎斑猫，“猫”一词也是一个虎斑猫所归属于的更概括的分类。

亚历山大和普拉卡什可能会回应说“猫”在这里的意思是“家猫”。但为什么说这是“家猫”而不说这是“猫科动物”呢?后者包括野生猫科动物，如老虎和狮子，但前者不包括。说话者所说的猫确实属于较窄的分类——“家猫”，而说话者头脑中所想的也是家

⑰ 见注1。

⑱ 见注1。

猫，但很明显，我们没有理由认为这个词是一个较小的分类。也许当被问及他的颂歌是否也是为狮子所做时，这位说话者会回答："不是。"但他所说的话可能与他想要表达的意思不同。说话者可能根本没有考虑狮子或狮子是否属于他所颂歌的范围。说话者的这种不确定性使得我们很难判断说话者想要表达的意思是"家猫"还是"猫科动物"。

对于词义的支持者来说，这不是问题。我们可以说"cat"这个词在英语中有多个含义，而这个说话者故意避开了英文中"cat"一词所有的词义。然而，对于亚历山大和普拉卡什这样的排他性意向主义者来说，这确实是一个问题。他们声称标识的意义仅由作者的意图决定。如果是这样，如果这个说话者不打算表示"家猫"的意思，也不打算表示"猫科动物"的意思，那么这个词就没有任何意义。

说话者也不能用"猫"来表示一种"家猫或猫科动物"的分离，因为"cat"等同于"猫科动物"，而说话者却并不打算表达这样的意思。此外，当说话者从来没有考虑过任何一种与另一种相反的分离性时，若我们假设说话者有这种意图，那这就是一种误导。因此，亚历山大和普拉卡什的观点似乎暗示第三种情况下"猫"这个词没有任何意义。这不合理，也不是他们想要的。

"猫"和"爵士音乐家"之间的选择产生了其他问题，因为它们彼此不互相包含。词义的捍卫者可以再次说"cat"这个词在英语中既有猫的意思也有爵士音乐家的意思。但这次很明显，这个说话者并不是指"爵士音乐家"。说话者的意图决定了哪个词义才是说话者要表达的意思。对于词义的捍卫者和排他性意向主义者来说，这都不是问题。

然而，还有另一种说法值得考虑。词类和词形有所不同。如果我在黑板上写下两个"cat"，黑板上就出现了一个类符的两个形符。假设我在一个形符之后写上"means feline"（表示猫科动物），并且在另一个形符之后写上"means jazz musician"（表示爵士音乐家）。然后，似乎很自然地就可以说，即使形符"cat"在英语中具有两种含义，第一个形符"cat"表示"猫科动物"，而第二个形符"cat"意为"爵士音乐家"。

但是，单纯讨论词语的文本主义容易引发歧义。就拿亚历山大和普拉卡什所举的例子来说，他们从一篇名为"非洲大猫"的期刊文章中剪下"猫"一词，并把它粘贴到一首献给虎斑猫的颂歌中。⑲ 在不同语境下的各种含意，对于猫进行赞美。这里我们看到同一个"猫"可以有多个意思，能够表达不同的意向主义。因为词语本身具有文本主义和意向主义的双重性，所以词语本身不必发生变化，所谓词不变而意已变。我们也可以认为是上下文变了，词义也改变了。这里产生了一个问题，如果我们认定词语的文本主义与意向主义是不相关的，那么上述观点显然站不住脚。我们有理由怀疑认定文本主义发生了变化的人是在故意混淆文本主义与意向主义的区别，后者不是固定不变的。如果文本主义和意向主义无关联，那么我们很难解释为什么同一个词语在不同的语境下具有不同的含意。不同

⑲ 见注1，第977页。

的前后文下，相同的文字具有了不同的含义，实际上是作者通过遣词造句使得自己的意向解释发生了改变。这说明了实际上发生变化的是作者的意向解释，而非文本主义。如此说来，文本主义这个概念实际上是否真实存在都令人存疑；我们只需探讨词义（即文本主义的意思）和意向主义（即作者在特定语境中的隐藏在字面背后的真实含意）。

不可否认，也存在另外一个可能性，即凡句中词都具有特定含意。上例期刊文章中的"猫"们组合在一起，粘贴到《虎斑猫颂》（ode to tabbies）中，可以成为猫的礼赞，第一个语境中的猫与第二个语境中的猫含意各不同。还是个性化的语境起了决定性作用。至少对于亚历山大和普拉卡什来说，只要不同前后文中作者的意向解释存在差别，语境内容方面的差异就无关紧要。但是，我们也完全可以回过头来再说一遍，在这种情况下，文本主义与意向主义差别不大。

现在我们发现，无论如何，词义对于我们来说不可或缺，如果我们连最基本的词义都不清楚，那么词汇的文本主义与意向主义又从何谈起呐。假设我们并不知晓"猫"这个词的含意，又怎么能够从"非洲大猫"这篇文章中选词造句，编纂猫的赞歌呐。再举例，如果文章语言变成了中文，我只能望文兴叹，无能为力。这充分说明了即便是在亚历山大和普拉卡什所讨论的特殊情况下，词义也是意向主义的基础，不可或缺。

或许还有最后一种情形值得探讨一下。假设有位语文老师在黑板上写下了一个"猫"字，试图举例证明文本主义的模糊性。老师的意图是让词语具有某种含意，但不是指猫，或同名的爵士音乐家，也并非猫或爵士音乐家。由于她对于词义没有特定的意向解释，根据排他性意向主义者的观点，该词不具有含意。然而这个词语在这种情况下至少有一个含意，否则它就不能作为词义含糊性的例证。无意义的字符串不能成为词义含糊性的例证，相反地它能够成为证明文本主义存在的好素材。"猫"字有两个含意，因为它们均不符合作者的意向解释，所以它的词义含糊不清。这种情况，恰恰证明了独立于意向主义而存在的文本主义的必要性和客观性。

4. 意图表达偏离常规意蕴的内容

亚历山大和普拉卡什的另外一个观点是词义存在异常变化的情形，并举了两个例子。一个是说，马拉普罗拉夫人说，"她来到以前，要你把奥特班放到沙发边上，你知道她说的是奥特曼玩具"⑳，他们认为在这种语境下，奥特班意思就是奥特曼，因为作者的本意如此。

假如这就是他们的逻辑，那么他们混淆了文本主义与意向主义。正是由于马拉普罗拉夫人的主观意愿，她的本意是指奥特曼玩具，从而印证了意向主义的客观存在。同时，不能否认奥特班也是一条德国高速公路的名字。她的误用并没有改变这个词的词义，其文本主义；恰恰相反，正是其文本主义让我们认识到马拉普罗拉夫人犯了错误，用词不当。如

⑳ 见注1，第978页。

果奥特班真的与奥特曼是一个意思，她的使用就无可厚非了。因此，这个例子不仅丝毫没有减损文本主义的重大意义，相反地让我们认识到其在表辞达意中的根本性和基础性功能。

在一个注释中，亚历山大和普拉卡什问道，“是马拉普罗拉夫人的口误，还是她发明了马氏英语新词汇？需要牛津英语词典认证吗或其他什么手续？要回答这个问题，除了主观的硬性规定，我们想不出什么其他好办法。”㉑ 我们同意关于俚语的问题在绝大多数情况下都是主观臆断的。然而，在马拉普罗拉夫人的例子里，她明明想要以标准的英语进行表达，她的意向正是我们认定她只是说错话而已的理由，尽管这一点对于我们主要的辩论主题没啥关联。退一万步讲，她不是在说英语或英语讲不好，她说的“奥特班”在英语里也是有词义的（牛津英语词典中可以查到），或至少是德语词汇吧。

在本案例中，实际上该词义如何并非至关重要。正如亚历山大和普拉卡什所说，“如果你是个正常的乖孩子，应当明白妈妈的意思，把玩具归位放好，而不是想着要把一条德国的高速公路搬家。”㉒ 但那仅仅是因为她是个好女人，而且口误也是那么地明显，所以没人会被误导。我们可以套用文本主义或意向主义来解读她的话，但正常一个有礼貌的人会选择意向主义，因为她没有理由胡言乱语，我们也没有必要那么小气。相应地，如果马拉普罗拉夫人起草法律，我们都会以文本主义来进行解读。假设她是女王，颁布了禁止拥有高速公路的法律。有人读了她的法律，然后去买了一个奥特曼玩具，以为这没有任何问题，因为法律禁止的是高速公路。在这种情况下，即便她的奥特班的实际含意是奥特曼玩具，然而由此认定该公民违法也是不公正的；因为法律的解释通常是以文本主义的，守法公民的标准也是对于法律条文的字面含义的通常含意的合理知晓和了解，而且普通百姓一般也无从知晓立法者的意图和意向。虽然不能排他性化，但有时确实如此，那就是只有文本主义而非立法者意向解释才能够公正地解读法律。在这些情况下，排他性意向主义无法维护公平正义。

亚历山大和普拉卡什的另外一个例子不是涉及正常词义的异常变异，而是赋予毫无意义的声音以异常的含意：“如果有人说格里格，格里格，格里格，那么作者想赋予它什么含意，它就具有什么意思，即便对于其他人来说，听起来完全像是胡言乱语。”㉓ 仅从辩论的角度出发，我们姑且承认这个格里格有作者想要表达的意思；但是，正如我们前面说过的，这个毫无意义的字符串并不因此就获得了文本主义，具有词义。为什么呐，假设有一个警察对你喊“格里格，格里格，格里格”，然后他就以你没有挪动你的车为由而将你逮捕。你提出抗辩，但他解释说“我喊格里格，格里格，格里格的时候，意思是让你立即挪车，所以你属于公开妨碍警察执法”。这显然对于你来说，是不公平的；但如果警察喊

㉑ 见注 1，第 978 页。
㉒ 见注 1，第 978 页。
㉓ 同上注。

叫的那个词真的意味着“立刻开走你的车”，显然情况就变了。我们之所以认为不公平的背后原因是，警察指令和法律一样，都应当采用规范用语，通用的含意。排他性意向主义论无法合理解释公共语言的这个层面。[24]

注意本案例与“三垒教练通过摸自己的耳朵来向击球手发出短打的指令”并不相同。[25] 暗号具有特定意味不仅要求教练有主观意图，而且事先要与击球手沟通好。如果教练是无意中摸了自己的耳朵，而击球手也击出了短打球，教练也无权责备他，因为他确实发出了具有指令性的暗号，尽管他是无意中做出的。相反地，如果教练有意用拉耳朵传递这个信号，但是他忘记了事前跟队员沟通好，这种情况下，即便他拉了耳朵而球员没有反应，他也不能责备球员不遵守指令。这些案例充分说明，赋予这些信号意义的不是教练的意图和意向，而是教练与球员间形成的默契和习惯；这些案例绝非是对于作者排他性意向主义的支持，而是对于它的否定。

5. 语境与谬论

亚历山大和普拉卡什的第五个及最后一个观点实际上是一组不同论点的组合。首先他们给出了一个知名的例子：一块“请勿践踏”的告示牌，同样一块牌子放在草坪上和药剂师的办公室里，其含意显然不同。[26] 这就说明言辞内容的解读要结合上下文语境来进行[27]，毫无疑问，那些辅助性的前后文关联信息是作者真实意向和意图的佐证。[28] 亚历山大和普拉卡什得出结论说，“只有能够反映作者意向的内容才是有意义的内容”。[29]

这个论断存在几个缺陷。首先，尽管标识牌的解读应当依照作者的意图进行，这并非意味着它自身没有独立的文本主义。否则的话，就很难解释为什么草坪主人或药剂师不选其他标示的牌子。如果文本主义并不相关，他们可以在标牌上想怎么写就怎么写，然后这些词语就魔术般神奇地拥有他们想赋予它们的含意。比如说，他们可以选择在牌子上写上“格里格，格里格，格里格”。要解释他们为什么选择此文字表述而非其他，确立词义就是不可或缺的先决条件；尽管言辞含意可能模糊不清，但是，如前所述，一词多意绝不是没有词义。

第二，文字标示应当依照前后文语境进行解释，并非意味着一定要根据作者的真实意向和意图进行解释。[30] 假设药剂师将“请勿践踏”的标牌悬挂在办公室的墙上，他意图是提醒客户在离开时不要践踏外面的草坪，但是，有的不知情顾客认为是告诫自己不得吸食

---

[24] 亚历山大和普拉卡什关于“战略”的例子类似于“格里格，格里格，格里格”，因为“战略”在标准英语中不是一个单词。这就是为什么我不单独讨论它的原因。

[25] 见注1，第978页。

[26] 见杰拉德－格拉芙，“请勿践踏”，“倒毙”和其他不确定性：对桑福德－利文斯顿的答复，60德州法律评论，(1982)。

[27] 亚历山大和普拉卡什，见注1，第978页。

[28] 同上注，第979页。

[29] 同上注。

[30] 同上注。

大麻，因此在院子里踩踏了草坪，药剂师发现后叫喊起来，“以后别来了，不遵守医嘱的人我不欢迎。”该顾客完全有权为自己申诉或讨回公道，不仅因为惩罚严厉或他是冤枉的。他完全有权辩解说他把标识牌的文字解读为“禁止吸食大麻”合情合理，他没有不遵医嘱。的确，顾客并不知晓药剂师的本意，因此，亚历山大和普拉卡什可以辩解说因为顾客本人的无知，所以他对于标示的解释是合理的，可以理解的。但是，假设我们知晓药剂师的原来意图，我们仍然认为如此解读是不公平的，因为它与大多数人在这种情况下能够做出的正常的合理的预期和判断是背道而驰的，所以判断该标示是否被合理解读的标准应当是客户是否有冤情。为了解析标示，是否有必要对于前后文和语境进行解读的判断标准，不是作者意向和意图，而是读者们是否能够进行合情合理的研读和判断。可见，上述例证甚至连药剂师的意向和意图对于标示解释的重要性这一点都不能证明。

在文字起草人出现错误的时候，另外一个方面的内容要求，即错别字方面也值得关注。“如果一项法律含有10项涉及轿车的法律条款，那么必有第十一条是涉及如何定义轿车”，[31] 根据亚历山大和普拉卡什的论点，排他性文本主义者认为第十一条应当理解为是胡说八道。[32] 我们当然认同桥车应当理解为轿车，但问题是这说明了什么？它不是说文本主义前后矛盾或无足轻重。没错，如果我们缺乏对于桥车与轿车的含意不同的理解，就无从判断这里的桥车是否是胡言乱语；这个例子给我们最大的启示是对于立法者意向的一定程度的参考是必要的，否则我们无法将桥车正确解读为轿车。

同样的观点也适用于第十七修正案的起草人的笔误上。我们将其解读为是对于参议院选举方式的永久性修改，我们的解读不可能是基于文本主义的，因为字面上是规定的改变期间仅仅是六年。所以，我们的解释是基于对于立法者意向和意图的合理推测的基础上的。如果果真如此，那么要对法律进行合理解释，对于立法者的意向的一定程度的参考就是必要的。[33]

上述已经足以驳倒那些排他性文本主义者了，他们认定立法者意向或意图与法律解释无关。美国最高法院的大法官斯卡拉和曼宁就是因此而受到亚历山大和普拉卡什的批评。[34] 由于我们的观点是合理的法律解释离不开对于立法者意向的一定程度的参照，所以对于他们受到的抨击也感到爱莫能助。

我们承认我们的观点与融合的中性理论是相符的，即文本主义和立法者意向解释都是法律解释不可分割的组成部分。[35] 文本主义甚至可能居于更主要的地位，因为即便是在与立法者意向和原意发生冲突的情况下，法律还是应当依照其通常字面含意进行合理解释，

---

[31] 见注1，第980页。

[32] 同上注。

[33] 另外一种可能性是我们的法律解释不是基于任何立法者意向，而是惯例，就是说将第17修正案视为永久改变参议员选举方式的通常习惯。

[34] 亚历山大和普拉卡什，见注1，第979页。

[35] 同上注，第968页。

除非文本主义的结果将导致非常严重的荒唐谬论（比如所有或绝大多数公民都认为这个文本主义排他性不是立法者的意向和原意）。当法律的文本主义非常荒唐谬误时，一般公众也不会以此进行活动，所以我们也不能认定他们受到了不合理的误导。因此，在这种特殊情况下援引立法者意向论的问题减少。

上述论点都没有驳倒亚历山大和普拉卡什意图反驳的论点。他们要反驳的观点如下，"法律仅仅通过文本主义就足够了，没有必要引入任何明示的或默示的作者意向和意图解释。"法律起草人的笔误，这一个事实的存在或许证明了有些条文的解释不得不借助于意向主义的介入；然而，这并不意味着所有条文内容都必须或只能通过作者意向或意图进行解释才行。它也不能得出文本主义与意向主义互不相关的结论有什么错误。[36]

或许这里存在某种误解。亚历山大和普拉卡什提出了鲜明强势的论点，但解读需要更宽泛的尺度，或许他们的本意并非具有那么强硬的排他性。我们承认排他性司法文本主义是错误的，因为有些案件必须参考立法者意向解释；或许他们会认可排他性司法意向主义也是不正确的，因为在有些情况下需要借助法律文本主义这个工具。我们还不能回家睡大觉，因为，难题依旧没有解决。我们需要断定什么时候文本主义是决定性的以及为什么，什么时候立法者意向解释是至关重要的以及为什么，还有如何化解两者在法律解释中发生的冲突。需要一整套完善而复杂的理论系统才能够解决这个难题。两者中任何一个都不能单独完成这个任务，亚历山大和普拉卡什似乎想否定这一点，但是，如果他们的真实意图并非如此，那么我们很愿意接受认同他们的观点。

三、法律语境中词义

现在我们应该明了，为什么对于运动场符号，办公室的标牌，棒球手势和颂歌集等的理解和知识离不开文本主义了吧。方言、错别字、含糊、讽刺、比喻等等也都需要文本主义进行澄清。但是，为什么文本主义对于法律的解释特别重要呢？要回答这个问题，我们有必要将这个语言课题放到法学语境中进行探讨。

很多法学理论家似乎将法律理解为法官和立法者之间的私人交流。这个论断背后隐藏的观点是亚历山大和普拉卡什经常引用的，即将一个法官比喻为"立法者的忠实的代理人"。[37] 我也有代理人，例如我的股票经纪人或秘书，当我吩咐他们如何做事的时候，这个交流是存在于我和代理人之间。其他人可能有兴趣听和关心我们干什么，但我们谈话的主要目标是服务于我们自己的意向，影响我们的行为，而不是其他什么人的利益和行为。

在这些私人交谈中，对于解释而言最重要的通常是说话者的意图。我的代理人的工作就是实现我的意图，所以，我的意图指引着我的代理人对于我所说内容解读。这一点也同

㊱ 亚历山大和普拉卡什的策略性例子是指那个"格里格，格里格，格里格"，由于策略性不属于标准英语词汇，所以我们没有对其单独进行讨论。

㊲ 见注1，第989，992－993页。

样出现在与马拉普罗拉夫人的谈话中：如果我们是从她所使用词语的字面含义而不是她的意图想说的进行解释，我们会失礼，她将会被冒犯，除了会引起单调的笑话，我们将一无所得。相反地，如果我们根据她的意图正确解读她的话，我们就能顺利理解她所说的，没人陷入麻烦。如果我们是根据她的意图，而不是她使用的词语展开解读，就不会背离任何合理期待，也没有听众会被误导。

这一要点似乎看起来也同样适用于法律，如果法律仅仅是立法者与法官之间的私人交流。可以推测，立法者们肯定像马拉普罗拉夫人一样，都是很好的人，并不会想刻意误导他人。如果不涉及到其他主体，假设法官们能够辨识出立法者意图说的并非其所使用语词的字面含义，那么按照立法文本的字面含义就没法获得合法的内容。当然，法官可能会使用他们自己的语言表述来阐释立法文本，进而获取更多的内涵。如果法官更倾向语词含义，那么，当他们选择语词含义而非言说者的含义，能够让他们获取更多权力。然而，如果这样的话，法官会自私的像那些麻木不仁的小丑一样，拿马拉普罗拉太太开涮。

当然，这种模式下的法律太过简单了。立法者和法官进行的不是什么私人交谈，公众在倾听着，而且不是偷听。只要法律的意向是规范公众行为，维护公共利益，那么他们的谈话必须面对公众进行。因此，法律通常是立法者和公民间的公开对话。

在普通人之间的日常对话中，我们也能发现法律被经常引用。人们可以运用法律影响他人的行为："这是我的地盘，你这是非法入侵，再不滚蛋我报警逮捕你。""签了这个合同，我就把钱给你，你就以合法的形式被请求为我办这些事，如果你不办，我可以告你。"普通公民之间经常有这种交流（或想象着进行），因为这就是他们对于法律的理解。

也正是因为法律以各种方式影响到普通老百姓的生活，所以它对公众而言应当是可理解的。公民需要有能力解读法律的能力。他们怎样才能做到呢？他们可以咨询律师，但这种方式很快就显得很昂贵。老百姓也可以自己钻研立法者的意图，但这需要大量的时间和训练，而且相关证据往往是无法获取的，不充足的，互相矛盾的。民众可以猜测立法者的意图，但这风险很大。最终结果是，民众一般以法律语词的惯常含义为基础来展开理解，如果是能胜任某一门语言的言说者，语词的公共含义通常是能够获取和感知到的。因此，这种解读方法在很多情况下是自然的合理的。

其中一种情形就是版权法。假设我想引用他人著作中的内容，需要确定这是否必须经过作者的许可。我可以找律师咨询，但或许太昂贵，我支付不起，所以我自己来研读法律。大多数法律都相当复杂，但假设这一法律规定读起来很简单，"在以下情况必须经过版权持有人的许可，如果是歌曲，引用超过 100 字，如果是其他任何题材的资源，引用和超过 500 字。"我可以合理地推断，从一首诗歌中援引 400 字，不需要经过作者的许可。我没有必要再去查证相关法律档案来确定立法者并没有根据他们的语言习惯把诗歌也纳入歌曲的范畴进行保护。如果他们想那么做的话，早就应当在法律中做出不同的规定，我不应当为他们的失误买单。如果诗歌的作者起诉我，那么法官应当依照法律条文的实际语词含义对其进行解释，我也是这样合理地解释法律，所以我不应当支付任何赔偿金或者版权使用费。如果立法者想要改变法律的规定为“……从歌曲或诗歌……”，他们可以那么做。然而，这样已经修改了法律。在变更法律以前，法律的含义取决于“歌曲”的语词涵义，即便立法者都有将诗歌包含进去意图。至少在本法律领域，当语词含义清晰无误时，它的效力高于立法者的意图。

这一点在刑法领域甚至更加明显。假定有法条规定说，这里我们又需将其极度简略化，“任何人持有枪管短于6英寸的手枪和刀刃长于6英寸的刀具均属于违法行为。”有一个人知晓了这条法律，并不想违反它，所以他携带了枪管短于6英寸的手枪，而将一英尺长的刀留在家里。当他被警察逮捕时，他辩称法律禁止的是同时携带两种武器，但他仅携带了一种。检察院自然主张的是立法者的意图，“任何人携带枪管6英寸以下的手枪或者刀刃超过6英寸长的刀具的，即属于违法行为。”在立法者如何描述涉及争论的这一法律时，其意图就体现出来了。法官当然也认为持枪者的对于法律的解释是不合理的，因为立法者的意图很清楚。然而，如果我们认定持枪者依照法律的字面含义做出的理解是合情合理的，那么法官就不应当判他有罪。法官和检察官可以在事后向立法机关发函要求他们改变法律的规定。同时，法官应当通过解读法律，使得持枪者的行为不致遭禁。为什么呢？因为法律所使用的语词表达的就是这个意思。

在这背后还隐含了一条法律原则：如果公民的行为依照对法律的合理理解是允许的，那么对他科处民事责任或刑事处罚就是不公正的。为什么呢？一个理由就是该公民不可能知道自己的行为将遭受这样的制裁。即便存在着其他合理的法律解释，只要允许这种行为的法律解释是合理的，这一理解的可能性就排除了当事人有能力知道法律禁止该行为。

自然科学领域也出现了类似的知识标准。全球气温升高可以被理解为是自然界本身的波动变化，也可能是由人类活动影响造成，目前尚没有定论。以后的资料可能解决这一问题，但当前的资料尚不足够。总而言之，我们可以用不同的方式对资料做出两种合理解释，我们无法断定哪一种才是正确的。在法律领域也是同样的道理，当存在两个均为合理的解释时，我们真不知道法律到底意味着什么。

现在我们加上另一个前提：当某人不可能知道法律内容时，他就不应当承担违法所导致的刑事责任和民事责任。法学理论家们，从自然学派到实证学派都认可这一原则。这背后有一个传统要求，法律必须公开或颁布施行。必须承认，很多公民不愿意不厌其烦地去阅读和理解法律，但是，正如富勒所言，“即便是一百人中只有一个人努力地去关注法律，比如说，这部法律可以适用于其职业实践，这就足以证明该法的普遍适用是合理，起码这个公民有权知道法律规定了，而具体这个人是谁，我们事先是无法预知的。”㊳

由此我们推断，如果行为人的行为依照对法律的合理解释是允许的，那么他就不应当

㊳ 富勒，法的道德性，第51页。

被判定为违法，并承担民事责任或刑事责任。[39] 而且，如前述的例证，在很多案件中普通人依照文字含义解读法律是合情合理的，这也说明了为什么在很多案件中用语词的公共含义来指导法律解释是正当的。[40]

或许并非所有的情形都是如此。我们已经假定在上述案例中将“手枪和刀具”作并列连词情况解释才是合理的，但这一点本身还是存疑的，然而，如果依据字面含义解释法律是合理的，那么公民就不应当因为遵循字面含义而遭受制裁。

在有的情况下，依据字面含义解释法律可能并不合理，比如当字面含义与立法者或意图冲突时。这方面的例子包括代笔人的笔误，正如亚历山大和普拉卡什之间的协议规定，其中包含有十条关于轿车（cars）的规定，但第十一条却是关于 cas’。正如我们前面统一的那样，该法律应当依照立法者意图做出解释。但这很难说明，在错误不那么明显的情况下，意图或者说话者的意向应当优先于字面含义，以至于公众很可能会被误导或者产生混淆。

我们也承认，在其他法律领域，是否应该用文本含义或言说者的意向指导法律解释，不是那么显而易见的一件事。以宪法中第一修正案的宗教条款为例。字面上看，这像是主权者向立法机关下达命令，再由法院执行。那么普通公民该如何适应该规定呢？答案在于读了第一修正案的公民都会形成合理的立法期待，某些法律将会通过，另一些法律即使通过了也会被废止。然后，公民会按照他们的期待行事。违背合理解释基础上的正当期待是不公正的。还有一些比这更糟的情形，所以法官可能需要在判决中引入其他要素。但是，不可否认，即使是在宪法解释中，语词含义也占有非常重要的地位，这是基于其对公众的重要影响。

也许在某些领域，语词含义完全不应当用于指引司法解释；或许在私法合同和遗嘱领域起着决定性作用，我们对此不持立场。我们的论点在于文本主义在众多法律领域，其作用是一致的，重要的，甚至是决定性的，令人惊讶的是，竟然会有人否认这样一个谦逊的论点。

（编辑：金　梦）

---

[39] 亚历山大和普拉卡什，见注 1，第 988 页。

[40] 对于意向主义来说是个问题，如果，正如亚历山大和普拉卡什所说，“意向主义总是只产生一种意义。”同上，第 988 页。然而，这种说法值得怀疑，因为立法者（和其他人一样）可以在同一时间根据多种意图行事。

法律拟制与法律变迁*

［英］Maksymilian DelMar 著** 俞海涛 译***

摘　要　本文提出了一种法律拟制的定义，并评价了其在法律实践中，尤其是在促进法律变迁方面的作用。本文第一部分将法律拟制定义为对一个或多个必要操作性事实（the required operative facts）的悬置（suspension），它将导致关联规范后果的赋予，无论这种悬置是因为（1）一些在先之必要事实的证据缺失；还是（2）相反证据的出现。第二部分认为法律拟制作为法律变迁的推动者，承载了于其不公的坏名声。本文呼吁将法律拟制看作推动法院之间交流的探究性认知形式（tentative cognition），探索法律变革是否应该在一种更明确的层面上进行，即将某种规范后果赋予悬置的必要操作性事实。若对法律推理持这种联系的观点，法律拟制就成为一种谨慎试验的工具——一种考察引入规则是否达到有益程度的方式。由此看来，法律拟制绝不是体系不成熟的标志；相反，它们是法院在时间的长河中，借以平衡灵活性和稳定性、回应性和前瞻性的动态资源。

关键词　法律拟制　事实悬置　认知形式　法律变迁

引　言

任何对法律拟制的详尽探讨都必须处理两个基本问题：第一，定义——界定分析对象，借助诸如推定（presumptions）和视为（deemings）等相近概念理性地加以重构；第二，评价——理解和判断法律拟制在法律实践中的作用。本文分两部分处理这两个问题：第一部分定义问题，第二部分评价问题。

---

* 本文源自 2011 年法兰克福 IVR 大会法律拟制研讨会。感谢发言与参与者，尤其是我的同行对这个特殊问题的贡献。

** Maksymilian DelMar，伦敦玛丽女王大学法理学教授。

*** 俞海涛，男，浙江宁海人，华东政法大学 2018 级博士生，研究方向：法律方法论。

本文将法律拟制定义为对一个或多个必要操作性事实的悬置，它将导致关联规范后果的赋予，无论这种悬置是因为（1）一些必要事实的证据缺失；还是（2）相反证据的出现。这个定义比文献中常见的定义更为宽泛，因为主流认为拟制须有虚假的意识，而上述第一个理由只要求证据的缺失。这样定义能让我们更好地理解和判断法律拟制在法律实践中的作用。因为它将该工具的使用与证据之可得性问题联系在一起，后者在实践中始终存在。推定的概念与本文对法律拟制的定义相近，但它们的运作方式不同：推定并不悬置必要操作性事实，推定对操作性事实的发现可能性采取立场，无论是将操作性事实的举证责任从一方转移至另一方（因此反驳了推定），还是干脆不允许就该事项举证，从而不允许反驳（如结论性推定）。法律拟制并不对操作性事实的发现可能性采取立场，相反，它们直令关联规范后果的赋予与操作性事实无关或不以操作性事实为必要条件。正如即将在下文第一部分看到的，必要操作性事实的悬置经常出现在某种意图或因果关系需要证明但无法证明的场景中。法律拟制因此常被用来减轻意图或因果关系的举证责任，而举证原本为规则或原则所要求。本文第一部分用例子阐明了该定义，并在法律拟制的文献中对其进行定位。

本文第二部分转向评价法律拟制在法律实践中的作用。评价不仅以第一部分的定义为前提，同时也强化了该定义。通常情况下，对事物的评价促使我们更好地理解它。查阅评价法律拟制作用的文献可知——对任何读者来说都相当明显——其声名乏善可陈。它们有时被吝啬地视为法律变迁的有用方式，但随即被贬为法律体系不成熟的标志——这个体系还不具备成熟法律秩序清晰而融贯的内在品质。本文呼吁要对法律拟制更有耐心，并为悬置必要操作性事实寻求潜在的合理性，以此反对引入将一种规范后果赋予一系列新操作性事实的新规则。本文的论据是，如果我们将焦点从法律拟制运用其间的个别的、孤立的判决转移至将法律推理理解成跨时间（across time）的、相联系的事务，即当前法院既关注过去的判决也与未来的判决有关，然后我们将看到法律拟制的运用是一种探究性（而非独断性（assertive））认知形式①的运用。换言之，悬置必要操作性事实，允许未来的法院考察一项潜在的新规则的界限；允许他们思考该拟制是否应该被表述为一项新规则，抑或拟制的功效还需他们和未来的法院通过一个个案例继续探究，抑或运用了拟制的这个案例应被当作例外（或甚至错误）而革除。通过这种方式，法院运用拟制时——尤其是第一次——它邀请后来的法院思考摆在它们面前的事实，是否应该再一次悬置必要操作性事实，引入一项规则的时机是否成熟。

总之，本文的两部分——定义和评价——都希望能更积极地看待法律拟制。更宽泛地说，本文希望以这种方式理解法律拟制，可以帮助法律理论家们看到法律推理的模式和工

① 另见 Rescher (2006)，他曾用探究性认知形式的观点来理解并展示推定的功用。不幸的是他没有讨论拟制。宽泛地说，本文支持他的呼吁，即应对“较低程度的认知证明”（第 x – xii 页）和这种证明与法律认识论的相关性更感兴趣。

具历时性（diachronically）运作的重要性，即作为联系的资源，供该法系中的参与者完成跨时间地协作。② 法律拟制难有建树，因为对它们的评价都是从单一使用的视角出发。但也如法律推理的其他模式和工具，只有从多元使用的视角出发，它们才能成就自己。像边沁那样尖酸、严肃的经典评论，说法律拟制是带着“瘟疫气息”的“梅毒”太苛刻了。③反而，它们更像是存在于一个由不同硬度砖块组成的世界中的橡皮砖，亦即形状可变的建筑用砖，最后被舍弃或者作为模型被用于生产更多地面上的稳固建筑。简言之，当被广泛使用时，法律拟制是内在的动态资源，使法院能一直在灵活性和稳定性、回应性和前瞻性之间取得平衡。

一、定义拟制

可以说，法律拟制存在于大多数（如果不是所有）法律体系中。在这些法律体系中，法官职业共同体依靠过去材料组成的权威语料库解决纠纷，无论是规则还是判例。这是因为法律拟制这种工具产生于一种需要——甚至常是一种责任——给人提供一种解决问题的方式，它尊重融贯性（也因此尊重某些层面的前瞻性和稳定性），同时试图有效回应个人的分配正义。法律拟制产生于法律变迁的煤层中，服务于两位主人：旧体系的守旧压力和受害人寻求救济的呼声。

需要即刻指出的是本文所讲的法律拟制是运用于裁判过程中的工具。那些曾为不同种类的法律拟制寻求分类的理论家——如富勒（Lon Fuller 1930 - 31）和 Olivier（Pierre Olivier 1975）——也曾提及诸如立法拟制、④ 法学拟制、⑤ 法律技术的拟制⑥和被公民作

② 从方法论来说，本文从属于一个我在其他作品中做过的呼吁（例如 see Del Mar，2011），即不仅法律理论家与法律史学家之间，法律哲学家与历史哲学家之间也需更多的合作。另外最近的尝试是试图对法律推理作多时相的（multitemporal）、相联系的（relational）解释，尽管这里的时间借助了叙事的概念，see Del Mar（2013）。

③ 原文是：“拟制的瘟疫气息毒害了所有相近媒介（instrument）……在英国法中，拟制是一种梅毒，它蔓延于法律的每一个脉管，渗透到法律腐臭原则体系的每一个部分”（边沁，引自 Harmon，1990 - 91，p. 4）。指出此处的分歧当然不是要加入到这恰当、细致的批评队伍，去为分歧的正当性背书。关于边沁对拟制时常矛盾的态度，适当而细致的讨论 see Michael Quinn（2013），还有 Stolzenberg（1999）列举了一些十分有益的参考书目。

④ 即由立法机关采用或创造的拟制；如 see Olivier（1975，pp. 130 - 31）。

⑤ 诸如“法官从未创制法律或法律的统一性”等拟制；see Fuller（1930 - 31，p. 903）。边沁将之视作理论上的“谬误”，并特别批判它们：相关讨论和边沁认同的拟制分类，参见 Quinn（2013）。

⑥ 恰如法律权利与义务、法律权力与责任、法律上人格的概念。对此，富勒说它们“是本质上与物理学概念相似的替代工具”，如能量、物质和重力，参见 Fuller（1930 - 31，p. 905）。

为法律工具使用的拟制。⑦ 富勒和 Oliver 也都提及了裁判中的拟制，在这方面——如我们即将看到的更多细节——他们的研究与本文直接相关。⑧

富勒和 Olivier 在下一般定义时有很大不同。富勒对法律拟制的著名定义是“1）一项带有全部或部分虚假意识的陈述；或 2）被认为是有功用的虚假陈述”（Fuller，1930 - 31，p. 369）。称拟制为“陈述”⑨ 似乎有点矫揉造作，尤其在裁判背景中，将其理解为推理的工具显然更为有用。⑩ Olivier 下的一般性定义相对更规整，也更和本文路径一致：

> “我将法律拟制理解为对事实的慎重、合法、不容反驳的假定（assumption），与个案中被证明或可能的事实相反，目的是引入一项特殊的法律规则或解释一项法律规则，这种假定被法律许可或运用于法律科学中。”（Olivier，1975，p. 81）⑪

然而，本文的定义与 Olivier 略有不同。说法律拟制是对操作性事实的一种“悬置”，

---

⑦ 例如在罗马法上，一个人为了脱离父亲的管治完成三次虚构的交易（see Mitchell，1893，pp. 253 - 54）。需要补充的是，米歇尔将法律拟制定义为一种“工具，用来得到一种欲求的法律后果或避免一种不欲求的法律后果”，他进一步将这一工具分成三类：“1）以一种起先未被预见或意图使用的方式使用既存之法律”，正如上文三次虚构的交易；“2）与真相相反，主张某些事实存在或不存在”（这里 Mitchell 脑子里想的是管辖拟制，比如当一个人把米诺卡岛当作伦敦市郊）；“3）关系拟制”，他进一步将之细分为四类，但其本质是归因（attribution）（如从主到仆的责任）（Mitchell，1893，pp. 253 - 55）。被公民作为法律工具使用的拟制在犹太法（对日常生活作了密集的规定）和伊斯兰法（他们称之为“hiyal”，有时被消极地定性为“虚假交易”（bogus transaction），近来被辩护为提供救济的创新方式；See Horii，2002）中很常见。关于犹太法中的法律拟制，See Hayes（2004）and Moscovitz（2003）。

⑧ Peter Smith 最近尝试添加他所谓“新法律拟制”的类别（2007），但是这些——即目击证人证言的可靠性、陪审员否认证言的能力、对未来危险的预测——似乎被 Smith 当作更像是偏见、不当的历史遗迹或体系的弱点。也可 see Knauer 对 Smith 的讨论（2010）。

⑨ 富勒不是第一个这样做的人。他可能沿袭了 Vaihinger。弗兰克也让我们记起如 Vaihinger，Tourtoulon，一位重要的法国法学家，将法律拟制定义为明知错误事实之虚伪而仍加以陈述之（see Frank，2009［1930］，p. 339；and see Tourtoulon，1922）。称拟制为“陈述”（statements）绝不是过去理论的特征之一——最近例如 Riles 也曾将法律拟制定义为“一种法律结论（legal conclusion）——一种以事实陈述的形式作出的决断（judgement）行为：它是一种表现得像是事实的理论”（2010，pp. 15 - 16），虽然把“陈述”看作是“一种决断行为”的形式似乎是个进步。

⑩ 尽管富勒试图尽可能扩张定义，以便包含他提到的其他种类的拟制（如上文指出）。对拟制多大程度上应被视为命题的讨论，see Karen Petroski（2013）。正如 Petroski 阐明的那样，关注拟制的修辞和交流功能当然是重要的，这不仅在法律共同体的成员之间，也在精通或不精通法律话语的人之间。我于此的关注点——我认为与 Petroski 的观点一致——是法律拟制的一种特殊的交流功能，我认为它一直被低估了，如果不是完全地被忽视的话，即它们是促进法院之间跨时间交流的方式。

⑪ 在其他时刻，Olivier 借鉴德国法学家 Bernhoft 的研究，提出了另一个似乎更为准确的定义：“拟制是一项法律规则，通过这个规则相同的法律后果被赋予特定的事实（拟制的基础）如同被赋予另一个事实（虚构的事实）。人们首先想象一系列事实 B，即虚构的事实，并思考这些事实将会有什么样的法律后果，然后将这些法律后果转嫁到一系列事实 A，即那些将应用拟制的事实”（Olivier，1975，p. 21）。然而，称之为“规则”是一种误导——本文认为拟制恰恰常常用来避免创造规则。换言之，人们悬置一项规则的操作性事实，此规则包含人们认为应该遵循的规范后果。这可能有助于回答 Olivier 提出的问题，即“为什么将适用于虚构情形的规则适用于拟制的基础？通过什么样的逻辑和法律过程，这样的转移被授权或允许？”简短的回答是：并没有转移——只有暂时的悬置。更稳定的悬置（也因此可能引入一项新规则）的正当性，可能源于一系列类似案件产生的规范动力。

而不是对事实的“假定”似乎更准确——如果一个人知道存在与操作性事实相反的证据，他不会“假定”它是相反的；他知道它是相反的，却仍义无反顾地让规范后果随之而来。进一步说，“悬置”更好地抓住了拟制的暂时性本质。最后，在个案中提及“可能”的事实是不必要的：对拟制来说，一个人所需之全部要么是有与操作性事实相反的证据，要么是没有操作性事实的证据——他不需要对标准做出判断（尽管当缺乏操作性事实的证据而运用拟制时，有时确实会这样做，因为法官觉得那可得之证据将会揭示隐藏的相反事实）。

Olivier的一般定义——尤其是与可能事实相反的假定⑫——将他带入不区分拟制和推定、视为的危险边缘。这有点出人意料，另一方面Olivier非常注意将拟制的概念与其他概念相区分，例如“规范的类推适用，即，将适用于事实B的规则适用于事实A”，基于“无虚假事实假定”（no false factual assumption）；或“隐喻和象征性表述，它们竭力描述法律制度或概念，但不要求一个虚假事实假定，如时效取得（prescription‘runs’）；或“关于法律或法律制度的抽象观念，如主观权利的概念”（Olivier，1975，pp. 81－82）。

然而，思考Olivier所举之例，我们大可忽略其一般定义中的“可能事实”。例如查阅罗马－荷兰法，Olivier说“私生子没有父亲，在其父亲或父亲亲属未留遗嘱死亡后不能继承”是个拟制（Olivier，1975，p. 133）——毫无疑问孩子没有父亲是可能的；或“基于父母在孩子出生前已婚的拟制，私生子被父母随后的成婚合法化”（p. 133）——再次说明，除非知道父母在孩子出生时未婚（或不知道他们是否已婚），否则就没有拟制的需要；⑬“基于溯及既往的拟制，未成年人订立合同需经监护人追认方能生效”（P. 133）——再一次，生效的可能性是没有问题的（未成年人不能独自使合同具有法律效力，如果他们生理上还只是孩子），这也是一个为了在具体个案中达到看上去公正的结果，操作性事实对意图之证据的要求被悬置的好例子。⑭

当Olivier举出来自普通法的Des案——这是一个已知相反事实的场景下裁判的例子，同样如此。正如Olivier总结道：

> “在Des案⑮中……上诉人为已婚男士，在官方的地税估价册上登记为该婚

---

⑫ Olivier不是第一个提及假定的人。Ubaldis，一个14世纪意大利法学家，把法律拟制称为“与事实相反的虚假的假定”（see Jones，1940，p. 170）。有趣地是，我们将在本文第二部分回顾的梅英，在比罗马法上的“拟制”（fictio）（即作为一种虚假的断言（false averment））更宽泛的意义上提及拟制，“预示着掩饰或试图掩饰的任何假定，一项法律规则的字面意义保持不变，它的事实和操作方式已然改变”（Maine，1931［1861］，p. 22）——值得注意得是这个定义包含了常被看作是拟制最负面的特征，即掩饰。

⑬ 该拟制也是保存一般原则的好例子，即社区对生育前结婚的重要性的一种规范性认可。绝对清楚的是：在此例中，“生育前结婚”的操作性事实被悬置，但无一般原则被阐明，因此回避认可这种惯例。

⑭ Olivier在例子中有时用“视为”——如他说“在妨碍执行的情况下视为已经执行”是一拟制（Olivier，1975，p. 134）。人们尽可以宽大为怀，但这与本文对“拟制”所取之进路仍有区别，即它在性质上似乎比司法中拟制的试验性运用更具决定性和法定性。关于视为，下文详述。

⑮ Des Salles D’Epinoix v. Royal Borough of Kensington and Chelsea［1970］1 All ER 18.

宅的纳税人。1966年，他因婚姻不和离家出走，他的妻儿继续居住。他被要求支付评估的地税，但他拒绝了。法院以Parker爵士的名义指出，即使在一个具体案件中对财产的身体占有（physical occupation）已经停止，一个人仍可能‘实益占有’（beneficial occupation）。‘实益占有’的观念是一种拟制，丈夫在法律上有责任支付评估的地税，因为这种责任是他扶（抚）养妻儿的法律责任的组成部分。”（Olivier，1975，pp. 147－48）

这是一个能说明本文所取之拟制进路的好例子：⑯ 依附于“占有”概念的规范后果（此例中为交地税的责任）要求身体居住在特定住所的操作性事实。然而，为了在此案中实现被认为是公正的结果，该操作性事实被悬置——以被纳入“实益”资格为标志。要补充的是，Olivier批评此案，声称它本该依据明确的原则作出判决：

“法官竭力根据占有勾勒法律关系。与适用正确的法律原则于事实之上相反，他寻求改变这些事实。正确的判决本该是：因为丈夫出于供养责任的美德，法律强制其为妻儿提供住所，因此有为住所缴税的责任。然而法官过于强调物理事实，就只能运用拟制达到意图结果：丈夫被视为仍占有住所，因此有责任缴税。”（Olivier，1975，p. 149）

从本文的视角来看，这太快了——Olivier可能低估了当时减轻离异丈夫责任的重要性，或没有意识到，不去创造为分居妻儿住所缴税的一般责任的重要性——部分因其不可预知的影响。但若阐述这一点就提前跳到第二部分的问题了，那里我们将思考更多细节。

再看富勒，虽然他对拟制的分类有点与使用拟制的动机类型相混淆，⑰ 他所阐释的某些方面对本文的进路大有裨益。尤须指出的是，他对拟制、推定和禁止否认（estoppel）的关系探讨，它们作为工具既用来促进，也用来“遮掩”（Fuller，1930－31，p. 531）法律的成长。尽管很长，下面这段还是值得全文引用：

“几乎任何法律变迁都可以被描述为，重新定义某些法律后果所依据的操作性事实。举例言之，假如在现行法律下，法律后果X产生于事实A和B，A和B是引起法律后果X的事实。现在人们可能希望将同样的后果（X）归于事实A和C。例如，以前只有在明知其不真实（事实B）而做出不真实陈述（事实A）的场合才存在虚假陈述的责任，现在人们认为，在因过失（事实C）做出不真实

---

⑯ 尽管加上了适当理解和评价的条件，不能只在这一个案例中孤立地看待该拟制，而必须跨越时间来追溯。

⑰ See Fuller（1930－31，pp. 513－46）.

> 陈述（事实 A）的场合赋加责任也是可取的。在现行规则纹丝未动的情况下，这种变革是如何完成的？我们如何保持操作性事实 A 和 B 的表象？至少存在三种显著途径：1）当存在事实 A 和 C 时，即使明知 B 在此案中缺席，仍允许主张 B 存在。这是一般的拟制方法。2）由事实 A 和 C 推定 B 存在。3）陈述事实 A 和 C 的存在，禁止否认事实 B 的存在。”（Fuller，1930－31，p. 532）

关于这个重要段落可作大量评论。首先，案例中事实 B 不一定要被事实 C 取代。相反，事实 B 可能只是被悬置了。其次，富勒此例的有趣之处在于，事实 B 被事实 C 取代的地方总与意图的证明问题联系在一起——从这个视角来看，过失成为法律变迁的推动者，是因为它提供了一种处理必要意图不可证明（或用难以证明更好）问题的实用方法。再次，声称现存规则“纹丝未动”不太准确，但要声称规则已暗渡陈仓式地变迁也不太正确。在时间的长河中而不是在单一的、孤立的判决中考察拟制的作用就会看到，它（1）通过指出悬置一个规则的操作性事实的合适情形（基于未来法院的未来案件），积累创造规则的规范压力（normative pressure）（2）为最后引入一项新规则提供些许规范动力（normative impetus）（但后续法院也可能不这样做）。第四点更正面：富勒区分并指出了拟制、推定和不容否认三种工具间的关系。在这方面，他补充说：

> “使用哪种工具取决于何者便宜。在事实 A 和 C 完全能证明事实 B 的场合，可能就会用推定，尽管推定有以下劣势，即如果有人坚持纯粹的“推定”，那么至少在某种程度上将允许反驳。如果一方有任何行为可以构成拒绝给予他反驳 B 的权利的基础，禁止否认就可能被使用。如果所有这些都失败了，就只剩下拟制赤裸裸的伪装。”（Fuller，1930－31，pp. 532－33）

富勒这里对拟制的态度并不慷慨，但他的分析是有益的：推定更多地（且更有效地）用在操作性事实可能被证明（也许是相反的操作性事实）的场合，在这种情况下，如果另一方能够证明不太可能发生的事，为其留出反驳空间是有意义的；另一方面，对禁止否认来说，一种操作性事实也可能被证明，但这次反驳被操作性事实自己（特定行为的缺失，如胁迫）进一步限制了；这才来到拟制，用富勒的话说，当“所有这些都失败了”。然而，富勒对拟制的评价局限于孤立地看待单一判决中的拟制，也就是说让拟制、推定和禁止否认在同一时间段上同台竞技。相反，如果我们跨时间地来看，就将看到推定和禁止否认比拟制扎得更深，即尽管稍稍隐匿于证据法结构中，但它们已经建立了规则。而拟制与其说是暧昧不清的，不如说是试探性的。换言之，因为孤立地、单一地看待拟制的使用，富勒恰恰忽略了其价值（至少在与推定、禁止否认比较的语境下）。

尽管富勒小心地区分拟制与推定，他并没有清楚地区分开拟制与视为。例如，当举出他所谓“探究性拟制”（exploratory fiction）的例子时——在这种拟制中，法官从事建构并朝着原则谨慎前行——他说，“侵权替代责任学说始于这样的观念，即主人雇佣粗心的仆人应被‘视为过失’。”（Fuller，1930－31，p. 528）。拟制与视为的界线确实不清。然而，富勒的例子较之拟制更具视为的味道；毕竟，它创制了一项明确的原则——替代责任——此例的操作性事实是如果仆人仍在主人的雇佣下，那么主人就对仆人的过失负有责任。如果把它想作一种拟制，那就需要识别一项其操作性事实被悬置的规则，而这里是否有这样一项规则并不清楚。这里有一个一般概念——责任——但是借由替代的观念扩张责任并无拟制的意味——相反，它更像是政策规定（stipulation）或假定（postulation）。

也即视为更具规定性（stipulative）——某种意义上更任意——与证据的有关困难并无清晰的联系。[18] 然而正如上文提请注意的，界线不总那么清晰。例如，思考如下众所周知的设定：“失踪七年及以上的人是死人”。[19] Rescher 认为这是推定，在可反驳的意义上这是对的（而视为通常不能）。然而，也存在关于它的规定性和任意性问题——为什么是 7 年，不是 6 年或 8 年？——它也不需要被认为是，对一个人生存或死亡的概率或可能性采取了立场。那么它可能是准推定（或准视为?）。另一个难以界分的例子是（也来自 Rescher，2006，p. 5）：“妻子无能力指证丈夫”或“未成年人太不成熟以至于不能投票或订立有效合同”。这些当然感觉更具有规定性，因为它们不能被反驳。但它们可能被认为是，对任一潜在的相反证据的可信性采取了一种立场，即无论给妻子的能力提供什么证据，妻子仍然会受到偏见；无论孩子表现得多么成熟，他们也不可能理解其所作承诺的法律后果（或予以接受）。[20]

超出富勒和 Olivier 来看，也能发现与本文相近的法律拟制定义，例如在 Peter Birks 题为《拟制古今》（Fictions Ancient and Modern，Birks，1986）的重要著作中（但它在法律拟制的文献中常被忽略）。Birks 研究了一种诉讼形式，他将之视为理解法律拟制的典范：支付金钱的诉讼。首先，该诉讼受条件约束（操作性事实），（1）存在“一个请求（支付给第三方）”；（2）存在“一个归还的允诺”（Birks，1986，p. 87）。随着时间的推移，这些操作性事实被丢弃，即便存在相反的证据（即不存在要约和承诺的证据），同样的诉讼形式也能用于讨要金钱。正如 Birks 所言：

法院在金钱支付诉讼中拟制了这一请求，从而使原告可以起诉，其中原告与被告本没

---

⑱ 视为在罗马法中的运用常常更具规定性。例如“被掳归来者应被视为一直居住在罗马”（see MacLean，1999，p. 3）。这里不存在操作性事实将被改变的在先规则——反而，为了将相似的规范后果（即源于持续不断的居住）赋予新的一类人（即那些曾被俘虏的人），创造了一项视为形式的规则。

⑲ 例子来自 Rescher（2006，p. 3）。

⑳ 另一个相关的区分是在拟制和假说之间，尽管这个探讨放在法律和科学的拟制比较中更贴切。区别是假说直接指向事实，即它们对本质是什么采取立场（尽管是可废止的立场），虽然明知拟制是弯曲事实的一种工具，但是正因如此它很有用。关于此区别的讨论，最重要的文献也许是 Vaihinger 的《假如哲学》（*The philosophy of 'as if'*，2009［1925］），也可 see Frank（2009［1930］，p. 339），Samek（1981，e. g. p. 301），Fine（1993，p. 7），和富勒论拟制的第三篇论文（1930－31，pp. 877－910），其致力于探讨和评价 Vaihinger 的贡献。

有交流，而被告为了自己的利益，声称已经支付了金钱。也就是说，这一请求的拟制使得诉讼延伸到无允诺债务（non - promissory indebtedness）领域。(Birks，1986，p. 90)

另一个例子是1799年的Exall案㉑：

“事实是原告将他的马车留在被告处等待修理。被告的地主因其拖欠租金行使了自己的权利，扣押了这辆马车。为了赎回马车，原告因此不得不支付地主被告拖欠的租金……（原告）无疑已经支付了被告的费用，但不是在后者的‘特别情形和请求’下，也不在偿还允诺可由推论的情形下。尽管如此，法院认为原告有权利提起金钱支付诉讼……原告可以通过证明使请求和允诺的主张实体化，即证明他的支付使被告受益且他并非自愿这样做。通过这些事实，他可以证明他并非自愿承担地主合法地强加于他的租金。”(Birks，1986，p. 90)

在当前语境下这个案例很有趣，因为它展示了法院如何根据其他事实证据悬置某一操作性事实，这在诉讼形式中并未明确指出。令Birks的探讨有价值的是他对法律拟制如何运作的一般化分析：

> “原告提出了一项常规诉求，陈述事实A、B、C、D；他被允许只要证明B和C，或B、C和Z就能获胜。这一问题的实质是一项司法决定，即B和C，或B、C和Z在法律上被赋予与A、B、C、D同样的后果。然而，因为此项决定是在陈述事实A、B、C、D后做出的，又因为原告们在后来的案件中即便想提出新的事实，也继续做同样的陈述，所以法律发展的形式就是A和D的拟制化(fictionalisation)。”(Birks，1986，p. 86)

Birks的分析比富勒或Olivier的更显动态。他谈到A和D的“拟制化”，某种程度上是，或可解读成对持续过程而不是一个孤立诉讼的承认。尽管这样说会更清楚，即通过“A和D的拟制化”，Birks不是说一个人再也不能基于事实A、B、C、D提起诉讼，而只是说存在另外的方式——通过证明事实B和C或B、C和Z达致相同的规范后果。无论如何，Birks的路径与本文相近，他含蓄地指出该情形的模糊、可变或甚至不稳定特征，在该情形中，相同的规范后果可能借助一系列替代的操作性事实得到适用，至少——在不可预见的未来——直至法院决定清晰地阐明一个能够包含这些多样的替代路径的更普遍原则(比如不当得利的原则和相关规则)。

拟制的这种媒介意义是重要的，法律借助它逐渐摸索出原则。这令人回想起上文富勒提到过的“探究性拟制”。这是一个经常被认为极具普通法精神的术语。举例来说，Hamilton认为正是通过“探究性拟制”的运用，“普通法法官逐渐摸索出一些新的法律原则和

㉑　Exall v. Partridge（1799）8 TR 308；3 Esp. 8.

理论”，比如“案例的谱系学给出了‘引诱损害’（attractive nuisance）原则，该原则涉及未成年人是被诱惑或怂恿着来到某块土地的拟制”，最终导致未成年人侵入法的形成，侵入的未成年人成了“一个决定被告责任所需考虑的事实，连同其他事实和他被要求的注意义务。”（Hamilton，1988－89，pp. 1465－66）。㉒ 正如 Hamilton 总结道：“最初的拟制为旨在救济的场地责任（premises liability）理论的成熟发展指明了方向，它允许侵入时受到伤害的未成年人得到救济”（p. 1466）。我们再次看到了用长镜头考察拟制之运用的好处，有趣地是，这可能得益于聚焦普通法认识论。下文将更多谈及这些好处。

当然，这里不可能穷尽考察文献中“法律拟制”的使用方式，㉓ 然而有必要稍进一步对本文所下定义的界限作些评论。

第一，以上我们还没有认识到区分拟制与法律中的“虚拟实体”（virtual entities）的重要性，诸如“法律人格”的概念——把它们看作虚拟而非拟制有助于看到这种区分。㉔ 第二，与第一点紧密联系的，将拟制看作法律语言隐喻品格的一部分或法律语言隐喻品格的进一步阐释，其有多少助益尚不清楚，某些法律概念皆可溯其源于一个更具体的开端（如占有、侵占、交付、不动产等）。㉕ 尽管追溯法律术语的谱系是有趣的活动，将拟制归入法律语言中的隐喻如何能帮我们更好地理解它们，尚不清楚。第三，拟制常常与——尤其在普通法传统中——管辖权之争联系在一起，是相竞争的法院为获得管辖权而使用的工具。一方面，这些拟制可被更慷慨地看作是给寻求它们的人提供救济的努力，但很难忽视其政治和经济语境，比如王座法庭为扩大收回不动产之诉范围的拟制（在与普通民诉法院的竞争中）。通过一系列拟制——比如“无实际的租赁合同订立，无实际的原告登记，无实际的被告侵占”——收回不动产之诉最终成为获得权利的手段（see Holdsworth，1937，Vol. 7，p. 12；see also Vol. 1，p. 200，and pp. 218－19）。当然，求助于拟制是依赖死板的诉讼形式（或仅是看上去死板！）的结果。㉖ 这种管辖权扩张也能引起法律变迁，但这不符合本文对拟制的定义——例如，它们不是为了克服证据方面的困难。㉗ 这并不是说中世纪和现代早期的普通法法院发展法律的方式，不会引起采纳本文法律拟制定义的学者的兴趣——只是说它们的运用带有明显急不可耐的基调（impatient tenor）：它们不是涉及未来法院的探究性认知形式的运用；它们是为了与同时代其他法院竞争而最独断性地运用该认知

㉒ 句中引文源自一本侵权法教材。

㉓ 举例来说，本文忽略了诸如 Rudolf von Jhering（1923），Alf Ross（1969）和凯尔森（1992；并可参见 Stewart，1980 的讨论，尽管这涉及作为拟制的基础规范）对拟制的讨论；也不可能理想地讨论尽可能多的例子。从法律实践各个领域获得的大量例子，see Smith（1917）.

㉔ See Vermeer－Kunzli（2007，p. 43），他的论文对国际公法中的法律拟制作了独特而受欢迎的分析。

㉕ 这是富勒的思想：“一个隐喻元素玷污所有概念”（Fuller，1930－31，p. 894）。

㉖ 一个不仅在古老的普通法中而且在罗马法的某时某地中应该被记住的特征。我说“某时某地”，是因为将罗马法一般化总伴随着危险——正如 Schiavone（2012）最近对罗马法文化变迁的出色描绘所展示的那样。

㉗ 以这种方式运用的拟制说起来可能有点不诚实和遮遮掩掩，也可能正中边沁下怀，边沁曾不依不饶地攻击它是司法欺诈和腐败。

形式的范例。

第四，承接第三点，本文对拟制采取的路径，与一个法院对日常法律实践中的证据困难的解决方式密切相关。[28] 我们要记住事情并不总是这样——在所有法律体系中——司法者同样需要对事实作出评价。[29] 可以说，当法院成为不仅是法律的法庭而且是事实的法庭，法律和法律推理的性质就发生了巨大变化。也有人将拟制的运用与证据问题联系在一起，但他们没有搞清，拟制是原告为适应特别诉讼中某些（常常是同类的）要素的举证困难的手段——尤其是上文提到过的，对意图（比如恶意、受约束意图、受益人持有意图等）和因果关系的举证。因此，Baker 说：

> "英国法中的经典拟制，其本质是诉讼中某种事实的举证要求完全被一种简单的权宜之计取代了，即拒绝对它的任何争论。在历史阶段早期，这类案件中的某些事实的虚假主张曾被要求举证，但后来就不再被看重。虚假证明和证据的任何仪式性外观都不再被需要。拟制以最温和的方式使令状格式涵盖了符合救济精神的案件。"（Baker, 2001, p. 41）

这是极有价值的考察，但我们还需当心：需要看到，只有经过一段时间后，某一操作性事实可以被省略（最初的案件悬置了而不是省略了某一操作性事实）才变得（或可能变得）清楚。Baker 可能会同意，因为他对法律拟制的变迁特征也有洞见：最初它可能"毫无挑战地偷偷潜入实践，如果被重复得足够多，它就变得根深蒂固，以至于未来的挑战不可能成功"；接着，"当它们在实践中被熟悉，倘若有正当的目标，它们就被扩张到更具争议的情形中"（Baker, 2001, pp. 54 – 55）。Baker 认识到了法律在受害人寻求救济的途中缓慢变迁，打个比喻说，拟制就是用以试探水深的一种工具。如果有足够的规范动力积聚，足够多的案件支撑，法院阐明涵盖这一系列案件之事实模式的原则或规则的时刻就会到来。还有，我们须对退回到扩张管辖权的机会主义保持警惕，亦即举证人遭遇的举证困难有真正的处理方式，而不是为了获取管辖利益（当然还有财政收入）而提供诉讼。

---

[28] 这种进路可能不能包含用以弥合实体要求和程序要求之缝隙的拟制。实体要求关于个人信赖，程序要求关于私募证券集体诉讼语境下占优势的共同问题，拟制有弥合两者间缝隙的功能，关于这个问题的讨论可 see Randy Gordon（2013）。从本文的视角来看，有人能将其概括为运用拟制解决信赖证据的发现困难，起先令人眼前一亮；然而仔细一想，这可能是对这个例子的误读：那个语境下的要点较少关乎信赖的举证困难，更多的是关乎，如果一个人证明了个人信赖（正如实体要求所需），那么他就不再满足提起集体诉讼的程序要求了。这种语境下的拟制运用可能不太理想，且会迫使立法制定一项明确的规则，该规则不要求根据 1934 年的《证券交易法》证明集体诉讼下的个人信赖。

[29] 这在罗马法中较为常见，在某段时间，建构法律问题和判断事实是由分开的程序/人员完成的（see, e. g. , Schiavone, 2012, p. 139）。这与普通法系不合理证据的早期程序有一定的相似性。

本文建构法律拟制的方式，可以理解为研究普通法认识论的一部分。[30] 这种认识论的风格——如果可以用这些术语来描述的话——绝对是实用主义的。正如 Postema 指出：

> "普通法法理学坚决抵制将法律定位成按教义制定的、分散的规则的理论压力。以此看来，法律不是一套规则或法条，而是一个实践推理的沿用框架……也许规则和规范可以被制定，但这样的制定不是最终的权威；原则上它们中的每一个都要在法庭公开的理性论证和论辩过程中受到挑战和修正。"（Postema，2003，p. 14）

这是一种贴近个殊性（particulars）的风格（套用阐释培根的话：see Postema，2003，p. 16），但也"关注个案判决如何作为先例和规则在未来发生作用"（p. 4）。这种风格可引以为傲的是灵活性和给司法检验和复评提供机会，它认可"过去的案例并不妨碍后来案例中的审慎和推理，相反它们邀请并注重那样的推理"（p. 17）。正如 Last Stone 指出的，"普通法推理是……一个反思的过程，一种集体的法律推理形式，在这个过程中规则和概念既产生于真实的和假设的叙事情境，又受其检验"（Last Stone，2007，p. 127），这是一门不断"复读"（re－reading）、"复写"（re－writing）、"复述"（re－describing）（p. 132）的学科和艺术，不断地改革和试验，一些表述（与某种建构事实模式相联系的规则或原则）可能在一段时间内占有优势，直到渐渐地被创立于其他一连串案件中的累积效果所取代。Postema 和 Last Stone 都近乎看到了普通法法律推理的联系品格，法律拟制在这里扮演了重要角色。我们转入本文的第二部分，进一步分析该角色。

二、评价拟制

第一部分已经提出有必要以一种更具历时性和动态性的视角看待法律拟制的运用。本部分试图通过以下两种方式将这些简要观点系统化：（1）参考已有文献对作为法律变迁推动者的法律拟制的探讨；和（2）援用一个当代的人身损害诉讼场景下的例子。

---

[30] 话虽如此，没人声称这里所采取的路径不适用于其他法律文化。事实上正相反，有理由认为大多数（如果不是全部）法律文化需要这些工具——无论它们是否被叫做拟制——借以逐渐地改变法律，用我们的话说"操作事实"（playing with the facts），即悬置和最终摒弃、或一般性的随着时间改变与某种规范后果相连的操作性事实。对罗马法和法律实践的讨论可以证明这点，see Yntema（1950，1966－67），Riccobono（1929），Ando（2011），Schulz（1946），Schiavone（2012），Watson（1995），and Thomas（2005）。事实上，Last Stone 的论文（2007；如下面所讨论的）集中于拉比式的法律推理，特别是通过引用 aggadot，在这里，准确地说借助叙述技巧，可能确实与普通法的推理有很多重叠；另见 Simon－Shoshan（2012）对犹太法的叙述。

需要即刻说明的是，法律拟制并不总是被描绘得如此消极。[31] 然而大部分文献的基调是消极的。当然，法律拟制对变迁的发生来说如果不是必要的，至少也是有帮助的，但这通常有很多限制条件，例如法律拟制的运用常在法律体系形成之初，成熟的体系不会诉诸改变法律的不诚实手段。

梅因爵士是这种态度的有力支持者。在他的《古代法》（1931［1861］）中，梅因把法律拟制当作改变法律的三种方式之一——其他两种是衡平法和立法。[32] 然而，梅因对该功能的评价始于附条件的认可，终于严厉的批判。他先是说，“在社会发展的某一特殊阶段”——附加了条件——法律拟制“是克服法律僵化的极其重要的便宜之计”（Maine，1931，p. 22）。他举的例子是“允许人为创造家庭关系的收养拟制”，梅因认为没有这种拟制就“很难理解社会是如何挣脱襁褓，迈出朝向文明的第一步”（p. 22）。梅因批评边沁对拟制的评价不符合历史事实，说他忽略了拟制在“法律的历史发展中的特殊作用”（p. 22）。随后梅因笔锋一转，坚持认为法律拟制有其寿终正寝之日。甚至，他声称法律拟制是“匀称分类（symmetrical classification）的最大障碍。法律规则体系依然矗立，却徒剩空壳。它早就被暗中破坏了，一项新的规则潜藏在它的外表之下”，他总结说，“如果英国法想保持秩序井然，就有必要摒弃法律拟制”（p. 23）。这有点讽刺，梅因谴责边沁不顾历史事实，但他在评价拟制时也没有看到拟制如何跨时间运作，即它们是如何推动法院——包括在所谓成熟体系中的同时代的法院——的试验，赋予操作性事实什么规范后果，什么时候用一种明确的方式将那些业已被证明有用的联系确定下来。法律——这样说可能有点花哨——从来就没有完满的体系，或更确切地说，只有当它消亡才有完满的体系。因为法律的存活——被使用——意味着其中的一部分比其他部分更灵活，但它们全部都带有某种程度的探究性，因为它们在下个案件中的含义（在有些情形中是它们的相关性）恰恰

[31] 例如 See Kerchove 和 Ost（1992）。Vermeer - Kunzli 翻译他们时说“拟制远不是法律推理失灵的象征，它仅仅是突破了话语在叙事或表现上的效力极限，而这种效力牢牢扎根于‘它的’现实中。古典法学家试图相信，拟制构成了一种被低估的或非自然的现实，为了把握现实的本来面目，可以不受偏差和人为构造的影响而绕过它们。但是，由于现实必然是难以捉摸的，只不过是传统的产物，拟制它非但不是缺陷，反而是法律话语的本质表现（see Vermeer - Kunzli，2007，p. 42）。尽管这可能是一种间接的恭维，它表明所有的法律无可避免都是拟制的。这让人想起 Kelsen（1960）对 Vaihinger（2009［1925］）《假如哲学》的批评。

[32] Diamond 对梅因的三种变迁方式作了短而有力的讨论，并增加了第四种（符合同样的精神）：重新分类（reclassification）（可能与 Ibbetson 称之为“当事人（或其律师）诉权概念上的重新分类”相似：see Ibbetson，1999，p. 296）。他总结说，这种法律变迁模式涉及“采取一系列事实和救济的诉求（这自然属于一类令状），并将其重新分类以便在另一类令状中用不同的诉讼形式提起”（Diamond，1991，p. 252）。这符合同样的精神，因为“法律规则……不是被直接改变或废止。但法律规则的后果通过诉权的重新分类得以避免”（p. 252）。然而，Diamond 并不完全赞同这种变迁模式，他将其称为一种“花招”，尽管它很重要，“因为法院不能直接攻击法律规则”（p. 253）。在对法律拟制的评价中，可以看到法院和立法机关的关系被突出了——赋予法律变迁合法性是之后的事——而法院之间的积极（不是竞争）关系被忽略了。Weber 还提出了另一种著名的法律变迁类型，指出三种变迁来源：立法、习惯法和法官法——进一步将法律拟制作为来源，相关讨论 see Wilder（2012）。Wilder 同样指出，萨维尼将拟制看作“礼貌的间断”（polite discontinuities）（see Wilder，2012，p. 34；与之对比，本文呼吁将拟制看作可能的间断（potential discontinuities），较之礼貌更具试验性和探究性）。

取决于案件的事实（当然还有它们被建构的方式）。[33]

毫无疑问，梅因影响了一代法理学者和法史学者。举例来说，庞德在其《普通法精神》中认为拟制是一种“发展的方式”（1999［1963］, p. 169），但它们是“原始的……类似于孩童时期的‘让我们这样玩’”（p. 169）。随后，他更加明确地批评道：

> “法律最初无意识地发展。后来它或多或少有意识地、在拟制的外衣下偷偷摸摸地发展。然后它完全有意识地、通过一般化的拟制羞答答地发展。最后，它通过受到司法经验主义检验的法律科学和立法，自觉地、慎重地、公开地发展。”（Pound, 1999［1963］, p. 173）

在他早期的五卷本教科书《法理学》（1959）中，庞德为理解和评价法律拟制花了更多笔墨。在这里，他对不同的法律发展模式进行了更全面的回顾。他首先区分了发展的传统元素和命令（或制定）元素。传统元素包含八种发展模式：“1）拟制；2）解释；3）衡平；4）自然法；5）法律科学；6）司法经验主义；7）比较法；和8）社会学研究”（p. 449）。他将其中的“拟制”分为三“类”：第一，“特殊拟制（particular fiction）”，它主要是程序上的并“用于满足一类特殊案件或改变或规避一项特殊规则或达到一个特殊的单独结果”（如梅因、庞德援引的收养拟制）；第二，“一般拟制（general fiction）”，是“一种通过引入原则或方法而不是孤立的规则，改变或创造整个法律部门的更全面的操作方式”（例如衡平和自然法）；第三，也是最重要的，“教条拟制（dogmatic fiction）”，即“为了给出既存教条的合理或表面上合理的解释，事后通过法理思维建构出来的拟制”，例子包括“作为雇工侵权和推定（constructive）信托责任的一种解释的代表”（p. 450），也包括“默示（implied）犯意、默示条件、推定注意、推定信托、推定送达、推定欺诈、推定占有”（p. 455）。[34]

绘制了这样的拟制地图后，庞德进一步赞赏它们是“形式主义的解决方案”（Pound, 1959, p. 461）。事实上，他说得更加微妙，他认识到为什么在有些场合保留规则（运用拟制的代价）是重要的，例如“规则可能还未走出宗教或半宗教阶段。或者可能是规则具有一种特别庄严的形式，比如《十二铜表法》中的法律，用一种永久纪念的形式记载了共同

---

[33] 我情不自禁地在这里援引霍姆斯的话：“真相是，法律一直在接近却从未达到一致性。它在生活的一端永远采用新的原则，而在另一端永远保留历史遗留下来的、尚未被吸收或消除的旧原则。只有当它停止成长时，它才会变得完全一致。”（Holmes, 2009［1880］, p. 35）。

[34] 这里需要补充的是，庞德注意到贯穿于这些例子（“教条拟制”）中的一个主题是，摆脱对“实际和直接的意图”的要求（Pound, 1959, p. 455）。在庞德详细讨论推定信托的案例中这一点很明显，法律最初只会在一个人明确承担信托的情况下才会将信托加于他；如果财产是由于违反受托责任或由于欺诈或错误而获得的，并且越来越多地是在其他情况下获得的，法院就开始慢慢地、逐步地强加信托——同时逐渐摆脱了实际和直接意图的证据基础。庞德本可以更清楚地了解这些扩张的实践语境，这不仅涉及救济当事人，而且还涉及当事人所面临的证据困难（即他们根本无法证明任何实际的和直接的意图）。

体的沿袭习俗……或一项规则被保护起来以防改变，因为人们普遍对退回到没有法律的正义状态心有余悸”（p. 449）。庞德因此认识到，拟制在保存某些共同体的重要规则方面能发挥重要作用——但是，至关重要的，他没有认识到拟制作为一种渐进性的、试验性的、探究性的形式为法律变迁所需要。像许多其他理论家和史学家一样，他把拟制看作新规则的前奏，而不是对与既定规则的规范后果相连的操作性事实的（可能是暂时的，也可能是更稳定的）悬置。因为一直没有看到拟制的这种功能，导致他像梅因一样把它们看作是原始的和“笨拙的”：

> “拟制在法律史上有重要地位。尽管这是事实，我们不能忘记它们是一种笨拙的工具，只适用于发展的某些时期，那时的社会其政治组织已得到部分发展，但大规模立法仍旧不可能。它们不适用于体系发展成熟的时代。在发展的某一时期只有少而粗糙的理念，在没有立法行为的情况下，它们有助于逐渐形塑法律体系，以满足它们产生时的迫切需要和案件需求。它们使法令得以适用，从而达致符合法律目的和理想的结果。在这一时期，立法对法律体系的全面翻新既不可能也不可取。它需要对旧法、损害和救济以及超越旧法秩序的一套系统法律思想有全面的理解。”

庞德的评价与梅因的评价遥相呼应，而庞德的以下论断使之更加显白，“另一方面，在法律发展的某个阶段之后，拟制阻碍了其成长和发展”（Pound，1959，p. 466）。拟制只“在法律成文后”的最初使用；事实上，它们是“使法律体系的传统因素能够成长的第一媒介”（p. 449）。然而，一个“理性的时代”必须摒弃它们，因为它们“掩盖了实质”（p. 466）；求助于它们显露出“一般理念的缺乏”（p. 462）。

当代评论家对拟制的运用也有类似的感想。例如 Jeremiah Smith 明确地从梅因那儿得出以下结论：

> “拟制往往对深究一项法律规则所依据的基本原则构成妨碍，并对以严格准确的术语陈述规则构成妨碍。由于给出了规则的错误理由，它们使规则的理解和应用完全陷入困境。事实上，对一教条采用错误的理由，必然导致该教条的误用……我们认为，在目前的情况下，应该完全摒弃法律中拟制的运用。”（Smith，1917，pp. 153 – 54）

如上所述，这种观点的问题在于它僵化了评价拟制的框架：它只从以下角度来考虑拟制的效用，即足够的规范性累积以保证明确的规则或原则的阐明；它没有回到最初的用途（即相关操作性事实的最初几次悬置），因此没有跨时间地评价拟制的作用。在本文第一部分提到的 Oliver，也采取了这种明显的、瞬时性的、不敏感的进路。[35] 他承认拟制曾“在法律的发展过程中扮演了极其重要的、有益的角色”，但是他将拟制定性为“法官造法活动的掩饰”之物，最终是弊大于利：

> “……如果一项法律规则背后的原则被忽视并被拟制取代，那么该规则的未来发展仍将处于不确定的泥沼中。法律的真正发展只有通过发展和扩张其基本原则才能实现。如果对一项法律规则所依据的原则缺乏洞悉，就不能以理性和明智的方式适用和扩张它。”（Olivier，1975，p. 136）

和 Smith 一样，Olivier 的评价也聚焦在拟制成熟得可被阐明的时刻，而不是在拟制被用来探索阐明是否合理和/或有用的时期。Olivier 的评价值得全文引用。他区分了以下三种情况：

（1）“就法官对历史上拟制的采纳而言，法官有义务采纳构成普通法之一部分的规则，但应拒绝其拟制形式或拟制基础。法官有义务以直接的、非拟制的方式来阐明规则，并找出和阐明拟制背后的真正原则。”

（2）“当法官被强制适用法定拟制时，他应确定和阐明立法机关所设想的法律规则和该规则所依据的原则，并应使该规则及其真实基础生效，而非令拟制生效。”

（3）“无论何时法官认为有必要创造一项新的拟制，就表明他适用大前提错误。然后法官应该判断大前提是否正确，是否存在更好的大前提。通常存在另一个更好的大前提，如果应用它，就会自然地、合乎逻辑地得到想要的结果。”

Olivier 在这里像其他许多人一样，高估了逻辑和明确阐述的价值，低估了探究性的、基于事实的、关于什么样的操作性事实应该与什么样的规范后果相联系的探索。在这方面，他的第三种设想是最具误导性的，尽管有人可能会认为在前两种设想中，Olivier 错过了继续谨慎（即循序渐进地和实用主义地）前行所能获得的好处。[36]

要对法律拟制作出更积极的评价，第一步需要注意它们的实践语境。或许，我们需要向历史学家而非理论家寻求这方面的洞见，这并不令人意外。因此，Baker 指出早期普通法中的拟制运用相当神秘（当然这向普通法的历史学家提出了一个方法论问题），对“原

---

[35] Olivier 早在书中表达了对法律拟制的反对和赞扬。反对理由是：科学上的不真实性；拟制带来不确定性；拟制掩盖了司法的创造性；拟制阻碍法律的系统化；拟制损害了对法律的尊重；拟制可被任意应用和发展（参见 Olivier，1975，pp. 88 – 91）。优点是：拟制促进思考；拟制作为术语工具；拟制是一种简写形式，允许“言简意赅”；拟制使法律的语言“更具感召力和可理解性”（pp. 91 – 92）。

[36] 一个可能证明这一点的例子是，Olivier 批评普通法在合同法中诉诸默示条款，而不是如民法中的那样引进诚实信用的概念（see Olivier，1975，p. 125）。但是渐进地、基于大量事实地、通过一个个案例地引入术语，与诚实信用的一般原则的引入有着显著区别，后者的引入没有背后的判例法积累，不能给当事人和他们的律师足够的指引，较之拟制的连续运用有更多的不确定性。

告所主张某些事实的举证责任”（在一种诉讼的形式要求）的任何司法酌减，“法庭在公开记录和裁断时都回归到普通形式”（Baker，2001，p. 53；也可参见 pp. 54 –55 的讨论）。救济权的赋予——基于广泛的衡平理由（尽管没有这样明确表述）——在任何“理论证成”之前；换句话说，由于救济的缓慢发展，法律逐渐地、务实地发生了变迁（pp. 56 –57）。随着时间的推移，救济案件的规范性累积可能导致阐明某些融贯理论原则，尽管这也可能由对案件的学术上的理性重构所驱动（就像有争议的不当得利：相关讨论 see Baker，2001，p. 57；Ibbetson，1999，Chapter 14）。

另一位当代普通法史学者 Milsom 也关注拟制的实践语境。Milsom 用实践语境破除了拟制“谎言包装”的神话，正如边沁所说，它被法官用来“窃取立法权”（Milsom，2003，p. 27）。他淡化了法官在创造拟制方面的积极作用。Milsom 说拟制的作者更应倾向于那些“数个世纪以来无数独立的律师，他们关心的不是‘法律’本身，而是当事人眼前的小小困境”（p. 27；Milsom 也认识到陪审员的作用），而不是法官。据 Milsom 所说，法官的角色“基本上是消极的。他们可能在后阶段促进了拟制的形成，但在重要的早期阶段，他们只是接受他人取得的结果”（在陪审员“自己不说话”，退回到“能让他们自己伸张正义”的“空白判决”时尤其如此：p. 27）。本文无意挑战 Milsom 的论点（关于 15 世纪普通法中拟制的作者），也无意质疑通过律师寻求救济的当事人的重要作用，还有“法官和陪审员之间的对话”的关键作用（p. 45），与此同时，可以毫不矛盾地补充说，在一定程度上法官参与其中（即使是将他人取得的某些成果“正式化”）并发挥了他们的作用。他们这样做不一定完全是出于政治原因（希望保持合法性），或更多地是出于对无法预见引进一项新规则或原则的后果的恐惧，他们更喜欢法律渐进地、务实地和缓慢地变迁。有人可能会说，拟制是一种缓和变化、谨慎前行的方式——为未来的法院创造资源，但它们并不强迫法院遵循。这再次说明，关注实践语境相当重要——但这不仅应该包含当前案件中代理律师和法官之间以及法官和陪审员之间的关系，还应包含法院之间跨时间的对话。

务实渐进主义（pragmatic incrementalism）是普通法变迁的精神，这一点在理论和历史文献中都得到了广泛的承认。上文第一部分已经提到了 Postema 和 Last Stone 提出的普通法推理的品格。在普通法的变迁这个主题之下，历史学者展现了更多具体内容：

> “法律通过如下方式发生变迁，即以看起来最方便或最公正的方式填补规则之间的空白；通过扭曲现存规则，或挖掘旧规则，给人以法律中的变迁不过是既存法律之适用的印象；通过将诉权划归不同的概念类别，使之不受限制性规则的阻碍；通过创造附加在现存规则之上的新规则；通过借鉴普通法之外的规则；通过注入转变的公平或正义观念；还有偶尔通过削现存法律的足，以适理论框架的履。”（Ibbetson，1999，p. 294）

撇开表面问题不谈，Ibbetson 认识到了法律变迁借助于“诉讼当事人”的“主动性”（see Ibbetson，1999，p. 299），以一种这里加一点、那里减一点的装饰小摆件的方式——从某种意义上说就是准确利用已有的资源，在需要的时候改造之，同时也修正之（重构过去案件中的模式），使其与当下案件中提供救济的正当性一致。偶尔可能也会追求清晰的阐明和整体的一致性，但即便如此也是基于以下务实的理由：例如，概括当时被认为是某一类案件的统一规范模式能获得实际利益（对当事人来说是清楚的）。

当然，拟制不是法官用以促进普通法缓慢变迁的唯一推理模式或工具。[37] 例如 Hutchinson 在他的《普通法的演进》（Evolution and the Common Law（2005））中记载了规避或减小先例之拘束力的技术，包括推翻、否决、区别、不遵循、主张先例因疏忽（*per incuriam*）而作出、将后来的案件定性为在其他案件中已被质疑的案件、认为先例基于对先前案件的错误解释、主张先例的适用范围不清晰、认为先例受到学术评论人士的批评（see Hutchinson，2005，p. 7）。[38] Hutchinson 的统一观点有时非常激进——他运用了一种他理解为“盲目的、因时而异的、偶然的和完全机会主义的”演进模型（p. 36），接着将法律描述为“半成品”，它“总是扎根于在社会中起作用的意识形态力量之间”（p. 18）。[39] 然而当 Hutchinson 说法律“从未完整或完成”（p. 18），这是一条“坑坑洼洼，崎岖不平，弯弯曲曲，没有特定目的地”的路，“任何特定的路线都是从无数不断增加的变革可能性中挑选出来的”（p. 15），他提出了几个有益于理解普通法的隐喻，同时也舍弃了无益的那些（诸如必然进程（inevitable progress）、自然和谐（natural harmony）、普遍目的（universal telos）等）。

普通法永远只能被人为地冻结在时间的某一点：最好将其理解为一个可能性的动态领域，要想理解其中的每一个规则和原则，就要理解它如何通过重述[40]过去案件的支撑事实和因此重构相关事实模型的方式[41]被或不被拉伸。这并不意味着像 Hutchinson 所说“怎样做都可以”——因为存在许多要求连续性和稳定性的压力。事实上，拟制和判例技术也包括类比推理和视角推理（perspectival reasoning）[42] 等技术最好被理解为用来平衡灵活性和

---

[37] 尽管不只在普通法中是这样：Glenn（2007）研究了伊斯兰法是如何在“法律的明确表达和回避表达”（p. 241）中逐渐变化的。“双方可以达成交易，它可能被看成是伪装、规避、拟制或只是简单的策略……以便在形式上停留在禁止行为的范围之外。你我之间 Riba 是禁止的，但如果你需要贷款，而我又有钱，你可以把你的手表卖给我，同时同意以后再以更高的价格（两倍售价）把它买回去”（p. 202）。Glenn 注意到了伊斯兰法和普通法中拟制的相似性：例如，“伊斯兰教规中有许多策略和拟制。为了促进交易，‘活保’（living security（legage vivant））被使用（作为担保，贷款方保有土地并收取孳息）。随后又有了带利息的‘死保’（dead security），借款方只需要支付利息，土地上孳息仍归借款方所有。存在许多拟制……”（p. 241）。See also ftn. 7.

[38] See also，Duxbury（2008，Chapter 4）.

[39] 如果 Hutchinson 是为了避免自相矛盾，这里就要避免采取意识形态力量作用决定论的观点。

[40] 更多关于法律推理中“重述”的重要性的探讨，see Amaya（2011）.

[41] 相反观点的例子，即认为普通法是由超然不变的原则驱动的，see Epstein（1980）.

[42] 根据想象的视角进行推理，如合同法中非官方的旁观者，或许多法律领域中的理性人。

稳定性。普通法的核心可以称之为一种关联动力学（dynamics of relevance）——为解决个案问题所驱动，[43] 但总着眼于过去和未来——拟制等工具就是用来处理关联性问题：确保它不是太不可预见，也不是太因循守旧。正如 Hutchinson 所说，“普通法是一种散乱的、时断时续的、试验性的努力，它尊重并配合政治和社会环境偶而对它提出的要求”（p. 270）；它的成功之处就在于拥有“灵活性、开放性、试验性和适应性的能力”（p. 268）。[44] Hutchinson 补充说，“我们能期待的最好的东西就是普通法依旧保持灵活、试验和务实”（p. 236）。

本文所持宽泛意义上的拟制过时了吗？普通法是否已经达到一些拟制批评家认为可以达到的成熟程度，还是说在某些人看来已经达到了那种程度？本文认为事实恰恰相反：拟制仍然被使用，而且理应如此。没有它们，普通法将失去最宝贵的工具之一，其可用于创造潜在的变革；用于探索和试验法律可能或应该被改变的程度；用于为未来的法院在面对无法预料的事实情境时提供动态资源。

举个当代的简单例子，即上议院对 McGhee 案的判决，[45] 以及此后的一系列案件。Hope of Craighead 爵士在 2002 年人身伤害律师协会演讲中，简明扼要地评论了此案的重大意义[46]（Hope，2003）。案件的事实很简单——Hope 爵士充满怜爱地描述了细节，McGhee 先生受雇于国家煤炭部清洁砖窑。他终日暴露在磨砖的灰尘雾霾中，因为煤炭部没有提供充足的清洗设备，他只能在骑车回家后洗掉“满身的汗和污垢”（借用爵士对 McGhee 的描述，p. 1010）。五日之后，McGhee 先生得了皮炎不得不停止工作。医学证据表明皮炎是由砖窑的工作环境所致，但也表明下班后骑车回家也会实质性增加这种风险。苏格兰最高民事法庭判决 McGhee 先生败诉，因为他无法证明煤炭部失职（即没有提供充足的清洗设备）导致了他的损害。简言之，没有直接证据表明如果提供这些设施，他就有可能避免感染皮炎。

上议院接受了这一上诉，并做出了有利于 McGhee 的判决。当时有五种不同的观点，正如 Hope 爵士所指出的那样，“检验他们的推理会发现，他们的观点远非一致”（Hope，2003，p. 588）。[47] 从上面的描述中可以清楚地看到，McGhee 先生的问题在于因果关系

---

[43] 正如 Hutchinson 指出，“生活中的问题没有永久的解决方案，因为生活是悬而未决的，任何抵制这个结论的努力本身就有问题”（2005，p. 270）。这里需要补充的是我们所认为的问题也会时过境迁。

[44] 举例来说，“盎格鲁－加拿大过失法中的过错标准之所以有相对长而成功的生命，是因为……它具有足够的可塑性，能够适应大量不断变化的需求和期望……从伤害性行为到误导性陈述，从身体损害到经济损失，从新手到专家”（see Hutchinson，2005，p. 265）。

[45] McGhee v. National Coal Board [1972] 3 All ER 1008。

[46] 值得注意的是，这个问题从来没有得到完全解决，因为一个案件是否被视为重大的（指导性的等等）是一个偶然的问题，它本身是法律如何变迁的一个标志。

[47] 顺带一提，这是普通法的另一个重要制度特征，有助于其保持活力：较之所有法官都必须对当前事实和过去案件事实（无论是根据还是区别对待）的单一建构和单一描述达成一致意见，存在不同意见的事实会创造出一系列更加丰富和生动的资源。

——在权衡了煤炭部的失职造成或实质性造成其损害的可能性后，他不能免除自己的责任。[48] 于是议员们面对一项规则，即附加一定的规范后果（为确定责任而满足因果关系的要求）于一定的操作性事实（包括责任）之上，即损害的实质诱因（material contribution）。McGhee 的律师认为，煤炭部未能提供足够的清洗设备，对感染皮炎而言“实质地增加风险”（p. 592）——本质上，至少在此案中他们主张悬置“实质诱因”这个操作性事实。[49] 为了达到他们认为公正的结果——即 McGhee 先生值得救济且煤炭部应该负责——上议院不得不相对于法律重新建构事实（还有谁必须举证什么），并且可以通过悬置必要操作性事实精确地做到这一点。于是在宽泛的意义上，可以认为这里运用了拟制：由于缺乏证据，一项必要操作性事实被悬置，因此结果就是煤炭部需要负责，就好像（as if）他们确实造成了损害（“好像”是因为根据必要操作性事实，他们没有“造成”损害）。

Wilberforce 议员这样描述个中推论，“过失增加了风险是个事实，说它实质地导致了疾病则在某种程度上是拟制”（p. 601）。引用 Wilberforce 议员的话是有益的（他演讲的最后一段）：

> “我必须说，至少在目前这个案子中，填补证据缺陷的推论工具似乎是某种程度的拟制，因为这正是那位医学专家拒绝作出的推论。我发现在援引类推的案件中，在缺乏证据的条件下其结果不受影响。雇主应该对损害负责，这完全在他们制造的风险之内，他们而不是原告应该承担无法举证的结果，这是损害可预见的内在本质，不可与他们因过错造成的结果同日而语。”（Lord Wilberforce, McGhee, 1970, p. 1013）

这段引文颇具启发性，它清楚地认识到拟制之运用与证据方面遭遇之困难（因果关系是常常会碰到的困难之一，此外还有意图）的密切联系。它也明确提到了借助类推模式重述过去的案件——也暗示了拟制工具的运用与类推方式的运用之间的联系。必要操作性事实的悬置受到一系列案件中的类推式扩张（analogical extension）的支持，这些案件与目前的问题相关。经类推扩张的事实，就像拟制之桥里的砖块。

就像本文早已反反复复提到的，无论是对理解还是适当评价拟制的运用来说，专注于个案和个案中的单一运用是不够的。如果在目前这个案例中这样做，我们可能会想议员们

---

[48] 如 Wardlaw v. Bonnington Castings Ltd［1956］AC 613 一案所要求的；又 see Hope（2003, p. 592）.

[49] 也许有人会激进地说，上议院用彼操作性事实取代了此操作性事实，即“实质地增加风险”，举证责任于是转移给煤炭部，其被要求证明没有实质地增加风险（这里需要强调举证责任机制是另一种以微妙的方式变革法律的重要工具）。但这样说太激进了，有种事后诸葛的味道（鉴于后来的案例对 McGhee 案的解释）。在这里也能看到提供适当的、时间感灵敏的解读是多么困难。

攫取了本属于立法机关的权力，并且他们试图通过拟制的外衣掩饰他们的立法行为。[50] 后续案例已经表明——以一种无法预见的方式——McGhee 案的判决提供了一种丰富而又有争议的资源，使法律能够适应并继续回应人身伤害诉讼中原告的诉求。有些后续案例的法官拒绝将 McGhee 案当作相关资源——例如 Bridge of Harwich 爵士在 Wilsher 一案[51]中评价 McGhee 案道：

> "……不管怎么说没有留下法律原则……试图从中提取一些深奥的原则是徒劳的，该法律原则本该在某种程度上改变因果关系举证责任的性质，即一旦原告或起诉人起诉对方违反义务，就必须履行该举证责任。"（Wilsher, p. 1090）

这实际上忽略了 McGhee 案中的拟制的邀请，即悬置操作性事实，并潜在地将这种悬置系统化和明确化，再重新引入规则的操作性事实，即把实质诱因当作必要的操作性事实（而不是实质增加损害风险）。

然而其他法官接受了邀请，甚至试图构建一项原则来统一 McGhee 案和所要处理案件的事实，例如 Fairchild 案。[52] 有趣的是，在这个案子中 Rodger 爵士提醒说（Hope 爵士总结），"上议院在 McGhee 案中本可以更清楚、公开地宣布，他们在陈述一项新原则"（Hope, 2003, p. 598; see Fairchild, 2002, para. 144）。这表明他早已接受了邀请，因为他认为 McGhee 案的判决是一项原则。然而，从本文的观点来看，判决效果（据称）不清晰不是 McGhee 案判决的缺陷：这正是后来的法院要不要接受的问题。关键是 McGhee 案中的上议院在摸索中前进，创造了潜在的资源，且在最低限度上阐明原则，[53] 推动了对未来是否采纳一项规则和原则的试验和探索——包括考察对其他邻近规则和原则的影响。正如 Hope 爵士指出的，Reid 爵士在读完 McGhee 案后说，"像这样的案例，我们必须对因果关系采取更宽泛的观点"（Hope, 2003, p. 599; see Fairchild, 2002, para. 21）。在这里可以看到拟制是如何被采纳、转化成一个可能还不是原则的东西，至少也阐明了一种不同态度的需要——此案中是"对因果关系的更宽泛的观点"。事后来看，这样做"在类似案例中"建立了一个事实模型，不仅进一步加深了 McGhee 案的相关性，还为未来的类推式扩张创造了资源。

对 McGhee 案的相关性的争论并没有终止。"原则"的探险活动也没有终止——关键

---

[50] 尽管需要指出的是，这个案例很难称得上掩饰的好例子，因为议员们关于实质诱因的争论相对公开而且透明；而且就像指出的那样，Wilberforce 也明确表示他在运用拟制。

[51] Wilsher v. Essex Area Health Authority [1988] AC 1074.

[52] Fairchild v. Glenhavon Funeral Services Ltd and Others [2002] 3 WLR 89.

[53] 论法律推理中的最低限度主义（minimalism），see Sunstein (2001)。最低限度主义作为法庭之间一种沟通技巧的美德已被认可，例如 Krisch (2011)。

是仍然需要根据未来的案件重新调整，并没有形成一个定式。例如在 Sienkiewicz 案[54]和 Willmore 案[55]中，最高法院进一步给“实质增加风险”这个操作性事实（潜在地取代“实质诱因”这个操作性事实）[56] 注入规范动力，因此很可能通过 Fairchild 案扩张 McGhee 案的遗产。[57] 未来的法院是会继续支援规范动力，还是反过来限缩 McGhee 案或 Fairchild 案的意义，使之成为例外或被孤立的放逐者，[58] 仍需拭目以待。就目前来说，当后来的法院大都接受 McGhee 案的邀请，在该案中首次登台的拟制看起来好像不会默然消逝，反而会开花结果，对人身伤害案件中的因果关系和对更一般的侵权法（或其他法律领域）中因果关系（至少是因果关系的举证）的原则，传递一种变革的态度。我们无法预料——这正是拟制的功用与魔力，同时也是普通法的功用与魔力。

结　论

拟制诞生于法律变迁的煤层中。它们是法律——通过法官创造性的努力——借以平衡灵活性和稳定性、回应性和前瞻性的工具之一。在这方面，它们不应被嘲笑，仿佛它们只能存在于某些必然进程中一个不成熟的阶段。宽泛地理解，法律拟制是对一种必要操作性事实的悬置，同时保留其关联的规范后果——是被法院合理利用的一种探究性认知形式。它们是一种跨时间的探索方法——一种促进过去、现在、未来法院之间交流及分享动态资源的试错形式。它们是法院解决特殊问题——尤其是需要当事人证明因果关系和意图问题的一种方法，但总着眼于过去是什么和什么将到来。如果不以历时性的、作为“联系资源”（relational capital）的视角看待法律拟制，它们就不能被恰当地理解，更别说评价。而且随着正义事业的开展，大部分（如果不是全部）法律推理应该以这种联系的、时间感灵敏的方式推进，伴之以关注特殊案件中的细节和运用其间的模式和工具的生生死死。

（编辑：黄　涛）

[54] Sienkiewicz v. Grief (UK) Ltd [2011] UKSC 10.

[55] Willmore v. Knowsley Metropolitan Borough Council [2011] 2 WLR 53.

[56] 声称两者属于一回事，是用后者取代前者的另一种方式——一种更少争议的方式，因为前者是一种更宽泛的尝试。

[57] 关于 Sienkiewicz 案和 Willmore 案的有启发性的探讨，see Laleng (2011)。

[58] 这方面参见最高法院对著名的“El Trigger Litigation”案的判决：BAI (Run Off) Limited (In Scheme of Arrangement) and others v. Durham and others [2012] UKSC 14.

制定法先例的解释功能研究*

——基于美国联邦制定法裁判应用的探讨

吴冬兴**

摘　要　起源于普通法实践的先例制度，使基于制定法裁判的已决案件获得了相应的先例地位。以美国联邦法院的制定法先例为例，如果以解释功能为区分视角，制定法先例可以被分为说服型先例、拘束型先例和方法型先例。说服型先例系指无法律上拘束力，但可增强裁判说理可接受性的制定法先例；拘束型先例指的是具备法源地位，须为下级法院或该法院自身加以遵循的制定法先例；方法型先例指向的是不涉及解释的内容，而是作为共识性解释方法载体的制定法先例。说服型制定法先例通常会以选择性权威的方式发挥着对解释意见的参考作用；拘束型制定法先例则以强制性权威的方式对解释意见发挥着规约功能；方法型制定法先例，则以解释规则的形式有效限制了解释特定制定法议题时解释方法选择的任意性。

关键词　制定法先例　解释功能　选择性权威　强制性权威　解释规则

在美国联邦法的语境中，制定法（*statute*）不仅是与判例法（*case law*）相区分的概念，而且与同样以文本形式呈现的宪法（*Constitution*）也是相分离的概念。由此也就产生了制定法先例、判例法先例和宪法性先例的区分。先例一词肇始于英国的普通法传统，其本意指的是存在于已决的先前案件中的法律原则或法律规则。因而在原初的意义上，先例仅仅指的是基于普通法而形成的先例，也就是判例法先例。然而，在边沁等人持续性的推动和影响之下，当制定法也成为普通法系国家的规范法源之后，基于制定法规则所产生的

---

* 基金项目“国家社会科学基金项目”体系解释的方法、规则及应用研究”（项目编号：2017BFX165）。

** 吴冬兴，安徽池州人，华东政法大学法律学院法律方法论 2017 级硕士研究生，研究方向为法律方法。

已决案件也被视为先例，这种先例就是所谓的制定法先例。此外，由于以成文法典形式存在的美国联邦宪法的司法化传统，基于宪法规则而产生的案件判决也获得了先例资格，此类先例就是宪法性先例。在判例法传统持续性的影响下，制定法先例在美国的法律解释体制中扮演着日渐重要的角色。在法律解释领域，一般而言，制定法先例包含了两种在解释上具有效用的成分：解释意见①和解释方法。两者以相互区分但又彼此联系的方式共同发挥对制定法文本的解释作用。在司法双轨的制度规则下，一般而言，联邦法院享有联邦制定法解释的话语权，州法院则享有州制定法解释的话语权②。本文对制定法先例解释功能的研究则以美国联邦法院的制定法解释实践为中心而展开。

美国联邦法院系统共分为三个层级：地区法院（*the district court*），上诉法院（*the appellate court*），最高法院（*the Supreme Court*），此外还包括系列性的专门法院（*special court*）。法庭对制定法解释的权威性意见通常被称为主张（*holding*），决定（*decision*）等。在联邦法院的制定法裁判实践中，以制定法先例为载体的解释意见无疑对联邦制定法的解释发挥着重要作用。如果以解释功能为划分标准，制定法先例的作用形式可以从三个方面加以把握：①出于增强解释结论可接受性的目的，法庭会运用某些无法律拘束力的制定法先例所蕴含的解释意见作为司法说服的工具，笔者将这类先例称为说服型制定法先例；②在遵循先例制度的要求下，上级法院或该法院所作出的相关制定法先例具有强制拘束力，先例案件所包含的解释主张对当下案件所涉及的制定法解释具有规范性约束，笔者将此类先例称作拘束型制定法先例；③在某些制定法先例之中，先例法院所使用的制定法解释方法被视为潜藏在制定法解释实践中的经验规则③（*rule of thumb*），在制定法解释实践的反复检验和引证中，发挥着限制制定法解释方法选择的重要功能，笔者将这类先例称作方法型制定法先例。解释意见既可以存在于说服型制定法先例之中，又可以存在于拘束型制定法先例之中；而解释方法则体现在方法型制定法先例所主导的先例群及其所表征的司法经验之中。

一、说服型制定法先例

在美国联邦制定法的裁判实践中，"法院常常诉诸各种既不必须运用也不必须尊崇的判决即其它渊源来支持它们的论证"④。这在某种程度上加剧了在联邦法院的制定法裁判实践中，制定法判例的援引几乎和制定法条文的援引一样引人注目的现象。只是不同于作

---

① 此处所称的解释意见指的是包含在 majority opinion（多数意见）、concurring opinion（协同意见）和 dissenting opinion（反对意见）或者 plurality opinion（简单多数意见）中关涉解释问题的相关表述。

② 当然，在违宪审查案件中，联邦最高法院可以就州制定法是否违宪做出裁决。

③ 这类经验规则在美国的解释法理中（interpretive jurisprudence）具有不同的理论形态。有学者将其理解为解释性普通法，有学者则视其为解释性习惯法，解释性推定，解释的默认规则等。后文将作详细展开。

④ [美] 弗里德里克·肖尔：《像法律人那样思考——法律推理新论》，雷磊译，中国法制出版社 2016 年版，第 77 页。

为判例法组成部分的裁判意见，法官所援引的这类先例中的司法意见并不具备法定拘束力。也就是说，这类先例的援引，完全取决于法官的证立需要，而这类先例就是所谓的说服型制定法先例。

（一）何谓说服型制定法先例

美国联邦法院的先例体系其实包括三种类型的先例，即普通法先例，制定法和宪法性先例。说服型制定法先例其实就是以制定法先例形式呈现的说服型先例。因此，要理解说服型制定法先例就必须由其上位概念—说服型先例切入。根据普特曼（*William Putman*）教授的界定，“说服型先例是法院无需遵循，但是可以用来作为达致裁判结论的引导因素的先例”⑤，也就是说，说服型先例其实就是“法官没有义务遵循，但是对判决的形成至关重要，与拘束型先例相对的先例。说服型先例协助决策者裁判案件，下级法院和外国法院的决定等都可以作为说服型先例。”⑥ 由是，说服型制定法先例其实就是对当下法院（*instant court*）没有法律拘束力，而法官却将之作为裁判说服理由的制定法先例。为了更清楚地阐释说服型制定法先例这一概念，我们需要对美国遵循先例制度有大致的概览。

遵循先例源于英国的普通法传统，其具体时间已不可考证。在 17 世纪，一份名为克罗克报告（*the Croke's Reports*）的官方文件就曾对该原则有如下简练的描述：“因此，首次针对被告人的裁判论证，由于它们已经说明如是裁判的结论，这种论证就应当保持不变。”遵循先例源于拉丁法谚：*stare decisis et non quieta movere*，转换成英文就是：*to stand by precedent and not to disturb what is settled*（支持先例，反对更张定论）。遵循先例的一般原则是先例和规则必须被严格遵守，除非先例的适用会导致荒谬的结果或极端不正义⑦。在美国联邦法院的司法层级中，具有拘束力的先例往往由联邦上诉法院和联邦最高法院创设，先例的拘束对象往往是下级法院⑧，但是该法院自身的先例在理论和实践中也可能会被视为具有拘束效应的先例⑨。所以，从反面看，那些不具有法律拘束力的先例就

---

⑤ William Putman, Legal Analysis and Writing for Paralegals, New York: Delmar Cengage Learning, 2009, p. 183.

⑥ Persuasive Precedent Law and Legal Definition，载 http：//definitions. Uslegal. com/p/persuasive – precedent/，最后访问日期：2018 年 8 月 4 日。

⑦ See Burns Tomas, "The Doctrine of Stare Decisis"（1893）. Historical Teses and Dissertations Collection. Paper 270.

⑧ Stare Decisis，载 http：//legaldictionary. net/stare – decisis/，最后访问日期：2018 年 7 月 26 日。

⑨ 根据弗里德里克·肖尔（Frederick Schauer）的界定，除了所谓的垂直先例（vertical precedent），即上级法院的先例对下级法院的拘束，此外还存在水平先例（horizontal precedent），即出于保持法律适用的稳定性和连续性目的，即便法院不认可该法院之前相关的制定法判例，法院也会在实践中尊重先前的司法判决。虽然这种要求不那么明显，但是本文也将其纳入到具有拘束力的先例体系之中。See Frederick Schauer, Precedent, in The Routledge Companion to the Philosophy of Law 123, 124.（Andrei Marmor ed., 2012），转引自 Lawrence M. Solan, Precedent in Statutory Interpretation, N. C. L. Rev, vol. 94, p. 1175（2016）。

是所谓的“说服型先例”。在制定法裁判中，当联邦法院适用下级法院（*inferior court*）的制定法判例、同级法院（*lateral court*）的制定法判例、州法院的制定法判例甚至是外国法院的制定法判例去解释相关的制定法含义时，此时，这些被援引的制定法先例就可以被视为说服型制定法先例。

例如，在俄亥俄峡谷环境联盟诉普鲁特⑩（*Ohio Valley Environmental Coalition v. Pruitt*）一案中，为了论证本案是否存在法律争议，联邦第四巡回法院就援引了联邦第九巡回法院、联邦第七巡回法院，联邦第十巡回法院，南纽约联邦地区法院、联邦第二巡回法院、北佐治亚联邦地区法院、西华盛顿联邦地区法院等多家法院的制定法判例所包含的相关解释性意见⑪。很显然，相对于联邦第四巡回法院来说，其他联邦上诉法院的制定法先例、南纽约联邦地区法院、北佐治亚联邦地区法院的制定法先例意见对其是没有拘束力的。联邦第四巡回法院援引这些先例无非就是出于增强裁判结论可接受性的考量，试图让该法院所主张的制定法相关问题的解释获得足够司法说服力，也就是法院期待借助这类制定法先例，对当下制定法条文的解释结论进行补充性证立。

（二）解释功能：解释意见的参考

在遵循先例制度的体系辐射之下，通过以案释法（制定法）的方式来维护法律的稳定性和适用的连贯性诉求几乎被消解在的拘束型（制定法）先例的司法应用之中。然而，在司法裁判结论可说服性目标的驱动下，说服型先例仍然活跃在美国联邦制定法的裁判实践之中。“如果司法决定由辖区内的下级法院做出，如初审法院，那么上级法院，如上诉法院，就无须遵循那些司法决定。然而，上级法院可以选择参考下级法院的司法决定，将下级法院的先前的司法决定作为裁判相似案件的导向性因素。”⑫ 也就是说，说服型制定法先例在美国联邦制定法解释中所起的功能就是典型的参考功能。

遵循先例强调的是对有资格的法院（*competent court*）司法决定的遵循，也就是说先例的拘束能力由其形式而非内容决定。但是先例拘束的实质理由就包含了效率（*efficacy*）原则、司法谦逊（*hostility*）原则、平等对待的道德可欲性（*the moral - desirability*）、先例的指引功能（*guidance for the future*）、因价值中立而具备先例功能（*neutral principle*

---

⑩ Ohio Valley Environmental Coalition v. Pruitt, _ _ F. 3d _ _ (4th Cir. 2018).

⑪ S. F. Baykeeper v. Whitman, 297 F. 3d 877, 881 (9th Cir. 2002); aff'd sub nom. on other grounds Alaska Ctr. for the Env't v. Browner, 20 F. 3d 981 (9thCir. 1994). Scott v. City of Hammond, 741 F. 2d 992 (7th Cir. 1984); Hayes v. Whitman, 264 F. 3d 1017, 1024 (10th Cir. 2001); Nat. Res. Def. Council, Inc. v. Fox, 93 F. Supp. 2d 531, 540 - 42 (S. D. N. Y. 2000); Nat. Res. Def. Council, Inc. v. Muszynski, 268 F. 3d 91 (2d Cir. 2001); Sierra Club v. Hankinson, 939 F. Supp. 865, 872 n. 6 (N. D. Ga. 1996); Idaho Sportsmen's Coal. v. Browner, 951 F. Supp. 962, 967 - 68 (W. D. Wash. 1996); Alaska Ctr. for the Env't v. Reilly, 762 F. Supp. 1422 (W. D. Wash. 1991).

⑫ William Putman, Legal Analysis and Writing for Paralegals, New York: Delmar Cengage Learning, 2009, p. 183.

functional as precedent)⑬，只是这些理由随着遵循先例原则的形式化而潜于幕后。同样地，当我们理解说服型制定法先例的解释功能时，这些实质理由也会成为说服型制定法先例解释功能的依据。换言之，说服型的制定法先例之所以具有解释功能是因为这类先例满足了制定法裁判的效率要求（援引说服型先例往往免去了法官进一步的论证负担），表现了对先例理性的尊敬，有利于落实司法的平等对待原则，为法官提供某种裁判指引以及先例所包含的价值中立性。然尔，由于这类先例的运用是非强制的，是法院裁判的参考资料，是司法决定的启发和引导性要素，因此，说服型先例的制定法解释功能也就止步于此。尽管不能排除参考形成依赖，依赖形成拘束的发展路径，但是在更多地情形下，法院援引说服型先例只是为了使解释意见更具说服力，满足制定法裁判的证立需要。

然而，作为文本之外、非拘束型的解释资源，说服型先例援引背后的标准却很难得知。因为公众显然无法从法院关于司法裁判的措辞中知晓法官是基于实质理由信奉先例，抑或是因为其同样来源于司法机关而对该先例加以遵循，抑或是基于对先例的路径信赖而援引相关制定法权威，但是有一点可以肯定的是，这类先例的运用取决于法官的论证需要，其援引目的在于增强裁判结论的可接受性，也就是用于司法说服。说服型先例在制定法解释中的功能很显然就是作为一种可予以参考的资源，至于是否加以援引，如何援引则取决于法官的论证需要。如是，就导出了说服型先例在制定法解释过程中作为选择性权威的运行模式。

（三）作用模式：选择性权威

尽管说服型先例又被称为说服型权威⑭，但是由于“说服”一词本身就包含了实质理性要求，即主张被接受是基于内容的可接受性。然而，依照传统见解，“服从权威被认为与理性不具兼容性，因为理性要求个人应当在对所认知的理由进行衡量的基础上采取行动；而权威甚至有时要求行为反对个人判断，放弃个人的道德自治。”⑮ 所以肖尔教授说，说服型权威一词并不能表征说服型先例的内在特征。在他看来，“比起拘束型权威（*binding authority*）和说服型权威（*persuasive authority*），一种更好也更精确的区分是选择性权威（*optional authority*）与强制性权威（*mandatory authorities*），因为两者真正的差别在于，决策者是否有权选择运用权威。”⑯

---

⑬ Daniel A. Farber The Rule of Law and the Law of Precedents, Minnesota Law Rev, vol. 90, p. 1177 – 1179 (2006).

⑭ 说服型权威指的是“虽然法院不必考虑和遵循，但是为了做出司法决定可能会考虑或遵循的权威。说服型权威其实包括两类，初级权威中说服型权威，次级权威中的说服型权威。” See William Putman, Legal Analysis and Writing for Paralegals, New York: Delmar Cengage Learning, 2009, p. 20 – 21.

⑮ See Joseph Raz, The Authority of Law: Essays on Law and Morality, Oxford: Oxford University Press, 1979, p. 3.

⑯ ［美］弗里德里克·肖尔：《像法律人那样思考——法律推理新论》，雷磊译，中国法制出版社 2016 年版，第 77 页。

法律领域的权威概念，往往和法律渊源概念相联系。在普通法上，选择性权威不仅可以包容民法法系所称的间接法源，而且还能囊括了无拘束力的先例、外国法及其判例，甚至词典、期刊/非期刊文献等资料。选择性权威其实是相对于强制性权威而存在的。众所周知，强制性权威是法律规则的典型特征，"（法律）规则之为规则作用的方式，就是排除或阻断有好的理由而不适用（法律）规则的做法。"⑰ 选择性权威实际上部分共享了强制性权威的"内容独立性（*content - independent*）"特征和说服型权威的"内容依赖性（*content - reliance*）"特征，即主张被接受不必然基于内容的实质理性。根据肖尔教授的说法，"有时选择性权威是因为它们的说服力而被选择的，但更常见的情形是，它们是作为权威而被选择的，因为选择者相信权威，即使他并不赞同权威所作的结论，或更有可能的情形是，他认为自己无法得出可靠结论，而认为权威——无论是学者还是其他法院——更可靠。"⑱ 这里肖尔就界定了选择性权威的三种生成基础：理性、来源和信赖。

在美国联邦法院的制定法裁判实践中，说服型制定法先例通常就是以选择性权威的形式发挥解释功能的。受益于司法系统的社会公信力，即便是说服型先例也被视为司法权威的存在形态。在制定法裁判领域，下级法院的先例、同级法院的先例乃至外国法院的先例，都可能会被视为具有说服效用的法律理由。面对涉及联邦制定法的特定解释争点，法官在撰写解释意见时，不仅下级法院、其他同级法院的判例都可能会被纳入考量范围，而且，此类判例还可能经由解释者的挑选成为强化司法论证的论据，以增强解释结论的可接受性。但是不同于拘束型制定法先例，在解释问题上，说服型制定法先例是否被加以援引、如何援引则取决于法官的论证需要和个人偏好。

我们注意到，在联邦制定法的裁判实践中，运用无拘束力的制定法先例解释制定法本身就是一种司法常态。然而司法意见所呈现的只是制定法判例作为制定法解释结论的证立方式。那么基于何种原因，法官会选择该制定法判例作为解释结论的论证理由呢？在逻辑上可以区分三种可能性：（1）法官为说服型先例所包含的实质理由所说服；（2）法官更相信说服型先例所做出解释意见的（准）权威性；（3）法官无法凭借自身的能力理解相关制定法文本的确切含义，因而选择信赖相关说服型先例所得出的解释结论。三者的共同之处在于，尽管此类先例无法律上拘束力，但是其司法权威地位获得了普遍认同⑲。这样，说服型制定法先例其实就充当了解释结论的"理由库"，法官根据补强解释结论的需要而对此类先例加以选择，这就是典型的选择性权威的运行方式。

---

⑰ ［美］弗里德里克·肖尔：《像法律人那样思考——法律推理新论》，雷磊译，中国法制出版社 2016 年版，第 69 页。

⑱ ［美］弗里德里克·肖尔：《像法律人那样思考——法律推理新论》，雷磊译，中国法制出版社 2016 年版，第 79 页。

⑲ 当然这里所讲的权威也不再被视为与直接法源一样具备绝对拘束力的规范，而是一种司法公信力的存在形态。所以肖尔说，这里的权威并非从其本意来理解。" See Frederick Schauer, Authority and Authorities, Virginia Law Review, vol. 94, p. 1947.（2008）.

二、拘束型制定法先例

在当下美国联邦法院的制定法裁判实践中，“美国的法官（正）不遗余力地引证先前的司法决定作为制定法解释的依据”⑳。其实，在美国联邦法院的先例体系中，先例实际上包含了三种存续模态：普通法先例、制定法先例和宪法先例。尽管根据制定法遵循先例（*statutory stare decisis*）的要求是上级法院（垂直先例）或该法院自身的制定法先例（水平先例）对当下的制定法案件具有强制拘束力。但是实践所呈现的是制定法先例往往比普通法先例和宪法先例具有更强的拘束力。正如埃斯克里奇教授（*William N. Eskridge, Jr.*）所言：“法院应当而且事实上根据其所面临的案件类别，普通法案件，宪法案件，或者制定法案件，对遵循先例原则给与区分对待”㉑。这也从侧面说明“为什么在传统上，在制定法案件中，遵循先例具有更强的拘束力，至于普通法案件和宪法案件，其拘束力相对弱化”㉒。也就是说，制定法上的拘束型先例对制定法文本的解释具有更强约束性㉓。

（一）效力基础：司法政策与权力分立传统

当我们从共同沐浴普通法传统的英国法出发时，可以看到的是“解释制定法的判决成为和其所解释的制定法同等的法源。有时，在获得司法诠释之前，受司法的‘圣化’影响，法律（制定法）被认为缺乏权威。但是这绝不会削弱国会立法的优先性，它说明制定法的解释拥有独立的地位和权威，在未获得解释之前，制定法本身可能是不完整的。”㉔无疑，美国的制定法遵循先例在司法实践中所发挥的解释功能几乎就是英国制定法判例解释功能的美国版本，以致于有学者认为，不仅“看起来语义清晰的制定法的释义也需要基于解释和应用其条款的法庭决定”㉕，而且娴熟的制定法判例检索与分析甚至能使得在处理

---

⑳ Lawrence M. Solan, Precedent in Statutory Interpretation, N. C. L. Rev, vol. 94, 2016, p. 1169.

㉑ William Eskridge, Jr., Overruling Statutory Precedents, GEO. L. J, vol. 76, 1988, p. 1361.

㉒ See Brian C. Kalt, Tree Levels of Stare Decisis: Distinguishing Common – law, Constitutional, and Statutory Cases, Tex. Rev. L. & Pol, vol. 8, 2004, p. 279.

㉓ 传统的拘束先例理论仅仅以先例中所包含的实体规则为规范来源，但是从近期的理论动向上看，已经有学者试图将遵循先例的效果从先例所包含的实体内容向解释方法扩张，这部分学者主张法院应当赋予制定法先例中的解释方法以先例的效果甚至应当获得比实体内容更强的拘束效果。详见 Sydney Foster, Should Courts Give Stare Decisis Effect to Statutory Interpretation Methodology?, GEO. L. J, vol. 96, 1988, p. 1863. Abbe R. Gluck, The States as Laboratories of Statutory Interpretation: Methodological Consensus and the New Modified Textualism, YALE L. J, vol. 119, 2010, p. 1750. 鉴于这种理论在实践汇和理论中争议较大，详见 John F. Manning, Textualism and the Equity of the Statute, Colum. L. REV, vol. 101, 2001, p. 1. Evan J. Criddle & Glen Staszewski, Against Methodological Stare Decisis, Geo. L. J, vol. 102, 2014, p. 1573. 为了避免争议，本文仅将拘束型制定法先例中具有拘束力的部分限定为实体内容。

㉔ See Mary A. Glendon & Michael W. Gordon & Paolo G. Carozza, Comparative Legal Traditions in a Nutshell (2th Edition), Minnesota: West, 1999, pp. 263 – 264.

㉕ Morris L. Cohen & Kent C. Olson, Legal Research in a Nutshell (8th Edition), Minnesota: West, 2000, p. 45.

制定法领域的司法争议时，参阅制定法条文变得毫无必要㉖。

由于“确定性，精确性和灵活性被视为先例作为拘束型法源的典型特征”㉗，“制定法遵循先例作为普通法推理的副产品”㉘ 也获得了司法政策的肯定。正如布兰代斯所言：“遵循先例通常是明智的政策，在因为很多问题上，适用既定规则比正确处理更为重要。既然纠正的工作可以由立法来完成，即便错误是一个需要郑重关切的问题，这种做法通常也是对的。”㉙ 在美国的制定法裁判实践中，制定法遵循先例反映在两种司法认知之上，“首先，人们依赖司法决定。直白，稳定和信赖要求先例应当被遵循。其次，司法的理念认为法官并非在创制法律，相反，他们从现实中发现法律并且不溯及既往地将之适用于待决案件。制定法解释的司法决定是制定法的一部分，推翻早期的意见几乎等同于撤销并且重塑制定法，而这被视为立法应该从事的行为”㉚。

而制定法遵循先例的理论基础则被归结为立法的默示授权和权力分立的要求。“立法对法院决定的默认和权力分立，这使得让立法者而非法院在法庭出现错误的解释决定之后去更易相关政策更为适宜”㉛。在上个世纪早期，布莱克（*Hugo Black*）大法官就率先意识到，尽管法院必须解决制定法的模糊性，而且这样的解决方式与政策创制不可分离，（但是）在理想状况下，这原本是立法者应当做的。㉜ 马歇尔法官也主张，为了防止法院超越司法授权而做出法律决定、避免立法者忽视法院实践径行推翻其不认可的司法判决，彻底的制定法遵循先例规则是拘束法官和立法者最好的方式。㉝

当然，在美国联邦法院的不同司法层级中，制定法遵循先例原则的实践模态并非完全一致。联邦最高法院和联邦上诉法院在实践中都采纳了这一原则，但是“制定法解释的学者们尚未在低级法院（联邦地区法院）发现这种原则的实践，其生成逻辑暂时也不明朗。”㉞ 简言之，从实践的面向来看，制定法遵循先例与制定法先例作为制定法组成部分的理念和法官的法律发现功能相联系。从理论的面向来看，制定法先例的强制拘束力源于

㉖ See Jack M. Beermann, Common Law and Statute Law in Administrative Law, Admin. L. Rev, vol. 63, 2011, p. 2.

㉗ Mary A. Glendon & Michael W. Gordon & Paolo G. Carozza, Comparative Legal Traditions in a Nutshell (2th Edition), Minnesota: West, 1999, p. 264.

㉘ Lawrence M. Solan, Precedent in Statutory Interpretation, N. C. L. Rev, vol. 94, 2016, p. 1166.

㉙ Burnet v. Coronado Oil & Gas Co., 285 U. S. 393, 406 – 07 (1932) (Brandeis, J., dissenting).

㉚ See Brian C. Kalt, Tree Levels of Stare Decisis: Distinguishing Common – law, Constitutional, and Statutory Cases, Tex. Rev. L. & Pol, vol. 8, 2004, p. 277.

㉛ Amy Coney Barrett, Statutory Stare Decisis in the Courts of Appeals, Geo. Wash. L. Rev, vol. 73, 2005, p. 322 – 328.

㉜ See Boys Mkts., Inc., 398 U. S. at 256 – 58 (Black, J., dissenting).

㉝ See Lawrence C. Marshall, “Let Congress Do It”: The Case for an Absolute Rule of Statutory Stare Decisis, 87 MICH. L. REV. 177, 182 – 83 (1989). 转引自 Lawrence M. Solan, Precedent in Statutory Interpretation, N. C. L. Rev, vol. 94, 2016, p. 1177.

㉞ Barret, Amy Coney, " Statutory Stare Decisis in the Courts of Appeals", Geo. Wash. L. Rev, vol. 73, 2005, p. 318.

立法的默认和权立分立的政治架构，二者共同决定了拘束型制定法先例在制定法解释中必要性和必然性地位。

（二）解释功能：解释意见的规约

由于拘束型先例在判例法体系中包含两重属性：案例属性和法律属性。因此，在美国联邦法院的制定法裁判实践中，作为具体案例，拘束型的制定法先例发挥着以案释法的功能；作为法律规定，拘束型的制定法先例在本质上又相当于制定法文本的补充性规定。一方面，拘束型制定法先例有足够的权威去诠释制定法，另一方面，拘束型制定法先例本身又是制定法的组成部分。这两重关系的结合，使得拘束型先例在联邦制定法的解释实践中，对当下案件裁判解释意见的形成具有极强的规约意义。

拘束型制定法先例在制定法解释问题上的规约功能可以从美国联邦最高法院和联邦上诉法院的制定法裁判实践中得到印证。以《联邦雇主责任法案》（*Federal Employer's Liability Act*）为例，由于该法案规定“在汽车、发动机、电器、机械、轨道、路基、工程、船舶、码头或其他设备中，任何由于运输单位、其分支机构或其雇员的全部或部分过失，或者由其过失造成的任何缺陷或瑕疵，致人伤残或死亡”㉟ 时雇主须承担责任。这里的解释难题就是，如何理解“（损害结果）全部还是部分由过失造成”（*resulting in whole or in part from the negligence*）和“出于任何缺陷或瑕疵”（*by reason of any defect or insufficiency*）。因为这里存在的疑惑就是到底应采用普通法中关于侵权归责的近因原则（*proximate cause*），还是将这里的因果关系理解为制定法的特殊规定——构成性过失（*contributory negligence*）。*Rogers v. Missouri Pacific Railroad Co.* 案，作为该法案的首个拘束型判例，确认了构成性过失规则㊱；六年后，在 *Gallick v. Baltimore &Ohio Railroad Co.* 案中，联邦最高法院推翻了上诉法院的判决，再次确认了构成性过失规则在该条款上的效力㊲；在2011 年的 *CSX Transportation, Inc. v. McBride.* 一案中，联邦最高法院再次以5：4 的比例确认构成性过失规则的适用，多数意见的证成基础之一就是 *Rogers* 案在先例实践中所形成的的拘束力㊳。

（三）作用模式：强制性权威

在普通法系，拘束型先例又被称为拘束型权威，在语用上是与说服型权威相对应的概念。如上文所述，由于说服型权威并不能从概念上反映说服型先例在美国联邦司法实践中的应用特征，笔者借用肖尔教授的创见，以选择型权威作为其在美国联邦制定法解释问题

㉟ 45 U. S. C. § 51（2012）.

㊱ Rogers v. Missouri Pacific Railroad Co. 352 U. S. 500（1957）.

㊲ Gallick v. Baltimore &Ohio Railroad Co. 372 U. S. 108（1963）.

㊳ CSX Transportation, Inc. v. McBride. 131 S. Ct. 2630（2011）.

上的作用方式。尽管拘束型权威并无概念上的瑕疵，但是，出于尊重肖尔教授关于“选择性权威和强制性权威的区分”，笔者将拘束型制定法先例之于美国联邦制定法解释功能的作用方式概括为强制性权威。

强制性权威，顾名思义，即法官对制定法先例的遵循没有自由裁量余地，因为这样的先例本身就是一种法律规定，具备整全的法效力。法官所能做的就是将其作为法律规范适用于司法裁判。“如果上级法院的观点与当下案件直接相关，也就是说，遵循先例的原则会强制要求下级法院对先例案件加以遵循。”㊴ 当法官处理案件时，对作为其解释对象的制定法文本的解释必须遵循先例对制定法条款的解释意见，其解释结论无疑必须受到先例解释意见的规约。换言之，由于“文字是法律意旨的附丽所在，着手解释法律首先便须确定文义的范围。”㊵，而先例所蕴含的解释意见就有固定文义范围的作用。通过长期连续的先例援引，制定法的文义的稳定状态便会以一种融贯性方式存续，最终接近“法无二解”的目标。

但是我们也须注意到，正如普通法遵循先例并非一个严苛的规则一般，在特别证立（*special justification*）的前提下，如果错误确实已经超越了通常可容忍的范围，先例原则就可以被突破㊶。尽管相较于普通法遵循先例和宪法遵循先例而言，制定法遵循先例具有更强拘束力。但是制定法遵循先例并非僵硬的规则，正如索伦（*Lawrence M. Solan*）教授所说，“制定法遵循先例并非一个牢不可破的规范模式”㊷，其理由在于，遵循先例不意味着对个案正义和司法创新要求的完全漠视。或者借用法伯（*Daniel A. Farber*）教授的话：“遵循先例在于寻求保持稳定，但是该原则也应当为司法创新和错误的纠正提供空间。（尽管）获得恰当的平衡是不容易的”㊸。那么在何种情况下，制定法拘束型先例可以被推翻呢？法兰克福特大法官（*Felix Frankfurter*）提出的一种情形是制定法先例是缺乏足够论证的偶然先例㊹；波斯纳（*Richard A. Posner*）和埃斯克里奇提出的情形则是特定情形下对以普通法的形式对制定法原则性条款加以发展，也就是所谓的“普通法制定法”（*common law statute*）㊺。

尽管制定法文本在理解上可能出现“多义”，但是拘束型制定法先例的存在有效地限

㊴ William Putman, Legal Analysis and Writing for Paralegals, New York: Delmar Cengage Learning, 2009, p. 183.

㊵ 黄茂荣：《法学方法与现代民法》，法律出版社 2007 年版，第 335 页。

㊶ ［美］弗里德里克·肖尔：《像法律人那样思考——法律推理新论》，雷磊译，中国法制出版社 2016 年版，第 66 页。

㊷ Lawrence M. Solan, Precedent in Statutory Interpretation, N. C. L. Rev, vol. 94, 2016, p. 1177.

㊸ Daniel A. Farber, The Rule of Law and the Law of Precedents, Minnesota Law Rev, vol. 90, 2006, p. 1175 – 1176.

㊹ Monroe v. Pape, 365 U. S. 167, 220 (1961) (Frankfurter, J., dissenting).

㊺ See Richard A. Posner, The Federal Courts: Crisis and Reform, 285 – 86 (1985); William N. Jr. Eskridge & John Ferejohn, A Republic of Statues: A New American Constitution 299 – 302 (2010). 转引自 Lawrence M. Solan, Precedent in Statutory Interpretation, N. C. L. Rev, vol. 94, p. 1178.

制了法官任意解释的空间。制定法遵循先例在很大程度上通过拘束型先例固定了制定法文本的语义，使得法官在裁判当下案件时不得不慎重对待先例案件的解释结论。对文本的解读可能会借助不同的解释准则（*interpretation canon*）而获得确信，但是一旦试图违背拘束型制定法先例，由于制定法遵循先例原则的存在，法官需要承受更重的司法“特别证立”负担，这就给当下案件法官试图得出的不同的制定法解释结论施加了极大的规约。

三、方法型制定法先例

在美国联邦法系统中，日益庞杂的制定法系统已经大有超越普通法之势，以致于斯卡利亚认为，“我们生活在一个属于立法的时代，大多数新的法律都是制定法”[46]。与此同时，美国制定法解释的研究者和实践者也意识到，制定法解释应被施加更严格的拘束。索伦（*Lawrence M. Solan*）教授就说，“法官，作为制定法的解释角色，至少在原则上，相较于普通法的发展者角色，拥有更少的自由裁量权。”[47]虽然“解释方法不必然能保障结论的正确，但确可减少个人判断的主观性”[48]。于是，在“通过解释规则[49]限制法官自由裁量权”[50] 的号召下，借助“文本、立法目的、先例限制法官”[51] 等成为学者们研究的重要议题。在这些限制法官自由任意解释的因素中，有一类在功能上可被称之为“方法型先例”的制定法先例就扮演着极其重要的角色。

（一）何谓方法型制定法先例

在美国，“几乎所有的制定法解释规则都是由法官所创制，尽管有些解释规则会出现在州的制定法之中”[52]，而法官创制解释规则的载体就是制定法判例。在很多情形下，某个具体的制定法解释规则所对应的就是某个制定法上的方法型先例。也就是说，方法型先例本身就作为某种具体的法律解释规则的历史渊源而存在。在比较法上，英国制定法解释规则的发展史也可以为方法型先例提供进一步的诠释。例如，英国制定法解释的黄金规则

---

[46] ［美］安东宁·斯卡利亚等：《联邦法院如何解释法律》，蒋惠岭等译，中国法制出版社2017年版，第16页。

[47] Lawrence M. Solan, Precedent in Statutory Interpretation, N. C. L. Rev, vol. 94, p. 1167.

[48] 王泽鉴：《民法思维——请求权基础理论体系》，法律出版社2009年版，第191页。

[49] “法律解释规则是法律解释方法的基本构成要素，它为法律解释提供确切的思维路径指引，并为法律解释过程提供精细化的操作准则。”详见杨铜铜：《论法律解释规则》，载《法律科学（西北政法大学学报）》2019年第3期，第13页。当然，解释规则的作用既不能被夸大，也不能被忽视。因为解释规则的存在目的就是在保障法律意义稳定性的同时，还能在一定程度上兼顾法律价值因素，既旨在削弱死抠字眼带来的司法僵化，又要防止解释作业的过度实质化，而这一平衡状态必须要借助其他因素来达成。

[50] Antonin Scalia & Bryana. Garner, Reading Law: The Interpretation of Legal Texts, Eagan, Minnesota: West, 2012, p. 9.

[51] See William N. Eskridge, Jr. , The New Textualism and Normative Canons, Colum. L. Rev, vol. 130, 2013, p. 533.

[52] Johnstone, Quintin, An Evaluation of the Rules of Statutory Interpretation, Kansas Law Rev, vol. 3, 1954, p. 2.

(*the golden rule*) 就源于1857年英国的 *Grey v Pearson* 案[53], 除弊规则 (*the mischief rule*) 则源于1584年的 *Heydon* 案[54]。所谓制定法上的方法型先例就是指作为法律解释规则的历史渊源, 并且经过长期的制定法解释实践的检验, 最终生成特定制定法解释规则的先例。

在美国的制定法解释实践中, 我们可以发现很多此类的方法型先例。这里, 笔者兹举二例。其一, "圣三一" 教堂案 (*Holy Trinity Church v. United States*) 与激进的目的主义解释方法 (又被称为意图主义解释方法)。在本案中, 由于当时的联邦法律规定, "通过……在外国人正式进入或移民美国之前……所签订的在美国从事任何的劳动或服务……的合同或协议, 以任何方式帮助或鼓励任何外国人进入或移居美国都是违法的。"[55] 当时的初审法院和联邦上诉法院就严格根据文义判决教堂败诉, 但是随后联邦最高法院却撤销了此案。联邦最高法院认为, 从法案的标题、救济对象、立法背景和委员会报告来看, 国会的目的仅仅是阻止廉价和无技能劳工的大量涌入, '圣三一' 教堂引入外国牧师显然不在该法案的规制范围之内[56]。借助本案, 联邦最高法院确立的解释规则是 "超越文义, 给与立法背景的公共理解和可能解释的政策后果以重要分量"[57], 即意图主义的解释方法。"圣三一" 教堂案为激进的制定法目的主义解释提供了正当化证成, 在随后的时间内一直支配着制定法的解释[58]。

其二, *Chevron* 案 (*Chevron U. S. A.*, *Inc. v Natural Resources Defence Council*, *Inc*) 与尊重机构解释的解释规则 (中文著作中常译作 "雪佛龙规则")。该规则聚焦于法院如何处理行政机构基于职权对制定法所作的解释。因为 "长期以来, 最高法院一直纠缠的问题是, 在何种情形下, 复审法院应当尊敬行政机构基于组织行为的合理解释"[59]。在本案中, 联邦最高法院 "基于制定法语言, 立法史和法政策视角的论证, 最终确认行政组织作为政府的分支机构完全有能力和资格进行政策选择, 质疑机构对制定法条款的解释, 将中心问题聚焦于政策选择合理性, 而不关注机构解释是否是国会授权机构进行漏洞填补的一个合理的选择注定是失败的。司法机关有责任尊重立法的政策选择。"[60] 借助本案, 最高法院认为制定法的模糊语言是被视为国会对行政机构的潜在授权, 只要解释是合理的, 法

---

[53] Grey v Pearson, 6 ER 60 (1857).

[54] Heydon, 76 ER 637 (1584).

[55] [美] 安东宁·斯卡利亚等:《联邦法院如何解释法律》, 蒋惠岭等译, 中国法制出版社2017年版, 第25页。

[56] See Holy Trinity Church v. United States, 143 U. S. 457 (1892).

[57] See Note, The Rise of Purposivism and Fall of Chevron: Major Statutory Cases in the Super Court, Harv. L. Rev, vol. 130, 2017, p. 1228.

[58] See Adrian Vermeule, Legislative History and the Limits of Judicial Competence: The Untold Story of Holy Trinity Church, 50 STAN. L. REV., 1833, 1836 (1998). 转引自 Jonathan T. Molot, The Rise and Fall of Textualism, Columbia Law Rev, vol. 106, 2006, p. 12.

[59] John F. Manning, Chevron and Reasonable Legislator, Harv. L. Rev, vol, 128, 2014, p. 459.

[60] See Chevron U. S. A., Inc. v Natural Resources Defence Council, Inc. 467 U. S. 837 (1984).

院就应当尊重该机构对制定法条文的解释[61]，也就是法院尊重机构解释的制定法解释规则。

（二）解释功能：解释方法的限制

现代法治的精义在于“要求人们——包括国家的法律机构——被法律所统治并遵守法律，但是一旦裁判者不能在适用法律时使预先存在的法律符合其明确及特定的含义，这种理想化的愿景就会受到严重的侵蚀”[62]。法律解释规则是法律意义的衍生方式，如果法律解释规则的行使是无章可循，恣意任性的，那么法治自然也就会在解释的过程中流失殆尽。“法治政体要求具备为全体公民所知悉的法律指令，在适用时可预测，并且官方还应基于客观标准，中立和一致地应用这些法律指令”[63]。以方法型先例作为法律解释规则的母体，通过连续和融贯的司法实践使之成为具有拘束力的法律解释规则就是普通法系固守法治精义而探索出的重要经验。

美国司法经验研究表明，由于解释规则缺乏法律上之拘束力，联邦法官往往基于个人偏好选择解释方法。例如，有学者就指出，“最近学者在制定法解释上的显著的问题就是目前的联邦司法方法论过于错综复杂，前后不一，无章可循。这主要是因为联邦法院并未视解释规则作为传统的法律形式，而且联邦法官因此被允许运用任何他们偏好的解释方法去处理特定案件”[64]。很显然，这种状况一直是美国制定法实践的常态。自布莱克斯通以降，在普通法系中，制定法解释的问题就一直是理论和实践争议不休的难题。与自然法理论相对应，在《普通法评论》一书中，布莱克斯通就提出了制定法解释的基本思路——“最直接和最理性的解释立法者意志的方法就是去探求法律制定时立法者的意图，检视最自然和最可能语词含义。那些线索也包括字词、语境、主要问题、效果和后果或者法律的精神和理性。”[65] 在法律形式主义兴起以后，旧的文本主义（*Old Textualism*）占据美国制定法解释的主导地位，在霍姆斯（*Oliver Wendell Holmes，Jr.*）的努力下，“*faithful agents*”解释模型开始主导制定法的解释，二战以后，罗斯福新政对公法的关注导致了目的主义解释的兴起。在20世纪50到60年代法律过程学派主导的司法能动主义在美国大行

---

[61] See Note, The Rise of Purposivism and Fall of Chevron: Major Statutory Cases in the Super Court, Harv. L. Rev, vol. 130, 2017, p. 1239.

[62] John Tasioulas, The Paradox of Equity, Cambridge Law Journal, vol. 55, 1996, p. 460.

[63] William N. Eskridge, Jr., Interpreting Law: A Primer on How to Read Statutes and the Constitution, California: Foundation Press, 2016, p. 35.

[64] See Evan J. Criddle & Glen Staszewski, Against Methodological Stare Decisis, Geo. L. J, vol. 102, 2014, p. 1576.

[65] William Blackstone, Commentaries 59. 转引自 Charlie D. Stewart, The Rhetorical Canons of Construction: New Textualism's Rhetorical Problem, Mich. L. Rev, vol. 116, 2018, p. 1488 – 1489.

其道，但是随着对司法能动的抵制日益深入，新文本主义应运而生[66]，但是其他相关的制定法解释理论，如动态解释，实践推理，共同体解释等也相伴而生。尽管目前新文本主义获得了压倒性胜利，但是其他的制定法解释理论在美国联邦法院的制定法解释实践中仍然具有重要影响，尤其是随着斯卡利亚的去世，新文本主义亦面临重重挑战。

尽管在制定法解释的问题上，联邦法院可能永远都无法摆脱多元规则的选择困境，但是方法型先例的存在在很多时候就能对解释方法选择的任意性、不一致性起到了很大的纠偏作用。先例中的解释方法及其司法惯性使受司法能动鼓噪而导致的解释方法的恣意受到了很大的拘束。需要特别提出的是，源自方法型制定法先例的解释规则，除了极少数规则之外，大部分规则的适用范围通常限于特定的解释议题，但是其在解释方法上限制法官自由选择的作用仍不可忽视。

（三）作用模式：解释规则

由于主流观点认为，“法律解释方法在很多方面不同于其他解释规则，（通过方法遵循先例）使解释故步自封将会对制定法裁判施加特别的尤其是难以想象的困难。[67] 也就是说，将遵循先例的效果从实质内容扩张到解释方法受到了主流理论和司法实践的排斥。方法型先例在法律解释中作用模式就不得不另辟蹊径。

从表面上看，方法型先例所包含的解释方法效力来源于制定法裁判的普遍实践，是以司法实践为载体所形成的特定制定法解释方法。从实质上看，方法型先例中所蕴含的方法的效力则立基于司法的价值判断之上。正如埃斯克里奇教授所说，“斯卡利亚所称的法律解释的效力标准带有很大规范性。也就是说，反应了价值判断，更重要的是要求法官在适用法律时进行价值判断。某些标准显然是规范的，某些要求在实践中显然要考虑规范性”[68]。换言之，借助法官的司法实践，方法型先例所蕴含的制定法解释规则成为司法的共识，而这种共识建立在司法的价值判断之上，在联邦制定法裁判实践中，这些价值判断包括“自由主义，联邦主义，信赖保护，稳定、目的推理等”[69]，最终生成为制定法解释的规则，而且很多此类的解释规则也并未在制定法条文中有所体现，而是以先例为载体获

---

[66] See Charlie D. Stewart, The Rhetorical Canons of Construction: New Textualism's Rhetorical Problem, Mich. L. Rev, vol. 116, 2018, pp. 1488 – 1490.

[67] Evan J. Criddle & Glen Staszewski, Against Methodological Stare Decisis, Geo. L. J, vol. 102, 2014, pp. 1575 – 1576.

[68] William N. Eskridge, Jr., The New Textualism and Normative Canons, Colum. L. Rev, vol. 113, 2013, p. 552.

[69] See William N. Eskridge, Jr., The New Textualism and Normative Canons, Colum. L. Rev, vol. 113, 2013, pp. 552 – 560.

得了司法承认。也有学者从解释性普通法（*the common law of interpretation*）[70] 或者一般法（*the general law*）[71] 角度来认知解释规则的效力问题。

不同于拘束型制定法先例以解释决定限制当下案件的解释结论，方法型先例的作用模式则是借助解释规则的形式运行的。方法型先例，既然上升到司法方法层面，这类先例的适用范围很显然就比只包含解释结论的先例宽阔的多。如果说先例实质意见的拘束面是与法条相关的类案，那么方法型先例所涵盖的就是所有同类问题的解释路径。方法型先例的具体运行模式大致如下：首先，在先例案件中，联邦法院以特定的解释模式阐释相关制定法解释问题，并基于实质理由在司法意见中加以阐释；其次，在联邦制定解释实践中，这种解释模式因为符合了司法解释问题的价值判断标准而被认为具有规范效力；最后，由于先例法院的解释模式受到制定法解释实践持续性的遵循，最后得以生成连贯性司法方法。从方法型先例的运作模式中我们可以发现方法型先例的形成所需要的两个必要条件。第一，资格问题；第二，司法惯习。从目前来看，除了来源于早期英国法的解释规则，几乎所有的美国方法型先例都来源于联邦最高法院，也就是说，从来源上看，似乎只有联邦最高法院具有产出方法型先例的资格。司法惯习依靠的是先例中的解释方法在后续制定法裁判实践中所形成的实践惯性，而方法型先例在司法上的价值判断就是联系二者的纽带，二者的结合也就生成了解释规则的规范效力。简言之，方法型先例中的解释模式借助价值判断和司法惯习衍生出解释规则，而解释规则可以限制法官在着手解释制定法时的方法选择。当然，大部分解释规则的限制作用只能与特定解释问题相连接，一旦超越特定的作用空间，解释规则的限制作用将会变得微乎其微。

四、结语

解释是法律含义的衍生方式，方法的规范性能够有效地防范法律的意义在解释的过程中流失[72]。由于判例也是体系思维的内在要素，因此法律解释当然不能忽视司法判例的解释效用。那么判例如何解释制定法呢？在理论和实践的合力下，美国联邦法院的制定法裁判实践表明：说服型先例可以选择性权威为作用模式，发挥着对当下案件解释意见的参考

[70] 解释性普通法，又称作为普通法的解释性规范，在英美上是作为制定法解释的思维性准则而存在的。尽管布莱克斯通并未将其纳入普通法的范畴，但是由于其共享普通法的发展路径，以先例式的拘束力反映在普通法系的司法裁判之中，因此很多学者主张其应当属于普通法。参见［美］雅各布·斯科特：《解释的普通法及其法典化规范》，吕玉赞译，载陈金钊、谢晖主编：《法律方法》（第19卷），山东人民出版社2016年版，第133－134页。另可 See Gluck, Abbe R., The Federal Common Law of Statutory Interpretation: Erie for the Age of Statutes, 54 William & Mary Law Rev, p. 753 (2013)。

[71] 一般法的概念，见诸尼尔森（Caleb Nelson）的界定，他认为一般法就是并没有为任何特定区域所规定，但是其内容却源自众多不同区域的实践模式。See Caleb Nelson, The Persistence of General Law, 106 Colum. L. Rev. 503. 转引自 William Baude & Stephen E. Sachs, the Law of Interpretation, Harv. L. Rev, vol. 130, 2017, p. 1137。

[72] 参见陈金钊：《法律如何调整变化的社会——对'以不变应万变'思维模式的诠释》，载《扬州大学学报（哲学社会科学版）》2018年第4期，第30－31页。

作用；拘束型先例能通过强制性权威的形式，以先例意见规约当下案件的解释决定；方法型先例甚至还能借助司法实践生成具体的法律解释规则，以限制法官解释制定文本时方法选择的任意性。

（编辑：戴津伟）

佩策尼克的法律论证理论

陈　曦*

摘　要　作为法律新现实主义的领军人物，佩策尼克因其独特的法律转换论和法律融贯论蜚声国际。以法律论证为核心线索，佩策尼克发展出一套以价值理论为基础，以“跳跃—转换”理论为方法，以融贯理论为核心，以正确性理论为依归的法思想体系，可谓以论入道。然而，他在影响其理论走向的一些基础问题上语焉不详且高估融贯标准，这使得他的法思想仍然存在改进空间。

关键词　亚历山大·佩策尼克　法律论证　融贯理论　正确性理论

作为法律论证理论研究领域的佼佼者，亚历山大·佩策尼克（A. Peczenik）以法律转化论和法律融贯论蜚声国际学界，其思想中的逻辑层面也更受关注。甚至他在代表作《论法律与理性》就曾明言，该书主旨是合理支持与理由权衡。但作为法律新现实主义阵营中最出色的法哲学家，佩氏法思想并不局限于逻辑层面。这不仅可从他数次专论价值问题窥视一二，而且从其对法律知识、法律理性、法律正确性等问题的关注亦清晰可见。整体上，佩氏以法律论证理论作为其法思想的研究抓手，提出了一种独到的法律正确性理论，可谓以论入道。

一、价值理论

价值问题对法律人的重要性显而易见。一方面，法律的模糊性、多义性、法律漏洞等问题使得价值判断在法律适用中不可避免；另一方面，法治要以理性为根据，价值判断的主观色彩则使法律人在法律适用中承担着理性证成责任。与大多数法哲学家预设价值理论不同，佩氏对此曾有专论。整体上，他既是一位价值综合主义者，又是一位价值相对主义者。

* 陈曦，男，广东湛江人，法学博士，深圳大学法学院讲师，研究方向为法哲学、法律逻辑学。

（一）综合主义

元价值理论可分为认知主义和非认知主义两大阵营。其中，自然主义皆属认知主义，而非自然主义则可能属于认知主义或非认知主义。

自然主义者认为，实践陈述是关于事态、行为等自然属性的理论陈述，其具有真值。“正当”或“善”是可直接或间接为经验确证的属性。众所周知，自然主义面临摩尔（G. E. Moore）“开放性问题论证”的诘难。① 如果实践陈述只描述事物的自然属性，那它如何具有规范效力而指引行为？作为非自然主义的认知主义者，摩尔认为实践陈述之真假取决于人类的可认知直觉。然而，对于这种直觉如何实现认知功能始终悬而未决。

非认知主义者认为实践陈述仅仅表达（而非描述）态度、情感。例如，艾耶（A. J. Ayer）认为，基本伦理概念只是无法分析的伪概念，不存在可检测伦理基本概念判断的有效性标准，某个命题中的伦理符号并没有给该命题增加任何事实内容。他说到：“当我说特定类型行动是正当或错误时，我并没有做出任何事实陈述，甚至也没有做出任何关于我心智状态的陈述。我仅仅表达了某种道德情感。”② 由于实践陈述的作用仅在于表达、唤起情感，并因此刺激行为，因此，实践陈述不具有真值。相比艾耶的极端情感主义，斯蒂文森（C. L. Stevenson）则较为温和。他认为，虽然像“善”“恶”等规范性词语在动态使用时具有情感意义，但他承认实践陈述具有影响他人的功能，换言之，实践陈述是表达个人情感和影响他人行动的混合体。当说 X 为善，意味着言说者赞同 X，并希望他人也如此这般。③

与认知主义和非认知主义只强调实践陈述的某一面相不同，佩策尼克认为：

> “认知主义者在初显性实践陈述可从一些理论命题中推演出来的观点是正确的。在一些理论命题可以从实践陈述中逻辑推出的这点上也是正确的。另一方面，非认知主义者正确地指出全虑性实践陈述无法仅从包括理论命题的前提集中逻辑推出。实践陈述不仅与事实相关，还与行动、意志和情感相关。因此，实践陈述兼具理论意义和实践意义。”④

从上述引文不难发现，一方面，佩氏整合了认知主义与非认知主义，而这种独特的价值综合主义意味着他持有一种独特的规范陈述理论。⑤ 然而，规范陈述究竟是由兼具描述

① G. E. Moore, *PrincipiaEthica*, New York: Barnes & Noble Publisher, 2005, p. 7.

② A. J. Ayer, *Language, Truth and Logic*, New York: Dover Publications, 1952, p. 107.

③ C. L. Stevenson, *Ethics and Language*, New Haven: Yale University Press, 1944, pp. 20 – 21.

④ ［瑞典］亚历山大·佩策尼克：《论法律与理性》，陈曦译，中国政法大学出版社 2015 年版，第 85 – 86 页。

⑤ 实践陈述包括规范陈述和价值陈述。本文不加细分，而将对实践陈述的理解“移植”到对规范陈述之上。

性和规范性的融合模态陈述构成，还是由分具描述性和规范性的单一模态陈述组成，佩氏对此语焉不详。另一方面，佩氏的价值综合主义与“初显性”（prima facie）和“全虑性”（all – things – considered）这对范畴相关。其中，佩氏区分了四种初显性，并主要在如下意义上使用，即当人们通过权衡决定实践观点或行为时，语言问题不会使得对某一实践陈述的考虑是怪异的，或是文化问题迫使人们不得不对某一实践陈述加以考量。⑥

佩氏的价值综合主义主要体现在他对规范陈述的双重理解之上。具体而言，规范陈述的理论意义体现在：第一，大多数规范陈述是可证成的，即规范陈述作为结论可获得前提支持。第二，规范陈述与合理性联系紧密。其中，逻辑合理性是证成规范陈述的最低要求。一个建立在逻辑不一致或语言不正确前提之上的“证成”显然没有价值。支持合理性则构成合理性的基本思想，其意指结论可从一组高度融贯的前提集中逻辑推出。论辩合理性则指结论不会在完美论辩中被驳倒。当结论及其否定都可从一个高度融贯的前提集中逻辑推出，人们可能寄希望于论辩以决定哪一结论更优。⑦ 而规范陈述的实践意义则体现在：第一，规范陈述是行动理由。第二，规范陈述与意志决断相关。由于规范陈述的意义往往并非预先给予，故初显性规范陈述必需通过解释论证才能为法律问题提供答案。因此，即便初显性规范陈述必然充当法律认知起点，但发生价值权衡时，要想得到全虑性法律结论必须实施意志决断。

（二）相对主义

佩氏承认情感意志对法律认知的影响与其价值相对主义立场相关。应注意，价值相对主更像是具有家族类似特征的理论群，同时，它与其他相对主义往往有亲缘关系。例如，描述性相对主义往往与文化相对主义结合，并常与价值相对主义间接联系。再如，文化相对主义可为价值相对主义提供经验证据。通常，法学家会在“道德相对主义”或“伦理相对主义”的名义下谈及“价值相对主义”。价值相对主义认为，不存在普世的客观价值和优势的规范体系，各种规范体系间的关系是相对的。申言之，规范陈述之真值总是相对于某个特定规范体系的，并只能根据其所属规范体系予以确定。价值相对主义赞同两个看似矛盾的规范陈述皆可为真，但对其中原因的理解差异使其分化为语境相对主义与真值相对主义。

根据语境相对主义，处于不同价值体系的两个相反规范陈述之所以正确，源于它们表达了各自所属价值体系的不同内容。哈曼（G. Harman）认为，规范陈述是包含以言说者为默认值，具有隐藏性索引变量的语言表达。索引变量随着语境变化，会令“正确”或“错误”等规范词语的语义发生变化。⑧ 语境相对主义认为不存在既真又假的规范陈述，

---

⑥ ［瑞典］亚历山大·佩策尼克：《论法律与理性》，陈曦译，中国政法大学出版社2015年版，第58页。

⑦ 关于这三种合理性之详述参见亚历山大·佩策尼克：《论法律与理性》，第50－52页。

⑧ G. Harman, “Moral Relativism Defended”, *Philosophical Review*, vol. 84, 1975, pp. 3－23.

而人们之所以接受两个看似相互矛盾的规范陈述，只因它们指称了不同内容。然而，如果这种理论正确，那么将不存在实质道德分歧，因为此时“分歧”只是人们谈及不同价值体系不同内容的代称。真值相对主义认为并非规范陈述之所指，而是规范陈述自身真值取决于各自价值体系。这令真值相对主义者必须面对“两个矛盾的规范陈述如何同时为真”的逻辑难题。通常，真值相对主义者会求助相对真理观，即真理概念本身是相对的。对此，佩氏虽然并没明确表态，但从他在真理概念上坚持符合论这点不难推出，他不是真值相对主义者。

在某种意义上，凡是反对道德客观主义或普世价值存在的理论观点都可划入价值相对主义，因此，价值相对主义并非认识怀疑主义在价值论领域的对应物，价值相对主义大体是理性主义。价值相对主义者也不主张价值虚无，其意在表明“正确”概念的相对性。他们重视规范意义的流动性，敦促人们放弃机械的道德客观主义。正是此点与佩氏思想高度契合。在佩氏与阿尔尼奥（A. Aarnio）合著的一篇文章中，他们认为规范陈述具有类似于真值的正当值，人们可就其有效性条件进行辩论。由于规范陈述具有普遍性诉求，因此价值相对主义面临的最大问题是如何协调规范陈述的普遍有效性与其有效性条件的文化界线之间的冲突。⑨ 基于“初显性”与“全虑性”这对范畴，他们认为价值相对性主要体现在规范陈述无法作为决定性理由直接决定行动而与权衡相关这一事实之上。当然，这种相对主义是温和的，因为所有相关规范陈述作为初显性理由皆应权衡而未被直接排除。通过借鉴后期维特根斯坦的语言观，他们认为规范陈述不具有内容上的客观性，保障规范陈述普遍性的不是具有跨文化性的准确的概念内核，而是文化共同体成员进行语言游戏时所秉承的普遍概念和共同确信。虽然规范陈述在语义上因文化界线并不总是蕴涵特定情形下的具体判断，但在语用层面上它会被想要进行语言游戏的人们视为可接受的起点。简言之，规范陈述在初显性和语用层次上具有普遍有效性，而在全虑性和语义层次上则只具有相对性。

二、“跳跃—转换”理论

对初显性和全虑性的关注表明佩氏较早涉及法律论证的可废止和不可废止面相。法律规范的初显性以及社会对法律论证最终需以不可废止方式做出的诉求，使得他在处理法律论证时需要处理跳跃现象。

（一）跳跃论

跳跃这种逻辑现象以演绎有效为参照点。从前提集 S 到结论 q 存在跳跃，当且仅当：（1）q 无法从 S 中演绎推出；（2）人们无法以扩展或改变 S 的方式使得满足如下条件

---

⑨ A. Aarnio&A. Peczenik, “On Values: Universal or Relative”, *Ratio Juris*, vol. 9, 1996, pp. 321 – 330.

的前提集 S_1 出现：(a) 结论 q 可从 S_1 中演绎推出，且 (b) S_1 仅包括确定前提、预设前提、已证前提。其中，确定前提是指不被文化共同体内正常人质疑的前提。例如，“一百年前地球确实存在”。预设前提是在特定实践中被视为理所当然的前提。已证前提则是“从确定前提和/或特定实践中的当然前提——例如法律范式——的一致前提集中推出的前提”。[⑩] q 能从 S 中直接演绎推出当然不存在跳跃，可当扩展或改变前提集 S 后所得到的前提集 S_1 仅包含确定前提、预设前提和已证前提时，跳跃亦不发生。q 无法从 S 中推出只是跳跃的必要非充分条件。

当扩展或改变 S 后所得前提集 S_1 不能同时满足定义中的条件 (a) (b)，且 S_1 中至少包括一个非合理前提时，发生非合理跳跃。由于跳跃的讨论语境是演绎有效，因此无法满足条件 (a) 的非合理跳跃完全可以通过进一步操作满足条件 (a)，故这种非合理跳跃是虚假的。真正值得注意的是无法满足条件 (b) 的情形。假定某国颁布一条“凡身高高于一米九的人就应受到刑罚”的规范。明显，其合理性难被常人接受。如果非要利用此规范得出特定结论，那就必须增加前提赋予“身高高于一米九”以当罚性。例如，可添加前提“身高高于一米九的人对社会稳定具有极大威胁”，而在这一属性与对社会稳定具有威胁之间建立特设假说。同时，通过添加前提“如果某人对社会稳定具有极大威胁，那么他应当受到刑罚”，这样便可使跳跃在论证形式上满足演绎有效。当然，上例添加的特设假说不仅与共同体文化龃龉，而且亦不为实践预设。非合理跳跃允许前提集中存在非合理前提的这一特征，令其无法全面满足合理性之要求。毫无疑问，这不仅表明单靠逻辑无法解决法律认知与实践中的具体问题，而且表明逻辑合理性在法律论证中存在固有局限。

对非合理跳跃的讨论已与佩氏的理论主体接壤，但他并未对此详述，而是选择了问题的另一面——合理跳跃。如果人们可通过对前提集 S 添加一些新前提，或是通过改变属于前提集 S 中的一些前提，创造出一个有限的逻辑一致且仅包括：(1) 已属于 S 的旧前提；和/或 (2) 新的确定前提；和/或 (3) 在属于所虑文化的特定实践中的预设的（理所当然的）新前提；和/或 (4) 新的已证前提；以及（总是）(5) 合理但却不属于上述三类的新前提——的前提集，以使得从前提 S 到结论 q 的跳跃转化成演绎正确推论，那么该跳跃合理。[⑪]

这是法律人需要特别重视的情形。特别是在疑难案件中，由于法律论证不可避免涉及其他合理前提，且对这类前提的合理性判定正是困难所在，因此，关于合理跳跃的讨论对法理论具有直接价值。对此，佩氏基于前述的价值相对主义立场，承认并没有判定前提合理性的统一标准，但他指出：“一个前提是合理的，当且仅当满足下述条件：(1) 前提不可证伪；(2) 当前提无法从一个高度融贯的前提集中逻辑推出时，假说无法被充分确证。

⑩ [瑞典] 亚历山大·佩策尼克：《论法律与理性》，陈曦译，中国政法大学出版社 2015 年版，，第 142 页。
⑪ [瑞典] 亚历山大·佩策尼克：《论法律与理性》，陈曦译，中国政法大学出版社 2015 年版，第 109 页。

换言之，当前提不具有完美的支持理性时，假说无法被充分确证。”⑫ 在此，我们遇到了判定跳跃是否合理的重要标准——融贯。正如后文所述，由于融贯代表着权衡，因此，一方面，这意味着对其他合理前提的判定需要超越逻辑合理性而走向支持合理性；另一方面，这意味着法律论证的理性品格并不是由某种全然客观的方式得以确定的。

（二）转换论

转换论是描述法律解释问题的一种实践方法。一般而言，佩氏将合理跳跃分为“入法跳跃”和“法内跳跃”，与之对应则有“入法转换”和“法内转换”。

佩氏认为，当法律人在法律实践时预设相应规范应予遵守且规范所属体系有效时，则发生入法转换。从事实与规范的互动上看，入法转换是从一些社会事实和非法律价值出发得出规范结论的过程。其中，相应的社会事实可能包含法律规范的实践实效，非法律价值则可能指涉法律体系的整体正当性等。⑬ 从法律论证的角度看，入法转换在法律的事实面相与规范面相之间建立了联接。但注意，由于要通过入法转换得出规范结论，必须添加附加的规范性前提，⑭ 故入法转换只表明“法律思维把一些关于较简单事实的知识转化成对有效法的认知，打个比方，就是法律思维把这些事实转化成了有效法”，⑮ 而并非是对“休谟断头台”的突破。在法律实践中，虽然法律人一般不会质疑法律的有效性，入法转换往往因此难被察觉，然而，对法哲学家而言，法律规范的效力根据是一个无法回避的重要问题，且法律的深度证成也是必要的。

法内转换则是指从至少包含一组表达有效法陈述的前提集中推出关于有效法结论的转换，其可以分为渊源转换、一般规范转换和裁判转换，⑯ 但佩策尼克一般只区分法源建构转换与法律解释转换。⑰ 当从一组含有特定法源陈述的前提集中推出关于其他法源的结论时，发生法源建构转换。例如，法律人从含有关于制定法的法源陈述的前提集中推出关于立法准备性材料的法源结论。法源建构转换是法律人将关于某种法源的知识转化成其他法源知识的过程。然而，确定从哪些法源中提取法律陈述并未涉及如何提取。此时，就需一般规范转换将法源知识转换为一般性法律陈述。由于法律人往往可从相关法源中提取出多

---

⑫ ［瑞典］亚历山大·佩策尼克：《论法律与理性》，陈曦译，中国政法大学出版社2015年版，第143页。

⑬ 关于可能添加的附加前提列表可参见 A. Aarnio, *TheRational as Reasonable*, Dordrecht: Kluwer Academic Publishers, 1987, pp. 37－38。

⑭ 需要强调的是，这里仅指入法转换必须添加规范前提，而并非意指所有转换都要添加规范前提。事实上，转换规则具有众多不同类型。关于转换规则的具体分类可参见 A. Peczenik, *The Basis of Legal Justification*, Lund: University Press, 1983, pp. 73－76。

⑮ ［瑞典］亚历山大·佩策尼克：《论法律与理性》，陈曦译，中国政法大学出版社2015年版，第275页。

⑯ E. Feteris, *Fundamentals of Legal Argumentation*, Dordrecht: Kluwer Academic Publishers, 1999, pp. 147－153.

⑰ ［瑞典］亚历山大·佩策尼克：《论法律与理性》，陈曦译，中国政法大学出版社2015年版，第280－281页。

个法律陈述，即便是单一法源的情形，也可能对某一法律陈述如何从法源中提取有多种理解。因此，即便不发生法源建构转换，一般规范转换仍可能发生。最后，要得出法律结论，从初显性规范陈述到全虑性结论需要经过解释论证，法律解释性转换必不可少，它是“法律人将关于法律措辞的知识转化成已释之法知识”的过程。

不难发现，当法律人试图对法律论证的合理性进行判定时，他们会面临着这样一个问题：法律论证“是否仅是一种纯粹的演绎操作？抑或是一个由各种演绎推论以非演绎但却合理的方式组成的拼图？”⑱ 显然，佩氏倾向后者。正因如此，佩氏才会在演绎有效之外谈及跳跃论和转换论。在这个意义上，跳跃论和转换论是对法律论证这一“拼图”的重构。随之而来的问题是，法律人又应如何判断跳跃及其对应转换的合理性呢？他们应该以何种标准去形成拼图的组合方式呢？在此，我们遇到了融贯。

三、融贯理论

（一）定位

在诸种融贯论版本中，佩氏的融贯论是认识性融贯论。⑲ 由于认识性融贯论与传统认识论联系紧密，故依循信念论和非信念论、内在主义和外在主义可对其形成准确定位。

信念论认为，信念的可证成性仅仅是信念主体的信念状态。信念论关注主体的内在心智状态而非外部事态，它假定人类对世界的所有理解都体现为信念，人类不可能超越信念判定外部世界。内在主义则认为，信念的可证成性是主体内在状态的一个功能，其由主体正确的认知过程所决定，而这种认知过程的正确性又由逻辑推理规则等认知规范保障。⑳ 一般而言，信念论者都是内在主义者，但也存在主张非信念论的内在主义者。信念论又分为基础论和融贯论，虽然佩氏的融贯论属于内在主义信念论，但他兼顾了基础论的某些思想而体现出基础融贯论的理论倾向。这点从佩氏强调法律范式中确定前提和预设前提的地位上显而易见。与传统的笛卡尔意义上的基础论不同，这种理论否认基础信念自我证成的正当性，换言之，它不认为基础信念是不证自明的，因此，基础信念并不具有先验特权。

（二）支持与标准

融贯本身是模糊的，虽然理论家都承认逻辑一致是融贯的必要非充分条件，但尚未见到对融贯的精确定义。当然，不可定义不代表无法理解。对此，佩氏巧妙地通过讨论融贯支持和融贯标准回避了定义问题。

---

⑱ ［瑞典］亚历山大·佩策尼克：《论法律与理性》，陈曦译，中国政法大学出版社2015年版，第6－7页。

⑲ 关于其他融贯论的理论内涵及其与认知性融贯论的差异关联可参见陈曦：《法律融贯论辨析》，载《北方法学》2017年第6期，第93－103页。

⑳ J. L. Pollock&J. Cruz, *Contemporary Theories of Knowledge*, Maryland: Rowman & Littlefield, 1999, pp. 24－25.

佩氏将支持分为三种。陈述 p 弱支持陈述 q，当且仅当，q 从 p 所属的前提集 S 中逻辑的推出。在弱支持中，S 中的各元素处于离散状态，其亦不要求对 S 中的前提进行合理性判定。这意味弱支持并未涉及权衡，故在与其匹配的单调逻辑体系中，人们可以不考虑相关性问题，甚至可从矛盾的前提集中演绎出想要的一切，故弱支持只能充当研究融贯的起点。陈述 p 合理支持陈述 q，当且仅当，q 可以从 p 属于的合理前提集 S 中逻辑推出。虽然合理支持在定义上排除了 S 中出现非合理前提的可能，但是，它仍未对前提集的内在结构提出更多的附带要求。例如，形成合理支持结构的诸前提之间可能没有实质相关。因此，这种支持仍不能构成判断融贯的一个重要标准。

陈述 p 强支持陈述 q，当且仅当，p 所属的前提集 S 具有下述特征：1. 所有前提都是合理的；且 2. 至少存在一个 S 的子集是（a）q 可从中逻辑推出，且（b）该子集的所有成员是 q 从中推出之必要（即如果属于该子集的任一前提从子集中移除，那么 q 无法从中推出）；且 3. S 中的所有成员至少属于这样的一个子集；4. 那么 p 在如下强意义上是必要的：即 q 不能从不包含 p 的任一 S 的子集中推出。㉑

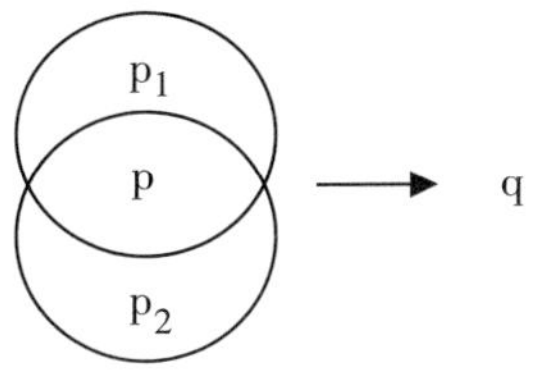

强支持概念对法律认知具有重大意义。第一，条件（4）凸显有效法在法律论证中的特殊作用。在法律论证中，确定前提、预设前提、已证前提必属强支持要素，而其他合理前提则不一而足。以法律解释转换为例，一般法律陈述就具有强支持地位。结合下图，它相当于 p。同时，由于人们可能会对一般法律陈述存在竞争性理解，这时，会产生不同的法律解释性陈述，它们属于其他合理前提，结合下图，它们相当于 p_1、p_2。在这种情况下，法律结论可从由一般法律陈述及其不同解释陈述所构成的前提集中推出，即 q 可分别从 p_1 和 p 所构成的子集以及 p_2 与 p 构成的子集逻辑推出。显见，无论采何种解释，p 作为一般法律陈述都是 q 推出之必要，而 p_1 和 p_2 虽然与 p 共同形成对 q 的支持，但并不满足条件（4）。因此，条件（4）表明了有效法在法律论证中的独特地位。

第二，条件（2）和条件（3）刻画了权衡，凸显融贯在法律论证中的重要作用。虽然 q 可从不包含 p_1 或 p_2 的子集中逻辑推出，但并不意味 p_1 和 p_2 不重要。一方面，这些合理前提单独对 q 提供合理支持；另一方面，它们共同与 p 对 q 形成强支持结构，要形成强支持，p_1 和 p_2 不可或缺。㉒ 由于强支持概念刻画出 q 可同时从满足支持理性的不同前提子

㉑ ［瑞典］亚历山大·佩策尼克：《论法律与理性》，陈曦译，中国政法大学出版社 2015 年版，第 123－124 页。

㉒ 在此排除了 S 由单一元素组成的特殊情况。

集逻辑推出，因此该概念了暗示权衡的重要性。而一旦涉及权衡，法律论证的论辩理性维度则呼之欲出。正如后文所述，佩氏在合理性标准上不仅强调融贯，而且兼顾共识。

整体上，对佩氏而言，权衡不仅贯穿所有理论陈述、规范陈述、科学理论、道德理论合理性判断之始终，而且甚至融贯本身也需要权衡。对此，他给出了关于融贯的十条标准以及对应的实践指导原则。具体而言，其包括支持关系的数量、支持链的长度、强支持、支持链间的联系、理由间的优先顺序、相互证成；概念的一般性、概念式交叉联系；理论覆盖的实例数和生活领域多样性。㉓ 一方面，所有标准皆以"在其他条件不变的情况下"以及"尽可能多的"表述呈现。这不仅意味不存在独立充分的融贯标准，还意味着融贯本身需与其他价值相互权衡。另一方面，这些标准不仅关乎特定理论的内部融贯以及理论间的融贯，而且还涉及理论与客观实在间的联系而体现出基础融贯论思想。正是这种对世界的网状聚合刻画方式，使得佩氏的融贯论虽然依赖各种竞争性标准但却免于建立在纯然虚幻之上的系统性风险。

四、正确性理论

虽然融贯论已经为法律论证的理性品格背书，但对佩氏而言，法律解释性陈述在意义和证成上的正确性评价才是法哲学的核心。这一问题与融贯论相关，但融贯论并不能代表其全貌。法律人怎样理解这个语境下的"证成"？法律陈述能否像描述陈述那般给予"知识"？如果理论陈述给予知识意味着它为真，那法律规范陈述又在何种意义上为真？佩氏说到：

> "尽管法律推理无法给予我们真知，它也可以是十分正当和正确的。诚然，法律推理有一些价值判断和规范支持，但这些都被释法者持续创新。因此，法律推理将既定法转化成了别的东西，即已释之法……'法律结论虽然非真但却是正当的（或正确的）'意味着我们需要一种不同于真理论的正确性理论。"㉔

随之而来的问题是，这种独具法律特色的正确性理论究竟是怎样的呢？

（一）以融贯为驱动的真理论

鉴于传统符合论的三重难题，即我们能否知道事实、什么是事实、什么是"符合"，佩氏在形而上学层面主张弱化版符合论。他认为，当某人考虑一个陈述之真时，尽管他无法回答世界由何构成，但也要诉诸客观世界。申言之：第一，外在世界是"使真者"，它

㉓ ［瑞典］亚历山大·佩策尼克：《论法律与理性》，陈曦译，中国政法大学出版社 2015 年版，第 149 – 162 页。

㉔ ［瑞典］亚历山大·佩策尼克：《论法律与理性》，陈曦译，中国政法大学出版社 2015 年版，第 41 页。

决定陈述的“真值条件”；第二，“使真者”的功能仅取决于自身；第三，陈述只描述现象世界中可知事实，当正确描述时，陈述为真，反之为假；第四，人们无法证明“使真者”和“可知事实”存在，但为理解真理必须将其作为公设。总之，通过对客观实在做现象学解释，弱化版符合论既在形而上学假定意义上保留了实在，又为认识性融贯论预留了空间。

与符合论侧重阐明真理意义不同，非经典真理论则从标准角度——真理证成计划——对真理进行阐述。对此，佩氏专论融贯、共识和实效三种标准，并认为这些标准表明了陈述如何在上述讨论的意义上与其真值条件相联系。

首先，虽然无法仅基于融贯直接判定陈述是否为真，但作为一种不可证实亦无法证伪的本体论假定，融贯与真理之间具有以下关系。假定 1：如果某理论高度融贯，那么存在决定这一可能性的使真者；假定 2：如果某理论完美融贯，那么它与可知事实相符；假定 3：如果某理论完美融贯，那么它与使真者符合，即与世界符合。㉕ 申言之：完美融贯是陈述与可知事实相符并进而与外在世界相符的充分条件，符合是融贯的必要非充分条件。因为，如果世界本质上是混沌的，那么符合并不能导致融贯。同时，由于在现实中不存在完美融贯，因此以下两个假定似真。假定 4：在其他条件不变的情况下，某理论越融贯，它给予的真实信息就越多；假定 5：在其他条件不变的情况下，某理论越融贯，它与真实信息越接近。㉖

其次，实用论大体属于真理证成计划，但它对真理的形而上学意义态度暧昧。例如，一方面詹姆斯似乎接受符合论是真理意义的恰当版本，他说到：“正如任何字典会告知你真理是我们某些信念的属性。这意味真与‘实在’一致，实用主义者和知性主义者都将接受这一定义视为当然。”㉗ 另一方面，詹姆斯谈及的一致（agreement）与符合论的符合（correspondence）又有差异。他说到：“真理对于我们只是对确认过程的一个集合名称，其在经验过程中实现。”㉘ “一致”是指某些实际或潜在的活动方式。显见，实用论者强调真理与确认过程间的联系，而有别于认知主义者将陈述与实在的符合关系看成是一种静态的惰性关系。实用论并不认为真理即为目的，而仅将其视为通达其他目的的手段。关于实效标准，佩氏认为如下假定似真。假定 6：“在其他条件不变的情况下，接受某一可帮助个人实现目标的理论的接受可能性越高，那么该理论就越与实际情况相符”。㉙

最后，标准间可能存在竞争，融贯在标准权衡时不具有优先性，这意味着共识之必要。在此，我们遭遇了论辩合理性，即仅当论辩结果尽可能地由融贯理由决定时，论辩才

㉕ ［瑞典］亚历山大·佩策尼克：《论法律与理性》，陈曦译，中国政法大学出版社 2015 年版，第 169 页。

㉖ ［瑞典］亚历山大·佩策尼克：《论法律与理性》，陈曦译，中国政法大学出版社 2015 年版，第 171 页。

㉗ W. James, *Pragmatism*, Cambridge: Harvard University Press, 1975, p. 96.

㉘ W. James, *Pragmatism*, p. 104.

㉙ A. Peczenik, "*Law, Morality, Coherence and Truth*", Ratio Juris, vol. 7, 1994, pp. 146 – 176.

是完全理性的。这意味着假定 7：在其他条件不变的情况下，某理论在完美论辩程序中获得一致接受的可能性越高，那么它就与真实情况越符合。完美论辩程序以及由此形成的共识是论辩合理性的基本构成。虽然佩氏承认融贯与共识间的分析关系，但他并未将共识以及与之匹配的行动、程序方面视为构建法哲学的基石。无疑，这与其理论过分依赖融贯相关。

佩氏的真理论是一种以融贯标准为驱动的真理论。第一，融贯和共识相互促进。一方面，只有完美融贯的理论才可能在完美论辩程序中达成共识；另一方面，在完美论辩程序中达成共识的理论具有完美融贯结构。第二，融贯和共识共同促进实效。在其他条件不变的情况下，最融贯的理论可以通过理性论辩形成最为稳定的共识，这种共识通过实践将为人类发展提供支持。通过融贯标准，佩氏不仅在人类认知与世界图景之间，而且在各种真理标准之间实现了融合，建立起人类与世界无限循环的互动模式。

这一理论可简示如下。①右行箭头代表对外在世界的现象学解释，①左行箭头代表现象世界与外在世界的符合公设；②下行箭头代表外在世界决定知识融贯，②上行箭头代表人类思维通过融贯构造对外在世界的趋近；③下行箭头代表现象世界为融贯知识提供符合对象，③上行箭头代表融贯知识与现象世界符合；④代表融贯和共识相互促进；⑤代表融贯与共识共同促进实效；⑥代表实践实效将人类信念与现象世界联系起来并最终影响客观世界。

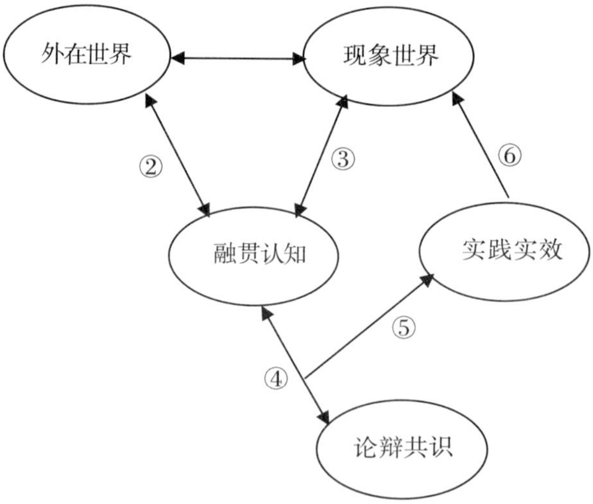

佩氏真理论简示图

（二）借鉴真理论的正确性理论

上述观点阐明了法律陈述的认知意义，但并未触及法律陈述的规范意义。如果认为规范性陈述具有真值，那么根据真之意义其就理应具有对应的规范性事实。基于对初显性规范陈述持有的认知主义定性，佩氏断言，“当‘初显性’价值陈述与社会文化遗产相符时，它们为真。”[30] 对此，他解释到，“之所以做出这一扩展，是因为我们的文化迫使我们在论证过程中考虑它们”。[31] 然而，“文化遗产”是模糊的，规范陈述究竟如何与文化符合？将文化视为可知事实是否正当？这些重要问题佩氏皆未涉及。但可以肯定，如果在本体论上承诺规范性事实，那对于长期浸润在经验主义哲学传统下的理论家而言这将是一颗颇难下咽的果实。此外，佩氏谈及的文化显然并非经典符合论意义上的形而上学实体，而当属社会实在。

在佩氏的理论框架下，评估法律结论的正确性必须考虑非认知主义观点。换言之，通过权衡最终得出法律结论必须依赖于意志、情感等因素。原因在于，如果我们假定只存在一个世界，那是否存在一个对所有人都具有同样意义的“全虑善世界”是极富争议的。基于此，佩氏认为法律结论并没有直接或间接的符合对象。正因如此，他说到：“决定性（而非仅仅是‘初显性’）规范—价值陈述没有真假，但它们可能是正确或错误的。在某种程度上，这种正确性由世界本身决定。然而这不意味一个正确句子与实际情况相符这一本体论主张。”[32]

就正确性的标准而言，佩氏认为融贯、共识、实效同样适用，可颇为遗憾的是，他并未区分这些标准对“真”与“正确”的意义差别。他只是一般性地认为，在其他条件不变的情况下，规范体系越融贯，或在完美论辩程序中获得一致接受的可能性越高，或接受某一可帮助个人实现目标的规范体系的可能性越高，那么它就越接近正确理念。然而，与理论陈述相比，这些标准对规范陈述的意义明显有区别。虽然这在融贯上体现得并不明显，但如果说科学真理还可能掌握在少数人手中，那么在社会领域，共识作为一个社会制度的正当性标准，明显具有更为突出的作用。

结 语

佩策尼克以法律论证为线索，发展出一套以价值理论为基础、以转换理论为方法、以融贯理论为核心、以规范性理论为依归的法思想体系。该体系别具一格、纵深极大、价值颇高。遗憾的是，对于一些影响其理论走向的基础问题，他却语焉不详。另外值得注意的是，佩氏更多将共识视为真和规范性的标准，而未能阐发共识与行动间的关系及其对法本质的影响。这当然与其主要关注结论合理性有关。但是，仅将法律陈述作为认知表征的时代早已过去。将法律陈述视为言语行动，结合语言、认知、行动理解法律现象已成当代法哲学之趋势。这一缺失，使得佩氏过分依赖于融贯的法思想存在改进空间。

（编辑：杜文静）

[30] A. Peczenik, “*Law, Morality, Coherence and Truth*”, p. 174.
[31] A. Peczenik, “*Law, Morality, Coherence and Truth*”, p. 172.
[32] A. Peczenik, “*Law, Morality, Coherence and Truth*”, p. 173.

法律方法论

法律推理和法律论辩新工具的发展*

——读 *Handbook of Legal Reasoning and Argumentation*（2018）

武晓蓓**

摘　要　继菲特丽丝《法律论辩导论》（2017）之后，国际法律逻辑和法律论辩学者联袂撰写了《法律推理和法律论辩手册》（2018）。此书从长期以来法律逻辑面临的两难困境出发，围绕突破该两难的途径，从若干不同视角，运用对读者也许不太熟悉的各种工具，展现论证型式方法和辩证框架这种法律推理新方法应用于法律推理的方方面面，厘清一些关键问题并提供解决它们的新途径，让人们用新方式去看法律推理，并因此迈上克服法律逻辑传统两难困境的康庄大道。该书对法律推理基本概念的深究，对各种推理与法律之关系的探索，对法律推理的特殊类型的勘查，都可以成为中国法律逻辑及其拓展研究的宝贵借鉴。

关键词　法律逻辑　法律推理　法律论辩　论证型式　辩证框架　理由　规范　价值　演绎逻辑　可废止性

由意大利、美国、西班牙和加拿大学六位者联合编辑，英国、墨西哥、美国、挪威、意大利、波兰、西班牙、荷兰、法国、葡萄牙、加拿大 11 国 24 位学者执笔的《法律推理和法律论辩手册》（以下简称《手册》）① 于 2018 年问世。与荷兰学者菲特丽丝的《法律

* 基金项目：国家社科基金重大项目《新兴学科视野中的法律逻辑及其拓展研究》（项目编号：18ZDA034）之子课题“法律推理的论证型式研究”。

** 武晓蓓，女，陕西延安人，延安大学外国语学院、西安创新学院讲师，研究方向：非形式逻辑和法律论证。

① Giorgio Bongiovanni，Gerald Postema，Antonino Rotolo，Giovanni Sartor，Chiara Valentini，and Douglas Walton（eds.），*Handbook of Legal Reasoning and Argumentation*，Dordrecht：Springer，2018.

论辩导论》（英文版2017，中文版2018）相比，此书的法律逻辑意味更浓。编者之一，著名非形式逻辑学家和法律论辩学家沃尔顿（Douglas Walton），除了独立奉献第3章“法律推理和法律论辩”，以及与萨尔托尔（Giovanni Sartor）和麦卡诺（Fabrizio Macagno）合著第12章“作为论辩的制定法解释”而外，还撰写了“导言”。初读此书，我感到，法律论辩和法律逻辑的入门者很有必要在学习了《法律论辩导论》之后，进一步攻读《手册》，因为读者会发现，不少学者的大名与许多概念和理论同时出现在这两部新著中，而且《手册》更加注重法律论辩中的逻辑工具，深入到各种法律推理层面，展现了特殊法律推理的独特面貌。《手册》“从若干不同角度和视角，运用许多可能对读者来说不太熟悉的各种工具，展现法律推理的这种新方法（论证型式方法和辩证框架）如何应用于法律推理的许多重要方面，厘清一些关键问题并提供解决它们的新途径。由此，让读者用一种新方式去看法律推理，从而奋勇向前克服是否存在一种法律逻辑的传统两难。”②其主旨与陈金钊教授主持的国家社会科学基金重大项目——“新兴学科视野中的法律逻辑及其拓展研究”的主要任务极为契合。

一、法律逻辑的两难及其突破

《法律推理和法律论辩手册》有三大部分，共24章，分别讨论“法律推理的基本概念”（第1—9章）、“推理种类与法律”（第10—15章）和“法律推理的特殊类型”（第16—24章）。本书瞄准法律逻辑长期以来面临的两难，将近来对论辩的研究成果当作纾解该两难的正途。自古以来，法官、律师和其他法律职业人士都有一个假设：法律推理基于某种合理性（rationality），即可以假定那些实施行动、做出决定的主体用来操作的那种合理性。比如，法律推理有时确实明确诉求这样一个理性主体，即所谓理性人的存在。然而，在另一面，对这个假设，尤其是它如何适用于法律推理，尚有很多怀疑和争论。一来，对可称为法律逻辑的东西是否存在的怀疑论颇为流行；二来，传统上，人们似乎经常所念记的是，法律逻辑让法律推理的模型适合所谓的机械法学（mechanical jurisprudence）。照此模型，演绎逻辑用来得出关于争议案件的理性结论，比如说，在审判中通过将一个严格的全称概括适用于案件法律事实而得出裁判结论。但是，这个模型对法律中的大多数案件并不适用（尽管偶尔适用），因为在这些案件中，用来支持或攻击某一结论的论证是可废止的。因此，以往我们一直陷入一个两难：要么承认对法律推理不存在一种逻辑，要么即使有，它也是一种不适用于大多数天天要裁定案件的逻辑。出路何在?

沃尔顿认为，对论辩（argumentation）的新近研究，尤其是人工智能和法（artificial intelligence and law）领域的论辩研究，提供了打破这个两难的手段或工具——论辩型式

② Douglas Walton, Introduction, in Giorgio Bongiovanni, et al. (eds.), *Handbook of Legal Reasoning and Argumentation*, Dordrecht: Springer, 2018, pp. x, xviii.

（argumentation schemes）和辩证框架（dialectical framework）。论辩被定义为辨识、分析和评估争议问题双方的正、反论证的方法，在这里，用来解决一个争议所需要的事实性知识库（factual knowledge base）可能不完全或不一致，双方根据适合案件的证明标准，使用可错的论证，得出一个暂时的结论。论辩型式是论证的普通形式（common forms），可能是演绎的，但大多数具有代表性的推理形式是可废止的，对它们提出批判性问题进行批评或反驳。辩证框架使用证明责任和证明标准与其他装置，考虑某一具体背景（如某一特殊法律制度中的审判）中使用论证的语境。背负这个任务前行，意味着需要将法律术语的语言学解释当作本质上是语用的。这种方法必定不仅重视语词和表达式的语义意义，也看重其语用方面，考虑它们在交往语境中如何使用。因此，需要既考虑有个人目标的两个独立主体的合理性，又考虑数个主体的理性决定和行动，他们一起推理，为了实现他们的集体目标而商议。当前，法律推理传统方法所面临的难题之一是，在法律学者中间，对论证（至少在表示合理性意义上的论证）和推理之间的关系把握不定。正如人们所预料的，在理论家当中，就如何用足够精确的术语定义论证的概念，使得该概念可用于法律论证计算模型的研究，也存在分歧。而且，过去一直占支配地位的推理标准模型，比如经典演绎逻辑的那些模型，将法律推理表征为基于不会遇到例外的、绝对全称的法律规则。因此，如何用一种能够在推理和论证之间做出区别的方式定义论证概念，成为普遍尝试用某种更有弹性的论证概念模型化法律推理的问题，这种论证概念能公平对待最典型的可废止法律推论。③

围绕打破法律逻辑两难的两个主要工具有很多相关理念上的变革。这种变革不是枝节上的，而是系统的。比如，对于法律领域的论证概念的理解就牵扯大量问题：理解或定义论证的框架（命题集还是对话，甚至是制度约束下的辩证对话）；论证的核心是理由，那么理由是形式逻辑视角的、法哲学视角的还是道德哲学视角下的理由？法律论证还涉及规范和价值，以及法律的权威性，这些特性使得法律论证不像初看起来那么单纯，单从形式逻辑的眼界来看它，已经远远不够了。论证概念确定之后，论证结构的分析和评估问题随之而来。所谓的司法三段论只不过是司法裁决论证的表层结构或一级结构，裁决的真正力量源自深层结构或二级结构，即对司法三段论大小前提本身的证明。还可能需要展开这种二阶证明或辩护，探究理由的理由，结果，一个完整的司法裁决论证原来是一个由演绎推理和许多非演绎推理构成的复杂论证。论证的结构不那么纯粹了：不好说司法裁决论证是个怎样的单一推理形式，只能说在哪个层次上的论证属于哪种单一的推理形式。这种结构的复杂性又导致评估标准的多样化。不分青红皂白将演绎有效性标准适用于不同层次的论证，只能是削足适履。这样一来，经典形式逻辑 = 形式逻辑 = 逻辑的公式就不再灵验，逻

③ Douglas Walton, Introduction, in Giorgio Bongiovanni, et al. (eds.), *Handbook of Legal Reasoning and Argumentation*, Dordrecht: Springer, 2018, pp. ix – x.

辑观的问题就浮出水面。是通吃天下的一种逻辑，还是如图尔敏所说，不同域可能需要不同的逻辑？当经典形式逻辑给我们提供的论证形式不再敷用的时候，是否应该探索其他可能的论证形式？最终可以发现，逻辑的核心对象——论证形式将法律逻辑变革的诸多问题集于一身，而之所以如此的原因之一是，要从对话特别是辩证对话框架中考虑论证形式，而这种框架可能是对法律论证出现于其中的真实语境最真切的摹写。从这种系统的视角来看《手册》的结构安排，就不难理解其三大部分的构成了。

二、基本概念的新探究

（一）理由

《手册》“法律推理的基本概念”这一部分，从讨论理由开始。至少四十年来，理由是什么？有哪些种类？它们的不同资质是什么？等等，都是广泛讨论的主题。而且，可以用不同参照点、不同方式区分理由。《手册》的第一编者邦乔瓦尼（Giorgio Bongiovanni）讨论了理由的5个问题：根据理由的角色归类和定义不同类的理由；理由的本体论难题（事实或心理状态）；各种理由尤其是信念的理由（认识的）和行动的理由（实践的）的区别；理由的模态和力量；理由和法律。

人们一般区别规范性理由（normative reasons）和动机性理由（motivating reasons）。前者是赞同某一具体语境中具体行为或行动的理由，后者是某人做某事的理由，即在该主体看来，即是有利于他按一定方式行动的理由。从第三方视角看，刺激某人行动的理由也可以是用来解释一个行为的理由。由此可以得到三类理由：规范的、动机的和解释（说明）的理由。在规范性理由之内可以区分认识的理由（与真之概念相联系）、实践的理由（与行动和商议相联系）和情感性理由（与情感相联系）。区别认识的理由和实践的理由的具有重要性，因为后者意味着不同价值的选择，是“相对于人的”。该区别与这一事实有关：认识的理由具有单一（或普遍的）参照标准（真），而实践的理由涉及各种各样的价值。一般来说，规范性理由是可废止的，即它们可以被不采取某行动的理由击败，规范性理由是“到此为止”（pro tanto）的或初步的（prima facie）理由。

法律（法哲学）中的理由问题，主要关切法律规范和理由的关系，焦点是法律规则、法律规范是何种理由的问题。按照拉兹（Joseph Raz），这些规范和某些规则是排他性理由。强制性规范将一阶理由（支持或反对做某事之行动的理由）和排他性理由组合起来，结果规范就取得了受保护理由（protected reasons）的资格。伊诺克（David Enoch）提出了对法律规则和理由之关系的不同分析，辨识了三种行动的理由：纯认识的、触发的和强健的理由（robust reason - giving）。第一种具体化为你指给我看、向我展现一个一直存在的、独立于你将它给予我的理由，它是你在提醒我们注意早已适用于我们某个行动的理由。第二种理由“在非常态（on - normative）事实上的某些变化可能触发早已适用我们的理由时”给出，比如，假如“你的邻居杂货商提高了牛奶价格”，可能减少你的牛奶消费。这样一种提价可能被看作是激起你“减少牛奶消费”的理由。此时并不存在新的理由，只不过杂货商以这样一种方式对“非常态环境”的操纵，“触发了一个一直存在的、独立于杂货商行动的休眠的理由，可以论证，你有省钱的（粗略的）一般理由。”第三种理由是一种独特现象，当某人的陈述或行动并不只是让我们想起现存的理由，或触发现存理由的效应，而是生成之前不存在的理由（这尤其对“请求和命令”以及“许诺或计划”是真的）。伊诺克认为，法律理由不是强健的理由（即提供行动的新理由），而是触发性理由。邦乔瓦尼指出，大体上，伊诺克通过将作为一种理由的法律降低为对总是早已存在的行动理由的“非常态触发”，大大地限制了它的角色。不过，他将这个反省与拉兹的反省关联起来，并论证说，在讨论权威的语境中（很可能是给出强健理由的一个特例），拉兹显然认为，所涉及的给出理由是触发性给出理由的实例。这样，给出理由的可能性在某种程度上被转移到权威，转移到为什么人们应该服从权威的理由上。在法哲学中，规范性理由这个概念伴随识别二阶理由（允许法律规范性本质及其权威本质的说明）。不过，在这个语境下，一阶和二阶理由的区别被普遍接受，分析和研究主要集中在法律的权威性问题上。④

巴尼奥利（Carla Bagnoli）探讨了道德哲学中理由的定义、来源和功能。给道德理由下定义有两种方法。实质定义：就其表征某些道德事实或道德特性而言，一个理由是道德理由。由于其内容是独特的——它们特别的道德内容，这些理由是道德理由。形式定义：按照其内部结构鉴别道德理由。比如，按照康德哲学理论，如果一个考虑能被从事共同立法活动的理想主体所同意，那它就算是一个道德理由。巴尼奥利认为，关键在于，这种内容算是道德理由是因为某种结构特性（比如它们的功能和建构性目标）而非由于它们表达实在的一部分这一事实。引用道德理由是要解释或辩护我们的行动、态度或信念。解释和辩护是道德理由的两个基本功能，与此相应可以区分解释性理由和规范性理由，但并不意味着二者互斥。规范性理由总是行动的理由，是做（忽略）某事或许诺（否认）某种态度等的重要理由。主体对他们的行动有一种特殊要求，这叫第一人称视角或主体的权威（agential authority）。当提出做什么的问题时，我们是在作为主体而不是作为旁观者参与行动。当然，存在关于主体的权威的冲突看法。主体的权威问题根植于主体的主观视角，因而引出了主观理由（subjective reasons）和客观理由（objective reasons）的区别。主观理由并不单单是产生错觉的或有缺陷的理由，而是源自主体自己的利益、有限信息和对情境的偏颇理解的那种考虑。这种区分也有相对性。更复杂的情况是主观理由和客观理由有时开出了不相容行动路线的药方。当涉及价值时，两种理由之间的关系更为关键。这种区分与个人的理由（personal reasons）和非个人的理由（impersonal reasons）相交叉。按照识

④ Giorgio Bongiovanni, Reasons (and Reasons in Philosophy of Law), in Giorgio Bongiovanni, et al. (eds.), *Handbook of Legal Reasoning and Argumentation*, Dordrecht: Springer, 2018, pp. 3 – 33.

别论（recognitional view），道德推理旨在认识到存在做、信或感觉的理由，它始于某些道德前提，终于有关做、感觉或信什么的结论。相反，按照建构主义者的观点，道德推理根据某些程序，针对道德主体的概念背景和问题的相关事实构建理由。当按照亚里士多德的观点将道德推理看作是实践推理的一般说明的不可缺少的一部分时，道德推理和审慎推理（prudential reasoning）之间的区别就不可忽视。前者不取决于任何具体目的，而是被普遍共同立法模式化的，后者则并不生成适用于所有理性存在的无条件义务，它以主体实际抱有的某些特殊目标为条件。这种差异关涉两种推理的权威性。对于被描绘为共同立法者的所有相关主体，道德推理的结论普遍而无条件地适用；而审慎推理的结论只对共享其特殊目的或利益的小规模主体群成立。而且，审慎或工具推理的权威依赖道德推理的权威。然而，道德理由之间可能出现冲突，而且必定又可能找到在不损害社会的公民结构的情况下调解这些冲突和分歧的方法。在这种情况下，基础合理性的规范帮助公民处理道德理由的冲突。不过，合理性规范并不独立于对任何特殊价值的承诺而引导我们。其实，有人认为，甚至合理性的规范深深依赖更为基本的特殊身份（special identities），因而它们是取决于共享这种特殊身份的有条件要求。这个问题可以从另一个区分得到助益：结构合理性的主张（claims of structural rationality）和实质合理性的主张（claims of substantive rationality）。前者依赖我们如何形成理由，后者因特殊的规范理论而不同。这个区分让我们识别理性分歧的不同层次和维度，探索不同的解决模式。我们与他人交换道德理由为的是解决某些协调问题。为此目的，道德理由对辨识当下难题有重要贡献。这些理由不仅关涉要实施的行动，还关涉要表达的情感和要背书的信念。作为协调难题的合作型式的道德推理，其重要性可以视为更一般推理特性的一个方面。假如我们将道德推理当作是以普遍化为特征的，那么它的结构总是集体的，因为它从根本上说是不同角色之间的推理，因而推理是对话的。道德推理的对话解释可以与道德主体的不同模式和完全不同的结果联系起来。⑤

沃尔顿认为，这些区分有助于理解一个主体立足于规范理由，可以在根据权威的论证基础之上，如何能对另一个人有控制能力。这些区别与法律推理相关，因为它们可能导向对基本合理性之规范（能帮助公民处理法律论辩中广泛面对的道德理由冲突的难题）的更好理解。该难题提出了这样的问题，这种常见的法律冲突如何在一个法律场景中用逻辑论证予以解决。比如，它们提出基于证据的理由（evidence - based reasons）如何能帮助法律裁定者决定一个冲突双方都有道德理由的案件的结果。⑥

（二）法律推理和法律论证

沃尔顿在谈到推理和论证时，似乎将论证看作是推理的表征，最高法院案件中使用的

---

⑤ Carla Bagnoli, Reasons in Moral Philosophy, in Giorgio Bongiovanni, et al. (eds.), *Handbook of Legal Reasoning and Argumentation*, Dordrecht: Springer, 2018, pp. 35 - 46.

⑥ Douglas Walton, Introduction, in Giorgio Bongiovanni, et al. (eds.), *Handbook of Legal Reasoning and Argumentation*, Dordrecht: Springer, 2018, pp. ix - x.

推理被表征为一个论证图解——树形结构。似乎至少在某些场合，论辩型式适用于作为推论形式（用于从假设集出发靠推论生成结论）的情形。在这些情形下，结论也许是靠一个孤独主体的推论得出的，没有受到第二方的争议或怀疑，称其为推理型式（reasoning scheme）是合适的。可是，假如用"推理"这个术语描述用推理生成结论的过程是恰当的，那么为什么还要称之为论辩型式呢？沃尔顿的回答是：它们是推理形式，它们还可用于辨识已知推理种类的实例（一个有用的任务）；而且，它们更一般地适合称作论辩型式还有一个重要理由——评估拟合它们的论证，要用匹配某一特殊型式的批判性问题集。这是一个过程，采取对话格式，其中一方（提议者）提出一个论证，而另一方（回应者）问批判性问题。在涉及两方的最简单情形下，一方对另一方的论证产生怀疑。在这里，使用"论证"一词非常恰当，因为要存在一个论证就必须存在一个受怀疑的主张。可见，推理和论证，法律推理和法律论证的区别在于是否设定对话框架。沃尔顿讨论的推理形式包括：基于价值的实践推理、根据缺乏证据的推理、溯因推理和根据知觉的推理、根据来源的推理（根据证人证言和根据专家意见）。在法律中，争议案件双方提出的论证是可废止论辩型式（defeasible argumentation schemes），这些推理的结构都是可废止逻辑的结构。可废止论辩型式不仅有批判性问题相匹配，而且这些批判性问题成为评估推理的有力工具。基于这些型式的个体论证链接在一起，构成论辩序列（sequences of argumentation）。包括证明标准和证明责任的概念在内的证明概念，需要在论辩的程序语境之内加以定义。该程序表现为三个阶段，即开局阶段、论辩阶段和终结阶段。第一和第三阶段代表更为完整的辩证（程序）意义上的论辩，第二个阶段代表案件中使用的推理，其中个体论证装配成正、反论辩链。三阶段提供了论辩的语用方面的基础部件，将我们从开局阶段的说服责任带到在终结阶段做出决定。适用规则的推理包括根据既定规则的论证、根据言词归类的论证和根据先例的论证。最高法院的案例摘要显示，这三种推理可以组合成一个推理链，代表用来支持案件中要证明的最终结论的证据结构。其实，基于规则的推理比初看起来更为复杂，因为根据先例的推理依赖根据类比的推理，而且规则适用于案件、从一个先例案件到给定案件进行类比时，规则需要不断被修改，反复适用于一连串案件。类比推理的论辩型式基于一对案件相似性的概念，基于案例的推理基于相似性的链接序列，通过类比推理，案件随着持续的序列被陆续提纯。⑦

（三）主体及其行动

行动理论是法律理论的基础。对于多主体和机器人学中对法律推理和论辩的计算与理解而言，执行目标导向的智能行动的自主理性主体的概念非常重要。因而，需要一种审判

---

⑦ Douglas Walton, Legal Reasoning and Argumentation, in Giorgio Bongiovanni, et al. (eds.), *Handbook of Legal Reasoning and Argumentation*, Dordrecht: Springer, 2018, pp. 47 – 75.

和其他法律场景中的法律推理和论辩的行动理论。逻辑学家和哲学家提出了一些关于行动的逻辑理论，其中有些用形式化方法开发了规范和行动的逻辑系统。例如，现代道义逻辑的奠基者冯赖特（VonWright，1963）的行动逻辑；阿尔罗若（C. E. Alchourrón）和布雷金（E. Bulygin）关于法律与行动的逻辑连接的观点（假定可用的可能行动集，其真值函项复合物给道义算子提供可能内容）；魏因贝格尔（Ota Weinberger，1998）的“形式的-决赛手的行动理论”（formal - finalistic action theory）——行动被看作是基于信息加工的某种选择的结果，其输入既包括事实性信息也有规范性信息，该过程包含可能需要考虑多重目标和对手段之约束的最佳化问题解决；康格尔（S. Kanger，1972）将一个法律系统刻画为一个规则集，它具有在某些法律条件下调节人的行动的目标，之后组合道义逻辑和行动逻辑模型化法律系统的规范。处理行动的基本理念是，一个主体使一个结果发生，即他采取了促使它产生的行动，此时该主体的行为对于产生的那个结果既是必要的又是充分的条件。行动的这类描述然后可以成为道义算子的对象。珀尔（I. Pörn，1977）定义了“导致了…”的逻辑（“bringing it about that”，简称 BIAT），为此开发了模态语义学。其他学者进一步发展了 BIAT 逻辑。行动在时间里发生，有一个持续时间，因而互动的逻辑理论需要对行动和时间之关系的清晰理解。命题动态逻辑（propositional dynamic logic，简称 PDL）用于模型化主体之间的互动，假设行动可以构想为由系统中的主体执行的程序。PDL 是一种表征规范概念（如义务、禁止和允许）的有价值的形式语言。从 PDL 衍生出命题指派的动态逻辑（Dynamic Logic of Propositional Assignments，简称 DL - PA），行动的概念被看成是一个命题指派，与冯赖特的理念兼容：把行动看成是导致或影响（随意）一种变化。近年在人工智能中提出了其他形式系统，如布尔游戏（boolean games）和命题控制结盟逻辑（Coalition Logic of Propositional Control，简称 CL - PC）。CL - PC 是一种关于多主体环境中主体的能力和结盟的推理形式语言。在这种逻辑中，能力的概念用控制的概念模型化。布尔游戏与 CL - PC 共享的理念是：一个主体的行动由影响他所控制的变量的真值组成。在这种游戏里，每个玩家都想要实现由命题公式表达的某一特定目标。

该领域最有前途的发展是 STIT 逻辑或“确保……的”逻辑（logic of “seeing to it that”）——关于选择、行动和时间推理的逻辑，是对主体的一种形式说明。它是形如“主体 i 确保φ成立”这种语句的逻辑。其核心模态算子是 stit（see to it that）算子，其公式［i stit］φ，即 i 在当下（或过去）的选择使得φ成立。⑧ 这种关于行动和主体的逻辑起源于切拉斯（B. F. Chellas，1969），发展完善于贝尔纳普及其合作者的系列论文，最终汇聚于贝尔纳普等的著作《面对未来：在我们非决定论世界中的主体和选择》（Nuel Belnap，M. Perloff 和徐明，2001）。这种逻辑把行动与多主体领域中的行动和规范之间的连接形式化，近年来在人工智能中开始流行。这个逻辑模型代表一个理性主体的基本理念，

⑧ 张炎：《Stit 逻辑的判定问题》，博士学位论文，第 1 页，武汉大学哲学学院，2015 年 10 月。

该主体凭借实施一个行动来引起一个特殊命题为真或为假。支撑此理念的是，使用克里普克型的语义学可以把这个概念模型化成一个模态逻辑系统中的主体算子。STIT 的形式语义学简洁而容易直觉理解，可以应用于任何司法管辖权法庭上遇到的几乎所有法律论辩的实例。它为构造有关选择、行动和时间的推理（易于适用于法律案件中的证据推理）提供了逻辑结构。这种逻辑适合表征因果概念，以及社会概念，如责任、过失、委托和社会影响等概念，在模型化人类主体和人工主体的社会关系时，这些概念是首要的。这种关联导向了法律推理中规范的角色问题。STIT 出现了在句法层次上有所不同的两个变体：不受时间影响的版本和时态版本。后者结合了时间逻辑的时态算子和主体算子。近年还出现了其他逻辑系统，从行动的概念走向游戏理论的策略概念。最典型的策略逻辑（strategy logics）的例子是交替时间时态逻辑（alternating - time temporal logic），是保利（M. Pauly，2002）开发的联盟逻辑（Coalition Logic）的策略变体。联盟逻辑允许形式表征某一特定主体或主体联盟之策略的后果。洛里尼（Emiliano Lorini）认为，逻辑能用于形式化法律概念（行动的概念在其中扮演基础角色）。STIT 为模型化行动和实践，为表征一个主体之选择的后果（把握与法律理论相关的主题因果关系的基本方面），提供了一般框架。STIT 的形式语义学极为简洁和直觉，而且直接与游戏论中使用的行动和与行动相关的概念（如力量和能力）的形式表征相联系。由此看来，STIT 具有高层次的一般性，因为可以把它看作是基于游戏论语义学的原型行动逻辑。在真实情景中，一个主体的理性选择也许不同于他的理想选择。规范性系统的目的就是要找到赏罚的恰当平衡以降低主体理性选择与其理想选择之间的差距。思考对社会而言理想的东西如何依赖主体的个人效用，规范如何影响一个主体的决策过程，运用对规范和心智之关系的分析将补充当下对规范和行动之关系的研究。⑨

（四）规范

规范是社会的或法律的要求，简单说，规范将行动分成三个范畴：必须的（义务的）、允许的和禁止的。最近，在人工智能领域的多主体系统开发中，规范研究变得重要起来，而且吸收规范的新形式论辩系统阐明了推理如何以法律、伦理和其他应用中的规范为基础。哈格（Jaap Hage）区分了两类规范——告诉我们做什么的规范和告知我们理想的状态是什么的规范。在法律推理中，显然主要的关切是具有指导人的行为之功能的那种规范。规范与行动的理由密切相关，澄清规范和事实之间的区别依靠对各类事实之间的区分。为了克服对事实可能是规范性事实以及也许存在道义事实这种观念的抵抗，哈格把事实分为客观事实、原始的社会事实（brute social facts）和基于规则的事实。某事物是依赖

⑨ Emiliano Lorini, Norms in Action: A Logical Perspective, in Giorgio Bongiovanni, et al. (eds.), *Handbook of Legal Reasoning and Argumentation*, Dordrecht: Springer, 2018, pp. 77 – 101.

心智的并不排除它是一个事实。道义事实是心智依赖的，因为它们是（常常以间接方式）这样的事实：倾向于在主体身上诱发一种适用于主体顺从的动机。道义事实很多时候是事实到事实的规则（职责）或动力规则（义务）适用的结果。哈格区分了两类基本道义事实：职责的存在和义务的存在，以及两类随后发生的道义事实：负有义务（being obligated）和由于（owing to）……做某事。规范与模态逻辑标准语义学中的所谓可能世界相联系，与职责和义务相联系。哈格把规范定义为导致道义后果（deontic consequences）的规则。规则有三类：动力规则（将后果隶属于事件的发生）、事实到事实（fact – to – fact）的规则（将一个事实隶属于另一个事实的存在）、“视为”（counts – as）规则（该规则使得某事物或事件也算作是其他什么）。一个规则的存在使得某些事实获得：规则的事实对应物。在此意义上，所有规则都是构成性的。表达这些事实的描述性语句，规则的描述性对应物，都是开放的通则，它们往往具有与规则（从这些规则获得它们的真）相同的公式。这些对于理解法律推理极为重要，因为这不仅说明规范对法律推理很重要，也表明涉及规范的推理如何可以用道义逻辑（模态逻辑的一种形式）模型化。[10]

卡萨弗兰齐（Cristiano Castelfranchi）指出，规范和目标具有基础的和内在的关系，因为规范是通过主体的目标操作实现社会协调的人工产品（artifacts）。这种关系是多面向和多功能的。一方面，规范针对自主的、目标导向的主体，其行为取决于他们的社会目标或选择、偏好，即取决于他们的自由决断，因而被假定对其行动“负责任”，因为他们本可以采取不同的行动。另一方面，规范有目标（在此意义上：它们为了某事而建立和使用），它们是相互作用的、社会的工具。当然，它们也保障某些社会的新兴功能。一种良好的规范理论（和研究）应该明确区别和真正探索以下差异和关系：1. 规范的意图（预期效果），即通过发出和监控某一特定规范，我们期望和想要生成的东西。2. 规范的实际效果，特别是：（1）规范效力，即实际的或实现了的预期效果（与目标相一致或不令人满意）；这种效力或失效显然要相对于规范的目标来评估。（2）功能效应，通常是非预期的（合意的甚或不合意的）和不被理解，比如它们有反馈、挑选和再生那种行为或实体，包括特定规范；该结果（部分地）对规范的维护或再生负责。（3）副作用，既非预期的亦非功能的，而是系统的负面效应（就如成瘾性药物）或正面效应（涉及某些并不在规范计划中的其他目标）。规范和目标有6种主要结构关系。（1）规范旨在影响一个理性主体的自主目标导向的行动；（2）规范预设一个实施某一行动之主体心中的目标假定；（3）规范瞄准调节我们的行为，常常给予我们赞成或反对某一目标的新理由；（4）规范被内化，而且适应于一个主体具有的某一目标；（5）规范具有目标，因为它们的目的在于引起特定结果；（6）规范基于关于其他主体之目标的集体期望。卡萨弗兰齐最后警示，涉

---

[10] Jaap Hage, Of Norms, in Giorgio Bongiovanni, et al. (eds.), *Handbook of Legal Reasoning and Argumentation*, Dordrecht: Springer, 2018, pp. 103 – 138.

及规范的工具关系可能被颠倒，人们可能带着你违反它的期望（和目的）发布一个规范，以便惩罚你。例如，意大利某个地方政府使用限速，设立了不合理最高车速，为的是有很多人（非当地市民）穿行他们地盘旅行时违反它，以便从他们的罚金中获得大收益。可见，发布规范为的是该规范被违反。甚至在某种意义上，主体可能通过把处罚解释和用作不过是利用违反规范的可能性的额外费用，颠倒正确的目标关系，并且为了自由违反规范而决定支付。[11] 卡萨弗兰齐说明了在现代科学中，处理目标的概念有两种不同理论。一种是进化方法，一种是控制论的控制理论。结合这两种方法加以阐释，非常有助于看清人工智能和法领域正在进行的基于目标的实践推理之研究。在法律推理中，目标典型地基于价值，生成一类推理即所谓的基于价值的推理，它与纯工具性推理相反。这种互联有两方面。规范用在目标导向主体的法律推理中，主体的行动取决于他们的自由决定，不过规范也有目标，它们是主体建立的，被用于某事物。规范也是社会工具，依靠目标指向的实践推理（常常称作目的论推理——一个主体完成一个行动的目标），因为它们具有尝试促使与目标相一致的预期效果的功能。[12]

《手册》第二部分罗托洛（Antonino Rotolo）和萨尔托尔“演绎推理和道义推理”一文也讨论了规范问题。更为清晰准确表达的规范性概念，尤其是一项权利的观念，不可能单独建立在义务和允许的基础上。这种概念嵌入了目的论的视角，即焦点在于目标或利益，一个规范性命题（任何可能的法律内容：规则、原则、它所赞成的一个因素与结果的关联）是服务它的手段：仅当如此一个命题关心某些个体的利益时，我们才能把它看作是将权利授予这些个体。通常，一个规范性命题（的采纳）的目的是为了保护某些个体的利益，虽然按照个体有关的选择，这些利益可能有不同内容（在特定范围内）。在最简单情形下，规范性命题只对应义务，我们也许需要决定特定义务的受益人。这就有必要引入“定向义务”（directed obligation）的概念。A 是朝向 k 的义务（$Obl^{k}A$），当且仅当 Obl A 推进 k 的利益。而通过否认定向禁止，就得到他人导向的允许。因此，朝向 k 的定向允许，A 只不过意味着，朝向 k，$\neg A$ 保留不是义务：为了 k 的利益没有如此的义务。规范系统背后的基本理念与规范并不具有真值的论点密切相关，因而道义逻辑其实不是处理规范，而是处理规范命题，即特定规范存在的陈述，比如，$Obl\ A$ 实际的意思有点像“存在一个命令 A 的规范”。允许的概念在许多规范领域中非常重要，比如刻画许可（授权）和减损这样的概念。长期以来，道义逻辑家多半将允许还原为用义务定义的做法（$Perm\ A \equiv \neg Obl \neg A$）遭到批评。早先人们区分弱（或否定性）允许和强（或肯定性）允许。前者相当于说，某 A 被允许，如果 A 不是可证明为强制的。强允许的概念更复杂，因为它等

⑪ Cristiano Castelfranchi, The Goals of Norms, in Giorgio Bongiovanni, et al. (eds.), *Handbook of Legal Reasoning and Argumentation*, Dordrecht: Springer, 2018, pp. 173 – 190.

⑫ Douglas Walton, Introduction, in Giorgio Bongiovanni, et al. (eds.), *Handbook of Legal Reasoning and Argumentation*, Dordrecht: Springer, 2018, pp. ix – x.

于说：某 *A* 被一个法典允许，仅当如此一个法典明确陈述了 *A* 被允许。结果是，强允许不是从缺少一种禁止衍生出来的，而是用一个允许规范明确表述出来。这个概念的复杂性依赖这一事实：除了一个法典明确断言所允许的事项而外，还存在某种意义上从明确的允许推出其他的允许，假如某个 *B* 从 *A*（被强允许）逻辑地推出，那么 *B* 也是被强允许的吗？这表明允许和允许规范的多层面特性，在很长时间里，大多数逻辑学家忽视了这一点，最近几年受到关注。⑬

（五）价值

关于价值的议题包括：本体论问题——世界上存在价值吗？价值是宇宙构造的一部分，还是别的人工产品、心智投射、社会习俗的产物？关键问题是如何理解价值客观性，这又与事实问题和价值问题的二分法相联系。价值的认识论——能够存在对和错、善和恶的知识吗？如果有，我们如何获得？价值判断的语义状态和逻辑状态与评估性概念的逻辑语法——价值判断是关于属性或事态的断定，还是类似于规范状态的规定或表达？评估性概念表示世界的属性或事实，还是心理状态的表现？更大的一簇问题涉及价值的规范性权威——价值生成规范性理由吗？这种理由普遍适用所有相关环境中的各种评估者？价值的采纳使理性主体承担为追求价值而行动的义务吗？巴尼奥利认为，确信价值判断（valuing）是一种理性活动，几乎不可归约为偏好的强烈程度不同的表达，告诉我们一种有希望的路向。它之所以是一种复杂的活动，不仅因为包含情感能力和认知能力的复杂网络，也因为它允许各种各样互相缠绕的模式。通过各种各样的评估性判断（如沿着诸如合意性或合理性的维度）、态度（如爱、赞赏和尊敬）、实践（排名、相互尊重和认可）与制度（如市场），我们以不同方式做出价值判断。价值判断之模态的多元性，不仅应通过区分价值范畴（如内在的、外在的、工具的、范畴的）予以探究，也应通过理解我们在自己的生活中归属和授予价值的不同（制度的和个体的）模式来研究。多元方法不仅让我们承认价值的多元性，也激励我们超越福利经济学的传统方法和传统正义理论（如成本效益分析），为比较价值，评价制度（如市场）的伦理局限去构建新论证。在考虑政府机构面临的挑战（需要在面对价值的分裂冲突和不确定条件）时，这样一种多元论者方法似乎特别有希望（如关于全球变暖的辩论）。⑭ 在法律中，什么是价值？如何在特殊案件中识别价值？如何能判断一种价值理论的妥适性？价值如何能具有指导行动的规范能力（normative capacity）？价值理论不仅提供这些问题的回答，也能搞明白法律案件中的某些分歧（由关于价值之不可通约性的论证所决定）。价值作为人工智能和法领域的一个流行话题已经变得特

⑬ Antonino Rotolo and Giovanni Sartor, Deductive and Deontic Reasoning, in Giorgio Bongiovanni, et al.（eds.）, *Handbook of Legal Reasoning and Argumentation*, Dordrecht: Springer, 2018, pp. 243 – 274.

⑭ Carla Bagnoli, Values, in Giorgio Bongiovanni, et al.（eds.）, *Handbook of Legal Reasoning and Argumentation*, Dordrecht: Springer, 2018, pp. 139 – 171.

别明显，现在已经表明，基于实践目标的推理并不总是纯工具性的，通常也以价值为基础，尤其在法律场景中。⑮

（六）权威

在关于基于权威的证据推理（比如审判中的专家意见证据）的新近文献中，权威的概念对于理解法律推理如何运作变得比以前更加重要。希玛（Kenneth Einar Himma）区分了两类权威：认识的权威——关于命题 x，一个人 P，对一个人 Q 具有认识论的权威，当且仅当 P 真诚地断言 x 为真，这本身成为 Q 相信 x 为真的理由；实践的权威——关于执行某个行动 a，P 对 Q 具有实践的权威，当且仅当 P 指示 Q 执行 a 给 Q 提供了做 a 的新理由。两种权威的共同特性是，第一，就它们的概念基础而言，都以包括在另一个人身上创造具有理论重要性的那种新理由的能力为特征；第二，权威的指示或陈述给一个主体提供的理由在此意义上是内容独立的：恰恰是这种指示或陈述的来源（不是内容）给主体提供理由。二者的重大不同在于提供不同类的理由。认识的权威的意见给主体提供相信那个意见的新理由，所提供的意见之内容属于该权威专门知识的范围。相比之下，实践的权威的指示生成行动的理由，尤其是一个去做权威已经指挥主体去做那事的理由，比如命令我支付对 P 的损害赔偿的法官给我一个付此赔偿的一个新的内容独立的理由。一般认为，合法的（或道德上正当的）实践的权威凭借提供生成某种要遵守的道德义务的理由而具有约束主体的能力。可见，一个来自认识的权威的意见以不同于来自实践的权威的指示的方式在认知上发挥作用。在法律中，扮演非常重要角色的是实践的权威的概念，尽管认识的权威的概念在处理许多描述的和规范的议题时也会涉及。法律生性是要发布指令，创造主体做这种指令所要求之事的理由，归根结底，法律按其本性调节的是行为而不是思想。拉兹区分了两种实践的权威：实际上的权威（de facto authority）和法定的权威（legitimate authority）。这两种实践的权威都要与政治权力区分开。一个人能控制另一个人但没有权威。需要注意的是，权力的概念和实际上的权威等概念纯粹是描述性的，而法定权威的概念是规范性的。在成为一个意识经验之主体的意义上，实践的权威是个人的。按照实践的权威的本质和个人存在，一个权威必须在此意义上是理性的：能够仔细研究做出决定的理由。一台计算机，就其此时的技术限制而言，不可能对一个人有实践的权威，尽管它也许对某个人有认识的权威。此外，权威必须能用由语义和语法规则定义的语言进行交流，能接受和发布，和一个主体交流权威关于主体应做什么的看法。一个权威在其权威范围内发布的一个指令是权威的并给主体提供行动的理由。实践的权威应用到法律系统上出现了难题：法律系统是由一套裁判人员、规范等等构成的，抽象对象和其他东西一样多，假如法律系统

⑮ Douglas Walton, Introduction, in Giorgio Bongiovanni, et al. (eds.), *Handbook of Legal Reasoning and Argumentation*, Dordrecht: Springer, 2018, pp. ix – x.

是一个抽象对象，假如只有个人存在才可能是实践的权威，那么一个法律系统不可能是权威。从给出理由的能力看实践的权威，希玛比较了法定的权威和不合法的权威。法定权威的指令给行动生成内容独立的道德理由，而不合法权威仅仅“声称”（或“打算”）其指令给行动生成内容独立的道德理由。一个不合法权威的指令不必然生成内容独立的或道德的理由。显然，一个在道德上不合法的权威不可能发布给予主体一种要遵从的内容独立的道德理由的指令，任何缺少对一个主体的充分强制能力或权力的不合法权威甚至缺少给行动生成内容独立的审慎理由（prudential reasons）的一般能力。从约束主体的能力看，合法权威的指令生成的新道德理由充分强地创造一种遵从权威的道德义务，权威最为直观的显著特性是，他的合法指令约束主体。一个合法指令不只是一个主体应该服从的某种东西，更是一个主体将要或必定服从的问题。在某种意义上，一个合法权威指令针对的主题没有不服从的“自由”。希玛还阐明了这类权威约束主体的各种理由，特别细致讨论了排他性理由，指出有效法律规范（甚至民法中的）倾向于用一种排除某些法律借口或辩护的方式予以强制执行，不过这并不意味着法律提供甚或打算提供排他性理由。法院典型地（尽管不是处处）对仅仅因审慎推理激发的违法行为实施某类补救。希玛还考察了要成为道义上正当的，实践的权威必须满足的条件标准。⑯

法哲学家和政治哲学家倾向于审察法律权威和自主权，并因而提出 3 个问题：1. 可能有合法权威吗？2. 合法权威的条件是什么？3. 合法权威的可能性减少或缓和权威与自主权之间的拮抗吗？罗德里格斯—布兰科（Veronica Rodriguez - Blanco）认为这种提问方式不尽人意，因为它预设了需要说明的东西，比如权威的本质以及是否自主权和法律权威之间存在“真正的”拮抗。与自上而下传统策略（从通往辩护权威之架构的对政治理论似是而非的观点开始）不同，罗德里格斯—布兰科的研究策略聚焦于主体，即法律命令或指令的接收者，执行法定官员（legal official）所要求的行动，这种自下而上的策略，从主体的层次和实践理性到权威的辩护架构。它也从朴素的现象学观察（X 命令 Y 执行行动 p）开始，探索一个法律命令或指令，如何只因为它是一个法律命令或指令就有效地改变主体的做法。理解了法定权威如何对主体起作用，才能回答法定权威是什么的问题。假如我们承认法律命令或指令干预、影响和改变主体的实践推理，那么我们就需要理解和阐释这是如何发生的。罗德里格斯—布兰科认为，根据行动作为经验现象来描绘立法者、法官、官员和公民做的事，好像错失了某种基本的东西，更糟的是行动的经验说明不可能满意解释法律的导向作用。我们需要以向善属性的形式诉诸价值，需要按其朴素或基础的形式理解人的行动，这种理解阐明我们生成的那类事物，包括像法律这样的人类制度。罗德里格斯—布兰科对人的行动的概念提出了偏离标准检验概念的辩护，随之细察了人的行动这个概

⑯ Kenneth Einar Himma, Authority, in Giorgio Bongiovanni, et al. (eds.), *Handbook of Legal Reasoning and Argumentation*, Dordrecht: Springer, 2018, pp. 191 - 217.

念对我们理解法律的本质以及它的权威性品格和规范性品格的影响。意向行动（intentional action）牵涉不是一种观察类的知识，即使它也许用观察加快和支持。依此方法，按照理由或意向理解一个行动应该从问一个为什么问题开始。按照这一看待某一主体行动的说明，我们从此人自己对其行动的描述作为对一个为什么问题的回答去把握它。这个意图推理之证据基础的辩证的多主体方法与研究法律论辩的新近工作相兼容。罗德里格斯—布兰科指出，无论我们为显示意向行动的结构而遵循什么样的策略，是采取亚里士多德式的实践三段论，还是安斯科姆式的（Anscombian）用“为什么”问题所揭示的一连串行动，我们都能掌握具有不同表现形式的实践推理的机制。换言之，对“为什么”问题的回答显示了一种能力：当行动时主体在运用此能力。亚里士多德的潜能和现实的区分有助于理解我们的实践推理的运用和本质，照亮了意向行动的4个关键特性以及安斯科姆所确认的它们的相互作用。⑰

三、法律领域运用的推理类型

说到法律推理，人们首先想到的是演绎推理及其扩展形式，比如模态逻辑或道义逻辑。事实上，除此而外，法律推理还涉及枚举归纳推理、溯因推理、概率推理、类比推理。围绕可废止性，更有大量采用论证型式（argument schemes）的法律推理，如目的论推理等。甚至交互式决策（Interactive Decision - Making）也进入法律推理的视野。

（一）演绎推理和道义推理

推理的基本形式是 $<\{P1, \cdots, Pn\}, C>$。直观上讲，基于此的演绎推理是：假如它是有效的，那就毫无例外地（即在所有可能情形下）保证其结论。道义推理的前提或结论是道义主张——关于义务、允许和禁止等概念的陈述，结论有效地从这种前提推出本质上却取决于推理所包括的那些主张的道义本质。演绎逻辑形式系统中的演绎后承关系（deductive consequence relation）的明显特征是题材中立性（topic - neutrality）和认识论惰性（epistemological inertness）——没有演绎推理可以将其前提的认识论本质在结论中改变成某种不同的东西，粗略地说，一个主张的逻辑后承除了初始主张所具有的内容而外没有“新内容”。还有一些更具形式重要性的特性，如自反性、单调性、传递性等等。演绎系统由某种建立公式的形式语言和从公式证明公式的某些推理原则构成。不同的系统可以是表达相同逻辑（相同公式集）的不同方式。有学者论证，基本上有三种主要的演绎系统：希尔伯特型系统、自然演绎系统和矢列系统。

道义逻辑的形式系统采用成熟的演绎逻辑（经典逻辑）架构，用一个道义算子 *Obl*

---

⑰ Antonino Rotolo and Giovanni Sartor, Deductive and Deontic Reasoning, in Giorgio Bongiovanni, et al. (eds.), *Handbook of Legal Reasoning and Argumentation*, Dordrecht: Springer, 2018, pp. 243 - 274.

（应当）扩展经典命题逻辑（CPL 的语言）就可轻易获得一种道义逻辑。用可能世界的概念从形式上表达道义上真的概念，即 *Obl A* 是真的，意思是 A 在所有（法律的、道德的等）理想世界中为真。检验义务之真的形式方法使用取自模态逻辑的形式结构——克里普克框架和克里普克模型。第一个现代道义系统是冯赖特（1951）建立的，其后该系统的某些修正将其转换成了所谓的“道义逻辑的标准系统”（SDL）。道义推理方面的一些有趣发展和推进的议题包括规范系统（把规范看作是二元构造，连接一个事实与一个道义后果：<条件，后果>）、强弱允许的区分、反义务推理（Contrary－to－Duty Reasoning，由违反其他义务所触发的那些义务，处理亚理想的或弥补的义务，此概念不能被 SDL 捕捉到）、输入/输出逻辑即把规范系统看成是操作输入（事实前提）到输出（规范性结论）的基于规则的过程、规范系统代数（形式机制的展开不是基于逻辑而依赖一些代数的、序理论的概念）。罗托洛（A. Rotolo）和萨尔托尔指出，许多像法律这样的规范系统的特色是必然要采取动态规范系统，阿尔罗若、加登福斯（P. Gärdenfors）和梅金森（D. Makinson）提出了模型化规范变化的逻辑模型——AGM，区分了三类变化运作：收缩、扩张和修正。但 AGM 尚未处理法律规范变化的一些方面：法律通常通过设置特殊规范（特殊目标是通过陈述应该修改其他现存规范的什么，如何修改而改变法律系统）调节自己的变化；由于法律修改源于这些特殊规范，因而它们可能陷入冲突，因此是可废止的；法律规范受时态特性限制，比如规范开始存在，属于该法律系统的时间，规范失效的时间，规范产生法律效果的时间以及规范效果保持的时间。所以，规范动力学不考虑时态推理的话几乎难以被模型化。近来已有学者处理这个问题。不过，一些更高的规范概念，如权利的概念，不可能仅仅建立在义务和许可的基础上，因为权利只能参照一个主体的利益加以分析。[18]

（二）归纳、溯因和概率推理

由于术语和历史的缘故，在论法律推理的法学文献中，归纳很少受到关注，而在以模型化法律推理的计算机科学的研究中，关注归纳也只是例外。不过，贝叶斯概率方法的复兴和发展，以及新证据学术运动和鉴识科学（forensic science）在审判过程中日益增加的重要性，促进了对法律中归纳推理兴趣的复燃。

谢弗（Burkhard Schafer）和艾特肯（Colin Aitken）的分析表明，枚举归纳、溯因推理（包括契合法、并用法、剩余法和共变法）和概率推理在法律推理中都大有用武之地。在法律推理中，作为一种特别重要的推理形式，用先例推理，被称为“归纳的”思考（当然有争议）；法院从许多法院在过去遵循某一解释这一事实归纳地得出结论，这个解释

---

⑱ Douglas Walton, Introduction, in Giorgio Bongiovanni, et al. (eds.), *Handbook of Legal Reasoning and Argumentation*, Dordrecht: Springer, 2018, pp. ix－x.

现在被一般地或普遍地接受。一个非常类似的过程也可以历史地观察到，国家统一和系统化它们的“普通法”时，在这里不是被理解成一套拘束先例，而不过是公民和法院等的实际操作。这典型地包括“模式识别”的过程，从大量个体决定和实践综合出某个一般规则。这个洞察可用于分析随时间的法律态度方面的变化，根据大量案例汇集进行归纳推论，不是着眼于建立任何特殊的法律规则，而是更好理解法律系统作为整体如何进化；律师利用他们自己与具体法院打交道的经验为其客户咨询他们案件的可能结果，他运用其经验做出一个归纳概括（关于法官审案的行为特点）。泽尔兹尼寇（Zeleznikow，2000）的法律人工智能方法使用规则归纳模型化自由决定领域的决策，按此方法，大量并不建立先例的“平凡”案例，是为发现背后的模式而归纳地开采的数据。在法律事实发现方面，溯因推理广泛应用。可是，不能认为归纳和溯因仅限于法律事实发现，而且这些不同推理模式相互作用，尤其归纳、溯因和演绎论证形式相互依赖，比如，我们通过归纳或溯因推理获得结论，该结论的可废止本质的一个重要后果是，进一步检验（证伪和证实）它们非常重要。法院的裁判经过若干推理阶段：法官归纳地决定法律（一般）是什么，调节规则是什么；通过演绎，这个规则的原理继而导出；规则和原理然后一起以一种演绎的方式应用于待决案件。

在法律制裁与罪行定量方面关联时，抽样检验发生于证据推理中；损害的数量的确定依赖对经济伤害的估计，用随机抽样统计推理，往往由于成本或证据分析的限制。归纳推理的贝叶斯方法可以提供给我们回答律师感兴趣的问题——什么是各种论证路线各自的优势，哪个论证路线是有力的，哪个调查路线会被允许——所需要的工具。法律中归纳概率推理的具体应用，刑事审判中 DNA 的评估，说明如何准确应用抽象理念。

谢弗和艾特肯通过论述证据价值的概率概念，澄清了概率的证据解释中许多混淆的一个根源：在一个无辜者身上发现犯罪证据的小概率并不意味着被发现有该证据的那些人犯罪的大概率。统计学家熟知的谬误是换位条件的谬误，将假设无辜时该证据出现的概率等于假设该证据出现时无辜的概率。在法律圈里，更广为人知的是“检察官谬误”。他们介绍了概率的语言，概率的基本概念（命题，包括命题 4 层次；相关总体；先验几率；后验几率；假阴性和假阳性；概率比）。谢弗和艾特肯还从分析中导出 9 个概率推断，“其中一些有重要的鉴识应用”。他们最后指出，按照归纳对我们认知的中心性，法律推理的形式主义者和现实主义者理论都会从极大关注使用归纳和概率理论概念工具的法律推理重建的潜能中获益。归纳的、溯因的和演绎的论辩模式彼此相得益彰，的确能常常根据语境彼此转换。随着诉讼中鉴识证据重要性的增加，概率推理往往反直觉的本质与常常它所需要的隐藏和未陈述的假设，都非常频繁地导致对相关方往往会有毁灭性后果的谬误推论。最近英国皇家统计学会开发了律师推理能力的最低标准，受到欢迎。“数据科学”，用包括统计学在内的工具建立的大数据分析，也可能使用超越通常理解的统计分析的匹配算法的启发法和模式，也必将影响司法行政。[19] 不过，概率如何应用于法律推理，尤其是那些没有概率论和贝叶斯公理专业知识的人试图将它们应用到真实论证时，一直是个困难而有争议的主题。对于如何将贝叶斯定理应用到法律推理领域，比如基于证人证言的证据或者根据先例的论证和攻击这些论证的反论证，尚有许多不同意见。[20]

（三）类比论证

类比在历史上有三种视角的理解：语义关系、认知行动、一种论证。布罗泽克（Bartosz Brożek）用取自日常经验、法律分析和科学的例子表明，根据类比的论证有4个基本面：问题情景（当下知识不足以提供某一实践或理论问题的直接答案的问题情景呼唤类比论证）、乍看的（prima facie）相似性、有重大关系的相似性（建立问题情景和乍看相似情形之间切题的相似性）和解决（类比论证是问题情景的一种解答的明确表达）。对法律类比的本质和结构的探究有非常悠久而丰富的历史，这是其他学科中的类比研究无法匹敌的。法理论中提出的对类比的说明往往有不同的哲学假设、动机和目的，比如在法律中，阿列克西、布鲁尔与罗斯（Bram Roth）和费荷耶（Bart Verheij）的类比推理概念就有不同的法理论范式。布罗泽克发现，确立问题情景是否与其他案例贴切地相似有两种方法，一个是基于理论的类比（theory - based analogy）——如果用于解决其中一个案例的理论言之有理地可适用于另一个，那么两个案例被认为是贴切相似的。另一个是基于因素的类比（factor - based analogy）——假如两个案例在（某些已确立的）相关因素上是相同的，那么其本身就假设两个案例是贴切相似的。类比论证的一般结构可以重建为：（1）人们遇到一个引起问题Q的问题情景（C_0）。（2）存在乍看相似于C_0的案例（C_1，C_2，C_3，…），即解答与Q相等、比Q更强或比Q更弱的问题的那些案例。（3）C_0和某个C_x之间的贴切的相似性通过以下方式建立：①提取或构建一种基于C_x（C_y，C_z，…）的理论，并决定其中的哪个是否可适用于C_0；②就某些选定的因素比较案例C_0和C_x，决定是否该相似性强到足以将C_x的结论适用于C_0。

在确立了贴切的相似性之后，还有明确表述问题情景解决办法的任务，即回答问题Q按照基于理论的类比，被选中的目标理论演绎地蕴涵着回答；而根据基于因素的方法，回答就是在贴切相似案例中给出的相同回答。布罗泽克认为，这是根据问题或问句逻辑（erotetic logic）描述了问题情景，强调了类比论证的辩证维度的重要性。[21]

---

[19] Burkhard Schafer and Colin Aitken, Inductive, Abductive and Probabilistic Reasoning, in Giorgio Bongiovanni, et al. (eds.), *Handbook of Legal Reasoning and Argumentation*, Dordrecht: Springer, 2018, pp. 275 – 313.

[20] Douglas Walton, Introduction, in Giorgio Bongiovanni, et al. (eds.), *Handbook of Legal Reasoning and Argumentation*, Dordrecht: Springer, 2018, pp. ix – x.

[21] Bartosz Bro · zek, Analogical Arguments, in Giorgio Bongiovanni, et al. (eds.), *Handbook of Legal Reasoning and Argumentation*, Dordrecht: Springer, 2018, pp. 365 – 385.

（四）可废止性与法律推理

按照萨尔托尔，可废止推理的理念可以追溯到阿奎那和莱布尼茨，甚至西塞罗。在法律和伦理学中，罗斯（David Ross）、哈特、菲韦格和佩雷尔曼，在逻辑和人工智能中，奇泽姆（Chisholm）、图尔敏、雷歇尔（Nicholas Rescher）、波洛克和沃尔顿等，都有所贡献。而在上世纪 80 年代以来，人工智能和法领域对可废止论辩和法律推理中可废止性的研究，更是如火如荼。

泛泛而论，可废止性可以应用于任何这样的过程：用某些结果（缺省结果）响应其常规输入，但当这样的输入增加进一步的例外或反常元素时，它就传送不同的结果。可废止过程可以刻画为一种用某些缺省产出响应其常规输入在输入伴有某些附加例外因素时以这种方法响应可能失败的一种机制。推理的可废止性定义为：当对应论证是理性强制的但不是演绎有效的时候，推理是可废止的。一个好的可废止论证的前提之真给结论提供支持，即使前提真而结论假是可能的。可废止推理有 3 个不同但关联的功能。第一，给我们提供暂时的信念，我们据此可以推理和行动，除非我们获得相反的信息；第二，激活一种结构化的探问过程，在这个过程中引出至此为止的结论、寻找其击败者，寻找击败者的击败者等等，直到获得稳定的结果；第三，能使我们适时坚持集体性知识结构，即继续作为一个共享的公共资产运转，即使我们每个人都被暴露于新信息，常常挑战我们早已有的信息。对付人类知识的暂时性本质有两种策略：修正和可废止性。

可废止推理的过程反映了法律推理进程的自然之道。相对于演绎有效的论证，萨尔托尔提出可废止有效的论证（defeasibly valid argument），前者的前提给结论提供终局性（conclusive）支持：接受前提必须必然接受结论；后者的前提只给结论提供假设性（presumptive）支持：接受前提也应接受结论，但只是在没有相反的占优势论证的情况下。基于组合式论证和收敛式论证结构的区分，萨尔托尔区分了两个重要概念：贡献性条件（contributory condition）和贡献性理由（contributory reason）。一个结论的贡献性条件是结论（假设性的或终局性的）的充分条件的一个必要元素，适用于支持结论的合取性担保（conjunctive warrant）的某一元素。假设一个担保“如果 P1 和……Pn，那么（假设地）Q”，那么每一 P1……Pn 都是该担保的贡献性条件。相对于一个结论的贡献性理由是结论的一个假设性充分条件，只适用于支持结论的担保的整个前件。在法律领域，贡献性理由的概念适用于原则领域，被理解为最优化要求或价值一规范。攻击终局性论证只能攻击其前提，而攻击可废止论证却可以通过否定其结论。冲突的论证可能是反驳性冲突或切断性冲突，前者是两个论证的结论相互矛盾，后者是两个论证的前提和结论之间的支持关系出现了竞争，一个论证否认另一个论证的前提给结论提供充分支持。论证不仅可以被击败，还可以因击败者又被击败而“复原”（reinstatement）。从论辩视角来处理可废止推理，通过一个批判性提问的过程以及估量正反论证（在一个为决定结果而存在说服责任的框架之内是相干的）来评估证据。萨尔托尔用论证图解表征一些范例推理的有趣实例中的论辩，经过分析之后，这些例子显示了法律论辩的某些有趣特性。其中之一是，当新论证被引入所谓的论证框架（表征根据给定的前提集可构造的论证集）时，某一给定论证的状态可能相对于那个框架发生变化。例如，先前在该框架中被证明的一个论证现在可能被驳回。按这种方式结构化论辩，一个论辩框架不仅可以用于评估某一采取论证图解形式的、复杂的论辩序列，亦可用来外推期待支持或攻击要证明的某一最终主张。通过这种方式，论辩系统提供辩证框架，表示法律推理的语用学以及语义学，这个能力对于理解法律推理如何在基于案例的背景中运作非常重要。萨尔托尔把可废止推理的担保当作是一般缺省或默认，提到了波洛克的5种，沃尔顿的2种以及其他3种（基于规范的论证、目的论解释论证和经验论证）。他认为，假如我们接受法律系统包括规则和免责条款、冲突规范和表达不相容法定权益的法律，那么我们就必须拒斥法律一致性的传统假定，因而必须拒斥它的这样一幅肖像：它是一个公理基底（axiomatic base），连同相关事实，一起产生终局性的演绎蕴涵（deductive implications）。相反，一个法律系统是异质的、分层的、冲突的法律缺省集（set of legal defaults），由法律规则和原则、元规则、已接受的论证型式等组成，连同相关事实，使得导出假设性结论成为可能。通过用建立一个案件事实（匹配法律系统某些规范的前件）的有效证据补充法律系统（它的相关部分），我们获得一个论辩基底（argumentation basis），据此可以构建竞争的假设性论证。所有这些论证原则上都是可废止的，易受恰当反论证的反驳或切断的影响。

萨尔托尔认为，与可废止推理相比，概率演算作为处理法律推理中的不确定的一般方法是不适当的，主要涉及3个议题。第一，实用性问题。我们常常没有足够的信息以一种明智的方式指派数字概率。在很多情况下这种指派是武断的，或者要不太武断就要假设事件发生的所有替代方式具有相同的可能性。第二，概念上的问题。虽然给事实性命题赋予概率有意义，但给法律规则和原则指派概率没有什么意义，除非我们是在做出预见。法律决策者通常并不通过评价前提具有的概率而决定使用一个规范性前提。第三，心理学问题。人倾向于通过假设性地承认可利用的认识的或实践的可选方案（同时对其他选择结果是更可取的机会保持开放）去面对不确定情形，通过将他们的推理应用到这个假设（也同样可能探索假如事情结果是不同的，情况会怎样）。通常我们并不是指派概率然后计算从这种指派推出的进一步概率。当我们有明确的信念或假设时，通常擅长发展推论链，将它们储存在我们心中（在需要之前一直保持它们休眠），然后在它的一个联结被击败时撤回任何这样的推论链。反之，我们不善于指派数字概率，甚至在派生进一步概率和根据进一步信息修正概率指派方面更糟。

在法律领域，可废止推理在不同层次上表示法律的特性。第一，法律推理的可废止性嵌入法律渊源的语言、立法者本身经常建议如何构建某些论证的击败者，甚至可能使用除非条款、显性例外和推定等。第二，可废止性也是法律中概念构造（conceptual constructions）的基本特性。第三，可废止性也可以由法律知识进化造成：在一般规则建立起来之后，该规则好像不适当的那些案例常常提供例外。这是典型的法官造法的演变，在那里，一般的判决理由（*rationes decidendi*）往往用区别对待（即为特殊情形引入例外的方式）加以限制。在此情形下，法官通常保持原来的缺省规则不改变，加上一个处理需要区别对待的特殊情形的新的占优势规则。第四，可废止性也体现在程序方面。这个方面涉及这一事实：可废止推理激活一种结构化的探问过程，在此过程中，我们得出初步（prima facie）结论，寻找它们的（初步）击败者、击败者的击败者，等等，直至获得稳定的结果。这样一个过程反映了法律推理进行的自然方式。在法律适用于特殊情形的情况下必须考虑不同的、可能冲突的法律规则时，尤其如此。法律推理的可废止性也反映诉讼程序的辩证法。法律推理中可废止性的重要性最近也由心理学实验证实（Gazzo Castañeda 和 Knauff, 2016）。

萨尔托尔指出，承认可废止性和法律之间连接的强度并不需要放弃连接的严格性。相反，它有利于采取精准匹配法律知识的某些重要结构、法律推理的某些频繁模式以及法律互动辩证法的逻辑模型。基于论辩的可废止推理的理论为处理法律语境中的可废止性提供了最优越的方法。法律中可废止性模式的分析不仅可以对法理论和（计算的）法律逻辑做出贡献，也有助于可废止性的一般理论和逻辑模型的发展。[22]

（五）目的论推理

科恩豪泽（Lewis A. Kornhauser）认为，后果论推理（consequentialist reasoning）是法律推理的核心特征，其范围和角色可能随制度背景而变化。而且，就裁判者必定展开后果论推理这一范围而论，它随法律系统的结构和指派给司法部门的那套任务而变化。因此，涌现两个问题：法律行动者追求什么样的法律目标？目的论推理的过程又是怎样的？

在科恩豪泽看来，目的论推理（teleological reasoning）的过程与理性选择理论相关。目的论的目标导向的法律推理具有一个重要特性：法律目标不必总是道德目标，人们会发现，立法机构在决定哪个立法要颁布，以法条形式创立，常常必须从工具上操作。例如，美国国会空气清洁法的制定根据这样的推理：该法案的通过将有减少污染的后果。这类情形表明了从一个主体的行动到另一个主体的行动的逐步式推理的过程，比如一个机构勾勒了一个目标，第二个机构细致阐述该目标，第三个机构承担贯彻该目标的任务（比如说，通过制定和执行一个法律）。目的论推理指导主体考虑到其目的去做他所能做到最好。在非常简单的决定中，目的论推理导向对他的排序中最高要素的简单选择。一般而言，主体能做得多好，他最好怎样做，取决于他的选项和做出选择的环境。主体往往必须在选项中

---

[22] Giovanni Sartor, Defeasibility in Law, in Giorgio Bongiovanni, et al. (eds.), *Handbook of Legal Reasoning and Argumentation*, Dordrecht: Springer, 2018, pp. 315 - 364.

选择，它们只是作为其目的的手段。同样，他所看重的结果往往不仅取决于他自己的选择也取决于他人的选择。在这些环境下，目的论推理的要求变得更为复杂，更有争议。科恩豪泽提出目的论推理与某一特殊法律观的联结，称之为法律工具主义，它把法律视为达成集体目标的工具。法律工具主义是个变化多端的概念，它在任何给定的法律系统中的准确模样决定法律中目的论推理的范围。目的论推理有3个阶段：主体确认其目标；决定达成这个目标的一套可利用手段；针对嵌入其目标的标准评价每一可利用选项，并选择其中的最佳选项。在法律语境中，所要追求的目标是集体目标，通常明确表达在宪法、法令、条例和司法意见中。这些目标的集体本质向任何政策制定者提出了特殊问题，而伴生问题的本质随法律制度的不同而不同。目的论推理要求主体聪明地（或者至少理性地）选择以促进其目标。这个简单的指导隐藏着一些微妙之处。比如，他要求主体能至少部分地对其选择的潜在后果进行排序。3阶段中的每个任务都充满困难。在民主政治里，微妙或许要求所选的目标满足两个条件：该政策应该反映公民的规范判断和政治判断；其政策制定应展现与各种政策决断的高度融贯性。可是，没有一个条件容易满足。立法者颁布法令，管理者发布条例，或者合议庭宣布法令规则时，都往往对所公布的规范之目标持不同看法。但是，使用那个规范的法律行动者以及必须遵守它的公民解释发布的规范，辨识其法条的目的。有目的的解释理论指导解释者配置目的论推理以完成这个任务。手段的选择面临同样巨大的挑战。主体形成常常对将来有复杂社会后果的政策，在制定一个政策时，主体面对巨大的不确定性，其范围从天气的每日变化到气候变化模式的长期变化。主体倾向于几乎不理解物理的和生物的过程。技术变革的速度和本质就如决定不同法律政策会对个体行为产生影响的因果过程一样是未知的。而且，决策制定者普遍对其行动产生的后果没有完全控制，他可能在不确定性条件下或在一种其他人的选择也决定该结果的策略语境下选择。这些挑战不是要法律主体放弃目的论推理，而是说，在没有对其引起的后果的沉思或关心的情况下所颁布的立法，确实是愚蠢的。[23]

沃尔顿评论说，目的论推理主要是理性主体（人或机器）做的目标导向的推理，可能包含为商议做什么之目的而形成一个团队的主体群。在论辩研究中，目的论推理相当于实践推理的论辩型式，是一种可废止论辩。[24]

（六）交互式决策

一种特殊类型的决策叫交互式决策，它发生于多主体背景中，其中每个主体要做的事

---

[23] Lewis A. Kornhauser, Choosing Ends and Choosing Means: Teleological Reasoning in Law, in Giorgio Bongiovanni, et al. (eds.), *Handbook of Legal Reasoning and Argumentation*, Dordrecht: Springer, 2018, pp. 387 – 412.

[24] Douglas Walton, Introduction, in Giorgio Bongiovanni, et al. (eds.), *Handbook of Legal Reasoning and Argumentation*, Dordrecht: Springer, 2018, pp. ix – x.

不仅依赖其他主体所做的事，也依赖于他们对决策群中的主体被期望做某事的期待。在博弈论中，此谓策略性决策。扎卢斯基（Wojciech Załuski）区分和分析了博弈论（一种交互决策的数学理论）对道德哲学做出贡献的不同方式。他认为，可以辨别出道德哲学家有益地求助博弈论的8种主要方式，即博弈论可以看作是更好地理解道德功能的工具，决定道德规范的内容，批判某些道德概念，分析道德规范的有效性问题，分析道德从工具合理性派生出的可能性，分析道德决策，分析道德倾向（dispositions）的本质，分析道德情感的功能和分析道德规范的文化进化。博弈论可以成为道德哲学家的有用工具，可以深化和锐化道德哲学中的描述性问题和规范性问题的分析。尤其用博弈论处理规范性，帮助我们用新颖方式处理诸如道德的功能问题、合乎道德的行动之倾向的起源问题等。它尤其能帮助决定众所周知的正义的含混概念，帮助评估某些道德概念，特别是工具的伦理利己主义（instrumental ethical egoism）。在道德哲学中还有一些应用博弈论的其他方式，比如将博弈论应用于分析道德规范的有效性和分析道德决策的问题。[25] 扎卢斯基在论证博弈论可以作为分析道德规范有效性问题的工具时指出，可以区别两种对道德规范有效性的基本说明：非策略的和策略的说明。前者假定，道德规范是有效的（有拘束力）无关乎是否所有（或几乎所有）主体遵循它们，因而这个说明并不把普遍（或几乎普遍）遵守道德规范作为规范有效性的一个必要条件。后者假定，道德规范是有效的，仅当它们被普遍（或几乎普遍）遵循，因而按照这个说明，一个主体并不被束缚于遵循某一道德规范，假如与其互动的其他主体并不遵循这个规范的话。因此，普遍（或几乎普遍）遵守一个道德规范是该规范有效性的一个必要条件。这个策略性理论早已被霍布斯所假定。应该强调，策略性说明没有假设道德规范的普遍（或几乎普遍）的遵循是其有效性的一个充分条件。所以，为了成为对道德规范有效性的完全说明，应该通过指明什么是必要且充分条件来充实这个说明。这个充实可以采取各种不同形式，取决于一个人对道德规范的规范性之来源的看法。也应记得，道德规则的有效性的策略性说明可以用稍有不同的方式去理解：不是理解为陈述给定规范的普遍有效性（即对所有主体的有效性），而是理解为对某一给定主体（他发现自己处于该规范适用的一个情景中）的有效性。按照策略理论的这个变体，一个主体A不得不遵守一个道德规范，比如说在他与主体B的关系中禁止偷窃，仅当主体B在与主体A的关系中遵守这个规范。该策略性说明（两个变体任一个）也许看起来颇为反直觉，因为它意味着，道德规范有着条件句的结构："仅当他人不偷你（或诽谤你等等），你才应克制偷他们（或诽谤他们）"——第一个变体；或者"仅当A不偷你（或诽谤你等等），你才应克制偷A（或诽谤A）"——第二个变体，而大多数人并不认为这些规范是取决于是否他人遵守它们。至少在一种情况下这个说明似乎令人信服：假如别人想要杀了我们，

[25] Wojciech Załuski, Interactive Decision - Making and Morality, in Giorgio Bongiovanni, et al. (eds.), *Handbook of Legal Reasoning and Argumentation*, Dordrecht: Springer, 2018, pp. 413 - 444.

我们就不必遵守禁止杀戮的规范。这种情况被法律以自卫原则的形式明确承认。

沃尔顿认为，策略性决策不仅有助于道德哲学也有助于我们理解作为一种目标导向的论辩形式的法律推理。这个方法非常适合分析对抗制中的法律推理，显示出传统法律推理理论往往倾向于忽视或最小化论辩的若干重要方面。博弈论可以作为批判常常应用于法律论辩的道德假设和各种理论的工具，尤其重要的是，区分工具性的目的论合理性和基于价值的目的论合理性（渗透于法律推理和商议的概念）。[26]

四、法律推理的特殊类型

法律推理和法律论辩的重中之重是法律推理的特有类型。证据推理和法律解释推理有不少体现法律制度约束的特殊推理。

（一）证据推理

迪贝罗（Marcello Di Bello）和费荷耶（Bart Verheij）首先从目击者证言和DNA比对这两类证据入手，提出了关于法律中证据推理的核心问题清单：我们应如何理解证据之间的冲突？如何处理证据力（证据强度）？如何融贯地解释有效证据（available evidence）？如何根据证据确定事实？评价案件中提出的证据有3个规范性框架——基于论证（arguments）的框架——将论证作为基本工具，在包括支持或攻击某一结论的理由的对话背景中分析论证，论证结构的分析继承威格摩尔（1913）、安德森（2005）、波洛克（1987，1995）的理论和方法；基于概率的框架——以条件概率，尤其贝叶斯定理为基本工具；基于脚本（scenarios）的框架——集中于脚本或情节分析，一个脚本明确表达对案件里可能发生了什么的融贯说明，在考虑复杂案件及其证据时，脚本分析很有帮助。这些框架是审查、分析和估量证据的系统的、井然有序的方法。论证可以通过模型化支持和攻击关系自然捕获对话的维度，与前述关于证据冲突的第一个问题相关。概率更适合于量化证据的价值，这与不同证据具有不同力量的第二个问题相联系。脚本在对大量证据提供一个融贯而全盘的解释方面最佳，适合解决关于用融贯的总体梳理不同证据的第三个问题。当然，要处理第四个问题，没有一个框架能独自充分适合处理达成基于证据的一个决定，每个框架都将必须用决策论的组件予以补充。

在冲突证据方面，基于论证的框架的元素是：区分三类攻击：反驳（攻击结论）、切断（攻击理由和结论之间的联结）和削弱（攻击理由本身）；区分三类支持：多重支持（结论得到多个理由支持）、从属支持（理由本身得到支持）和协同支持（理由和结论之间的联结得到支持）；论证可能涉及支持理由和攻击理由的复杂结构（理由链）。基于脚

---

[26] Douglas Walton, Introduction, in Giorgio Bongiovanni, et al. (eds.), *Handbook of Legal Reasoning and Argumentation*, Dordrecht: Springer, 2018, pp. ix – x.

本的框架的元素是：关于所发生之事可能有冲突的脚本；证据可以被一个脚本解释但不被另一个解释；脚本可能与证据矛盾或被证据反驳。基于概率的框架的元素是：支持可以刻画为“概率增大”或“阳性似然比”（positive likelihood ratio）；攻击可以刻画为“概率减小”或“阴性似然比”（negative likelihood ratio）；两个证据之间的冲突可以从概率上描述。在证据值方面，基于概率的框架的元素是：增加的证据值用概率变化测量；整体证据值用整体条件概率测量；使用有高增加证据值的证据有“并发症”。基于论证的框架的元素是：所使用的理由可能是终局性的，也可能是可废止的；论证可以通过问批判性问题来评估；一个理由是支持还是攻击一个结论可能遭到辩论。基于脚本的框架的元素是：脚本可能是合情理的且是逻辑一致的；一个脚本能解释的证据越多，它就越好；一个脚本与越多的证据相一致，它就越好。在融贯地解释证据方面，基于脚本的框架的元素是：脚本是时间上有序的、具有因果关系的事件的融贯群集；脚本可能或多或少是完整的；更弱的脚本可能得到证据更好的支持。基于论证的框架的元素是：一个论证的评估可能取决于其子论证；也可能取决于攻击链；理由之间的冲突可以用例外、偏好和估量加以解决。基于概率的框架的元素是：似然比公式表明如何在考虑证据的情况下找到后验概率；该公式的一般化表明处理更多证据的方法；在特殊的贝叶斯框架内可以使用更复杂的分析工具。

迪贝罗和费荷耶指出，一旦证据引入审判，事实发现者（无论是训练有素的法官或一组没有经验的陪审员）必须根据证据推理，得出一个结论，决定被告有罪还是无罪释放。决定标准由法律定义，包含证明标准，有时也称为说服责任。上述三个框架可以用一个决策理论层加以补充，然后用于刻画证明标准。对于概率框架，使用概率演算结合决策论的元素分析推理和决定。有罪的概率用概率演算估量证据来评价；决定的标准是有罪概率门槛（排除合理怀疑的证明意味着根据审判中提出的证据，被告犯罪的概率满足一个门槛，比如说大于99%）；如何评价所有必需的概率并不显而易见。对于论证框架，收集和估量支持性理由和攻击性理由；击败攻击性论证是满足证明标准的准则；何时停止收集支持性理由和攻击性理由并非显而易见。对于脚本框架，推理和决策的分析是靠比较不同脚本实现的。收集和比较竞争的脚本；最佳解释脚本是决定规则；如何辨识脚本，如何比较脚本，并不显而易见。[27]

（二）解释性论证

法律解释是通向法律内容之门。法理论已经详细制定了论证集（类比、根据相反、更强者论证等），它们能帮助我们理解法律要求什么。莫里索（J. J. Moreso）和基洛维（Samuele Chilovi）把法律推理看作是（经典）演绎推理的一种。法律推理也不限于司法

㉗ Marcello Di Bello and Bart Verheij, Evidential Reasoning, in Giorgio Bongiovanni, et al. (eds.), *Handbook of Legal Reasoning and Argumentation*, Dordrecht: Springer, 2018, pp. 447–493.

推理，任何理性存在都可能生产一个法律推理。他们概述了几种如何解释法律的流行理论。第一种理论是法律交际内容理论（communicative content theory of law），认为法律解释按照话语解释如法炮制，一并考虑有关语言本质的事实与有关法律本质的事实，是驱动作为结论的某一法律解释并断定其是否正确所需要的一切。不过，这一理论和承认规则的教义存在冲突。第二种理论是法律交际理论（communication theory of law），主张语言文本的命题和其他元素用日常语言解释，法律的内容也以同样的方式决定。该理论运用了所谓的认识不对称原则（principle of epistemic asymmetry），据此原则，生产者拥有想要被理解的一个讯息是话语的一个特殊形式，消费者基于生产者言之有物这样的假设来操作。假如该消费者正确地解释该生产者，那么消费者就被当作成功识别了生产者的意思。不过，交际理论的困难在于，它需要消费者在言说者可能具有的各种各样的意图中进行选择，而且选择与法律适用相干的那个意图，精确解释的对象（目标）是什么依然不清楚。该困难也是格赖斯“有话不说的意思”即使用含意（implicature）的难题。另一个问题是，也可能存在交际失败，此时理性让言说者的真实意思不同于他实际上所说的。通过考察格赖斯准则（可能被用于法律解释的成问题案件）详细表明了这一点。评论这些理论之后，莫里索和基洛维提出了自己的替代理论，它可以回答现有理论所遇到的所有反对。他们指出，通过想象一种分层结构，我们可以考虑它们的双重特性。在表面上，它们是我们的法律知识的关键，我们使用它们识别，或至少形成关于支配特殊案件的法律要件的假说；在更深层次上，法律识别活动（law - recognizing activities）的模式，通过参考某些解释规则与决定哪个法律内容事实开始作为制度性造法活动和态度之结果的方式的准则，得以实施。当然，法律解释者并不（且不能）构成性地（constitutively）决定他们解释的语词和语句的意义，他们亦不能决定立法者使用那些语句断定了什么。但重点不一样，即借助习惯规则——来自参考某些标准解释法律的实践的结果，解释者构建真原则集，将权威性话语（连同它们的语言内容和心理内容）映射到相应的法律事实上。在莫里索和基洛维看来，现有法律理论已有各类论证集，比如根据类比的论证和根据相反的论证（argument a contrario），可以应用于规范到事实，仅使用演绎推理生成一个解释（比如一个法条的解释）。从这一前提出发，他们的结论是：除了经典演绎逻辑，除了演绎逻辑扩展到道义逻辑，不需要其他形式的逻辑来提供一种逻辑结构以加强他们的解释理论的基础。这表明，主导的传统法律解释理论的重大弱点。因而制定法解释的研究需要向前推进。语言哲学对法理论家和解释者极为有用，给他们提供一种健全的、语言学上充足的框架去决定话语内容不同层次与法律的内容之间存在的候选关系是什么。不过，法理论依然必须详细说明什么关系对某一给定系统（在给定时间）适用，对持有这种关系负责的事实是什么。㉘

㉘ J. J. Moreso and Samuele Chilovi, Interpretive Arguments and the Application of the Law, in Giorgio Bongiovanni, et al. (eds.), *Handbook of Legal Reasoning and Argumentation*, Dordrecht: Springer, 2018, pp. 495 – 517.

（三）制定法解释的论辩型式

索姆斯（Soames，2008）指出，制定法的语言提供了不完全的语义内容，需要用语用的（语境的）元素和过程使之完整。在语用学中，日常会话的意义重建以缺省推理和系统的、批判的推论为特征。关于当下语境的信息对理解来说是不存在或不必要的时，缺省推论就被激发。而缺省推理无法引出时，就需要进行更加复杂的推论。在法理论中，这个双重过程被理解和解释的概念所反映。当案件中存在"被计算的"话语意义与某个语境元素（由法律适用的背景或具体案件造成的）之间最终的失配时，就需要用理由辩护解释。在功能层次上，这种解释的理由被视为论证，旨在表明为什么某一特殊规则而非另一个规则基于制定法文本是有效的。在制定法解释中，这种论证通常运用具体的解释准则分析（可以翻译为形式语言）。沃尔顿、萨尔托尔和马卡纽（Fabrizio Macagno）指出，传统的解释规准（canons）可以表征为论辩型式，它们是支持某一文本（或其部分）解释时提出的可废止论证。对这些型式的形式化然后可以用来缩小法律解释与论辩理论（更具体地说，用于表征和评估自然论证）之间的差距。根据论证和解释性论证型式的形式化，法律解释的功能分析允许模型化法律解释与一种逻辑形式论辩系统 ASPIC + 结合起来。

一个解释的证明或辩护是个基于论辩的程序，其中最佳解释是由最强或更为正当合理的论证支持的那个解释。按此观点，解释的规准或准则可以重塑为论证，它们可以按照其交际目的和担保的类型进行分类。这种分类允许探测解释规准和论辩理论中通用型式之间的关系。作者开出了包括 11 种解释性论证的清单，包括根据日常意义的论证、根据技术性意义的论证、根据上下文协调的论证、根据先例的论证、根据类比的论证、根据法律概念的论证、根据一般原则的论证、根据历史的论证、根据目的的论证、根据实质性理由的论证和根据意图的论证。这些论证型式的名称本身大致指示了每种论证的本质，这个能用于支持或攻击某一法律解释的 11 中论证的清单与先前文献中确认的 14 种论证的清单重叠。当然，这些解释性论证可以进一步分成一些子类。这些解释性型式提供了处理法律中的含混和歧义的方法。

与解释性论证类型相关的关键问题之一是，它们的运用（在训练法律实践者或学者方面）和它们与论辩理论和逻辑在论证分析和重建方面的工作的关系。另一个类似问题是，根据先例的解释性论证如何与论辩文献中早已认可的根据先例论证的一般型式相联系。沃尔顿、萨尔托尔和马卡纽根据目的是支持还是拒斥一个解释，将解释性论证二分为支持一个解释和拒斥一个解释的论证，然后再根据所用的不同推理模式，将支持一个解释的论证分为四类：基于定义的论证（根据普通意义、根据专门意义、根据语境协调），类比论证（先例、类推、更强者），权威论证（道义权威、认识权威、诉诸公众）和实效论证（手段—目的、目的—手段）。还可以再分出更小子类。解释性论证的分类可以作为出发点，将论证（和规准或准则）转换成表征一个结论怎样得到前提支持的形式的（更准确说，准形式的）型式（schemes）。

做出一个解释就是在主张：某一文档 *D* 中的某一表达式 *E* 具有某一意义 *M*。解释也许对，也许错，相对于其他解释可能更可取或更不可取。解释性论证型式的统一模板包括大前提（一般规准，表现为一个可废止条件句）——假如以某一方式解释法律文档中的一个表达式满足规准发出的条件，那么该表达式就（不）应该以这种方式解释；小前提（具体断言）——以一定方式解释某一特殊文档中的一个表达式满足该规准的条件；解释性结论（具体主张）——那个文档中的该表达式的确（不）应该按那种方式解释。例如，肯定的解释性论证型式的模板：大前提：假如一个 D 中的 E 之解释 M 满足 C 的条件，那么 D 中的 E 应解释为 M；小前提：D 中的 e 解释为 m 满足 C 的条件；结论：D 中的 e 应被解释为 m。

对于解释性论证的一般模式，匹配的批判性问题是：CQ_1 对于 D 中的 E，有什么替代解释应被考虑？CQ_2 有什么理由拒斥替代解释？CQ_3 有何理由表明，接受替代理由要比所选中的解释更好（或同样好）？这些批判性问题用来挖掘可能被忽略和可以被质疑的隐含假设，发现论证的弱点，也可以克服用论证型式构建关于最佳解释之假说遇到的危险——太快跳跃到结论。解释性论证可以成为一种形式的和计算的论辩系统的一部分，然后可以用于法律案件的论证图解，展现论辩的正反结构。卡尼阿德斯（Carneades Argumentation System）或 ASPIC + 都使用形式工具建立解释性论证型式的逻辑分析。㉙

（四）含混与基于案例的法律推理

法律语言的含混（vagueness）可能在许多不同语境中出现：立法、机构条例、宪法文档、司法裁决、私人合同和遗嘱等。马穆（Andrei Marmor）区分了法律中的各种含混。普通含混（ordinary vagueness）是语义含混，不一定是关于特殊会话背景中含混表达所传递的信息的。语义含混涉及语词的意义与其所适用对象之间的关系。会话含混（conversational vagueness）是表达式相对于一个会话语境因为许多可能的理由（言说者故意或非故意闪烁其词）而成为含混的。在这里，关键是一个并非语义上含混的表达式可能相对于某一具体会话是含混的，涉及有助于会话的信息。对一个会话的贡献可能或多或少是相干的，有些明显相干并推进会话的共同目标，有些显然不相干（或令人困惑，显著避实就虚，等等），结果其间就有边界情形。简言之，会话含混性典型地是言说者促成相关会话之相干性的函数。相干性是言说的语用方面，总是相对于具体会话（它的准确语境、规范框架和各种被会话各方视为理所当然的预设），关于相干性的边界情形基本上就是会话含混性。会话含混性完全独立于语义含混性。正如一个表达式在没使用含混术语的给定语境

㉙ Douglas Walton, Giovanni Sartor and Fabrizio Macagno, Statutory Interpretation as Argumentation, in Giorgio Bongiovanni, et al. (eds.), *Handbook of Legal Reasoning and Argumentation*, Dordrecht: Springer, 2018, pp. 519 – 560.

中也可能是会话上含混的。

法律推理中这两种现象都有。在法律中，当用含混标准调节时，常规程序是，对诉至法院的侵害提出制裁决定，因而法院可能决定该标准在当下案件中被违反还是没有违反。用这种方法，法院所建立的先例意义使得该标准在某一特定方面不那么含混。运用法律推理使一个标准更加精确的这个程序是语境敏感的，因而是语言学中的语用学问题。马穆指出，法律推理本身发生在日常语言中，法律不可能完全避免语言含混，即使法律有应对它的办法。像"合理注意""正当程序"等可以为了法律目的依靠先例和法律建立的标准使其更为精确，但它们内在的含混不可避免，因为所有自然语言术语都是开放结构，总是会有边界情形。含混可以基于案例的法律推理予以处理，必须不断与之斗争。通过分析 *FDA v. Brown & Williamson Tobacco Corp*（529 US 120 2000）一案，马穆认为可以得到有趣的教益：语境知识常常被认为在决定某个被宣称的内容时有帮助，否则该内容就被归属欠确定或含混，不过，有时却相反。一个并不见得含混或不确定的表达式，成为语用上或会话上含混的，恰恰因为会话的特殊语境使得该表达式适用于它的日常语义外延变得可疑。考虑到法律调节的复杂语境背景，法律中的会话含混性可能要比人们所认为的更加常见。有时语境使事物不是更清晰而是更不清晰。[30]

（五）平衡和比例原则

在宪法判决的理论和实践中，比例原则审查起着关键作用。不过，权利裁判的比例原则依然极具争议性。邦乔瓦尼（Giorgio Bongiovanni）和瓦伦蒂尼（Chiara Valentini）指出，一方面，比例原则提出"辩护"的问题，关涉它在权利裁判时运用的规范基础和局限；另一方面，它提出了"识别"的问题，关涉它的本质和区别性特征。迄今为止，后者继续存在于多半与辩护问题有关的分析的幕后，倾向于把比例原则等同于其"标准"形式——权利裁判理论和实践中的主导版本，没有细想比例原则可以采取的其他形式。确实，识别的重要问题仍旧允许关心成比例是什么？它可能采取什么形式？这些形式如何彼此不同？这些问题首先在描述层次上是相干的，因为把握成比例的区别性特征对于基于成比例生成的复杂司法实践的充分表征是必要的。而且，这些问题在规范性层次上也是相干的，因为成比例审查的充分表征对分析框架做出贡献，在此框架中，我们能就支持或反对这个审查模板的理由进行争辩。

邦乔瓦尼和瓦伦蒂尼考察了权利平衡的比例原则的不同形式。审查中的（in review）比例原则，作为权利裁判的一个模板；审查的（of review）比例原则，作为定义裁判的范围和限制的方式。首先是标准版本——三步分析序列，旨在评价所审查的机构行为（insti-

---

[30] Andrei Marmor, Varieties of Vagueness in the Law, in Giorgio Bongiovanni, et al.（eds.）, *Handbook of Legal Reasoning and Argumentation*, Dordrecht: Springer, 2018, pp. 561 – 580.

tutional act）相对于其（合法的）目标的适宜性（适应性检验）；该行为对那个目标之实现的必要性（必要性检验）；该行为的合比例，即该行为所保护的利益与它们被满足程度的相关性能证明牺牲利害攸关的那种权利是正当合理的。在第三个检验之下，比例分析进入司法平衡的范围：它需要针对要被牺牲的权利平衡所审查的该行为实现的利益，为此，干涉一个权利的理由将针对成为其保护的理由被估量，以便满足前者而又不会不成比例地牺牲后者。这个标准版本迄今为止有最大的能见度，影响了权利裁判的理论和实践。其实，成比例并非单一的辩护实践，而是这种实践的一个家族，展开一系列通向权利裁判不同的论辩道路。这些实践共享一种权利裁判的路向，即所谓的相称主义（proportionalism），其特征是依靠司法检验评价是否对权利的干涉是实现合法目标的适宜工具（即它们没有超过实现那些目标所必需）。但是，相称主义者在设计这些检验方面做法不同，尤其在遇到针对处于利害攸关的权利所保护的利益去估量构成所审查行为之基础的利益时。作者考虑权利裁判的两个维度的不同，即“内部”维度，与干涉权利的行为的司法评价相联系；“外部”维度，与裁判的根据和限制有关。据此，可以区分审查中的相称主义和审查的相称主义。在前一个形式中，相称主义是构建司法分析的一种方式，为的是检验所审查的行为是否在干涉权利方面是合法的。更具体地说，审查的相称主义者模型要求，我们核实这些行为追求合法目标，是实现那些目标的相称手段。基于某些模型，司法分析还应检验，考虑到冲突利益的相关性，所审查的行为是否带来一种与它们的相关性相应的权利牺牲。在第二个形式中，相称主义是处理权利裁判的制度维度的一种方式，尤其是，权利裁判的相称主义者路向旨在决定司法审查的范围和力度，以便通过不时考虑它们所承载的分量，将权利的保护与对政治决定的应有尊重结合起来。审查中的相称主义是获得对利害攸关的不同利益应受到的保护的“测度”，审查的相称主义是获得司法行为之“测度”的方式。

邦乔瓦尼和瓦伦蒂尼评论了提出宪法权利模型的若干主要理论，揭示了这些理论表明需要应用比例原则的规准，需要法律在不同层级水平上运作的方法。这样一种方法显露出需要一种对基于价值（而价值可能基于一个主体的利益）的法律推理的说明。按照这一看法，假如主体有在某一行动上有自主利益，那么那个行动必定被一种权利保护。最有影响的成比例—平衡模型认为，宪法权利需要被当作一种可能与其他权利或利益相冲突的可废止原则，在那里，这种冲突需要用一个最优化的过程予以裁定。采取这种方法，表明成比例审查的辩护过去是而且现在必须被法院采纳的法律工具，也表明成比例如何采取两种基本形式——最优化成比例模型（optimizing proportionality model）和国家限制的成比例模型（state－limiting proportionality model）。还有其他一些需要考虑的成比例—平衡的替代方法。㉛

㉛ Giorgio Bongiovanni and Chiara Valentini, Balancing, Proportionality and Constitutional Rights, in Giorgio Bongiovanni, et al. (eds.), *Handbook of Legal Reasoning and Argumentation*, Dordrecht: Springer, 2018, pp. 581－612.

除了从法律视角和哲学视角考察成比例辩论而外，还可从一个不同的角度加以审视。在成比例论证中展开的基于价值的推理，可以包括量化推理和约束。萨尔托尔考察了何种程度上平衡和成比例评价所牵涉的运作可能包括量化推理，从属于算法约束。评价相对于价值的各种不同选择的优劣，包括考虑量化这种选择对实现这些价值的影响和受影响价值的分量的大小。按照认知心理学和进化心理学的研究，加工非符号的近似量级是一种基础认知能力，这种能力似乎在我们用价值进行推理时得以发展起来。为了对基于价值的推理提供全面的说明，这个能力需要与逻辑和论辩整合起来。基于这一假设，为使用价值的推理开发一个概念框架。萨尔托尔提出了确定一种选择对单个价值影响的方式以及决定关联效用和将效用融入对引入选择之优劣的单一测量的方式；表明成比例评价的标准——适宜、必要和成比例，在严格意义上如何适合所提出的框架；考虑了基于价值的评价如何可能受到与同类先例评价相一致的要求的约束。成比例评价可能导致规则的公式化。萨尔托尔认为，目的论推理包括对影响相关价值的评价，可以视为一类近似量化推理，即使我们无法给相关的量级指派符号数字。在做出常识性私人选择和参与公共决策时，我们都进行这种推理。非数字的量化推理牵涉某些合理性条件，首先它应正常地遵守平常的算术关系（指示对定量信息加工的一般约束），因而算术关系也可以被看作是法律推理者（立法者、解释者和法官）在进行成比例评价时所应用的缺省的合理性标准。这些量化评价表达对利害攸关价值的正面或负面影响之重要性的直觉品鉴，但可以通过论证支持或攻击。这些论证可能处理所有法律上相关的利害攸关的方面（利害攸关价值的识别，影响其实现的测定，其分量的评价，等等），可能诉求与先例的一致性。因此，直觉量化评价服从某种程度的推论性控制（discursive control）。[32]

（六）融贯和体系化

融贯性近来作为基础主义者辩护理论和推理的贝叶斯模型的一种替代，又在心理学和哲学中复活了。在法律中，可以区分融贯论的两个主要视角：体系的视角——融贯是法律系统的一个特性；论辩的视角——一种特殊裁决或解释的融贯为辩护所讨论的裁决或解释服务。作为一个辩护标准的规范要从论辩的视角进行分析。同样，对于法律中的证据陈述，融贯性也是重要准则。

人们所检讨和评估的规范融贯性理论有三种主要类型：基于原则的理论、基于案例的理论和约束—满足的理论（constraint - satisfaction theories）。传统上，针对辩护的融贯论提出了一些反对，主要包括：融贯的概念难以定义，因而融贯论难以提供法律辩护的有用标准；融贯性理论没有具体说明人们借以达至得到最佳辩护的法律判决的推理过程；基于

---

[32] Giovanni Sartor, A Quantitative Approach to Proportionality, in Giorgio Bongiovanni, et al. (eds.), *Handbook of Legal Reasoning and Argumentation*, Dordrecht: Springer, 2018, pp. 613 - 636.

融贯的法律推论观点的难题是牵涉恶性循环；由于融贯仅仅是一个信念系统之内的内部关系问题，因而它不能顾及任何来自外部世界的输入，因而它将辩护孤立于实在；融贯论具有赞同现状的倾向，并妨碍真正的信念修正，尤其是法律的融贯理论敦促法律决策者坚持先前持有的观点并因此决定案件（法律保守主义）；总是会存在许多信念系统，它们同等融贯，融贯理论无法以一种非武断的方式在它们之间进行选择——“替代融贯系统反对”；整体融贯论（holistic coherentism）也有问题，比如关于辩护的整体论在心理上不像真实的，对法律决策者借以辩护其决定的过程提供了差劲的描述，有不合意的规范后果——使任何单个决定之辩护成为可废止的以法律系统任何部分的不融贯为理由；融贯论基于错误的假设——法律系统是融贯的（或它们可以用一种与其权威本质兼容的方式被重建成融贯的），考虑到法律形成和发展中政治竞争的影响，以及法律可能要反映的价值多元化，这个假设是站不住脚的；法律辩护融贯论的主要反对是，在融贯性和真之间存在成问题的关系：我们有任何理由相信法律辩护的融贯论者的标准是有益真的吗？融贯方法导致我们接受关于法律的被辩护命题也很可能是真命题吗？当然，对于这些反对都有各种回应。阿马亚（Amalia Amaya）认为，虽然这些反对需要认真对待，但它们并没有成功击倒法律融贯论，因为法律辩护的融贯理论已经明确表达了若干回应路线，克服或至少减轻了这些反对的力量。此外，有一些重要的论证，共同为追求法律推理进程中（一定）程度的融贯这个主张提供了强有力支持。所以，考虑到支持法律中的融贯性的理由以及法律融贯论难题并不是难解的，可以主张，一种给予根据融贯的推理突出角色的法律辩护理论给法律中的辩护结构提供了一种合情理的说明。一方面，融贯是辩护的核心是充分合情理的；另一方面，融贯是辩护存在的一切的观点却是非常成问题的。为了提供一种详尽的辩护理论（具有抵消一直针对它的传统反对的资源），跨领域的更为成熟的融贯论版本求助非融贯论者的元素。

阿马亚研究了融贯偏差（coherence bias）的问题，论证了认识责任基于德性标准的相干性是法律融贯论的核心要素。只有通过参与融贯论者针对与认识有关的责任的推理，融贯驱动的法律推理才可能产生证明。德性融贯论允许我们利用朝向融贯的推动，融贯是以认识上不会引起反对的方式完成我们推理过程的特色。在一些情形下，由于探究和商议过程中的严重缺陷，最佳满足融贯性标准的理论却是直觉地不正当的。这涉及两个问题：融贯的基础和融贯计算的问题。融贯的基础像“证实偏差”一样，可能扭曲了融贯基础的生成。法律决策者也许忽视了相关权威（比如，他们可能选择性地在相关先例中挑选支持他们的解释性假说，有目的地忽视对这个命题产生怀疑的权威）；他们注意编码与他们期望相一致的信息，具有倾向于寻求支持而不是证伪他们信念的信息。困难也可能起自关于对比集——相关替代集的构建。缺乏想象、偏见、过度依赖当事人的替代配置或专业惯例，可能导致法律决策者忽视相关替代。一种理论被当作正当合理的而接受基于这样的理由，它是基于融贯性检验的一套可用替代中的最佳。不过，条件是法律决策者有理由相信，他已排除了他关于法律需要什么之主张的相关替代，相信最佳替代假说未被证明。融贯计算问题是指这样的情况，一个法律的理论满足规范融贯性标准，但为什么它是如此的推理追溯到某些瑕疵，这些瑕疵妨碍法律决策者执行融贯性计算。在这些情况下，推理是有缺陷的。法律决策者可能试图通过吹大某些替代而紧缩别的替代而最大化融贯性。有实质证据显示，这个融贯性偏差在法律语境中的假说评价中起作用。这两种情况的融贯性偏差造成没有充分理由将融贯性驱动的法律推论过程的结果当作正当合理的予以接受。有鉴于此，阿马亚提出，融贯论需要与证明的“责任主义者”的说明联姻。一种羽翼丰满的法律推理的融贯论需要提供对认识责任（epistemic responsibility）之标准的合情理说明，这种认识责任治理法律决策。为了让融贯性偏差停下来，有一种需要将认识责任尤其是认识德性，作为核心概念纳入法律辩护理论的融贯理论之中。阿马亚还对法律中的融贯主义者推理的价值和局限进行了比较性评估。

不管法律融贯论作为一种法理论和裁判理论的优劣，对这个领域而言，融贯主义者理论的到来给思考和执行法理论和法律推理的方式留下了迄今为止意义深远的、永久的印记。最近几年，关于融贯性和真之间的关系的传统讨论一直通过利用概率理论和其他形式工具使用的鼓舞而复活，这些结果一直被特别应用于法律。这些研究领域的发展及其法律应用将进一步使法律中的融贯性和真如何接通的棘手难题清楚显现。同时，关于情感在法律推理的融贯论中的角色尚有重要工作要做，对融贯和情感的更为详尽的说明可能统一到法律论证之中，将是令人满意的。另一个进一步研究的有趣话题是融贯性研究和可废止性研究之间的关系，更具体地说，关于不融贯的概念及其在法律论证中的角色的研究会极大有助于当前对法律中可废止性的研究。研究法律融贯论的大多数工作假设了具有传统认识论特征的个人主义视角。有必要探索出现于集体决策的法院中的融贯性的机制以及可以建立的融贯性和共识之间的相关联系。最后，将法律融贯论应用到法律的特殊领域需要进一步发展，这种应用对于制定法律中的内部运作、价值和根据融贯论证的局限的更加细致入微的说明是决定性的。㉝

（七）先例和法律类比

在根据先例的推理中，出自来源案件即先例的一个规则按其措辞被适用于一个新案件（目标案件）事实，产生一个推定：法院应适用该规则决定目标案件的结果。而在法律类比中，来源案件的规则并不按其措辞适用于目标案件，而是法院用和来源案件一样的方式找到决定目标案件的好理由，并概括来源案件的规则使其延伸至二者。阿什利（Kevin D. Ashley）指出，表征根据类比论证和根据先例论证的论辩型式可以应用到构建法院意见

㉝ Amalia Amaya, Coherence and Systematization in Law, in Giorgio Bongiovanni, et al. (eds.), *Handbook of Legal Reasoning and Argumentation*, Dordrecht: Springer, 2018, pp. 637 – 672.

（是否一个具体案件适用先例或一个法律类比）中所使用的论证上。这种练习对帮助法律学生、法律职业人士和法律推理的理论家，以小心翼翼的、理由充分的方式支持和攻击论证，很有价值。人工智能已经提供了论辩型式的知识库，这些型式可以提供初步的理由暂且接受基于其前提可接受性的一个论证的结论。这种型式可用于将论证联结起来，而这种论证的连通网络可以通过使用来自人工智能的形式论辩系统估量正、反论证而加以评估。论证型式被看作是特殊语境中做出的论证的一般蓝图，它们提供了论证运转所必需的抽象标准集，当用于生成论证时，这个骨骼式的类属型式可以用具体内容充实，形成有效的法律论证。然后这个论证可以通过问某些批判性问题（来自与用来生成该论证的具体型式相应的预先定义的挑战清单）予以定性评估，根据对这些批判性问题的回答，可能导出反论证和反反论证。阿什利关注的问题是：关心特定语境中一个先例的力量的倡导者应该做出什么类型的论证？什么类型的回应论证是合理的？法院该如何评估这些论证和回应？阿什利采取介于法学说明和计算说明之间的中间立场，赞同论证型式的简洁的文本描述。他简要考察了这些论证型式在普通法推理、制定法解释和宪法问题等各种语境中应用的差异，其目的是要将先例和法律类比的法学理论和描述性说明，按照论证型式和批判性问题对实践推理的哲学说明，以及类比法律推理的计算模型，统统综合起来，使其对法律学生有教育意义，对人工智能和法以及法学领域也有实践意义。阿什利认为，遵循先例的要求并不是对法院自由裁量权的一个绝对约束，法院经常容纳它们应该或不应该遵循一个先例规则的各种各样的论证类型。这些论证类型中有某些招致法院考虑适用某一规则对当下环境和假设性环境中的相关价值的影响。阿什利思考了这些法律论证类型的形式的和描述的说明，包括论证型式的详细说明足以能使计算机构建和回应这种论证。用先例、相似的和假想的案例推理，在普通法、制定法和宪法案例中使用，而进一步的任务是要调节论证型式以适应权威法律文本所施加的额外约束。[34]

（八）经济逻辑和法律逻辑

对法律的经济分析从这样的主张开始：一种经济的逻辑（economic logic）从下面支撑法律的逻辑。这类主张可以解释成关于创造和适用法律的社会过程之本质的主张，或者是关于不同主题部署法律推理之过程的主张。科恩豪泽（Lewis A. Kornhauser）比较了法律推理与在经济中使用的那种推理，利用这种比较论证了作为社会过程的经济逻辑深化我们对法律如何发展的理解。按其解释性形式，这个主张最好理解成这样一个主张：通过像一个经济学家那样思考，我们可以最佳理解法律现象。自亚当斯密以来，经济学家已经发展了这样的洞察：尽管社会过程是个体刻意行动的结果，但没有人必然想要这些结果。波

[34] Kevin D. Ashley, Precedent and Legal Analogy, in Giorgio Bongiovanni, et al. (eds.), *Handbook of Legal Reasoning and Argumentation*, Dordrecht: Springer, 2018, pp. 673 – 710.

斯纳最初对普通法之效能的主张形成了经典的斯密主义者主张：个体法官行动的非故意结果导致社会上合意的结果。当然，自斯密以来，经济学家已经发现个体理性决策导致社会上不合意结果的决策结构。大量法律推理是规范的，试图确认我们应追求的目标。相反，经济推理主要是工具性的，它将我们的目标当作是既定的。所以，充其量经济推理只能成为法律推理的工具性方面的基础，即决定我们如何达成目标的那部分。关于法律的推理的本质随语境而变化。立法者、行政机构和法院面对不同的任务。经济推理对立法者比法官更合适。确实，当法官非经济地推理时，作为社会过程的经济逻辑也许建议我们实现自己的政治目标可能最好。同样，行政官员是否应该遵循经济推理的规准也许取决于已做出的立法的授权的本质。[35] 科恩豪泽实际上谈论的是极为广义的法律的逻辑（logic of the law），涉及到立法的逻辑（Logic of Legislation）、行政机构的逻辑（Logic of Administrative Agencies）、裁判的逻辑（Logic of Adjudication）。所谓“法律推理的逻辑”中的法律推理是关于法律的推理和用法律的推理，并不是律师和法学家通常所指的由法官所做的推理或针对法官所做的推理。宪法设计者创造复杂的法律结构；想必他们必定在某种程度上使用法律推理这么做。同样，公民也许使用法律推理预见法院会如何对待他们。公职官员必须创造和适用法律时也必定在法律上推理，或者至少咨询律师。对于立法者、行政官员和裁判者而言，法律逻辑的主要部分关涉目标的详细阐述和内插（interpolation）。法律推理都是情境化的。

沃尔顿评论说，经济模型从复杂社会现象的细节抽象出来，为此，经济学结论一般使用依赖演绎推理和统计概率的数学模型而获得毫不惊奇。它们也倾向于要求每个主体处于结果有完全排序的决策情景之中。因而，尽管经济学推理像法律推理一样基于目标导向的手段—目的推理，但它典型集中于手段，并将主体的目标当作是给定的。由于这些原因，经济学家曾经倾向于避开基于价值的实践推理，不习惯考虑理性主体的价值。可是，行为经济学家现在认识到，主体系统地偏离这些严格的合理性假设，这种背离为论辩应用到一个（多少有点）理性的主体实施一个诸如选择买或卖某物时所发生的推理的研究上显示了前景。面对经济问题的主体使用可废止论辩型式，比如目标导向的实践推理型式和根据否定性后果论证的型式。因此，根据科恩豪泽的论述可以判断，在那里存在一个美好的新世界准备好探索论辩如何应用于经济推理。[36]

（编辑：吕玉赞）

---

[35] Lewis A. Kornhauser, Economic Logic and Legal Logic, in Giorgio Bongiovanni, et al. (eds.), *Handbook of Legal Reasoning and Argumentation*, Dordrecht: Springer, 2018, pp. 711 – 745.

[36] Douglas Walton, Introduction, in Giorgio Bongiovanni, et al. (eds.), *Handbook of Legal Reasoning and Argumentation*, Dordrecht: Springer, 2018, pp. ix – x.

媒体议程设置对司法与民意关系的影响*

侯学勇**

摘　要　大众媒体时代的媒体议程设置是单向的，在以网络媒体为主导的新媒体时代，议程设置是双向的。传统由少数媒体控制者掌握的信息发布权力被下放到每一个网络终端，网民获得自主发布信息的权力，在公共议程设置过程中掌握了更多主动权。双向度的网络议程设置是一柄双刃剑，在促进民意真实表达的同时，弱化了传统媒体的把关作用，使网络公共议题的形成面临群体极化的非理性风险。司法机构应顺应社会发展趋势，充分利用传统媒体与网络媒体，主动为社会舆论设置议事日程，引导主流民意以理性的、合法的方式汇聚。司法机构应在法律允许的范围内，做出符合社会主流价值的裁判结论，实现法律效力和社会效果的最大化。

关键词　司法　民意　媒体　议程设置

关于司法与民意，国内学界多认为司法裁判应当在认真考虑民意需求的同时，又必须与民意保持适当距离，免受民意的不当影响，以保持司法的独立性。传统社会中，媒体不甚发达，民意的形成时间和空间是一致的，是一种“在场”的现象，这需要人与人之间面对面的交流互动。这种在场形成的民意，一般被决策者视为请愿者真实意志的表达，可以根据情势需要，决定是否予以考量。这种条件下，民意本身是什么与外界对它的认识是什么基本一致，国内学界关于司法与民意关系的理论认知，多是在这一基础上形成的。直接假定司法裁判过程中考量的民意就是真实的民众意愿，并在此基础上展开理论探讨，进而

---

* 基金项目：山东省社会科学规划研究项目“司法公信力视角下的我国古代司法及其当代价值研究”（项目编号：14BFXJ06）。

** 侯学勇，男，山东冠县人，山东政法学院社会稳定与危机处理研究中心主任、教授，法学博士，济南专业技术拔尖人才，研究方向为法学方法论、法社会学。

得出司法与民意应当保持一种既积极又谨慎的理性关系的一般结论。

但随着近现代以来新闻媒体的出现，民意的形成过程在一定程度上被改变。民意开始借助报纸、电视、广播、杂志等媒体予以表达，尤其是近二十年互联网的出现，极大改变了传统意义上民意形成的“在场”性，人们开始依赖QQ、微信、微博等社交软件表达己见，民意的形成过程逐步呈现明显的“脱域”性。既然民意的形成过程不再依赖时空条件的一致性，决策者对民意的观察与认知，也不得不对在互联网技术基础上产生的新媒体形成依赖。现代社会，媒体在民意形成和认知过程中，发挥着不可忽视的重要作用。学界在讨论司法与民意的关系时，不得不把媒体作为一个重要因素考虑进来，在现代媒体控制的社会条件下观察司法与民意的关系。学者们多认为媒体依法享有监督司法裁判的权利，但媒体不得借民意之名过度干预司法，更不能刻意“营造”所谓的民意，影响司法的正当裁判过程。这是在一般意义上对司法、民意与媒体关系的研究，但对于隐藏于其后的，媒体借助什么机制影响民意的形成、又如何以民意之名影响司法裁判等问题，却少有更为深入的分析。本文拟通过对媒体议程设置功能的分析，考察其对民意形成的深刻影响，尤其是在新媒体时代的双向议程设置条件下，媒体借助该功能对民意形成产生的积极影响以及可能带来的风险。在此基础上，我们将顺势分析双向议程设置条件下的媒体、民意与司法之间复杂关系的安置问题。

一、媒体议程设置对民意的影响

理论上，人们关于民意的认知基本是在本体意义上展开的。也就是说，民意在客观上是什么样子，我们假定能够直接、毫无偏差的认识到它的这个样子，在认识过程中产生的偏差是忽略不计的。这是一种理论上的假定。但社会实践中，民意本身是什么样子，与人们最终认识到的样子，可能是两回事。事物认知过程都发生在具体的社会条件中，受各种因素的影响，人们对某一事物的认识结果与该事物本身之间，经常存在一定差距。就此而言，人们关于民意的认识结果与民意本身之间，有可能是不一样的，有些时候，甚至是差别非常大的。这一点，在媒体控制下的现代社会，体现的尤为明显。

现代社会是媒体控制下的信息社会。在原初意义上，媒体仅是以特定方式向社会大众传递各种信息的中介，基本功能是获知并传播各种信息。但在现代社会，媒体不再仅仅是信息传播中介。媒体借助信息传播过程中延伸出来的宣传国家政策、引导民众舆论方向、监督政府运行等功能，实现对社会的控制。在这个意义上，媒体在传播信息的基础上，更多地成为一种独特的社会控制力量，影响着受众的行为选择。

媒体对信息的选择与控制，很大程度上改变着事物呈现在人们面前的模样，传播信息的多少及其持有的立场，对受众的价值判断和行为选择会产生比较直接的影响。传播学理论认为有三种意义上的现实：客观现实、象征性现实与主观现实。外界实际存在的现实是客观现实，媒体有选择地传播给受众的现实是象征性现实，人们自己想象的关于外部世界的现实是主观现实。人们在传统社会主要通过直接体验客观现实获得主观认识，主观现实较为直接的反映客观现实；在现代社会，人们主要通过媒体传播的信息认识客观现实，媒体提供的象征性现实是什么，在很大程度上决定了人们对客观现实的认识状况。① 在人们认识客观世界的过程中，媒体提供给受众的象征性现实发挥着重要作用。当我们时刻处于媒体提供的象征性现实之中时，我们对事物的认知结果，受媒体影响巨大。媒体长期的信息引导，潜移默化地培养着人们的现实观。在现代社会，除去直接体验的信息外，我们接受的信息几乎都是经由媒体传播、筛选后的信息。有些时候，受媒体象征性现实的引导，人们头脑中的主观现实与客观现实会有较大偏差。就此而言，经由媒体传播，到达我们认知范围的民意，已经与其最初的客观状态发生了较大变化。一方面，媒体在信息传播过程中，会不断把自己的价值观念融入其中，在一定程度上，经媒体传播的民意是媒体价值观念投射到民意信息中的再现；另一方面，受传播资源有限以及市场竞争的影响，媒体对民意信息的传播，也是在市场观念指导下有选择的传播，可能会对某些事件的重要性刻意放大，也可能会对某些事件有意忽略。民意信息经媒体传播后，其真实性在一定程度上被消减，并不能真实反映多元的客观民意。② 在法律领域，对司法裁判产生影响的民意，也是在信息传播过程中经媒体筛选、加工传播后的民意，并非是客观意义上的真实民意。理论上有关民意与司法关系问题的讨论，基本忽略了人们对民意的认识结果与民意本身之间的差异，直接把我们所观察到的民意状况信息当作是客观民意或原初的民意情况。对司法产生影响的民意，是经媒体信息筛选传播后的民意，非客观民意。考察民意与司法的关系，必须认真分析媒体信息传播如何对客观民意产生影响，才能采取正确的姿势安置两者关系。

媒体主要借助信息传播过程中的议程设置功能，影响、改变受众对事物重要性的判断。凡是大众媒体作为“重要事件”加以报道的问题，受众同样也会把该问题作为“重要事件”加以认知；媒体对于某一问题报道得越多，受众对该问题的重视程度也就越高。③ 这一理论将媒体的新闻报道与信息传播过程，看作是一种议程设置或议题选择的活动过程。在这一过程中，媒体根据自己的价值定位，选择给受众提供不同类型的信息，安排讨论不同的议题。受众的从众心理，使其在讨论什么问题以及问题的先后顺序上，很大程度受媒体所设置的议题类型和顺序的影响。媒体把某一问题作为重要事件予以报道，就会潜移默化地影响受众也把该问题看作是重要事件。在这个意义上，媒体设置的议程，既影响着民意形成发展的方向，也影响着我们看到的民意的样子。

在大众媒体时期，信息传播途径单一固定，公众只能通过报纸、电视、收音机或者杂志等传统媒体获得外界信息，信息认知内容被限制在较小范围内，信息传播过程基本呈现

---

① 参见周庆山：《传播学概论》，北京大学出版社 2004 年版，第 232 - 233 页。

② 参见钱超：《论民意表达》，复旦大学博士学位论文，2008 年，第 156 页。

③ 参见郭庆光：《传播学教程》，中国人民大学出版社 2011 年版，第 194 - 197 页。

为从媒体流向受众的单向模式。在这个模式中，受众的反馈能力很弱，几乎无法对媒体议题的选择产生影响。媒体处于传播关系的施控位置，他们通过对传播内容的控制，对信息受众施加影响；受众在传播关系中处于受控位置，他们对于事件的认识、态度以及进一步采取的行动，在很大程度上都受传播者的影响。媒体不仅决定着传播活动的存在与展开，而且决定了所传播信息的内容和数量，对受众的决策起到了决定性的导向作用。这是一种单向的议程设置模式，在网络传播方式出现之前，是一种普遍存在的现象。④ 传统的大众媒体是掌握在少数人手中的一种社会资源，这些人通过媒体设置议事日程，影响、引导着受众的思考方式和决策方向，受众很少能够对媒体议题的选择产生影响。但 20 世纪 90 年代以互联网为主的新兴媒体的崛起，似乎改变了这一状况。

以互联网为基础的新媒体的崛起，不仅拓宽了受众获取信息的渠道，而且改善了他们在信息传播过程中的被动地位。受众不但可以有选择地搜索自己想要的信息，也可以在网络上发布自己认为重要的信息，一定程度上获得了参与议程设置的能力。自 20 世纪 90 年代以后，"我们处在了空间的时代（age of space），在这个时代里，个人可以通过新媒体，从各种不同的信源采集新闻，并把它们拼装成最符合他们自己的新闻图像。对于这些个人来说，大众媒体仍然重要，但是它们不会成为这幅图像的主导。"⑤ 互联网逐渐超越传统的大众媒体，成为信息交流的主要媒介。这不仅丰富了人们与外界信息交流的方式，而且改变了受众在信息传播过程中的被动地位，接受者开始有了选择信息的权力。

新媒体环境下，受众对公共议程的设置拥有一定程度的主动权。互联网对现代社会生活的介入，带来了信息传播渠道的大幅拓展以及信息传播速度的极大提高。电子邮件、网络新闻、网络聊天室以及各种博客、微博、微信等，都能带来信息的快速传播与即时交流，受众知晓公共议题所需的时间越来越短。于是，"一些社会观察家便预言，议程设置理论行将终结。"⑥ 人们认为网络环境下议程设置效果消失的主要理由在于，网络受众可以使用互联网建立起他们自己的一系列议程，网络媒体只是在这一过程中提供信息传播的通道，对信息传播内容并不过多干涉。因此，网络媒体、乃至传统大众媒体，对公众进行议程设置的能力趋于消失。的确，网络受众不同于传统媒体受众。网络受众能够主动地在网络上发布信息，他们既是信息的接受者，又是信息的生产者和传播者。与传统媒体相比，网络媒体将议程设置权力下放，网络受众在一定程度上拥有了主动设置议事日程的能力。而传统媒体信息传播条件下的受众，只能无条件的接受媒体强塞给他们的信息。

然而，网络受众的主动能否算是真正意义上的主动？对此持怀疑态度的学者不少。很

④ 参见刘畅：《Web 2.0 时代的"网民议程设置"》，载《天津师范大学学报（社会科学版）》2008 年第 3 期，第 51 - 56 页。

⑤ ［美］Donald L. Shaw，L. Stevenson，Bradley J. Hamm：《议程设置理论与后大众媒体时代的民意研究》，刘海龙译，载《国际新闻界》2004 年第 4 期，第 5 - 9 页。

⑥ ［美］麦克斯韦尔·麦考姆斯：《议程设置理论概览：过去，现在与未来》，郭镇之等译，载《新闻大学》2007 年第 3 期，第 55 - 67 页。

多人认为，新媒体时代的网络受众在信息传播过程中的被动地位，并没有发生实质变化，网络信息传播并没有使议程设置理论失去作用。网络受众依然受媒体议程设置的控制与影响，他们即使自由地发表看法，也是在依赖媒体提供的议题以及背景资料的基础上进行的。与大众媒体时代的受众相比，新媒体时代的受众只是增加了表达个人想法的途径和方式。他们所拥有的发布权只是选择哪一种途径发布的自由，至于什么可以发布、什么不可以发布，仍然是媒体控制者说了算。更为重要的是，信息传播的控制结构并没有发生太多改变。传统大众媒体的控制者仍旧掌握着绝大多数的传播资源，网络只不过是他们控制信息传播的一个新途径。新媒体时代的网络受众与大众媒体时代的传统受众一样，依然不得不接受媒体强塞给他们的各种信息。在这个意义上，信息传播关系在重要事件的传播过程中没有任何实质性的改变。这表明，新媒体条件下网络受众的地位没有发生太多改变，从根本意义上来说，他们仍然处于被动地位。⑦ 互联网的确会促使媒体议程设置效果发生变化，“但在目前看来，这些变化仅仅是某种程度上的变化，细节上的变化，而不是议程设置本质上的变化。”议程设置理论的提出者美国学者 McCombs 教授也认为，“基本同质的媒介议程仍将存在，除非有人能发明一种可以消蚀传统新闻受众的新的新闻。”⑧ 新的媒介环境下，媒体仍然具有为公众设置议程的能力，而且，“在新媒体时代媒体与受众之间的议程设置变得更为复杂，由传统媒体环境下的媒体为受众设置议程变化为新媒体环境下的受众与媒体双向互动设置议程。”⑨

以上分析表明，在以网络传播方式为主的新媒体时代，媒体在信息传播过程中的议程设置功能不仅没有消失，而且呈现一些新的特征，新媒体传播信息具有高度的互动性。网络信息传播的交互性为受众提供了即时发表个人观点的机会，使其具有了参与议程设置的能力。“受众从相对被动的接收者和消费者转变为更加主动的选择者、使用者和产消者，能够积极利用媒介进行传播实践和内容生产。”⑩ 网络受众按照自己的兴趣与爱好选择浏览相关信息，他们在接受什么样的信息方面具有了很大的自主性。而且，网络受众对信息的选择性浏览，会使一些信息的点击量和回帖率增加，信息排序发生变化；相关信息点击量、重要性排序的变化，又会引起其他浏览者的关注。就此而言，网络受众对于网络热帖或网络事件的形成，具有主动影响力。这一定程度上改善了大众媒体时代受众的纯粹被动地位，使其在网络事件的议程设置过程中有了参与能力，与媒体形成一种双向互动的议程

---

⑦ 参见杨慧琼：《从议程设置理论解析网络受众的传播地位——以媒介事件马加爵入手》，载《新闻与传播研究》2005 年第 2 期，第 35 – 39 页。

⑧ 蔡雯、戴佳：《议程设置研究的历史、现状与未来——与麦库姆斯教授的对话》，载《国际新闻界》2006 年第 2 期，第 14 – 19 页。

⑨ 蒋忠波、邓若伊：《国外新媒体环境下的议程设置研究》，载《国际新闻界》2010 年第 6 期，第 39 – 45 页。

⑩ 韦路、丁方舟：《论新媒体时代的传播研究转型》，载《浙江大学学报（人文社会科学版）》2013 年第 4 期，第 99 页。

设置过程。

二、双向议程设置条件下的民意表达

大众媒体时代的议程设置过程是单向的，信息的传播方向是从少数传播者流向多数受众。作为信息的被动接受者，受众没有参与议事日程设置的能力。网络信息的双向互动传播，长期由少数人单向设置议程的局面被打破，双向议程设置模式逐步形成。传统意义上作为被动接受者的受众，在网络条件下可以成为主动的信息传播者和议程的设置者，受众发表意见的自由程度得以扩大，公共话语空间得到拓展。网络媒体很多时候甚至可以对传统媒体产生影响，形成媒体之间的议程设置互动。

网络议程设置的双向互动特征，使新媒体时代的信息传播主体和内容呈现多元化趋势。科技的发达，使普通民众只需要有一部拍照手机，就可以通过互联网把身边的新闻及时发布到网络上，迅速为他人知晓；网络上，借助微博、微信、以及各种论坛，网民能够随时将其所关注的身边事件，通过网络空间的公开传播，发展成为新的社会议题，引起广泛关注和讨论。网络信息的发布者和传播者不再仅仅是传统意义上的记者，捕捉新闻、记录事件不再是新闻记者的专利，网民开始更多地参与新闻发布和议程设置。如 2017 年的红黄蓝幼儿园虐童事件，最初就是由家长将幼儿园老师虐待幼儿的视频发布到网络上，引起公愤，发展成为举国关注的社会事件。当然，网民的分散性与广泛性也决定了他们发布议题内容的多元化，即使同一个议题也会衍生出多个不同的讨论方向。如 2015 年成都女司机违规变道遭暴打事件，网络讨论中出现许多不同的声音，有人支持女司机违规变道应承受不利后果，也有人认为即使女司机违规变道也不应该遭此暴力。网络空间基本上成为一个可以允许不同声音平等存在的公共讨论空间，尽管有不少声音并非出于理性，但至少可以听到不同的声音或看到不同的立场，有利于辨明事实真相。

网络议程设置的双向互动特征，使不同媒体之间的相互影响关系进一步加强。议程设置不仅存在于媒体与受众之间，而且存在于不同媒体之间。“议程设置由可信度较高的媒介流向可信度较低的媒介，似乎是普遍的规律。”⑪ 一些发布范围广、权威指数高的媒体时常会对其他媒体产生影响。网络作为新闻事件的放大器，很容易使一些事件迅速演化为网络热点事件，进而引发其他媒体跟进报道。起初是网络用户对某一事件高度关注，使其成为热点网络议题，网民为网络媒体设置议事日程；进而传统媒体对该事件进一步深入报道，网络媒体为传统媒体设置议事日程。如 2017 年的“于欢案”、“江歌案”、“杭州保姆纵火案”，2018 年的“高铁霸座事件”、“滴滴顺风车女子被害案”、“昆山纹身哥被杀案”等一系列涉及道德、法律与民生问题的事件，最初信息无不是在网络论坛、微博或微信中

---

⑪ 陈彤旭、邓理峰：《BBS 议题的形成与衰变——对人民网强国论坛的个案研究》，载《新闻与传播研究》2002 年第 1 期，第 13 - 25 页。

发布，网络舆论发酵形成典型的网络议题，进而引起电视、报纸等其他传统媒体密集报道，最终形成全社会关注的焦点事件。网络媒体与传统媒体在议程设置上的相互影响，通常会促使某些事件转化为舆论焦点，引起全社会关注，影响国家机构在法律上的判断。

新媒体环境下，受众在公共议程设置过程中掌握更多主动权，网络空间更接近能够理性表达民意的公共领域。以互联网为主要媒介的新媒体时代，具有强烈的受众导向性特征。网络受众对来自互联网的信息的选择与接受，受其自身性格、性情、价值观、世界观等个体性因素的影响越来越大。人们登陆互联网，随意查阅自己想要获取的信息，自由发布自己所欲展示到公共领域的信息。信息在网络上的自由传播，弱化了传统媒体的议程设置功能，内在地拉近了网络议程与民意表达的联系，借助网络信息通道表达出来的民众意愿更加贴近其真实意思。理论上来说，民意只有在类似于哈贝马斯所说的“公共领域”才能理性表达。公共领域是指介于公共权力与私人之间的一个领域，公众能够在这一领域平等交流和彼此批判，这是一个向所有公民开放，能够在公共理性精神指引下形成公共舆论的批判空间。[12] 这是一个“关于内容、观点、也就是意见的交往网络；在那里，交往之流被以一种特定方式加以过滤和综合，从而成为根据特定议题集束而成的公共意见或舆论。”[13] 只有在这样的领域，公共意见或理性民意才能形成。但是，依照哈贝马斯的看法，“最初的（18世纪）媒介是公共领域的组成部分，但是后来，通过大规模分配和将受众出售给广告商而实现的商业化开始以后，媒介使自身离开了这个角色”。[14] 媒体脱离公共领域的原因一方面在于媒介在现代社会中沾染了越来越浓的商业气息，使其无法真实、客观的反映民意；另一方面，大众媒体时代能够参与媒介议程设置的只是少数人——媒介的拥有者、操作者（编辑、记者）以及少数社会精英——普通公众几乎没有参与的机会。这样一个没有普通民众参与的媒体议程设置过程，无论如何都很难说能够反映真实的民意。以网络为基础的新媒体恰恰具备了“公共领域”的构成要件：参与主体是普通公众，他们通过建立自己的博客平台、在发帖与回帖中参与网络信息的交流，成为议程设置的主体；信息交流过程中各种观点的激烈交锋以及网络注册的自由与匿名特性，使讨论过程具有明显的自由、平等色彩；而经公开、自由讨论的话题不可避免地具有理性特征。相对于传统媒体的议题设置而言，互联网络能够为公众提供一个自由、开放、平等的公共讨论空间，网络议题的设置过程减少了以往的精英把关环节，各种原生态的公众意见得以呈现，使其更接近公众真实状况，更贴近真实的民意。

但是，把网络空间想当然地视为民意表达的“公共领域”，也存在不少局限。首先，

---

⑫ 参见石长顺、向培风：《公共电视与公共领域的建构》，载《现代传播》2006年第5期，第118－120页。

⑬ ［德］哈贝马斯：《在事实与规范之间：关于法律和民主法治国的商谈理论》，童世骏译，生活·读书·新知三联书店2003年版，第446页。

⑭ ［英］奥利弗·博伊德－巴雷特、克里斯·纽博尔德编：《媒介研究的进路》，汪凯、刘晓红译，新华出版社2004年版，第285－286页。

双向的网络议程设置是一柄双刃剑，它在为民意的真实表达提供便捷途径的同时，也弱化了传统媒体把关人的作用，放纵网络舆论陷于非理性。网络环境下的信息发布权力下放，使传统信息传播过程中的话语等级制度作用减弱，这虽然在一定程度上扩展了公众言论自由的范围，但以话题点击率表征议题重要程度的数据统计方式，又使网络议程设置轻易陷入网络商业利益的圈套。“主题转发数、浏览数、参与讨论数、收藏数，网贴中某主流回复评论数，投票参与数，民意倾向数据（比如赞数和踩数）等能以最简单直观的定量方式揭示问题的重要性和关注度，成为问题界定有效易得的依据。”⑮ 以公众人物、大 V 博客为例，众多网站都希望借助公众人物或大 V 力量提高网站影响力，事先向公众人物或大 V 输送利益，邀请其驻站建设，吸引粉丝，提高网站人气，进而提高网站广告收费标准，这几乎成为商业网站建设无法回避、且行之有效的利益链条。在此影响下，公众人物或大 V 博客已不再是纯粹的个人自由媒体，点赞数也不再真实反映网民意愿。尤其是网络水军的存在，使以关注度、点赞数为衡量依据的民意数据远离其真实情况，对其他社会主体产生不良影响。有些热点网络议题产生的社会舆论溢出效应，甚至能够影响国家机构的正常工作。如沈阳刘涌一审被判处死刑，后因证据瑕疵，二审改判死缓，引起社会强烈反应。各类媒体，尤其是网络媒体，顺应民众的朴素正义观，批量讲述刘涌作为黑社会老大的“滔天罪行”，裹挟社会舆论一边倒的将刘涌定义为不得不杀之人。最高人民法院最终提审该案，改判刘涌死刑。表面上来看，刘涌死于“愤怒的民意”，但实际上推动事件不断发展的真正力量是媒体：是媒体事实上引导着公众不假思索的加入“不杀刘涌不足以平民愤”的议题讨论，形成巨大的舆论聚合效应，最终影响司法决策。⑯ 而这一议题究竟在多大程度上反映了真实的民意，是需要认真反思的。

其次，网络媒体的高技术特征，使其既可能高效传播信息，也可能利用其技术优势操控信息传播，掩盖民意的真实状态。在市场利益链条引导下，现代媒体对曝光率、关注度的追求，远大于对事实真相的追求。这会促使媒体过滤不利于增加自身效益的信息，刻意放大焦点事件的重要程度。并且，媒体总是倾向于以自己的价值判断代替公众判断，通常会把自己的观点投射、融入到传播的信息之中。经媒体再现的信息是经媒体加工、裁剪过的“事实”，这极大降低了经媒体汇聚的民意的真实程度。新媒体条件下，议程设置来源多元化、信息碎片化的特征，更是进一步加大了真实民意形成的难度。在互联网上，每一个网民都是一个完整的自媒体平台，都可以自主设置议事日程。没有经过系统性、连续性的思考就发布各种信息，信息的平均可靠度就会随之下降，信息失真、甚至虚假的可能性大大增加。

最后，从网络受众的构成情况来看，通过网络媒体投射出来的意愿是不是真正的民

---

⑮ 魏淑艳、孙峰：《“多源流理论”视阈下网络社会政策议程设置现代化——以出租车改革为例》，载《公共管理学报》2016 年第 2 期，第 1－13 页。

⑯ 参见侯学勇、郑宏雁：《我国法院与媒体交恶的修辞学分析——以媒体为听众之视角》，载《东方法学》2012 年第 5 期，第 91－99 页。

意，是多大范围内的民意，也需要谨慎对待。中国目前上网人群以青年人居多，网络民意反映的也只是经常上网的那一部分人的意愿。其他如老年人、农民是较少上网、甚至是不会上网的群体，他们所占人口比例却不在少数。因此，网络民意充其量反映的只是一部分人的意愿。网络信息传播的双向性，使受众参与议题设置的主动性大大增加，为民意提供了新的表达途径，进一步激活了民意表达的积极性，但网络信息传播过程中的固有弊端，也为民意表达的合理性与真实性带来许多需要谨慎对待的风险。

三、双向议程设置条件下民意与司法的良性互动

网络环境下的双向议程设置，一方面提升了网络受众参与的自主性，议题产生过程中增加了更多的民主成分，民意的形成更加趋于真实；另一方面，网络受众自由参与议程设置的同时，也产生了不少的非理性倾向，时常出现的群体极化现象有可能突破公私边界，借"民意"之名干扰国家机构尤其是法院的运作过程，以媒体审判影响司法审判。

网络议程设置的双向性突出了网络受众的主体性地位，有利于不良社会情绪的消解。网络条件下，网民可以通过各种网络信息渠道如个人网站、BBS论坛等发布信息，引起他人关注。当网络议题讨论达到一定规模后，通常会引起传统主流媒体的跟进报道，形成社会议题，引起相关国家机构关注，促进问题解决。如轰动一时的云南李昌奎案件，就是因为受害人的哥哥借助微博公开案情，并在各大论坛发帖进一步扩散信息，引发大规模的新闻报道和网络舆论关注，最终使李昌奎案详情为公众知晓，促使法院对其申诉做出回应。从网民的信息发布、经过网络议题的讨论，到社会议题形成、最终影响公共机构决策，这一议程设置模式，大幅提升了网络受众参与社会议题设置的机会。这一方面为民意表达提供了相对通畅的合理渠道，一定程度上消解了公众由于民意表达不畅而郁积下来的社会不满情绪，降低了社会危机产生的几率；另一方面，网络受众在网络议程设置过程中的主动作为，对于监督公共权力的合法运行也具有重要意义。但是，基于网络议程设置的双向性及网络受众的主动性，所产生的群体极化、网络舆论暴力等问题，对民意形成产生的不良影响，应当理性看待。

网络媒体的逻辑实质是将主动权和传播权分散到广大受众手中，弱化网络信息传播"把关人"的作用，过于宽松的交流环境可能使网络信息传播远离公共理性。传统媒体在信息传播过程中，信息"把关人"通常是资深评论人，就此来讲，传统媒体的信息发布过程具有明显的集中性特征。而对新媒体来说，互联网技术设计具有信息分散发布的特征，每个网络终端都可以成为一个信息发布平台，每个网民都可以是信息的发布者和接受者，信息传播的分散性与非强制性特征非常突出。即使有"把关人"控制某些网络议题的发布与传播，但网络广泛的可选择性，使受众可以自由选择不同渠道发布或接受信息。这个社区受限、另一社区进入，微博删帖、微信跟进，聊天室封杀、新闻组跟进，单从技术角度来看，网络信息传播过程中把关人的信息筛选作用弱化了许多。网络条件下，信息发布主体的匿名保护可以为话语主体提供平等的言论自由机会，但也可能会放任非理性，驱离理

性。网络信息交流的非理性主要体现为网络话语互动的群体极化现象，以及由此产生的网络舆论暴力。网络空间中，攻击性强的话语总会胜出，有道理的话语反而逐渐沉默，其他人对强势话语的附和，最终形成一个极端的“多数意见”，从而使网络社区中的人们只听到自己的声音，容不得异样的声音。“毫无疑问的，群体极化正发生在网络上。讲到这里，网络对许多人而言，正是极端主义的温床，因为志同道合的人可以在网上轻易且频繁地沟通，但听不到不同的看法。持续暴露于极端的立场中，听取这些人的意见，会让人们逐渐相信这个立场。”⑰ 网络交往中的群体极化现象表现出来的不仅是无法包容不同意见，假借群体内多数人意见的“正确性”屏蔽群体外的意见或建议，具有强烈的排他性；而且容易倾向于使用语言暴力对待异己言论，偏执于群体内的自我偏见，形成一个极端非理性的群体。网络中的群体极化现象名义上维护了网民的言论自由，实则是少数人披着公众代表的外衣努力维护自己的话语霸权。这不仅挤压了公众民主协商交流的话语空间，使网络空间丧失表达真实民意、消解社会诉求压力的公共功能，而且会假借民意轻易突破公私界限，侵犯他人权利，影响公共权力。如网络人肉搜索曾使许多贪污腐败要犯受到法律制裁，但普通公民的个人隐私也会经常被非法曝晒在网络上，个人权利遭受侵犯。

网络群体的舆论倾向也经常冠以媒体监督的美名干扰司法机构正常工作，甚至以媒体审判代替司法审判。司法审判是司法机构代表国家行使法律审判权力的过程，是立足于司法机构高度中立、以及一系列逻辑严谨的法律推理基础上的行为，它要求司法机构尽可能排除外界干扰、独立运行。而网络群体基于道德上的朴素正义感，经常会借助网络媒体的强大舆论宣传功能在法庭之外建构一个无形的“媒体法庭”，对司法审判施加强大的舆论压力，迫使法院最终做出“顺应民意”却有可能偏离法律的裁判结果。如广州的许霆案、湖北的邓玉娇案，尽管我们看到了民众希望的“公正”结果，但就其过程来讲，却无法摆脱媒体绑架法院的嫌疑。再如于欢案，于欢一审被判处无期徒刑后，南方周末以博人眼球的“刺死辱母者”进行报道，迅速引起社会关注，形成公共话题，其他媒体进一步跟踪报道，使该案成为举国关注的焦点议题。于欢杀死被害人是否构成正当防卫，一时成为广为讨论的话题。根据媒体披露的案情经过，围观群众多是同情被告人，指责法院量刑过重。后经二审，于欢被改判有期徒刑五年。从一审无期徒刑到二审五年有期徒刑，在该案的裁判过程中，很难说二审裁判在多大程度上受到了网络舆论的影响，但绝难排除舆论干扰司法的嫌疑。⑱

---

⑰ ［美］凯斯·桑斯坦：《网络共和国——网络社会中的民主问题》，黄维明译，上海人民出版社 2003 年版，第 50 页。

⑱ 按照王启梁教授的观点，“通常来讲，民众不会直接影响司法，而是民意影响着政治，政治再影响了司法，司法从来都是政治的一部分。”民意不能直接触动司法系统做出反应，那是将民意、司法与政治的关系简单化了，（参见王启梁：《法律世界观紊乱时代的司法、民意和政治——以李昌奎案为中心》，载《法学家》2012 年第 3 期，第 1 – 17 页。）但无论是基于什么方式——传统媒体也好，网络媒体也好——形成的民意，确实都会直接或间接的对司法产生切实的影响。

基于网络议程设置产生的司法与民意究竟应该是一种什么样的关系？首先应当肯定的是，司法机构应当认真对待网络民意。上文分析可见，网络媒体议事日程具有双重属性，既可能产生较传统媒体议事日程更加贴近真实民意的结果，也可能产生网络群体极化，形成网络舆论暴力现象。既然有承载真实民意的可能性，司法裁判必须认真对待基于网络媒体议事日程产生的民意，不可因其有网络舆论暴力之可能而一概否定。⑲ 司法必须理性对待民意，在法律允许的范围内，做出符合当前社会主流价值的裁判结论。其次，司法裁判必须对不符合法律规定的非理性民意进行回应和批判，维护法律尊严。司法与民意经常发生抵牾的原因，主要在于二者常持有两套不同的评价标准。在事实认定层面，民众主要是基于情感上对弱者的同情，倾向于认同对弱者有利的“情感”事实，而司法上坚持的是基于证据认定的法律事实。两者有重合之可能，但也会出现彼此不一致的情况，由此导致司法与民意在认知结果上产生冲突。即使两套话语体系对案件事实形成一致认识，也可能因评判标准的不同而产生法律认知层面上的冲突。民众经常以道德上的标准衡量事情对错，而司法机构则基于法律标准做出合法与否的裁判结果。从二者经常发生冲突的基本情况来看，司法裁判结果对社会公开时，必须对与法律要求相悖的非理性民意予以批判回应。或者是加强判决书的说理论证，或者是通过其他途径，专门对判决结果做出法律上的合理解释，驳斥打着民意幌子的非理性要求，维护法律尊严，树立司法权威。

尽管司法与民意时常存在冲突，但二者对社会公正目标的一致追求，是它们相互促进共同提高的基础。“法官既然只是在执行经由民主程序产生并体现了民意的立法作品，裁判的结果完全取决于立法者的预设，不应该受民众的横加指责。”⑳ 司法与民意追求的根本目标是一致的，皆为社会公平正义。个案实践中的冲突，通常是因二者追求目标实现的方式存在差异所致。因此，个案裁判必须坚持法律标准，同时加强司法机构与社会公众之间的沟通协商，建立网络民意质量提高机制。这样既有利于理性民意的形成，也有利于司法权威的树立。

网络民意质量提高的当务之急是切实推行网络实名制，增强网络受众的法律责任意识。以外在责任压力，促使网络受众在发布、传播信息过程中，坚持法律和良知标准，提高网络民意的合法性与真实性。对司法机构来讲，加强与社会公众的沟通，首先应当树立司法与民意有着共同追求目标的理念认知。司法权力并非在真空中运行，它必须结合社会实践需要，综合考量真实的民意需求，才可能做出法律效力和社会效果相一致的裁判结果。其次，司法裁判应当在法律限度内，综合考虑相关因素，回应民意需求。在裁判理念

---

⑲ 随着协商民主在世界范围内的发展，许多国家司法都将民意纳入公共理性的建构过程，法官在审理疑难案件过程中越来越注重在解释法律、建构法律意义时适度地考虑社会的主流观点和意见，使个案的裁判建立在一定的民意基础上。参见季晨溦：《民意沟通：公共理性的司法构建基础》，载《政法论丛》2017 年第 3 期，第 25－31 页。

⑳ 孙笑侠、熊静波：《判决与民意——兼比较考察中美法官如何对待民意》，载《政法论坛》2005 年第 9 期，第 47－56 页。

上注重对社会价值因素的考量，在裁判主体上注重对社会成员的吸纳，在裁判方法上注重对社会经验的运用，在裁判依据上注重对社会资源的整合。[21] 既要关注主流民意，更要关注容易被忽略的少数人职业群体意见。理性对待经媒体传播再现的民意，去伪存真，依法考量。再者，司法机构应当主动利用网络资源优势，掌握网络舆论主导权，合理引导民意的形成与发展。如充分利用司法机构官方网络媒体，定期发布社会关注的案情信息，主动掌握网络舆论议程设置权力，合理引导社会舆论发展方向；建立一定的社会信息收集整合机制，及时掌握社会舆论动态；及时依法公布案件事实情况、公开裁判文书，便于公众了解法律上认定的案件事实真相及相关裁判理由。

新媒体时代是一个以网络媒体为主导的时代，网络受众具有自由发布信息、主动设置议事日程的能力。经由网络受众自由发布、主动设置的议题更加贴近真实的民意，现代社会的司法审判过程应当以积极姿态回应基于网络信息传播形成的民意诉求，引导公众以合理的方式认知司法过程，认同裁判结果。这既是司法机构的责任，也是媒体的责任。公众对于司法裁判的误解，很多时候是来自于媒体对相关信息的选择传播。树立司法权威，提升司法公信力，媒体也负有不可推卸的社会责任。

无论是传统的大众媒体，还是新时期的网络媒体，本质上都是信息传播媒介，是为人类社会生活发展提供便利的工具。作为承担信息传播任务的媒介工具，媒体本身是中立的，既不会有意危及司法权威，也不会主动维护司法公信。司法机构应当顺应社会发展趋势，对现代信息传播技术善加利用，充分整合传统媒体和网络媒体的传播资源，主动为社会舆论设置议事日程，引导主流民意以理性、合法的方式汇聚。理性对待经媒体传播再现的民意，在法律允许的范围内综合考量多元民意，做出与主流社会价值相符合的裁判结论，实现司法与民意在法律效力和社会效果上的效益最大化。

（编辑：宋保振）

---

[21] 参见陈树森：《博弈与和谐：穿行于法意与民意之间的司法》，载《法律适用》2009 年第 9 期，第 57 - 61 页。

我国《法律解释法》制定的意义及路径

任　懿*

摘　要　“法律解释权”被认为是隐藏于我国法律实践中的“隐形权力”，游离于法治之外，没有得到法律的有效规制，导致了大量滥用解释权行为的存在，因而制定统一的《法律解释法》有其现实必要性。《法律解释法》是通过对成文法中常见字、词的选取与提炼，明确成文法中常见法律术语内涵，对现行法律规范及规范性法律文件生效、修订、废止作出相关通行性规定，在一定程度上确立释义总则，规制法律解释权主体，从而实现对法律解释权的规范与限制的法律。《法律解释法》的制定对于限制解释权滥用、统一法律适用、减轻解释负担、化解法律冲突具有重要意义。

关键词　法律解释法　法律解释权　释义总则　法律解释

只要存在法律适用，便有法律解释现象，正当行使法律解释权尤为重要。然而，在我国法律实践中，法律解释权存在任意行使现象，“法律解释权”被认为是隐藏于法律实践中的“隐形权力”，游离于法治之外。因此，如何限制法律解释权的“任性”，扭转解释权被滥用倾向，便是《法律解释法》所要完成任务。我国现有关于《法律解释法》的研究，主要将其界定为关于司法解释方法的规则，忽视了《法律解释法》的其他维度，限缩了《法律解释法》的调整对象，过度地集中于最高人民法院的司法解释行为上。本文首先界定《法律解释法》，明确《法律解释法》的意涵及其包含的主要内容；其次说明由于我国缺少统一的《法律解释法》所导致的问题；再次论证我国制定《法律解释法》所能带来的意义；最后结合域外《法律解释法》的立法经验，提出建立我国《法律解释法》的具体路径。

---

* 任懿，女，辽宁大连人，华东政法大学博士后人员，法学博士，研究方向为法哲学、法律方法论。

一、《法律解释法》的界定

《法律解释法》源于1850年英国的《布鲁厄姆法令》（Interpretation Act1850），由于其相对精准地实现了对法律解释权的规范，保证了法律体系的顺畅运行，很快在世界范围内产生广泛影响。无论是英美法系还是大陆法系国家，都纷纷制定各自的《法律解释法》。

那么，何谓《法律解释法》？“语词的定义可以提供这样的地图：它可以引导我们使用该语词的原则变得清晰，并且同时可以展示出我们应用该语词于其上的现象类型和其他现象之间的关系”。[①] 界定《法律解释法》，实际上是在厘清其意涵所指的同时，明确《法律解释法》的主要内容。

（一）现有界定之问题

由于过往研究主要将《法律解释法》从其字面意义理解为有关法律解释方法的规则，忽视了《法律解释法》所包含的对法律中常见重要语词与语句的释义、法律规范从生效到废止的通行规定（如各种时间、距离、费用的计算）、对法律解释权这一“隐藏权力”[②]的概括性及禁止性规定等相关重要内容，存在如下问题：

第一，将《法律解释法》界定为“司法解释法”。将《法律解释法》称之为“Interpretation in courts”（即法庭中的司法解释），这是我国学者和部分美国学者的主张，他们认为法律解释法应该主要针对法律实施中，执法、司法过程中的解释方法进行统一规制。因而将《法律解释法》称之为“司法解释法”。[③] 强调通过《法律解释法》规范法官在法庭上的司法解释方法。如我国学者张宗平《建议制定司法解释法》、金善明《论反垄断法解释权的规制》、王宁《从“许霆案”看我国刑法解释权的分配》、高俊华《我国法律解释的理论、实务与立法构想》、雅各布．斯科特（Jacob Scott）《解释的普通法及其法典化规范》、Rafael Gel《A Rational Choice Theory of Supreme Court Decisions with Applications to the State Farm and Grove City Cases》等。

针对上述观点，结合其他国家立法和地区立法例可发现，将《法律解释法》理解为司法解释法，不但忽视了《法律解释法》对成文法中关键常用字词、语句的释义、补充立法、规范限制解释权等内容，更直接导致《法律解释法》的调整对象仅针对司法机构，特别是最高人民法院的法律解释行为，使得其他权力机关尤其立法机构、行政机构、执法机构的解释权仍然没有得到法律规制。

第二，将《法律解释法》界定为关于配置法律解释权的统一规范。如学者魏胜强认

---

① ［英］H. L. A. 哈特：《法律的概念》，许家馨、李冠宜译，法律出版社2008年版，第14页。

② 文伟彦、许行嘉：《法例之法——香港〈释义及解释通例〉概览》，载《中国法律》2010年第5期。

③ See Stephen E. Sachs, “The Law and Morals of Interpretation”, *Duke Journal of Constitutional Law and Public Policy*, vol13. 2（Wed 2018）.

为："如果我们要对我国的法律解释权进行调整，就需要制定统一的法律解释法，以此规范我国法律解释权的配置"，[④] 该观点主要是从我国现有法律解释制度出发，认为"法律解释法"是关于统一配置法律解释权的法律规范。这种观点在一定程度上点出了《法律解释法》规制法律解释权的立法目的，但将《法律解释法》的内容限缩为统一配置法律解释权的规范性文件，忽视了《法律解释法》通过对成文法中关键词、句的释义所实现的稳定法律条文效力、缩短以及简化成文法的立法初衷及主要功能。

（二）《法律解释法》的意涵

从英文词源来看，不同于一般意义上的解释规范（explain the Normative），为了实现法律行为、法官行为的准则在法律规范的一致性中得到精确的传达，强调在法律确定性的前提下进行解释，如美国学者雅各布 . 斯科特所言，这种解释实际是一种对制定法进行解释的方法规则或"经验法则"。[⑤]《法律解释法》的英文名称为"Interpretation Act"，更强调在法律不确定性的前提下，对法律规范的理解、诠释。但此处的"解释"不是指哲学意义上的最广义的诠释，而是仅指如罗伯特 · 阿列克西教授所说法律解释理论中的"解释"，即"陈述、注释、说明和翻译"。[⑥]

在此基础上，结合法律解释权所包含的解释客体、解释行为、解释主体依序展开，《法律解释法》的意涵及主要内容应包含以下几个方面：

第一，在不改变法律效力的前提下，通过注释和说明，明确现行法律体系中重复出现的常见重要字和词句的法律意涵。《法律解释法》通过对成文法中常见字、词的选取与提炼，明确成文法中常见法律术语内涵。如各种法律规范中所涉及的"人""自然人""法人""律师""国家""法院""动产""不动产""船舶""船长""起诉""上诉"等字词，及涉及财产变动与政府财产变动的语句等明确其法律意涵。这是各国《法律解释法》的一项重要内容。自《法律解释法》1850 年在英国诞生之初，就在其首条明指出"本法旨在缩短议会法律用语，将不同法律规则中常用字词的定义收载于同一条例"，[⑦] 英国现行 1978 年《法律解释法》也在其首条规定"本法的目的是在不改变法律效力的前提下，通过解释与释义去稳定法律条文中字、词的含义"。《法律解释法》所界定的法律规范中常用关键字词的含义，除非法律另有规定，这些标准含义适用包括宪法在内的所有成文法。其他机关和个人不得通过对"个别法"的"任意解释""随意解释"改变现行法律体系中的重要法律概念之意涵。

---

④ 魏胜强：《我国需要制定统一的法律解释法》，载《法学》2007 年第 1 期，第 32 页。

⑤ ［美］雅各布 . 斯科特：《解释的普通法及其法典化规范》（上），吕玉赞译，载陈金钊主编：《法律方法》（第 19 卷），山东人民出版社 2016 年版，第 130 – 144 页。

⑥ ［德］罗伯特 · 阿列克西：《法 理性 商谈》，朱光、雷磊译，中国法制出版社 2011 年版，第 64 – 67 页。

⑦ 《Interpretation Act 1850》.

第二，统一规范现行法律规范及规范性法律文件生效、修订、废止。主要通过对现行法律从生效到废止各阶段所涵盖的如：生效时间、公告方式、修订程序、废止条件、不同法律与法律之间的关系、附属条例可以解释说明的范围、时间与距离的计算方式等统一规范，禁止任何机关和个人对上述条款通过“个别法”进行解释。这是各国现行《法律解释法》的重要组成部分。通过这种方式简化和精细化现行法律体系，在此基础上，香港学者将《法律解释法》称为“法例之法”，即“成文法之法”。⑧

第三，明确释义总则。即法律解释规则，这是香港的《法律解释法》即《释义及解释通例》对其的称呼，实际上正是前文所述关于司法解释方法的规则，但与前述学者观点不同之处在于，《法律解释法》所说的“释义总则”仅指司法解释方法的基本原则。这一部分规定虽在法律实践中十分重要，但其在内容上占比较少，往往在上述关于现行法律规范的通行性规定部分，通过1－2条法律条文予以明确。如我国香港地区2017年的《释义及解释通例》即在其第4章19条规定释义总则：“条例必须当作有补缺去弊的作用，按其真正用意、涵义及精神，并为了最能确保达致其目的而作出的公正、广泛及灵活的释疑及释义”。这实际上就是法律解释方法中所讲的“缺弊规则”，即补偏就弊规则（Mischief rule），“即强调法庭、法官须通过相关立法历史，以确定该法规旨在“补救什么缺弊……同时进行公正、广泛即灵活的解释，这里的公正并非结果上的公正，而是释义上的公正，强调法庭既不采取狭义的文字解释也采取过宽的文字解释”。⑨ 澳大利亚《法律解释法》在其第6章28条（2）规定：“法庭有权按照法律的目的，根据法律的规定来，直接地解释法律”。⑩ 这实际上就是法律解释规则所说的“目的性方法”（The purposive approach）。如果按照英国人的划分，将法律解释方法分为通则、推定、其他帮助。通则是法律解释方法的通常性规则，如字面解释规则、黄金规则、缺弊规则、目的性规则、体系解释规则等，推定指法律解释的类推规则，其他帮助指的是法律解释所采用的内部帮助和外部帮助。《法律解释法》所规定的释义总则实际上仅针对通则，即法律何时需要解释，法律解释的通常性规则或基本原则为何。

第四，规范法律解释权主体。即对国家主要权力机构、政府职能部门如国家的各部会，通过明示其法律意涵的方式，规范相关权力机关所拥有的对“赋权字眼释疑及释义的权力”。⑪ 如我国香港《释义及解释通例》就在其第7－10章“权力”、“各类委员会”、“公职人员及政府或公共机构合约”、“特区政府、行政长官及行政长官合同行政会议”等章节，明确解释权主体及其权力边界。英国1978年的《法律解释法》也通过其第3章“法定权力与法定责任”明确法律解释权主体的权责。

---

⑧ 文伟彦、许行嘉：《法例之法——香港〈释义及解释通例〉概览》，载《中国法律》2010年第5期，第28－36页。

⑨ 文伟彦、许行嘉：《法例之法——香港〈释义及解释通例〉概览》，载《中国法律》2010年第5期，第28－36页。

⑩ 参加《Acts Interpretation Act 1901》。

⑪ 我国香港地区2017年《释义及解释通例》第七部第40条。

综上，“法律解释法”主要是通过对成文法中常见字、词的选取与提炼，明确成文法中常见法律术语内涵，对现行法律规范及规范性法律文件生效、修订、废止作出相关通行性规定，在一定程度上确立释义总则，规制法律解释权主体，从而实现对法律解释权的规范与限制的法律。

二、我国现行法律解释体制的缺陷

在我国现行法律解释体制中，由于缺乏上文所界定的《法律解释法》，存在以下亟待解决的问题：

（一）法律解释权普遍被滥用

法律实施需要法律解释。“如果规范被适用，就是规范的意义被适用了。因为对于个案而言，‘意义’归于规范”⑫在一个逻辑完整的法律规范中，“事实构成”经由法律规范产生“法律结果”，⑬ 维特根斯坦认为法律规则在正常情况下如同“路标”一样，通过一定的抽象符号规范实现引导行为的实际社会效果。但由于规则需要通过严谨的语词与完整的逻辑结构来表达，导致对法律规则中法律概念的不同解释可以影响“事实构成”的认定。因而，在法律实施中，拥有法律解释权的人如何解释法律显得至关重要。

由于我国缺乏统一的《法律解释法》，实践中大量的法律解释没有得到法律监督，存在“任意解释”、“随意解释”现象。在我国现有法律体系中，大量的立法解释、行政解释、司法解释与指导性案例同时存在，在它们作为法律渊源、法律位阶尚不明确的同时，存在通过对法律条文中关键字词、词句的法律解释，来变更甚至修改制定法，从而出现“下位法”修正“上位法”的情形。而在司法实践中，法官滥用解释规则的现象也十分普遍，如在大学生打鸟案中，法官对于“非法猎捕、杀害珍贵、濒危野生动物罪”中“情节严重”的解释是否合法、合理。早前的“许霆案”，一审法官对于“ATM 机”就是金融机构的解释等。这些问题既不利于法律体系的运行，也影响个案正义的实现，不利于法律权威的树立。

（二）法律解释权缺乏规范

在我国现行法律规范中，与法律解释的相关规定零星分散于不同法律条文中。现有立法基础包括：1981 年全国人大常委会《关于加强法律解释工作的决议》（以下简称 1981 年《决议》）、1982 年宪法及 2000 年 3 月通过的《立法法》都重申了全国人大常委会的法律解释权。而 1981 年《决议》还规定：凡属于法院审判工作中具体应用法律、法令的问题，由最高人民法院进行解释。凡属于检察院检察工作中具体应用法律、法令的问题，由最高人民

⑫ ［德］阿图尔·考夫曼：《当代法哲学和法律理论导论》，郑永流译，法律出版社 2013 年版，第 375 页。

⑬ ［德］卡尔·恩吉施：《法律思维导论》，郑永流译，法律出版社 2014 年版，第 13 页。

检察院进行解释。还有一些不具备立法权的主体，专门就法律解释工作发布了通知或者制定了规范性文件。如国务院办公厅1993年发布《关于行政法规解释权限和程序问题的通知》，它的发文对象是各省级人民政府和国务院各部门，针对国务院及其主管部门的法律解释权作了明确划分。再如，最高人民检察院2006年发布《司法解释工作规定》、最高人民法院2007年发布《关于司法解释工作的规定》。由于行政解释、司法解释在数量和针对性上远超立法解释，这三个文本虽然不是立法层面的规定，但对法律解释活动的影响不亚于法律解释的相关法律。⑭

上述法律规范存在以下问题：第一，没有明确法律实践中不得随意释义的关键字词的标准内涵，从而使得不同法律规范中出现对同一字词的重复解释、冲突解释，重复解释浪费立法的社会成本，而对同一字词在同一规范或不同规范中前后冲突的解释则影响法律的统一适用。第二，缺乏关于释义总则的原则性规定，这使得在法律实践中，缺少对法律解释方法的通则性规定，容易发生“任意解释”“随意解释”等滥用解释权的现象。第三，没有对法律规范冲突提出解决方案，致使法律规范在法律渊源中的位阶不明，出现“下位法”修订“上位法”的现象，破坏法律权威，影响整个法律体系的顺畅运行。第四，缺乏对法律解释权主体的具体限制规制，使法律解释权成为前文所述的没有得到法律有效规制的“隐形权力”。第五，关于法律解释程序规定相对简单，缺失启动法律解释条件的相关规定，导致了现行法律规范不足以约束法律解释权。

三、我国制定《法律解释法》的意义

制定《法律解释法》不但能够解决上述法律实践中存在的问题，而且对我国法治实践具有更多深远意义。

（一）限制法律解释权的任意行使

将“解释权”放进制度的笼子，可限制相关权力机关对法律条文的“任意解释”、“随意解释”。首先，制定《法律解释法》有助于通过对“解释权”的限制，实现法治所追求的权力制约。“法律和权力是法治的两个不同要素。权力作为一种支配力量其价值主要指向秩序……法治的价值之一，就在于它能保证法律价值的实现，把权力置于一个合适的位置，实现权力的制约”。⑮ 制定《法律解释法》，可以通过明示法律中重要的常见关键字词的法律内涵，防范相关权力机关通过“个别法”解释改变法律的原有之意，有助于法律目的的实现。其次，《法律解释法》通过明示法律解释权主体法律内涵的方式，明确拥有法律解释权主体

⑭ 陈金钊：《何谓法律解释——对〈立法法〉中设置“法律解释”一节的认识》，载《法学论坛》2001年第1期，第22-27页。

⑮ 参见王人博、程燎原：《法治论》，山东人民出版社1998年版，第124页。

的相关法律权责。“通过法律术语实现对政府与人民基本关系的型构”,[16] 是法治的重要传统。《法律解释法》通过这种方式，使原本在法律实践中属于“隐藏权力”的法律解释权得到法律规制，遏制“任意解释”、“随意解释”。“解释权”不再是实践中游离于法治之外的“绝对权”。

（二）统一法律适用

在我国，制定法、立法解释、司法解释、指导性案例都具有法律渊源的性质，但其中立法解释少，司法解释多。司法解释在一定程度上改变了立法机关制定的成文法，同时由于司法解释针对具体案件解释更具可操作性，在法律适用中，司法解释成为了法律裁判的最终依据，而这导致了“法官造法”。这与成文法系国家通过制定法限制法官自由裁量权的立法初衷相违背，“法官行为的正确性”无法在法律的一致性中得到精确的审查。[17]《法律解释法》在对关键字、词进行标准定义的基础上，规范解释方法，明确释义总则（司法解释通常规则的基本原则），一定程度上限缩了司法解释的权力，“这种基于语境的解释的接受意味着他们采纳了法律应一致适用这种假设。整体法规则的正确性预设支持这样一种预期，即某一短语在其他制定法中也使用，并且具有固定的意义，那么解释者应该根据其他语境中的这一短语获取它的同一意义”。[18] 这有助于人们更加正确的理解和解释法律，使法律适用更加准确。

（三）减轻解释负担

制定《法律解释法》，通过缩短和简化成文法，可避免不同法律对同一问题的重复解释，减轻立法成本，缓解规范数量激增的压力。截至 2017 年 11 月 4 日，“我国现行有效法律 261 件，行政法规 751 件，地方性法规 10500 余件。”[19] 面对如此规模的法律体系，法的调整需求与法的制订需求同步增加，相关拟定法案的审议、修改、抉择和认可工作成倍增长，以第十二届人大为例，“本届人大常委会共通过法律 72 件，其中，新制定的 23 件，修改 49 件（涉及修改法律 124 件次，统筹修改 16 次，修改法律 95 件次），法律解释 9 件，法律问题和重大问题决定 46 件”。[20] 制定《法律解释法》，通过法律汇编与法规清理，提炼我国现有法律体系中的关键字、词，如“国家”、“政府”、“人民”、“公职人员”、“时间”、“距

---

⑯ ［美］布雷恩·Z. 塔玛纳哈：《论法治——历史、政治和理论》，李桂林译，武汉大学出版社 2010 年版，第 34 页。

⑰ ［德］阿图尔·考夫曼：《当代法哲学和法律理论导论》，郑永流译，法律出版社 2013 年版，第 275 页。

⑱ ［美］雅各布·斯科特：《解释的普通法及其法典化规范》（上），吕玉赞译，载《法律方法》2016 年第 6 期，第 130 – 144 页。

⑲ 《十二届全国人大及常委会立法综述》，载法制网 https://baijiahao.baidu.com/s?id=1593612400227082261&wfr=spider&for=pc，最后访问日期：2019 年 4 月 11 日。

⑳ 《十二届全国人大及常委会立法综述》，载法制网 https://baijiahao.baidu.com/s?id=1593612400227082261&wfr=spider&for=pc，最后访问日期：2019 年 4 月 11 日。

离”等，通过对成文法中关键常用字、词提供标准定义，明确成文法中关键字、词在不同法律语境下的解释原则，能够减轻在我国现行“一元两级多层次”的法律体系中，不同层级立法机关对同一法律条文的重复解释，减少同一立法机关对同一法律（或关键法条）的反复修改，直观而明确地减轻这种不断增加地立法压力所导致地整个法律体系的“膨胀感”,㉑ 从而使我国的社会主义法律体系更加“精致”。对制定新法而言，由于《法律解释法》已对相关法律概念或关键字、词提供标准定义，可以不再对这些关键字词进行重复解释。如我国新制定的《民法总则》中对于其第3章第57条“法人”的释义、第10章对“期限、期日”计算方式的解释，如果我国已制定《法律解释法》，这些字词的释义已涵盖在《法律解释法》中，无须重复解释。这既减轻立法成本，也使立法机关能够将更多精力放在提升立法质量上。

（四）化解法律规范冲突

制定《法律解释法》有助于解决法律规范冲突，使法律体系运行更加顺畅。“法律规范冲突是作为必然性的规范价值冲突和或然性的立法技术缺陷的表现，是法学方法论的一个重要议题，也是法官和法学者所关注的中心之一”。㉒ 在实践中主要表现为法律规范之间的紧张关系，如：“上位法和下位法的冲突、特别法与一般法的冲突，同一规范中法律规则与法律原则的冲突。”㉓ 例如我国《道路交通安全法》与《行政处罚法》在处罚程序方面的冲突，以及我国《刑法》与《证券法》、最高人民法院的司法解释在规定“证券发行人”内涵的冲突，这些冲突既导致法官在实际法律适用中的难题，也造成了法律体系在立法、司法、执法中的运行不畅。在中国特色社会主义法律体系形成之前，我国的立法工作重点在于尽可能的通过立法来填补法律空白，“通过立法与司法改革规范由经济运行的市场化所引领的经济体制改革”。㉔ 在此之后，我国的立法工作重心已转化为如何不断完善我国的社会主义法律体系，使之运作顺畅，实现法治。规定法律规范由生效到废止阶段的通行性规定是《法律解释法》的重要内容之一，这些规定涵盖了上位法与下位法、同一法律层级中的原始文本与附属条例、解释文本之间的关系，如我国香港地区2017年《释义及解释通例》即规定“不得通过对法律中常见字词的释义改变其原有法律条文的效力”，同时其第6章31条也明确规定“凡条例授予权力订立附属法例，该附属法例所用的词句，涵义与该条例所用的相同；而该附属法例提述“本条例”时，须解作提述授予权力订立该附属法例的条例。”同时《释义及解释通例》也在其第12章杂项条文之89条（2）中作出除外规定：“本部任何条文

㉑ 郑毅：《研究起草法律解释法正当时》，载《检察日报》2017年4月18日，第3版。

㉒ 参见雷磊：《法律规范冲突的含义、类型与思考方式》，载陈金钊、谢晖主编：《法律方法》（第7卷），山东人民出版社2008年版，第247页－257页。

㉓ 刘志刚：《法律规范冲突的解决方法》，载《政法论丛》2014年第10期，第3－14页。

㉔ 陈金钊、宋保振：《法治国家、法治政府与法治社会的意义阐释——以法治为修辞改变思维方式》，载《社会科学研究》2015年第5期，第82页。

均不得解释为规定法官在他认为根据本部作出命令在有关个案的所有情况下不会符合公众利益的情况下，仍需作出该项命令”。这既明确了附属条例与本条例冲突时的基本原则，也保留了法官面对个案时公正、灵活适用的空间，一定程度上有助于法律规范冲突的解决。

四、《法律解释法》的域外经验

“中国法治话语体系的构建无疑是一项复杂的系统工程，既牵涉域外既有法治观念，更需要依照当代中国的实际情况与条件……”[25]《法律解释法》在国外有相对成熟的立法经验与立法模式，制定我国的《法律解释法》，需要在结合我国具体实际情况的同时，仔细研究并借鉴其他国家和地区的成功经验。

（一）《法律解释法》的立法目的及功能

英国是最早制定法律解释法的国家。为了使议会的立法语言能够满足法律语言的规范性与一致性，力主议会改革的亨利·布鲁厄姆勋爵主导当时的议会，在 1850 年通过了《法律解释法》（Interpretation Act 1850），从而开启了世界范围内制定《法律解释法》的热潮。这条法规也因此被通称为“布鲁厄姆法令”，其开篇序言即明确“本法令旨在缩短国会法令的用语……为其后的英国立法机关的所有法律提供通用的法定定义及诠释规则”。受到英国法律解释传统的影响，英美法系的加拿大（Interpretation Act 1985）、澳大利亚（Interpretation Act 1901）、新西兰（Interpretation Act 1999）都有与英国的‘Interpretation Act 1850’相类似的法案出台，甚至在我国香港地区在 1867 年 5 月 22 日即制定并通过了《1867 年释义条例》（The Interpretation Ordinance1867）。[26] 欧洲大陆的西班牙在 1885 年通过《解释法》（Interpretation Act 1885），我国台湾地区关于法律解释法共三个法律文件，分别为《司法院大法官审理案件法》《中华民国司法院大法官解释》《司法院大法官会议规则》统一解释法令程序。

从《法律解释法》的制定历史可知，《法律解释法》的立法初衷与其立法功能即在于通过法治的方法实现对法律解释权有效的规制。最初英国的《布鲁厄姆法案》（《Interpretation Act 1850》），就是在辉格党与作为在野党的托利党漫长的议会斗争中，由于托利党经常通过“冗长发言”（flibuster）方式，随意提出法律案杯葛执政党法律案的议事表决，作为辉格党领袖的亨利·布鲁厄姆勋爵主张制定《法律解释法》，该法案的在开篇即强调“本法主要限缩议会提案的用语”。该法案最初非常简练，只包含两个部分，一部分选取了一些法律中的关键字、词，如自然人、法人等对其进行内涵进行解释，另一部分规定了法律上时间的计算

---

[25] 顾培东：《当代中国法治话语体系的构建》，载《法学研究》2012 年第 3 期，第 3 – 5 页。

[26] 我国香港《1867 年释义条例》（《1867 年第一号条例》）即规定：“本条例旨在……将不同条例及法院规则的常用的字词的定义收载于同一条例之中”。目前该条例中仍然有 15 个解释仍然沿用在今天香港地区的《释义及通则条例》中。

方法，限制议会议员在提出相关法律案时的解释权。㉗ 此后，无论是成文法系国家的西班牙，还是其他普通法系国家如新西兰、澳大利亚等国，都在《法律解释法》的开篇，即明确其立法初衷在于简化与限缩成文法，规制法律解释权。

（二）关于《法律解释法》的立法体例

比较各国立法例，《法律解释法》的立法体例主要有以下几种模式：

作为当今世界最早诞生的《法律解释法》，"布鲁厄姆法案"的立法体例与立法目的对后世影响深远。"一般情况下，标题不能视为制定法的一部分，因为在古英语实践中，立法者不会提供标题。不过议会书记员会提供这种标题。美国流行的解释普通法规则认为，法案和制定法的标题属于权威的法律外来源。标题虽不是法律，但它们并不缺乏解释的重要性。标题不能支配制定法的普通意义，但法官为了解决模糊性问题，将会考虑标题的意义。"㉘

"布鲁厄姆法案"最初只有5条，第1条明确立法目的，"本法之立法目的旨在缩短议会法令用语，将不同条例及法院规则常用的字词的定义收载于同一条例，为其后的英国立法机关提供通用的法定定义及解释规则"。第2条为字、词的定义，共收录15个今天仍在沿用的字词，如"人""日""法人"等，第3、4、5部分分别规定何为"公职人员"，如何计算法例所订明的时间，以及其他例如单数与众数的计算，其后问世的《Interpretation Act 1911》，《Interpretation Act 1950》《Interpretation Act 1966》《Interpretation Act 1985》等沿用了这种体例，以现在仍在沿用的《Interpretation Act 1985》为例，共包含6章，27条与3个附表，这6章分别为：（一）关于条约的总体规定，（二）解释与说明（关于字、词），（三）法定权力与法定责任，（四）废除法律，（五）杂项，（六）补充，并在其第1条明确"本法的目的是去稳定法律条文中字、词的含义，而非对"字""词"的含义进行引导、说明。"

澳大利亚《Interpretation Act 1901》在法律解释法的体例上有所丰富，共包含11章，51条。分别为：（一）序言，（二）法例的开始，（三）法例的废止，（四）一般条款，（五）相关字、词的规定，（六）司法解释，（七）权力，（八）时间与距离，（九）引用法例，（十）非规范性法律文件的解释与说明，（十一）法律规章，其在体例上的创新为增加了司法解释、非规范性法律文件的解释与说明两章，在内容上分别通过第18条，第28条（B）从立法明确司法解释方法与解释原则。

我国香港地区分别在1867年、1997年、1998年、2017年制定法律解释法，其中2017年制定的《释义及通则条例》对大陆地区制定法律解释法格外具有借鉴意义。香港在回归

㉗ William Baude &Stephen E. Sachs, "The Law of Interpretation", *Harvard Law Review*, vol. 130, no. 4 (Feb 2017).

㉘ ［美］雅各布·斯科特：《解释的普通法及其法典化规范》（上），吕玉赞译，载《法律方法》2016年第6期，第130－144页。

祖国大陆后制定法不断增多，为了使法律体系更加“精良”，故重新制定《释义及通则条例》，共 14 章，102 条，9 个附表。分别为：（一）简称及适用范围，（二）字和词的释义，（三）关于两种法定语文本的法例的一般条文，（五）生效日期、拒准、修订及废除，（六）附属条例，（七）权力，（八）各类委员会，（九）公职人员或公共机构合约，（十）特区政府、行政长官及行政会议，（十一）时间及距离，（十二）在香港实施的全国性法律，（十三）新闻材料的搜索及检取，（十四）杂项，附表：香港各行政区界限。

我国台湾地区现行的《司法院大法官审理案件法》条例相对较少，但所涉内容却十分广泛，共 4 章，35 条。第 1 章“总则”，明确本法与《司法院组织法》的关系。第 2 章“解释案件之审理”，规定司法院大法官会议的权限、解释程序与解释原则。第 3 章“政党违宪解释案件之审理”，确定司法院大法官会议与宪法法庭之解释权限、解释程序、解释规则。第 4 章“附则”，不同于英美法系的《法律解释法》在附则中通常是进一步补充法律规范中的一些常见法律术语的解释规则，我国台湾地区的附则仅为本法之生效日期。《司法院大法官会议法》条文内容相对较少，共 21 条，分别规定司法院大法官会议与其他机关的关系，司法院大法官会议解释宪法与解释案件、解释法律的规则，司法院大法官会议的表决方式、开会方式、司法院大法官会议记录方式与资料收集方式。

由于《法律解释法》起源于英国，发展至世界各地。故英美法系《法律解释法》立法经验对我国有一定参考意义，我国台湾地区的《司法院大法官审理案件法》，由于和大陆地区具有相近的立法传统，它所遵循的解释机关、解释权限、解释规则、解释程序这样一种立法逻辑有其特色之处，值得参考。我国香港地区 2017 年的《释义及解释通例》，由于其立法背景是在香港回归之后，由于成文法律规范不断增多，“为了有效弥合成文法与不成文法的间隙……使一个公益的法治社会得以顺畅运作而制定该法”，[29] 因而我国香港地区 2017 年的《释义及解释通例》无论是在内容上还是体例上，对我国大陆地区《法律解释法》的制定最具借鉴意义。

五、我国制定《法律解释法》的具体路径

在借鉴域外《法律解释法》立法经验基础上，结合我国法律实践，制定我国《法律解释法》可从以下几个方面展开：

首先，明确我国《法律解释法》的立法目的，即“通过缩短和简化成文法律，规制法律解释权。”考察域外相关国家和地区的立法可发现，这一立法目的是所有《法律解释法》的共同目的。《法律解释法》通过提取成文法中的常见、关键字词与词句，明确其法律内涵。一方面通过这种明示性规定限制了法律实践中的任意解释与随意解释，另一方面

---

[29] 文伟彦、许行嘉：《法例之法——香港〈释义及解释通例〉概览》，载《中国法律》2010 年第 5 期，第 28 –36 页。

也间接缩短了现行法律规范中法律概念的相关规定，同时通过明确这些法律概念的内涵，简化成文法，使得成文法律规范在精致与易懂之间获得一定程度的平衡。这一立法目的的确立，决定了我国《法律解释法》的主要内容应包括：（1）法律中重复出现的常见重要字和词句的法律意涵；（2）现行法律规范及规范性法律文件生效、修订、废止的相关通行性规定。（3）释义总则；（4）法律解释权主体。

其次，明确我国《法律解释法》的制定主体与调整对象。由于《法律解释法》所确定的这些常见重要法律字词、词句的涵义，除非法律另有规定，适用于包括宪法在内的所有法律，这决定了《法律解释法》的制定主体层级不易太低，加之各国《法律解释法》制定主体多为其最高立法机关如国会、议会等，建议我国《法律解释法》由全国人大常委会制定，在我国法律体系中，其层级属于仅低于宪法的法律。同时，《法律解释法》的主要调整对象是法律解释权，但其调整范围并不局限于以往学者所关注的司法解释方法，而是涵盖立法、司法、执法在内的法律解释行为。

再次，通过法律清理与法规汇编，选取我国法律规范中重复出现且重要的字词与词句。法律清理与法规汇编是科学立法技术的重要组成。由于《法律解释法》的一部分内容在于明确法律中常见关键字词与词句的通用标准内涵。这些关键常用字词的提取显得格外重要。可通过我国实践中行之有年的法规汇编结合现代大数据技术，选取现行法律规范中的重要常见字、词。《法律解释法》的另一部分内容即法律条例生效至废止的通行性规定，这一部分规则的总结，可结合法律实践中的法律清理活动，总结并厘清法律规范的生效、公告方式、废止条件、时间与距离的计算等通行性规定。

最后，关于《法律解释法》的立法体例。立法体例，即法律规范之基本框架，是从整体上对“法典”全部条文的编撰、规划与布局，是微观立法技术的核心。它不仅关涉制定法的结构、体系，更关注制定法与其他成文法在法律体系中的关系。通过这种精细的立法结构，传达制定法之立法价值。考虑到我国长期以来的立法惯例，即清末以后多采用刑法立法中的“概括主义”模式，法律大多可分为总则、分则、附则三部分。[30] 建议我国《法律解释法》仍沿用这一惯例，同时坚持《法律解释法》本身条文不易过多的传统。可包含以下几部分：

总则，规定立法目的、调整对象与本法适用范围。“概括主义”的立法模式强调在总则部分通过“概括性规则”实现法律的稳定性，因而多在总则部分明确该法的基本原则、调整对象、适用范围。我国《法律解释法》应沿用这一原则，在总则部分明确制定《法律解释法》的合宪性原则，同时明确法律解释法的调整对象针对法律解释权，《法律解释法》的立法目的在于“通过缩短和简化成文法律，规制法律解释权。”

分则，规定法律规范中常见关键字词与词句的释义、释义总则、解释权主体。如果说

---

[30] 参见蔡枢衡：《中国刑法史》，中国法制出版社 2005 年版，第 104－107 页。

理想法典是能让“法官与公民从这些规定中……轻而易举地推论出这个或那个具体困难应该怎样解决”,[31]《法律解释法》应在其分则部分借鉴英美法系《法律解释法》的立法方法，在不改变现有法律规范中相关字词的法律效力基础上，明确其法定内涵。按照由法律条文中的字词到解释规则的顺序，可以进一步细化为（二）解释与说明（关于字、词），（三）一般条款，（四）有关法律规范的一般条文（五）生效时期、拒准、修订及废除（六）附属条例，（七）权力，（八）人民代表大会及其常委会，（九）公职人员或公共机构合约，（十）时间及距离。其中第（二）部分规定了法律中常见字词的标准意涵，第（三）到（六）主要针对现行法律规范及规范性法律文件生效、修订、废止的相关通行性规定，并在这一部分规定面对法律规范的释义总则；第（七）到（十）主要规范拥有法律解释权的权力主体。

附则，规定其他杂项。按照我国立法传统，附则往往是对分则的补充，其立法目的主要是通过相对零散的规定实现法律整体的系统化、体系化。而借鉴国外立法也可发现，《法律解释法》的附则多通过图标等的补充方式说明其进一步涉猎的解释范畴，在这一点上，参考我国香港地区在回归祖国后2017年制定的《释义及通则条例》，我国《法律解释法》可在附则部分主要包含（一）引用法例，（二）非规范性法律文件的解释。其目的是为明确在《法律解释法》中所涉及的法律条文中的字词的法源，同时明确法官在面对非规范性法律文件时所应采取的基本解释规则。

（编辑：杨铜铜）

---

[31] ［法］勒内·达维德:《当代主要法律体系》，漆竹生译，上海译文出版社1984年版，第97页。

法律原则裁判的方法论路径*

——以“依照原则确立规则”为中心

宋　菲**

摘　要　法律原则运用难题主要存在于思维指引性原则的适用过程中。“依照原则确立规则”是化解思维指引性原则运用难题的重要方式，其核心是诉诸“中介”完成从抽象原则到具体规则的转化。“依照原则确立规则”包含得出“新规则”和“新规则”如何运用两阶段，其运行逻辑可表述为“发现案件背后的法律原则→通过社会常情或社会生活（中介A）归纳“新规则”（核心要素）→运用类推、法律解释等（中介B）将“新规则”与个案事实（特殊要素）相结合→得出可适用的裁判规则”。“依照原则确立规则”关键在于合理恰当地运用法律方法。具体表现为，一方面通过法律类推完成“新规则”与个案事实的相似性判断，另一方面诉诸目的性扩张或限缩实现所确立“新规则”的司法实效。

关键词　思维指引性原则　依照原则确立规则　法律方法　法律类推

一直以来，如何化解规则与事实之间的紧张关系都被认为是裁判者的棘手难题。① 特别是在当下转型社会，各种新型矛盾不断涌现，并亟需诉诸司法以获取评判的“权威”标准。而面对制定法的不周延、滞后及不合目的等天然局限，法官无法寻找到可直接适用的法律规则也已日益成为司法的常态。此时，裁判者大都将解决路径指向更为抽象的目标规

---

* 基金项目：上海市哲学社会科学规划项目“司法标准化背景下的法律解释适用研究”（项目编号：2018EFX006）。

** 宋菲，女，山东菏泽人。华东政法大学博士研究生，法律方法研究院研究人员。主要研究方向为法治理论、法学方法论。

① See Ronaid Dworkin, Law’s Empire, Harvard University Press Cambridge, Massachuset ts, 1986, p. 226.

范——法律原则。[②] 当下，法律规范由规则和原则共同构成已成为学界通识，运用原则进行裁判的司法案例也已非鲜见，理论上法律原则裁判已具有了“扎实”的理论和实践基础。但是，从现实结果来看，运用原则裁判的司法实效却并不乐观。具体到最近几年所发生的具有较大争议的案件如“泸州遗赠案”、“电梯劝烟案”、“王宝强离婚案”、“北雁云依案”等，其争议原因除了案例本身疑难之外，很大程度上与法律原则的“无用”、“滥用”或“错用”直接关联。此时如何有效运用法律原则进行裁判，就成为摆在理论研究者和司法实践者面前的现实问题。

客观地说，对于法律原则的“运用难”问题，学界早已有所关注，并将主要精力集中于探索原则运用的具体化，[③] 进以实现“禁止向一般条款逃逸”的裁判目的。比如，在这些研究成果中，舒国滢教授就系统地指出，要解决法律原则运用问题，必须完成“原则什么条件下作为裁判依据?”“如何作为裁判依据?”以及“怎样协调作为依据时和规则的冲突?”三个具体化步骤。[④] 毋庸置疑，这些研究对解决法律原则“怎么用”问题意义重大，能够大致指出基本的解决思路。综观这些成果我们也要看到，虽然它们都标榜“直接针对原则运用”展开研究，但论述时大都集中于原则的效力和法律渊源地位等抽象内容，或者笼统地对所有法律原则一并探讨，较少立足现实案例，对“具体化”路径这一核心问题进行精细化论证。此现象伴随《民法总则》第 10 条法源条款的争论再次达到极致。其实，面对原则运用这样一项裁判中的“基础难题”，如若我们不分门别类地从具体运用逻辑和裁判方法上进行说明，所谓“原则运用的具体化”只能是司法者的奢求。基于此，本文在现有研究成果基础之上，以最高人民法院《公报》案例和指导性案例等为范本，通过实证分析法律原则的不同运用类型，明晰思维指引性原则所存在的“具体化”难题；之后针对此难题，提出“依照原则确立规则”的问题解决路径，并以“泸州遗赠案”为例详细说明其运行的基本逻辑；最后，结合原则在裁判中所发挥的功能，指出“依照原则确立规则”的实质是合理运用法律解释、法律推理等方法，这也是“依照原则确立规则”方式

---

② 规范包括行为规范和目标规范。其中行为规范可以规定确定的行为，而目标规范并没有规定对具体行为的要求，只是提出要达成的目标或任务。具体到法律规范领域，根据法律规则与原则的性质，二者恰好分别对应如上两类。相关论述可参见雷磊：《法律原则如何适用？——〈法律原则适用中的难题何在〉的线索及其推展》，载舒国滢主编，《法学方法论论丛》，中国法制出版社 2012 年 12 月刊，第 227 – 260 页。

③ 在原则运用具体化问题研究上，具有代表性的如陈林林教授用对比的方式研究法律原则理性化和最佳化两种模式，以期基于此二理论模式解决原则的运用问题。参见陈林林：《法律原则的模式与应用》，载《浙江社会科学》2012 年第 3 期，第 31 页；胡玉鸿教授从技术层面探讨法律原则适用的时机、中介及方式，以期完成法律原则与个案事实的对接。参见胡玉鸿：《法律原则适用的时机、中介及方式》，载《苏州大学学报》（哲学社会科学版）2004 年第 6 期，第 27 – 29 页等。除此之外，还有学者对法律原则运用持一种消极谨慎态度，为原则运用设置一系列的限制条件和变量因素，并通过类案探讨实现从法律原则到个案规范的转化等。具体参见庞凌：《法律原则适用的方法及其限制》；载《苏州大学学报》（哲学社会科学版）2004 年第 6 期，第 25 页，彭诚信：《从法律原则到个案规范——阿列克西原则理论的民法应用》，载《法学研究》2014 年第 4 期，第 92 – 113 页等。

④ 参见舒国滢：《法律原则适用中的难题何在》，载《苏州大学学报（哲学社会科学版）》2004 年第 6 期，第 18 – 20 页。

的可行性保证。

一、思维指引性原则的“运用难”问题

根据不同的性质定位，法律原则存在“规则”和“规范”两个理解层面，前者诸如诚实信用、公序良俗等成文性法律原则，因具有具体性也被称为“规则性原则”；而后者外延涵盖个案论证的依据、裁判的制度性支持和背后的法理念等内容，具有一般性。[⑤] 在运用上，由于它们分属不同的运用类型，因此一直以来，关于法律原则的运用也就存在到底是“依法司法”还是“漏洞补充”的质疑。[⑥] 所以，解决法律原则运用难题的首要任务就是以既有理论和现实裁判为基础，确定该难题究竟存在于哪种原则运用类型中，从而使得对策研究更具有针对性。

（一）思维指引性原则是法律原则运用难的主要类型

明确法律原则运用类型的基础是原则的分类。一直以来，法律原则分类都是一个颇为复杂的内容。如根据是否具有实定法明文规定可划分为“实定的法律原则”和“非实定的法律原则”；[⑦] 根据不同的评价取向，可划分为目的性原则和正当性原则；根据各种原则的不同位阶，又可分为一般性法律原则、基本的法律原则和具体法律原则等。其实，无论选择何种分类标准，这些原则性内容无非就是发挥两种作用——“裁判依据”和“裁判理由”。以此理论为指导，法律原则就可相应划分为行为规范性原则和思维指引性原则两类，它们分别对应其论证理论中的“权衡”（balance）和“更强理由”（stronger reason）。而且，从本文所重点考察的最高院公报案例和指导性案例案例来看，此分类标准也符合原则运用的现实情形。

所谓行为规范性原则，即已明确成为裁判之依据的原则。其主要识别标志是具有“规范向度”，可依据规范固有的三种功能——指导功能、评价功能、裁判功能——予以识别。[⑧] 从其表现形式来看，行为规范性原则主要是“法律明文规定的”基本原则。此类原则运用于具体的法律关系分析中，具有很强的直观性和可操作性，如《民法总则》中的现实公平原则、情势变更原则，以及“根据法律规则推导出的原则”——即在具体法律文本中并未明文规定，但是可以从相关规则中提炼出来。如知识产权中的“权利用尽原则”

---

⑤ 参见［英］尼尔·麦考密克：《法律推理与法律理论》，姜峰译，法律出版社 2005 年版，第 2 页。

⑥ 刘作翔：《司法中弥补法律漏洞的途径及其方法》，载《法学》2017 年第 4 期，第 51－53 页。

⑦ 舒国滢：《法律原则的适用困境——方法论视角的四个追问》，载《苏州大学学报》（哲学社会科学版）2005 年第 1 期，第 18－20 页。

⑧ 陈林林：《裁判的进路与方法——司法论证理论导论》，中国政法大学出版社 2006 年版，第 150 页。

等;[9] 而所谓思维指引性原则，其最大特点就是在不能直接或间接寻找到规则性要素时，将价值判断作为实现个案公正的“更强理由”，也即作为裁判理由发挥作用。比如德沃金在认定原则时所提出的“基于政治道德并能融贯既有法制”的识别准则。[10] 此类原则承载着道德诉求并体现法律价值观、法律理念，是架起法律内部价值评价与外部社会道德观念的桥梁。它虽不能指导人们具体“该怎么做”，但却能指引人们的思维、为裁判者提供评价方向。如《民法总则》第4、5、6、7、8、9条规定的民事活动的基本原则，《刑法》第3、4、5条规定的“罪刑法定原则”、“平等原则”、“罪责刑相适应原则”原则，以及《反不正当竞争法》第2条规定的“自愿、平等、公平、诚实信用”原则等。

然而，这些思维指引性原则所蕴含的价值要素，在赋予法律原则以弥补规则不足之效力的同时，却以其适用上的不确定性为代价。正如波斯纳批判德沃金理论时所说，“法律被界定得越宽，‘法治’就变得越不确定”。如果法律被包括进了一片广阔的政治原则领域，那么法官在搞政治的时候就可以凭良心说是在讲法律。[11] 不容否认，在司法裁判中两种类型的法律原则都具有非常重要的作用，但行为规范性原则因具有更强的规则表征，兼具原则和规则的双重特性，可直接作为裁判依据发挥作用。相比之下，思维指引性原则必须融入特定的利益考量，与其说它是一种客观适用标准，毋宁说是一套普遍适用的指导方针，因此这些原则在适用时只是具有“导向性和弹力性”。如此，思维指引性原则相对行为规范性原则而言面临从抽象到具体的司法运用难题，这也是法律原则运用难题产生的主要场域。

（二）化解思维指引性原则运用难题的关键在于“依照原则确立规则”[12]

清楚了法律原则运用难的场域，我们的主要任务就是如何实现思维指引性原则运用的具体化。也即让这些原则性内容最大程度地充当“裁判依据”而不是“裁判理由”。从性质来看，思维指引性原则大都是存在于一般性法学理论上的原则，[13] 它们通过法律精神和法律价值得以延续传承，以意识形态的形式存在，并体现为公平、正义要求。正如 Peter Stein 和 John Shand 评价德沃金的原则观时所指出的“德沃金所谓的法律原则，实质上是一些古代法律格言的现代应用。”[14] 该类原则作为“裁判理由”，往往用来矫正法律规则适

---

⑨ 在《商标法》、《专利法》、中，立法者都规定了知识产权权利人自行生产、制造或者许可他人生产、制造的权利产品售出后，第三人使用或销售该产品的行为不构成侵权。以这些条文为基础，权利用尽原则就自然得以适用。在《公报》案例中，最为典型的就是“江苏里下河地区农业科学研究所诉宝应县天补农资经营有限公司侵犯植物新品种权纠纷案”。具体参见《最高人民法院公报》2010年第3期。

⑩ See Ronald Dworkin, Taking Right Seriously, Massachusetts: Harvard University Press, 1978, pp. 105 – 117.

⑪ 参见［美］波斯纳:《法理学问题》，苏力译，中国政法大学出版社1994年版，第29页。

⑫ 参加于飞:《民法总则法源条款的缺失与补充》，载《法学研究》2018年第1期，第36页。

⑬ 孔祥俊:《司法哲学与裁判方法》，人民法院出版社2010年版，第330页。

⑭ Peter Stein and John Shand, Legal Values in Western Society, Edinburgh: Edinburgh University Press, 1974, pp. 101 – 102.

用的方向，以防止法律规则运用的不公正和不合理。如禁止权利滥用、任何人不得因不当行为而获利等。⑮

也就是说，无论何种类型的法律原则运用，都不能仅从原则指向裁判，而是或“直接作为”或“间接指向”或“从法理层面上抽象出”可以适用的“规则性内容”，从而完成从“裁判理由”向“裁判依据”的转化。法律原则作为具有价值指引作用的法规范内容，在规则不备时可以为法官提供正当裁判的依据。然而由于“法律原则内涵高度抽象，外延宽泛，不像法律规则那样对行为模式和法律后果有相对明确的规定”，⑯ 所以其不能直接适用以裁判个案。但法律原则可以“透过立法，或者由司法裁判依具体化原则的程序，或者借形成案件类型以演绎较为特定的原则，借此可以将原则转变为——能被用作裁判基准的——规则”。⑰ 换言之，能否依照原则确立规则，就成为解决法律原则运用难题的关键。对此，立法者可以通过考察规则背后所蕴含的法律原则与精神，依据立法权在法律原则的指导下用“规范性文件”的形式将规则确定下来；而司法者则可以借助案例使之清晰，划定其与其它原则及实证规定之间的适用界限，针对一些案件类型将之具体化。其基本逻辑是，基于案件事实找到案件背后的基本原则，再结合相关法条，形成更具体的规则。如果没有相应法条，则可以借基本原则进行适当的条件限定以形成规则。

二、“依照原则确立规则”的基本逻辑

针对现实裁判中思维性原则的运用难题，“依照原则确立规则”提供了解决难题的基本思路。此时，如欲确保该对策的有效性，一个前提性问题就必须要得到妥善处理——这些抽象原则究竟具体到何种程度才能被视为“规则”？这也正是“依照原则确立规则”的关键所在。对此我们可以通过还原该对策的运行逻辑，把从“抽象原则”到“具体规则”转换的模糊标准以可操作“中介”的形式予以形象化表达。同时，为了能够清晰展现该转换思路，该部分还选择“泸州遗赠案”这一典型案例进行例证分析。

（一）“依照原则确立规则”以法律规范的逻辑结构为前提

一直以来，法律规则和法律原则就作为法律规范的两大核心论题。⑱ 在逻辑结构上，法律规则包含构成要件和法律后果两要素。所谓构成要件，在内容上包括“规则的主体、

---

⑮ 在所公布的《公报》案例中，“陈山河与洛阳市人民政府、洛阳中房地产有限责任公司行政赔偿案”就是对该类原则的恰当运用。该案中，就违法拆迁房屋的补偿标准问题最高人民法院认为，原告配合拆迁工作，在未依法获得补偿安置的情况下，将房屋及附属物交由相关部门拆除，其自身并无过错，不应承担相应的损失。被告有义务保证陈山河得到公平合理的补偿安置。根据“任何人不得从自己的错误行为中获益”原则，合法拆迁行为尚需对被拆迁人实施“房屋产权调换或同价补偿”，那么违法拆迁行为更应该补偿被拆迁人，而不能使违法拆迁行为补偿额度少于合法拆迁行为补偿额度。具体参见《最高人民法院公报》2015 年第 4 期。

⑯ 舒国滢等：《法学方法论问题研究》，中国政法大学出版社 2007 年版，第 478 页。

⑰ ［德］卡尔·拉伦茨：《法学方法论》，陈爱娥译，商务印书馆 2005 年版，第 293 页。

⑱ ［比］马克·范·胡克：《法律的沟通之维》，孙国东译，法律出版社 2008 年版，第 217 页。

行为、情景条件”，它是法律后果发生的前提条件；而法律后果则是满足构成要件后法律所作出的反应和评价。与之相比，无论何种法律原则都不可能呈现为一种具体的行为准则，它不能直接对人们的行为进行指导和评价，而是更多地指引人们的思维。也就是说，原则是一种“应当是”（ought to be），而不是一种“应当做”（ought to do）”，它不具有对具体行为的明确要求或评价。但是现实中法官裁判时，必须要将认定的案件事实与拟适用的法律规定“对号入座”。我们可以将二者的对接表现为：

法律规则构成要件：A B C D

案件事实各要件：a b c d

也就是说，只有将案件事实 a b c d 涵摄到拟适用的法律规则 A B C D 中，才可以将法律规则中的后果要件赋予案件事实。遗憾的是，法律原则并不具有事实要件和效果要件的对称性，它虽然也包括一些“主导性评价标准”，但是这些“标准”并不能直接评判具体事实中的各个要件。它更多地是对事实的一般性评价，是一种“事实/价值的综合体”。[19] 正如原则论代表德沃金所指出的，法律原则会以“标准”的形式存在，但就其实质而言，它仍是一些为制定法和既往判例所接受的道德原则；[20] 而拉伦茨也持此观点，认为法律原则是“在从事法律规范时指示方向的标准”。[21] 这也正是我们所熟知的“原则的适用具有导向性和弹力性，而规则具有具体衡量性和刚性”[22] 的理论根源。具体到指导案例45号“北京百度网讯科技有限公司诉青岛奥商网络技术有限公司等不正当竞争纠纷案”裁判上，在“网络接入服务提供者利用其提供互联网接入服务的条件，单独或者与其他网络服务提供者共同对服务对象的搜索请求进行了人为干预，在搜索结果出现之前强行弹出其投放的与搜索的关键词及内容有紧密关系的广告页面，并从中牟利是否构成侵权”这一具体行为认定上，诚实信用原则只是被作为评价的“抽象标准”，法官在裁判文书说理上也是慎之又慎。

由此可知，法律原则特别是思维指引性原则，不能直接作为三段论的大前提直接适用于案件裁判中。它的实施必须要以规则为桥梁，从而实现原则的具体化。此裁判的逻辑思路可分为两个阶段：第一阶段，怎样依照原则确立“新规则”？其核心内容在于，我们将哪些因素作为中介，而又如何指向一个具体的裁判“新规则”？第二阶段，如何将这些通过原则确立的“新规则”付诸司法裁判？

---

⑲ 陈林林：《二元规范理论下的法律原则检讨》，载《现代法学》2010年第5期，第33-42页。

⑳ 德沃金曾言，“我将这样的一个准则称为‘原则’，它应当得到遵守，并不是因为它将促进或保证被认为是合乎目的的经济、政治或社会形势，而是因为它是公平、正义的要求，或者是其他道德层面的要求”。具体参见［美］德沃金：《认真对待权利》，信春鹰、吴玉章译，上海三联书店2008年版，第26页。

㉑ ［德］卡尔·拉伦茨：《法学方法论》，陈爱娥译，商务印书馆2005年版，第348页。

㉒ 孔祥俊：《司法哲学与裁判方法》，人民法院出版社2010年版，第139页。

（二）“规则确定”和“规则运用”两个阶段

无论进行何种理论解读，原则裁判的最终目的都是将抽象、宽泛的原则与具体、特定的个案事实相联结，进而实现原则运用的具体化或规范化。[23] 对此，我们必然需要利用中介架起笼统法律原则与具体案件事实之间的桥梁，完成“断裂带”的对接。换言之，也即通过一定中介，逐渐将抽象原则转化为能够划分权利义务、指引人们具体行为的行为规则。对此中介，有学者归纳为是“生活常情”，[24] 也有学者归纳为是“事物的本质”，[25] 还有的认为是“法律解释”。[26] 但笔者通过考察不同类型法律原则的运行却发现，从抽象原则向具体规则的转化是一个渐变的过程，它包括“规则确定”和“规则运用”两个阶段，而这两个阶段无法诉诸同一类型中介。面对抽象性原则，首先我们应该为其运用寻找到对应的社会生活原型以作为转化通道，此时中介是“社会生活常情或事物本质”；接下来我们还要对从社会常情中总结出的、涵盖于法律原则之下的“新规则”进行验证。也就是说，该生成的“新规则”并不能绝对地运用到案件中，必须结合具体案件事实及案件中的“特殊要素”进行涵摄以证明其正当性和有效性。综上，此具体逻辑思路可表示为“发现案件背后的法律原则→通过社会常情或社会生活（中介 A）归纳“新规则”（核心要素）→运用类推、法律解释等（中介 B）将“新规则”与个案事实（特殊要素）相结合→得出可适用的裁判规则”。该转化路径也完全符合亚里士多德“归纳—演绎”的经验性方法论要求。

第一，归纳——根据法律事实和基本原则确立“新规则”。在法律原则涵摄范围内生成符合大众道德评判的规则，这是借助“实然”社会现实状态应对“应然”理想状态的一种具体化过程。正如阿列克西在界定原则时曾指出，原则属于一种“理想应然”，只有在现实世界中，考虑到有限的经验性事实条件，才能从这种应然转向实然。此转化过程就是在法律原则涵摄范围内，对社会生活进行经验归纳并不断抽象出具体规则。当“应然”状态的原则涵摄范围与“实然”状态的社会生活图景相呼应时，从社会生活中归纳而出的行为评价标准就是原则的具体化结果。此时“社会生活或事物的本质”就是法律原则转化为“新规则”的中介。“生活塑造了行为的模子，而后者在某一天又会变得如同法律那样固定起来。法律维护的就是这些从生活中获得其形式和形态的模子。”[27] 法律原则来源于

---

[23] 参见秦策：《法律原则裁判功能之限定》，载《江海学刊》2011 年第 6 期，第 152 页。

[24] 胡玉鸿；《法律原则运用的时机、中介及方式》，载《苏州大学学报》（哲学社会科学版）2004 年第 6 期，第 27 页。

[25] 彭诚信：《从法律原则到个案规范——阿列克西原则理论的民法应用》，载《法学研究》2014 年第 4 期，第 92 页。

[26] 舒国滢：《法律原则适用的困境—方法论视角的四个追问》，载《苏州大学学报》（哲学社会科学版）2005 年第 1 期，第 18 – 20 页。

[27] ［美］本杰明 · 卡多佐：《司法过程的性质》，苏力译，商务印书馆 1998 年版，第 38 页。

社会生活，在将法律原则进行具体化、规范化时，也就自然应该还原到社会生活中去。

第二，演绎——将归纳生成的“新规则”与具体案件的“特殊要素”进行比较、对接，完成新规则的适用。这一阶段主要就是用生成的新规则来解释具体的案件事实，保证所确立新规则的可适性。该规则虽然是通过将法律原则还原到社会生活场景而得出，但它毕竟只是一种普适性的规则，并没有考虑个案事实中的“特殊要素”，所以这一阶段的根本任务就是运用法律技术手段把普适化的规则与具体的个案事实相结合生成针对个案“特殊事实”的裁判规则。在此过程中，首先我们要找到个案的“特殊事实”，并将其与新规则中的“核心要素”进行比较，研究个案中的“特殊事实”是否对新规则造成实质性推翻。

（三）两逻辑阶段的裁判思路及其例示

第一阶段：借助“社会生活”完成抽象原则的规则化

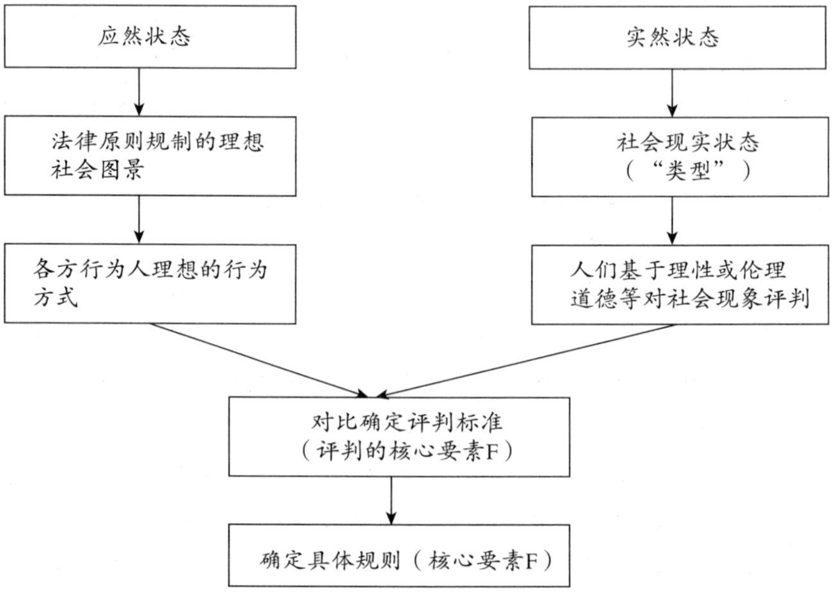

第二阶段：将生成的“新规则”作为大前提来裁判案件

规则——大前提：假使案件事实实现了规则中的核心事实F，则应赋予此种效果的评价C；

事实——小前提：特定案件事实A实现了F，或者说A是F的一个“类型”；

判决——结论：对A应当赋予此种效果的评价C.

上述逻辑框架只是一种简单的理论构造，现实裁判中，法官需要不断去权衡各方利益、考察社会常情、洞悉原则内涵，才能实现法律原则与社会生活的融合，从实然的生活状态中总结出具体的规则。在将生成的规则运用于具体案件时，法官的目光需不断往返于两者之间，这样才能实现规则与事实的等置。为清晰展示此裁判逻辑在具体案件中的运用，我们以曾引起广泛争议的“泸州遗赠案”为例详细阐释公序良俗原则应如何在司法中运用。

第一阶段：借助“社会生活”完成公序良俗原则的规则化

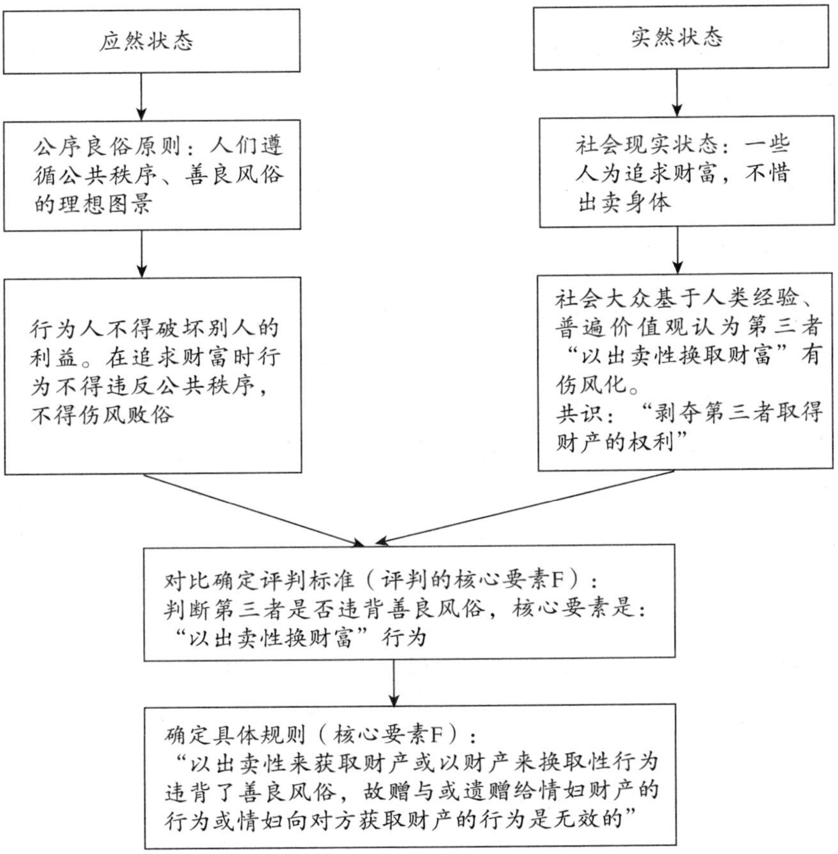

第二阶段：将生成的“新规则”作为大前提裁判案件

规则——大前提：以出卖性来获取财产或以财产来换取性行为（F），第三者没有获取财产的权利（法效果C）；

事实—— 小前提：案件事实（A）符合核心事实（F），或者是F的一个‘事例”；

判决——结论：对A赋予法效果C.

通过以上逻辑分析可知，在该案中，认定违背公序良俗原则的“核心要素”是“以性来换取财产”。就是说认定情妇不能取得财产的最根本原因是“以性换取财产是违背公序良俗的”，而不是因为某人具有情妇的身份就被剥夺取得财产的权利。若某人虽具有“情妇”身份，但两人情投意合，更没有“以性换取财产”的主观目的，此时案件中的“特殊事实”就能根本推翻该“新规则”，从而否定公序良俗原则的运用。遗憾的是，裁判的支持者和反对者就最终结论争的沸沸扬扬，却忽视了更重要的原则运用逻辑问题。

三、“依照原则确立规则”中的法律方法运用

如上转换逻辑更多还只是存在于理论上，其实效必须通过法官恰当的司法行为，尤其体现在所得出“新规则”的运用上。因此我们也可以说，“依照原则确立规则”关键是合理恰当地运用法律方法。具体表现为，一方面通过法律类推完成“新规则”与个案事实的相似性判断，另一方面诉诸目的性扩张或限缩实现所确立“新规则”的司法实效。

（一）“依照原则确立规则”关键在于合理恰当运用法律方法

如上有关“依照原则确立规则”的逻辑分析看似复杂，但背后却是一个简单的目的——如何将抽象原则最大可能地作为“裁判依据”而不是“裁判理由”？其实这又回到法律原则的功能，即填补法律漏洞和作为规则解释的依据。如果说从归纳到演绎两阶段体现的是一种对经验事实“类型化”的思维，法律原则就是以“类型概念”方式将目的、价值等赋予到规则所包含的事实要件中。在规则缺位时，运用原则裁决案件首先就应以这种“类型化”思维完成原则的具体化，体现在法律方法上就是法律类推；而当类推适用之前提——“对待决案件事实相似的构成要件法律已有规定，并且两者不同的事实不足以推翻此规定的适用”不满足时，法律解释和法律论证就成为裁判者重点考虑的方法。将规范文本范围内应包含而未包含（或者不应包含而包含）的事实涵摄进来（或剔除出去），以原则所包含的“法之目的”为核心要素，为原则裁判提供合理依据。这些具体方法以裁判中原则所发挥的功能为指引，综合运用在“依照原则确立规则”的两个阶段，同时作为该方式能有效运用的可行性保障。该保障作用体现如下：

首先，与待决案件事实相似的构成要件法律有规定时进行漏洞填补。该作用是在“规则缺位”[28] 时为案件事实创造法律评价标准，并借助“事物的本质”完成原则向规则的转化。此时法律原则多是作为裁判的直接依据，可以适用到案件并为案件构造裁判规则。如在“北京百度网讯科技有限公司诉青岛奥商网络技术有限公司等不正当竞争纠纷案”中，对于青岛奥商网络技术有限公司的行为是否构成不正当竞争，《反不正当竞争法》第二章

[28] 该“规则缺位”通常包括如下三种情形：第一，法律规则对于案件事实处于缺位状态，从而导致“无规则可用”；第二，存在相互冲突的法律规则而又无法决定适用位序，从而导致“形式上无法适用规则”；第三，适用的规则将导致个案裁判结果极度不公，从而“实质上不能适用规则”。

列举的“不正当行为”并没有对此予以规定。法院认为“对于那些没有在具体条文中规定的行为，法院可以适用《反不正当竞争法》第二条原则性规定予以判断和规范”。即判断被告行为属于不正当行为的一个要件就是“经营者在从事商业行为时，没有遵循自愿、平等、公平、诚实信用原则，违反了公认的商业道德”。又如在“北大方正公司、红楼研究所与高术天力公司、高术公司计算机软件著作权纠纷案”中，法官根据法律原则进行价值判断和利益衡量，以期认定案件中的行为是否是违法行为。这也是在现有法律规则不备时，借助法律原则的一般标准对案件事实作出法律评价。

其次，欠缺与待决案件事实相似的构成要件时进行法律解释。该作用源自原则对规则的指导，它决定案件所具有的“特殊要素”能否契合到所确立之新规则的“核心要素”中。受制于法律语词的有限性，法律规则通常会涵摄多个解释方向。当我们不能确定对案件事实作哪种方向的法律评价时，法律原则作为解释和推理的依据，就能为规则适用进行指引并提供规则与事实连接的理由。换言之，当法官面对相互冲突的法律规则或者存在对法律条文的多种解释可能时，法律原则就成了取舍和说理的依据。在此，法律原则仅仅是为了法律规则更好适用而提供的一种推理素材，很难作为直接的裁判理由。如在“韶关市汇丰华南创展企业有限公司与广东省环境工程装备总公司、广东省环境保护工程研究设计院合同纠纷案”中，对《〈合同法〉解释二》中的“当事人约定的违约金超过造成损失的百分之三十”如何理解问题上，法院认为：由于违约金的性质仍以补偿性为主，而不以惩罚性为目的，因而不能机械的理解数额。过高的违约金约定可能与公平原则存在冲突，在某些情形下还可能诱发道德风险。在这种情形下，法院用公平原则对法律条文进行目的解释，使法律条文的解释结果更加合理。

（二）通过法律类推完成“新规则”与个案事实的相似性判断

面对法律漏洞，立法和司法的一项主要任务就是“以类似的规范评价标准对具有类似或相同利益状态的‘典型’的一类案件进行思考”。[29] 具体到思维指引性原则的运用上，法官依据“同类情况，相同处理”的理念将法律对已规定事实所做的评价标准、评价效果转用于法律未规定事项，而转用成功的前提是两种事项可作“同类化处理”，转用的主要方法就是类推。它需要法官在对大量案例事实进行分析的基础上，将本质相同的案例事实归类合并，并确定其适用哪一个法律原则，这也就是如上逻辑结构中的法律原则查明。若待判案件属于此种“类型”事项范围，那么对该案件事实的评价就应遵循此原则精神，依据这种法律原则对“类型”事项作的法律评价效果也要体现到待决案件事实中。该法律类推方法运用的具体步骤可描述为：首先，找到法定规则中具有决定意义的事实构成要件；其次，确认待决案件事实与法律上规定的所有决定性事实要件均相一致；再次，确定两者

[29] ［德］伯恩·魏德士：《法理学》，丁晓春、吴越译，法律出版社 2013 年版，第 381 页。

相异之处不足以排除此种法定评价；最后，根据法律原则论证法定规则的法效果适用于待决案件事实。这个过程并不是简单的逻辑涵摄所能解决的，而是一种评价性的思维过程，其中主要是法律理念、法律目的评价。

也就是说，类推适用是一种正面的法律推理形式。如果某个法律规范的目的、精神在法律没有规定的事实中比在法律有规定的事实构成中体现的更加明显，那么类推适用就具有正当合理性。该方法具体表现为两种形式：以小推大和以大推小。如“陈山河与洛阳市人民政府、洛阳中房地产有限责任公司行政赔偿案”中，对于政府违法拆迁行为，被拆迁人是以《城市房屋拆迁管理条例》第二十三条规定主张产权调换，还是说只能适用国家赔偿制度和赔偿方式？对此问题，一二审法院均认为应该按照国家赔偿制度。但在此案中，按照国家赔偿制度显然有损于被拆迁人的合法权益。常识也告诉我们，基于违法行为造成损失必须比基于合法行为造成损失承担更多责任才“说得过去”。而此案中若依据一二审观点，就会明显造成政府违法行为付出的代价小于合法行为，使得政府从自己的违法行为中获得一定收益。这是与一般民法精神相违背的。正是考虑到这一点，最高人民法院就类推认定，既然被合法拆除房屋的公民享有房屋产权调换请求权，那么被非法拆除房屋的公民享有的权利应该与之等置或较之更多。此时最高院就从“任何人不得从自己的违法行为中得到利益”这一古老原则出发，将《城市房屋拆迁管理条例》类推适用到违法拆迁行为中。

（三）诉诸目的性扩张或限缩实现“新规则”的司法实效

基于“同类情况、相同处理”的司法理念，我们将法律类推作为原则发挥漏洞填补功能的主要方法。但类推的前提是对与待决案件事实相似的构成要件法律已有规定，且两者之间相异的事实不足以推翻原法律评价标准。当待决案件事实不满足类推适用的前提要件时，我们就必须诉诸其他方法来确立“新规则”，其中最主要的就是目的性扩张和限缩。面对“核心要素”和“特殊要素”的抵牾，先从法律原则的一般条款中挖掘出原则目的，并基于此目的对规则的文义范围进行限定或扩充。此时，这些思维指引性原则提供的就不再是纯粹的“裁判理由”，而是因可被法官直接运用于裁判具有了“裁判依据”的性质。在公报案例中，这类原则的适用也占有一定比例，尤其是当法律规则或合同语词有歧义或含糊不清时。如在“勋怡公司诉瑞申公司财产权属纠纷案”中，法官将诚实信用原则作为认定当事人行为性质的论证理由；在“韶关市汇丰华南创展企业有限公司与广东省环境工程装备总公司、广东省环境保护工程研究设计院合同纠纷案”中，在理解“当事人约定的违约金超过造成损失的百分之三十”时，法院共同运用公平原则和诚实信用原则对违约金进行目的解释等。

对此方法，我们可选择公平原则在代理行为中的运用为例进行说明。为了保护被代理人利益，各国民法都对代理人的“自我代理”行为做出一些限制，我国《民法总则》第162、164、168、171条等也同样进行了类似立法，背后支持这些条文的正是公平原则。但是如果代理人将自己的财产无偿转让给被代理人，这一赠与行为是否也要被禁止？按照法律文本含义，这明显属于滥用代理权。但关键在于，这类“权利滥用”并没有损害被保护的法益——法条背后的公平原则。如果严格按照法条解释，甚至出现和立法意图截然相反的效果。此时，为了保证依照原则所确立之“新规则”的有效运用，我们首先要基于这些条款发现背后隐藏的公平原则，之后在此原则指引下通过目的解释增加限制条件，进以满足“新规则”的合理性。该逻辑思路可具体表示为：法律条款 168 条规定“禁止自己代理”——发掘公平原则——此原则的目的在于保护当事人利益——增加限制要件（无利益冲突的自我代理关系不适用此条）——证成“新规则”的合理性（代理人无偿赠与被代理人不违背公平原则，此类自己代理行为不被禁止）。目的性扩张方法的运用逻辑同样如此，如《公报》案例“天津狗不理集团有限公司诉济南市大观园商场天丰园饭店侵犯商标专用权纠纷案”[30]中对“侵权者”行为和“杨庆峰诉无锡市劳动和社会保障局工伤认定行政纠纷案”[31]中对“事故伤害发生之日”的认定等。对此我们不再赘述。

结　语

为论证自己判决的正当性，法官的一项重要工作就是为案件寻找具体规则。然而面对纷繁复杂的案件事实，当法律规则表现出“无能为力”时，他们就将目光投射到规则体系以外的法律原则，通过“依照原则确立规则”这一方式，最大可能地实现抽象原则的具体化。此时，裁判者首先会基于案件事实，找到案件背后的基本原则，再结合相关法条，形成可以适用于裁判的规则。这就是行为规范性原则的运行逻辑；如果没有相应法条，则可以借助“生活常情”或“事物本质”等中介，进行适当的条件限定形成“新规则”，并通过多种法律方法运用将此“新规则”适用到案件裁判中。这就是思维指引性原则的运行逻辑，也是实践中法律原则运用的主要类型和难点所在。只有解决了这两方面问题，所谓原则运用具体化才算真正落到实处，法律原则裁判标准也就不再是一张“普罗透斯的脸”。

（编辑：蒋太珂）

㉚ 参见《最高人法院公报》，人民法院出版社 2008 年卷，第 479 页。

㉛ 参见《最高人法院公报》，人民法院出版社 2008 年卷，第 551 页。

法治评估中的科学主义：反思与扬弃[*]

杜维超[**]

摘　要　当前我国法治评估工程方兴未艾，它是社会指标运动推进到法治领域的结果，其理论立场体现了我国法学研究中长期存在的科学主义倾向，从而与法治的内在特征形成张力。科学主义主要体现为范畴界定上的实在论假设、体系建构上的还原论倾向、实践适用上的普适论观点及评估方法上对定量方法的依赖。然而，法治是社会性概念，具有概念的构建性、系统的复杂性、知识的地方性等特征，定量方法也有其固有局限性，从而暴露出科学主义的不足。绝对的科学主义可能消解法治的主体性需求，导致法治评估体系的僵化。应当对法治评估中的科学主义倾向予以反思扬弃，寻求更为平衡的理论立场。

关键词　法治　法治评估　科学主义

一、法治评估中的科学主义倾向

法治评估，又称法治量化、法治指数，即以指数、指标等量化手段对特定区域或领域的法治状况进行衡量和评价的方法体系。法治评估是“社会指标运动”（Social indicator movement）的发展成果，社会指标运动试图建立量化的指标体系，用统计数字和数列等定量方法，来测量诸如社会民主、社会福利、生活质量等内容，美国最早开始运用社会指标体系来对法治状况进行评价。① 20 世纪 60 年代后，国际组织和政府部门也纷纷使用社会指标方法开展各项社会研究，特别是在“法律与发展运动”中，西方国家在对发展中国

* 基金项目：中国博士后科学基金面上资助项目“先行法治化地区的法治评估精准化研究”（项目编号：2017M621768）、中国法治现代化研究院重点项目“中国省域法治国情指数研究”，本文系江苏高校区域法治发展协同创新中心成果。

** 杜维超，男，山东东营人，南京师范大学法学院讲师，中国法治现代化研究院研究员，研究方向：法哲学、法社会学。

① 参见秦麟征：《关于美国的社会指标运动》，载《国外社会科学》1983 年第 2 期，第 31 – 38 页。

家进行经济援助和制度改造的过程中，对法治等制度的评估成为其前置程序。随着法律与发展运动的失败，当代法治评估中意识形态色彩淡化，更强调其作为全球治理工具的作用。在此过程中，联合国、美国国际开发署、世界正义工程、世界银行等组织出台了不同的法治指数，对各国法治状况进行量化评估。②

我国法治评估实践源自对域外的学习，其典型标志是2007年中国大陆第一个法治指数“余杭法治指数”。随着法治中国建设的全面展开，法治评估被认为是法治建设的“抓手”得到重视，并逐步形成了党政主导的内部评估和学者主导的独立第三方评估两种法治评估模式。③ 2013年中共中央《关于全面深化改革若干重大问题的决定》中提出，要“建立科学的法治建设指标体系和考核标准”。④ 而在2014年中共中央《关于全面推进依法治国若干重大问题的决定》中提出，“把法治建设成效作为衡量各级领导班子和领导干部工作实绩重要内容，纳入政绩考核指标体系”。⑤ 各地政府纷纷自行开展或委托第三方进行区域内的法治评估。⑥

到2017年，我国法治评估实践已经10年整，但其范畴界定、体系构建、实践适用和评估方法上都面临着若干困惑。笔者认为，以上法治评估实践的难题源自其理论前设中的科学主义倾向，亟需从各个层次进行哲学层面的反思及扬弃。所谓科学主义，源自启蒙时代以来自然科学的大发展，是社会科学哲学在知识论和方法论上的大转型。这一观念要求在社会科学研究中适用自然科学的基本原则和方法，运用数理逻辑解释社会现象。它强调逻辑推理的前提必须是经验事实，而非价值判断或形而上学假设，否则就丧失了其“科学性”。⑦ 而作为法治评估源头的社会指标运动，就被学界普遍认为是科学主义在当代社会科学研究中的余续。⑧ 在我国法学界，自20世纪80年代以来，也开始了将法学知识变为“科学知识”的努力，“科学”被认为包含了客观、中立、准确、反映规律、指涉真理、

② *See* Botero J C, Ponce A. ‘Measuring the Rule of Law’. *Social Science Electronic Publishing*, 2010, 3 (2): 269 – 280.

③ 参见钱弘道、杜维超：《法治评估模式辨异》，载《法学研究》2015年第6期，第35 – 38页。

④ 参见《中共中央关于全面深化改革若干重大问题的决定》，2013年11月15日发布。

⑤ 参见《中共中央关于全面推进依法治国若干重大问题的决定》，2014年10月28日发布。

⑥ 各级政府部门以普法系统已有的依法行政目标考核体系为蓝本，通过对评价体系的进一步精细化和科学化，逐步推广法治政府评估，此种运动已经覆盖全国大部分省份；中国政法大学、中国社科院、司法文明协同创新中心等学术机构也出台了针对法治政府、司法透明、司法文明等各法治领域的各种独立量化评估体系。

⑦ 参见［奥］O. 纽拉特：《科学的世界概念：维也纳学派》，曲跃厚译，载《自然科学哲学问题》1989年第1期，第20页。

⑧ 在国内外关于社会指标运动及各种制度指数评估的研究中，学者们多次指出，此种量化评估的早期哲学基础是实证主义及科学主义。近年来，在西方社会指标运动的发展中，逐步展开对科学主义的反思，理论上开始转向解释主义、批判主义（虽然也并未完全体现在其实践中），然而我国法治评估学界此种反思尚为少见，可以说其理论基础仍停留在社会指标运动的初期阶段。参见屈茂辉、匡凯：《社会指标运动中法治评价的演进》，载《环球法律评论》2013年第3期，第30 – 43页。

价值无涉等诸种含义，成为直接面对各类法律现象的纯粹客观的科学知识。[⑨] 可以说，法治评估学的兴起，正体现了我国法学界这一长久存在的倾向。

科学主义本质上是自然科学方法对社会科学研究的入侵，然而自然世界与人类社会存在各个层面的重大差异。法治是一个社会性概念，有其自身的规定性，科学主义方法与其有着先天的不兼容。科学主义本质上是与人本性、价值性、社会性相对的概念，并在社会科学研究各个层面表现出不同面向。[⑩] 具体到法治评估实践中，结合既有的科学主义批判研究，笔者认为其科学主义倾向主要体现在范畴论、认识论、实践论及方法论四个方面，具体而言包括范畴论上对法治概念的实在性假设、认识论上对法治系统的还原论倾向、实践论上对法律图景的普世性设想及方法论上对定量研究方法的依赖。以下将给予具体分析并进行批判性反思。

二、法治评估中的科学主义反思

（一）范畴界定：对法治概念的实在论误区

法治评估的科学主义首先体现在概念化环节中的法治概念实在论。所谓“概念化”，是指特定抽象性概念之边界和内容的明确。[⑪] 法治概念范畴决定着法治评估的评价范围，因此学界普遍认为概念化是确立指标的先行步骤。但法治概念化步骤却经常滑向法治概念的实在论观点，并进一步导致了一元性取向。“实在论”（realism）观念是自柏拉图以降的重要哲学命题，该观念认为事实独立于主体经验或情感而存在，并使得一些价值判断成为真确而使得另外一些成为虚谬。[⑫] 法学实在论的核心是去价值化，亦强调有关法律的事实具有所谓“心灵独立性”，即独立于任何特定个体的信念，也不依赖于社会共识存在。[⑬]

实在论导致了一元论，这种现象在我国法治评估研究中较为普遍。例如一些学者提出，法治评估需要对法治标准对基本共识，否则会导致整个评估体系在逻辑上缺乏内在一致性。[⑭] 还有学者专门就法治评估中法治概念的多元论进行了反驳，认为法治评估必须包

---

⑨ 参见刘星：《法学“科学主义”的困境——法学知识如何成为法律实践的组成部分》，载《法学研究》2004年第3期，第27－38页。

⑩ *See* Hakfoort C . The historiography of scientism：a critical review. ［J］. *History of Science*, 1995, 33（33）：375－395.

⑪ *See* Gerring J. *Social science methodology*：*a criterial framework*. Social science methodology：a criterial framework［M］. Cambridge University Press, 2001, 40.

⑫ 这一观念经常与“科学主义”或“客观主义”相联系，即要求描述的可检验性，从而将那些无法观察的主观价值命题排除在科学之外。但需要明确，在“实在论”这一庞杂的理论分支中，并非所有实在论者均由科学主义进路推导出其结论，例如德沃金教授对此的精彩论述。本文在此不再赘述，将仅就其科学主义进路进行讨论。*See* Dworkin, Ronald. Objectivity and Truth：You'd Better Believe it［J］. *Philosophy &Public Affairs*, 1996, 25.（2）：87－139。

⑬ *See* Kramer M H, *Objectivity and The Rule of Law*［M］. Cambridge：Cambridge University Press, 2007, 3－6.

⑭ 参见包万超：《论法治政府的标准及其评估体系》，载《湖南社会科学》2013年第2期，第69－72页。

含一致性的价值，概念多元不仅会导致评价标准不一致，还是对法治实质价值的弱化，实则成为一种修辞术。⑮ 实践中，很多学者由此从诉诸价值转向诉诸权威，要求由国家层面确立法治标准，例如，我国各地推进的"法治政府评估"，主要依据就是2004年国务院发布的《全面推进依法行政实施纲要》中确立的7项标准，地方政府及学者们制定指标体系时也几乎完全按照该标准分解设置各项指标。⑯

自康德以降，随着现象学、诠释学和解构主义的盛行，反实在论逐渐占据上风，哲学转向对意识、语言及社会结构的分析，正如佩雷尔曼指出的，人类观念与知识无法用理性的逻辑体系涵盖，有时必须诉诸合理性的论证。⑰ 法治实在论也逐步得到反思。当代法哲学一般认为，法律是规范性范畴，其解释主观性难以完全消除。法治实在论者们混淆了规范和描述，法治并非作为分类学对象的实在物，而是基于合目的性的价值构建，因而是个本质争议性概念（Essentially Contested Concept），并不存在所谓意识形态中立的法治定义。⑱ 法治仅在作"观念史"讨论时，才有语义学意义，而在现代法治实践中，它应当是"规范论"范畴的，是纯粹语用学的。

金斯伯格由此认为，当前法治评估以法治概念化为前提，其秉持的客观性假设面临着严重的方法论挑战（Methodological challenges）。⑲ 法治指数设计无法绕开价值判断，而自由、平等、秩序和功利等社会价值难以进行排序赋值。从既有法治评估来看，法治概念诠释不可避免出现了多元化。例如，"全球治理指数"法治指标大致源自形式法治观念，强调对社会守法状况的评估；而"世界正义工程"法治指数则大致源自实质法治观念，对基本权利、司法正义等实质价值内容赋予分值比重较高。无视法治价值多元性，试图寻求一个静态稳定的法治概念并且将其作为量化标准，实际上是过度科学主义在范畴论上的体现。

（二）体系建构：对法治系统的还原论倾向

科学主义在法治评估中的另一体现是其对法治系统的还原论（Reductionism）倾向。还原论思想源自启蒙时代以来的笛卡尔分解思想与牛顿实证主义，它主要关注整体与部分的关系，其以物质世界的范畴"同一性"为前提，认为各种物质形态都可以约化为一个最

---

⑮ 参见陈林林：《法治指数中的认真与戏谑》，载《浙江社会科学》2013年第6期，第144－147页。

⑯ 参见杜维超：《论新时代法治评估的区域化转向》，载《法治现代化研究》2018年第6期，第182－183页。

⑰ *See* Perelman, Chaim. *The new rhetoric and the humanities*: *Essays on rhetoric and its applications* [M]. Dordrecht: Reidel, 1979, 117－123.

⑱ *See* Waldron J. Is the rule of law an essentially contested concept (in Florida)?' [J]. *Law and Philosophy*, 2002, 21 (2): 137－164.

⑲ *See* Tom Ginsburg. Pitfalls of measuring the rule of law [J]. *Hague Journal on the Rule of Law*, 2011, 3 (2): 269－280.

基本的层次，且每一个有意义的命题，都可以通过指称直接经验的名词为基础进行逻辑构造。[20] 逻辑实证主义者据此宣称，应当使用逻辑还原的方式，将描述世界的语言统一于物理语言，把一切学科的研究对象还原为感官可感知的经验要素。当前法治评估体系的基本假设之一就是法治概念的可分性，即法治状况需要分解为若干可以数量化的次级指标。

中国法治评估显现出明显的还原论倾向。论者认为，可以“通过科学的法治评估量化指标与模型”，将法治状况转化为具体的、直观的数值形式，从而“使法治从抽象的价值取向和主观认知转变为用数字表现的可以测量的客观现象”。[21] 各级政府和学者投入大量精力研究如何设计一套科学的指标体系，以通过一系列次级指标，实现对法治状况全面的复现。法治评估中这种对法治“可分解性”的假设，实际上就是还原论的体现。法治在这里视为一种单层次和一致性的对象，法治现象被认为与构成它的各个要素具有同一性，法治的整体属性可以还原为各种个体属性。

丹尼尔·考夫曼（Daniel Kaufmann）等专家在研究世界治理指数（WGI）运行情况时，指出指数评估方法的根本难题就是如何测量这些“先天不可观测性”（Inherently Unobservable Nature）的社会现象。[22] 这种不可观测性源自法治系统的复杂性，复杂性科学采取一种整体论的范式，认为社会现象具有本质上的多层次性和异质性，它源自人之意志的多样性，以及人之行动和交往所构成社会情境的复杂性。系统观念强调有机整体和组成单元之间的内在组织性，整体不是各个部分的简单相加，在质的方面具有自己新的规定性，且由于社会功能中多元系统互动，系统要素的日益结构化和分化必然导致系统复杂性不断增加。[23]

受此影响，国际上开始将系统论与法学结合起来，产生了诸如维纳的法律控制理论，卢曼的系统论法学等理论。法律现象被认为具有精神性、社会性和混杂性，由于主体不可预测的主观需求和意志，法治系统也具有非线性、非一致性和涌现性特征。因此，还原分解的方法实际上无视了社会系统中人的交互行动选择，从而忽视了人的价值判断对行为逻辑和后果的影响。由此，倚重分解还原的科学主义路径也就很难对复杂多变的法治系统达成完全的复现，无法通过一个简单的指标得分解释法治现象背后的复杂互动关系，并给出

---

⑳ *See* Trends M, Philosophy R, Dogmas T, et al. Two Dogmas of Empiricism [J]. *Philosophical Review*, 2010, 60 (1): 41 – 64.

㉑ 参见冉晓滔、陈庆云、王昉：《积极开展法治评估大力推进法治建设》，载《法制日报》2014 年 11 月 27 日第 11 版。

㉒ *See* Kaufmann, Daniel, Aart Kraay, and Massimo Mastruzzi. The worldwide governance indicators: methodology and analytical issues [J]. *Policy Research Working Paper*, 2011, 3 (2): 220 – 246.

㉓ 参见［美］Georg Kneer&Armin Nassehi：《卢曼社会系统论导引》，鲁贵显译，巨流图书公司 1998 年版，第 102 页。

确切的因果推论。[24]

（三）实践适用：对法律图景的普适论观点

科学主义还体现为法治评估实践中的普适论观点。普适主义是科学主义的核心论点之一，即认为基于逻辑理性推知且能普遍适用的知识才是科学。[25] 科学主义的法治观同样推出法治的普适论，认为人类价值观念的普遍性可以推导出法治制度在全球的普遍适用性。法治普适论通常和西方中心主义、“法律移植论”或“法律全球化”观念相联系，认为后发国家应当以西方为模版改造自身的法律体系。[26] 这也体现在世界上几种主要法治评估体系中，这些体系都对高度技术化的法律制度、繁琐的法律程序、成本高昂的基础设施赋予高权重，使得西方法治模式天然具备评价优势，非西方模式成为被审视的对象，其评估得分通常远低于西方国家，表现出明显的西方中心主义态度。[27]

中国法治评估实践也隐藏着这种普适论态度。这不仅体现在数据获取、指标体系设计等技术层面上对西方的学习，更体现在对其预设抽象法治理念的引入：国内学者设计的各种法治评估方案，其预设的抽象法治理念几乎都是源于西方而经过中国化改造得来的，这些抽象理念被认为应当包含公正、自由、人权等核心价值，且将其具体分解为一套包括了立法、执行、司法等具体环节内容的具体指标，从而描绘出中国法治实践向着“法治理想国”不断趋近的路线图。蒋立山认为，这是一种体现了“法治理想主义”特征的法治指数方案，是一种以西方模式为普适性理念的集体无意识。[28]

普适论者实际上忽视了法治指数背后隐藏的政治意识形态。指数不是中立的技术描述，指标也不仅是对法律事实的客观反应。西方学者以世界银行治理指数和做生意（Doing Business）指数为例，指出各种西方发起的指数评估将法律视为商业行为和自由市场工具，其法治构想主要体现了跨国公司的商业利益。法治指数被认为是核心区国家向边缘区国家输出“标准”的工具，是其固化既有世界格局的一种技术手段，核心国家将对自身有

---

[24] 法治作为社会系统的复杂性，主要体现之一是社会行为的主观性和互动性干扰了相关性，导致基于评估得分做出因果推论的困难。以2013年度余杭法治指数报告为例，该报告发现2007—2013年度余杭的“依法执政指数”分布不稳定，波动幅度大，其给出的解释是“可能原因在于党委的工作政策导向性极强，从而弱化了工作的持续性”，这一解释主要源自对政府部门的调研，但该指数明显存在多元相关性，在研究中却无法控制其它社会变量，例如指数波动至少存在如下几种解释：历年外部总体经济环境变化（例如楼市、股市等）导致市民生活品质变动，进而影响其对党委评价变动；环境问题导致市民满意度下降；突发偶然事件（如中泰垃圾焚烧厂事件）导致市民评价突变等。

[25] 参见李丽：《科学主义的价值之维》，载《北方论丛》2007年第2期，第114－117页。

[26] 正如比较法学者指出的，法律移植理论所信奉的某些思维“趋向所遮蔽的那种在现代科学主义支配下关于现代化的进步信念的误导性质”。参见王勇：《迈向反思的法理学——一种全球化背景下法律移植的视角》，载《华东政法大学学报》2005年第5期。

[27] 参见李楠楠、赵秋雁：《法治中国视域下的法治建设指标体系研究》，载《北京师范大学学报（社会科学版）》2015年第2期，第5－13页。

[28] 参见蒋立山：《中国法治指数设计的理论问题》，载《法学家》2014年第1期，第1－18页。

利的价值“加密”成为一套看似科学、中立的指标，以此向广大边缘区国家输出。[29] 普适性观点否认了各个民族国家所独有的社会事实及地方性知识背景，以及由此产生的社群价值序列——例如不少学者就认为，在后发国家，人民的生存权和发展权无疑要优先于一些抽象政治权利。可以说，法律是无法超脱于政治意识形态和社会文化背景的。超国家、超民族的所谓“全球化法律”忽视了不同发展阶段国家的价值序列差异，基于这一假设的评估体系设计同样也是科学主义遮蔽法治特殊性的体现。

（四）评估方法：对定量研究方法的依赖

法治评估的科学主义还体现为对定量研究方法的依赖。科学主义崇尚逻辑链条的完整和可证伪性，反映在社会科学研究中，就是数据驱动（Data－driven）的以因果相关性为核心的量化研究日益兴盛。[30] 在法学视域内，法治评估也是法学量化研究的一个重要尝试，正如法治评估创立者之一梅里曼等人指出的，传统的比较法研究比较偏向定性研究，是对法律规范的内容、学说和概念的比较，而指数式的定量研究则要求对法律制度进行量化，以进行横向比较。[31]

自20世纪80年代以来，法学量化研究在中国法学界也日益受到重视。这即源自法学对意识形态独立性的追求，也源自规范性研究缺陷导致的知识市场对法学量化研究的“刚性需求”。[32] 我国学界普遍认为，法治评估及指数方法的引入，是对我国法学实证主义研究的推进。在中国法治评估中，同样更倾向于使用定量方法，各种评估体系为了追求标准化与可比性，基本都以问卷调查和统计分析为主要研究方法，而以观察打分作为辅助和次要方法。[33] 此外，法治量化还被视为法治建设的抓手，可观测性的客观数据可以精确表征绩效现状，还能成为干部考核的依据。[34]

与定量研究相对的是定性研究。法学量化研究从诞生之初，不少学者就强调其不能完全取代定性研究。这首先来自规范法学对法学研究规范本质的坚持，如汉德法官提出，法律之外的知识资源是来自“人文学科”的领域中，而并非来自自然科学。[35] 法律的概念本

---

[29] *See* Krever, Tor. Quantifying Law: legal indicator projects and the reproduction of neoliberal common sense [J]. *Third World Quarterly*, 2013, 34 (1): 131－150.

[30] *See* David K. Quantification and Scientism in Political Science: Domination of Discourse by Experts Presenting Mathematical Models of Reality [J]. *Poverty & Public Policy*, 2018, 10 (2): 198－221.

[31] 参见［美］J. H. 梅里曼：《“法律与发展研究”的特性》，俗僧译，载《比较法研究》1990年第2期，第55－61页。

[32] 参见唐应茂：《法律实证研究的受众问题》，载《法学》2013年第4期，第25－30页。

[33] 参见郑智航：《中国量化法治实践中给的定性与定量——以地方法治评估实践为研究对象》，载《东北师大学报》2016年第6期，第83－93页。

[34] 参见王朝霞、钱弘道：《以法治评估促进社会管理创新》，载《人民日报》2013年1月15日第7版；张璁：《法治建设成效将纳入政绩考核》，载《人民日报》2014年11月7日第12版。

[35] *See* Balkin J M, Levinson S. Law & the Humanities: An Uneasy Relationship [J]. *Social Science Electronic Publishing*, 2006, 135 (2): 105－115.

质要求它必须坚持自身的规范态度，即法律知识体系必须回答关于法律应当如何被表述和执行，这种规范性的态度无法回避人类行动的意义，也就必须面对行动中隐藏的非线性逻辑，从而无法简单的数量化。

另外，定量研究方法本身也存在基础性难题。以定量统计进行因果分析的基本逻辑是将数据划分为系统模型和随机残项，其中给出的模型就视为理论解释部分，而不可解释部分则被纳入随机残项。但被社会科学所忽视的随机残项，却在幕后默默影响社科研究人员的因果推论。正因为随机因素的强大作用，社会科学中定量研究结论的解释力低在现代学术体系中是偏低的。㊱ 国内法学界经由反思，对定量研究也提出了如下质疑：法学定量研究客观性必然受到主体局限性的阻碍，法学定量研究客观性必然受对象复杂性的影响，定量研究必然难以完全呈现自己所声称的客观性。㊲ 严格的定量研究只有在自然科学领域才是充分工具，社会科学领域无法摆脱人的主观价值判断及其互相影响，因而也是定量研究所无法囊括的。对定量方法的过度依赖是科学主义在方法论上的核心体现。

三、法治评估中科学主义立场的再平衡

综上，笔者认为，必须深刻反思法治评估中的科学主义倾向，向法治概念自身的规定性回归，正视法治的人本性、社会性、价值性、复杂性等独特内涵，寻求更为平衡的理论立场，以确保法治评估中主体价值的彰显。

（一）概念构建上应维护路径开放性

法治评估前置的法治概念构建过程中，在一个评估体系内部，当然应该维护衡量标准的客观性和一致性，因此概念应当是相对收敛和单一的。但在我国不同的法治发展历史阶段、适用区域和构造层次上看，多样性的法治评估体系是必要的，其价值标准也应当是多元化的，因此应当依据具体场景和目标进行开放性的概念构建。

首先，就法治发展的历史阶段而言，我国处于社会转型期，中国特色的法治体系尚未最终成型，社会存在着对法治创新的强烈需求。这一需求不能完全依赖中央的顶层设计实现。实际上，"摸着石头过河"这种渐进试错的制度发展模式是我国的优良政治传统，它强调异质性、竞争性的法治实践的作用。㊳ 当前我国"先试先行"的综合配套改革以及各种改革试验区的设立，也是这种制度演化模式的体现。因此，对法治概念的构建势必就是开放性的，要允许对法治形态的差异化价值标准，从而形成多元的评估体系。

㊱ 参见彭玉生：《社会科学中的因果分析》，载《社会学研究》2011 年第 3 期，第 1－32 页。

㊲ 参见钱弘道、崔鹤：《中国法学实证研究客观性难题求解——韦伯社会科学方法论的启示》，载《浙江大学学报（人文社会科学版）》2014 年第 5 期，第 124－138 页。

㊳ 参见钱弘道、杜维超：《论实验主义法治——中国法治实践学派的一种方法论进路》，载《浙江大学学报（人文社会科学版）》2015 年第 6 期，第 6－19 页。

其次，从我国区域发展不平衡这一现实背景考量，我国特定区域的经济社会发展水平决定了该区域法治建设当前阶段性使命，要在着眼全局、加强领导统一部署的前提下，因地制宜、充分考虑各地实际，调动地方法治建设的主动性和创造性；另外不同区域的制度能力差异也决定了评估体系可行性，地方政府人财物资源不同，其整合资源、协调利益关系、制订维系规则及展开制度创新的能力也有差异，因此应当尊重地方实际，允许各地在法治目标上对法治内部个要素进行不同的价值排序及取舍，形成地方化的多元评估体系。

再次，在法治体系的构造层次上而言，存在着“厚法治”和“薄法治”两个层次，其中薄法治是指严格遵守法律制度和法律程序，而厚法治则既包含了某些特定实质性价值。[39]在对既定法治制度的实施情况及社会效果进行评估时，自然应当遵循合法性原则，在现行法秩序内进行指标构建；但法治终究是关乎政治理性、实质正义的问题，就在行政科层之外运行的独立评估而言，就不应回避必要的价值判断，不能一概诉诸政治权威，而应在符合道德正当性及形式稳定性基本前提下，在对既有法秩序相对独立超然的位置上，寻求“法治”在不同语境下差异化的价值标准，对评估体系进行差异化的类型构造。

（二）体系设计中应纳入系统性方法

由于法律的自我指涉性，即法律建构和解释自身的现实，所以法律系统具有自我观察的封闭性。在法律自我观察的领域里，亦即现有法制生产程序和法教义学的意义上，采用传统的分解还原式的指标设计是可行的。但对于操作封闭的法律自创生系统，无论是内在于还是外在于法律系统的事件，都会给法律变迁带来新的惊讶值（surprise），由此使得复杂性不断增加。[40] 法治系统的复杂性部分，传统的评估方式已然无法覆盖，笔者认为应当尝试引入大数据和人工智能等系统性方法予以应对。

复杂法治系统是非线性的动力学过程，具有涌现性质，无法通过分解指标来一一对应。而大数据方法的特征之一就是追求“混杂性”而不是“精确性”，通过人工智能和数据挖掘（Data Mining）研究非结构化和片段性的数据，并无预设或需验证的模型，而是在数据中自行归纳新模型，发现被忽视的关联。[41] 这是一种混沌理论（Chaos theory）的思维，即不再追求各种细节的精确还原，而是转向寻找社会的一般性的组织原则。大数据使得法治评估的指标设计从对应客观的精确知识，转向复杂系统内隐藏的总体性知识。[42]

㊴ 参见［美］塔玛纳哈：《论法治，历史、政治的理论》，李桂林译，武汉大学出版社 2010 年版第 4 页。

㊵ *See* Niklas Luhmann. *Social Systems* [M]. Stanford University Press, 1995, 1 – 11.

㊶ 参见唐文方：《大数据与小数据：社会科学研究方法的探讨》，载《中山大学学报（社会科学版）》2015 年第 6 期，第 141 – 146 页。

㊷ 参见杜维超、钱弘道：《大数据方法在法治评估中的应用：理论前景及技术架构》，载《社会科学战线》2018 年第 12 期，第 198 – 206 页。

法治是一种内生性秩序，观察者要秉持一种演化型而非构建型的法治观。通过先行概念化分解而成的指标，都有陷入理论独断的风险。据统计，人类社会的数据中结构化数据只占10%，其它是非结构化数据，对非结构化法治数据的关注和挖掘，将突破法学者的视野局限，发现法治数据中的潜在关联。对部分法治内容，评估体系无需提前设置巨细靡遗的指标体系，而只需确定数据抓取范围，其余的事情就交给人工智能机器挖掘，等待法治各种指标及其关联“向我们显现自身”。

（三）实践适用上应当从中国国情出发

中国法治评估实践不应重蹈法律与发展运动的失败覆辙，不应盲目迷信所谓普适性的西方理论体系，而是应基于中国具体国情，汲取地方性知识资源，基于合理性而非最佳性考量进行体系构建的法治评估体系。法治评估要成为法治理想类型的表达和实验路径，而非对某种不证自明的先在法治概念的机械执行。因此，法治评估体系的适用要超越西方中心观点，拒绝照搬西方的评估指标及方法，而应发展一套本土化的评估体系。

评估体系应当基于中国的地方性知识设计。例如，世界正义工程等西方法治指数，其指标设计主要关注政府责任、政治权利、程序正当及法律职业伦理等内容。㊸ 这就无法完全容纳中国的地方性法治知识。例如，中国社会主义法治的基本结构是“党的领导、人民当家作主和依法治国的有机统一”，指标中要体现党的责任；法治建设中，中国存在着明显的能动主义倾向，需要考察法治的实质社会效果；在文化背景上，中国法文化强调社会关系结构稳定，这与西方以权利为中心的法律秩序有明显差异，还要考察法治的秩序功能；就外部环境而言，还包括人口众多、地域广大、区域发展不平衡、利益分化严重、法治意识低下、法治物质资源匮乏等特殊国情。

当然，法治指数对地方性知识的重视，并不等同于对任何一般性价值的排斥。对地方性知识的承认应当以审慎的批判性审思为前提，不能以所谓多元性和地方性为由，为落后及不合理的秩序辩护，避免使法治评估蜕化为自我正当化的工具。法治的普遍性和中国的地方性知识之间应当寻求动态的平衡，即需要文化自信和主体意识，也要拒绝狭隘民族主义式的本土化言说，这就需要法治评估研究者的高度理论自觉及理论能力，对既有法治理论中共识性知识的“中国化”，都需要经过严谨的证立，否则很可能将使得法治概念失去基本的稳定性和价值正当性，从而使得法治评估失去意义。

（四）评估方法上应当重视定性研究

当前法治评估主要应用定量方法。与定量方法相对的是定性方法。定量方法基于科学

㊸ Juan C. Botero and Alejandro Ponce, Measuring the Rule of Law [J]. *The World Justice Project – Working Papers Series*, No. 001. 2011. p. 5.

主义哲学，将社会现象视为客观存在物，通过数量关系材料和数学分析工具获得对客体的确定知识。而定性方法以现象学解释主义为哲学前提，认为主客体之间的分界并不明确，社会现象无法彻底摆脱主观价值因素，通过观察、访谈等经验性研究，对事物进行解释性理解。㊹

相比定量研究，定性研究具有研究总投入较少、成本低等优点，且数量化的表达有时只能描述法治浅层次现象，却难以揭示法治活动内在交互作用关系，如美国国际开发署进行的法治评估中，认为调查问卷无法准确地揭示人的主观意图，因而倚重于专业人士访谈、文献审查等方法进行评估；㊺ 而定性研究的缺点主要是对研究者的操作要求高，且主观性因素难以避免，研究者的角色和情感参与会导致研究结果受到干扰，而且定性研究需要深入扎根，因此耗费的时间较长。定量与定性研究通过不同的视角，揭示了同一事物的不同面向内容。定性研究为定量研究提供外部框架，而定量研究反过来也为定性研究创造前提条件。所以法治评估的定量研究必须要以定性研究进行补充。

因此，在法治评估实践中，我们应该避免迷信定量，而把定性研究和定量研究相互结合，取长补短，发挥两种研究方法的优势，形成更为合理和有效的评估方法体系。例如，对于数量型指标或者可以使用类似李克特量表进行数量化的指标，如结案率、一审上诉率、刑事犯罪率等内容，自然必须严格使用定量研究方法。但一些无法数量化的评估内容，则应采用定性研究方法，如对于法治评估各要素权重的确定，并没有客观量化的方法，因此采用了德菲尔法进行权重确定；另外，在法治评估的对策、建议和总结部分，因为量化结果并不能直接推导出相关判断，因此应采用参与观察法、深度访谈法等方法，通过个案式分析深入到法治进程的纹理内，给出定性评价。

四、结语

总之，从法治建设的微观视角看，法治评估本应是一个以实践性、操作性、技术性为核心的研究领域，是法治这一系统工程的具体建设工具。但其理论上的科学主义倾向导致人的主体性被遮蔽的可能。法治作为一种人类治理秩序形态，终究是服务于人的需求和意志的，而绝非自在自为的自然体系。其次，从我国治理体系现代化的宏观视角看，我国现代社会治理中一贯重视理性规划和数目管理，强调社会总体利益优先，这当然充分发挥了我国的体制优越性，但也导致在社会工程中过于强调发展效率，而对个人价值倾向及差异化需求不够重视。十九大提出要“必须始终把人民利益摆在至高无上的地位，让改革发展成果更多更公平惠及全体人民”，再次强调了我国社会发展中人民的主体性。因此，在包

㊹ 参见伍红梅：《定量研究与定性研究的比较及结合》，载《成都航空职业技术学院学报》2009 年第 3 期，第 70 – 72 页。

㊺ 参见孟涛：《论法治评估的三种类型——法治评估的一个比较视角》，载《法学家》2015 年第 3 期，第 16 – 31 页。

括法治建设的社会工程中，应当警惕过度科学主义思维，时刻以作为主体的人为社会工程设定价值基准，强化其价值内涵。具体在法治评估范围，经过本文的梳理可知，应当在范畴、认识、实践和方法诸层面明确其主体性，并遵循一种技术和价值均衡的哲学立场，以此指导法治评估体系构建，并全面提升法治评估的价值内涵。

（编辑：宋保振）

司法方法论

论古代疑案裁判的传统方法

谷　祯*

摘　要　无论古今，如何恰当处理疑难案件不仅是司法实践中的难题，也是法学理论中的难题。历代裁判者一直在寻求提炼真相更为准确方法，而古代和现代的司法制度也分别发展出了不同的法律方法。通过对古代几类典型案例的分析，展示了在当时社会信息技术及司法预算约束之下，诉诸于权威、用谲、神明裁判、司法决斗，或以身份、年龄等为标准区别对待的实体性原则裁判疑案的合理性，并指出其中所隐含的经济学思维与现代法律论证具有内在的逻辑相似性。仅就应对疑案而言，古代的传统方法所展现出来的精巧、智慧和有效性，较之现代司法制度并不明显逊色。

关键词　疑案　信息成本　司法预算　法律方法　决疑术

疑案是古今司法者共同面对的“司法之癌”。疑案是指证明穷尽之后事实依然不清楚的案件，疑案裁判不仅是司法实践中的难题，也是法学理论中的难题。严格意义上，司法实践中事实非常清楚的案件只是其中较小的部分，大部分案件都会在某个关键事实上或多或少存疑，但法官却不能以事实不清放弃或搁置裁判。疑难案件在任何社会、任何时期的司法活动中都是不可避免的，但即使是最有经验的法官也通常会在处理疑案时缺少信心。如果草率下判，不免冤案丛生。疑案数量的过分膨胀，不仅会削弱法律的威慑效果，而且会引发深刻的社会矛盾，这是司法举措失败的重要征兆。因而，控制疑案的数量就成为古今司法制度设计者共同面对的一个重大课题。如何审理疑案？如何使判决准确？首先取决于裁判方法的运用。历代裁判者寻求提炼真相的方法，以尽可能达到理想的社会效果，由此古代和现代的司法制度分别发展出了不同的法律方法。尽管完善诉讼程序、强化司法监

---

*　谷祯，女，山东威海人，中国海洋大学法学院博士研究生，研究方向为法律经济分析。

督、增加审级、提高证明标准以及缩减推定的适用范围都是减少疑案数量的有效制度措施，但建立这些制度都需要庞大的司法预算以及发达的信息技术。而在那些贫困的、信息技术低下的初民社会和古代社会，要求所有案件都被证明到“证据确凿、事实清楚”或“排除合理怀疑”的程度是明显不现实的，至于“沉默权”、“毒树之果”以及“米兰达规则”之类的现代程序法规则，就更属于古代制度上的奢侈品了。

不仅因为相比于现代社会，初民社会和古代社会的信息技术明显低下，司法者探知事实真相的费用极其高昂。① 与此同时，初民社会和古代社会也没有足够的经济剩余来维持庞大的司法机构。这都意味着，初民社会和古代社会的司法者会遭遇数量更多的疑案。为了控制疑案的数量，在制度上就必须允许司法者利用一些在现代社会看来明显违法的手段。本文的重点在于讨论，这些现代司法中明令禁止或需要拿捏、容忍、变通、适度等才可以接受的司法技术，为什么在古代社会确是处理案件的通行技术，甚至有些经此所获得“正义”判决被千古传诵？难道是古人愚昧，科技低下，律令不全，法度无力，官吏昏庸无能？难道古人生活的朝代是人治而非法治，所以就可以无视人权和正义？事实并非如此。古代社会的民众不见得对法治的优越和人治的弊端一无所知，他们完全可能预见到不受限制的权力将会带来莫大威胁，然而他们选择了对人治的容忍以及形成了适合当时社会的各种司法裁判技术或称之为“决疑术”。本文试图通过选取古代几个典型案例来分析在当时社会信息技术及司法预算约束之下，诉诸于权威、用谲、神明裁判、司法决斗，或以身份、辈分、年龄、性别为标准区别对待的实体性原则判决疑案。这些应对疑案裁判的传统方法并非不理性，恰恰相反，其中都隐含着深刻的经济学逻辑与现代司法处理疑案的法律论证非常相似。

一、权威与疑案裁判

（一）所罗门王的审判

相传，公元前900多年的以色列所罗门王曾经审理过一件疑案。审判者所罗门王运用个人智慧出其不意的获得了有力的证据，做出了正确的法律判决。案情是两个妓女争夺一个男婴：

> 其中一名女子（甲）向所罗门王陈述案情：她和另一名女子（乙）都刚生完孩子并且住在一起，乙女不慎将自己的儿子压死了，但事后却将两个孩子掉包，把自己压死的孩子放在甲女熟睡的怀里，同时把甲女的孩子抱走了。等第二天甲女醒后给孩子喂奶时发现怀里的孩子已经死去，但惊吓之后又发现死婴不是自己的，自己的孩子被乙女抱走了。但乙女却向所罗门王提出抗辩说：死去的孩

① 参见 Richard A. Posner, *The Economics of Justice*, Harvard University Press, 1983, pp. 146 – 147。

子是甲女的，我的孩子还活着。②

所罗门王面对的这件“争子案”，除了当事人的陈词之外一片空白，当事人双方都不能为其诉讼主张提供任何证据。显然，在那个时代不可能用类似于DNA鉴定技术来辨别婴儿的亲生父母。而在双方各执一词的情况下，这件争子案就成了名副其实的疑案。但所罗门王用他的智慧和个人权威完成了这个千古传颂的判决。所罗门王在听罢当事人双方陈词之后，突然下令说：“拿剑来！”就在众人诧异的时候，所罗门王说：“既然你们两个人都要这个活着的孩子，我就干脆将他一刀两段，一半给甲，一半给乙。”听完国王的宣布，乙女表示赞成，但甲女却惊恐万分，立即祈求所罗门王不要杀掉这个孩子，并表示自己不要这个孩子了。至此，案情突然真相大白：孩子的生母是甲女，因为只有生母才会为了保全孩子的性命而宁愿委屈自己。所罗门王的智慧没有让人们失望。

这件流传三千多年的智慧判决一直被人们称道，但周天玮教授却分析出一个出人意料的结论。在他看来，判决成功的主要因素不是所罗门王的智慧，而是他不受质疑的独裁权威以及当事人的愚昧。甲女为保全亲生婴儿的性命，愿意忍痛割爱，还算合乎情理。但乙女的反应就有些说不通了，依据常理，当国王宣布杀婴的时候，她充其量保持沉默或无动于衷，更不至于主动表示赞成。“故事以这种方式来强烈对比甲乙二女的真伪，使国王可以从容做成公认最明智且人人喝彩的裁决，很可能是传说的刻意求工。”③ 不论故事的细节到底如何，这都表明智慧并不必定与公正相联系，而且这种裁判的智慧往往是个性的，缺乏制度化的基本条件。

此外，更重要的是，所罗门王必须能够依法使用他扬言即将行使的权力，众人（尤其是当事人）必须相信他确实“有权”能把一个活脱脱的婴儿一刀两断。倘若人们认为所罗门王根本不敢这么做，他拿出剑来只是装腔作势吓唬人的，所罗门王的智慧就失去了用武之地。周天玮由此得出，“所罗门王的以色列显然是人治国家，因为我们在这个案件中看见他拥有完全不合理的自由裁量权——他与暴君好像只有一线之隔。”尽管这个结论是有道理的，但这种传奇性的判决不可能出现在现代法治国家。当没有人拥有超越法律的绝对权威时，当每个人都拥有不受侵犯的权利时，当他们都知道这些权利会受法律保护而不会被任何人名正言顺地剥夺时，伪装的恫吓就失去了它神奇的效能。

（二）权威、人治模式与“包青天情结”

其实，所罗门王的判决多半是一个虚构的故事，但在虚构故事的背后却隐藏着真实的社会观念。这个虚构的故事之所以能够流传千古，不是因为故事本身有多么精彩，而是因

② 参见周天玮：《法治理想国——苏格拉底和孟子的虚拟对话》，商务印书馆1999年版，第33－34页；另见《圣经·旧约·列王记上》第3章，第16－17节。

③ 参见周天玮：《法治理想国——苏格拉底和孟子的虚拟对话》，商务印书馆1999年版，第35－37页。

为人们渴望这个故事是真实的，并且渴望类似的故事能够在现实中重演。这个故事的类似版本也记录在了东方的《灰阑记》和西方的《圣经旧约》中，所不同的是在中国古代，所罗门王的角色替换成了包青天。而关于“包公断案”故事被演绎更加神奇，包公在狐狸报恩、乌盆诉冤、红衣菩萨现化、木头人魇魔、古今盆医瞎子、游仙枕示梦、阴阳镜治阴差阳错等传统戏剧和影视剧的离奇案件中大显神威。

然而，正是这种“包青天情结”，却是无意中充当了渴望“人治”的帮凶。人治的社会现实决定了人治的社会观念，反过来，人治的社会观念又强化了人治的社会现实。这一循环论证看起来顺理成章，但却忽略了一个重要的变量——古代社会的信息技术。与现代社会相比，古代社会的信息技术低下，信息成本高昂。因此，在现代社会很容易处理的案件，在古代社会却成了让人头疼的疑案。倘若把仅仅向古代社会移植现代司法制度而不移植现代信息技术所构筑的土壤，那么，那些多出来的疑案该如何处理？毫无疑问，在不能使用 DNA 鉴定技术的条件下，一个循规蹈矩的现代法官在面对那件争子案时会一筹莫展，而所罗门王的权威却成了现代信息技术的有效替代，古代的贤人充当了证供见证的角色。从另一个角度看，这也反映了在缺乏现代科学技术的时代，人们只能将获得公正司法结果的希望更多的寄托在裁判者个人身上，司法断案在古代是裁判者人格和智慧的展现。④ 对于古代社会的民众而言，最受欢迎的裁判者就是所罗门王和包青天，而不是现代社会那些循规蹈矩的、接受科层治理的法官们，因为前者更有能力处理疑案。

尽管这种裁判技术得到了平民百姓的认可和传唱，但存在不少问题：第一，智慧并不一定和公正相联系，有智慧的头脑并不能保证智慧的公正使用。换句话说，贪官并不是傻瓜，清官也未必睿智。如果将“冤案”与官员贪污建立一种必然的联系，其实是一种基于现代司法语境的历史误解，这实际上是把韦伯所定义的领取固定薪俸的官僚体制视为一种无条件的普适制度；⑤ 第二，智慧是个性化的，因此缺乏制度化的可能。如果两个女人都具有现代博弈论的基本知识，那就无法猜测所罗门王的判决，正是所罗门王的智慧和同意杀死孩子的那个女人的愚蠢的结合创造了一个传说中的判案经典，而现实的世界不应该期待所罗门王式的奇迹。更何况，这种裁判技术在古代实际上并不多见。同时，这实际上有意把裁判者的作用推向了极致，也就是说假定裁判者是唯一的证据搜寻者，而忽略了讼师在纠问制中作为证据搜寻者的现实可能。而在纠问制的审判模式下，古代裁判者的主观性、高昂的证据搜寻成本、证据的数量往往取决于法官以及辅助性司法人员的人数。然而，在有限的编制和财政预算下，裁判者竭尽全力从事治安调查等工作的激励变得很有限。⑥ 由于制度本身的限制，如包公这样通过自己才智设计成本低廉的取证手段的官吏是可遇而不可求，这也是为什么包公案得以一直传唱的原因。

---

④　苏力：《制度是如何形成的》，北京大学出版社 2009 年版，第 104 - 105 页。

⑤　［德］韦伯：《法律与经济》，林荣远译，商务印书馆 1997 年版，第 244 页。

⑥　［美］理查德·波斯纳：《法律理论的前沿》，苏力译，中国政法大学出版社 2003 年版，第 361 页。

事实上，柏拉图的“人治”就是建立在能找出或培养一个无所不知的哲学王的假定之上。哲学王统治所隐含的基本假定是：哲学王有能力收集每一个具体案件的全部信息，包括案件的来龙去脉、完整细节以及当事人的个人偏好、策略选择、初始资源分布等等，进而妥善处理这些信息，及时做出正确决策。然而，与其说哲学王是知识的统治，不如说是信息完全下的统治。现实世界的信息费用是不能忽略的变量，哲学王统治所面临的最大障碍就是高昂的信息费用。⑦ 换句话说，尽管在柏拉图设想的理想国里，哲学王的统治可以把决策失误降低到零值，但与此同时，决策耗费的信息费用却趋向于无穷大。基督教徒之所以相信上帝最终将对一切作出最后的并且是公正的判决，在于其相信上帝无所不知、无所不晓和无所不能。但这些都只是在假设信息完全条件下的思想实验，而不是社会现实。换句话说，现实中的司法判决都是凡人作出的，而凡人对于事实的发现和因果关系的了解都是有限的。其实，柏拉图并不是主张人治，而只是赞美一种完美信息状态的科学知识的统治，而在《政治学》和《法律篇》中柏拉图进入了现实世界，并承认法治是治国的次优规则。如果美德能够约束约束枉法裁判，权威和智慧能够替代现代信息技术，一副理想的司法图景不就呈现出来来了吗？在这个意义上，无论是“所罗门王崇拜”还是“包青天情结”，都不能被简单视为对法治的漠视以及对人治的容忍。事实上，人治不能进行道德化的讨论，“法治”和“人治”的问题不单是一个领导人的认识和决心问题，不能完全忘记制度的形成和建立是社会多种因素制约的产物。⑧ 所罗门王的审判和包青天的情节都隐藏着对古代社会信息技术低下的无奈以及对疑案裁判者能力和高超裁判技术的向往。

二、用谲与疑案判决

（一）摸钟辨盗的故事

《折狱龟鉴》是中国古代一部著名的案例汇编，据说是在五代和凝父子的《疑狱集》的基础上编辑而成的。其中记载了一个著名的“摸钟辨盗”的案件：

> 陈述古密直，尝知建州浦城县。富民失物，捕得数人，莫知的为盗者。述古绐曰：“某庙有一钟，至灵，能辨盗”。使人迎置后閤祠之，引囚立钟前，喻曰：“不为盗者，摸之无声；为盗者，则有声”。述古自率同职，祷钟甚肃。祭讫，帷之，乃阴使人以墨涂钟。良久，引囚以手入帷摸之。出而验其手，皆有墨，一囚独无墨，乃是真盗，恐钟有声，不敢摸者。讯之，即服。⑨

---

⑦ 正如哈耶克正确指出的，人类的任何知识都不足以处理如此复杂的信息问题，集中化的决策机制无法克服高昂信息费用的障碍。参见［英］哈耶克：《致命的自负》，冯克利、胡晋华译，中国社会科学出版社 2000 年版，第 96 - 100 页。

⑧ 苏力：《批评与自恋》，法律出版社 2004 年版，第 166 页。

⑨ 郑克：《折狱龟鉴》（卷七），刘俊文译注点校，上海古籍出版社 1988 年版，第 432 页。

知县陈述古通过向所有嫌疑人伪称“摸钟能辨盗”而设计了一个测试机制，试图将窃贼从无辜者中辨认出来。参与测试的无辜者自然不担心按照测试要求采取行动，而真正的窃贼却害怕暴露自己，因而在这一测试机制中采取了与无辜者完全不同的行动，如此却恰好落入了裁判者的圈套。在中国古代，裁判者利用欺骗手段处理疑案的方法被称为“用谲”。“摸钟辨盗”的“用谲”之所以能够成功，除了知县巧妙的用谲，其关键在于古代社会普遍存在的神灵观念。“某庙有一钟，至灵，能辨盗”，众人对此深信不疑，这就是裁判者所利用的心理游戏。裁判者无法观察或确证当事人的行动，却能够掌握他们的思想和观念。在这个基础上巧妙“用谲”，就可以反过来推断当事人的行动。由此可见，神灵观念为“用谲”的设计和运转提供了可能，神灵信仰也成为古代司法复原案件事实真相的有效替代性手段。但倘若窃贼一开始就不相信钟有“神力”，裁判者的“用谲”就会无果而终。

（二）用谲与信息自我披露

由于笃信神灵的存在，古代裁判者充分利用这种心理所对甄别者进行心理的暗示，这种暗示会在心理上动摇甄别者，进而会影响甄别者的行动，使其露出蛛丝马迹，使疑案柳暗花明。其实，古代司法所总结的“五声听狱”也是利用人“做贼心虚”的普遍心理特点。[⑩] 在古代，人的认知和还原案件事实的能力受到了信息费用和信息技术的制约，并对司法的侦破工作和惩罚概率产生着重大的影响。因此，在已有的物质和技术约束条件下，如果建立一个有效的犯罪人自我暴露机制，弱化信息不对称所造成的影响，还原事实的真相是当务之急，也是对古代高昂信息成本刚性约束的一种适应和有效替代。这也说明，我们看待历史不能剔除当时的社会物质条件和技术水平，片面的将笃信神灵一律贴上迷信的标签。这种标签化的论断会引导我们在还原古代的相关制度以及理解制度的运转规律方面误入歧途。

但是这种“用谲”所带来的效率性和实效性不是绝对的，它的所带来的收益是有限的。诚如吴元元所分析的，利用神灵信仰实现犯罪嫌疑人信息自我披露是因为古代社会的科学技术水平较低，人们的认知水平普遍不高，所分享的往往是由鬼神搭建起来的虚假的因果关系体系上。然而，正是在现代人看来愚昧的观念，却保证了被甄别者对博弈双方的策略收益预期稳定在满足激励兼容约束条件的格局上，为诱使被甄别者通过自我选择暴露私人信息提供了充分的激励。[⑪] 但也正是因为现代大多数已经不再相信举头三尺有神明，导致了“用谲”中满足激励双方的策略性收益预期和原有的博弈矩阵格局均消失。可见，苏力所指出的“神灵信仰在限制人们发现事实能力的同时又增强了人们发现事实的能力”

⑩　苏力：《法律与文学》，生活·读书·新知三联书店2017年版，第147页。

⑪　参见吴元元：《神灵信仰、信息甄别与古代清官断案》，载《中国社会科学》2006年第6期，第133－143页。

是一个非常语境化的命题，是特定社会生活条件支持下的产物，一旦将之置入现代社会的语境下，其有效性需要重新评估。⑫

不仅如此，立足于神灵观念的“用谲”是一种高度个性化的圈套设计，设计者的智慧、偏好以及他对于周围环境的感知和理解都会渗透于其中。和包公的案子类似，之所以被传唱至今是因为典型和难以被模仿。这种灵活运用、因地制宜、因人而异的手段和方法很难被一般化为程序性的制度设计，也因此不会成为被裁判者群体共同分享的知识。从来没有哪一种“用谲”设计能够在多种案件中屡试不爽，也从来没有哪位裁判者能够将其成功经验传授予他人。即使在古代，“用谲”的成功也往往只是昙花一现。可以说，受制于技术手段和社会总福利水平的影响，证据搜寻的成本和收益以及由此推导的证据最佳方式和数量，是随着搜寻者类型的变化而变化的。⑬

正是证据搜寻者的差异，大致上区分了英美国家盛行的对抗制和欧洲大陆法诸国所使用的纠问制之间对信息量和信息来源的不同设计。在现实情况中，裁判者作为司法制度的代理人，是接受国家委托、当事人申请的代理者，将证据收集和事实发现推进到边际成本等于边际收益的最优水平显然不是他们所追求的目标。尤其在纠问制下，裁判者的证据收集并不是一个公开的过程，由此也容易导致民众对司法判决本身可信度的质疑。而在英美的对抗制下，双方当事人自己收集证据证明自己的主张、反对对方主张，证据的收集和交换具有了良好的公开性和可质疑性，对当事人自己来说各自收集的证据都达到了自身边际成本等于边际收益的最优水平。但波斯纳指出，对抗制重复支付了证据的搜寻成本，这对社会来说是一种资源浪费。相比较之下，纠问制下的证据收集有节约成本的优势，然而，这是以降低证据的可信度为代价的。⑭ 不管怎么说，制度的选择取决于当时社会更看重哪个价值以及相应的互补制度安排。从这个层面说，在技术水平和物质水平都不甚发达的中国古代社会，采用纠问制也就不足为奇了。

三、神明裁判与司法决斗

当裁判者智慧欠缺，证据缺乏又或者双方证据势均力敌时，都使得作出一个判决是相当困难的，还有什么比诉诸更高权力者，并将问题推托给神灵更加自然的做法呢?⑮ “神判”又称“神明裁判”，在表象上是借助“神力”来处理疑案的审判方式。据说，神判始于原始社会末期，盛于一些古代奴隶制国家和欧洲中世纪前期封建制国家，在许多国家和民族的历史文献、古老法典、民族习俗中都能看到神判的踪影。首先出现的神誓言法，但

---

⑫ 参见苏力：《法律与文学》，生活 · 读书 · 新知三联书店 2017 年版，第 147 页；吴元元：《神灵信仰、信息甄别与古代清官断案》，载《中国社会科学》2006 年第 6 期，第 133 – 143 页。

⑬ ［美］理查德 · 波斯纳：《法律理论的前沿》，苏力译，中国政法大学出版社 2003 年版，第 360 页。

⑭ 参见［美］理查德 · 波斯纳：《证据法的经济分析》，徐昕译，中国法制出版社 2004 年版，第二部分。

⑮ ［美］亨利 · 查尔斯 · 李：《迷信与暴力——历史中宣誓、决斗、审判与酷刑》，X. Li 译，广西师范大学出版社 2016 年版，第 114 页。

随着神誓的广泛适用，有些面对神灵撒谎的人并没有受到神灵的报应，知情者就会认为神灵也会有错判的时候，因此它的心理威慑作用越来越小，而越来越多的争讼方都敢信誓旦旦，令人难辨真假。因此，古代裁判者不得不寻找其他的证明方法，于是就有了诸如水神、火审等各种各样的神明裁判方法。⑯

中国古代也曾采取神判的方式来解决疑案。⑰《周礼》中所记载的“有狱讼者，则使盟诅”就是将神誓法作为证明案件事实的手段。而古法字的字义反映了当时兽审术的普遍运用，东汉王充就曾在《论衡》中指出，“皋陶治狱，其罪疑者，令羊触之，有罪则触，无罪则不触”。⑱ 神判的方式也是多种多样，其中以水、火考验最为常见（比如“捞沸判”和“铁火判”），“占卜判”、“血迹判”、“宣誓判”也是比较常见神判方式。古印度的《那罗陀法典》也记载了火审、水审、毒审和抽签审。在近代中国西南、北方少数民族习惯法中，神判有许多具体的的表现形式，如吃血、捞油、闷水、点蜡烛、煮物、捧铧、猎头、秤称、上刀梯、火中取物、装袋、嚼米、砍鸡、剁狗等。⑲ 为什么神判在初民社会和古代社会广泛存在？因为那时的神灵观念深入人心，大家都相信神明的存在，人们借此自我催眠，认为神明会进行干涉并且使事按照永恒的正义进行。⑳ 因此付诸“神”的裁判的案件的重点已不在于案件本身谁对谁错，而在于是否能通过这样一种“让上帝成为其证人”的方式让在裁判中的输家心服口服。㉑ 神判因此也成为裁判者所寻求的一种强有力的观念支撑，也成为他们借助上天来使自己免于承担责任的借口。

神明裁判并不是通过神灵的庇佑而揭示案件事实的真相，而是通过影响犯罪嫌疑人心理的方式来促使其自吐（露）真相。因此，即使是古代社会和初民社会中，神判也只被局限于疑案的场合，只有当常规证据穷尽而案件事实依然真伪不明的时候，神判才被迫不得已地使用。㉒ 显然，尽管那个时代的人们笃信神灵，但他们仍然很清楚，神判并不可靠，因神判而出现的冤案在所难免。由此推测，神判之所以被采用，必定因为神判的收益超过了神判的成本。毫无疑问，作为一种处理疑案的司法技术，神判首先是一个低成本的纠纷解决机制。信息技术的低下决定了初民社会和古代社会必然要面对众多疑案。如果纠纷因案情不明而长期得不到解决，就会积累怨恨、激化矛盾，最终导致纠纷的扩大和升级。倘把社会类比一个有机体，纠纷就可被视为社会的病理机制，有病而不及时医治的结果自然是病症加深，乃至病入膏肓。神判的最重要价值就在于它能迅捷方便地解决纠纷，从而避

---

⑯ 何家弘：《司法证明方法与推理规则》，法律出版社2018年版，第37页。

⑰ 陈光中：《古代疑罪处理原则异同反映立法宗旨变迁》，载《检查日报》2018年6月5日第003版。

⑱ （汉）王充：《论衡》，陈蒲清点校，岳麓书社2006年版，第228页。

⑲ 参见邓文敏：《审判论》，贵州人民出版社1991年版，第10页。

⑳ ［美］亨利·查尔斯·李：《迷信与暴力——历史中宣誓、决斗、审判与酷刑》，X. Li译，广西师范大学出版社2016年版第268页。

㉑ 参见叶英萍、李春光：《论神明裁判及其影响》，载《法学家》2007年第3期，第38－40页。

㉒ 参见徐昕：《司法决斗考》，载《法治与社会发展》2007年第1期，第33－35页；Robert Bartlett, Trail by Fire and Water: The Medieval Judicial Ordeal, Oxford University Press, 1986, pp. 26－29。

免了纠纷的扩大和升级。尽管神判可能导致冤案，但错误地解决纠纷也比纠纷得不到解决的结果要好，更何况，神判并不必然导致冤案。假定纠纷扩大和升级的实际损失是 L1，概率是 P1；冤案出现的实际损失是 L2，概率是 P2；那么，当 L1P1 > L2P2 时，采用神判就是合理的。

事实上，神判不仅仅是纠纷处理机制，也是威慑和惩罚机制。对于被怀疑有罪的人而言，神判是一种实质性的概率性惩罚，接受神判的当事人要承担致死和受伤的巨大风险。神判的惩罚性质在《汉穆拉比法典》和《萨利森法典》中可以看得十分清楚。《汉穆拉比法典》第2条规定，"被告巫术和通奸的人，为洗脱嫌疑，应自己投河自证清白"。日耳曼人的《萨利克法典》第53条规定，"如果被告人取得控告人的同意，也可用赎金免掉神明裁判"。两部古代法典都允许接受神判的犯罪嫌疑人支付赎金，支付赎金就可避免因接受神判而承担的致死和受伤的风险。从赎金可以被视为对疑案中的犯罪嫌疑人的从轻处罚来看，神判隐含着一种"疑罪从轻"的逻辑。事实上，即使不允许犯罪嫌疑人支付赎金，神判中"疑罪从轻"的逻辑仍然成立，因为与直接执行死刑和肉刑相比，仅仅接受神判还存在侥幸逃脱惩罚的可能。当然，在确实无法发现案件真相或因对因果关系存在错误理解，必须诉诸神明裁判来分配过错或罪责，在这种情况下的确可能造成无辜者受罚。但从概率上看，每个人受罚的概率是均等的，至少规则比实质的对错更重要。㉓

类似的，决斗审判也是利用了人的心理，有罪或者说心虚的案件当事人也可能因为心虚气馁而在决斗中失败。需要指出的是，在司法性决斗的讨论中，"决斗断讼"是一种司法制度，而"决斗"的习惯则是一种几乎存在于各个种族和时代的普遍现象，两者有很大的区别：前者是为了探查真相、公正执法，而后是寻求报复、获得赔偿。㉔ 因此，本文所讨论的决斗主要是指司法决斗。决斗通常被归类为神判的范畴，这不仅是因为当裁判者遭遇疑案时，通过决斗来解决的纠纷的逻辑与神判类似，还在于决斗本身就包含着神判的因素——决斗在其盛行的中世界欧洲就被称作"上帝的裁决"。因为人们相信，上帝不会让无辜者在决斗中被击败。㉕ 决斗是上帝审判的最早形式，已被证实曾在欧洲广泛使用，最早可以追溯到中世纪的早期。㉖ 但在事实清楚、案情轻微的案件中，一般不适用决斗。㉗同时，决斗审通常限定在地位很高的人之间进行，决斗的胜利者就是法律争端的赢家。相应的，前文提到的其他上帝审判的方式，往往适用于地位较低，没有决斗资格的平民百姓。与神判一样，决斗也是惩罚机制、威慑机制和纠纷解决机制的三位一体。其主要功

㉓ 参见苏力：《制度是如何形成的》，北京大学出版社 2009 年版，第 8 页。

㉔ 参见［美］亨利·查尔斯·李：《迷信与暴力——历史中宣誓、决斗、审判与酷刑》，X. Li 译，广西师范大学出版社 2016 年版，第 116－117 页。

㉕ 参见徐昕：《司法决斗考》，载《法治与社会发展》2007 年第 1 期，第 33－34 页。

㉖ ［美］惠特曼：《合理怀疑的起源》，佀化强译，中国政法大学出版社 2012 年版，第 84 页。

㉗ 参见［法］孟德斯鸠：《论法的精神》（下册），孙立坚等译，陕西人民出版社 2001 年版，第 630－631 页。

能，除了避免纠纷扩大和升级（终局性）以及威慑潜在罪犯之外，还能抑制伪证和约束法官。㉘ 从某种意义上讲，司法决斗可视为对抗制诉讼模式的渊源之一，武力争斗演变为法庭上的和平对抗，只是诉讼的“武器”有所不同而已。㉙

这些花样繁多的上帝审判方式虽引人入胜，但也招致了大量的批评，甚至这些审判方式已经作为古代社会野蛮残暴的典型例证被植入教科书和大众的道德认知中。这也给了我们一种错觉，认为神明裁判和司法决斗是古代司空见惯的裁判手段，而忽略了古代社会的神判只被局限于疑案场合不得已而使用的事实。然而，我们越是了解人类的过往历史，就越能证明关于人类堕落的旧有研究结论的肤浅。至少在特定的进化阶段中，迷信可以建构出节省社会控制成本的有益的社会制度。㉚ 决斗、神判和不久之后出现的酷刑等三种制度，或多或少都使被告人面临“自证其罪”的困局，而这与现代法律原则“任何人不必自证其罪”相背离。换句话说，这种否定性证据制度，实际是古代社会对有罪推定制度的无条件认可。㉛ 迷信可以被视为一种人类制度进化中不可避免的现象或阶段，而在晚近的发展中被更为精确的手段所替代。然而，这是一个相当缓慢推进的过程，只有在国家预算充足、国家控制力增强以及人类认识世界和改造世界的能力提高后才会逐步发生。

四、海瑞定理的司法经验

“海瑞定理”是一个法学者忽视了的词汇，却是很值得耐心钻研的一个领域。海瑞定理是明代地方行政官员海瑞曾经总结过他处理“疑案”的一些司法经验。海瑞是历史上有名的两袖清风的廉洁公正官吏，在塑造这一人物典型时，民众的深厚“包青天情结”依然夹杂其中。以长幼有序的儒家伦理以及贵贱有别的等级观念为依托，海瑞在疑案判决中会根据当事人年龄、辈分、身份、地位的差异而区别对待。他以例举的方式阐述了这些一些司法经验：

> 窃谓凡讼之可疑者，与其屈兄，宁屈其弟；与其屈叔伯，宁屈其侄；与其屈贫民，宁屈富民；与其屈愚直，宁屈刁顽。事在争产业，与其屈小民，宁屈乡宦，以救弊也。乡宦计夺小民田产，债轴假契，侵界威逼，无所不为。为富不仁，比比有之。故曰救弊。事在争言貌，与其屈乡宦，宁屈小民，以存体也。乡宦小民有贵贱之别，故曰存体。若乡宦擅作威福，打缚小民，又不可以存体论。㉜

㉘ 参见徐昕：《司法决斗考》，载《法治与社会发展》2007 年第 1 期，第 33 – 39 页。

㉙ 徐昕：《司法决斗考》，载《法治与社会发展》2007 年第 1 期，第 37 页。

㉚ ［英］弗雷泽：《魔鬼的律师——为迷信辩护》，东方出版社 1988 年版，第 1 页。

㉛ 参见［美］亨利·查尔斯·李：《迷信与暴力——历史中宣誓、决斗、审判与酷刑》，X. Li 译，广西师范大学出版社 2016 年版，第 81 – 89 页。

㉜ 陈义钟编校：《兴革条例》，《海瑞集》（上册），中华书局 1962 年版，第 117 页。

海瑞定理所包含的疑案处理思路与现代司法追求“程序正义”的司法策略大相径庭。尽管海瑞使用了具象表达的方法，但其处理疑案的经验，无论是从技术层面或者是制度层面，却明显表现出可以与现代司法制度共同分享的经济学逻辑：即当司法者遭遇疑案时，应综合考量各种因素以最小化社会损失。苏力先生从海瑞的司法经验中抽象出两条处理“疑案”的一般性原则，并命名为“海瑞定理”。[33] 桑本谦教授接续苏力的讨论，继续挖掘海瑞司法经验的经济学内涵，将“海瑞定理”从技术和制度两个层面进行了拓展和延伸。[34] 综合两位学者的研究，把“海瑞定理”逐条列出如下四个要点：第一，涉及争夺财产的疑难案件中，应将无法界定的产权应配置给经济资产缺乏的一方；第二，涉及争夺声誉的疑难案件中，应将无法界定的产权应配置给文化资产丰裕的一方；第三，在其他因素无法比较的条件下，疑案的判决应选择错判概率较低的方案；第四，在其他因素无法比较的条件下，疑案的判决应当有利于证明成本较高的一方当事人。

由此可见，如果冤枉任何一方当事人都会产生实际损失，或者说，如果错误地剥夺一方当事人的利益比错误地剥夺另一方当事人的利益会造成更大的损失，司法者就应当选择一种损失较小的错误。基于这个逻辑，海瑞总结说：倘若“事在争产业”，则“与其屈小民，宁屈乡宦”；倘若“事在争言貌”，则“与其屈乡宦，宁屈小民”。在其他各种因素可控的状态下，将错判风险概率转嫁于文化资产弱势的一方当事人或者经济资产优势的一方当事人有利于将错判造成的实际损失减少到最低，可以削弱上诉的激励、减少上诉的数量，节约国家司法诉讼成本。[35] 然而，即使在疑案中，实体意义上的错判也只是一种概率性损失，换句话说，疑案与错判之间的因果关系并不确定，疑案并不必然导致错判的发生。[36] 打个比方，疑案的判决就像赌博，如果考虑到不同判决的错判概率不等，那么判决的赌注就应当押在更可能获胜的一方。苏力并没有比较错判概率这个因素，而桑本谦将“错判概率”引入判决考量，疑案裁判就变为最小化“预期错判损失”而不是“实际错判损失”，而“预期错判损失”是“错判概率”与“实际错判损失”的乘积。[37] 在海瑞的表述中，“与其屈小民，宁屈乡宦”，以及“与其屈愚直，宁屈刁顽”都具有降低错判概率进而减少预期错判损失的考量，而非仅仅为了降低错判的实际损失。

在海瑞的问题上有很多误解，如果仅把他看做是一个清官，这只是一个道德上的评价，而黄仁宇的书出来之后又形成了古代官吏都愚昧无知的看法，这对中国文化是一个不小的打击。当然，海瑞被后人误解，很重要原因就是海瑞用的例子都不太中性化，使得现代读者一开始就对海瑞所提到的当事人的身份产生反感，进而就不再有心思去关心身份背

---

[33] 参见苏力：《“海瑞定理”的经济学解读》，载《中国社会科学》2006 年第 6 期，第 116 – 132 页。

[34] 参见桑本谦：《疑案判决的经济学原则分析》，载《中国社会科学》2008 年第 4 期，第 108 – 122 页。

[35] 参见苏力：《“海瑞定理”的经济学解读》，载《中国社会科学》2006 年第 6 期，第 117 – 130 页。

[36] 桑本谦：《疑案判决的经济学原则分析》，载《中国社会科学》2008 年第 4 期，第 109 – 117 页。

[37] 桑本谦：《疑案判决的经济学原则分析》，载《中国社会科学》2008 年第 4 期，第 109 – 117 页。

后所蕴含的道理了。[38] 其实，现代法律或多或少的将海瑞定理法律制度化了，海瑞的“错误”其实是一个时代的局限所造成的。无论海瑞个人成功还是失败，这都不重要，重要的是他已经发现了问题并获得了理解。海瑞看到了司法对社会财富所具有的重新分配作用。如果社会中的所有人都忙着去打官司，国家的人力资源都放在法律上，而不致力于创造新的财富，那么对整个国家而言并不是什么好事。海瑞定理涉及一个差别保护的问题，包括对经济资产上的弱势保护原则和文化资产上的优势保护原则。这说明，不同群体的公正感，受到分配结果的主观评价的影响。但这种对于分配结果的主观评价，其实直接源于其身份或需求，才产生公正观念的认知差异。[39] 因此，司法公正意味着，不仅仅是无差别的平均分配资源，而是基于不同身份或需求的人士合理期待分配资源。这也说明，没有绝对的抽象正义，而应在特定语境中，在个案中实现具体正义。[40]

五、结语

任何一个社会的司法制度都必须妥善控制疑案的数量，疑案数量的膨胀是司法失败的标志之一。古代社会的民众不见得对法治的优越和人治的弊端一无所知，他们完全可能预见到不受限制的权力将会带来莫大威胁，但在面对数量众多的疑案时，他们宁愿对这种独裁权威表现出容忍，当然，前提是掌握这种权威的人必须具备智慧和美德。如果说所罗门王的审判是对当事人成功威胁的话，那么“摸钟辨盗”则是利用虚构的神灵而实施的欺骗。但对于处理疑案而言，骗术的效果也有限。严格的说，无论是所罗门王的审判，还是“摸钟辨盗”，都算不上真正意义上的疑案，它只是裁判者在即将宣判的时刻突击性地启动了“侦查行动”，或者通过伪装的恫吓，或者借助巧妙的骗局，让原本注定的疑案刹那间又柳暗花明。也就是说，在那个场合，法官充当了警察的角色，这也是古时“司法行政不分”的一个表现。尽管这些处理疑案的技术堪称高明，但在现代司法制度和法律方法的语境中却是不可想象，也无法接受的。除了上文讨论的那些限定条件之外，侦查程序与审判程序的严格界分也成为一个现实的程序性障碍。在现代司法制度中，法官已经不太可能兼任警察的侦查职能，居中裁判与收集证据的司法分工也越来越细化、制度化。不仅如此，倘以现代司法制度的原则来衡量，所罗门王审判和“摸钟辨盗”在获取证据的手段是否合法存在明显的疑问，更不用说使裁判符合现代法律解释和法律论证的基本规则。可以说，所罗门王通过威胁获取的口供应该属于无效证据，至于“摸钟辨盗”的骗局，控诉一方几乎肯定要面对被告人的抗辩。

实际上，神判和决斗也具有探知事实真相的有效性。在神灵观念深入人心的情况的

---

[38] 参见苏力：《法学人遇上“麻雀”——关于个案研究的一点反思》，载《法律和社会科学》2015 年第 2 期，第 192 页。

[39] 侯猛：《如何评价司法公正：从客观标准到主观感知》，载《法律适用》2016 年第 6 期，第 11 页。

[40] 参见 Amartya Sen, *The Idea of Justice*, Harvard university press, 2009。

下，违法犯罪者难免心里紧张或心虚气馁，因此更可能在经受吞服食物或饮料的考验中失败，或者更可能在决斗中被击败。[41] 因而，将证明责任转嫁给双方当事人，如果真的受了冤屈的一方当事人无法提供有效的和有利于自己的证据，那么就要承担败诉的结果，这是程序的正义和司法裁判所要达到的真正效果，即让当事人服判。[42] 瞿同祖先生在其《中国法律与中国社会》一书中指出，当嫌疑人不能以人类的智慧断定他是否犯罪时，不得不借助于神灵，而借助神灵最简单的方法是看他能够通过一次出生入死的危险检验。这种以生命做赌注的方式是以神为裁判者，同时也是执行者。[43] 我们也晓得神判法是人们在不能利用自己的智慧来搜索犯罪证据或迫使犯罪嫌疑人吐露实情时，不得不仰赖于"神"的一种方法。等到人们能利用自己的智力来判断人的犯罪行为时，便不需"神的裁判"了，而世界各国无不经历过以刑讯来替代神判的阶段。[44]

疑案的判决逻辑总是与社会强势观念相协调。在所罗门王时代，它拥有的权威令人深信不疑；在崇尚神明的时代，神判让参与者心服口服；在海瑞的时代，神灵观念早已淡漠，儒家伦理纲常的支配地位已经获得国家和社会的普遍认可，并已发展为社会主流观念和国家意识形态。因此，海瑞的司法经验之所以努力与长幼有序的儒家伦理以及贵贱有别的等级观念协调起来，其目的仍然是为疑案判决寻求观念支撑、舆论支持和制度依据，归根结蒂是强化疑案判决说服力的一种法律修辞。倘若海瑞真如黄仁宇所设想的，在当时的司法裁判中高举人权的大旗，强调法治与正义，那么海瑞的判决就会与传统儒家的伦理观念格格不入，将彻底淹没在当事人的反抗、公众的质疑，甚至锒铛入狱。相反，在现代社会则需要"持法达变"，用法治思维和法治方式调整社会关系、化解社会矛盾、解决社会纠纷。[45]

在现代法治原则的语境中，古代社会应对疑案的司法技术通常被贴上野蛮或愚昧的标签。然而，无法否定的是，神灵信仰导致了信息自我披露，这是有着特定时代背景的，是建立在古代社会较低认知能力的基础上的。由于系统性认知水平低下及缺乏相应的技术支持手段，人们之间往往分享了其当下知识无法辨识真伪的虚假因果判断。今日社会现状，科学技术的发达，刑侦技术的先进，"无神论"宣传的教育深入人心，"因果报应"的理念也被物欲横流所淹没，也就是说"用谲"的有效性只是"历史典故"。同时本文的分析表明，在司法预算和信息费用的刚性约束之下，古代司法者应对各种疑案司法技术是高度理性的，其隐含的经济学逻辑与现代司法相当契合。不仅如此，在疑难案件问题的处理中

---

[41] 参见 Robert Bartlett, Trial by Fire and Water: The Medieval Judicial Ordeal. Oxford University Press, 1986, p. 160。

[42] 参见桑本谦：《疑案判决的经济学原则分析》，载《中国社会科学》2008 年第 4 期。

[43] 瞿同祖：《瞿同祖法学论著集》，中国政法大学出版社 2004 年版，第 283 页。

[44] 瞿同祖：《瞿同祖法学论著集》，中国政法大学出版社 2004 年版，第 285 页。

[45] 参见陈金钊：《法律如何调整变化的社会——对"持法达变"思维模式的诠释》，载《清华法学》2018 年第 6 期。

都展现了一种自上而下的制度构建，与自下而上的经验探索并存、由科层权威与集体智慧共同保证裁决相对正确的特点。[46] 仅应对疑案而言，古代司法制度及证据法规则所展现出来的精巧、智慧和有效性，较之以法律解释、法律论证和法律修辞等构筑的现代法律方法并不明显逊色。而那种在当下中国学术界常见的、以现代司法原则为标尺去评价古代司法制度的做法，不仅容易得出一些语境错乱的结论，而且会遮蔽一些全面理解古代社会何以有序运转的重要知识。

（编辑：吕玉赞）

㊻ 参见孙光宁、吕玉赞：《规范法学与社科法学交融的法律方法研究》，载《山东大学学报》2018 年第 6 期。

特殊断讼时代的证据史反思

——中世纪法律思维初探

郝晓宇*

摘　要　当我们按照法律证据历史的理性主义传统来对誓言、决斗、神判的特殊断讼方式进行讨论时，其实已经遮蔽了特殊断讼方式与法律证明方式之间极为重要的紧张、冲突、异质的关联本身，正是特殊断讼方式所根本表征的复仇、战争机制，启示着我们重新思考现代法律思维和证据法学的历史价值。现代证据法学面对非法学科学的知识洞见时，那种无可奈何又无可抗拒的状态，也许能从中世纪法律思维在誓言断讼、决斗断讼和神判断讼的运作机制中，得以反思。

关键词　证据历史　特殊断讼方式　司法裁判　战争机制

一、引言

假如你是一个法庭上判定事实真伪的陪审员，当你依据自己的经验、常识和直觉认定被告在说谎，而这名被告却在专家证人的佐证下得出确有其事的相反结论，此时，在内心确信和专家证据之间，你将如何取舍呢？

随着心理学、逻辑学、统计学、精神分析学等大量非法学科学涌入司法证明的过程，依据经验常识和内心信仰对事实本身形成的判断确信，越来越难以保持那份抗拒科学洞见或专家证人的绝对自信，以至于很多学者在对证据法学的未来表达担忧时，不时回想起神明裁判时代下决斗断讼、神判断讼的情景：当时面对神明力量的全知全能有多么无知和依

* 郝晓宇，男，内蒙古托克托县人，北京航空航天大学法学院法学理论博士研究生，研究方向为法学理论、证据法、诉讼法史。

赖，现在面对科学证据的客观真实就有多么无知和依赖①。实际上，这既显示出理性主义传统下现代证据法学的某种无奈，也显示了这种理性主义传统对特殊断讼时代的根本误解。

在现代理性裁判方式下，事实问题与法律问题截然分开，一边是判定事实主张真伪的证据证明，另一边则是将证明的事实归属于法律规定之下的司法裁判。这不仅意味着纯粹规范性的法学方法只能日益局限在证据的可采性规则上，如排除原则怎样、传闻规则如何，而将证据的证明原则全然让位于经验常识、心理学、逻辑学等，以此必将导致证据证明力的等级问题；更重要的是，一旦把事实问题与法律问题搅为一体，就会让事实认定的目标缺失真相的理性品格，让司法裁判远离公正正义的价值，而且还会犯有滥用权力之嫌。可是，当带着这些法律/事实、理性/非理性、正义/非正义的前提预设来思考神明裁判时代的证据历史时，我们就会不加反思地掩盖一个根本问题——"证明方式"与"断讼方式"的异质。

本文试图分别从宣誓断讼、决斗断讼和神判断讼的共通品质和各自特点入手，摒除在证据法学中理性传统②或神学根基③"倒因为果"的理论预设，并尝试提出用现代证明方式所无法囊括概尽的断讼方式的本质差异，其中所蕴藏的偶然性、不确定性，与现代证据法学所面对科学洞见、专家知识时的偶然性、不确定性，正相对立。现代证据法学要想解开理性主义传统自身的无奈，认真反思特殊断讼时代的证据历史，似乎必不可少。

二、宣誓涤罪的"事件"

从文字出现的最古老时代，就能发现用起誓来洗脱罪责的记录，比如远在荷马史诗，天后赫拉为了洗脱自己的罪名，就以主神宙斯的高贵头颅和他们的婚床起誓；在《摩奴法典》中，誓言更是证据缺失时的充分证据："在没有证人的案件中，法官不能彻底了解真理在诉讼两造中哪一造时，可利用宣誓取得认识。"④ 到了后来蛮族时代乃至封建时代的欧洲大陆，宣誓断讼仍然是长久流传的民间习惯。所谓宣誓断讼，主要是指被控陷入诉讼者，要么单独宣誓涤罪，要么在血缘亲属和附庸、教会中的一群同伴，如宣誓者、共誓人、圣职者、祝颂者、辩护者的陪伴下，共同发誓否认被告罪行。

首先，宣誓真的是诉诸神明或自然力量，从而源于敬畏、震慑或信仰、迷信，最后诚

① ［美］达马斯卡：《理性证明方式与非理性证明方式重述》，吴宏耀、魏晓娜译，载《比较法视野中的证据制度》，中国人民公安大学出版社 2006 年版。

② 参见［英］威廉·特文宁：《证据理论：边沁与威格摩尔》，吴洪淇等译，中国人民大学出版社 2015 年版；［英］威廉·特文宁：《反思证据：开拓性论著》，吴洪淇等译，中国人民大学出版社 2015 年版。

③ 参见［美］詹姆士·Q. 惠特曼：《合理怀疑的起源：刑事审判的神学根基》，佀化强、李伟译，中国政法大学出版社 2012 年版；佀化强．形式与神韵：《基督教良心与宪政、刑事诉讼》，上海三联书店 2012 年版。

④ ［古印度］《摩奴法典》，［法］迭朗善译，马香雪转译，商务印书馆 1982 年版，第 179 页。

实地说出真相？这个质疑可以一并指向决斗和神判中的心理、生理等合理性原因分析⑤。这些被学者归属为巫术力量、宗教力量的誓言，也许只是某种“幻想”的结果。正如伯尔曼在法律、宗教、革命的关系之间不断试图阐明的脉络那样：这些断讼方式，既是法律的，也是非法律的，既是宗教的，也是非宗教的——它们是法律传统或宗教传统形成之前的东西。所以，思考这些断讼方式，就不是旨在得出一个否定或看似肯定的答案，以此再次确信理性或信仰的力量，而应该提示我们重新思考：何为法律，何为宗教。

因此，对于誓言，人们可能忠于誓言，更有可能发伪誓⑥——“这种规则不过是将亲属们聚合在一起抵挡来自法庭的沉重压力，就如同他们在战斗中共同御敌一样；正如他们对于任何犯罪（罪行）所引起的罚金都共同承担那样，他们大可以冒着被判处伪证罪、支付罚金的危险，以求避免因亲属被定罪而肩负沉重负担。”⑦ 可见，这里的誓言断讼与事实真相并无关联，那些共誓者，如同在战斗中共同御敌一样，只是分担被告的否认誓言而已。

此外，在单独宣誓涤罪或共誓涤罪的情形中，涤罪方式的选择，虽然部分取决于罪行，但法庭考虑更多的，就是被诉者的身份。一个人的身份地位越高，就越适合宣誓。而且，在断讼方式的适用顺序上，对于宣誓、神判、决斗也有先后等级的区别。如在诺曼征服英格兰之前，英格兰和丹麦的国王克努特大帝，曾在《克努特法典》中对适用宣誓涤罪的资格做出分类：第一种是从未在宣誓或神判中失败，且声誉良好、值得信赖的人，他们被准许以其自身的誓言洗刷嫌疑；其次是不值得信赖的人，他们就需要宣誓助讼人帮助；最后一种是既不值得信赖又无法找到宣誓助讼人，这些人只能进行神判⑧。

由此可见，庞大氏族集体与势单力薄者，自由人与非自由人，本地人与外地人，男人与女人……总之，强者与弱者，或者原本不平等的经济政治力量，就在特殊断讼方式中，继续保持不平等的利害地位。宣誓涤罪，是只以言说就获得法律对无罪的确认行为，这种誓言，不要求、不预设主体的知觉、选择、适度的能力，而是直接表明言说者所代表的力量、特权，表明使用者的血缘身份和社会地位。在话语等级、地位、强弱的较量中，宣誓者说出誓言：“我相信他无罪”，而非“我证明他无罪”。这种不平等的力量和地位，并不需要后来法律话语那样的“掩藏”或“消除”，反而是极力彰显；无视事实真相的明显不

---

⑤ 从心理、生理以及其他合理性原因的详细分析，可参见：Rebecca V. “Colman. Reason and Unreason in Early Medieval Law”. *The Journal of Interdisciplinary History*, Vol. 4, No. 4, 1974, p. 571 – 591. Ian C. Pilarczyk. “Between A Rock and A Hot Place: The Role of Subjectivity and Rationality in the Medieval Ordeal by Hot Iron”. *Anglo – American Law Review*. Vol. 25, No. 87, 1996, p. 87 – 112。

⑥ 对此，阿甘本从语言结构上对誓言与诅咒的关系提出了深刻解析，参见：［意］阿甘本：《语言的圣礼：誓言考古学》，蓝江译，重庆大学出版社 2006 年版，第 71 – 73 页。

⑦ ［美］亨利·查尔斯·李：《迷信与暴力：历史中的宣誓、决斗、神判与酷刑》，X. Li 译，广西师范大学出版 2016 年版，第 67 页。

⑧ ［英］罗伯特·巴特莱特：《中世纪神判》，徐昕、喻中胜、徐昀译，浙江人民出版社 2007 年版，第 44 页。

公平、不正义，也不与诉讼宗旨违背，特殊断讼时代的法律程序，似乎就是要通过一系列手段确认不平等的秩序。

需要注意的是，不平等的秩序构建，往往要求具备某种仪式化的平等尺度。在宣誓涤罪的程序里，宣誓涤罪者的品格、地位，誓词宣读仪式的极其苛刻，共誓人的血缘要求或人数等规定，任何一项内容一旦与要求不符或稍有差错，比如曾有伪誓记录，比如在宣读涤罪誓言时有任何口误或语法错误，比如共誓人的资格或数量没有达到法律规定，都有可能导致失败。而且，失败的不利后果，不是只由当事人一个人承担，而是由那些参与其中可能获益的助讼人按照亲疏远近的关系一起分担。

但是，不论种种平衡的手段如何维护着强弱、大小、等级、地位的不公平秩序，只要将断讼方式不是不加反思地当作一种等待证明的事实，而是视为一种“事件”⑨，那么事件本身就会释放不可预测的未知和偶然。因为，誓言的效力取决于决斗能力的保障，决斗胜败，直接导致伪证与否的后果：

> “败北不仅意味着输掉官司，而且意味着伪证罪的判决，败诉的一方还会因此受到惩罚；而在刑事案件中，它也意味着败诉的申诉人被判犯有诬告罪。这被认为比单纯的输掉官司严重得多，如诺曼底人的习惯条文中就规定：决斗的败方判处伪证罪，说假话的证人和其他名誉扫地者以后不得出庭作证，亦不得充作陪审员。据此，我们发现被击败的一方，无论是原告还是被告，都会受到或轻或重的惩罚，因时间和地点不同而各异。与此类似的，在819年，‘虔诚者路易’的敕令规定：在双方各执一词、真伪难辨的案件中，各方应当选出一位证人格斗以决出结果，败方会遭受伪证罪的通行惩罚——砍掉一只手；而败方其余的证人们被允许有特权，可以支付法定费来为受难的同侪赎罪。”⑩

当然，这样的事件不可避免地会引发最大不公和最大的恶，而且会被人责备为普遍存在的不平等，但是在事件中，最弱小者可能就是最强壮者，最卑微者可能就是最高贵者，最无知者可能就是最睿智者，最恶者也可能就是最善者，就像基督耶稣的审判和复活那样，位于力量端末的卑微，竟然能够成为最大的强力和必然。简言之，断讼事件在力量决斗的保障中，为最大的正义和最大的善，开放可能。

三、司法决斗的目的

比宣誓涤罪所隐藏、表征的背后力量对决，更简单、更直接的方式，无疑是司法

---

⑨ 对于“事件”的意义，巴丢以“保罗心中的耶稣复活”为例，进行了深刻解说，可参见：［法］阿兰·巴丢：《圣保罗》，董斌孜孜 译，漓江出版社 2015 年版，第 75 页。

⑩ ［美］亨利·查尔斯·李：《迷信与暴力：历史中的宣誓、决斗、神判与酷刑》，X. Li 译，广西师范大学出版 2016 年版，第 183－184 页。

决斗：

> “在吸收了每一个时代和国家的偏见和信念之后，司法性决斗被小心翼翼地塑造成型，由此完全可以想象，司法决斗在日常生活事务中扮演着何等重要的角色。它如此巧妙地与整个法学体系交织在一起，以至于人人自危，因为人们不可避免地随时可能作为原告、被告或证人受到法庭的传唤，不得不依靠自己的武功或者一帮专业人士，甚至很可能是些不可靠的亡命之徒，以保护自己的财产和生命。这些有组织的暴力行为本身，被认为是合乎教义的爱与和平的拘束……”⑪

事实上，没有任何问题是不能靠一场决斗来解决的，或者说，上至国家的外交问题、主权问题、立法问题，下至个人的财产纠纷、名誉维护、道德责任，实质都是一种决斗。但决斗的普遍，并非愚钝、落后、野蛮、残酷可尽数，就司法决斗而言，在把暴力行为维持、模仿、规范在司法程序上时，就是意欲在公平规则下，处于劣势或优势的一方，以决斗行为中止“战争状态”：

> “当一种战争状态因某些行为而存在于上流人士之间，且世系中的某些成员因该行为而请求决斗裁判时，战争状态即告中止，因为显然他们希望通过司法程序对该罪行伺机报复，这便是该战争状态中止的原因。只要有人在此司法程序中对另一方犯下任何暴行，他就将因该行为而受惩罚……”⑫

所以在司法决斗中，决斗的目的，不是激起与之对抗的无穷无尽的争斗，而是以战争手段达到的胜利或失败结果，暂时中止战争状态。这与霍布斯努力把战争状态变成潜在的契约状态、和平状态完全不同：不是缔结法律，不是自然理性，也不是自由道德，而是战争机制本身，要求以战争的方式——比如司法决斗——中止战争状态。无需借由公共契约来拟制、意指、超越战争进而追求和平，战争本身蕴含着中止战争的必要，也蕴含着中止战争的方式。

这种中止战争状态的战争方式，正是司法决斗的作为特殊断讼方式的意涵。首先，“在战斗开始之前，指导格斗的一般原则得到各方的绝对支持，其诉求的正义性就建立在这些原则之上，并通过福音书或者公认的圣物发下神圣的誓言加以确认。”⑬ 指导战斗的

---

⑪ ［美］亨利·查尔斯·李：《迷信与暴力：历史中的宣誓、决斗、神判与酷刑》，X. Li 译，广西师范大学出版 2016 年版，第 144 页。

⑫ ［英］罗伯特·巴特莱特：《中世纪神判》，徐昕、喻中胜、徐昀译，浙江人民出版社 2007 年版，第 149 页。

⑬ ［美］亨利·查尔斯·李：《迷信与暴力：历史中的宣誓、决斗、神判与酷刑》，X. Li 译，广西师范大学出版 2016 年版，第 182 页。

一般原则，是决斗双方心知肚明且绝对支持的——即便被迫“支持”——因为正当表达诉求的方式就建立在这种原则之上，否则既无表达诉求的可能，更无正当可言。其次，这些原则也能从根本上杜绝结果的不正当或对结果的不满足，因为在决斗过程中，从双方手持平等武器开始，包括决斗的程序、条件、限制，到争议结果的判别，不仅有详尽细致的法律规定，还有在不平等条件下的矫正方式。比如一旦出现男女决斗的情形，有的习惯法规定，女方可以自由移动，以内装四五磅重石头的投石器攻击；男方则站在齐腰深的坑洞中，手持棍棒⑭。简言之，这些普遍、详尽几乎无以复加的习惯法规定，就是希望以相对公平的战争方式保证战争中止的结果——以战止讼。在平等原则得到遵守的前提下，决斗结果就是这种法律诉讼所能达到的最大“正义”。

然而，这种“正义”的野蛮、荒谬、偏颇，显然与理性抽象的法律话语完全背道而驰：那个明显“应当受到惩罚的人”、“罪犯”，竟然能够在司法决斗中获胜而免除罪责，这难道不是最大的不公正吗？可是，如果能够克服支撑这种质问的坚实依赖，如果能够克服法律话语的预设而回到战争机制本身，就会发现：一方面，司法决斗的偏颇不公，丝毫没有违背此时的讼争目的，即以法律诉讼这种仪式化和形式化的战争方式，以要么胜利要么失败的决斗结果，抑制、中止战争状态；另一方面，更为重要的是，现代法律意义上犯罪的概念在特殊断讼时代并不存在，犯罪行为的出现首先需要认定犯罪行为的司法结构，需要“共同善”（共同利益、公共秩序）对恶行的价值预设，需要个人意志的确认和独立⑮。总之，在以司法权力为标志的现代国家起源之前，决斗、战争的正义需要从决斗、战争本身的目的来理解。

四、神明裁判的表演

理论上，宣誓断讼和决斗断讼都可以算作广义上的神明裁判方式，可是，这两种方式的共同特点都是以个体力量之间的对决作为基础和保障，但到了神判断讼，个体与个体的力量对决则转化为某种个体与自然力量的对决，而且：

> “决斗断讼，就起源而言，单纯只是一种规范模式，在相对公平的考量之下，是最强者的原始法则……其他神判（即这里说的神判断讼）代表了人类更晚近的进步，蛮力已经多少从最早的野蛮至尊地位上逊退下来，而一种对全知全能的、正义的神性干预的依赖，无论是单一形式还是多种形式，已经成长得足够壮大从

⑭ ［英］罗伯特·巴特莱特：《中世纪神判》，徐昕、喻中胜、徐昀译，浙江人民出版社2007年版，第147页。

⑮ Virpi Mäkinen and Heikki Pihlajamäki. “The Individualization of Crime in Medieval Canon Law”. *Journal of the History of Ideas*, Vol. 65, No. 4, 2004, pp. 525－542.

而成为指导日常生活的支配性原则。”⑯

可是，与其说神判代表了对野蛮决斗的进步，不如说神判让野蛮决斗发展到了徒决斗不能达到的层次。对抗的双方从相同的活生生的人，变成一种纯粹奇迹和运气的表演、展示，表演舞台就是自然肉体，展示剧目就是神明效力。这种表演展示的形式不仅比决斗对抗更加苛刻、残忍、痛苦、荒谬，以至结果张裂为更加极限的二元机制：不是绝对不可能，就是绝对必然。正如有的学者所说，对于那些神判方式，比如沸水神判、烙铁神判、火焰神判、冷水审判、天平神判、十字架神判、吞食神判、圣餐神判、抽签神判、尸棺神判、誓言神判以及毒物神判：“某些要靠发生奇迹才能获得无罪宣判，另一些则需要奇迹才能获得有罪判决；有一些完全取决于意志力，另一些则纯粹靠运气，而还有一些，则通过对受试者的精神施加影响而发挥作用。”⑰

关键在于，在孤独的受试者身上，法律权力发现了自己可以大展身手的契机和空间。

对于神判制度的现有研究，那些受社会人类学影响较深的学者认为：在古日耳曼法的原始部落，甚至在封建时代前期，在更加封闭、偏远、小型的面对面（face－to－face）社会中，血缘亲属仍然是人们社会关系最主要的构成，神明裁判，主要追求家族与家族之间的平衡，追求社会内部的协同一致，从而体现出群体的自治性和内聚性⑱。此外，也有学者认为，这种功能主义和去政治化的思路，完全无视领主制中世俗权威和宗教权威的核心意义，在法兰克帝国时代（尤其是加洛林王朝）和封建时代后期，神判所表现出的强制性、侵入性，不完全来自维系共识、达成自治，而是要实现领主、教会的权威意志⑲。

这两种观点的对立，也许可以在布洛赫对封建时代的法律状态解读中找到答案线索⑳。布洛赫认为，仅就封建时代而言，在封建时代前期（九世纪到十一世纪中期），习惯法是一切法律制度的基础，无论是一般规则还是特殊事务，民间的记忆是习惯法唯一的保存方式。而到了封建时代后期（十一世纪中期到十三世纪），罗马法那样的成文法开始复兴，出现了与民间记忆完全不同的法学家阶层。这样，一方面，法律记忆与法律知识彼此异质、相互龃龉，另一方面，司法权也处在分裂、低下的状态，领主法庭和王室法庭、

⑯ ［美］亨利·查尔斯·李：《迷信与暴力：历史中的宣誓、决斗、神判与酷刑》，X. Li 译，广西师范大学出版 2016 年版，第 267 页。

⑰ ［美］亨利·查尔斯·李：《迷信与暴力：历史中的宣誓、决斗、神判与酷刑》，X. Li 译，广西师范大学出版 2016 年版，第 301 页。

⑱ 可参见：Peter Brown，“Society and the Supernatural：A Medieval Change”. *Daedalus*，Vol. 104，No. 2，1975，p. 133－151；Paul R. Hyams. “Trial by Ordeal：The Key to Proof in the Early Common Law”. *On the Laws and Customs of England：Essays in Honor of Samuel E. Thorne.* The University of North Carolina Press，1981，pp. 90－126。

⑲ ［英］罗伯特·巴特莱特：《中世纪神判》，徐昕、喻中胜、徐昀译，浙江人民出版社 2007 年版，第 49－58 页

⑳ ［法］布洛赫：《封建社会》，张绪山等译，商务印书馆 2004 年版，第 583－604 页。

世俗法庭和教会法庭，彼此交错、重叠、对抗。所以，前述观点的对立，也许就不是耦合关系，而是针对具体时代的不同和出发视角的不同而已。

事实上，自从蛮族在罗马帝国的废墟之上接受基督教义并以高涨之热情发展神判体制后，最有效地促进神判适用的诸多理由，全在教会。教会不仅接管了神判案件的一切宗教仪制，还根本信赖着、支撑着、证明着神判制度的合理性。但是推动神判废除的最大力量，也恰恰来自教会内部：由于地方神职人员和教皇权威之间的矛盾、角力越来越不可和解[21]，教皇英诺森三世，在1215年第四次拉特兰宗教会议上，正式宣布禁止在神判案件中采用任何宗教仪式。尽管这次最高级别的正式废止可视作神判制度衰落终结的标志，但也有学者观察到，神判制度的现实适用并不与这一终结标志同步，在一些偏远地区甚至恰恰是从13世纪开始才大规模地适用神判[22]。无论如何，我们都需要从神判的制度史、档案史、概念史抽离出来，而从神判本身对荒蛮、无理、暴力的释放和利用，观察并反思特殊断讼时代到法律证据思维的转变。

因为，如上所述，不管是从法律记忆还是法律知识的角度出发，不管是还原群体的自治性、内聚性还是体现领主、教会的权威意志，不管是去政治化的功能主义还是去功能化的政治主义，都在某种程度上希望得出一个变动不居、一以概之的结论，或者构造一种纯粹观念性质的智识准备[23]。如果能够摒除这种法律思维的方法预设，只从神判本身的残忍、苛刻、荒谬、不可能性以及那种权力必然性入手，就会看到决斗战争机制不仅发展到了另外一种极致，也会看到法律话语将要施展的全新手段。

首先需要明确的是，神判作为特殊断讼方式的一种，在适用方式上与决斗和誓言不同，神判断讼往往不是原告指控的手段，而只是被告防御的手段，是只在被告完全否认罪行的情形下才可适用的手段。

其次，除了那些自愿接受神判的少数情形之外，适用神判的对象可分为：第一种是涉及像奴隶这样不具备宣誓、决斗资格的人（若其领主自愿加入案件则另有不同）；第二种是外来者，因为他们不具备任何社会地位，自然也没有法律地位；还有一种，就是那些伪证者、犯有前科者，或者声名狼藉者，因为言行恶劣，自己不能请求决斗，更不能宣誓涤罪，也早已无人再为他们的名誉担保：

> “这样的一种体制，如此完全地与‘奇迹般的干预保护无辜并惩罚罪人’的理论背道而驰，以至于我们只能将它看做疑难案件中档次各异的惩罚，如此列出

---

[21] ［美］哈罗德·J. 伯尔曼：《法律与革命——西方法律传统的形成》，贺卫方、高鸿钧、张志铭、夏勇译，中国大百科全书出版社1993年版，第101－142页。

[22] Paul R. Hyams. “Trial by Ordeal: The Key to Proof in the Early Common Law”. *On the Laws and Customs of England: Essays in Honor of Samuel E. Thorne*. The University of North Carolina Press, 1981, pp. 90－126.

[23] 关于封建时代后期，从教会视角以智识准备来分析神判的运作和废除，可参见：John W. Baldwin, “The Intellectual Preparation for the Canon of 1215 against Ordeals”. *Speculum*, Vol. 36, No. 4, 1961, pp. 613－636。

的某种惩罚，作为对那些希望因罪行隐秘而侥幸逃脱的人的警告，毫无疑问，有了一种安慰剂般的定罪判决。”㉔

第三，除了适用条件和适用对象与誓言和决斗不同，适用神判，常常已经意味着有罪的怀疑，已经对适用者的信誉、地位和过往的行为作出了否定性判断。当被告要从一锅沸腾的热水中，徒手捞出锅底的小石头或戒指时，当被告双手拿着一块烧红的烙铁走出约定距离时，当被告手脚被捆缚着推入水中以察看是否下沉时，其实已经在根据怀疑而行使惩罚。即便有些人凭借偶然机运和强壮体魄能够逃出一劫，结果判定的模糊性、主观性、灵活性，比如，手掌是否烫伤，伤口是否痊愈，最后又完全操控于裁判者之手。

第四，甚至某些情形中，适用神判，并非证明犯罪与否的方法，因为神判之前即已确定所犯罪行。比如在九世纪初，一支法兰克人（Chamavi）的法律中，直接表明：“凡窃贼已犯某盗窃罪时，则必须交付审判——即诉请神判。苟神判中为火所灼伤时——换言之，即不能经火审时，则处以死刑。反之，如不为火所灼伤，则可允其主人代付罚金，得免除其处死。”㉕ 这些情形下，神判不是定罪的方法，而是定刑的方式。

总之，神明裁判成为一般断讼方式后，尽管仍有某种身体力量与自然力量的对抗征兆，但决斗战争机制的作用和目的，越来越难以显现、微弱不足。当宣誓、决斗的主体，从对事件之为事件的构建，成为一种力量构建的对象和司法戏剧场所后，法官，代表着君主权力，就会以保护孤寡病弱、打击声名狼藉之名介入到“犯罪”与“刑罚”之中，犯罪、恶意、惩罚的公共意义会越来越合情合理，并且发展到必不可少的地位。

在神明裁判正式宣告结束的时期，另一种正当性早已悄然开始：

“任何人，如果他侵犯了未成年人或者是在法律、教堂保护下的人，或者侵犯了贫穷的、无亲无靠的衰弱男人、女人，或者侵犯了那些去教堂和市场、朝圣、参加领主结算日、在家或在外救火救水的人，或者在海上或公路上侵犯了从家或市场而来要去市镇的人，无论是何种侵犯，法律都可以在告发会议上追诉这样的侵犯者。”㉖

法律不仅赫然表明了一组价值的对立——需要保护的“善”和需要打击的“恶”——而且，就从12、13世纪开始，世俗法庭从教会诉讼制度中借鉴了主教巡视制度

㉔ ［美］亨利·查尔斯·李：《迷信与暴力：历史中的宣誓、决斗、神判与酷刑》，X. Li译，广西师范大学出版2016年版，第424页。

㉕ ［美］斯密：《欧陆法律发达史》，姚梅镇译，中国政法大学出版1998年版，第51页。

㉖ A. Esmein. *A History of Continental Criminal Procedure*, *with special reference to France.* Trans by John Simpson. Littile, Brown, and Company. 1913. p. 105.

后，在原本属于个人与个人的对抗、决斗的秩序中，积极主动地扮演起如下角色：

> “当在一个地区发生了严重的冒犯行为后……法官有职责召集该地区的某些人，并让他们宣誓（符合宣誓资格的人）。询问他们，当罪行发生时那个白天和黑夜，他们都在哪里。如果法官发现了那些居所一直变动的人，就能逮捕他。如果他能通过第三方途径得到怀疑指向某人，他就会根据惯例在这样的案件中起诉那个人。然后，法官就能讯问他，他是谁，住在哪里，和谁吃饭，他们是干什么的，他们都吃了什么，诸如此类的问题。虽不涉及行为本身，但这样的提问才会揭露矛盾之处。”㉗

在中世纪早期，司法权力还只是集中于少数人之手，等到12、13世纪，当中世纪首个庞大的君主政体作为现代国家的起源而形成时，就会出现一系列新的“发明物”㉘：首先，诉讼，不再是个人之间的对抗和他们自愿接受的某些解决规则，而是一个人由上而下地强加于个体、对手和当事人；其次，公诉人，这个奇特的角色，开始标示自己为主权者、国王或统治者的代表，当个人之间出现犯罪、冒犯或争议时，仅仅是冒犯或犯罪的发生，就使他成为一种受损的权力；最后也最为重要的是，发明了犯罪行为：犯罪行为，不是一个人对另一个人的侵权，而是个人对国家法律、社会秩序、最高权威的冒犯与损害——“违法行为是中世纪思想的一个伟大发明。”㉙ 以此，就是我们熟知的结果：国家权力占据了整个司法程序，占据了中世纪早期全部个人争议的解决机制。但是，理解这套延续至今的法律思维和司法裁判程序，首先需要建立对于特殊断讼时代裁判模式的反思之上。

五、断讼方式的反思

在特殊断讼时代，尽管凭借证据、证人来证明事实的方式，确实是法庭裁判的一般常规㉚，但这并不意味着解决诉讼必须要证明事实，更不意味着证明了事实就能够达到讼争

㉗ A. Esmein. *A History of Continental Criminal Procedure, with special reference to France.* Trans by John Simpson. Littile, Brown, and Company. 1913. p. 67.

㉘ Michel Foucault, *Truth and Judicial Forms*, in the *Power. The Essential Works of Foucault.* 1954 – 1984, Trans by Robert Hurley and others. The New Press, 1997, pp. 1 – 89.

㉙ Michel Foucault, *Truth and Judicial Forms*, in the *Power. The Essential Works of Foucault.* 1954 – 1984, Trans by Robert Hurley and others. The New Press, 1997, pp. 1 – 89.

㉚ “关于在何种条件下才能采用这种模式（即特殊断讼方式）处理案件的问题，已有许多讨论。一些作者推断，早期，在日耳曼民族残酷的纯粹掺杂上罗马文明的余烬之前，这种方法基于被告的选择二出现在所有案件的描述中，并且其本身就是一种完全而且充分的证据，在各地都不逊于其他任何种类的证据。……然而，另一方的论据更加强而有力，它是从萨利人最早的法律文本中推论得出的……其规定清楚地表示：共誓人只有在缺乏其他证词的时候才适用。”亨利·查尔斯·李对此做了清晰的梳理，凭借证据、证人来证明事实的方式，确实是法庭裁判的一般常规。但也存在例外，比如威尔士。参见［美］亨利·查尔斯·李：《迷信与暴力：历史中的宣誓、决斗、神判与酷刑》，X. Li 译，广西师范大学出版2016年版，第52—57页。

目的。因为，在更为普遍的情形中，如果双方当事人能够同意其他的解决方式，就根本不必诉诸法官裁判。在争议解决的诸多方法中，受规则约束的法律解决，仅仅是其中一种，除了接受法律规则的约束外，当事人在更广泛的程度上，受私力救济之复仇约束。

按照梅因的区分，现在称之为“犯罪”的众多行为，在古代社会仅仅是“不法行为”或“侵权行为”而已。这种判断的依据在于，一方面，古代并无受到侵害的国家或社会抽象利益，只有针对具体个人的冒犯损害；另一方面，当时并不虑及“罪责”或主观意志，只关心客观结果。所以，所谓从身份到契约的法律演化，其实也意味着另外一种顺序，即把“不法行为”改成“犯罪”的过程㉛，换言之，从身份到契约的进步，其实同时意味着从“契约”到“身份”的刑罚运动。在“不法行为”的“契约”时代，诸如盗窃、凌辱、抢劫，甚至杀害行为，是一件只涉及被害人与施害人双方的私人事件，至多扩展至其亲属团体和他一同担当、负责，与统治者或第三者无关。更重要的是，侵害发生后的救济方式，由被害人自己判断、选择：或者私下复仇，或者互相妥协要求赔偿㉜。个人的复仇行为，不仅与古代法律协调并行不悖，而且还得到法律规定的承认与保护。

首先，这种复仇机制的存在，某种程度超过了时间性的限制，因为在公诉纠问程序早已确立成熟后，甚至到 1439 年，我们仍然能在那慕尔地区（当时属法兰西）的一份判决中发现法律对复仇的确认：“如被审者之血亲愿意并能为被害者复仇时，则好歹任其命运为之，盖吾辈承审官与此事毫无关系也。”㉝ 即便在法律程序上全部废除后，复仇反而以更深刻的方式扎根于文学、戏剧的文化土壤中，比如莎士比亚那样讨论政治、法律与个人命运的文学史诗。所以，我们需要以一种深刻的文化基底的方式来理解复仇在中世纪法律思想中的地位。

其次，在现代之前的“契约”时代，对于自行复仇者，法律不必再授权、宣示。但是，如果在复仇中发生了杀人的行为，则必须公开宣示此乃复仇行为，比如“在法兰克人中，常将复仇中所杀者之首级，挂于竿端，或将其尸体悬诸绞架，或公开陈列于尸架上以示众。后来荷兰法中规定：复仇者杀人以后，必将其杀人用之武器，留置于其所杀者之胸上，不得携去。”㉞

简言之，法律禁绝秘密复仇的行为，正如法律同样禁止公开的杀害。但二者的不同在于，公开杀害可以完全交与被害人及其亲属来判断如何应对、回击，与他人、公众无关，而秘密谋杀的事实一旦证明，人人可得而诛之㉟。

但是，与其说是法律承认并保护个人复仇行为，不如说是个人复仇行为承认并接受法

㉛ ［英］梅因：《古代法》，沈景一译，商务印书馆 1959 年版，第 235—252 页。
㉜ ［英］梅因：《古代法》，沈景一译，商务印书馆 1959 年版，第 237 页。
㉝ ［美］斯密：《欧陆法律发达史》，姚梅镇译，中国政法大学出版 1998 年版，第 54 页。
㉞ ［美］斯密：《欧陆法律发达史》，姚梅镇译，中国政法大学出版 1998 年版，第 56 页。
㉟ ［美］斯密：《欧陆法律发达史》，姚梅镇译，中国政法大学出版 1998 年版，第 47 页。

律的约束和裁断。法律不是主动、积极地规制个人复仇，而是被动、消极地延续复仇。法律无法主动追击作恶者，更不能积极“消除”恶行，所谓的恶人恶行，是由与之针锋相对的复仇来抵消、约束、限制。因此，诉讼、法庭、法官的存在前提，就是当事人不依靠自力救济采取复仇，而是共同同意选择依据法官裁判来解决纷争——“无原告，无法官”的原则，一直维持到中世纪盛期基于职权的公诉程序出现㊱。

在此“被动”情形下，法官之责，就不在于追究事实真相、证明事实本身，而是作为居间第三者，如何以一种双方同意的程序，模仿私人可能的复仇行为，从而决出结果。诚如梅因所言，在古代法律中，法官的介入，需要参酌被害人可能要采取报复的程序作为裁断指南，比如在古罗马的“盗窃法”中，就有显示出模仿特点的论证㊲。

在维持、延续、模仿个人复仇的同时，诉诸法庭，也意味着法律对复仇的某种抑制——抑制私人复仇的方式，而非抑制复仇本身。因为法官任务的圆满完成，就是让当事人宁可接受法庭上的和平而非采取自力救济的复仇。法庭会促使当事人采取一定的形式程序，在此程序下，他们不得不遵守诉讼契约的内容，与此同时，就出现了誓言、神判、决斗这些合法诉诸某种力量的断讼方式。所以，韦伯说道：

> “在诉讼里作为法律形式主义先锋的，是拘泥于形式的证据法。此种证据法绝不在于规制现今意味里的诉讼上的‘证明’，换言之，并不是要人拿出证明手段来证明某一‘事实’为‘真’或‘伪’。重点毋宁在于：当事者的哪一方可以或者必须针对自己是否有理的问题诉诸巫术力量，以及，这可以或者必须出之何种形式。因此，诉讼的形式性格本身正相对应于裁决手段之全然非理性的性格。”㊳

至此，韦伯以形式/非形式、理性/非理性的划分，标识出证明机制与断讼机制的根本差异。前者是以形式性的诉讼对应于理性的裁决手段，而后者则是以形式性的诉讼对应于非理性的裁决手段。前者是拿出证明手段证明某一事实的真伪，是用事实佐证诉求的“义

㊱ ［德］韦伯：《法律社会学》，康乐、简惠美译，广西师范大学出版社2005年版，第168页。

㊲ “‘十二铜表法’似将‘盗窃罪’分为‘显然的’和‘非显然的’两种，并根据罪行归类的不同而处以显著不同的刑罚。‘显然的盗窃’是指在行窃的屋子里被捕的人或是携带赃物向安全处所逃避中被捕的人；如果他原来是一个奴隶，‘十二铜表法’判处他死刑，如果他是一个自由人，‘十二铜表法’判处他为财产所有人的奴隶。‘非显然的盗窃’是指在上述以外其他任何情况下被发现的人；对于这一类的罪人，旧法典只是简单地要求他双倍偿还他所偷窃的价值。在该雅士时代，‘十二铜表法’对‘显然的盗窃’的过度严酷，大大减轻了，但是法律仍维持旧的原则，处以四倍与盗窃价值的罚金。至于‘非显然的盗窃’则仍旧继续给付双倍。古代立法者无疑地认为，如果让被害的财产所有人自己处理，则在他盛怒之下所拟加的刑罚必将和盗窃在一个相当时期后发觉时，他所能满意的刑罚，完全不同；法律刑罚的等级就是根据这个考虑而调整的。”——［英］梅因：《古代法》，沈景一译，商务印书馆1959年版，第243页。

㊳ ［德］韦伯：《法律社会学》，康乐、简惠美译，广西师范大学出版社2005年版，第157页。

务”；而后者则是法律赋予当事人诉诸巫术力量证明自己正确的“权利”。在韦伯看来，证明机制的存在前提，在于法律问题与事实问题的划分，在于客观规范与主观权利的区别，它关联着事实真伪，也关联着法律价值。可是，特殊断讼方式却处于“理性”门槛之前：既与事实真伪无关，也与法律价值无涉㊴，它们是某人利用特权来证明自己正确的方式，是通过对巫术力量或神力活动的召唤，以诉讼手段的非理性、超自然性格，获得所谓实质“公道”的判决。实际上，由于经济政治力量的分配原本就不平等，这种形式司法裁判，就让利害关系者藉以维护其自身合法利益，从而这种不平等性也凭借上述形式裁判而合法化㊵。

问题在于，如果能够跳出形式/非形式、理性/非理性的法创制、法发现思维模式，不是以现代达到的最高方法论理性和逻辑理性作为研究始点或终点，就会在韦伯的区分标识中发现更为深切的真实。

证明方式与特殊断讼方式之间，之所以有理性和非理性、平等和不平等的区别，原因不在于法律与事实、客观规范与主观权利的划分——这种划分依据不是解释证明机制出现的理由或前提，反而是证明机制自我预设、自我佐证的结果。因此，如果是从证明方式出发，“倒因为果”，就只能看到证明方式在特殊断讼方式中的倒影，看到形式/非形式、理性/非理性、平等/不平等的预设评判结果，而不能让特殊断讼方式如其所是地有所展现。这意味着，我们必须颠倒证明机制对特殊断讼方式的任何肯定或否定，必须克服先入为主的“价值偏见”，必须从一种异质于理性的维度出发，也就是从更为基本、普遍但在后来却遭到掩蔽、消除的复仇、战争机制出发，来重新认知——在与证明机制无关的意义上，重新认知特殊断讼机制。

事实上，无论是自力救济的复仇，还是法庭对私下复仇的延续、保持、模仿、抑制，我们都能看到一种力量与力量的较量，这种力量较量，无关事实真伪，无关理性能力，无关价值善恶，唯有胜败之下的断讼结局。在此过程中，宣誓涤罪、神明裁判、司法决斗，作为特殊断讼方式，都在无涉事实证明的意义上，旨在显明力量强弱，让诅咒对抗诅咒，让厄运对抗厄运。那么，这种力量、诅咒、厄运的对抗在古代法中是如何运作的呢？

前面说到，梅因认为，如果按照罪行侵犯客体是集体公益还是个人利害来划分，古代社会并无被称为犯罪的行为，而只有被称为不法或侵权的行为。但是，梅因马上表明，我

㊴　韦伯说道：到底什么样的问题应该诉诸巫术性的权威，此以问题成为建构技术性的“法概念”的第一步。不过，至此尚无事实问题与法律问题的区别，亦无客观规范与受客观规范保障的个人主观“请求权”的区别，亦无诉请履行义务的请求权与基于违法行为而作复仇要求的区别——因为构成诉讼的理由无论如何原本就是由于违法行为——，亦无公权与私权的区别，亦无法创制与法适用的区别，同时，尽管和我们先前所说的不同，亦无“法律”——作为赋予个别利害关系者“请求权”的规范——与“行政”——意指纯粹技术性的指令，在此种指令的“反射”下，个人被赋予一定的机会——的区别。［德］韦伯：《法律社会学》，康乐、简惠美译，广西师范大学出版社2005年版，第161页。

㊵　［德］韦伯：《法律社会学》，康乐、简惠美译，广西师范大学出版社2005年版，第222页。

们不能就此断定，对国家做出不法行为这样一种简单而基本的概念，是在任何原始社会中都缺乏的，相反，恰恰可能是因为阻止犯罪的概念被古代社会彻底且有效地理解了，所以才有与现在完全不同的应对手段。他在罗马社会中观察到：

“对于严重妨碍国家安全或国家利益的每一种罪行，都由立法机关制定一个单独法令来加以处罚。这就是对于一个犯罪的最古概念——犯罪是一种涉及重要结果的行为，对于这种行为，国家不交给民事法院或宗教法院审判，而专门对犯罪者制定一个特别法律加以处理。因此，每一个起诉都用一种痛苦和刑罚状的形式，而审判一个犯人所用的一种诉讼程序是完全非常的、完全非正规的、完全离既定的规则和固定条件而独立的。”㊶

如果梅因不受现代划分罪行因素的限制，那么这种最古老的“犯罪概念”，以及针对每个不同的犯罪者所制定的特别的、非常规的、非固定的法律措施，则不过是模仿个人之间针对不法行为或侵权行为的复仇。这种复仇，根据我们前面的叙述可知，只在意那个已经做成的行为，丝毫不顾及也不追究所谓主观罪责；甚至复仇的施加对象，也不以实际犯下罪行者为限，只要是犯下罪行者所属团体的成员，都有遭受复仇的危险，或者代以承担损害赔偿。

因此，如果坚持以“侵权”和“犯罪”的语词对这种复仇行为进行区别，就需要贯彻梅因已经意识到的前提，赋予这两个名词不同的意涵。而早有学者谙熟此意，谙熟复仇之内涵，于是就在古日耳曼习惯中观察到：

“古日耳曼法中，侵权行为与犯罪之区别，即以侵权行为乃产生不法行为者与被侵害者血族团体间一种敌对的关系。不法行为者所受之处罚，就该被害者血族团体之观点以言，该人不过仅对于该团体为放逐于和平外之人而已。至犯罪则不然，其处罚乃立即将犯人放逐于全部族和平之外。当犯罪已证明确凿时，则对于此犯人，部族中人人得而诛之。如一主要之被害人或其血族直接杀死犯罪人时，则此杀人者之行为，一般即认为其系代表全部族而为。故此种行为非对于私的不法而为复仇，乃代表全部部族所实行之复仇行为。”㊷

在这种新的分类中，古日耳曼法认定的犯罪行为极为简单，几乎可以概括为一条：犯罪行为就是对人人置身其间的基本战争机制的破坏和违背。所以，被视为犯罪的行为，就是比如叛逆、逃兵（这直接破坏了战争机制的基本要求）；或者暗杀（这让复仇行为本身无法

㊶ ［英］梅因：《古代法》，沈景一译，商务印书馆 1959 年版，第 238—239 页。
㊷ ［美］斯密：《欧陆法律发达史》，姚梅镇译，中国政法大学出版 1998 年版，第 47 - 48 页。

区别、识别）；或者放火（结果造成的巨大破坏性或使复仇无法再进行）。质言之，犯罪是与所有部族的敌对关系，被所有部族逐出“和平”之外，人人得而诛之；侵权则是与受害血族团体的敌对关系，被受害团体逐出“和平”之外，只有该团体可施行复仇，与他人无关㊸。

需要特别注意的是，这里所言“和平”，不涉及任何哲学或政治的深刻内涵：“古日耳曼人以为法律主系一种维持平和之方法。当时一般常规视平和即等于法律。”㊹ 所谓和平，就是法律；所谓法律，就是和平。把一个人放逐和平之外（out of peace），就是把一个人放逐法外（outlaw）。而和平、法律本身不是别的，就是前文已述的战争机制——把私人之间的暴力行为维持、模仿、规范在司法程序之上，这种维持、模仿、规范同时意味着抑制：以战争抑制战争，以诅咒抑制诅咒，以暴力抑制暴力。所以，“和平”等于“和平的不可能”，等于“战争”！

但是，无论是在梅因的“原始社会”，还是在韦伯的（实质或形式）非理性时代，上述“和平—战争”，都因裹挟束缚着宗法、家族、血缘的身份地位而终将崩溃。诚如梅因所说：“到此为止”，进步社会的运动，也就是从“身份到契约”的运动。所有进步社会在这一点上是一致的：“在运动发展的过程中，其特点是家族依附的逐步消灭以及代之而起的个人义务的增长。‘个人’不断地代替了‘家族’，成为民事法律所考虑的单位。”㊺ 这种进步运动的实质，即划分新旧社会的实质，根本在于所谓“自由合意”或“契约能力”所产生的“法律效力”。诸如解事年龄以前的子裔，监护状态下的孤儿，经过宣告的疯癫病人，都因为某种能力的欠缺而被契约进步排除在外，即被所谓“个人”排除在外。正是在个人能力的法律效力上，同时意味着刑罚从“契约”改换为“身份”。

所谓“契约”，主要是指前文所述复仇机制下的个人自主抉择：是选择私自复仇，还是接受损害赔偿。无论选择如何或者结果怎样，“命案”引起的争议始终维持在当事人双方之间，根本不涉及与此争议无关的第三人，更不造成对公共利益的损害。即便在当事人之间介入了裁判者：首先，这种介入必须是当事人双方协商一致的结果；其次，裁判者必须保持与案件无涉的中立地位，不在纠纷解决中追求超出“止讼”的任何目的；最后，裁判者是通过把争议双反的对抗、战斗模式维持、模仿在诉讼之中，以战止战，以战止讼。可见，要以“为自己利益作出决定的能力”或“用契约达到定约的条件”作为契约能力的标准，那么“原始社会”或非理性时代，恰恰是人人具备“契约能力”的时代，是真正的“契约社会”。

㊸ 埃斯曼在研究从古代社会到近现代社会中刑事程序的变迁时，曾表明这种维持和平主体的转变，即从每个自由人转移到专门机构：“在此（古日耳曼）社会的组织中，每个自由人，一旦听到罪行发生，应该立即采取措施维护和平秩序，这说明罪行被普遍地当作和平秩序的违背，同时也表明对复仇行为的抑制。” A. Esmein. *A History of Continental Criminal Procedure, with special reference to France.* Trans by John Simpson. Littile, Brown, and Company. 1913. p. 31。

㊹ ［美］斯密：《欧陆法律发达史》，姚梅镇译，中国政法大学出版 1998 年版，第 109 页。

㊺ ［英］梅因：《古代法》，沈景一译，商务印书馆 1959 年版，第 110 页。

反而是伴随着这种“契约社会”的“必然”解体，伴随着法律思维话语，伴随着犯罪行为的发明，出现了善恶基础之上的“身份”定位，脱离家族团体的法律个体出现了：罪犯、声名狼藉者、破坏公共秩序者、宣告疯癫的病人，监护状态下的孤儿，贫弱者、流浪者、无家可归者……这些人因为“身份”的法律定位，不仅无法再具备为自己利益作出决定的能力，或者用契约达到定约的标准，而且，他们无法再依靠战争机制做出任何抉择。更重要的是，犯罪行为，不再只是一个人对另一个人的侵害，而是一个人对一种抽象的社会秩序、法律权威的侵害。每个人在法律面前都必然被要求具备一种理性存在的身份，由于这种理性存在的前提，犯罪与刑罚的关系才更加深刻一致起来：“不仅犯罪的本性，而且犯人自己的意志都要求自己所实施的侵害应予扬弃。”㊻

因此，当法律思维建立在理性基础之上时，某些行为因为禁止而无法再出现，某些行为则被定为犯罪而要遭受惩罚。正是在对犯罪意志的确认与追溯中，在被告必须按照事实证明的要求说出的内容中，法律的力量祛除了无罪的断讼历史，开启了犯罪与刑罚的法律时代。从此，人们只能通过拒绝和反抗，来接受服从。

也许，正是因为这种理性基础的法律确定，使得断讼时代之后的司法诉讼先是规定了法定证据制度，要求判定罪行的完整证明标准，如两个适格证人的证言，或者是半证据（如一个适格证人的证言）加上被告人的供认坦承，而为了获得被告人的供认坦承，法庭可以公然合法地使用司法刑讯：证明犯罪事实方式也是惩罚犯罪嫌疑的方式。同样，因为这种理性基础的法律确定，使得法定证据制度在 18、19 世纪被自由心证代替，区分开事实证明与法律裁判，法官不必为了完成法定证据制度下的完整证明标准而以刑讯的方式获取供认坦承，他只需凭借自己的一般常识、主观信念或“良心”，自由判断所证事实是否达到了确信，进而再判定被告是否有罪，被告的沉默不仅不再被法律涤除，反而被得到了法律的保护，沉默不语者仍然可以被定罪判刑：被告的坦承供认拓展为不限于法官的一般人的经验常识。最后，还是因为这种理性基础的法律确定，使得我们的法律裁判、法律解释在事实证明的过程中，必然从一种经验常识让位于心理学、统计学、精神分析学的科学知识认定，法律裁判的过程似乎又要面临神明一般外在于法律解释的不可怀疑、不可抗拒同时又飘摇不定的命运，只不过，个体的生命力量在此全然消散无影，所有人都处于一种无可奈何的等待确定状态。

综上所述，我们可以从这种现代证据法学等待确定的状态出发，以既非肯定又非否定的方式来追溯特殊断讼时代的证据历史，进而思考中世纪法律思维的总体特征：

一、以犯罪行为的“发明”作为国家法律权力兴起的标志，在犯罪行为被发明之前，法律不是主动、积极地规制个人复仇，而是被动、消极地延续复仇。法律无法主动追击作恶者，更不能积极“消除”恶行，所谓的恶人恶行，是由与之针锋相对的复仇来抵消、约

㊻ ［德］黑格尔：《法哲学原理》，范扬、张企泰译，商务印书馆 1961 年版，第 119 页。

束、限制。复仇、战争机制是现代法学和政治哲学在自我构造过程中必须屏蔽、改变、拟造的理性前提，也正是有待重新认知的法律思维的史前史。

二、在特殊断讼时代，现代诉讼程序上的所谓“证据证明”，如誓言断讼、决斗断讼和神判断讼，实际与证明事实真伪毫无关联，而是对个人力量、等级、地位的认定、比较和维护。这种不平等的法律秩序，不能直接概之以野蛮、落后、血腥或残忍，而需要将其视为与证明方式异质的断讼方式来特别理解。

三、在断讼方式中，不管是誓言、决斗还是神判，都蕴藏了一种不可预测的、未知的、偶然的事件，在断讼方式的形式化平等中，事件本身即具备颠倒善恶、强弱、高低力量的开放可能，同时，复仇、战争机制本身即具备中止战争决斗状态的和平能力。最弱小者可能就是最强大者，是这个时代法律思维独有的特征。

四、从中世纪到近现代的法律演化中，除了得出身份到契约的私约进步，还应该观察到从“契约”到“身份”的刑罚运动。正是随着现代国家的兴起，随着司法公诉机构的出现，犯罪行为所标志的“恶”与公共秩序、共同利益所标志的“善”才作为基本对立价值衍生到现代法律思维和法律话语之中。只有先出现了司法公诉机构，才能出现由司法公诉机构确认的司法正义。

五、从特殊断讼方式到法定证据要求的证明方式的变革，可以直白无碍地将上述特征显露出来。犯罪行为所规定的完整证明标准，已经在调查、证实罪行的过程中实际地施行着刑讯式惩罚。其后渐次形成的诸如犯罪与惩罚之间因果关联的坚实链条，将彻底遮蔽证据历史在特殊断讼时代的反思方式。因此，现代的理性裁判及证明方式，也许正需要从特殊断讼时代的法律思维中重新汲取积极有益的生存营养，再次思考证据证明的法律边界，这样才能开释出证据法学的未来路径。

六、结语

宣誓、决斗、神判，作为特殊断讼的方式，实际上并非一种形式/非形式、理性/非理性的现代法学思维可以描述定义的裁判证明方式，而是一种在犯罪行为、公共诉讼、法律主权出现之前个人之间的纠纷解决方式。它在个人力量、社会地位、经济实力的直接对抗中，不仅可以抵达断讼止讼的目的，抵达战争秩序中的和平，而且，这种和平不是以理性能力、自然权利的方式外在于战争，因为战争、决斗的方式本身，就蕴含着中止战争、中止决斗的必要和可能。在特殊断讼时代，战争，既是一种严酷荒谬的和平方式，也是一种无法预测的偶然事件；当这种战争被自然权利的法律思维祛除后，在与现代证据法学绝然对立的意义上，反思、发现特殊断讼时代的那种荒谬性、偶然性、不确定性的过程，也许正启示着未来证据法学的思考路径。

（编辑：黄　涛）

藏区赔命价司法运用的方法诠释

王林敏*

摘　要　在藏区发生命案后，受害方有私下索取“赔命价”的习惯，这在实践中对司法机关造成极大困扰。而司法机关运用赔命价化解刑事纠纷，使达成的判决更容易被当事双方接受。赔命价在正式制度中已经失去了合法性，司法机关不能直接适用赔命价判决案件，因此，要想在司法中运用赔命价规则，必须找到赔命价进入司法的制度途径。为此需要寻求赔命价与刑事制度之间的价值契合与制度沟通之处。在方法上，需要区分赔命价规则和赔命价协议，确认赔命价以证据的方式进入正式制度，并通过正式制度整合赔命价的各种要素、消解赔命价的责任观念造成的障碍，最终促进裁判的可接受性，达致真正的案结事了。

关键词　赔命价　司法运用　正式制度　习惯法。

一、问题的提出

在藏区刑事司法中，司法机关所面临的具体情形与内地有所不同。在法制统一原则之下，藏区司法机关还受到“赔命价”等刑事习惯因素的影响。特别是在改革开放以来宽松的民族政策背景之下，曾经销声匿迹的赔命价等刑事习惯卷土重来，民间绕开司法机关私自索取“赔命价”、“赔血价”的现象屡禁不止，迄今仍然难以根绝。这种现象，被学界称为“习惯法的复兴”①。在现代法制统一原则的前提下，这种刑事习惯因素显然已经属于国家法律需要禁止和排斥的对象。因此，藏区司法机关曾对民间私自索取赔命价的行为

* 王林敏，男，山东青岛人，法学博士，曲阜师范大学法学院副教授，主要研究方向为习惯法、法制现代化。

① 这种现象被学界称为“民族习惯法的回潮”。参见文格：《藏族习惯法在部分地区回潮的原因分析》，载《青海民族研究》1999 年第 3 期，第 75 页；杨方泉：《民族习惯法回潮的困境及其出路》，载《中山大学学报》2004 年第 4 期，第 54 页；穆赤·云登嘉措：《藏区习惯法“回潮”问题研究》，载《法律科学》2011 年第 3 期，第 160 页。

采用坚决打击的姿态，特别是在1997年刑法典颁布之后，各地藏区司法机关在罪刑法定原则的大旗之下掀起一股打击赔命价现象的热潮②，但是实践效果并不理想。赔命价现象非但没有被扑灭，反而在强势打压之下一度愈演愈烈，不仅成为藏区司法的难题，还成为学术关注的热点③。如何理性对待赔命价现象，就成为一个需要严肃思考的问题。

在部分论者眼中，赔命价同社会主义法制不相容④，是腐朽的、反映贵族特权的制度⑤，因此必须予以取缔。但实践证明，这种观点批判有余，实用不足。司法机关难以通过单一的压制手段取缔赔命价。而赔命价是否一定与社会主义法制相冲突、是否可以保留其中合理的成分，是一个可以进一步讨论的问题。无论理论上对赔命价持何种观点，赔命价在现阶段都是一个不容忽视的存在。既然无法完全取缔，部分司法机关便基于实用主义立场，突破刑事法制的条框，因势利导，尝试在实践中运用赔命价习惯，反而效果良好。这就是说，司法机关如果运用赔命价就可以较好的化解刑事纠纷，做到真正的案结事了。在此基础上，当事人双方接受司法判决，因此也愿意通过司法机关寻求公力救济。因此，真正的实践问题是：在国家法的视野里，赔命价的司法运用是否具有制度空间？或者说，现行的刑事法制是否能够容纳与整合传统的赔命价因素？为此，很多学者进行了有益的探讨。本文试图从方法论的角度，揭示通过国家刑事法制诠释和整合赔命价的可能性，以便为赔命价进入司法打通制度通道，助益藏区刑事纠纷的妥当解决。

二、赔命价进入司法的方式

在制度上探讨赔命价等刑事习惯的司法运用，首先面临的问题是：赔命价进入司法的途径和表现形式是什么？学界之前的讨论起点是赔命价已经“在”那里，对司法产生着影响。但问题是，赔命价究竟是如何进入司法的？

之前的论述多着眼于“刑事和解”制度⑥，但实际上，赔命价首先是通过藏区民间人士主持的调解达成一个赔偿协议，根据这个协议，双方达成和解。和解是调解的结果，调解是和解的前置程序。从程序的角度来看，赔命价进入司法的第一个制度环节应为藏区民间的调解机制。赔命价的核心“杀人者赔”作为一种应然性的期待，赔命价运作机制的作用即在于使赔命价中蕴含的期待在具体案件中转化为实然的结果。在部落组织的参与乃至

② 例如，西藏自治区便有此类规定，“自治区人大常委会关于严厉打击‘赔命金’违法犯罪行为的决定”，载《西藏日报》2002年8月2日，第2版。

③ 青海省高级人民法院课题组：《青海藏族地区“赔命（血）价”习惯法情况的统计与分析（之一）——青海省藏族地区“赔命（血）价”习惯法的基本情况》，载《法制日报》2013年8月7日，第12版。

④ 参见徐澄清：《关于“赔命价”、“赔血价”问题的法律思考和立法建议》，载《人大研究》1998年第8期，第33页。

⑤ 参见孙镇平：《西藏“赔命金”制度浅谈》，载《政法论坛》2004年第6期，第163页。

⑥ 例如，苏永生：《中国藏区刑事和解问题研究——以青海藏区为中心的调查分析》，载《法制与社会发展》2011年第6期，第3页。

干预下，藏区命案当事人之间会达成命价赔偿协议。[⑦] 这样，“杀人者赔”的赔命价规则便从抽象的一般规范变成具体的个别规范，记载和体现在命价协议中[⑧]。命价协议尚待执行，得不到执行的命价协议只是废纸一张，而在现实中，命价协议的执行率几乎为百分之百[⑨]。藏区赔命价机制在刑事司法中可能释放的这种保证协议履行的“正能量”成为赔命价司法运用正当化的坚实理由。

赔命价运作机制可以区分出两个要素，一是赔命价协议，二是达成赔命价协议的过程。这个区分具有重要的方法论意义，它能够让我们清晰的看到赔命价运作机制当中可资司法机关运用的因素与需要排除的因素。赔命价协议给司法机关提出的问题是：既然当事人之间已经达成了谅解，司法机关是否可以将其作为司法裁量的考量因素？从功利的角度而言，藏区司法机关所要禁止和排斥的是民间私下调解、达成协议的操作过程，而不是那个协议；这个协议是有实用价值的，可以通过它来化解刑事纠纷。从程序上看，赔命价协议会被当事双方交到检察机关，所以，它在程序上就呈现为一张纸，这张纸上写着字、签着名，甚至按着各方参与人的手印，它记载着命案双方达成协议的事实。这就决定了赔命价进入刑事司法的方式：它是以证据的形式而不是以规则的形式进入司法的。它是检察机关考虑量刑建议，法官进行司法裁判的一个考量情节。

赔命价进入司法的这种方式具有重要的法律意义，这样，赔命价获得了进入司法程序的合法身份。它既然是证据，就不可能成为司法机关裁决命案的规范依据；它演化成为一种事实，一种由检察机关和法官审查的事实，只有经过官方认可，才能够在司法判决中被运用，作为法官判决的参考因素。而那些私自达成的、未经官方参与的赔命价协议，就不可能得到官方认可，从而被排除在国家司法之外。

赔命价和赔命价协议，两者是一般规范和具体规范之间的关系。进入司法的是赔命价协议，民间达成赔命价协议的依据则是传统的赔命价规则；赔命价规则并不进入司法，它被挡在司法之外，依然停留在民间。因为，按照罪刑法定原则，司法者只能适用国家刑事法律，而不能适用赔命价解决命案，赔命价在官方司法中没有“名分”。但这并不意味着赔命价对命案失去影响，它只是存在于官方司法之外而已。否则，我们很难理解藏区命案当事人会首先达成一个赔偿协议，甚至在有些案件中避开司法机关，私下达成赔偿协议。作为刑事习惯，赔命价存在于藏族当事人的集体记忆当中，在法庭之外、在社会生活中作为“活的法律”发挥作用。例如，在盛行“赔命（血）价”的青海省黄南、果洛、海南等自治州，发生命案或血案后，“赔命价”与国家刑事司法抢占市场，致使国家刑事制定

⑦ 王林敏：《藏区赔命价习惯法与国家刑事法制的冲突与消解》，载《甘肃政法学院学报》2014 年第 6 期，第 31 页。

⑧ 赔命价协议的具体样本，参见王佐龙：《藏区习惯法的新解读——从“赔命价”问题的分析介入》，载《原生态民族文化学刊》2009 年第 3 期，第 46 页。

⑨ 杜文忠：《“赔命价”习惯的司法价值及其与现行法律的会通》，载《法学》2012 年第 1 期，第 68 页。

法无法有效适用，也不利于法院审判职能的发挥。[⑩] 所以司法机关需要认真对待赔命价协议，保障赔命价协议履行。

赔命价协议的背后是当事各方的利益结构。赔命价协议作为证据进入司法之后，对不同的当事人具有不同的法律意义，命案双方当事人具有不同的利益诉求，需要司法机关分别处理。这从技术上看是一个法律方法问题，从法理上看是如何用法言法语解释、吸收和整合民间习惯的问题。根据现代法理，赔命价案件毫无疑问属于刑事法领域。我们现在要做的事情是：在藏区的命案属于刑法规制的前提下，分析赔命价规则与现代刑事法制之间的关系，从而为赔命价的司法运用寻求制度上的合理性，进而确定赔命价司法运用的方法论框架。

在古代藏区社会，赔命价规则——在卫藏地区是成文的法典化规则，安多和康巴等部落地区则是习惯法规则——允许当事人通过赔偿解决命案，因此，赔命价规则是运用财产方法解决刑事纠纷。赔命价的财产责任属性是建立在赔命价规则具有合法性的基础之上的，即赔命价或者是统治者确立的规则，或者是得到统治者认可的规则。赔命价的这个合法性前提在现代社会中已经不复存在。在现代法律体系中，藏区命案的解决被分解为两个部分，一是涉及公共秩序的刑事部分，二是涉及私人损失的民事部分。显然，按照现代法理，当下藏区命案中，受害方和加害方达成的命价协议大体属于刑事案件中的民事部分，加害方赔偿的“命价”相当于法律体系中的“民事责任”，但这并不意味着命价就是或者等于民事责任。关于命案的刑事部分，即加害方在官方司法中负担的杀人罪责，在传统赔命价责任中是个空白——按照赔命价规则赔偿了事，加害方不需要负其他责任，所以刑事责任是加害方在官方司法中需要额外负担的部分。用一个简单的图示来表达命价规则与现代法制之间的对应关系更加直观明了：

赔命价与刑事规则的对应关系示意图

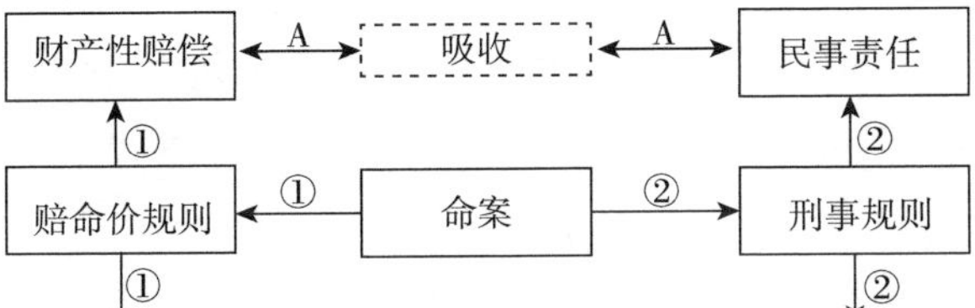

①按照赔命价处理命案；②按照刑事规则处理命案。
A:民事责任与赔命价协议的对应关系,司法者要解决受害方的赔偿问题;
B:刑事责任在赔命价中没有对应责任,司法者要解决加害方的免死乃至免责问题。

⑩ 青海法院课题组：《青海藏族地区“赔命（血）价”习惯法情况的统计与分析》（之三），载《法制日报》2013年8月21日，第12版。

通过这个图示可以说明，在命案纠纷解决的两个层面上，赔命价与刑事规则的对应关系。刑事规则中的民事责任与赔命价协议大体吻合；但刑事规则中的刑事责任，在传统赔命价中没有对应。按照上述两层对应关系，赔命价司法运用的方法论框架就很清晰了。藏区赔命价的司法运用，在实质上是法官如何解决按照赔命价承担的责任与按照现代法律所需要承担的两种法律责任之间的相互关系问题。据此，司法者需要完成两个任务：首先需要站在受害方的角度，论证其索取命价的行为（求财）是否具有合理性，这个问题就归结到命价的各种构成要素在现代刑事法律视野中是否具有合理性，是否可以被现代法制中的相关制度（即刑事附带民事诉讼）整合和吸收；其次，站在加害方的角度，考察现代刑事法制所规定的刑事责任对加害方的可接受性，以及加害方根据赔命价"赔偿了事"所衍生的减刑诉求（免死乃至免责）的可接受性，从而在刑事法制与赔命价之间实现折中，并且将刑事责任观念逐步植入藏族当事人的观念之中。经过这两个层次的解释，我们可以勾勒出赔命价司法运用的制度途径与方法论框架。

三、赔偿要素与刑事法制的对接

首要的问题是，赔命价协议中的各种构成要素在现代法律的视野中是否具有合理性，这是赔命价司法运用的价值前提。

根据学者的分析，在民间运作的赔命价案件中，赔命价协议所蕴含的，受害方所索取的"命价"的用途其实并非限于补偿死亡者的"命"，也并非完全用于抚恤死者的配偶和子女，而是分作三份：一份送给当地寺庙作为死者诵经超度亡灵之费用、一份送给参与调和的亲友、一份为被害人家庭抚恤金。⑪ 具体而言是由以下几方面构成：（1）调头金，即将受害者亲属从势不两立的复仇感情中解出来不再寻仇，防止事态的进一步恶化；（2）丧葬费，施害人向被害人家属支付的安埋死者的费用，包括停尸铺垫、盖尸布、驮尸牛及鞍绳等项目；（3）安慰金，由施害人支付给死者家属或亲属的一笔费用，称谓包括兄弟失膀、本家失亲、寡妇拭泪和孤儿捶胸等；（4）悔罪金，施害人认罪伏法，以罚金的形式表现；（5）诉讼费，诉讼审理过程中所产生的酬金、伙食费和文书笔墨费；（6）煞尾费，用一头犏牛（最好为白尾犏牛），在其尾巴上拴一把扫帚进行扫除，象征将不吉利的事一扫而光，实际上是一种恢复两家关系的仪式；（7）超度费，施害人赔付给受害人家属，让其给寺院买经书、刻石板经以超度亡魂，使其不坠三恶趣的费用。⑫ 从命价的上述七项费用的具体内容来看，所谓"命价"事实上并不仅限于对受害人"生命"的补偿，而是涉及命案纠纷处理各个程序环节，体现了现代藏区赔命价程序与实体不分的特点。值得注意

---

⑪ 辛国祥、毛晓杰：《藏族赔命价习惯与刑事法律的冲突及立法对策》，载《青海民族学院学报》2001 年第 1 期，第 34 页。

⑫ 穆赤·云登加措：《被误解的文化传统——论藏族赔命价的内涵》，载《甘肃理论学刊》2012 年第 6 期，第 28 页。穆赤·云登加措的这种分析显然是根据藏区传统部落习惯法中的命价结构。

的是，该分析框架忽略了传统命价构成中最核心的要素，即“命价正额”。[13] 所以，命价费用应由八项要素构成。在当代赔命价的运作中，上述八项费用在赔命价协议中均有所体现。

对此，我们可以根据死亡赔偿制度逐项分析，看看是不是都是封建的、迷信的、落后的、不合理的，因此是必须废除的。笔者认为，传统命价的下述几个成分就是不合理的：第一，调头金。因为私力报复是不合法的、是对法律秩序的破坏，受害方强行索取调头金的行为得不到法律支持。第二，悔罪金。因为犯罪人的伏法表现为对司法机关判决的服从，“罪”具有公法性，由国家刑法定义，因此，“悔罪”的对象只能是国家司法机关，并且，悔罪主要表现为一种忏悔的态度，而不单独表现为经济上的负担。第三，诉讼费。因为官方主导的刑事诉讼和调解对当事人而言都是免费的，组织调停的第三方如果收取费用，则是对国家司法权的僭越。上述三个因素都可以通过官方主导的调解程序加以过滤，因此可以减轻当事人的负担。我们可以将藏族部落习惯法中的程序性因素所产生的费用从“命价”中剥离，使“命价”更加名实相副。

而下述几项费用体现藏族民间信仰，因此具有一定的合理性。第一，丧葬费。即使按照国家刑法和最高法院的司法解释进行判决，这项费用也是必须要支付的。第二，煞尾费。煞尾费具有很强的仪式性，按照藏族习惯，这一仪式是为了让当事人双方握手言和，避免发生进一步的血亲复仇。[14] 这一习惯本身具有很强的象征意义，对纠纷的彻底解决能够释放出正能量，并且成本不高，因此承认这习惯符合经济学上的效益原理。第三，超度费。以前，司法实务人士表示：对被害人家属的补偿“绝对不能包括封建迷信（如大出丧、做水陆道场、请喇嘛念经、买经卷、给寺院布施……）大摆排场……等不合理费用”[15]。如果我们考虑宗教信仰的因素，这项支出或许是合理的。这不过是藏区群众的一种精神寄托而已，并且对社会主义法制也不构成本质上的伤害。所以，如果把这项费用控制在一个适当的数额，也是可以接受的。

关于安慰金，因为国家介入对犯罪人进行惩罚，可以视为对受害方的精神安慰，所以当前我国刑法不支持精神损害赔偿。那么，赔命价中的第（3）项安慰金要素暂时无法获得法律支持。考虑藏区习惯，这项要素可以交给藏区司法机关自由裁量。而“命价正额”，从经济角度来考量的话，即被害人预期的可得收入，与被害人的年龄直接关联。这项损失是受害方可预见的经济物质损失，理应得到补偿，可由司法机关根据实际情形进行裁量。

---

[13] 青海省高级人民法院课题组认为，“赔命价”中的“命价”分为三部分，依次为“调头费”、“正额”和“煞尾费”。这种观点显然是根据部落赔命价的操作程序得出的认识。参见青海省高级人民法院课题组：《青海藏族地区“赔命（血）价”习惯法情况的统计与分析（之四）——对待青海藏区“赔命（血）价”习惯法的意见和建议》，载《法制日报》2013 年 8 月 28 日，第 9 版。

[14] 穆赤·云登加措：《被误解的文化传统——论藏族赔命价的内涵》，载《甘肃理论学刊》2012 年第 6 期，第 28 页。

[15] 吴剑平：《对藏族地区“赔命价”案件的认识和处理》，载《法律科学》1992 年第 4 期，第 85 页。

所以，在民间达成的赔命价协议中，“命价”构成要素中的可以剥离、取缔的要素均是与纠纷处理过程（即民间调解）相关的程序性费用，这恰恰反映了命案司法管辖权归属官方之后，民间私自收取案件调解费用的非法性。构成“命价”核心的补偿性费用则大多具有一定的合理性，因此赔命价和国家刑事法制之间可以沟通的因素很多：命价正额、丧葬费、煞尾费、超度费在现行体制内都可以获得支持；悔罪金、调头费、诉讼费则被刑事司法过滤；安慰金具有较大的可商榷的弹性。因此，从被告方的利益诉求来看，赔命价的司法运用具备比较坚实的价值基础。

现在的关键问题是如何在制度上实现命价要素与国家法制的对接，即如何“用现行法解决‘赔命价’问题”⑯，使命价赔偿协议具备形式合法化，从而将被告方吸引到司法机关通过公力救济解决命案纠纷。因为司法机关裁决案件只能适用法律而不能直接适用习惯，所以赔命价的司法运用需要用现代法律理念重新解释，即用官方化的“法言法语”对赔命价规则中的合理要素进行重述——用官方的法律语言这只“新瓶”装载赔命价这种传统规则中的“旧酒”。其中有如下两个问题需要处理：第一，如何在国家刑事法制中给赔命价协议定位；第二，采取何种名义，即“赔命价”的传统名目在当代刑事法制中是否合适。赔命价协议与国家刑事法制在程序方面的对接途径很明了，即通过刑事附带民事责任追究加害人的民事责任，通过刑事诉讼法和侵权责任法所构建的死亡赔偿责任体系吸收和消化藏区民间的命价规则所包含的各种要素。《中华人民共和国刑事诉讼法》第99条规定：“被害人由于被告人的犯罪行为而遭受物质损失的，在刑事诉讼过程中，有权提起附带民事诉讼……”；《最高人民法院关于适用〈中华人民共和国刑事诉讼法〉的解释》（以下简称“新刑诉解释”）第138条规定：“被害人因人身权利受到犯罪侵犯或者财物被犯罪分子毁坏而遭受物质损失的，有权在刑事诉讼过程中提起附带民事诉讼……”。第155条规定：“对附带民事诉讼作出判决，应当根据犯罪行为造成的物质损失，结合案件具体情况，确定被告人应当赔偿的数额。犯罪行为造成被害人人身损害的，应当赔偿医疗费、护理费、交通费等为治疗和康复支付的合理费用，以及因误工减少的收入。……造成被害人死亡的，还应当赔偿丧葬费等费用。”

根据刑事诉讼法和侵权责任法的相关规定，我们可以看出，国家法的规定与赔命价规则的构成要素之间有交集，但不完全相同：

第一，两者之间完全一致的是对“丧葬费”的规定，都要求对受害人的丧葬支出进行赔偿；所以，国家法吸收命价中的丧葬费要素没有任何技术上的障碍。

第二，“命价正额”在国家法中也有相应的规定，即“死亡赔偿金”。关于死亡赔偿金，新刑事诉讼法及其司法解释并没有明确将其认定为被害方的物质损失，但同时也没有

---

⑯ 华热·多杰：《用现行法解决“赔命价”问题的几点思考》，载《青海民族研究》2004年第3期，第113页。

否认其物质损失的属性。“新刑诉解释”用“赔偿丧葬费等费用”这个笼统的用语对命案损失进行概括性的规定。这个概括性规定是否涵盖死亡赔偿金？很显然，丧葬费是有特指的，并不包括死亡赔偿。但是“……等费用”这个表述则具有很大的弹性。“新刑诉解释”第163条规定：“人民法院审理附带民事诉讼案件，除刑法、刑事诉讼法以及刑事司法解释已有规定的以外，适用民事法律的有关规定。”在刑事诉讼法没有明确规定“死亡赔偿金”的条件下，可以参考侵权责任法以及最高人民法院的相关司法解释。然而，根据侵权责任法第16条，侵害他人造成死亡的应当赔偿死亡赔偿金。可见，在当下的法律体系内，藏区赔命价中的“命价正额”完全可以表达为“死亡赔偿金”。由此，我们可以看到，在物质损失的补偿方面，当下的国家法和藏区习惯是相通的，并不存在根本的冲突。⑰

第三，超度费。超度费是藏民基于宗教信仰而在受害人殡葬过程产生的经济支出，尽管按照现代科学的观点这项支出带有迷信的色彩，但是具体到藏区特殊的宗教文化环境，此项支出具有基于宗教信仰的合理性。此项支出发生在殡葬过程中，所以，可以考虑将其纳入“丧葬费”之内。

第四，煞尾费和安慰金。赔命价规则这两项要素比较难以处理。煞尾费显然具有精神抚慰的因素，目的在于安抚受害方，所以，煞尾费和安慰金都属于精神抚慰金的范围，麻烦在于，“新刑诉解释”第163条明确规定：“因受到犯罪侵犯，提起附带民事诉讼或者单独提起民事诉讼要求赔偿精神损失的，人民法院不予受理。”也就是说，现行法律体系并不支持因刑事犯罪而产生的精神损害。从利益平衡的角度或许可以化解这个问题。因为藏区“命价”的构成要素并不包括误工费、医药费、营养费、交通费等项目，所以，按照国家法律计算出来的误工费等各项费用可以大体与精神抚慰金相抵。这就说明，受害方如果按照国家法来计算损失，并不“吃亏”。

通过上述分析，我们可以得出一个结论：现行的刑事附带民事诉讼的赔偿范围与计算方式所建立的死亡赔偿制度，基本上可以吸收藏区赔命价的各项构成要素，并不存在太多的技术性障碍。

四、责任的同一性难题及其处理

前述思路只解决了命案受害方的利益救济，还没有涉及加害方的责任问题，而这才是真正的棘手之处。此处需要解决的问题是：加害方赔偿命价之后，其刑事责任是否会得到

⑰ 有实务界人士认为，死亡赔偿金属于精神损害，不属于民事附带刑事诉讼的范围。其依据是《最高人民法院关于确定民事侵权精神损害赔偿责任若干问题的解释》第9条。（参见刘为波：《刑事附带民事诉讼制度的修改内容的理解与适用》，载《法律适用》2013年第7期，第68页。）但是，这种理解显然是先入为主地先下结论再行论证，断章取义的而不是体系化的解释死亡赔偿金的性质问题。因为无论是《最高人民法院关于审理人身害赔偿案件适用法律若干问题的解释》（法［2003］20号），还是侵权责任法，都是将死亡赔偿金纳入物质损失的范围，与精神损害并列。

减轻？在当下藏区刑事司法实践中，答案一般是肯定的。也许有人会认为，按照刑法规定对加害方判处刑罚不就完事了吗？如果事情这么简单，就不会出现所谓藏区刑事司法中的“戈尔迪之结”⑱ 了。藏区司法者需要做的，不仅仅是依法判决，还要让犯罪人服判息讼、案结事了——甚至不是说减轻刑事处罚就可以了，还要让加害方接受这种已经减轻的刑事处罚。因为针对命案，刑事法制中的“故意杀人罪”、“过失致人死亡”等规则对命案的处理原理，与作为民间规则的“赔命价”规则的处理原理是不同的。而这种原理的不同不是通过“赔钱”这一个因素就能解释清楚，还要处理好“减刑”这个因素。司法者需要处理好一对难题：藏族当事人眼中的“一羊剥两皮”观念以及运用赔命价所带来的“花钱买刑”的质疑。为此，司法者需要从法律责任的逻辑链条中、在刑事法制与赔命价习惯的双向互动中，进一步理解和诠释赔命价的真实意蕴。

首先，藏区司法者面临着一个刑事责任的同一性难题，即藏族当事人眼中的“一羊剥两皮”。

现代刑法针对命案除赔偿之外还课以严厉的刑罚：情节重的处死刑；有从轻情节的，可以减为无期徒刑；情节轻的，处有期徒刑。刑罚的判处与民事责任的赔偿是并列的，被判处刑罚的犯罪人同时要负民事赔偿责任。但按照藏区传统，一个杀人者在其赔偿命价之后，就算是“案结事了”了。所以，对于加害人而言，赔了命价又追究刑事责任是“一羊剥两皮⑲”。这样，较之于内地刑事司法而言，藏区的司法机关面临一个基于文化背景而产生的难题：让加害方认罪伏法、接受国家的刑事处罚。从前文的赔命价与刑事规则之间的对应关系图可以看出，刑事责任是国家法制“植入”到藏区命案当中去的，而不是藏区法律文化和藏族人观念中“原生”的，甚至在藏区社会，即使命案的受害方也不同意对加害方课以刑罚。所以，在有些命案中，当司法机关介入处理时，有的受害方觉得司法机关多管闲事：“我们两家的事情已经解决了”。⑳ 这句话的画外音非常明显。按照藏区赔命价的逻辑，命案当事人双方已经通过赔偿命价把仇怨“做空”，司法机关的干预只是在给他们添麻烦。可见，命案加害方基于赔命价而存在一种无责任的心理期待，这是一种根深蒂固的期待利益。由此，刑事法制与赔命价规则之间存在着一个巨大的观念鸿沟——即前文示意图中，刑事责任对应的那个空白——这条鸿沟可能是一条人命、终生监禁或者至少是数年的牢狱之灾。这种责任的同一性难题体现了藏区赔命价规则与刑法规则的核心冲突。

---

⑱ 参见曹廷生：《博弈中共生：赔命价与恢复性司法的对话》，载《内蒙古农业大学学报》2007年第3期，第83页。“戈尔迪之结”是古希腊神话的隐喻，意为毫无头绪难以理清的问题。传说，“戈尔迪之结”是马其顿国王亚历山大用剑劈开的。

⑲ 参见杨方泉：《民族习惯法回潮的困境及其出路——以青海藏区“赔命价”为例》，载《中山大学学报》2004年第4期，第56页。

⑳ 张济民：《藏区部落习惯法对现行执法活动的影响及对策建议》，载《青海民族研究》1999年第4期，第61页。

藏区群众对"一羊剥两皮"的理解是基于自身文化传统对国家法制的曲解[21]——正如基于国家法同样会曲解赔命价一样[22]，基于藏区法律文化也无法全面解释国家法制。但司法者可以通过比较来进行释法说理、促进相互理解。按照现代法理，一个人因为其犯罪行为只能接受一次惩罚、负一次法律责任。这个原理在实体法上表达为"一事不二罚"，在程序法上表达为"一事不再理"。藏区民间规则认为"一羊剥两皮"是不公正的，正是对上述法律原理的一种朴素的民间表述。可见，藏区民间规则与法律规则在程序理念方面是相通的，但在命案实体责任理念方面则存在差异。在国家法的角度，刑事责任与民事责任是并存关系，因此并不存在一事二罚的问题。当然，这种理解是形式主义的，即现代法治条件下理解法律问题的出发点是国家法律的规定，民间习惯不能作为理解法律问题的规范前提。因此，藏区赔命价规则的司法运用，还需要司法者在适用刑事规则的过程中，关注赔命价的责任观念，以平衡刑事加害方的利益诉求。

司法者需要在赔命价与刑事法制之间寻求一种折中方案，在刑事司法裁量中考虑加害方基于赔命价传统所产生的上述期待利益。但从司法实践来看，平衡加害方的利益需求比平衡受害方的利益需求更难操作。如果加害方有赔偿能力，司法机关就需要充分调动加害方的赔偿意愿、特别是加害方家属的赔偿意愿，从而使受害方的利益得到满足。但在这种情形中，又隐含着另外一个难题：在加害方积极赔偿的情况下，如何避免加害方的、另一种表现形式的"人财两空"，从而不至于使得加害方的利益失去平衡？一般而言，加害方及其家属积极进行赔偿是希望通过积极赔偿获得免死甚至是免刑的"对价"。如果加害方的这种利益诉求在司法操作中得不到满足，那么，其赔偿的意愿就会大打折扣。在这个过程中，赔命价规则既是加害方利益诉求产生的根源，又是其诉求正当性的文化根基。

其次，如果按照赔命价传统考虑加害方期待利益，司法者需要解决可能面临的正当性质疑。

按照当下的法制观念，"赔命价"这个词易使人联想到"花钱买命"、"以钱赎罪"[23]。"赔命价"的司法运用可能使有钱人逃脱严厉制裁，而贫穷的加害人则没有这种机会，由此造成刑罚适用的不平等。人们的推理是：有钱人在违法犯罪后，通过赔偿命价可以使法官的自由裁量权倾向于自己，从而获得宽大处理，即使杀人，也可以获得缓期执行；而缓期执行则基本上意味着不再执行死刑。如此一来，有钱的犯罪人就可以逃脱"杀人偿命"

---

[21] 参见杜宇：《重拾一种被放逐的知识传统：刑法视域中"习惯法"的初步考察》，北京大学出版社 2005 年版，第 118－119 页。

[22] 穆赤·云登嘉措：《被误解的文化传统——论藏族赔命价的内涵》，载《甘肃理论学刊》2012 年第 6 期，第 24 页。

[23] 参见张济民：《藏族部落习惯法对现行执法活动的影响及对策建议》，载《青海民族研究》1999 年第 4 期，第 61 页；苏永生：《国家刑事制定法对少数民族刑事习惯法的渗透与整合——以藏族"赔命价"习惯法为视角》，载《法学研究》2007 年第 6 期，第 122 页。

的逻辑，法律的公平与正义便受到了挑战。[24] 法律面前人人平等是最基本的法律原则，而“花钱买命”现象的存在则在富人和穷人之间划了一道线，造成同案不同判。“花钱买命”、“同案不同判”的诘难背后，是社会舆论对司法公正的担忧。[25] 这个诘难使得赔命价司法运用的正当性成了一个难题。清除这个难题，需要细致分析、区分各种不同具体情形：

第一种情形是，在有些赔命价案件中，犯罪人的确没有赔偿能力，但是通过某种激励，可以“激发”出其赔偿能力。比如，未成年人犯罪，其本人可能并无多少经济积累；但是其父母可能会在看到挽救孩子的希望后“倾家荡产”而积极赔偿。另外一些成年犯罪人自身没有赔偿能力，但是其近亲属则具有充分的财力，所以，如果能够得到他们的支持，那么受害人的经济补偿就不成问题。反之，如果犯罪人家属即使代为赔偿也无法获得减刑的话，那么受害人或其家属得到赔偿的可能性便会大大降低。在法律上，罪犯与其父母和其他家属是独立的法律人格体，父母或其他家属对受害人并无赔偿义务。但在一般人的理念中，父母家人是一体的，所以，受害人及其家属可能会向加害人家属索赔；如果得不到赔偿，便会引发令司法机关头痛的上访。因此，司法者面临着两难：一方面要顾及罪责刑相适应的法治原则；另一方面又要考虑“案结事了”的社会效果，避免涉讼信访的发生。在藏区特殊的文化背景中，灵活运用“命价”规则既可以为犯罪人提供自新的机会，又可以使受害人获得及时的经济赔偿，这似乎是一种双赢的局面，较之于两败俱伤的情形更加可取。

第二种情形是，在犯罪人自身有赔偿能力的案件中，人民法院依法判决后，犯罪人有义务也有能力赔偿。问题的关键在于，人民法院如何在案件审理中防止其转移财产，如何在判决生效后有力地执行判决。法官是不是因为加害人自己有赔偿能力就可以弃赔命价理念于不顾呢？“赔钱”在刑事法律中只是减刑的一个酌定情节，法官“可以”考虑减刑，但在赔命价案件的实际操作中，却一般“必须”减刑，因为案例具有社会示范效果。如果犯罪人及其家属即使积极赔偿也得不到预期的效果，而社会舆论又对此种判决大张旗鼓的加以褒扬的话，那么，此后再发生类似案件，受害人想要获得赔偿便难上加难了。所以，法官通过平衡刑事案件的犯罪人和受害人之间的利益而获得自己预期的息讼的裁判效果，似乎必须要向加害人妥协。

第三种情形是情节恶劣的重大案件如何处理，这需要法官特别斟酌。经过反复权衡，犯罪人情节恶劣必须处以死刑，那么即使犯罪人及其按照命价规则积极赔偿，法官也要根据实际情况判处死刑，并且积极努力的促使受害方及时得到赔偿。

总之，笔者认为，在前述区分的三种情形中：对第一种适用“赔钱减刑”一般是可以接受的；对第二种情形，需要慎重，经过权衡减轻处罚大体上获取良好的社会效果也具有

[24] 姚兵：《刑事和解在严重暴力犯罪中也有适用空间》，载《法制日报》2008年11月9日，第11版。

[25] 黄春景：《“赔钱减刑”裁量权不能乱用》，载《各界导报》2014年8月14日，第3版。

可接受性；对第三种情形，则不能适用“赔钱减刑”，该判死刑的就应当判死刑。也就是说，对通过司法途径积极赔偿受害方物质损失的加害人，除了极少数罪大恶极必须判处死刑的，司法机关在量刑时应当作为减轻处罚的一个情节加以考量，在有必要时，可以突破法定刑进行判决[26]。上述分析框架虽然可能产生突破法定刑的判决，但是少数民族地区的“两少一宽”刑事政策可以为这种做法提供政策支持。通过这种操作，配合积极的说理工作，或许可以促进加害人接受判决，逐步消解藏区社会的“一羊剥两皮”观念。

五、结语

在藏区的命案中，传统的赔命价一方面驱动着被害方索取命价，另一方面又驱动着赔了命价的加害方主张免除刑事责任。由于赔命价传统的存在，藏区司法机关既要应对受害方对命价的诉求，又要应对加害方对免除刑事责任的诉求，必须在双方当事人的利益之间达致平衡，任何一方不满意，案件就难以处理妥帖。司法机关的这种处境，是我们探讨赔命价问题不可忽视的一个前提。基于这个前提，依据严格的罪刑法定原则取缔赔命价，只能加剧习惯法与国家法之间的冲突，而无助于实践难题的解决。

因此，本文在规范法学的立场上，提出了赔命价司法运用的一种实用主义的方法论框架：司法者首先需要区分民间索取赔命价的过程与结果，排除过程中的私下调解，认可官方参与的赔偿协议；其次，区分赔命价与国家法之间对应的两个层次，即民事责任大体与赔偿协议的命价对应，而刑事责任则缺少对应；再次，寻求命价构成要素与国家法中的死亡赔偿金制度的可沟通之处，通过刑事附带民事机制完成对命案受害人的利益救济；最后，借助“两少一宽”刑事政策，回应和平衡加害方的利益诉求，逐步消解“一羊剥两皮”和“花钱买刑”的观念障碍。

赔命价的司法运用，关键是“名分”问题。在国家司法中，藏区命案的受害方不能以传统“命价”的名目来主张赔偿，而只能以死亡赔偿制度所规定的各项要素来主张自己的损失，司法机关也只能以丧葬费等国家法制的规定来处理受害方的主张[27]。名分问题并不仅仅是个形式问题，而是一个形式合法性问题。也就是说，如果按照现行法律的规定来理解藏区传统的“命价”规则，就意味着赔命价在刑事司法中失去了自己的位置，在形式上便可能被完全消解，甚至完全消亡。

（编辑：金　梦）

---

[26] 实践中不乏实例，参见王海聪：《以刑事和解方式推进藏族习惯法与国家法的互动——以果洛藏族习惯法中的“赔命价”“赔血价”为例》，载《青海师范大学学报》2011 年第 5 期，第 54 页。

[27] 例如青海省果洛州政法委规定，“因故意杀人或故意伤害致人死亡的，被告人支付被害人家属丧葬费和抚恤费，丧葬费在两千元以内，抚恤费在一万元以内掌握。”青海省果洛州的规定将赔命价称谓改变为“丧葬费、抚恤费”，实际上是对赔命价的有限制的认可。参见杨方泉：《民族习惯法回潮的困境及其出路——以青海藏区“赔命价”为例》，载《中山大学学报》2004 年第 4 期，第 58 页。

作为司法审查方法的法律保留原则*

黄　卫**

摘　要　《立法法》第8条第11项的"兜底性"条款，作为一种开放性的规定兼具与主流通说"重要性理论"的相容性，为司法审查实务的发展奠定了实定法基础。法律保留原则旨在维持法律之规范效力，避免行政行为侵犯立法机关权限，同时也防范立法机关怠于行使职权。"重要性理论"将法律保留原则的适用范围扩大到与公民基本权利相关重要事项，并以之作为规律密度。具体法律层级调整的操作要领，在于先确立事项重要与否，再审度立法者是否就该重要事项作出基本决定，并为明确的指示或导引。

关键词　法律保留原则　司法审查　重要性理论　法律层级调整方法

一、引言

2015年通过修订的新《立法法》重塑了法律保留原则的立法表达，其中第8条有关全国人及其常委会专属立法权的规定，奠定了整个法律保留原则的基调，有利于解决全国人及其常委会制定的法律与国务院制定的行政法规、与地方性法规权限的划分问题。但有学者指出，在立法技术上应当区分绝对保留和相对保留，并将相应的部分整合到一起，使其显示出重要程度的差异。① 更重要的是，该条第11项"必须由全国人大及其常委会制定法律的其他事项"是在排他性列举尚有困难，作为全国人大及其常委会立法权限的"兜底性"规定。② 一方面，在宪法明确规定的45处应当由法律规定的事项中，除了已经被

* 基金项目：2018年度国家社科基金青年项目"庭审实质化语境下法官认知风格测验及其改善研究"（项目编号：18CFX004）阶段性成果。

** 黄卫，男，上海人，吉林大学法学院司法文明协同创新中心博士生，研究方向为法理学。

① 参见：冯玉军主编：《新〈立法法〉条文精释与适用指引》，法律出版社2015年版，第55页。

② 参见：全国人大常委会法制工作委员会国家法室编著：《中华公民共和国立法法释义》，法律出版社2015年版，第38—58页。

该条前9项明确列举为专属立法权限以外的事项，都应当属于专属立法权的“其他事项”范围。另一方面，宪法虽然没有规定某一事项应当制定法律，但有关法律规定该事项应当由法律规定的，这一事项就应当属于专属立法权重“其他事项”的范围。③ 法律保留原则的贯彻与实行，在某种程度上可以说是衡量国家法治发展的一个重要指标因素，其真意是在保障公民权利。通过立法机关亲自以法律规定限制的要件，而非概括授权行政机关订定。“法律保留原则”并非是纸面上的原则性规定，其落实更有赖于司法审查实务中逐步发展，尤其是《立法法》第8条第11项的“兜底性”条款，作为一种开放性的规定兼具与主流通说“重要性理论”的相容性，这就为司法审查实务的发展提供了实定法基础。

二、“法律保留原则”作为平衡立法与行政的方法

法律保留原则（Prinzip des Gesetzesvorbehalt）是宪法将某些事项保留给立法机关，须由立法机关以法律定之，不得由行政机关以行政命令定之，尤其是有关国家机关组织及对公民权利的干预，应保留给立法机关以法律定之。行政行为不能以消极不抵触法律即可，必须有法律明文依据。④ 换言之，法律保留在法技术观点上明显对行政权的发动造成一种“附带许可保留禁止”（Verbot mit Erlaubnisvorbehalt）的效果，使行政权在未经立法者事先“允许”前对法律保留范围内事务，不得主动、积极作为。⑤ 法律保留原则的作用，否定了不经过立法程序直接以行政措施侵害公民权益的正当性。旨在维持法律的规范效力，避免行政行为侵越立法机关的权限，同时也防范立法机关怠于行使职权，放任行政机关的作为，或者立法机关过分扩张权限，甚至延伸至行政的核心部分。⑥ 法律保留就是在立法、行政、公民权利保护三者角力的过程中，经过完善的斟酌考虑，最终将权力交给立法机关用以节制行政机关保护公民权利。

法律保留在历史的演进过程中，一直推动着国家民主法治的进程。同时随着社会结构和体制的改变，法律保留的范围也随之而变。就算是在早期的君主立宪时期，但凡对公民自由权和财产权的干涉，也必须经过议会的同意，以防止君权的过度侵害。在德国基本法制定后，法律保留从早先的“干预行政”到“给付行政”再到“全部保留”，尔后打破“特别权力关系”理论的藩篱并使之逐步瓦解。法律保留一步步整合法秩序，并逐步扩大其适用领域。在司法审查中立法权与行政权、法律与行政法规之间的关系得以界分，行政法规的法律从属性确立。依德国学者见解⑦：未来法律保留原则之适用，应该先建构不同

③ 参见：全国人大常委会法制工作委员会国家法室编著：《中华人民共和国立法法解读》，中国法制出版社2015年版，第61—62页。

④ 参见：吴庚：《行政法之理论与实务》（增订十二版），三民书局2012年版，第86页。

⑤ 参见：许宗力：《法与国家权力》，元照出版公司1998年版，第117—214页。

⑥ 参见：吴庚：《行政法之理论与实务》（增订十二版），三民书局2012年版，第99页。

⑦ Reimer, Das Parlamentsgesetz als Steuerungsmittel und Kontrollmaßstab, in: Hoffmann – Riem/ Schmidt – Aßmann/ Voßkuhle, Grundlagen des Verwaltungsrechts, Band Ⅰ, 2006. §9 Rn. 59.

类型的法律保留（differenzierende Vorbehaltsgrundsatz），例如，即将其类型区分为：①影响基本权利的法律保留；②租税上的法律保留；③财政宪法上法律保留；④条约上的法律保留；⑤组织法上的法律保留；⑥自治法上的法律保留；⑦制定法令的法律保留；⑧涉及法律地位之法律保留；⑨其他特殊性的法律保留；⑩一般性的法律保留。

"法律保留"的目的是在确保"重要决策是由民选立法部门做出"、"限制行政决定的空间"，以及"给予法院审查行政行为的标准"。要求政治上的主流多数，对于是否限制少数人的权利，明确保留。在主流民意尚不明确的时候，法律保留的要求有助于保障公民权利确保行政或司法不至于假民主之名侵犯公民权利。[⑧] 法律保留原具有民主控制的功能，是从行政法发展出来的形式要求，主要目的在使立法权得以控制行政权，并贯彻依法行政。其效果就是无法律，即无行政。当下法律保留的功能已非单纯地划分两个相互对立的原始政治权力的势力范围，而是界定两个同样具有民主正当性基础国家功能的权限秩序。

当今立法者的任务就是规范法治秩序下国家、社会及公民生活，行政受法律拘束，毋宁是通过法律保留强化立法者政治任务的引导功能。由于社会的不断发展，所需要规律社会生活的法律需求随之不断增长，国会的立法负担也不断加重。即使立法的数量大量增多也可能面临立法不足，尤其是在受"依法行政"原则以及平等原则拘束下难以规律相关领域社会生活。但另一方面，法律保留的要求不但提升了国会立法的重要性，也强化了国会立法的必要性和责任。法律保留的范围愈大，则立法的必要性也愈强。但是，如果一味强调立法的必要性，则可能造成法律数量成几何数倍的激增，难免会出现过度规范、法规泛滥的现象。

三、"重要性理论"作为司法审查实务的最新方法

一般而言，法律保留适用的领域并非放诸四海皆准的答案，通常依各个涉及的生活领域、公民法律地位及规范目标的特质整体加以衡量。"法律保留范围不再仅限于传统的侵害行政的趋势相当明显。"[⑨] 依据民主法治的要求，特定的基本问题应由立法机关本身决定，因为立法机关具有直接民主正当性，也因此只有其有权决定共同生活的重大问题。"法律保留的范围不但包括传统领域，更推广到所有其他直接涉及公民基本权的领域。"[⑩]

在德国的法秩序上，是以立法者本位的角度来发展立法与行政权力区分的相关论述。正因如此，所以整个德国公法秩序的发展才会始终以法律保留原则为起点，从国会保留拓

⑧ 参见廖元豪：《法律保留与基本权保障之脱钩》，载《台湾本土法学杂志》2004年第2期，第21页。

⑨ BVerfGE 40，237，（248 f.）.

⑩ BVerfGE 33，125，（158f.）；40，237，（248f.）.

展到授权明确性要求的规范腹地。[11] 今日德国公法学界的通说是"重要性理论"，该说认为"本质性或重要性的事项"应交由立法者加以规定或授权。重要事项保留给立法权的理由，主要是基于民主原则以及法治国原则的考量，前者要求与公民权益相关的重要事项，应有国民代表介入；后者要求基本权利的保护，因此与公民权利有关事项应先有法律的规定，公民才可预见。据此，所谓的"重要"除了基于民主原则提出的要求外，一般认为是指"与基本权实现相关的事项"，至于事物性质究竟是"给付行政"或是"干涉行政"在所不问。

德国"重要性理论"（Wesentlichkeitstheorie）是针对传统"干预保留"之不足发展而来，"重要性理论"与之对照，它不只限于自由、财产，还有其他权利也包括在内。所以重要性理论一出，虽受到很多批评，但仍能为学界与实务界接受。"重要性理论"在德国联邦宪法法院 1977 年 12 月 21 日之判决（BVerf GE 47，46）中宣示，对基本权利实现的重要部分事项，应保留给法律规范。该判决同时指出，在德国第 51 届法律人年会讨论中论及，所谓"重要的"首先应理解为是发现（heuristischer Begriff）的概念，而非对释义学化的创设（Beitrag），且此概念的基础是自明之理（Binsenweisheit），亦即在议会民主制度下，实际上议会决定属于重要的事务。必须非常谨慎判断个别事务是否重要，以避免过度法律化（Vergesetzlichung）的危险。[12] "重要性理论"是在传统"干预保留"事项外，将法律保留原则适用范围扩大到"国家与公民关系"的重要事项，并以之作为规律密度。但仍存在着不适用法律保留原则的行政事项，即：与公民无关的事项，或与公民有关但既不属"干涉行政"，且依"重要性理论"判断不属重要事项。[13] 其规范密度取决于系争领域，或涉案基本权受干预的严重性，或所引发的公共性争论的强弱等。[14] 该理论所称的"重要性"，并非具有固定性的意义，反而是一种机动公式。国家作为或不作为，在何种范围内须有法律依据，可依循下列公式："愈是对基本权利持续性侵害或限制，愈是对公民有重大影响，愈是在社会中极具争议复杂问题，愈应由国会亲自并为较准确或详细规定。"应该考量规律内容对公益或公民是否具有意义、重要、根本、影响强烈等性质而定。事项的性质对公益或公民愈重要，则对立法者之要求愈高。就法律规定的程度而言，对公民基本权的干涉愈持久或愈有胁迫性，或对公益之影响愈重大，或问题愈复杂，则愈需要详细的、严密的法律规定。

理论界与实务界已普遍接受将"重要性理论"作为有无法律保留原则适用的判断基准。在重要性理论的操作下，法律保留原则的适用固然不再以判断行政行为究是干预行政或给付行政作为区分。但如果有原则性的重大意义，抑或与公共利益息息相关的事物，本

---

⑪ Fritz Scharpf, Die politischen Kosten des Rechtsstaats. Eine vergleichende Studie der deutschen und amerikanischen Verwaltungskontrollen, 1970, S. 28 f.

⑫ 我国台湾地区"司法院"释字第 684 号解释陈春生大法官协同意见书。

⑬ Steffen Detterbeck, Allgemeines Verwaltungsrecht, 2002, Rn. 276ff.

⑭ Andreas Vosskuhle, Grwissen – Oeffentliches Recht: Der Grundsatz des Vorbehalts des Gesetzes, JuS 2007, S. 138ff.

于民主法治国家的权力区分设计，理应有代表民意的国会意志介入或参与。经过学说与实务的发展，重要性理论有其存在的必要性：其一，重要性理论虽超越（jenseits）传统之“干预保留”，但并未否定“干预保留”仍然存在（fortbesteht），“重要性理论”只是确保基本权利重要部分不被减损（reduziert）。其二，“重要性理论”所扩张的法律保留部分，其基础仍与基本权利相关，重要性理论并未创设（konstituiert）基本权利，而只是将基本权利具体化（konkretisiert）。其三，当具体案件依基本法，必须有法律上规范时，则不需重要性理论的介入。⑮ 那什么样的领域和事项在法律保留的范围之内？另外，在法律保留的总体范围内什么事项应当由立法机关自行调整？什么事项可以授权行政机关制定行政法规？法律的调整应当精确到什么程度？对此可用“重要性理论”予以确定。该理论中“重要性”的评判标准是某个规则对于共同体和公民个人的意义、分量、基础性、深远性及其强度等。因此，“重要性不是确定的概念，而是一个阶梯。某一个事项对共同体或公民越重要，对立法机关的要求就越高。随之而来的是规范密度：对公民个人基本权利的影响越深远、越紧迫，该权利对共同体的作用就越重要；社会问题越充满争议，法律规范的密度就应当越精确、越严格。因此存在一个阶梯结构：完全重要的事项需要由议会法律独占规范，重要性小一些的事项也可以经由法律授权的法规命令规范，一直到不重要的事项即不属于法律保留范围。”⑯ 易言之，“国会保留”所规范的是应由立法机关自行制定法律规定的极其重要的事项，“法律保留”规范的则是立法者可以法律事先授权行政机关制定行政法规的重要性较小的事项，不重要的事项即无需法律保留。

总之，重要性理论简单地说，就是对基本权实现的重要事项必须由立法者亲自决定不得假手其他机关，重要性理论在某种程度上可以看做是国家民主法治化的产物，法律保留运用、实践的场域已经由君主国家过度到民主法治国家，法律保留的适用范围也从过去单纯为避免个人自由财产遭受无限度入侵为目的的干预保留延伸，而必须考虑国会在议会民主制底下的核心地位与实现民主的特殊能力，从而将国会的主导范围由干预性事务领域扩及所有重要的事务领域。亦即，“重要性理论”一方面大幅改变了传统行政与立法两权的权限分配秩序，并成功突破了旧日的“特别权力关系”理论的藩篱，而不重走传统干预保留的老路，扩张了法律保留的适用范围。另一方面，由于并非所有的国家事务对基本权利的实现或政治生活都重要，“重要性理论”也对“全面保留”学说起到了限缩的作用。重要性理论不仅延续了法治国原则项下“通过国会法律确保个人自由”的核心理念，更彰显出民主原则底下“议会支配”的意义与界限。

四、在司法审查适用中形成具体的法律层级调整方法

将“法律保留”视为积极界定立法与行政权限分际最主要的规范准则，在台湾法秩序

---

⑮ H. Maurer, Allgemeines Verwaltungsrecht, 15. Aufl. 2004, Rn. 11a.

⑯ H. Maurer, Allgemeines Verwaltungsrecht, 15. Aufl. 2004, Rn. 12..

底下几乎已被认为理所当然。积极继受德国法上相关讨论的结果，除此之外，更由于法律保留肩负规范“立法与行政权限分际”的功能，这使得法律保留在法院判决与大法官解释中屡屡出现，从而更进一步彰显其实际意涵与影响力。一般而言，与公民基本权利愈是密切的相关领域，立法者愈是应该精密立法。所谓“精密”通过行政机关的组织、程序、决策标准等方面反映，但法律规定的精密度与规范模式毕竟与立法的传承、立法机关的组织与议事程序有关，而且也涉及该法领域向来的实践情形以及有无高度立法规范的必要。⑰法律保留的保留范围应考虑国家立法机关的立法功能，假如立法效能不彰，过度强调过大的法律保留范围，将会使行政僵化。在我国台湾地区法制上，决定何种事项应属重大事项，首先应由具有民主合法性的立法机关决定，如果发生争议，应通过司法审查认定。

我国台湾地区司法审查实务中以事务目标作为法律保留的发展路径：其一，通过基本权利之限制；其二，通过“税收法定”的要求。⑱ 这两种情形下的法律保留，基本上都是依据事务属性——限制公民基本权利事项以及课予公民纳税事项——界分立法权与行政权权限领域，而非简单地出于“立法权与行政权功能区分”要求。“按课税行政行为属于干涉行政，其行为涉及对公民财产权的限制，应恪遵法律保留原则，没有法律或法律授权的行政法规，税务机关不得作成行政行为或其他措施，否则其合法性就有疑问。换言之，税收法定属于法律保留中高密度的部分，司法审查中多采严格审查的立场。”⑲

自 1990 年代以来，法律保留原则已成为司法审查的基本方法，仅“保留范围”尚有争议。1997 年 12 月 26 日，我国台湾地区“司法院”作成释字 433 号解释，在理由书中构建出“层级化法律保留原则”。该项经由继受转而本土化的司法审查方法再次印证了法治进展与学说事务的交迭、互动关系。台湾地区“司法院”释字第 433 号解释理由书揭示：“何种事项应以法律直接规范或得委由命令予以规定，与所谓规范密度有关，应视规范对象、内容或法益本身及其所受限制的轻重而容许合理的差异：诸如剥夺公民生命或限制公民身体自由者，必须遵守罪刑法定主义，以制定法律的方式为之；涉及公民其他自由权利的限制者，亦应由法律加以规定，如以法律授权主管机关发布行政法规为补充规定时，其授权应符合具体明确的原则；若仅属与执行法律之细节性、技术性次要事项，则得由主管机关发布规范性文件为必要的规范，虽因而对公民产生不便或轻微影响，尚非不许。又关于给付行政措施，其受法律规范的密度，较限制公民权益者宽松，倘涉及公共利益的重大事项者，应有法律或法律授权的行政法规为依据之必要，乃属当然。”

我国台湾地区“司法院”释字 443 号解释所建构的层级化保留体系，是源自德国自

---

⑰ 参见台湾行政法学会主编：《行政法争议问题研究（上）》，五南图书 2000 年版，第 33 页。

⑱ 参见黄卫：《税收法定原则司法适用的基本要义》，载《中国社会科学报》2019 年 2 月 13 日，第 5 版。；黄卫：《论税收法定原则与法律漏洞填补——类推适用及其他法律补充之禁止原则》，载《法律方法》2017 年第 2 期，第 375 页。

⑲ 参见我国台湾地区“最高行政法院”2002 年度判字第 745 号判决。

70 年代以来发展出的“重要性理论”，正如前文所述该理论的重要意义在于，法律保留适用范围，从自由权、财产权扩充为凡是与基本权利实现相关的重要事项均须适用。“层级化保留体系”（System des abgestuften Vorbehalts）的结构为：①“绝对法律保留”（国会保留）；②“相对法律保留”；③“无需法律保留范围”。具体而言：“绝对法律保留”，即必须由法律自行规定。其实质是经由禁止委任所强化的法律保留，亦即法律保留中的事项只能由国会独占而禁止委任给其他机关加以规定。如我国台湾地区“司法院”释字第 491 号解释认为公务员免职要件应以法律规定，如“司法院”释字第 474 号解释认为公法上请求权时效需由立法机关以法律规定，不得授权行政机关以行政法规规定，台湾地区“司法院”释字第 640 号解释认为税收程序应以法律规定。②“相对法律保留”，由法律直接规定或由有法律明确依据的行政法规规定，其对象包括关系生命、身体以外其他自由权利的限制，以及给付行政措施涉及公共利益的重大事项。如台湾地区“司法院”释字第 402 号解释及台湾地区“司法院”释字第 619 号解释，就行政裁罚的构成要件，认为在符合授权明确性要求下可以行政法规对公民权利义务事项规范；属租税构成要件的税率，依“娱乐税法”第 6 条规定娱乐税之征收率，亦得经由直辖市、县（市）议会审议通过后，报请或层转“财政部”核备；③“无需法律保留范围”，属于执行法律的细节性、技术性次要事项，则不在法律保留之列。如台湾地区“司法院”释字第 217 号解释，认为税捐稽征机关就课税原因事实认定方法所为的指示，不需法律或授权行政法规订定。

法位阶的高低，代表做成规范的严谨度。尤其是“重要性理论”作为司法审查方法的适用，更使得越高位阶的法规范理应具有更高的公信力。所以，由最高位阶的法律创出的法秩序，当比最低规范性文件所产生的影响来得既深且广，公民对之产生的信赖感，就更值得保障。这也是法规范位阶论，所应当带来的效果。[20] 司法者必须实行“重要性理论”，而非“明显论”，甚或“明显与重大瑕疵理论”，来承担此职责。凡是侵犯基本权利的层次越高，例如生命权、人身自由、人伦秩序与家庭权，甚至人的尊严，则司法机关检验立法裁量的范围更广、密度更高。也唯有针对较低度的法益，立法者获得信赖的裁量空间才会较宽，从而不免彰显司法机关怠惰的“明显重大瑕疵理论”，才有适用的余地。[21] 从我国台湾地区“司法院”释字 443 号解释，我们不难看出“司法院”通过该号解释标的建立起“规范密度”的概念。依据“重要性理论”界定行政法规与规范性文件所规律事项与公民利害关系的程度，对“法律保留原则”更进一步地细化，发展出“层级化保留”的体系。并采取了双阶的思维模式对行政法规与规范性文件进行区隔，以二者规律的事务性质作为划分标准，再决定其应适用的规范机制并决定其法律效果。

---

⑳ 参见我国台湾地区“司法院”释字第 717 号陈新民大法官协同意见书。

㉑ 我国台湾地区“司法院”释字 712 号解释陈新民大法官部分不同意见书。

在判断是否属于重要性的基本法律行为，可参考下列积极指标㉒，及后述的消极指标综合判断：①措施与基本权利的关联性大小；②措施相对人范围的大小；③措施确定后的影响时间长短；④措施对国家财政影响的大小；⑤措施对国家结构的大小影响；⑥措施是否为开放性宪法的具体化；⑦措施在政治上的重要性或争议性之大小。但鉴于人事的多样性与复杂性以及不同基本权利彼此间存在的高度差异性，可以改从消极衡量标准的构成着手。也就是把无须以法律明定的事务予以掌握、类型化，再迂回以扣除法来反面界定国会保留的范围。其消极衡量标准为：㉓ ①不适用法律保留的事项；②须作弹性反应的事务；③发展、变迁中的事务；④事物本质上固有的自主规律性；⑤试验；⑥有因地制宜需要的事务；⑦施行细则或细节性规范：行政法规应当经法律的授权订定，具有法律的从属性。在此关联上可知行政法规非常适合发挥某种辅助性功能，也就是以施行或细节性规范减轻立法者负担的功能。所以，立法者对法律保留范围内事务无庸事必躬亲，他可以将法律内容集中在原则性规定上面，单从规范技术观点执行或落实该原则性决定的规定，委由行政机关以行政法规规范已经足够，无须适用国会保留；⑧自治保留。

在司法审查中形成的具体法律层级调整方法与正当性程度的关联在于，行使国家权力的重要性成分决定正当性的应有程度。本质上愈是重要的决定，该决定所应含有的正当性成分也就愈浓；民意代表既因选举与国民距离最短，理应担负保障公民权利的责任，所以愈重要事项愈应该保留在立法机关手中。具体法律层级调整方法形成设计正当性模式的框架，限制降低应有程度的可能，要求适当型塑其他国家权力一定参与空间。想要在司法审查中使法律保留原则发挥守护法治的平衡功能，就必需正视其内含“重要性”做出相应的法律层级调整。当法规范内容被评价为对实现基本权利具重要意义时，除要求应以法律规定外，一方面，可要求适用法律明确性原则，尤其应使受规范者可预见。另一方面，若在性质上可由法律授权以行政法规补充时，应要求授权的内容、目的与范围具体明确，适度抑制空白授权的可操作空间。此时就可避免在母法概括授权情形下所发布之行政法规是否超越法律授权，不应拘泥于法条所用的文字，而应就该法律本身的立法目的，及其整体规定的关联意义综合判断运用。重要性理论从而成为法律保留原则、法律明确性原则及法律授权明确性原则，三者之间动态关系的重要平衡杆。至于其具体内涵除须从对立法权与行政权所设定的关系予以探寻外，通过逐案的微观诠释，并与法治基本原则进行宏观联结。在司法审查中的具体方法即为：先确立事项重要与否，再审查立法者是否就该事项的重要内容作出基本决定，并为明

㉒ Reimer, Das Parlamentsgesetz als Steuerungsmittel und Kontrollmaßstab, in: Hoffmann - Riem/ Schmidt - Aßmann/ Voßkuhle, Grundlagen des Verwaltungsrechts, Band Ⅰ, 2006, §9 Rn. 48.

㉓ 参见：许宗力：《法与国家权力》，元照出版公司1998年版，第210页。德国学者同样从消极具体指标去评估，不受国会保留的限制：①弹性规范之必要性大小；②存在一个演变开放的要件事实；③实践有利于国会的减载功能；④具有非集中管制且有联邦国家协调一致的需要者；⑤赋予受规范当事人之参与权利；⑥国会缺乏专业知识能力。Jürgen Staupe, Parlamentsvorbehalt und Delegationsbefugnis 1986, S. 252ff.; Kluth, Funktionale Selbstverwaltung, 1997, S. 493f。

确的指示或导引，而非以空白、概括的方式，全部转包给行政机关制定行政法规。

具体法律层级调整方法其实就是参酌德国法上“重要性理论”公式——“愈是对基本权利持续性侵害或限制，愈是对公民有重大影响，愈是在社会中极具争议复杂问题，愈应由国会亲自并为较准确或详细规定”。在司法审查实务中，可知国家欲限制公民权利，除非是极轻微的情形，那么就应该由法律或由法律授权的行政法规订定，在有关重要事项的规定必须由立法者自为规定，否则限制公民权利即属违法，在学理上也与法律保留的旨趣吻合。对于具体法律层级调整方法，究其质理，无外乎意在于确定立法机关的权限范围，哪些事项必须由立法者制定法律为之，哪些事项可委任给行政机关制定行政法规为之。从另一个角度来看，对基本权严重干预的事项，属于绝对法律保留不得让渡予其他机关。如果对公民权利实现的影响越来越小，那些事项就是次要事项，属于“相对法律保留”，可由法律规定亦可由符合授权明确性原则的行政法规补充规定。至于执行法律技术性、细节性的事项，则无需法律保留。在上述不同的法律层级中，行政机关在“相对法律保留”与“无法律保留”的事项中，都享有规则制定权。但不同的是，在“相对法律保留”项下，行政机关必须在法律明确授权下才可做法律的补充规定，性质上可视为法律规定的延伸；在“无法律保留”的事项中，行政机关无须法律授权即可为执行法律的细节性、技术性事项，依其固有职权颁布规范性文件，尽管没有授权明确性原则适用的问题，但仍应注意相关规范性文件不得抵触法律或增加法律所无的限制。法律保留的范围越大，则由法规范主导的行政领域越大；反之，法律保留的范围越小，则不必仰赖法规范引导的行政自治空间也越大。如果立法者未对行政机关的委任立法权加以限制，或者法律保留的主张未强化其实质性要求，则法律保留的要求均可能空洞化。

五、结语

《立法法》第8条第11项的“兜底性”条款，作为一种开放性的规定兼具与主流通说“重要性理论”的相容性，这就为司法审查实务的发展提供了实定法基础。当下法律保留的功能已非单纯地划分两个相互对立的原始政治权力的势力范围，而是界定两个同样具有民主正当性基础国家功能权限秩序的方法。在司法审查实务中发展出的“重要性理论”是针对传统“干预保留”的不足，发展而来，不只限于自由、财产，还有其他权利也包括在内。其规范密度为，对公民个人基本权利的影响越深远、越紧迫，该权利对共同体的作用就越重要。在司法审查中使用具体法律层级调整方法的正当性程度在于，对所欲保障基本权利的实现，若属重要部分者应保留给法律规范。其操作要领在于先确立事项之重要与否，再审查立法者是否就该事项的重要内容作出基本决定，并为明确的指示或导引，而非以空白、概括的方式，全部转包给行政机关以行政法规或规范性文件订定。

（编辑：金　梦）

法律叙事方法对裁判事实建构的影响

段　威[*]

摘　要　由于事实的历史性、鲜活性以及法律规范的局限性、滞后性，个案裁判中的事实与法律规范的对接处总存在许多留白。法律的抽象性为案件事实的剪裁提供了空间，不同的诉讼主体正是基于此产生了不同的个案表达，即法律叙事。法律叙事有其自身独特的表达方式和逻辑架构，在这个构架之下，叙事更易与证据及程序结合，最终建构出符合规范的裁判事实。然而，事实是历史发生的，难以彻底还原，叙事是主观表达、因人而异的，不同的叙事方法会引发事实建构以及案件裁判结果的不同走向。不当的叙事方式会引发社会公众对于判决合法、合理性的质疑，因此，把握好法律叙事的方式、尺度，明晰叙事中法律内外因素的影响有助于生成合法、合理、合情的裁判结果。

关键词　修辞　叙事　事实　建构

在我国当前的刑法理论和刑事司法实务中，焦点集中于规范的选择适用，而事实问题则大多依附于证据的认定进行解决，法律叙事对于事实建构的作用未得到充分重视。证据与叙事对事实的差异化影响体现为“外化”与“内在”两种路径，其中证据旨在证明“事实是什么”，是一种形式化的手段，而法律叙事则以一种“隐性”的方式指引着证据对事实的认定，即解释了“证据为何如此证明”的问题。不同的叙事主体基于不同的法律诉求、思维方式以及职业素养会选择不同的叙事方式，建构出不同的案件事实，进而生成不同的裁判结果。本文通过论述叙事与证据、逻辑、经验间的关系，揭示法律叙事的建构方式、尺度，同时剖析法外叙事要素对案件裁判的不利影响，旨在反思个案裁判中，叙事应严格以规范为前提，谨慎对待法外叙事要素，让法律叙事成为司法裁判正当性及妥当性

* 段威，女，辽宁辽阳人，天津社会科学院法学研究所助理研究员、天津社会科学院社会治理研究中心助理研究员，刑法学博士，研究方向为刑事诉讼法学。

的助推器。

一、法律叙事的力量

法律叙事研究可追溯到北美后现代的法律与文学运动。1973年，美国密歇根大学怀特（J. B. White）教授的《法律的想象》一书拉开了法律与文学运动的序幕。在司法实践中，裁判者需要根据法律规范以及犯罪构成模型完成个案的事实建构，而相较于法律的文本型、规范性，事实是碎片的、无规则的，其与个案裁判所需的法律间存在着天然的断裂，需要裁判者根据专业知识、日常经验、职业素养等完成大小前提的融合，而这种融合的能力最终具化为法律叙事，扎根于裁判文书中。

2016年3月18日，山东疫苗案的曝光震惊四方，全国的父母湮没于漫天的愤怒与担忧之中。根据披露的案件细节，犯罪嫌疑人庞某将本应储存于2－8℃的疫苗放置于14℃的环境之中，而正是这一举动，引起法律人关于其究竟构成非法经营罪还是生产、销售假药罪抑或是生产、销售劣药罪的争论。本案的核心焦点十分清晰，原本“真”的疫苗被放置在非标准的储存温度之中，能不能被认定为“假药”或是“劣药”。如果最终“真疫苗”被建构为“假药”，那么庞某就构成生产、销售假药罪，有被判处死刑的可能；如果最终“真疫苗”被建构为“劣药”，那么庞某就构成生产、销售劣药罪，最高的刑罚为无期徒刑；如果最终事实建构的重点不在于“真疫苗”本身，其仍然以“普通物品”的身份出现在事实的建构中，重点在于庞某“未经许可经营专营、专卖物品或其他限制买卖的物品”，那么庞某就构成非法经营罪，在情节特别严重的情况下，才能被判处五年以上有期徒刑。2017年5月19日，最终的裁判结果公布，“山东疫苗案”主犯庞某及其女儿孙某二审维持原判，以非法经营罪分别获有期徒刑十九年、六年，没收全部财产近800万元。虽然本案最终以非法经营罪进行裁判，但透过本案不难看出，真正影响案件判决结果，决定犯罪嫌疑人罪与非罪、罪轻与罪重，甚至生或死的问题，除了对于法律的选择和适用，事实建构也是一个重要因素，而这也是法律与事实作为裁判大小前提的意义所在。

法律叙事对于裁判事实建构的意义，并不在于通过虚构否定真实，而在于让裁判中的叙事摆脱逻辑的遮蔽，揭示叙事在事实建构中的作用机理。在法律叙事学的视野下，裁判事实认定的过程是一个法内叙事和法外叙事相互交织、相互作用的过程；裁判事实的认定过程是围绕事件通过语言活动展开的建构过程，挑选添加诠释等叙事策略贯穿于语言的建构活动之中。[①] 据此，在刑事个案裁判中，法律叙事成为事实建构的润滑剂，它通过语词的选择、联结、修饰默默成就了事实建构的完整性和规范性。

---

① 王彬：《裁判事实的叙事建构》，载《海南大学学报（人文社会科学版）》2013年第3期。

二、法律叙事的建构方式

在司法场域②中，法律叙事作为其外在表征，不但影响着裁判者，也影响着全部的诉讼参与主体对事实的建构。法律与事实在个案裁判中总是交互的，而叙事则成为法律与事实嵌合的桥梁，成为释法明理的工具。法律叙事主要围绕三条主线：证据、逻辑、经验，而这一主线也体现了法律叙事从客观到主观的渗入过程。

（一）甄选叙事事实——对证据的利己解读

作为裁判规范的形塑对象，事实在未进入裁判程序前，并不指向案件裁判结果，也不关涉当事人的法律权利义务，争议只停留在理论探讨中，悬而未决却并不十分紧迫。当事实进入到裁判程序中，事实的建构直接影响着裁判的走向，关乎当事人的切身权益，此时对事实建构的争夺权便呈现出紧张、激烈、强势的事态。法律规范对于控辩双方来说是同一的、不变的，而双方所掌握的事实却是不同的，对于事实建构的差异将直接造成一方权利的扩大，势必也导致另一方权利的萎缩，事实建构的焦点更多的集中在证据、叙事、修辞之上，每一步对事实建构的举措都可能会影响裁判事实的生成。

1. 证据——事实的片段化呈现

我国刑事诉讼法将证据称为一种“事实”，但此种运用可能造成用词语义上的混淆，诉讼法中的“事实”泛指包含证据信息的一切有形或无形载体，是片段化、静态的事实。更形象的说，诉讼法中的“事实”更像是一帧帧静止的画面，这些事件的简单组合或罗列只能呈现出一种断裂的编年体清单，不会按照案情需要自动排列出人们想象的样子，就犹如仅仅在画板上陈列出不同颜色的颜料，不经过加工无法成为一幅美丽的图画，事实亦是如此。

例如在 A 故意杀人案的司法裁判中，根据各种证据所呈现的事实是碎片化的：被害人 B 胸口插入一把剪刀、剪刀上面有 A 的指纹、证人 C 说看见 A 神色惊慌的离开、B 在案发前一天将 A 辞退了。这种片段化事实的陈列不是按照时间先后、也没有基于任何逻辑顺序，其仅仅是一种事实的陈述，而如何将片段化事实串联起来显然并非单纯依靠证据能够完成，其需要叙事进行重新搭建，但长期以来，我们忽视了裁判事实从无逻辑事件向叙事化事实转变的复杂过程。

---

② 法国社会学家布迪厄在其著作《实践与反思——反思社会学导论》中对场域进行了论述，认为：“在高度分化的社会里，社会世界是由具体相对自主性的社会小世界构成的，这些社会小世界就是具有自身逻辑和必然性的客观关系的空间，而这些小世界自身特有的逻辑和必然性也不可化约成支配其他场域运作的那些逻辑和必然性。参见［法］皮埃尔·布迪厄，华康德：《实践与反思———反思社会学导论》，李康、李猛译，中央编译出版社 2004 年版，第 134 页。

2. 叙事——事件的动态性播放

在案件的裁判过程中，首要任务是建构案件事实。案件事实的清晰、合理直接决定了裁判事实的建构结果。那么，案件事实的建构是如何得来的？显然，生活事实是建构案件事实最基础的材料，但生活事实的碎片化加之科技手段的局限性，往往无法为我们提供一个连续、完整、清晰的故事模型，而仅仅留下片段、残缺、模糊的零散事件。如何完成事件的串联，叙事是其中的关键。

叙事使得静止的画面连续播放，最终呈现在人们眼前的是动态表达的过程。就此，可以将上述 A 故意杀人案中的片段表述成因为 B 将 A 辞退了，引起了 A 的不满，故 A 将剪刀插入了 B 的胸口之中，造成了 B 的死亡，而在 A 仓皇离开之时，被 C 发现。据此，法律叙事将碎片化的事实以图景式的画面全景呈现出来。法律以语言为载体，无论是法律规范的表达，抑或是事实的建构，均无法脱离语言的载体功能，如果事实无法通过语言表达，便无法进入法律视野，无法成为法律调整的对象。

3. 修辞——证据向叙事的跃迁

从证据到叙事的环节，呈现出一种跃迁（transition）式的变换，二者间并没有逻辑上的必然性和连续性，它们在各自分立的逻辑中完成，而控辩双方关于同一事实的不同叙事都能够形成一个自足的体系，互相无法利用证据完全说服或推翻。③ 从证据到叙事的跃迁过程中，对事实的解释起到了链接的作用，其以不易察觉的方式出现，潜移默化地将事实指向叙事者期望的方向——控方希望被告人成立犯罪或罪重，辩方希望被告人无罪或罪轻。正因为这种对个体事实的解释是隐性的、不可辨认的，它成功完成了证据与事实之间的跃迁，却将此种跃迁完成于无形之中，使读者或听众感觉到裁判事实均来自于证据，而实质上这种隐性的整合是通过修辞叙事完成的。

严格意义上来说，修辞和叙事是不同的，叙事的侧重点在于保证事实串联后的完整性，而修辞的侧重点则在于突出单个事实的价值。叙事以一种高于个体事实的层面“组织”各个片段式的事实，而这种“组织”的完成需要借助修辞方能完成，修辞的策略主要有两种：解释事件以及挑选事件。案件事实的构建不是证据的建构，而是叙事的建构，但案件事实的建构是以证据为基点、以修辞为手段进行的构建，二者缺一不可。

（二）解释叙事事实——对逻辑的有效考量

由于司法判决的公开化以及民众法制观念的不断攀升，社会对法官建构裁判事实的逻辑性要求愈发严苛，当决定裁判事实建构的证据并不十分明确时，法官对于叙事事实连贯性、合理性的解释便显得至关重要，否则民众对于裁判事实、裁判理由、裁判结果会予以

---

③ 刘燕：《案件事实还是叙事事实？——崔英杰案的再认识》，载《法制与社会发展》2007 年第 6 期。

排斥。谈及于此，以南京“彭宇案”④ 进行例证阐述。此处引用彭宇案的判决并非认为裁判不当，相反，文章赞同法官对事实认定进行详细而“亲民”的论述，这种论述使得判决更具人性化，也会获得社会更多的认同感和支持，同时也认同彭宇案的判决结果是合乎法律规定、合乎情理的。但为何针对此案的批评声音不绝于耳，其中一点就是法官在解释叙事事实时逻辑表达稍有欠缺。

判决中有关被告人是否与原告相撞的事实表述如下，“根据日常生活经验分析，原告倒地的原因除了被他人的外力因素撞倒之外，还有绊倒或滑倒等自身原因情形，但双方在庭审中均未陈述存在原告绊倒或滑倒等事实，被告也未对此提供反证证明，故根据本案现有证据，应着重分析原告被撞倒之外力情形。”⑤ 原告与被告是否相撞是本案定论的核心事实，关乎整个裁判事实建构的走向。但法院的上述表达稍欠严谨。按照判决书的逻辑，一个人跌倒除了他人的外力，就只有绊倒和滑到等自身原因？那么诸如强大风力、高空坠落物碰触、受到惊吓等等情形是否同样能够导致一个人倒地呢？此外，被告人已经声称并不知道原告人为何倒地，那么其为何要陈述原告摔倒的原因？这和原告与被告相撞的事实认定有何关联？无疑，作为法院裁判理由的第一项，本处论述带来的逻辑困惑及诸多疑问，是社会各界质疑声音焦点之一。

（三）添加叙事事实——对经验的合理运用

仍然以南京彭宇案为例，阐述经验的合理运用对添加叙事的作用和意义。判决书写道，“如果被告是见义勇为做好事，更符合实际的做法应是抓住撞倒原告的人，而不仅仅是好心相扶。”对于此点阐述，未免过于单薄，无法于公众产生共鸣。被告人在发现原告跌倒后，为何一定要先抓住撞倒之人再去扶起老人？被告已经声称其不知道为何原告会摔倒在地，那么他要向谁质问？在发现老人倒地后，难道第一时间扶起老人，询问身体状况就不是见义勇为的表现吗？

而反观关于被告在事发当天给付原告两百多元钱款且一直未要求原告返还的经验性陈述，判决理由便显得易于让人接受。“原、被告一致认可上述给付钱款的事实，但关于给付原因陈述不一：原告认为是先行垫付的赔偿款，被告认为是借款。根据日常生活经验，原、被告素不认识，一般不会贸然借款，即便如被告所称为借款，在有承担事故责任之虞时，也应请公交站台上无利害关系的其他人证明，或者向原告亲属说明情况后索取借条（或说明）等书面材料。但是被告在本案中并未存在上述情况，而且在原告家属陪同前往

④ 南京彭宇案，是2006年末发生于中国江苏南京市的一起引起极大争议的民事诉讼案。2006年11月20日，南京老太太徐寿兰在公交车站摔倒，彭宇自称上前搀扶、联系其家人并送其至医院诊治，属见义勇为，并非肇事者。随后，老太太咬定彭宇将其撞倒并向其索赔。双方对簿公堂。南京鼓楼区人民法院一审判决彭宇给付老太太损失的40%，二审和解结案。

⑤ 南京市鼓楼区人民法院民事判决书（2007）鼓民一初字第212号。

医院的情况下，由其借款给原告的可能性不大；而如果撞伤他人，则最符合情理的做法是先行垫付款项。”经验源于生活，容易引起共鸣，只有真正符合人性的、经验的、惯例的才会最终建构出合乎情理的裁判事实。

三、叙事事实的建构尺度

实体与程序方面的建构解决了事实的“合法性”，但一项判决能否被社会大众所接受并认可，除了“合法性”的标准外，“合理性”也渐渐成为衡量一项判决好坏的评价因素，如何让合法的判决彰显出合理的色彩？如何让并不熟谙法律的社会公众理解法院的判决初衷，叙事的范围、语言、价值尺度均需在法律与道德的可接受范围之内。

（一）范围尺度——以裁判事实为对象

事实建构离不开叙事，但刑事裁判事实的建构毕竟不同于文学作品，追求跌宕起伏、引人入胜、天马行空，叙事在刑事裁判事实的建构中须遵循一定的尺度，对于法官而言，在进行叙事的过程中，“要追寻影响或引导他得出结论的那种影响力，要掂量各种可能冲突的考虑因素——逻辑的、历史的、习惯的、道德的、法律的确定性和灵活性、法律的形式和实质等等。”⑥

叙事的对象应当始终围绕着裁判事实本身，一些诸如被告人的家庭背景、交友经历、生活环境、兴趣爱好、职业选择等等与本案事实建构无关的法外、案外因素不应当成为叙事对象。叙事应遵守犯罪构成的要件，在法律的框架内搭建出最终的裁判事实，任何超出构成要件、有悖于法律原则和规定的都不应当成为法律叙事的对象。

（二）语言尺度——以准确、简洁、中立为标准

后现代主义的“法律与文学”运动，拉近了法律叙事与文学叙事的距离。然而，法律天然的理性与文学与生俱来的夸张在语言运用上具有显而易见的迥异性。非理性语言的无限度引入，将会导致严肃、理性的司法裁判活动沦为肆意、感性的文学表达，也正是基于此，法律人多对后现代主义理论存有抵触情绪。在为建构裁判事实而冥思苦想抑或是为选择裁判规范而做出解释时，无论如何遣词造句，都无法脱离法律语言本身的特点，即“法言法语”的专业性。诸如“丧尽天良”、“人神共愤”、“卑鄙下流”等极具煽动性的词汇不应出现在对裁判事实建构的语言中，人们所期望刑法能够做到的是惩治犯罪，也是救治犯罪人本身；人们所枉费心机建构的裁判事实只是针对此案此人此时所做所思的行为，而非评价被告人今后的人生。法律的适用要求人人平等，法律语言必须消极中立，也只有如此，法律才会发挥其应有之意。

---

⑥ ［美］本杰明·卡多佐：《司法过程的性质》，苏力译，商务印书馆2015年版，第4页。

此外，法律叙事的语言应当具备准确性、简洁性，有效避免歧义，使事实建构的语言更加直观、要点明确，旨在强化他人对事实建构的认可程度；反之，如果叙事语言繁冗拖沓，便会分散读者、听者的注意力，冲淡关键事实建构的要点，形神涣散。

（三）价值尺度——以可接受性为要求

“从科学哲学角度看，‘逼近性’或者‘趋真性’（渐进的真理观）是可接受性的预设基础。”⑦“在评价假设的所谓科学上的可接受性或可信性时需要考虑的最重要因素中当然有“所取得的相关证据给予假设的支持所达到的强度。”⑧ 那么，作为语言表达的叙事，可接受性意味着什么呢？

第一，叙事的方式应贴合叙事接受者的知识结构、心理层面、情感诉求以及伦理价值，这也是赋予司法判决合理性的关键所在。有着共同的基础，才有沟通的可能性，假若叙事偏离了人与人最为共识的情感表达，例如觉得父亲杀死不孝顺的儿子是一种大义灭亲、天经地义的行为，在当下的社会恐怕再难引发如历史般的认同和支持。

第二，叙事的语言、结论能够不被叙事接受者所排斥，甚至乐于接受，这是法律叙事的艺术性所在。同样是叙述一件事实、一种理由，为何不同人的表述会引发相同听者的不同反映，叙事的艺术性至关重要，其掺杂着许多要素，涉及语言学、心理学等知识的运用，并非一朝一夕能够掌握。

1. 叙事的外在约束——法律规则

法律叙事在近年来愈发引起学者的关注，而在此之前，虽然其始终存在于个案裁判中，却鲜有学者关注到叙事在裁判事实建构中的重要作用。与人们质疑法官的自由裁量权会不会过大或过小相似，叙事的灵活性与个体性显然与罪刑法定原则显得更加“格格不入”。法律叙事在证据的突出地位以及法律规范的强权主导下变得难以察觉。而今，对法律叙事赋予越来越多的关注时，仍然不能否认法律规范对叙事的约束作用，其在根本上使法律叙事拥有了其他叙事所无可比拟的严肃性和规范性。

在法律叙事中，天然存在着导演“脚本”以及特定的语言架构。导演“脚本”是三段论的逻辑模式、四要件的犯罪构成、举证质证的程序范式等等，而特定的语言架构则体现为法律专业术语在叙事中的举足轻重。无论是实体法律规范抑或是程序法律规范，都为法律叙事圈定了明晰的场域界限以及惯习⑨模式，参与裁判事实建构的每一个主体都会感受到来自法律规范赋予的无形压力，进而将自己的思维、行为向适应该种压力的解决模式

⑦ 余素青：《法庭审判中事实建构的叙事理论研究》，北京大学出版社 2013 年版，第 190 页。

⑧ ［美］亨佩尔：《自然科学的哲学》，陈维抗译，上海科学技术出版社 1986 年版，第 36 页。

⑨ 尽管“场域”是一种客观的关系系统，但在场域里活动的行动者并非是一个一个的“物质粒子”，而是有知识、有意识、有精神属性的人；场域不是一个“冰凉凉”的“物质小世界”，每个场域都有属于自己的“性情倾向系统”——惯习。具体参见张心向：《在规范与事实之间——社会学视域下的刑法运作实践研究》，法律出版社 2008 年版，第 313 页。

演进，最终为法律叙事构建出一种特色鲜明的、具有差异却归于统一的叙事模式。

2. 叙事的内在约束——法律素养

当社会大力声讨、质疑同案异判的情况时，不得不承认的是，在大多数的案件裁判过程中，面对相同的法律规范，虽然不同的裁判者会有不同的理解和结论，但多数案件的裁判结果是合乎法律，亦是合乎情理的。案件的裁决发生在一定宽度的轨道内，如果说法律规范是保证轨道的“护栏”，那么还有一种隐性的、根治于裁判者内心的“安全屏障”，便是自身的法律素养。恰恰是这种隐性、微妙、精细的深藏于法规规则之下的意识，不同的裁判者基于不同的法律理解，建构不同的裁判事实后却不会背离社会公众的情感接受范围。

形成法律素养的最大动力来自于裁判者多年的法律研习，法律思维的无形渗入为裁判者的思维、行为悄无声息地圈定了一个框架，无论裁判者本人是否察觉或是否愿意接受。法律思维的渗入能够形成一种“力量”，而裁判者“全部生活一直就是在同他们未加辨识也无法命名的一些力量——遗传本能、传统信仰、后天确信——进行较量；而结果就是一种对生活的看法、一种对社会需要的理解、一种——用詹姆斯的话来说——‘宇宙的整体逼迫和压力’的感受；在诸多理由得以精细平衡时，所有这些力量就一定会决定他们的选择是什么样子的。”⑩

四、法外叙事事实的渗入

作为调整和评价人们日常生活的行为准则，法律只是其中的一个环节和手段，法律之外，由礼仪、道德、习惯等等交织形成的“法外空间”也在无时无刻与“法内空间”发生着冲突和融合。毕竟，作为研习多年的法律人有时也会不知法、不懂法、不管法、不怕法，毋宁说没有任何系统法律知识学习的社会公众，如何看待法官的裁判结果？如何评价辩护律师的激情辩护？如何判断被告人的真诚与虚伪？或许，诉讼的矛盾就在于此，人们一边摇旗呐喊，审判应当独立，不受任何法外因素的干涉，一边又在冥思苦想，如何让诉讼真正为社会所接受和信服，如何真正起到定纷止争的作用，如何让当下的裁决结果成为他人日后的预警信息，如何让判决成为一份为公众所认同并倡导的法律表达。就此，不难看出法外叙事与法内叙事存在着天然矛盾，法外叙事为监测法院裁判的合法性及合理性提供了不同于法内的评价机制，它提醒着法院裁决的结果是否与法院信奉的初衷渐行渐远。

法外叙事可能会异于法官的法内解读，那么，法官应否考虑到法外叙事？更确切地，相较于庭审过程中，诸如辩护律师处于职业目的而阐述的法外因素，法律应否顾及到社会大众对案件裁判的民间性叙事？现实的吊诡往往是当摇旗呐喊司法应当尊重独立审判原则时，如何在社会层面上利用判决实现定纷止争的司法目的？下面以高尔夫球案为例，详细

⑩ ［美］本杰明·卡多佐：《司法过程的性质》，苏力译，商务印书馆2015年版，第3页。

阐述法外叙事对于裁判事实的建构以及裁判结构的影响。

（一）以两例高尔夫球案的核心事实比较为示例

在高尔夫球案中，重点关注的是同案异判的情况，也即在案件的核心事实基本一致的情况下，裁判结果的差异以及社会民意对裁判结果的评判。换而言之，在法律规范并未发生变化，而案件事实（或案外事实）发生变化的情况下，裁判事实的建构如何最终影响着社会对裁判结果接受度的迥异。

1. 贵州腾彩荣捡球案（案例一）

被告人腾彩荣自2007年6月至2008年11月，多次来到贵阳高尔夫度假中心球场盗走价值共计15513元的高尔夫球1249个，其中150个高尔夫球被腾彩荣低价销售给龚连平，获利410元；另将400个高尔夫球低价销售给段贵友，获利600元。案发后，腾彩荣赔偿高尔夫球度假中心损失9681元。

本案的裁判过程中，检察院先后两次以量刑过轻为由提起抗诉、被告人上诉等多轮法律程序，最终腾彩荣由一审判决的三年有期徒刑改判无罪（参见下表）。

贵州腾彩荣捡球案案件裁判流程

<table>
<tr><th>时间</th><th>阶段</th><th>判决内容</th><th>裁判法院</th></tr>
<tr><td></td><td>一审</td><td>判处腾彩荣犯盗窃罪，有期徒刑3年，缓刑4年，并处罚金10000元；判处龚连平有期徒刑2年零6个月（数罪并罚，此前被判过缓刑，且在缓刑期内），缓刑3年，并处罚金9000元；判处段贵友有期徒刑一年零6个月，缓刑2年，并处罚金5000元。</td><td>修文县人民法院</td></tr>
<tr><td colspan="4">修文县人民检察院以适用缓刑不当、量刑畸轻为由，提请抗诉；腾彩荣不服此判决，提起上诉。</td></tr>
<tr><td>2009. 8. 10</td><td>二审</td><td>原判认定事实不清，进而做出撤销修文县人民法院的一审判决、发回重新审判的终审裁定。</td><td>贵阳市中级人民法院</td></tr>
<tr><td>2009. 12. 20</td><td>一审</td><td>被告人腾彩荣、龚连平、段贵友无罪。</td><td>修文县人民法院</td></tr>
<tr><td colspan="4">判决作出后，修文县人民检察院再次提出抗诉。</td></tr>
<tr><td>2010. 3. 22</td><td>二审</td><td>驳回抗诉，维持原判。</td><td>贵阳市中级人民法院</td></tr>
<tr><td>2010. 4. 6</td><td colspan="3">腾彩荣申请无罪羁押401天的国家赔偿金和损失12万元、精神损害赔偿金4万元，并要求修文县人民法院和检察院消除影响、恢复名誉、赔礼道歉。</td></tr>
<tr><td>2010. 7. 16</td><td colspan="3">修文县人民检察院、修文县人民法院作出共同赔偿决定，赔偿腾彩荣共计8万余元国家赔偿金及精神慰问金。</td></tr>
</table>

2. 北京冯书凯等人“捡拾”高尔夫球案（案例二）

冯书凯与北京市某高尔夫球场保安张永永、张伟等人认识后，共谋由张永永及张伟将其及他人带入高尔夫球场“捡”球。在第四次打捞时，冯书凯等人被巡逻的保安队长发现。自 2010 年 3 月下旬至 5 月 8 日，冯书凯等 4 人共在前述北京高尔夫球场内“捡拾”高尔夫球 1620 粒，价值约合人民币 10054. 8 元。

案发后，冯书凯的家属赔偿了高尔夫球场 1. 5 万元损失，球场表示希望法院从轻或者免除对冯书凯的刑事责任。

2011 年 8 月，北京市海淀区人民法院一审认定冯书凯等 4 人构成盗窃罪，各处有期徒刑 3 年，并处罚金 3000 元。冯书凯等被告人因不服判决提起了上诉，北京市第一中级人民法院终审维持原判。

两起案例发生的时间相差仅一年的时间，案件的核心事实也基本相同：被告人捡拾高尔夫球场内客人打落的高尔夫球，涉案数额均达到一万以上，构成盗窃罪的定罪标准。案发后，被告人及其家属均积极地进行赔偿。然而，两例案件的裁判结果却出现了“罪”与“非罪”的天然差别，公众对于两份判决的接受程度也存在较大差异。显然，影响案件裁判结果走向的并非是案件中的核心事实，而这也正是同案异判中最为人诟病的一个重要原因：裁判事实的生成脱离了案件事实的轨道，案外事实在无法律规范庇佑的前提下，以喧宾夺主的姿态参与了裁判事实的建构，影响了裁判结果的生成。

（二）腾彩荣高尔夫球案（案例一）中特殊的案外事实

1. 特殊的地理环境

案例一腾彩荣案中的案发地系贵州省三元村，位于贵阳近郊，紧邻贵遵高速，坐拥着成片的山林及大型水库，当地村民们大多过着传统的农牧生活，耕地和养殖提供了生存的来源。山村内整体经济的发展水平与大都市有着明显的差别，但民风淳朴、宁静祥和。

案例二冯书凯案中的案发地位于首都北京，无论是经济发展水平或是政治地位均属国内一线，与案例一中描绘的传统的农牧生活有着天壤之别，不同于三元村偏僻的地理环境，北京也是一个法制较为发达、先进的地域，人们对于当事人主观明知程度以及行为违法性的审视及处罚均也较为严苛。

2. 高尔夫球场下的矛盾火种

案例一腾彩荣案具有特殊的案件背景。1995 年，香港与广东的公司共同投资的高尔夫球场选址三元村，整体规划面积则逾 3000 亩，这意味着祖辈务农的三元村村民赖以生存的土地将不复存在，村里的祥和生活也将告于段落。高尔夫球场的兴建意味着村民的耕地和集体林地必须被政府以 50 年的期限征用划拨给了高尔夫球场，但低廉的补偿价格却让村民难以接受。最终政府将补偿款强行打入村民的存折之中，双方曾一度爆发了激烈的冲突。风波的平息最终得益于政府关于工作安置及生活保障的承诺，但政府描绘的愿景并未在现实生活发生。村民们曾经期望借助高尔夫球场来经营餐饮、住宿等旅游项目的愿望均相继落空，进入高尔夫球场内进行工作也并不尽如人意，涉案被告人腾彩荣的妻子杨景兰最初进入高尔夫时从事草坪养护工作，一个月能拿到的工资仅为250元。显然，期待与现实的巨大差距使得村民对于高尔夫球场的兴建以及政府的行为感到失望，经济压力的现实性又迫使人们不得不采取其他的想法维持生存。

而案例二腾彩荣案中并没有上述特殊的情节，北京发达的经济水平也决定了被告人冯书凯坐拥大量的就业机会以及劳动收入来源，故此，公众对于当事人获取非法利益的“期待可能性”评价差异较大。

3. 政府失职行为引发的矛盾激化

案例一中，真正的矛盾激化源于高尔夫球场所进行的房地产开发行为。贵阳高尔夫球度假中心在未告知村民兴建计划的前提下，于2002年便开始着手别墅的兴建计划，其大肆砍伐球场内的林地，高尔夫球场与村民的关系一度紧张恶化。2005年当兴建别墅的挖掘机试图推到村民原以为隶属于三元村的集体林地时，矛盾再度爆发，而事情的真相是当地政府已经将上述集体林地无偿划拨给了高尔夫度假中心，但村民却对此划拨行为一无所知。累积数年的民愤终于爆发，村民开始自发调查政府的行为，却得知了更加令人难以接受的事实：修文县政府为高尔夫球中心土地征拨行为，不但村民不知情，甚至连国家也不知晓。因为政府根本没有获得任何审批手续，属于违法用地行为。在知晓真相后，村民对政府提起了行政诉讼，贵阳市中院最终支持了村民的主张，撤销了修文县政府的无效林权证。此后，村民们便以“看林”为借口，进入高尔夫捡球。

在案例二中，冯书凯进入高尔夫球场的方式是通过“勾结”高尔夫球场地内的保安人员，进而“偷偷”进入高尔夫球场，打捞球员打落入湖中的高尔夫球进行谋利。相较于腾彩荣，冯书凯进入高尔夫球场捡球的行为更具“预谋性”、“主动性”、“投机性”。

4. 被动的商机选择

案例一中，窘迫的生存重压下，以腾彩荣为典型的村民们开辟了收入来源的另外一条“捷径”——捡拾高尔夫球场内的高尔夫球，再转卖给需要低价购买练习球的会员。高尔夫球场内购买一个新球通常需要数十元，而村民提供的高尔夫球价格低廉，因此许多会员均前往村民手中购买其拾捡的二手球。此种谋生的手段能够给村民们带来较为丰厚的经济收入，政府的失职及高尔夫球场提供的低廉的劳动收入更是促发了村民们捡球的热潮。

而反观案例二，被告人冯书凯在案发前便在北京长期经营一家高尔夫球专卖店，专门从事的就是二手高尔夫球的批发活动。也就意味着其从事“拾捡”高尔夫球这一行为，是出于其职业行为，并不具有案例一中腾彩荣的“偶然性”，更确切的说，冯书凯的行为属于“惯常的”，民众对其的认同度及宽容度势必较低。

5. 倾向弱者的媒体渲染

相比于案例二的鲜人问津，对于案例一中腾彩荣捡球案的关注，无论是学者通过论文撰写、会议研讨、案例分析等方式或是媒体通过网上、报纸等新闻报道均显得主动、积极。《南方周末》于2010年3月4日（临近案例一终审判决前）刊发了一篇题为《圈地无妨，捡球有罪？——失地农民与高尔夫球场之争》的文章。该文的标题以“圈地”和“捡球”两个词语来突出案件的特殊事实。⑪ 此外，报道在开篇中即为读者圈定了整篇报道的价值倾向：“失地农民想赚点小钱，捡了球客们打丢的高尔夫球，然后再卖给他们，结果被判‘盗窃罪’。失地农民只得到4000元/亩的补偿，高尔夫球场开发的别墅却卖数百万元一套，他们去抗议最后收效甚微。失地农民有人心理失衡，去纵火泄愤，结果被科以重罪……”⑫

法律关注的是行为人行为的违法性及社会危害性，然而，为了营造新闻的关注度及点击量，新闻媒体给予案件事实与法律适用之外的事实，即腾彩荣系因高尔夫球的建设、政府罔顾农民利益下的随意征地行为而沦为失地农民，进而在弱势群体与国家某些不合理制度的冲突方面给予了长篇幅的文字表述。在媒体的报道中，人们更多感受到的是腾彩荣行为的无奈以及高尔夫球场的强势。不可否认，我国社会正处于激烈的转型中，弱势群体在社会地位、财富比例、资源占有等方面均存在一定的劣势，而这也是造成弱势群体与强势群体的矛盾症结所在，在案例一中，腾彩荣与高尔夫球场之间的矛盾已经成为弱势群体与强势群体间矛盾的缩影，对于腾彩荣的关注及声援影射出弱势群体对于法律对其公平保护的希冀。

（三）案外事实对裁判结果的影响

关于两起案例的争议焦点，即被告人是否构成盗窃罪，最重要的是界定高尔夫球的性质，究竟是高尔夫球场所有还是遗失物，抑或是无主物？涉案高尔夫球的性质直接决定了被告人罪与非罪、此罪与彼罪的定性。然而，对于高尔夫球性质的认定单凭两起案例的案件事实其实并非难事，退一步而言，两组案例的案件事实基本相同，甚至连案件发生的时间、涉案鉴定的数额也十分相近，即便难以认定，最终的裁判结果应该趋于一致，然而，两所法院的判决却出现了截然不同的思维及方式。

案例一中贵阳市中级人民法院将高尔夫球视为抛弃物，抛弃物的无主性导致即使被他人捡走也未侵犯到他人的财产所有权。因此，裁判中事实叙事的重点在于构建高尔夫球属抛弃物的事实；案例二中北京市海淀区人民法院没有将会员散落在高尔夫球场的高尔夫球的所有权这一案件事实进行重点叙述，而是将叙事重点归纳为被告人主观事实是具有非法占有他人财物的故意，客观事实系实施非法占有高尔夫球场财物的事实，因此将其行为纳

⑪ 此外，中央电视台、江西卫视、山东卫视、《南方周末》、新浪、搜狐、网易等媒体均对腾彩荣捡球案给予了详细的报道以及评论。

⑫ 详细报道参见冉金：《圈地无妨，捡球有罪？——失地农民和高尔夫球场之争》，http：//www. infzm. com/content/42050？depk3e，最后访问日期：2018年6月5日。

入盗窃罪的范畴。

本文暂不讨论盗窃罪保护的法益问题，毕竟从事实的角度去论述两起案例中判决不同走向的诱因才是重点。在案例二中，北京市海淀区人民法院之所以没有论证高尔夫球的性质而直接认定被告人冯书凯等人具有非法占有的故意，原因无外乎以下两点：

第一，盗窃罪所保护的法益究竟是否包括占有权本就是理论中争议较大的问题，法院在判决中难以阐述清楚；

第二，冯书凯拾捡高尔夫球的行为明显是其职业行为下的“故意”为之。

但不可否认的是，两起案件的案内事实几乎如出一辙，不同的裁判思维下反映的与其说是对法律的不同理解，毋宁是定纷止争的需求不同，及案外事实对案内事实的压迫程度不同。

两案不同的是案外事实的构成，也即盗窃罪构成要件之外的事实——冯书凯的“二手球商贩”的身份决定了其“故意”的主观动机。但是，从事实的角度不难发现，职业、身份、地域等生活事实应该在法律的剪裁下阻隔在案件事实之外，不应进入案件裁判的过程中。当媒体大肆渲染被告人的身份及职业时，法律人应当做的是理性地厘清犯罪构成的模型范围，将案外事实隔离至定罪量刑的考量之外。同时，严格的遵循无罪推定原则以及罪刑法定原则，不同在案外事实的影响下，先行主观地认定其主观故意。更为理性的说，当法外的叙事成为影响案件裁决结果的走向时，我们需要做的是以犯罪构成为基准，严格按照犯罪构成要素要求以及体系标准，将法律之外的因素限制于案件裁判之外，同时强化法律文书的叙事表达，建构出不仅合法，更应合理的判决结果。

五、结语

判决合理性的最大挑战源于民众对于刑事司法判决的可接受性，而影响判决可接受性的因素很大程度上取决于对事实的建构。事实的鲜活性导致事实与规范进行对接时，存在许多留白、裂缝、冲突，不同的诉讼参与主体对于事实的建构也有着不同的希冀，并在事实建构的过程中采取不同的叙事方式相互角力。法律叙事以一种内化与无形的方式，甚至有时连叙事主体都未察觉的方式渗入至事实的建构中，影响着案件裁判结果的走向及可接受程度。事实是鲜活的、凌乱的、复杂的，但事实必须被描述，才能参与建构。如何描述事实，除却法律规范、犯罪构成之外，公共秩序、日常经验、人理伦常等均会影响着叙事的发生，限定叙事的范围、方式、界限，使得法律叙事相异与文学中的叙事方法，同时填补事实与规范之间的空白，赋予事实“全景式”的样态。同时，良好的法律叙事能够在一定程度上弥补法律专业语言与日常语言的沟壑，便于民众了解判决的立场、原因、目的，增加判决的说理性，让“法”与“情”不再彼此泾渭分明。

（编辑：杨知文）

部门法方法论

中德反垄断法的法学方法论创新问题*

金枫梁**

摘　要　1957年德国《反限制竞争法》颁布后，当时的德国学界提出了与传统法学方法论迥异的两种创新式的方法论，即经济观察法与公共政策法。这种方法论上的创新由《反限制竞争法》的法律适用困境引发、又以重归传统法学方法论为结果。我国经济法的法学方法论创新则是以论证经济法学科的独立性为取向，而非关注法律个案适用。通过对《反垄断法》资产取得条款的解释困惑表明，经济法学界需要慎言法学方法论创新，经济法的独立性必须以个案适用为取向；通过回归到传统法学方法论，解决经济法的法律适用中的困惑问题，才是经济法学独立性的基础。

关键词　反垄断法　法学方法论创新　传统法学方法论　法律适用　学科独立

一、问题的说明

长期以来，由萨维尼①发展出来的四种法律解释方法，即文义解释、历史解释、体系解释与目的解释一直是经典的法学方法论。比较法学兴起后，比较法作为一种解释方法不再为人所怀疑②，逐成为“第五种”解释方法③。经济法作为我国“具有中国特色社会主

＊　本文是王先林教授主持的国家社科基金重点项目“反垄断与保护知识产权协调发展的重大理论与实践问题”（项目编号：15AFX019）与教育部哲学社会科学研究重大课题攻关项目“经济全球化背景下中国反垄断战略研究”（项目编号：15JZD018）的阶段性成果。

＊＊　金枫梁，男，浙江义乌人，硕士生导师，德国柏林自由大学法学博士，研究方向为反垄断法。

①　［德］萨维尼、格林：《萨维尼法学方法论讲义与格林笔记》，杨代雄译，法律出版社2008年版。

②　Konrad Zweigert, Rechtsvergleichung als universale Interpretationsmethode, Rabelsz 15 (1949/50), 5 (10).

③　Peter Häberle, Grundrechtsgestaltung und Grundrechtsinterpretation im Verfassungsstaat zugleich zur Rechtsvergleichung als ,, fünfte — Auslegungsmethode, JZ 1989, S. 913 ff.; Röhl, Klaus F. / Röhl, Hans Christian: Allgemeine Rechtslehre, 3. Auflage 2008, S. 625 ff.

义法律体系”的重要组成部分已经受到官方认可④，对传统法学方法论的倚重与依赖是经济法的法律品格的内在要求。然而，经济法学界主流一直认为传统的法学方法论有着固有弊端，由此抵触甚至抵制传统法学方法论在经济法中的适用，典型论述有：（1）“由于法学独有的研究方法十分有限，法学方法论的总体研究非常不足，从而会体现出突出的非自主性。此外，法学方法论既存的有限研究，对于传统法学研究较为适合，但对于具有现代性特征的经济法学研究，却不敷其用。事实上，传统法学理论并没有提供多种有效的研究方法，对于方法的研究，则更加不足”。“经济法研究之所以需要有自己的方法论，很大程度上是因为传统法学的方法论是不够用的”。⑤（2）“对法解释学的过分强调，导致了法学方法论的畸形发展，特别不利于理论法学的发展，更不利于经济法、社会法等新兴法律部门的发展”⑥⑦。在这样背景下，出现了数目繁杂所谓创新式法学方法论，诸如系统分析方法、政策分析方法、博弈研究方法与本益分析研究方法、整体主义解释方法等，一度造成经济法在法学方法论创新上的表面繁荣。

1957 年德国《反限制竞争法》颁布后的一段时期内，德国经济法学界也出现若干法学方法论的创新的尝试。但与中国经济法学界创新不同的是，德国经济法的法学方法创新是基于当时德国反限制竞争法条款的个案适用为取向而引发的；在掀起涟漪后，在结果上又重归传统法学方法论。首先，本文在比较中德两国经济法在法学方法论的创新的不同路径与特征的基础上指出，我国经济法在法学方法论上的创新是以论证经济法学科独立性而非个案适用为取向，就经济法的法律适用层面而言，不存在所谓的经济法的特殊法学方法论。经济法的独立性不在于是否具有逻辑圆满的体系，而是在于是否回归传统的法学方法论解决经济法适用困境提供一套可解决的方案。

其次，本文以《反垄断法》第 20 条第 2 款资产取得条款的例证表明，创新式的法学方法论无法承担起法律适用的重任，反而是传统法学方法论为反垄断法提供独特的双重功能：微观上，解决了自《反垄断法》颁布以来一直困扰实务与学术界的适用困境，为该条款的个案适用提供一个逻辑体系与目的自洽的论证模式；宏观上，只有传统的法学方法论才有可能将立法继受、学说继受与实务继受三者糅合在一起，从而承担起反垄断法本土化自主运作的重任。

---

④　2011 年 3 月 10 日，全国人民代表大会常务委员会委员长吴邦国在十一届全国人民代表大会四次会议作工作报告时庄严宣布：“一个立足中国国情和实际、适应改革开放和社会主义现代化建设需要、集中体现党和人民意志的，以宪法为统帅，以宪法相关法、民商法，行政法，经济法等多个法律部门的法律为主干，由法律、行政法规、地方性法规与自治条例、单行条例等三个层次的法律规范构成的中国特色社会主义法律体系已经形成。”

⑤　张守文：《经济法理论的重构》，人民出版社 2004 年版，第 4 页。

⑥　刘水林：《经济法基本范畴的整体主义解释》，厦门大学出版社 2006 年，第 26 页。

⑦　张守文：《经济法理论的重构》，人民出版社 2004 年版，第 28 页。

二、德国经济法学界法学方法的讨论

（一）背景

经济法最先发源于德国，是经济运行法（Recht der wirtschaftsverkehr）的下位概念与经济政策的法律基础，调整处于经济运行主体之间以及与国家之间关系的规范，是经济公法（经济宪法与经济行政法）、经济私法（民商法）与经济刑法的总称。经济法在德国更多是从学科意义使用的，也不存在制度化的学科区分，也可以从德国大学法学院通常只分为民法、公法与刑法三系而不存在经济法系上反映出来。拉德布鲁赫在《法学导论》这样写道："正如那些费心于自我审视的大多数是病人一样，忙于探讨方法的学科也常常是变态的学科；健康的人和健康学科通常不讨论自己。"⑧在20世纪60年代前，该论断经常被德国学界予以引用以论证传统法学方法论的地位⑨，其背景是使用法学方法论是德国学说与实务不证自明的理性共识与讨论基础，是一种如同自由呼吸的空气般的存在，既不可或缺也无可置疑；如果此时再去质疑与创新法学方法问题则无疑是动摇了法学的根本。⑩ 长期以来，德国经济法学就有使用传统法学方法论的传统，因而很长时间内不存在法学方法论的创新问题。

然而，自1957年德国《反限制竞争法》正式颁布后，至少面临两个法律适用问题：一方面，《反限制竞争法》同时包括民商法、行政法与刑法条款，这三类不同性质的条款各自承担着不同的功能也适用不同的诉讼程序⑪：私法条款主要涉及违背限制与排除竞争的私法行为的效力与损害赔偿等问题，采用民事程序；行政法条款则主要规制德国联邦卡特尔局的行政权力合法性问题，采用行政诉讼程序；刑事处罚采取刑事诉讼程序与惩罚限制与排除行为，这将会导致一个案件事实可能会同时触犯三种不同性质条款，从而使得《反限制竞争法》适用上呈现碎片化。⑫ 其次，更为重要的是，这些领域有着并不完全相同的解释原则，从而可能产生不同的冲突。例如民法、行政法允许类推解释，然而刑法禁止类推解释原则。⑬ 在该背景下，少数感觉敏锐的德国经济法学界学者开始质疑传统法学方法论作用的局限性，试图对传统的法学方法论进行创新，先后提出了经济观察法与公共政策法等与传统法学方法不同的方案。

---

⑧ G. Radbruch, Einführung in die Rechtswissenschaft, 1929, Nachdruck Frankfurt/M 1952, S. 242.

⑨ 这对方法论极端缺乏的国家而言则是非常有害的。参见：［日］大木雅夫：《比较法（修订本）》，范愉译，法律出版社2006年版，第79页。

⑩ ［日］大木雅夫：《比较法（修订本）》，范愉译，法律出版社2006年版，第79页。

⑪ Pfeiffer, Grundfragen der Rechtskontrolle, S. 1 ff, 10; Möschel, Recht der Wettbewerbsbeschränkungen, § 4, Rn. 118, 119.

⑫ Rittner/Dreher, Wirtschaftsrecht, § 14, Rn. 82, S. 365; Susanne Fessel, Strukturelle Grenzen kartell - rechtlicher Regulierung, S. 150; Maasch, ZHR 150 (1986), S. 354, 356.

⑬ Sandrock, Die Einheit der Wirtschaftsordnung, S. 22 ff.; Bechtold, Einführung, Rn. 86; Langen/Bunte/Bunte, Einleitung zum GWB, Rn. 92.

（二）德国法学方法论的创新

1. 经济观察法

（1）基本观点

经济观察法概念来自德文“die wirtschaftliche Betrachtungsweise”的直译。但与中文平常所理解的“经济分析方法”不同的是，它指的是对事物的判断不能根据法律上的形式而是根据其实质予以判断；最初源自于1919年德国《帝国税收通则》起草人贝歇尔（E. Becher）率先引入[14]，本意是当事实的“外观与实体”或“形式与实质”不一致情形下，只能依照其实体或实质而不是外观或者形式加以判断；通过这种方法用以强调税法与民法相比具有不同结构、不同的思维模式。不久，这种法学方法又被“返销”到私法尤其是公司法[15]中，成为为跨部门（包括竞争法在内）适用的法学方法。

1957年颁布的德国《反限制竞争法》并没有将经济观察法引入立法，但Peter Ulmer教授认为，传统法学方法在《反限制竞争法》的适用上并不足够适用，而主张用经济观察法代替传统的法学方法论，并将称之为从“卡特尔法的事物的本性”（die Natur der Sache im Kartellrecht）[16]中推导出的方法。1972年奥地利卡特尔法第20条中首次通过立法引入了经济观察法，即“在根据联邦法律判断案件事实时，起决定性作用的并不是经济行为的外在形式，而是从经济实质观察法得出的真实的经济行为”。

（2）评论

奥地利《卡特尔法》第20条规定了经济观察法，但目前废除呼声不断，甚至更激进地认为：经济观察法具有很大的不确定性，也可能在法律论证上危害法律安定性的价值[17]；经济观察法不但在内容是空的也是错误的。[18]然而，在适用德国《反限制竞争法》时，经济观察法被经常广泛地适用。例如判断多个形式上彼此独立与分离的法律交易行为是否属于《反限制竞争法》第37条第1款的经营者集中行为的法律适用问题上，经济观察法的观点认为，数个时间上和空间上都分离的法律交易行为从个体上看是相互分离的，但在实质效果上可以产生限制竞争的结果，因而这些形式彼此独立的法律行为可以视为是同一个法律行为[19]。这种经济观察法显然没有逃脱法学方法论谱系中目的解释方法的范畴：因为根据经营者集中控制制度，任何能影响市场结构的集中行为都要受到《反限制竞争法》的规制；无论数个交易行为在时间上与空间上如何分离，只要这些集中行为产生限

---

⑭ Rittner, Die sogenannte wirtschaftliche Betrachtungsweise in der Rechtsprechung des Bundesgerichtshofs, 1975, S. 9ff. Otto Sandrock, Die Einheit der Wirtschaftsordnung, S. 44.

⑮ Chirstian Möller, Die wirtschaftliche Betrachtungsweise im Privatrecht, 1997.

⑯ Peter Ulmer, Überlegungen zur wirtschaftlichen Betrachtungsweise im Kartellrecht, WuW 1971, S. 878, 882.

⑰ Johannes Peter Gruber, Die „ wirtschaftliche Betrachtungsweise “ nach § 20 KartG, ÖZK 2011/3, S. 94 ff..

⑱ Johannes Peter Gruber, Die „ wirtschaftliche Betrachtungsweise “ nach § 20 KartG, ÖZK 2011/3, S. 94, 98.

⑲ Simon Hirsbrunner, Europäische Fusionskontrolle, EuZW 8/2009, S. 239, 240.

制竞争效果时，就符合《反限制竞争法》第37条第1款的构成要件，从而就必须向德国联邦卡特尔局申报，因而经济观察法对于解决法律适用问题不能提供独特的认知价值。其次，经济观察法最先是强调税法与民法的法学方法论相区别，但这种方法随之又延伸到民法、竞争法等领域；这种普遍性适用的原因就在于经济观察法属于各个部门法统一适用的目的解释的范畴。

2. 公共政策法

（1）基本观点

公共政策方法来自于美国术语“public policy”。德国著名经济法学家Steindorff根据美国公共政策及其谢尔曼法的实践提出了公共政策的方法。他认为，经济法任务在于“积极地去形成事实关系”，因而经济法的“任务不再是承担消除或者平衡既有事实关系中出现的误差，而是在于改变事实关系使得这种误差不会再次出现。”⑳ 根据公共政策的方法，法律规范的构成要件需要根据现存状况去理解和解释；如果从抽象的法律本质或者先验的法律概念出发去理解，不仅仅会导致规范的真实意义的错位，也会放松“在适用法律规范时所应保持警醒的态度”。㉑ 根据公共政策方法进行法律解释也就意味着，包含在法律规范中的构成要件是典型的要件，当该构成要件并不包括经济领域内的某些事实，但构成要件所涵盖的事实与该事实具有发生同样的经济效果时，也同样可以规范；对规范的解释不断地处于一个变动不居的状态，因而法律规范与事实之间具有交互影响的效果。㉒

（2）评论

“公共政策”是一个非常含糊与不确定的概念，Steindorff也一直没有阐明该概念的核心含义，而是将这个概念作为“对目的解释质的提升与结晶”㉓。Massch将这个概念称为“立法者的政策”㉔；Larenz将该概念视为法律的目的，从而将之纳入“目的解释”的范畴㉕。在法律适用中过度拔高公共政策有可能会导致法律适用者与立法者之间界限的模糊的后果。对某个竞争政策纯粹而固执的追求在卡特尔法上并没有空间，法院判决不能超过法律规定的限度。它首先不能追随立法者并没有事先规定的政治决定。卡特尔法的法院判决要做的仅仅是，根据已经展现的案件事实去小心翼翼地发展反限制竞争法，避免在法院

---

⑳ Ernster Steindorff, Politik des Gesetzes als Auslgungsmaßstab in Wirtschaftsrecht, in: Palus/Dieterichsen/Canaris, Festschrift für Karl Larenz zum 70. Geburtstag, S. 271, 233.

㉑ Ernster Steindorff, Politik des Gesetzes alsAuslgungsmaßstab in Wirtschaftsrecht, in: Palus/Dieterichsen/Canaris, Festschrift für Karl Larenz zum 70. Geburtstag, S. 271, 224.

㉒ Ernster Steindorff, Wettbewerbliche Einheit und kartellrechtliche Vermutungen, Verlagsgesellschaft Recht und Wirtschaft (1982), S. 34.

㉓ Ernster Steindorff, Politik des Gesetzes als Auslgungsmaßstab in Wirtschaftsrecht, in: Palus/Dieterichsen/Canaris, Festschrift für Karl Larenz zum 70. Geburtstag, S. 271, 231.

㉔ Hermann – Josef Bunte, Entwicklung in der Kartellrechtsprechung und – praixs seit der 4. GWB/Novelle 1980, JZ 1985, S. 725.

㉕ Vgl. Säcker/Rixecker/Säcker, Münchener Kommentar zum BGB, Einleitung, Rn. 136; Beate Massch, Auslegung von Normen: Ein spezifisches Problem im Kartellrecht? ZHR 150 (1986), S. 354, 356.

判决中进行跳跃；并且在怀疑的情况下更多地坚持司法先例，而不是花俏的理论。㉖

（三）结论

综上所述，德国对方法论的探索还是严格遵循法律适用的取向，无论是经济观察法还是公共政策等方法的适用都围绕着如何解释条文展开，它们只是法律解释某具体方向的强化。也正因为如此，这些方法也都可以归入到传统的四种解释方法尤其是目的解释方法；因此，尽管德国经济法学界对于经济法是否具有其特殊的解释方法的讨论，但经过激烈讨论之后，现在达成共识是经济法与反垄断法没有特殊的解释方法。㉗

三、中国经济法法学方法论创新

（一）方法论创新的背景

在建国后的很长期一段时期内，我国法学仅仅是国家学说的一部分而不具有独立地位，因而也并不存在所谓的面向法律适用维度的法学方法问题，充满管制品性的经济法自然也难逃窠臼。自从1990年开始，德国法乃至台湾地区法学著作开始在大陆的传播，较为著名的有：陈爱娥教授翻译的Larenz教授的《法学方法论》及其王泽鉴教授一系列的深受法学方法影响的民法著作，民法大师Esser教授的学生黄茂荣教授的《法学方法与现代民法》，以德国法为基础的法学方法论开始在我国的民法领域得到迅速的利用。从法律发展史而言，民法被誉为是万法之母，法学方法最先从民法开始发展起来也是不言而喻，因而法学方法论一开始就与民法有着密切的共生关系，甚至在德国相当数量的法学方法论大师都具有深厚的民法背景。因而，法学方法被誉为“民法方法论最集中地体现了法学方法论的特点”。㉘

我国经济法学界对经济法方法论的创新与经济法学学科自身地位嬗变有着直接关联。在计划经济时代，我国经济法继受了前苏联学者B. B拉普捷夫“大经济法说”的观点，主张经济法同时调整横向与纵向经济关系，其内容涵盖了属于民商法调整的横向经济关系与属于（经济）行政法调整的纵向经济管理关系；立法上主张将民法调整的范围纳入到经济法内，建立一部涵盖民法统一的“大经济法典”。经济法的重要地位在法院建制与法学教育学科建制上有着制度化的体现：在法院建制上，法院在1979年内部专门设立了经济庭，专门审理涉及经济案件；在学科建制上，当时的国家教育委员会在1980年将经济法设置为与法学并列的两大法学专业，两个经济法重点学科分别在北京大学与西南政法大学

㉖ Pfeiffer, Grundfragen der Rechtskontrolle im Kartellverfahren, in: Schwerpunkte des Kartellrechts 1978/79, Köln u. a. 1980, S. 1, 6.

㉗ Klaus – Dieter Stephan, Die Anwendung des Zusammenschlussbegriffs auf Personalgesellschaften, Verlag Recht und Wirtschaft (1989), S. 32.

㉘ 王利明：《法学方法论》，中国人民大学出版社2012年第1版，第45页以下。

建立起来。

1986年《民法通则》颁布，该法第2条明确规定“中华人民共和国民法调整平等主体的公民之间、法人之间、公民和法人之间的财产关系和人身关系”。《关于〈中华人民共和国民法通则（草案）〉的说明》，强调民法通则第2条规定体现的民法基本原则：“第一，民法有很大一部分是以法律形式反映经济关系的，而商品交换的当事人的法律地位平等是民法的基本原则。第二，民法主要是调整平等主体间的财产关系，即横向的财产、经济关系。政府对经济的管理，国家和企业之间以及企业内部等纵向经济关系或者行政管理关系，不是平等主体之间的经济关系，主要由有关经济法、行政法调整，民法基本上不作规定。”这意味着，作为经济法“偏室”[29]的民法正式从经济法中脱离出来。继而民法学者以“经济行政法是行政法作用于经济领域的产物”而属于行政法，[30] 2002年法院经济法庭被正式撤销改为民二庭，以及经济法正式成为众多法学核心课程之一等等使得经济法学科面临生死存亡的危机。

在这样的背景下，传统法学方法论在我国经济法学界既不受欢迎也并不占据主流，甚至认为传统的法学方法论无法满足经济法的发展，因此有必要创造一种全新的经济法的方法论证明经济法的独立性。为此，经济法学界着力提出了数目繁杂的创新式的法学方法论，以试图证明经济法学科的独立性。[31]

（二）国内代表性学说

1. 内容

（1）张守文教授。张守文教授是主张经济法创新论的集大成者，其在《经济法理论的重构与创新》的专著中用将近120多页的篇幅提出了系统分析方法、政策分析方法、博弈研究方法与本益分析研究方法。经济法上的系统分析方法，“是指一般系统分析方法在经济法上的具体运用，它是以经济法系统的存在为前提。经济法系统就是经济法的规范系统，或称之为经济法规范体系。以此为基础，可以依据研究目的而抽取出一些具体的子系统，例如经济法主体系统、经济法主体权利系统、经济法责任系统等；进而可以分为，整体分析方法、动态观察方法、级次分解的方法、结果分析的方法”。[32]

政策分析方法“之所以指所有可以适用于相关的经济法研究，主要是因为在政策与法律之间，特别是在经济政策与经济法之间有着密切的内在关联，存在着诸多同一性、共通性。主要体现在，一方面可以进行替换性研究，即把经济法与经济政策进行替换，用分析经济政策的各种具体维度，以及由经济学等相关理论所生成的各种具体方法，去分析经济

[29] 苏永钦：《走入新世界的私法自治》，中国政法大学出版社2002年版，第4页。
[30] 梁慧星、王利明、崔勤之：《经济行政法论：中国经济法诸论》，法律出版社1987年版。
[31] 李曙光：《经济法词义解释与理论研究的重心》，载《政法论坛》2005年第6期第12页。
[32] 张守文：《经济法系统的系统分析》，载《经济法研究》2001年第2卷。

法问题；另一方面是可以进行‘背景性研究’，即基于政策系统和经济法系统的密切关联和相互影响，以经济法系统为核心，把相关政策的形成和变化，看所是影响经济法制度的重要背景性因素，从而更好地探寻经济法制度产生、发展、更迭的政策性因素”。[33]

博弈分析方法，“作为个体主义方法论的一种体现，在涉及主体性的分析时，都可以适用；同时博弈分析方法对于分析法律实效，探讨规制行为的有效性，也都是非常重要的。[34] 本益分析方法则是则可以分为成本分析方法、收益分析方法与效益分析方法”。[35]

（2）刘水林。刘水林教授认为“经济法学作为法学的学科之一，其方法论一般就是法学方法论，即法学方法论是包括经济法在内的所有部门法通用的一般理论。因此，对经济法方法论的一般的探讨，就是对法学方法论的探讨”。[36] 然而，又同时认为“现代这种只注重应用法学方法论的研究，并对这种方法论——法解释学的过分强调，导致了法学方法论的畸形发展，特别不利于理论法学的发展，更不利于经济法、社会法等新兴法律部门的发展，因而有必要重新把科学方法论导入法学研究之中，即法学方法应由自然科学方法论与社会科学（解释学方法论只是其主要的一种）方法论二元构成，或为分析便利可以说由法学解释方法论与非解释方法论与非解释方法论二元构成”。[37] 根据这种整体主义的解释，经济法的基础理论应该重构，并就经济法调整对象、经济法法律关系以及经济法律责任进行了整体主义的解释。[38]

2. 评论

所谓的系统分析方法、政策分析方法、博弈研究方法与本益分析等研究方法，不过是对经济法现象的一种描述，并不能为具体问题提供一种方向性的方法。例如，根据系统分析方法对经济法主体系统、经济法主体权利系统、经济法责任系统的分类只是一种外部的观察，很难上升为能提供知识与问题结论的方法论。同样地，整体主义中对经济法主体系统、经济法主体权利系统、经济法责任系统等分析仅仅是一种借助于法律主体、权利义务与法律责任下的文字游戏，并不能凸显经济法的本质特征，也不能对具体法律问题的法律适用提供任何具有可操作性的法律结论。以整体主义对经济法责任的重构为例，持论者将经济违法行为区分为理性违法与非理性违法：理性违法是指经济法主体从事违法行为时，明知自己的行为违法经济法规定，并且充分预期了违反后果，但理性选择的结果，认为违法是实现其利益最大化的途径，从而故意违反经济法；非理性违法则是属于冲动违法与盲

[33] 张守文：《经济法理论的重构与创新》，人民出版社2004年版，第113页、第116页。
[34] 张守文：《经济法理论的重构与创新》，人民出版社2004年版第113页、第164页。
[35] 张守文：《经济法理论的重构与创新》，人民出版社2004年版第113页、第192页。
[36] 刘水林，《经济法基本范畴的整体主义解释》，厦门大学出版社2006年版，第23页。
[37] 刘水林，《经济法基本范畴的整体主义解释》，厦门大学出版社2006年版，第26页。
[38] 刘水林，《经济法基本范畴的整体主义解释》，厦门大学出版社2006年版，第128页以下。

目违法。[39] 这种根据主观恶性的分类实际上完全可以归入法律适用者的裁量空间；而无法上升到法律适用维度的法学方法论的高度。

（三）评价

与德国经济法学界的方法论创新相比，中国经济法学界对法学方法论的探索伴随着经济法是否是独立的部门法的学科压力与重任，从而一开始就偏离了法学方法论的法律适用取向。早在2005年李曙光教授就指出，试图通过构建所谓的与民商法、行政法不同的方法，“以图证明经济法的独立性的研究路径是错误的。”[40] 冯果教授更是尖锐地指出：“经济法学界在锐意创新的过程中，严重冷落了法解释学等传统的研究方法，直接导致经济法理论解释力的削弱和经济法研究法学特质的减损。作为法学的子学科，传统法学研究方法应该成为未来中国经济法学的主流研究方法。未来经济法研究方法必定是多元的，研究手段必然是综合的、协调的，研究体系也一定是动态的、开放的，但其核心却应该是恒定的，即传统法学的基本研究方法不应被动摇、更不应被抛弃”。[41]

四、传统法学方法论的功能：《反垄断法》资产取得条款的例证

（一）《反垄断法》资产取得条款的法律适用困境

根据法律继受理论，法律继受依次分为对立法继受、学说继受与实务继受；[42] 一旦立法继受完成后，如何通过学说继受与实务继受实现本国自足的本土化运作便成为重大时代课题。[43] 作为经济法核心部门的《反垄断法》[44] 的立法借鉴了德国与欧盟[45]等国家与地区的经验与模式。随着2007年的颁布标志着立法继受暂时告一段落，西方反垄断法的学说与适用经验随后被不断地介绍到学界。然而，在经济法学科排斥传统法学方法论的集体无意识的驱使下，学界与实务界一直缺乏使用法学方法论上的自觉性与主动性，这使得《反垄断法》的适用呈现出粗放式的特征，迄今为止既未形成本土的自主化运作，更遑论形成自主的话语体系。比较典型例子是《反垄断法》第20条第2项资产取得条款，该条规定，

---

[39] 刘水林，《经济法基本范畴的整体主义解释》，厦门大学出版社2006年版，第242页以下。

[40] 李曙光：《经济法词义解释与理论研究的重心》，载《政法论坛》2005年第6期。

[41] 冯果：《法解释学等传统法学方法——未来中国经济法学的主流研究方法》，载《重庆大学学报（社会科学版）》2008年第5期。

[42] 关于立法继受、学说继受与实务继受的关系参见王泽鉴：《德国民法的继受与台湾民法的发展》，载《比较法研究》2006年06期第5页以下；朱晓喆：《比较民法与判例研究的立场和使命》：《华东政法大学学报》2015年第2期第150页。

[43] 李剑：《中国反垄断法实施中的体系冲突与化解》，载《中国法学》2014年第6期，第138页以下。

[44] 王为农：《经济法学研究法理与实践》，中国方正出版社2005年，第33页以下。

[45] See, Xiaoye Wang, Preface: My anti – monopoly law research path, The Evolution of China's Anti – Monopoly Law, 2014. See H. Stephen Harris, Jr. etc., Anti – Monopoly Law and Practice in China, Oxford University Press, 2011, p. 4.

“经营者中集中是指下列情形：（二）经营者通过取得股权或者资产的方式取得对其他经营者的控制”。迄今为止，在涉及资产取得的两个案件“希捷收购三星资产案”[46]与“微软收购诺基亚手机业务案”[47]。从法律适用而言，必须作为大前提的第20条第2项，作为小前提的案件事实以及随之得出的结论，其中法条的大前提与作为案件事实的小前提之间的涵摄过程的详实性与合理性是结论是否具有可接受性的本质特征。从条文字面意思观之，资产取得行为是发生在分别作为希捷与微软的“经营者”与分别作为三星与诺基亚的“其他经营者”之间的资产转让行为。然而，希捷购买了三星硬盘业务以及微软收购诺基亚手机业务后，货钱两清，希捷与三星之间以及微软与诺基亚之间就不存在任何控制权上的关联，因而通常不会存在希捷与微软分别获取了三星、诺基亚的控制权问题[48]。

在公布的行政裁决文书中，反垄断法执法机关似乎有意地回避，该两起资产收购案件是如何符合第20条第2项所的构成要件的。在“希捷三星案”[49]仅仅在标题与前言中附带性地阐述了案件事实这一小前提，在“微软诺基亚案”[50]案件中，仅仅在“案件基本情况”部分中相对详细地叙述了集中计划这一小前提。这与欧盟委员会这两起案件涵摄论证的详细形成强烈的反差：欧盟委员会在“希捷三星案”[51]与“微软诺基亚案”[52]的行政裁决书中就分别以2个自然段[53]与4个自然段[54]的篇幅阐述两起资产取得的集中计划是否属于《欧盟经营者集中条例》第3条第1款b）所规定的“通过资产取得的方式取得对其他经营者全部或者部分的控制”。也无怪乎反垄断法执法机关官员认为“经营者取得资产司空见惯，但是通过取得的资产实现对其他经营者的控制则不多见”、“在实践中更为鲜见”[55]。

上述的创新式的法学方法论的创新并不能为具体问题提供一种方向性的方法，在解释经营者甲通过购买乙的资产而获得控制权的问题上，根本无法提供具有可接受性的知识增量。以系统分析方法为例，经济法主体系统所指的是资产取得行为是发生在分别作为希捷与微软的“经营者”与分别作为三星与诺基亚的“其他经营者”之间的资产转让行为；经济法主体权利系统指的是希捷与三星以及微软与诺基亚发生交易资产行为中的权利关

[46] Case No COMP/M. 6214 – Seagate/ HDD Business of Samsung.

[47] Case No COMP/M. 7047 – MICROSOFT/ NOKIA.

[48] 唯一的例外是，希捷将三星整体作为资产收购，或者微软将整个诺基亚予以收购收购时才有可能发生控制权的问题，但显然与案件事实不符。

[49] 商务部公告2011年第90号关于附条件批准希捷科技公司收购三星电子有限公司硬盘驱动器业务反垄断审查决定的公告。

[50] 商务部公告2014年第24号关于附加限制性条件批准微软收购诺基亚设备和服务业务案经营者集中反垄断审查决定的公告。

[51] Case No COMP/M. 6214 – Seagate/ HDD Business of Samsung.

[52] Case No COMP/M. 7047 – MICROSOFT/ NOKIA.

[53] 参见 Case No COMP/M. 6214 – Seagate/ HDD Business of Samsung，第（7）、（8）自然段。

[54] 参见 Case No COMP/M. 7047 – MICROSOFT/ NOKIA 第（4）、（6）、（7）、（8）自然段。

[55] 尚明、孔玲、叶军：《界定参与集中的经营者浅析》，载《法律适用》2012年第4期，第43页。

系、经济法责任系统则是指希捷与三星以及微软与诺基亚。显然，这种方法在如何通过购买资产的方式取得对控制权问题上，无法提供任何建议。

（二）学界的使用传统法学方法论的努力

离开个案适用取向而以经济法独立性为取向的法学方法论的创新显然乏善可陈。学界也似乎意识到创新式法学方法论在个案适用上的缺点，试图回到传统法学方法路寻找支持，目前的学说分别持文义解释与法律续造说两种立场。

1. 文义解释

学界秉持文义解释立场，分别提出了“核心资产控制说”与“重大部分财产说”两种学说：（1）“核心资产控制说”，即“资产是经营者得以生存和发展的物质基础，也是经营者能够产生对外影响力的前提保障。经营者的资产状况和资产构成是该经营者市场竞争力的核心要素之一。一旦一个经营者的资产（尤其是核心的经营性资产或整体性资产）被其他经营者所控制，则该经营者的生存及市场运作等就被该其他经营者所控制，其拥有的市场影响力也被该其他经营者所控制从而可能对市场结构与世界竞争产生影响。”[56]“取得另一个企业的全部或者主要部分的财产，进而达到控制该企业的目标。”[57]（2）“重大部分财产说”，即“企业取得另一个企业全部或者重大部分财产的所有权与取得权。例如一个企业取得另一个企业商标权或者使用权，就可以对被取得的企业施加支配性影响”,[58]尤其是50%以上的资产。

这两种学说遵循了解释始于文义解释的解释规则。通常地，如果文义解释就可以确定法律条文的含义，那么法律解释就到此结束。然而，两种学说的解释显然都与反垄断法执法机关一样，面临着无法自圆其说的解释力不足的困境：首先，涉及经营者集中当事人通常是从事多样化的复合经营的、拥有多种不同形态的资产大型经营者，何种“资产”属于“核心的经营者性资产”或者“全部或者重大部分财产”不仅仅难以界定、而且也很难有可以决定“经营者的生存及市场运作”或者借此取得“施加支配性影响”的资产；其次，在财货两清的情形下，同样逃脱不了如何通过取得资产的方式取得对另一个经营者的控制权的追问。最后，经营者转让资产与总资产的比例关系是一种经营者内部视角，无法有效地应对具有超大规模的经营者。因为具有规模庞大、实行多元化经营的大型经营者所转让的资产可能只占该企业总资产的10%，但其销售额、产能则可以占50%，从而无法反映出将该资产转让给其他经营者后对市场竞争格局的影响。

2. 法律续造

通常每一个文义都从核心开始具有各种不同的射程，采取何种解释则是根据目的来进

---

[56] 时建中：《反垄断法：法典释评与学理探源》，中国人民大学出版社2008年版，第253页。

[57] 吴振国：《〈中华人民共和国反垄断法〉解读》，人民法院出版社第2007年版，第404页。

[58] 王晓晔：《反垄断法》，法律出版社2011年版，第264页。

行判断，法律适用者对文义的解释，必须具备合理的理由与谨慎的分析，不得越出其最大的范围，如果越出了该文义的最大范围，这就已经属于法律的续造而不是法律的解释。基于文义解释所面临的解释力不足的困境，有学者提出了“立法表述错误说”，认为“取得对其他经营者的控制权，只能通过两种途径来实现：购买其股权，或是签订经营控制合同（如联营合同）”；“取得资产”只能取得对其他营业的控制权，无法取得对其他经营者的控制权。因此，第20条第2项存在“明显的表述错误”，准确的表述应当是：“通过取得资产的方式取得对其他营业的控制权的行为。”[59]

然而，出于对立法者的尊重以及法安定性考量，只有在法律解释方法穷尽以及存在条文碰撞漏洞的情形下，才可以进行法律的续造。事实上，至少可以存在一种例外的情形：经营者取得作为整体资产的“其他经营者”时，当然就获得了“其他经营者”的控制权。例如美国麦考美公司就通过收购武汉亚太调味食品有限公司100%的资产[60]取得了整个武汉亚太调味食品公司的控制权；此时如果限缩为“营业”显然将调整范围窄化了。

3. 结论

持文义解释立场与法律续造立场的学说都坚持了解释活动从文义解释出发的原则，然而两者的进程却大相径庭：前者始于文义解释，但未能超越文义解释，引入其他解释方法进行依次检验就嘎然停止；后者则是始于文义解释却未经其他解释方法依次检验的前提下，就很突兀地越过文义解释的最大解释范围直接进入法律续造。从某种意义而言，这正是多年来学界过于热衷于法学方法论创新而忽视传统法学方法论的真实写照。在如何解释“经营者”取得对“其他经营者”的控制权的问题上，文义解释无法得出一个恰当的结论，借助于其它解释方法。

（三）彻底回归传统法学方法论

1. 比较法解释的启示

外国立法与法律适用经验有助于为特定问题提供各种解决的可能性，并对本国法律的解释适用有着重大的参考价值，因而目前各国家与地区的法院以及实务均已接受将外国立法与适用经验作为一种解释方法。《欧盟经营者集中控制条例》第3条第1款b）规定了“经营者通过取得资产的方式取得对其他经营者全部或者部分的控制权”。与我国《反垄断法》资产相比，可以发现《欧盟经营者集中控制条例》第3条第1款b）的表述上，获得控制权除了“其他经营者全部”外，还有“部分”，从而避免了我国在法律适用上的困境。尽管如此，即便将“部分”删除演变成为我国的资产取得条款也不妨碍该条款的法律适用。因为欧盟长期的行政裁决与司法判决，通过目的解释的方法发展出了功能性“经营

[59] 陈国奇：《作为反垄断法规制对象的营业转让》，载《北方法学》2008年第6期，第77页。

[60] 2013年第一季度无条件批准经营者集中案件列表，序号26。

者”，即经营者是指“每一个从事经济行为的市场主体，而不论其法律形式与资金来源”，经营者如何解释完全取决于目的。[61] 根据该定义，经营者并不以独立的法律人格为前提；因此，可以将经营者解释为“经营者全部或者部分”，即：经营者通过资产取得的方式既可以获得对具有法人资格的主体的控制也可以获得对具有法人资格组成部分的控制权。[62]

2. 历史解释

历史解释就是指从立法机关审议情况、法律草案说明等立法资料中探寻立法者当时的立法目的以探求法律的内容，主要包括从法律条文的历史发展尤其是早期类似法律及其变迁；法律的形成历史以及法律改革的建议与立法资料。[63] 通过历史解释我们可以清楚地了解某一“候选”的法律制度是如何成为法律的一部分，立法者是基于何种考虑将之上升为正式的法律制度。历史解释意味着在对《反垄断法》条文的进行解释时必须从西方竞争法的语境转入中国的语境。因而，对法律文本进行历史解释是《反垄断法》的本土化的内在要求。

早在2003年颁布的《关于外国投资者并购境内企业的暂行规定》第2条第2分句将资产并购定义为“外国投资者设立外商投资企业，并通过该企业协议购买境内企业资产且运营该资产，或，外国投资者协议购买境内企业资产，并以该资产投资设立外商投资企业运营该资产”。从该条款的内容上看，资产取得作为经营者集中形态[64]并不以取得对方的控制权作为构成要件。该条款实际上继受了1950年美国《塞勒－凯弗维尔法》的资产取得模式即资产取得并不以取得对方的控制权作为构成要件。然而，2004年《中欧竞争政策对话协议》签订后，《反垄断法》草案并没有坚持放弃具有本土化经验、与美国模式相接近的“资产并购”立法模式，转而以获得控制权为必要构成要件的欧盟立法蓝本，即《欧盟经营者集中控制条例》第3条第1款b）所规定的“尤其可以通过取得其它经营者的全部或者部分资产的所有权或者使用权”而获得控制权。

3. 小结

通过历史解释可以发现，我国资产取得条款经历了从《反垄断法》颁布前并不以取得

---

[61] EuGH, C－159/91, Slg. 1993, I－637, 669 Rn. 17 – Poucet und Pistre; EuGH, C－364/92, Slg. 1994, I－43, 61 Rn. 18 – „Eurokontrol“. EuGH, C－244/94, Slg. 1995, I－4013, 4028 Rn. 14 – Fédération française des sociétés d'assurance; EuGH, C－55/96, Slg. 1997, I－7119, 7147 Rn. 21 – Job Centre; EuGH, C－264/01, n. n. v., Rn. 46 – AOK Bundesverband. Urteile des Gerichtshofes Höfner und Elser, zitiert in Rn. 17, Rn. 21, Poucet und Pistre, zitiert in Rn. 14, Rn. 17, Fédération française des sociétés d'assurances u. a., zitiert in Rn. 26, Rn. 14, vom 11. Dezember 1997 in der Rechtssache C－55/96, Job Centre, Slg. 1997, I－7119, Rn. 21, und Albany, zitiert in Rn. 27, Rn. 77; Urteile des Gerichts vom 2. Juli 1992 in der Rechtssache T－61/89, Dansk Pelsdyravlerforening/Kommission, Slg. 1992, II－1931, Rn. 50, und vom 30. März 2000 in der Rechtssache T－513/93, Consiglio Nazionale degli Spedizionieri Doganali/Kommission, Slg. 2000, II－1807, Rn. 36

[62] Siehe Wessely/Wegner, in: Bornkamm/Montag/Säcker in: FKVO Art. 3, Rn. 69.

[63] 王利明:《法学方法论》，中国人民大学出版社2012年第1版，第433页。

[64] Federal Trade Commission, Annual Report of the Federal Trade Commission for the fiscal Year Ended June 30 1948, p. 16.

对方控制权为构成要件，到继受强调获取对其他经营者控制权为构成要件的转变，其根源在于我国继受了欧盟立法模式。这种立法继受也存在错漏情况：控制权的获得仅仅是“经营者”全部，而未继受对“经营者其他部分”控制权的取得，从而导致我国资产取得条款在法律适用上的困境。通过比较法可以发现，从欧盟的目的性解释方法发展处的“经营者”功能性的解释表明，即便欧盟竞争法的资产取得条款获得控制权仅仅包括“经营者”也无妨实务的适用。因而，问题转向为如何通过体系解释与目的解释获得与欧盟竞争法的立法同样的结果，从而填补立法继受上的缺漏。

4. 体系解释与目的解释

《反垄断法》第12条第1款，“本法所称经营者，是指从事商品生产、经营或者提供服务的自然人、法人和其他组织。”如果能将“其他组织”有可能为解释为类似欧盟经营者集中控制条例中的“其他经营者的全部或者部分”，那么解释上的困境则可以迎刃而解。汉语文献[65]与德语文献[66]的通说认为，《最高人民法院关于适用〈中华人民共和国民事诉讼法〉若干问题的意见》（下简称《民诉意见》）第52条对“其他组织”的定义，即“是指合法成立、有一定的组织机构和财产，但又不具备法人资格的组织，包括：（一）依法登记领取营业执照的个人独资企业；（二）依法登记领取营业执照的合伙企业；（三）依法登记领取我国营业执照的中外合作经营企业、外资企业；（四）依法成立的社会团体的分支机构、代表机构；（五）依法设立并领取营业执照的法人的分支机构；（六）依法设立并领取营业执照的商业银行、政策性银行和非银行金融机构的分支机构；（七）经依法登记领取营业执照的乡镇企业、街道企业；（八）其他符合本条规定条件的组织”。

这种观点在法学方法论角度而言显然是有失偏颇的。首先，“其他组织”概念被规定在不同法律时必须首先服务于该法律体系的目的，该概念的外延的宽窄与波长必然受各自法律目的制约，从而势必要随着目的进行不同幅度的拓宽或者缩减。“其他组织”规定在民诉意见中必然要服务于民诉的目的，赋予具有一定组织结构但其组织性与独立性仍然不及法人的组织（例如银行分支机构等）诉讼权利与义务，从而减少诉讼上的不便。同样地，“其他组织”被规定在《反垄断法》时，其外延就要受到反垄断法的制约。《反垄断法》第1条指出该法的目的是“为了预防和制止垄断行为，保护市场公平竞争……”；经营者集中形态是经营者集中控制的核心制度，基本功能在于剔除不影响竞争的纯粹私法行为，遴选出可能影响竞争集中进入实质审查阶段，体现《反垄断法》第20条第2项的资产取得条款也同样必须服务于该目的，即将有能力影响竞争结构的资产取得行为中提取出来，纳入到反垄断申报制度当中。因而，“其它经营者”的部分资产被“经营者”取得，

---

[65] 尚明：《〈中华人民共和国反垄断法〉的理解与适用》，法律出版社2007年版，第173页；商务部条法司编，尚明主编：《反垄断法理论与中外案例评析》，北京大学出版社2008年版，第23页；焦海涛：《论〈反垄断法〉中经营者的认定标准》，载《东方法学》2008年第5期，第146－153页。

[66] Moritz Lorenz/Liu Xu, Der Unternehmensbegriff des chinesischen Kartellrechts, RIW 1－2/2009, S. 33, S. 35.

导致产能高度集中，从而可能改变市场竞争结构时，必须受到反垄断法的规制，否则存在法律漏洞。为此，完全可以将“其它组织”的外延做最广义的扩大，例如解释为“其它经营者的部分”，从而把不具有法律独立人格的非法人形态涵括在内，有效解决资产取得条款在解释上的困境。

其次，从反垄断法第 12 条第 1 款的定义来看，该条款规定了经营者的两个特征：“从事商品生产、经营或者提供服务”与“自然人、法人和其他组织”。如果要将“其他经营者”解释为“自然人、法人”显然不是常态。“从事商品生产、经营或者提供服务”对“其他组织”的限制使得具体组织形态不再重要，重要的是该其它组织是否提供“从事商品生产、经营或者提供服务”；从这个角度而言，可以把车间、生产线、业务、销售渠道与营业等都可以作为“其他组织”；甚至可以将“其他组织”解释为几个独立的法人组成的集团。因此，在将“其他组织”解释为“其他经营者部分”时，解释上的困境就得以化解：“希捷收购三星案”与“微软诺基亚案”中，希捷与微软分别取得的不是作为“其他经营者”的三星与诺基亚的控制权，而是作为“其他经营者的部分”的三星硬盘业务与诺基亚手机业务的控制权。

（四）小结

学说与实务在如何取得控制权的解释困境是美国立法模式向欧盟立法模式转向的结果。通过上述传统法学方法论的操作表明，传统法学方法论不但将欧盟竞争法的功能性解释方法通过可验证的途径导入到中国的法律体系内，为学说与实务的再次继受提供了一套逻辑上自洽的操作途径。而这正是包括反垄断法以及经济法之所以具有独立性的重要佐证。经济法的法学方法论的创新无法提供这种功能，只能将解释困境完全归咎于立法者从美国立法模式转向欧盟立法模式的错漏，从而导致对立法者、乃至对欧盟竞争法路径上的过度依赖，继受外来竞争法与本土实践之间鸿沟上继续扩大。

五、结论

德国《反限制竞争法》颁布后引发的经济法法学方法论上的创新是以法律个案适用为取向，以重归传统法学方法论为结果。我国经济法的法学方法论创新则是以论证经济法学科的独立性为取向，无关乎个案适用。正如有学者直言不讳地指出，“目前进行的经济法研究没有与中国活生生的经济现实、经济改革与立法司法实践相联系，只是热衷于构建抽象的理论框架，弄成纸面上的学问，将经济法理论变成了高深莫测的玄学，其研究结果不能为现实问题的解决提供指导和参考，偏离了法学研究的初衷和实质。”[67]“法律的生命不在于逻辑，而在于经验”同样适用于经济法学科：经济法学的生命力不在于方法论是否能

---

[67] 李曙光：《经济法词义解释与理论研究的重心》，载《政法论坛》2005 年第 6 期第 12 页。

超越传统的法学方法论，其逻辑是否如同民法那样逻辑体系严密，而在于其能否回应经济法实务界在法律个案适用过程中提供足够的洞见与解决方案。因而，中国经济法的基础理论既应当避免利用法学方法论的创新证明经济法独立性，也应当慎言法学方法论的创新，而应当回归到以个案为取向的传统法学方法论。回归并使用传统的法学方法论，为法律实务提供解决经济法的法律适用中的困惑问题，才是经济法学走向成熟的必然之路。

（编辑：杨知文）

疑难案件的复杂理由分析模式辩护*

王　琳**

摘　要　关于疑难案件的成因与解决，我们学界当前有因果分析模式和理由分析模式两种理论。传统的因果分析模式存在重要缺陷：对疑难案件成因说明不充分、疑难案件成因说明与解决对策相脱节，所提出的疑难案件解决方案空洞。理由分析模式可以克服上述缺陷，当前我国学界流行的理由分析模式可以进一步区分为后果主义分析模式和权衡分析模式两种理论进路。但既有的这两种进路要么忽略了某种法官实际上会考虑的理由类型，要么未能就法官应当如何处理相关理由的内涵和相互关系提出恰当建议，它们各自存在不同程度的简化缺陷，因此可统称为“简单理由分析模式”。重新建构的复杂理由分析模式克服了简单模式在描述维度与规范指引维度上的简化缺陷，更好地回答了疑难案件成因及其解决的问题。

关键词　疑难案件　因果分析　理由分析　后果主义　权衡

一、问题的界定

近些年，我国法理学上就疑难案件展开了广泛和深入的研究，主要涵盖了以下几方面的议题：其一，疑难案件的界定、存在与否及其特征;① 其二，疑难案件的成因研究;②

---

* 本文系作者主持的重庆市社会科学规划项目“人工智能发展视角下法律论证性质重述”（项目编号：2017BS40）和中国法学会 2017 年度部级法学研究课题“面向疑难案件的法治研究”［课题编号：CLS（2017）D05］的阶段性成果。

** 王琳，重庆大学法学院讲师，法学博士，研究方向为法律方法和分析法哲学。

① 参见季涛：《疑难案件的界定标准》，载《浙江社会科学》2004 年第 5 期，第 54 – 60 页；孙海波：《不存在疑难案件?》，载《法制与社会发展》2017 年第 4 期，第 52 – 69 页。

② 参见孙海波：《疑难案件为何疑难？——疑难案件的成因再探》，载《兰州学刊》2012 年第 11 期，第 178 – 183 页。

其三，疑难案件的裁判方法；③ 其四，疑难案件的经验研究；④ 其五，疑难案件的法哲学探讨。⑤ 本文关注点在于疑难案件的成因及其解决问题。诸如陆勇销售假药案、王力军非法经营案、赵春华非法持枪案等疑难案件中裁判困境的存在，提示我国司法实践对疑难案件解决相关理论仍有迫切需求；而疑难案件成因分析，乃是解决疑难案件的逻辑基础，因此须将疑难案件的成因及其解决一同加以探究。

在上述研究主题限定下，对于本文讨论范围还需要做以下几点说明：第一，本文探讨法律适用意义上的疑难案件。一般认为，疑难案件可以被区分为法律适用上的疑难案件、案件事实上的疑难案件以及两种疑难结合的案件。⑥ 案件事实上的疑难案件是指案件事实扑朔迷离、真相难以查清的案件。法律适用上的疑难案件是指法官在确定应予适用的相关法律规范时遭遇难题的案件，或者说，法律适用上的疑难案件是指关于如何确定"法律命题"（propositions of law）的内容存在疑难的案件。⑦ 这里所说的"法律命题"是指有关"法律允许、禁止或授权人们做什么"所作的各种陈述与主张。本文要讨论的是法律适用上的疑难案件。第二，本文限于从法理学角度探讨疑难案件。按照抽象程度不同，我们可以区分讨论疑难案件的三个层次：首先是法教义学层次的探究，它涉及的是部门法上某项具体的法律制度的原理与实务操作，诸如，在刑法上如何划定正当防卫和防卫过当的界限，或者如何说明盗窃罪与侵占罪的犯罪构成区别；其次是部门法哲学层次上的探究，它涉及到的是部门法上具有普遍意义和广泛影响的一般原理，诸如刑法学上关于何种法律解释方法更符合罪刑法定原则要求的讨论；最后，疑难案件的法理学探究关注的是最具抽象性与一般性的问题，它所探讨的疑难案件问题具有普遍性，并不专属于某个部门法领域。诸如，当法律条文用语模糊，或者当依照法律规则字面意义处理案件会导致不正义时，我们应当如何处理。这些问题既可以在民法中出现，也可以在刑法中出现，或在其他的法律部门出现。第三，本文所借助的研究起点是我们关于疑难案件的一些粗糙直觉认知和大体共识。本文工作的起点并不始于疑难案件的定义，因为关于它的定义——究竟是什么使得一个案件成为疑难案件——正是当前研究想要解答的问题。我们只能从一种比较粗糙的共识出发，即有一些案件被人们普遍地认为是疑难案件，它们就是工作的起点。因此，当本

---

③ 参见苏力：《法条主义、民意与难办案件》，载《中外法学》2009年第1期，第93－111页；厉尽国：《"疑难案件"中的法律推理与司法论证——基于许霆案的分析》，载陈金钊、谢晖主编：《法律方法》（第8卷），山东人民出版社2009年版，第310－322页。陈金钊：《解决'疑难'案件的法律修辞方法》，载《现代法学》2013年第5期，第3－22页；唐丰鹤：《整体性的法律论证——兼论疑难案件法律方法的适用》，载《河北法学》2014年第1期，第2－11页；陈坤：《疑难案件中法律概念与立法意图——兼为主观解释论辩护》，载《法制与社会发展》2014年第6期，第150－164页；陈辉：《规范正义与个案正义冲突的解决方法——以天津摆射击摊获刑案为例》，载陈金钊、谢晖主编：《法律方法》（第23卷），中国法制出版社2018年版，第145－162页。

④ 参见孙海波：《疑难案件裁判的中国特点：经验与实证》，载《东方法学》2017年第4期，第52－63页。

⑤ 诸如疑难案件的存在是否意味着司法裁判不具有客观性、确定性，参见徐继强：《法哲学视野中的疑难案件》，载《华东政法大学学报》2008年第1期，第3－11页。

⑥ 参见沈宗灵：《法理学研究》，上海人民出版社1990年版，第345页。

⑦ See Ronald Dworkin, *Law's Empire*, Cambridge, Mass.: Harvard University Press, 1986, p. 4.

文谈论疑难案件时，将把那些在我国司法实践中发生的被认为是难以解决的真实案件，以及那些被用于法学教学的（或者虚构或者真实的）经典案例作为理论意图阐明的目标实例。

本文的目标是通过审视和借鉴既有疑难案件理论，最终为疑难案件的复杂理由分析模式辩护。“疑难案件理论”在本文中专指对疑难案件成因与解决问题提供一组融贯答案的理论模式。为此，本文将首先考察传统因果分析模式，指出该模式存在对疑难案件成因说明不充分、疑难案件成因说明与解决办法相脱节，以及所提出的疑难案件解决方案空洞等三方面的缺陷。理由分析模式可以克服上述缺陷，是一种更可取、更具启发性的理论模式。其次，进一步分析理由分析模式的两种现有进路：后果主义分析模式和权衡分析模式。这两种现有进路或者是忽略了某种法官实际上会考虑的理由类型，或者是未能就法官应当如何处理相关理由的内涵和相互关系提出恰当建议，因而存在不同程度的简化缺陷。最后，重新建构复杂理由分析模式，来克服简单模式在描述维度与规范指引维度上的简化缺陷，以期更好地回答疑难案件的成因与解决问题。

二、因果分析模式考察与批判

（一）因果分析模式理论概述

我国传统疑难案件理论通常会首先对疑难案件进行类型化区分，然后分析各个类型疑难案件成因，再分别针对不同类型给出解决方案。⑧ 根据这种传统理论，疑难案件的类型有以下几种：（1）法律规则不明型：法律规则本身的术语模糊不清或概念太抽象，造成语言解释有歧义；（2）法律规则空白型：法律规则未作明确规定或规定有漏洞；（3）法律规则冲突型：法体系内不同法律规则所提出的要求指向相反；（4）法律规则不良型：虽然存在相关法律规则，但如果直接严格适用法律规则就会导致不公正的法律后果。在以此种方式类型化之后，传统理论尝试分别挖掘不同类型疑难案件的成因：（1）法律规则不明的原因是语言本质上存在的模糊性或者是抽象性；（2）出现法律规则空白的原因是立法者理性有限性，无法预见社会变迁过程中会产生的新鲜事物；（3）法律规则内部冲突仍然可归于立法者理性的有限性，未能避免立法中的自相矛盾；（4）法律规则不良可以归结为价值观念变迁和立法者理性的有限性。对疑难案件的类型和成因有所认知以后，传统理论会进一步给出解决疑难案件的司法技术方案：在法律规则模糊时进行法律解释，在法律规则空白时进行法律续造，在法律规则冲突时进行选择和排除。

本文将这一传统疑难案件理论称为“因果分析模式”，以试图标志该模式是从因果关

⑧ 参见沈宗灵：《法理学研究》，上海人民出版社1990年版，第345-347页；张保生：《法律推理的理论与方法》，中国政法大学出版社2000年版，第448-451页；季涛：《论疑难案件的界定标准》，载《浙江社会科学》2004年第5期，第54-62页；郑永流：《法律方法阶梯》（第三版），北京大学出版社2015年版，第222-223页。

系的角度来说明疑难案件的成因。这一命名方式可能会招致两方面的质疑。第一，仅仅从成因角度来概括一个疑难案件理论是片面的，本文既然将所讨论疑难案件理论界定为包括成因与解决两个部分，那么就不应该片面以成因分析上的特征概括一种理论。第二，即使可以单从成因方面来概括一种疑难案件理论，也很难说“因果分析”这个说法能够概括出一种理论在成因分析方面的独有特色，难道所有成因分析不都是因果分析吗？针对第一个质疑，我的回应是，成因分析确定了一个疑难案件理论的基调。成因分析在逻辑上决定了解决方案提出的思路，因此我们可以用一个理论中具有决定性地位的成因分析方面立场特征来命名该理论。关于第二个质疑，此处仅给出一个简短粗糙的回应，具体的说明将在这一部分的第三小节展开。简单地说，成因分析不仅仅有“因果分析”一条路可走，还有“理由分析”这一可能。因果分析是从纯粹的外在观察者视角出发，分析哪些因素与法官感到裁判困难之间存在相关关系；而理由分析则是站在法官的视角上分析他们是基于哪些理由认定与取舍上的困难而陷入裁判困境。这一关键差异决定了哪种理论更优，因此本文用这一对照来为两类不同的疑难案件理论命名。

（二）因果分析模式批判

因果分析模式开启了对疑难案件的法理学研究，探索了疑难案件的类型化构建，形成后续研究工作的有益基础。该理论让我们了解到某种关于语言、社会变迁以及人类理性局限与法律关系的深刻洞见。然而，在这些贡献之外，因果分析模式也存在三点重要缺陷。

第一，该理论模式对疑难案件的成因分析是不充分的。成因分析乃是要回答，一些案件为什么会成为疑难案件。因果分析模式指出，当某些情况出现时，诸如规则模糊、空白、冲突与不良，法官会感到裁判一个案件很困难。但我们可以设想，仅有这些情况出现，并不就必然使得一个案件成为疑难案件。因为，如果诉讼各方对于如何解决规则模糊、空白、不良等问题拥有共识，或者尽管关于如何解决这些问题在诉讼当事人之间存在分歧，但是法官却有确切理由认为某一方的立场明显站不住脚，这些案件就不会是疑难案件。如果没有裁判方案上难以解决的分歧，法官就不会感到左右为难。这意味着，规则的缺陷以及造成这些缺陷的深层原因，诸如语言的性质、社会变迁以及人类理性局限，都仅仅是疑难案件出现的部分条件，而非充分条件。

第二，该模式对疑难案件的成因分析，与疑难案件的解决对策研究相脱节。一般来说，对问题成因的分析通常会对问题的解决有所帮助。人们若是找到了究竟是何种因素导致不受欢迎的状况出现，就可以通过消除这些诱发因素来消除或者改善那种不可欲的状况。譬如，若研究发现当失业率升高时，则犯罪率也会升高，进而认为前者构成后者的一个成因。我们就可以据此采取措施改善就业率，以期对降低犯罪率有所帮助。然而，这种通常有效的“成因分析—问题解决”模式，在疑难案件研究中却并不适用，从因果角度提出的分析无法对疑难案件解决提供建设性帮助。这是因为传统理论模式分析出来的成因

——语言模糊性、社会变迁与理性局限——都是必然会存在的规律性客观现象，这些因素是我们无法改变和消除的。即使我们认清了正是这些因素造成了疑难案件，我们也不能从中获得解决疑难案件的办法，后一部分的工作似乎必须另起炉灶。疑难案件成因分析与疑难案件解决就成为相互脱离的两个独立部分，疑难案件理论丧失了本应具有的连贯性与有机统一性。

第三，该模式提供的疑难案件解决方案是空洞的和缺乏证明的。对于疑难案件的解决，该模式给出了如下建议：对于内容不清的，要进行法律解释；对于有漏洞的，要填补漏洞；对于法律规则存在冲突的，要进行选择；对于法律规则内容不良的情况，要推翻重构。⑨ 或者可以概括地说，该模式给出的建议是用“法律方法”来解决疑难案件。然而，与其说这提出了解决疑难案件的方法，还不如说只是列出了我们要达成的目标。例如“填补漏洞”只是对目标的描述，而并非是关于如何达成这一目标的方法。也许，这些方法可以被具体化为更具可操作性的做法，诸如文义解释、体系解释、目的解释等，但并没有一种理论告诉我们从这些解释方法中如何做出选择。⑩ 这些所谓的法律解释方法，最终似乎仅仅构成对法官实际上做了什么的一种描述，而非构成对法官应当做什么的指引。⑪ 此外，该方法认为对于内容不良的疑难案件，应当予以推翻重构。然而，这一解决方案错误地将一种有争议的立场视为不证自明。例如“规范性实证主义”（normative positivism）就认为，法官不应对法律规则的内容做实质判断，应依照法律规则的文本意义来适用。⑫ 该模式不恰当地忽视了相对立场及其论证理由。

上述几方面的不足为后来发展研究留下了空间，这就是从因果分析模式向理由分析模式转向。下面将要说明两种分析模式的不同，并论证理由分析模式的相对优点。

（三）从因果分析模式转向理由分析模式

1. 原因分析与理由分析

综观学界讨论，对于“疑难案件的成因是什么?”或者“疑难案件为何疑难?”这个问题，我们可以区分出两种讨论路径，即前面刚刚讨论的“因果分析模式”与后文将要讨论的“理由分析模式”。这两种路径的提炼是受到了罗纳德·德沃金（Ronald Dworkin）对内在观点（internal point of view）与外在观点（external point of view）两种研究视角区分的启发。德沃金认为，法律实践具有论证性（argumentative）特征，即在“法律允许或者禁止了什么”的问题上，人们会提出相互竞争的各项主张。研究者有两种处理法律实践

⑨ 参见季涛：《疑难案件的界定标准》，载《浙江社会科学》2004 年第 5 期，第 55 页。

⑩ 相关批评意见请参见苏力：《解释的难题：对几种法律文本解释方法的追问》，载《中国社会科学》1997 年第 4 期，第 12 - 31 页；桑本谦：《法律解释的困境》，载《法学研究》2004 年第 5 期，第 11 页。

⑪ 王琳：《试析法律论证理论的性质——从法教义学与社科法学之争谈起》，载《甘肃政法学院学报》2016 年第 4 期，第 73 页。

⑫ See Jeremy Waldron, *Law and Disagreement*, Oxford: Oxford University Press, 1999, p. 166.

论证性这一面向的方式。第一种是社会学家或历史学者所采用的外在观点，他们关注在何种时间、地点背景下，哪些因素导致特定形态法律论证立场的出现，其中有何规律性；第二种是从实践参与者的角度出发，关心法律论证的不同主张的有效性及其理由。⑬ 简单地说，前者涉及“原因→结果”关系研究，而后者涉及“理由→结论”关系研究。⑭ 借助这一区分框架，我们可以划分疑难案件成因的两种分析方式，我们既可以从外在观点出发来研究法官特定心态与行为出现的原因，也可以从内在观点出发来研究法官怀有特定心态或以特定方式行动的理由。⑮

对于后一种从理由角度展开的研究，可以进一步区分为两种类型。第一种是对参与者行动理由的认知和理解，这是一种站在“超然的观察者”（detached obsever）⑯ 视角进行的描述性研究，它观察与说明人们行动的理由面向，但是并不直接参与对理由有效性的评判。例如，一种对交通情况的研究旨在描述人们把哪些要求视为行动理由，但研究者不参与对这些行动理由是否是真正有效理由的评判。第二种是直接站在行动者视角或者说实践参与者的视角上进行立场选择与理由论辩，这是一种规范性研究。譬如，关于在某些特定情况下驾驶员是否有正当理由闯红灯问题的研究。疑难案件的成因分析属于前一类型，它涉及从能够理解法官内在观点的超然观察者视角出发对法官会考虑到的实践理由以及由于理由冲突所导致的实践困境作出描述。疑难案件的解决对策研究属于后一类型，它要求研究者与法官一起站在内在观点上，对影响裁判的所有相关理由的有效性和相互关系给出实质性评价与论证。⑰ 这两部分合起来共同构成了本文所说的“疑难案件理由分析模式”。

2. 理由分析模式之优势

为说明理由分析模式的理论优势，可将其在处理成因问题上与因果分析模式的不同做一下对比：

> 因果分析模式将疑难案件成因问题具体转化为：当哪些情况出现时，法官会感到案件难以判决？
>
> 理由分析模式将疑难案件成因问题具体转化为：是哪些理由识别与评估难题，使法官感到难以判决？

---

⑬ See Ronald Dworkin, *Law's Empire*, Cambridge, Mass.: Harvard University Press, 1986, pp. 13 – 14.

⑭ 雷磊：《法教义学的基本立场》，载《中外法学》2015 年第 1 期，第 219 页；

⑮ 可以从“理由”与“原因”这两个不同角度研究法官的裁判活动，请参见焦宝乾：《法的发现与证立》，载《法学研究》2005 年第 5 期，第 149 – 160 页；雷磊：《法教义学的基本立场》，载《中外法学》2015 年第 1 期，第 204 – 205 页；杨贝：《论判决理由与判决原因的分离——对司法虚饰论的批判》，载《清华法学》2016 年第 2 期，第 43 – 47 页。

⑯ See Josephy Raz, *Practical Reason and Norms*, Oxford: Oxford University Press, 1999, pp. 175 – 177; H. L. A. Hart, Legal Duty and Obligation, in his *Essays on Bentham: Studies in Jurisprudence and Political Theory*, New York: Oxford University Press, 1982, p. 154.

⑰ See Ronald Dworkin, *Law's Empire*, Cambridge, Mass.: Harvard University Press, 1986, p. 14.

理由分析模式能够克服因果分析模式的三点内在缺陷，是更为可取的理论模式。首先，它提供了疑难案件出现的充分条件。前面已经说过，仅是出现规则模糊、空白与不良等情况，并不必然就使得一个案件成为疑难案件。如果在出现这些情况时，关于“如何做是好?”有不同的建议方案，并且法官对于评估支持这些方案的理由感到困难时，疑难案件才会产生。因此，理由分析模式对疑难案件成因的阐释更准确、充分。其次，该模式将成因分析与疑难案件的解决紧密关联起来。疑难案件的解决涉及到的是法官的实践选择问题，要解决法官应当如何裁判以及有何理由那样裁判的问题，涉及到的是理由的识别与效力评估。理由分析模式从法官解决疑难案件的真实情境出发，早在成因分析阶段就从理由角度切入，为寻找疑难案件的解决方案打下了前期基础，由此将疑难案件的成因分析和疑难案件的解决紧密关联起来。第三，理由分析模式能够为解决疑难案件提供实质性指引。法官在思考“应当如何裁判”这个问题时，通常意味着在原告与被告、或者公诉人与辩护人所提出的裁判方案之间进行选择或者平衡。比如，在缺乏法律规则明确指示的情况中，各方在将一个抽象用语如何具体化的问题上存在分歧；或者在一个有法律规则指示但却内容不良的情况中，各方关于是按照字面意义理解法条，抑或是根据正义的要求扩展或者限缩法条的意义，有不同意见。在疑难案件中，令法官感到苦恼的是，不同的裁判方案被提出来，而每一种似乎都有强有力的理由。具体疑难案件的解决，涉及到的必然是分析与评判不同裁判方案背后的理由是否成立。而理由分析模式正是意图从这个角度给法官以实质性帮助。总之，基于这三点相对优势，我们应当转向理由分析模式。

三、简单理由分析模式考察与批判

前面分析得出的结论是，应当放弃传统的疑难案件因果分析模式，而采用理由分析模式。接下来将进一步区分出当前我国学界存在的两种理由分析模式——后果主义分析模式与权衡模式，并指出它们各自存在某些“简化”缺陷。为克服这些缺陷，本文将在下一章重构一种优化版本的理由分析模式。

（一）后果主义理论概述与批判

我国一些社科法学者所提出的后果主义裁判立场可以被视为本文所说的“理由分析模式”的一种版本，[18] 因为它满足前文对疑难案件理由分析模式的界定标准。其一，该模式认同疑难案件的成因分析是关于探究法官在裁判中所会遇到哪些让他们左右为难的理由。该立场认为，法官在疑难案件中遭遇的难题是：在既有规则模糊、空白、冲突和不良等情

---

[18] 关于后果主义裁判立场的代表性主张，请参见苏力：《法条主义、民意与难办案件》，载《中外法学》2009 年第 1 期，第 93 – 111 页；苏力：《法律人思维?》，载《北大法律评论》第 14 卷第 2 辑，北京大学出版社 2013 年版，第 429 – 469 页；桑本谦：《“法律人思维”是怎样形成的——一个生态竞争的视角》，载苏力主编：《法律和社会科学》第 13 卷第 1 辑，法律出版社 2014 年版，第 1 – 25 页。

况下，应当考量哪些实质正当理由以具体化规则、补充规则、协调规则和修正规则。其二，它认为，疑难案件的解决对策研究就是要能够告诉法官，他或她应当考量哪些实质正当理由，以及应如何考察这些正当理由。后果主义给出的解决方案是基于后果考量来这样做，并且进一步强调，后果考量需要借助社会科学方面的调查研究工作才是科学可靠的。综上，后果主义的核心主张可被概括如下：

> 疑难案件的成因：法官难以解决的问题是，其应该考量哪些实质正当理由以及如何落实这些理由，以修补法律规则的缺陷。
>
> 疑难案件的解决：法官应当通过后果考量来确定相关的实质正当理由，并采用社会科学方法确定实质正当理由在个案中的落实。

举一个例子来说明此种分析模式的实际运用。苏力曾以这种模式分析美国联邦最高法院审理的有关表达自由的“千客案”（Schenck）。他认为法官在这个案子中遇到的难题是，在区分受保护的和不受保护的自由言论时，应当考量哪些实质正当理由。他认为霍姆斯法官正确地找到了与该区分相关的实质考量因素，即“使用语词的环境和使用的性质”是否由“明确和即刻的危险”而引发“实质性（或重大）的恶”。或者简单地说，就是要考量一个表达行为会引发什么后果、何种危险、多大危险等。⑲

相比于之前的因果分析模式，后果主义的优点是从理由的角度分析法官的实践难题，并且就应当考量哪些理由给予法官可操作性的建议。这些学者做出这一理论贡献的动机在于对既有因果分析模式以法律方法解决疑难案件有所不满。他们认为，法律方法仅构成一种修辞，或者说是一种对以其他方式确定的裁判结论的事后正当化，而不能真正指引法官选择裁判方案。后果主义希望能够帮助法官有效解决裁判方案选择困难和裁判方案操作困难。裁判方案选择困难是指决定基于哪些理由来确定裁判结论，裁判方案操作困难是指在如何恰当落实这些理由的运用上遭遇的困难。例如，苏力认为，在千客案中，法官应当考量的因素是一个表达行为会引发什么后果、何种危险、多大危险等，这是在解决有关裁判方案选择的问题。而操作性问题是有关具体用什么样的方法来可靠地知道一个表达行为会引发什么后果、何种危险、多大危险，苏力认为这需要依赖于社会科学的经验研究方法。因此可以说，后果主义在解决裁判方案选择困难和裁判方案操作困难两个方面都对法官提出了建议。

但该理论仍存在两点重要不足：第一，它对规则背后存在哪些实质正当理由理解得较为狭隘。证立规则的实质正当理由并非只有后果考量，还可以有诸如道德考量等其他方面

---

⑲ 苏力：《法律人思维?》，载《北大法律评论》第14卷第2辑，北京大学出版社2013年版，第432－433页。

的考量。在某些法律问题上，经济上的成本收益考量可能是相关的，但并不都是如此。当然，我国的一些后果主义者认为，道德问题归根结底也只有用经济思维才能说清楚。[20] 这是一种理解规范性思维的“还原论（reductionism）”。[21] 还原论者的主张的格式是：“A只不过是B”，即将规范性陈述还原为某种经验性陈述。这样一种理解规范性的方式同社科法学者的知识论立场相关。在他们看来，只有经验知识才是知识，非经验性陈述由于无从验证真假因此是玄虚之谈。[22] 所以他们不认同存在独立的规范性领域，而必须将规范性命题还原为经验性命题来理解。本文认为，这样一种知识论立场是可被质疑的。规范性命题可以有真假，并且不是通过被还原为经验性命题而判断其真假的。[23] 当然此处并非详细争议这一认识论问题的恰当场合，我们当前的任务并非争论道德命题是否可以被还原为经验命题，或者道德问题是否可以被转述为经济上的成本收益问题。我们的任务是描述性的，仅在于指出后果主义对疑难案件成因的描述不够准确，因为就法官实际所纠结的实质考量中，当然包括他们视为道德考量的东西。

第二，后果主义分析模式还忽视了这样一个事实：法官会认为存在某种其他类型的理由，它们可以与实质正当理由冲突，这种冲突构成了他们在内容不良型疑难案件中感到难以确定裁判结论的原因。在内容不良型的疑难案件中，法官对于否定一个法律规则有很大的心理负担。“拉德布鲁赫公式”[24] 在直觉上的强大吸引力说明了很多人对法治实践持有这样一种理解，即如果一条不良法律规则尚未达到极端不正义的程度，我们不宜否定它。换言之，法治社会下人们倾向于认为规则拥有一种抵抗被废弃的力量。然而，在后果主义看来，规则不过是一种节省重复思考时间和精力耗费的装置。[25] 后果主义的这个看法并不符合法官的裁判实践，在法官眼中，他们受到规则约束，法律规则不仅仅是一种便宜措施，还具有值得尊重的内在价值。如果法官认为只要法律规则在内容不良时就可以被抛弃，那么他们就不会在内容不良型的疑难案件中因为感受到规则的羁绊而难做决断，内容不良型疑难案件就不会作为疑难案件而存在。然而，大量此类疑难案件的存在恰恰证明，法官认为规则存在本身（无论其内容对错）即构成了行动理由。当然，此处并非是要检讨法官这种信念是否可得证立，而只是要揭示出法官感到他们受到何种理由的约束，目标是

---

[20] 桑本谦：《法律论证：一个关于司法过程的理论神话——以王斌余案检验阿列克西法律论证理论》，载《中国法学》2007年第3期，第100－113页。

[21] ［美］希拉里·普特南：《无本体论的伦理学》，孙小龙译，上海译文出版社2008年版，第17页。

[22] 参见苏力：《好的研究与实证研究》，载《法学》2013年第4期，第16－20页；苏力《中国法学研究格局中的社科法学》，载《法商研究》2014年第5期，第58－66页；桑本谦：《法理学主题的经济学重述》，载《法商研究》2011年第2期，第25－32页。

[23] See Dworkin Ronald, *Justice for Hedgehogs*, Cambridge, Massachusetts: Belknap Press of Harvard University Press, 2011, pp. 67－68.

[24] ［德］古斯塔夫·拉德布鲁赫：《法律的不法与超法律的法》，舒国滢译，载雷磊编：《拉德布鲁赫公式》，中国政法大学出版社2015年版，第9－10页。

[25] 桑本谦：《“法律人思维”是怎样形成的——一个生态竞争的视角》，载苏力主编：《法律和社会科学》第13卷第1辑，法律出版社2014年版，第10页。

要说明后果主义在描述上的不周全。

总而言之，后果主义的不足有两方面，一是对实质正当理由概括得不全面，二是完全忽视了法官为某种实质理由之外的理由所吸引。因此可以说后果主义犯了“简化”错误。

（二）权衡模式概述与批判

我国一些法教义学者所支持的权衡裁判立场㉖可以被视为本文所说的另一版本的“理由分析模式”，因为它也满足前文对疑难案件理由分析模式的界定。其一，权衡模式认同疑难案件的成因分析是关于说明法官在裁判中识别相关各种理由以及处理它们关系的问题；其二，权衡模式也认为，向法官提供疑难案件解决对策，是要就他们应如何考量和确定这些理由及其相互关系提出建议。

但相较于后果主义，权衡模式在如下三个方面有所丰富。首先，权衡模式认为，法官实际会考量的实质正当理由不仅包括某种成本-收益计算，还包括诸如正义这样的道德方面的考量。相比于“后果考量”这一说法，权衡模式提出了一种更具一般性的、概括性和无争议性的说法——“实质理由（substantive reason）”，实质理由支持法律命题方式是指出这个命题内容上的正确性。㉗ 这种提法可以广泛涵盖对法官有吸引力的各种道德、政治和经济等实质正当理由。该模式将这种通过说明法律命题内容上的正确性来证立其有效性的方式称为“基于内容的有效性”。㉘ 其次，权衡模式注意到法律规则作为“权威理由（authority reason）”影响法律推理，从而更准确地描述了司法实践。该模式将权威理由定义为基于形式方面而非基于内容本身为法律命题提供证立的理由。此种证明法律命题有效性的方式被称为“基于来源的有效性”。㉙ 法官证明“你不得杀人”这一法律命题的理由可以是：“这是法律所规定的”。后果主义模式未重视法官论证的这一特征，权衡模式相较于后果模式有重大改善，它很好地解释了后果主义未能解释的内容不良型疑难案件成因。后文会进一步详细说明这一优点。再次，权衡模式还进一步提及了法律规则作为权威理由影响实践推理的合理性。权衡模式注意到这样一个问题：为何我们要服从规则这种权威理由，何以规则存在本身就给了我们理由做某事？要回答这一问题，就涉及到“深度证立”，㉚ 这将进一步依赖于安定性或民主这样的实质价值。㉛ 权衡模式不仅准确描述了法官

㉖ 雷磊教授在系列论文中多次从不同角度辩护了这一裁判立场，请参见雷磊：《再论法律解释的目标——德国主/客观说之争的剖析与整合》，载《环球法律评论》2010 年第 6 期，第 39－54 页；雷磊：《法律原则如何适用?》，载《法学方法论论丛》（第 1 卷），中国法制出版社 2012 年版，第 227－260 页；雷磊：《法律论证中的权威与正确性》，载《法律科学》（西北政法大学学报）2014 年第 2 期，第 39－49 页。

㉗ 雷磊：《法律论证中的权威与正确性》，载《法律科学》（西北政法大学学报）2014 年第 2 期，第 40 页。

㉘ 雷磊：《法律论证中的权威与正确性》，载《法律科学》（西北政法大学学报）2014 年第 2 期，第 40 页。

㉙ 雷磊：《法律论证中的权威与正确性》，载《法律科学》（西北政法大学学报）2014 年第 2 期，第 40 页。

㉚ 雷磊：《法律论证中的权威与正确性》，载《法律科学》（西北政法大学学报）2014 年第 2 期，第 41 页。

㉛ 雷磊：《再论法律解释的目标——德国主/客观说之争的剖析与整合》，载《环球法律评论》2010 年第 6 期，第 50 页。

将规则视为权威理由这一思维过程，还试图为法官的这种推理方式提供证立方案，即寻找证立法官如此推理的深层理由。以此为基础，权衡模式为内容不良型疑难案件提供了解决方案。权衡模式对内容不良型案件的处理方式要比后果主义模式提供的方案复杂。在后果主义模式看来，当法律规则内容不良时，法官应当通过后果考量为人们以后的行动制定一条内容合理的新规则。但是权衡模式意识到法律规则作为权威理由具有一种抵制被推翻的力量，或者说具有一种“推定性权威地位”。因此，恰当处理此类案件的方式是：将如下两边的理由分量相权衡，一方面是反对该规则的实质理由的分量，另一方面是支持该规则的实质理由与证立该规则作为权威理由发挥作用的深层证立理由之分量总和。㉜

指出“权威理由”在法官推理活动中的存在，是权衡模式做出的重要贡献，它能够解释为何内容不良型案件会构成疑难案件的一种类型。然而，对于这一点，权威模式未加以展开，我们还可以为权衡模式补充上一些说明。权衡模式主张法律规则构成权威理由，这也可以说是发现了法律规则在实践推理中扮演的“排他性理由”（exclusive reason）角色，即构成排除考量某些支持和反对行动的一阶理由的二阶理由。㉝在我们日常的实践推理中，排他性理由是广泛存在的，比如决定、命令、承诺就是常见的排他性理由。一些令人感到左右为难的实践困境，证明了此类理由的存在。例如，如果一个士兵得到一项命令去执行一项任务，然而他认为这项任务从道德上说是错误的，他本没有理由去做那件事。然而作为士兵的身份又提醒他必须严格执行命令。这个士兵体会到他的行动能够以两种方式进行评估，从而导致矛盾的评价。排他性理由的存在造成了实践推理上的差异，它与我们原来基于理由权衡所获得的行动理由指向相反的方向。㉞类似的，权衡模式注意到，法官裁判中某些左右为难的情形能够说明法律规则在法官的推理中扮演了排他性理由的角色。一方面，法官认为应当严格依照法律规则裁判，而另一方面法官又认为在规则不正义时应当突破它。法官为两种相冲突的指引所困扰。如果但凡法律规则内容不良时，法官就认为自己可以通过考量实质性理由来裁判，那么他们就不会感到纠结了。权衡模式敏锐地注意到了法律规则在实践推理上造成的差异，它能够解释为何内容不良型案件会构成疑难案件。

综上，权衡模式的核心主张可被概括为：

疑难案件的成因：法官难以解决的问题是，应该考虑哪些实质理由，以及如

㉜ 雷磊：《法律论证中的权威与正确性》，载《法律科学》（西北政法大学学报）2014年第2期，第45页。

㉝ See Joseph Raz, *Practical Reason and Norms*, Oxford: Oxford University Press, 1999, pp. 35 – 40. 中文文献相关讨论请参见请参见范立波《规则、原则与法律推理》，载《法制与社会发展》2008年第4期，第47 – 60页；陈景辉：《规则、道德衡量与法律推理》，载《中国法学》2008年第5期，第46 – 62页；王鹏翔：《规则是法律推理的排他性理由吗?》，载王鹏翔主编：《2008法律思想与社会变迁》，“中央研究院”法律学研究所筹备处，2008年，第345 – 386页；刘叶深：《法律规则与法律原则：质的差别?》，载《法学家》2009年第5期，第120 – 133页。

㉞ See Joseph Raz, *Practical Reason and Norms*, Oxford: Oxford University Press, 1999, pp. 41 – 43.

何处理实质理由同法律规则在法律推理中的推定性权威地位的关系。

疑难案件的解决：法官应考虑包括（但不限于）后果考量、道德考量在内的相关实质理由，还需要考虑包括安定性和民主在内的支持法律规则推定性权威地位的深层证立理由，并采用分量权衡方法处理两类理由的冲突。

然而，权衡模式也存在不足，其不足在于它对疑难案件的解决所提供的理论方案存在不恰当的简化。首先，权衡模式对于深层证立理由种类的理解可能是较为简化的，通常被提及的理由是安定性与民主，对其他可能的理由则缺乏重视。其次，对于其常常提及的安定性与民主价值如何作为深层理由发挥作用，缺乏精致的分析。最后，在如何处理深层证立理由和实质理由之间关系的问题上，权衡模式提出的分量权衡方案可能忽略了某种复杂性。因此说，权衡模式也存在在某些“简化”的缺陷，因此被归为“简单理由分析模式”。当然，可能会有读者质疑本文对简化模式缺陷的分析没有展开说明，因此也存在“简化”的缺陷。本文给出的解释是，简单理由分析模式的“简化”缺陷只有在与复杂模式的对比中，才能够得到充分说明。因此，这一论证我们会在下一部分阐释复杂理由分析模式的过程中进一步展开。

四、复杂理由分析模式之建构

针对前文对既有理论缺陷的分析，本文在此欲提出疑难案件的复杂理由分析模式：

疑难案件的成因：法官难以解决的问题是，应该考虑哪些实质理由，以及如何处理实质理由同法律规则在法律推理中的推定性权威地位的关系。

疑难案件的解决：法官应考虑包括（但不限于）后果考量、道德考量在内的相关实质理由，还需要考虑包括（但不限于）安定性和民主在内的证明法律规则推定性权威地位的深层证立理由。深层证立理由在多大范围与程度上能够证明法律规则的推定性权威地位，以及它与实质理由冲突的处理，依赖于对支撑深层证立理由的价值的诠释。

由于简单理由分析模式中的权衡模式比后果主义分析模式更优，所以此处我们对复杂模式的讨论主要是参照权衡模式来进一步说明其特点和优势的。复杂模式与权衡模式在表述上看起来很相似，复杂模式认同权衡模式对疑难案件的成因分析，但是对于它提供的疑难案件解决方案存有异议。相较于权衡模式而言，复杂理由模式在如下三个意义上是更为“复杂”的：第一，对于安定性和民主这两个深层证立理由发挥作用范围与程度持有更复杂的看法；第二，复杂模式在对深层证立理由的分析上更具有多元化倾向，或者说持有一种开放态度；第三，复杂模式在处理深层证立理由与实质理由的关系处理上，持有更为复杂的看法，深层证立理由首先需要被诠释，才能进一步考虑它与实质理由的权衡问题。下面分别对这三点予以说明。

（一）深层证立理由作用范围与程度

在权衡模式中，受到关注的深层证立理由是民主和安定性这两个。无论是在我国法学研究中，还是在我国的司法实践中，它们的内涵和的证明力通常被视为显而易见与不证自明的。然而，民主以及安定性究竟是何种价值，以及它们在多大程度上支持法律规则在法律推理中的权威性地位，在反思层面上仍然存在很多疑问。

首先，安定性与支持法律规则作为权威理由的地位之间的关系是错综复杂的。就证明安定性与规则裁判之间的直接的必然的关系来说，一种流行思路是：（1）安定性意味着保护法律相对于行动者的可预测性；（2）保护法律相对于行动者的可预测性是重要的，因为这样可以避免破坏行动者对其生活的计划和安排；（3）保护行动者对其生活的计划和安排是重要的，因为这样做显示了对这些行动者自主性以及人之尊严的尊重；（4）因此，法官应基于安定性价值裁判，这意味着法官应当按照其表面字义来解释法律，而不应涉及更多的实质考量。然而，这一看起来十分顺畅的证明逻辑也可以受到质疑。譬如，杰里米·沃尔德隆（Jeremy Waldron）提出，只有当文本是具体的、明确的，不包含任何留给公民自己去进一步解释和判断的术语时，才可以在法律文本与可预测性之间建立关系。[35] 然而，我们在法律中实际使用的语言经常具“开放结构”。因此，有些法条本身就存在着容纳不同解读的空间，敏感而多思的行动者可能在运用法条之时就体会到了这种不确定性，并且受到它的困扰。其次，沃尔德隆还指出，只有当法条文本相对稳定、容易知晓和理解时，才能保证对公民有可预测的价值。然而，现代社会的立法规模之庞大以及内部关系的复杂性减弱了可预测性。[36] 这些批评意见使得我们认识到，安定性价值作为深层证立理由的证明力是有限的，它们并不能够总是发挥作用。再次，有些时候，坚持安定性价值甚至可能意味着法官不应当坚持适用法律规则。譬如，在我国的“赵春华非法持枪案”中，由于人们群众普遍并不会注意到公安部关于枪支的具体规定，而我们的执法机关又未严格执行那些规定，类似的射击游戏摊广为可见，在普通公民的意识中，这从未与犯罪建立关联。[37] 在这种情况下，造成的结果是，若是严格适用法律规则，才会导致对公民预期的破坏。

其次，基于民主的论证也面对着复杂的情况和诸多挑战。当前被我国法学界认为不证自明的一个命题是：民主价值能够证明法官应当遵照法律规则来裁判，超越规则就是越位代行立法职权。然而，在这一论证中，有很多问题可以被提出来：所说的民主是何种意义

---

[35] See Jeremy Waldron, *Law and Disagreement*, Oxford: Oxford University Press, 1999, p. 83.

[36] See Jeremy Waldron, *Law and Disagreement*, Oxford: Oxford University Press, 1999, p. 84.

[37] 参见杨建军：《法律的系统性危机与司法难题的化解——从赵春华案谈起》，载《东方法学》2017 年第 3 期，第 94 - 100 页。

上的民主呢？是全面民主还是代议民主？民主价值能够证明的是什么？证明的是我们应当将法律本文作为行动指引呢？还是应当将原始立法意图作为行动指引？抑或是将当下民意作为指引？假如民主的正当性在于使法律能够代表大多数人的意志，那么这是否意味着，当有普遍的社会舆论与民意反对某一法律规则的适用时，是不是就应当放弃法律规则的适用，而遵照通过民意调查而得知的大众正义观念来裁判呢？[38] 可见并没有一条简单明显的公理说，民主要求法官只能坚持法律规则。民主与支持法律规则权威性地位之间的关联是异常复杂的，并非三言两语可讲清。甚至可以说，在民主权威的问题上，还没有一个政治哲学家们的研究共识可供法学家直接取用。法学家需要若用民主价值来论证，需要明示自己支持的是关于民主权威众多论证路径中的哪一种，以及支持的理由。

总之，前述分析意在表明，法官无法简单以民主与安定性之名，证明其应当不顾内容正当性而严格适用规则，因为这其间还存在着极大的逻辑缝隙需要填充。说到此，自然可能会有人提出反对意见，说本文的主张赋予法官过重的负担，使其卷入复杂的哲学化讨论中。但我要辩护说，这种情况并非是本文所提出的理论模式的缺陷所导致的，而是学理讨论不足、未向司法实践提供成熟产品所导致的，这也可以是有待解决的阶段性缺陷。更何况使法院系统（在其高级层面上，主要是最高人民法院）参与到基本原理层面上的讨论中来，甚至为法学理论提供给养也并非不现实。一些法官本身就是法学研究者甚至是法学家，而他们的裁判书所提供的出色法律论证本身就可以构成对法学理论研究的重要推进。其实，理论模式只是要说明，从民主与安定性出发的论证还远未达到严谨精致和环环相扣的程度，我们应当看到其中的逻辑缝隙，看到既有论证的粗糙和跳跃。认清并且承认这些不足，是发展更为稳固论证的前提。

（二）多元化的深层证立理由

在权衡模式中，被提及的深层证立理由主要是安定性与民主。但是除了这两种，还存在其他的深层证立理由，权衡模式因忽略这些理由而存在简化的缺陷。关于其他深层证立理由，至少我们还可以补充上“基于社会合作的证立”和“基于认知优势的证立”。

“基于社会合作的证立”包括多种不同分支，根据所解决的社会合作问题之不同，我们在此先提及两种具有代表性的进路。第一种针对的是“囚徒困境”式的社会合作问题。如果对于某项致力于共同善的社会合作事业来说，除非绝大多数人都能参与进来，否则该事业不可能成功，那么当法律规定了这一合作目标之后，我们就有理由遵守法律规则。譬如，保护郊野清洁优美的环境是一项需要绝大多数人合作才能成功的事业。现在有很多人在郊野搞烧烤午餐，破坏了那的环境。假如只有我自己不去这样做，对改善环境也不会有

---

[38] See Andrei Marmor, *Interpretation and Legal Theory*, 2nd ed. , Portland, Oregon: Hart Publishing, 2005, pp. 132 – 133.

什么作用。然而，当法律规定了只能在指定地点搞烧烤，从而使得促进那一合作事业有了可能，那么我就有理由将这一法律规则作为行动理由，排除我自己关于要不要随处搞烧烤的考量。[39] 第二种针对的是价值多元社会中确定共同决策的问题。在价值多元社会中，可能存在的情况是，在一项公共事务决策问题上，理性人之间存在分歧，而我们没有理由说一种方案比其他方案更好。而我们必须在分歧存在的情况下仍然追求合作，因为若无合作，就根本不会有任何共同善能够被实现。约翰·菲尼斯（John Finnis）举出了一个生动的例子。一个社区的人们在如何使用他们唯一的河流问题上发生分歧，而在服务于生产、服务于生态、服务于人们审美和休闲需要等若干皆具价值的选项中，我们没有办法用理性来评断其间优劣。追求共同善的需要使得我们在这种情况下仍然要确定合作方案。法律于此时扮演了决断的功能，无论它确定了哪一种河流使用方案，该方案被确定为法律这一事实，都给了人们独立的理由去促进那一方案。[40]

“基于认知优势的证立”主要针对如下情况：如果在某一项活动领域上，制定法律规则的专家的判断比我们的个人判断更为可靠，那么我们就有理由将他们制定的法律规则作为行动理由，而不按照自己对事情的考量和判断来行动。譬如，假如某项工作操作可能对路人安全有威胁，若政府召集专家制定、颁布了有关工人应当使用哪些工具与设备的规定，以及关于如何操作这些设备的程序和规范，那么工人就有理由遵守法律规则。[41] 这一证明思路在约瑟夫·拉兹（Joseph Raz）后来提出的“服务性权威观”中得到了充分、完全的说明。根据这一权威理论，当我们服从权威指令比根据自己的判断来行动，可以更好地服从原本就适用于我们的理由时，权威就是正当的。[42]

综上，我们发现支持规则的深层理由是多元的，并不限于权衡模式主要关注的民主和安定性，而且也可能不限于本文此处简要补充的基于认知优势和社会合作的论证。我们应对其他论证路径保持开放。

如果深层证立正当理由是多元的，则我们可以进一步质疑看待这些理由发挥作用的既有方式：权衡分析模式认为，在任何需要处理内容不良型疑难案件的情境中，民主和安定性两种价值都是相关的，并且大致上具有固定的分量，此类案件的处理结果取决于与它们进行权衡的诸如正义这样的实质价值在具体案件中的分量。与此观点不同，复杂理由模式主张，在不同疑难案件中，涉及到的深层证立理由是不一样的，在某些案件中，是安定性价值起作用，而在另外一些案件中，涉及的可能是认知价值或者是社会合作价值。譬如，在有关是靠右还是靠左通行的交通规则的例子中，没有实质性理由使得我们偏好其中任何

---

[39] See Joseph Raz, The Obligation to Obey: Revision and Tradition, *Notre Dame Journal of Law, Ethics &Public Policy*, vol. 1 (1984): 146.

[40] See John Finnis, *Philosophy of law*, New York: Oxford University Press, 2011, pp. 59 – 60.

[41] See Joseph Raz, The Obligation to Obey: Revision and Tradition, *Notre Dame Journal of Law, Ethics &Public Policy* vol. 1 (1984): 146.

[42] Joseph Raz, *The Morality of Freedom*, Oxford: Clarendon Press, 1986, pp. 53 – 57.

一种，而安定性价值使得我们将对此做出任何一种决定的法律规则作为行动的排他性理由。在有关安全生产、产品质量标准、安全驾驶以及某些行业的从业规范等主题的法律领域里，涉及的可能是基于认知优势的证立，立法专家比我们普通人的判断更为可靠，这就是我们服从法律规则的理由。而在诸如在环境保护、稀缺资源保护、通过税收促进公共事业或福利事业等法律领域，涉及到的则是社会合作方面的理由。因此，在一个案件中，是哪种或者哪几种深层证立理由具有相关性，取决于具体案件涉及何种法律领域，[43] 并不存在统一的证明公式适用于所有情形。

（三）深层证立理由与实质理由的关系

权衡分析模式认为，法官在内容不良型疑难案件中，需要以权衡方法来处理深层理由与实质理由的关系。而复杂理由分析模式认为，在权衡之前，还存在一个步骤，即对深层证立理由做进一步诠释，来分析实质理由与深层证立理由是否真正冲突。复杂模式的这一主张引申自权衡模式已蕴含的内在逻辑。权衡模式认为深层证立理由是对法律规则这一权威性理由的说明。[44]以此为启发，我们可以进一步提出：理由具有“层次性”，可以通过追问理由背后的深层理由，以便更好地确定一个理由对我们提出的行动要求是什么。[45]在内容不良型疑难案件中，案件结果的不正义，使得我们希望能够突破法律规则的束缚。然而，此时总是存在一种反对的声音，即诸如民主和安定性这些广受认可的政治价值反对突破法律规则裁判。这一论证逻辑通常被人们不假思索地接受。但本文主张，诸如民主和安定性这样的深层证立理由本身是可诠释的，或者按照德沃金的术语来说是“诠释性概念（interpretive concept）”[46]。要知道它们究竟要求我们如何对待法律规则，就需要追问民主或者安定性为何是重要的。换言之，对于深层证立理由，我们仍然可以追问证立它们的理由是什么。

我们先考察一种日常情境来体会这一原理。决定经常作为排他性理由影响我们的实践推理，有时候我们面对这样的问题：某个实质理由的出现是否可以让我们重新反思甚至放弃之前的决定？假设今天我的汽车出了一些故障，准备明天送去修理。而我预见到，在下午的同事聚餐中，可能会有同事请求搭我的车回家。我考虑到，用有故障的汽车搭载他人是不负责任的，因此我决定在有他人提出这种要求时，就要予以拒绝。在后来的聚餐中，我可能遇到一些情况，我需要判断这些情况的出现是否会使我否定之前的决定。比如，当

---

[43] See Joseph Raz, The Obligation to Obey: Revision and Tradition, *Notre Dame Journal of Law, Ethics & Public Policy* vol. 1 (1984): 147.

[44] 参见雷磊：《法律论证中的权威与正确性》，载《法律科学》（西北政法大学学报）2014年第2期，第41页。

[45] 这一点受启发于肖尔的讨论，See Frederick Schauer, *Playing by the Rules*, Oxford: Clarendon Press, 1991, p. 73.

[46] See Ronald Dworkin, *Law's Empire*, Cambridge, Mass.: Harvard University Press, 1986, p. 49.

我面对同事的请求时，出于情面，这或者是为了显示友好，或者是为了避免自己惹得他人不满，觉得有压力答应同事的搭车请求。在这种情况下，我应当否定之前的决定吗？再比如，我的同事在聚餐时误食了令他有严重过敏反应的食物，这种过敏反应可以置其生命于险境，而当时又找不到其他的车子载他去医院，而去医院的路又很近，我的车子在这段道路上出现问题的可能性极小。在这种情况下，我是否应当否定之前的决定呢？直觉似乎是，在前一种情况下坚持前决定，而在后一种情况下放弃前决定。对这一直觉反应可以给出的理论解释是：在考量是否要推翻决定时，我们需要追问，为什么坚持一个决定是重要的？在这个案例中，坚持决定的重要性在于督促自己能够坚持替他人人身安全着想的这一原则。如果我破于面子而搭载同事，这将有害于其人身安全，有违我坚持决定的理由，在这种情况下，我应当坚持之前的决定。相反，如果我因为要救同事的命而搭载同事，这样做对于我之前的决定原本打算服务的目标来说——同事的人身安全——具有促进作用，因此我应当通过放弃我的决定从而促进决定原本所要服务的目标。这个例子说明，在处理排他性理由与实质性理由的关系时，离不开对排他性理由的背后价值的诠释。

借助这个日常例子带来的启发，可以进一步思考法律情境中的问题。根据权衡分析模式，当一条法律规则是极端不正义时，法官应当拒绝适用该规则，理由在于此时正义价值大于安定性价值。而根据复杂理由分析模式，在权衡之前，还存在一个步骤，即通过追问坚持法律安定性背后的价值，来分析安定性究竟要求我们如何对待规则。对于安定性背后价值的传统解释与人的尊严相关联。尊重人的尊严意味着将他们视为能够自主决定、响应理由以及为自己的行动负责的主体，[47] 尊重人的尊严是一种证立安定性价值的理由，当我们不确定安定性价值对裁判方式提出何种要求时，就应当追溯这个背后的理由。一般来说，法官通过坚持适用法律规则，可以维持人们安排生活、实施计划的行动框架，促进人的尊严。[48] 但是，对于大多数普通人来说，在很多事情上，他们并非在行动或者与他人交往之前逐条查阅法律规则，然后严格照此安排生活和社会关系。他们遵照着大致的社会正义观念来行动。即使人们在很多时候存在道德观念的分歧，但是对于什么是极端的不正义，经常会有所共识。而如果法律规则支持极端不正义的行动，可以想见会给人们带来怎样的惊愕挫败与愤愤不平，似乎他们据以为人的某些整个基本信念遭到颠覆，造成了人们世界观的巨大震动。在面对极端不正义的法律规则时，或许唯有废弃规则，才能在根本层面上维护人们对世界运行基本正义秩序的预期和信心。当然，我们在此不必对这个问题获得一个最终的结论，而只是需要展示就安定性一类的价值追求来说，只能用诠释方法来思考它对我们提出的要求。尽管这种诠释常常复杂而富有争议，但这就是此类问题的特性。即使我们赞同权衡模式说理由是存在分量的，但毕竟理由的分量无法用数字加以明确赋

---

[47] 参见［美］富勒：《法律的道德性》，郑戈译，商务印书馆2014年版，第188页。

[48] ［美］杰拉德·波斯特玛：《边沁与普通法传统》，徐同远译，法律出版社2014年版，第177－186页.

值，要说明其分量实际上也要依赖于对其背后价值重要性的说明。

总之，当我们要判断一个深层证立理由是否会在具体案件中反对废弃该法律规则时，我们需要对该深层证立理由做一番诠释，即通过追问它背后的价值，来确定深层证立理由对我们的要求是什么。正如刚刚对安定性价值所做的分析那样，在有些情况下，废弃法律规则的适用，并不会与那个深层证立理由背后的价值冲突，甚至是可能促进那个价值的。因此，两种理由的关系的实际处理要比简单理由分析模式所理解得更为复杂。

五、结语

至此，本文已基本完成它最初设定的目标，即通过审视、借鉴和批判既有疑难案件理论，最终为一种更优的复杂理由分析模式辩护。传统因果分析模式存在对疑难案件成因说明不充分、疑难案件成因说明与解决策略相脱节，以及所提出的疑难案件解决方案空洞等三方面的缺陷。理由分析模式可以克服上述缺陷，它具体又可划分为后果主义分析模式和权衡分析模式两种进路。权衡分析模式因为更周全而准确地描述了法官的裁判困境而优于后果主义模式，构成了我们进一步发展理论的良好基础。但权衡模式的不足在于其对解决疑难案件的理论建议存在某些简化缺陷，由此需要尝试重新建构“疑难案件复杂理由分析模式”，以期能够还原问题本身的复杂性，这种复杂性主要在于证立法律规则权威性地位的深层证立理由的种类与其运作方式的复杂性。当然，本文所提出的复杂理由分析模式仍只是一个粗糙的框架，它试图指出既有理由分析模式需要改进的方向，留下了大量细节等待更多研究来填充。

（编辑：宋保振）

解释论视野下值班律师身份定位[*]

程　衍[**]

摘　要　应基于对现行法规范的解释确定值班律师的身份定位。准辩护人说、见证人说不存在规范依据；相较于辩护人说，法律帮助人说更符合立法者原意，更能满足值班律师制度的规范目的，有利于建构多元法律援助体系。值班律师的法律帮助人身份决定了对其权利义务的确定，不能类推适用《刑事诉讼法》关于辩护人诉讼权利义务之规定。以值班律师制度的功能预设和运行模式为依据，应在现有权利基础上明确其拥有阅卷权、申请取证权和控告权，并且明确值班律师承担提供有效帮助与保守职业秘密的义务。

关键词　值班律师身份　法律解释　法律援助　法律帮助

值班律师起源于英国，是在有限的财政预算与逐步扩大的法律援助需求之间进行平衡的结果。① 我国值班律师制度始建于2006年9月，联合国开发技术署和我国商务部、司法部共同确定了“法律援助值班律师参与试点项目”并在河南省焦作市修武县试行。但试点结束后相关制度建设便呈偃旗息鼓之势，直至近几年，刑事速裁程序与认罪认罚从宽改革兴起，值班律师作为配套制度，再次成为理论与实务研究的热点。②

改革者希望值班律师在多项司法改革中展现作用，从以审判为中心到认罪认罚从宽再到律师辩护全覆盖，但在不同的改革背景下，值班律师实则发挥不同功能。功能的不同意味着身份的差异，多项改革并行也就导致了值班律师身份定位的混乱局面。自改革之初，多部门曾出台多项规定就值班律师的工作模式、法律职能以及责任范围等问题予以明确，

---

* 基金项目：本文系国家社科基金项目《我国刑事庭审质证规则研究》（项目编号：16BFX079）。

** 程衍，男，山东枣庄人，华东政法大学科学研究院助理研究员，研究方向为刑事诉讼法学。

① 参见张泽涛：《值班律师制度的源流、现状及其分歧澄清》，载《法学评论》2018年第3期，第70－78页。

② 参见程衍：《论值班律师制度的价值与完善》，载《法学杂志》2017年第4期，第116－124页。

但关于值班律师的诉讼身份，不同规定却使得相关问题愈发模糊。2014 年《关于在部分地区开展刑事案件速裁程序试点工作的办法》，2015 年，《关于完善法律援助制度的意见》，2016 年《关于在部分地区开展刑事案件认罪认罚从宽制度试点工作的办法》（以下简称《认罪认罚办法》），初步明确了值班律师制度的运作模式与功能定位，并且明确区分了值班律师所提供的法律帮助与刑事辩护的区别，表明值班律师并非辩护人。2017 年 8 月 29 日，“两高三部”③ 发布《关于开展法律援助值班律师工作的意见》（以下简称《值班律师意见》），就值班律师的权利、义务与职责作出了详细规定，进一步将值班律师与辩护人相区别。但是随后，最高人民法院、司法部联合出台了《关于开展刑事案件律师辩护全覆盖试点工作的办法》（以下简称《辩护全覆盖办法》），规定值班律师为特定刑事案件提供法庭辩护，以推动律师辩护全覆盖的实现。如此，官方就值班律师身份定位即发生了分歧，也导致了司法实践中的身份定位乱象。2018 年《刑事诉讼法》修改，值班律师制度在法律层面得以确认，在纷杂的立法现状下一些问题得以厘清，但关于值班律师身份定位仍未明确。《刑事诉讼法》仅规定值班律师履行法律帮助职能，而法律帮助与法律辩护并不能等而视之，模糊的法律规定导致了值班律师身份定位不明。

一、值班律师身份定位的分歧及其解决路径

当下我国正处于多项司法改革并行之期，值班律师作为配套制度是影响改革成败之关键。但是关于值班律师的诉讼身份一直未能明确，严重影响了其诉讼价值的发挥。

（一）值班律师身份定位之争

第一，辩护人说，即值班律师以辩护人身份参与刑事诉讼程序，享有和承担辩护人权利、义务。主要依据在于，首先，就法律职能设定而言，《刑事诉讼法》规定辩护人的职责是维护犯罪嫌疑人、被告人的诉讼权利和其他合法权益，而值班律师同样以此为职能定位，未有超越。相同的职能设定应具有统一的身份定位。其次，就实践诉讼效果而言，《刑事诉讼法》赋予辩护人广泛的诉讼权利，此亦是值班律师有效参与诉讼，为犯罪嫌疑人、被告人提供有效帮助的前提，否则权利的缺失必将导致法律帮助流于形式。因此为保障法律帮助的有效性，值班律师应具有辩护人身份。④

第二，法律帮助人说。持此学说的学者认为，值班律师在刑事诉讼程序中具有法律帮助人身份，法律帮助人是“次级”辩护人，其不享有完全的辩护人权利，仅在有限的职能

---

③　最高人民法院、最高人民检察院、司法部、公安部、国家安全部。

④　参见陈瑞华：《认罪认罚从宽制度的若干争议问题》，载《中国法学》2017 年第 1 期，第 35 – 52 页；顾永忠、肖沛权：《“完善认罪认罚从宽制度”的亲历观察与思考、建议——基于福清市等地刑事速裁程序中认罪认罚从宽制度的调研》，载《法治研究》2017 年第 1 期，第 56 – 70 页；刘方权：《认罪认罚从宽制度的建设路径——基于刑事速裁程序试点经验的研究》，载《中国刑事法杂志》2017 年第 3 期；樊崇义：《赞法律援助值班律师制度》，载《法治论坛》2017 年第 10 期，第 88 – 109 页。

范围内为犯罪嫌疑人、被告人提供法律帮助。主要理由是，首先，值班律师制度最主要功能定位是弥补刑事辩护的空白地带，解决刑事辩护的“最初一公里”问题。就委托辩护与法律援助辩护而言，在犯罪嫌疑人刚到案的最初一段时间没有辩护人在场，因为无论是聘请律师还是法律援助指派，都不能实现即时性。而值班律师则是在辩护人未到位之前为犯罪嫌疑人、被告人提供相对简单的法律帮助。因此值班律师并不具有辩护人身份仅是法律帮助提供者，真正的辩护人是通过委托或者法律援助在后续程序中获得的，这也是制度发源地英国的实践作法。其次，辩护人身份的获得需以律师与犯罪嫌疑人、被告人的辩护关系成立为前提。实践中，辩护关系成立以委托辩护合同的签订或法律援助公函的签发为标志。但反观值班律师其仅在派驻场所与犯罪嫌疑人、被告人简短会面，此实难成为辩护关系成立之标志。⑤

第三，阶段式划分的准辩护人说。持此学说学者认为，在侦查阶段，值班律师的身份应当是“法律帮助人”，为犯罪嫌疑人提供即时性法律咨询，不享有辩护人权利亦不承担辩护人义务；在审查起诉以及审判阶段，值班律师应当是“准辩护人”，与检察机关进行量刑协商，在法庭上提出量刑建议。但本质上值班律师的职能定位并非刑事辩护，其所行使的仅是类似辩护活动的准辩护行为。⑥

第四，见证人说。值班律师的唯一职责既是见证犯罪嫌疑人的认罪过程，仅具有程序要件的价值。认罪真实性与当事人诉讼权利的保障，均非值班律师的主要职责。持此观点的学者认为，当下刑事诉讼改革以提升效率为首要目标，无论是认罪认罚从宽还是刑事速裁程序亦或是“捕诉合一”，均彰显诉讼效率追求。值班律师作为改革配套制度，其设计应当更注重效率，而任何实际意义的法律帮助都是有损效率的，因此值班律师应仅拥有见证人身份，发挥见证职能。⑦

（二）解决值班律师身份定位的路径

值班律师诉讼身份的学说分歧源于研究方法的偏差，当下学者多采用实证主义研究方法，凭借着对于律师值班实践价值的不同构想而设定值班律师身份。但是值班律师作为司法改革应急下的产物，在价值追求层面并无定论。实践价值具有多样性，何种价值应当首要追求，何种价值能够实现改革效益最大化，仁者见仁。在缺乏统一价值定论的情况下，独依靠实证主义研究方法必然导致制度发展分歧局面，是值班律师身份定位不明的主要原因。此外，值班律师制度是舶来品，因此以国际接轨为目标，研究者会借鉴性采用域外比

---

⑤ 参见吴宏耀：《我国值班律师制度的法律定位及其制度构建》，载《法学杂志》2018 年第 9 期，第 25 – 32 页。

⑥ 参见闵春雷：《认罪认罚案件中的有效辩护》，载《当代法学》2017 年第 4 期，第 27 – 37 页。

⑦ 参见孙军、樊华中：《认罪认罚从宽制度中值班律师的职责定位——以上海市工作开展情况为基础》，中国检察出版社 2017 年版，第 3 – 7 页。

较研究方法。但是在不同国家类似值班律师被赋予不同诉讼身份，例如在英国，值班律师并不具有辩护人身份，其仅提供临时性的法律咨询服务。但是在美国、加拿大等国家，类似值班律师的诉讼参与人履行辩护人职责（具有时段性）。[⑧] 比较研究方法持有者以不同国家为借鉴蓝本，也在一定程度上导致了我国值班律师身份定位的不明确。

可以说，当下的研究缺乏中心定位与框架约束，学者们自说自话难以统一。关于值班律师诉讼身份之研究应以实在法秩序为中心与出发点，开展体系化与解释工作的规范科学。[⑨] 立法者的意图蕴含于法律文本，为解决法律冲突、明确法律规定，应当回归法律文本，综合运用法律解释方法，只有通过法律解释来发现、补充和修正才能获得融通无碍的弹性，明确制度的根本属性避免意见分歧的混乱局面。[⑩] 具体说来，应以现行法律规定为约束，围绕概念、法条以及概念与法条之关系展开教义学研究。

二、值班律师的身份应定位为法律帮助人

面对值班律师身份定位的混乱局面，回归法律文本，以法律解释为手段探求法律原意，实为解决问题之关键。

（一）“准辩护人说”、“见证人说”没有规范依据

法治的根本含义即是按照法律已经明确的文本意义进行治理。文义解释是一种以法律文本为导向的解释方法，是对立法者和法律文本的尊重，是按照法律用语的基本含义确定法律以及事实的法律意义。[⑪] 在众多解释方法中，文义解释具有优先效力，是法律解释的起点，而一旦文义明确即在很大程度上排除了后续解释方法的运用。[⑫] 在当下，法律、法规将值班律师诉讼职能规定为“法律帮助”。因此，澄清“法律帮助”概念的内涵，是解决问题的关键。《认罪认罚办法》将“法律帮助”明确为，提供法律咨询、程序选择、申请变更强制措施、代理申诉控告等。《值班律师意见》规定，看守所应为值班律师提供会见犯罪嫌疑人、被告人的便利。可见，“法律帮助”与法律辩护在内容设置和功能定位上具有同质属性。但是，法律帮助毕竟不能完全等同于法律辩护，否则立法者立法技术必遭质疑——为何选用“法律帮助”一词徒增分歧。因此，根据文义解释，我们并不能排除值班律师属于辩护人的可能性。虽然，文义解释有其局限：一般的语言用法不能提供很多资

---

⑧ 参见程衍：《论我国法律援助制度的完善——建立公设辩护人系统》，载《中国政法大学学报》2017年第2期，第92-102页。

⑨ 参见凌斌：《什么是法教义学：一个法哲学追问》，载《中外法学》2015年第1期，第224-244页。

⑩ 参见季卫东：《法律解释的真谛（上）——探索实用法学的第三条路》，载《中外法学》1998年第6期，第1-16页。

⑪ 参见陈金钊：《法律解释规则及其运用研究（中）——法律解释规则及其分类》，载《政法论丛》2014年第4期，第72-82页。

⑫ 参见高鸿钧：《伽达默尔的解释学与中国法律解释》，载《政法论坛》2015年第3期，第3-24页。

讯，无法为司法实践提供准确指引。但是它可以指出一定界限，意义只能在此中获取，具体说来其是解释者探求意义的出发点，同时也是划定其解释活动的界限。[13] 因此，仅凭文义解释难以明确值班律师是辩护人亦或是法律帮助人，但其可发挥限定解释范围的作用，排除学界准辩护人说与见证人说。

阶段式划分的准辩护人说将值班律师根据不同诉讼阶段划分不同身份，实则是在辩护人说与法律帮助人说之间作中庸选择。《刑事诉讼法》统一明确了值班律师的法律帮助定位，并未依不同诉讼阶段而有不同规定。在同一诉讼程序中，对"法律帮助"不能作出彼此相互排斥的不同文义解释，这是违背解释规则的。此外，准辩护人说实则在内部割裂了值班律师制度，损害了制度的连贯性，将对司法实践造成困扰，而且就诉讼价值而言，其对辩护人说、法律帮助人说所分别追求的人权保障和诉讼效率目标，均不能充分贯彻。

见证人说则完全忽略了被追诉人权利保障，值班律师制度沦为形式要件，违背了制度设计初衷。《刑事诉讼法》明确规定值班律师为犯罪嫌疑人、被告人提供法律咨询、程序选择建议、申请变更强制措施、对案件处理提出意见等法律帮助。法律对值班律师的职能设定完全超出了见证人的实质内涵，因此从文义角度不应将"法律帮助"定义为见证，而值班律师不能有见证人身份。

通过文义解释，我们可以确定，值班律师诉讼身份的定位，应在辩护人说与法律帮助人说之间进行选择。后续任务即是凭借其他法律解释方法解释"法律帮助"，解决意见分歧。

（二）辩护人说不符合历史上的立法者的原意

建国后的很长一段时间内，法律上并未有"法律帮助"一词，涉及在刑事诉讼程序中对犯罪嫌疑人、被告人的权利维护，通常冠以"辩护"的字眼。1954 年《宪法》第 76 条规定："人民法院审理案件，除法律规定的特别情况外一律公开进行，被告人有权获得辩护。"1954 年通过的《中华人民共和国人民法院组织法》第 7 条第 2 款规定："被告人除自己行使辩护权外，可以委托律师为他辩护，可以由人民团体介绍的或者经人民法院许可的公民为他辩护，可以由被告人的近亲属、监护人为他辩护。人民法院认为必要的时候，也可以指定辩护人为他辩护。1979 年《刑事诉讼法》极大细化和完善了辩护制度，其第 26 条规定："被告人除自己行使辩护权以外，还可以委托律师。"随着公诉的提起，刑事诉讼由审前阶段进入审判阶段，而被追诉人的称谓也由"犯罪嫌疑人"变为"被告人"。该条规定实际上排除了辩护人在侦查和审查起诉阶段的诉讼参与，被追诉人只有在审判阶段才能获得辩护。而"法律帮助"这一概念，也是因为当时法律就辩护制度的特殊规定逐步演化而来。

---

[13] 参见［德］卡尔·拉伦茨：《法学方法论》，陈爱娥译，商务印书馆 2003 年版，第 202 页。

1996 年《刑事诉讼法》第 33 条规定，犯罪嫌疑人自案件移送审查起诉之日起才有权委托辩护人，将刑事辩护的适用阶段提前到了审查起诉阶段（侦查阶段依然不能有辩护人介入）。但是第 96 条又规定："犯罪嫌疑人在被侦查机关第一次讯问后或者采取强制措施之日起，可以聘请律师为其提供法律咨询、代理申诉、控告。"可见上述两条款存在矛盾，结果则是在侦查阶段律师虽能参与诉讼，但不具有辩护人身份。这在理论界引发了激烈讨论，问题聚焦于律师在侦查阶段诉讼身份的应然定位。有学者提出，侦查阶段律师的诉讼职能是提供"法律帮助"。而法律帮助这一概念，也逐步成为当时理论与实务界对侦查阶段律师职责约定俗成的定位。⑭

可见，"法律帮助"一词的最初由来，即是为解决律师不具备辩护人身份却行使类似刑事辩护职能的实践困境。而在现下，法律及相关规定将值班律师的诉讼职能定义为法律帮助，实则是借鉴了早先的理论。因此以历史解释为角度，值班律师并不具有辩护人身份，其仅承担类似辩护的法律帮助职责。

（三）将值班律师定位为非辩护人更符合其制度目的

立法者借法律追求的目的以及法律在应然层面的预期效果，同样是解释法律的重要依据。但立法者构建值班律师制度的目的为何在理论界存在争议，此亦是辩护人说与法律帮助人说的根本分歧所在。

有学者认为值班律师制度的目标价值在于保障辩护权，解决实践中律师辩护率过低的问题，因此应赋予其辩护人身份。律师辩护权是被追诉人各项诉讼权利得以有效行使的前提，是程序正义的必然要求。当下刑事诉讼程序朝着精密、复杂的方向不断发展，律师辩护则是被追诉人有效参与其中的首要前提。但实践中律师辩护率偏低的问题始终难以解决。据学者统计，全国范围内平均刑事辩护率只有不足三成。⑮ 究其原因，法律援助模式单一化导致了法律援助供给侧的严重滞后，无法为更多的案件指派律师。值班律师制度为犯罪嫌疑人、被告人提供即时性阶段式刑事辩护，避免了法律援助审核、指派以及到案时间的消耗，提高了效率完善了法律援助供给，能够为更多的贫困者提供法律服务。值班律师制度以保障辩护权为目标定位，因此值班律师身份当然应设定为辩护人。随着《辩护全覆盖办法》出台，值班律师辩护人身份得到了进一步确认，值班律师作为传统法律援助模式的有效补充，被认为是提高刑事辩护率实现律师辩护全覆盖的重要保障，其承担着适用简易程序、速裁程序审理案件的法律援助职责。在律师辩护全覆盖改革背景下，只有赋予值班律师辩护人身份才能真正落实被追诉人辩护权的保障，而"辩护全覆盖"的改革目标

⑭ 参见顾永忠、李逍遥：《论我国值班律师的应然定位》，载《湖南科技大学学报》（社会科学版）2017 年第 4 期，第 77 – 85 页。

⑮ 参见魏晓娜：《审判中心视角下的有效辩护问题》，载《当代法学》2017 年第 3 期，第 101 – 110 页。

才能名副其实。[16]

本文认为，并不能因为辩护率低的司法现状与《辩护全覆盖办法》的规定，即将值班律师的诉讼身份解释为辩护人。因为首先，《辩护全覆盖办法》是由最高人民法院和司法部联合出台，此二机关并不能代表立法者，而且其中辩护的全覆盖仅适用于审判阶段，但值班律师制度却是贯穿整个刑事诉讼程序。因此，对《辩护全覆盖办法》的解释，无法推断立法者就值班律师制度的目标定位。此外，现下律师辩护全覆盖试点已然结束，且未有后续改革跟进，因此《辩护全覆盖办法》已经失效。其次，刑事辩护率的提升不宜以值班律师制度为保障。值班律师的显著特点在于其派驻性，借此能够高效率提供即时性法律帮助。但是就法律帮助（辩护）的有效性程度而言，传统法律援助模式则更胜一筹。值班律师制度实为认罪认罚从宽与刑事速裁改革的辅助制度，值班律师仅为犯罪嫌疑人提供法律咨询，以保障认罪的真实性与明智性为目标定位，因此值班律师是法律帮助人员并不具有辩护人身份。[17] 提升刑事辩护率更多应当依靠传统的指派式法律援助，立法者应扩大法定强制辩护的适用案件范围，而值班律师则应专注于提供高效率的法律帮助。

本文认为，值班律师的设计初衷实则是构建多元化、多层级性的法律援助体系，是衔接后续刑事辩护的过渡性法律援助模式，因此值班律师不应具有辩护人身份。

首先，从法律用词分析，凡涉及值班律师之法律或相关规定均将其职责定义为法律帮助，而并未选用法律辩护。那么问题的症结在于，在立法者眼中法律帮助与法律辩护是否系一组同义概念。通过梳理修法进程可得到否定性答案。2018 年《刑事诉讼法》经历第三次修改，关于值班律师制度的规定是其中重要内容之一。《刑事诉讼法（修正草案）》（征求意见稿）第 36 条规定："值班律师为犯罪嫌疑人、被告人提供法律咨询，程序选择建议，代理申诉、控告，申请变更强制措施，对案件处理提出意见等辩护。"因此在立法初期的修正草案阶段，值班律师被立法者赋予刑事辩护职能。但待《刑事诉讼法》正式出台，第 36 条中的"辩护"一词被替换为"法律帮助"。可见在立法者眼中，法律帮助与辩护并非被等而视之。立法者以法律帮助替代辩护，实则表明了其对于值班律师辩护人身份的否定态度。

其次，从功能定位分析。从试点开始到全国铺开再到《刑事诉讼法》确认，值班律师制度得以兴起的根本原因是刑事速裁程序和认罪认罚从宽的制度改革，值班律师作为配套制度发挥着确保认罪真实性的价值。刑事速裁程序与认罪认罚从宽改革的价值理念，是以案件的繁简分流为手段实现诉讼资源的有效配置，进而提高诉讼效率。具体而言，《认罪认罚办法》规定，对于被告人认罪的简单案件法庭审判环节可被大大简化，甚至不进行法庭调查、法庭辩论，即当庭宣判。在提高诉讼效率、优化诉讼资源的改革前提下，需要为犯罪嫌疑人、被告人提供简化的法律帮助，保障认罪自愿性的同时不至于拖慢诉讼进度。

---

⑯ 参见顾永忠：《追根溯源：再论值班律师的应然定位》，载《法学杂志》2018 年第 9 期，第 13 – 24 页。

⑰ 参见姚莉：《认罪认罚程序中值班律师的角色与功能》，载《法商研究》2017 年第 6 期，第 42 – 49 页。

而值班律师制度正迎合了上述改革需求，因此改革者的初衷即是凭借值班律师制度为被追诉人提供简化的法律帮助。以此为前提，值班律师并不具备辩护人身份。

（四）将值班律师定位为法律帮助人更能促进法律援助体系多元化发展

《刑事诉讼法》将传统指派式法律援助定义为辩护，值班律师则履行法律帮助职能。有学者提出为保障法律体系的统一性，应将法律帮助解释为法律辩护。因为在统一的法律援助制度下，指派模式与值班律师不应仅因为运行模式的差异，即被分别赋予不同的法律定性，这是相互矛盾的并可能导致法律体系的混乱。就此笔者持不同意见。

前值班律师时期，我国法律援助制度体系呈现单一化格局，仅凭律师指派模式运转：被追诉人及近亲属申请，法律援助机构审核并指派，律师承接。上述条线化运转模式存在效率低、律师指派不及时的缺陷。法律援助从申请到审核到指派再到最终会见，通常需要很长一段时间。依据学者调研，实践中的一些案件，援助律师甚至在开庭前两到三天才完成第一次会见。⑱ 如此境况下，犯罪嫌疑人在刑事诉讼程序的初始阶段，无法通过法律援助得到律师辩护。

法律援助体系的制度化格局不利于被追诉人辩护权的实现，阻碍了制度的进一步发展。而值班律师制度基于其即时、高效之特点，正足以弥补上述法律援助制度之体系性缺陷，在法律援助申请的待审核阶段为犯罪嫌疑人、被告人提供暂时性法律帮助。事实上，在值班律师制度的发源地英国，值班律师即是作为传统法律援助模式的补充，在援助律师到达之前为犯罪嫌疑人提供帮助，弥补法律援助制度的“最初一公里”缺陷。⑲ 通过值班律师制度，立法者实则构建了二元化的法律援助体系，指派式援助与值班律师就不同案件、不同诉讼阶段相互配合、相互补充，解决实践困境并推动法律援助制度的进一步发展。因此，法律帮助与法律辩护不应作同一解释，否则即无法区分二者在运行模式和功能定位上的差别。此外，指派式法律援助与值班律师同时被规定于《刑事诉讼法》第 36 条，依据条文，二者职能分别是辩护和法律帮助。在同一法条中的两个不同词汇理应具有不同含义，如果法律帮助与辩护被同义解释，则立法者立法技术应受质疑。因此，就法律体系的整体性而言，法律帮助不应被解释为辩护，值班律师的诉讼身份应为法律帮助人。

三、值班律师诉讼权利义务的具体化

（一）值班律师诉讼权利义务的法律缺位

以法教义学分析为路径，综合各解释方法，法律帮助与法律辩护并非同义概念，值班

⑱ 参见刘方权：《刑事法律援助实证研究》，载《国家检察官学院学报》2016 年第 1 期，第 101 – 112 页。

⑲ 参见吴宏耀：《我国值班律师制度的法律定位及其制度构建》，载《法学杂志》2018 年第 9 期，第 25 – 32 页。

律师因此不具备辩护人身份，而以法律帮助人身份参与诉讼程序。如此的身份定位导致了值班律师诉讼权利、义务的法律空白。

《刑事诉讼法》第 36 条、37 条将值班律师的职能规定为会见犯罪嫌疑人、被告人，并为其提供法律咨询、程序选择建议、申请变更强制措施、对案件处理提出意见。但是实现相关职能的权利保障，法律未予明确。相较而言，《刑事诉讼法》在“辩护与代理”一章赋予辩护人以丰富的诉讼权利，包括：查阅、摘抄、复制案卷权；申请收集、调取证据权；取证权；控告权等，值班律师作为法律帮助人是否享有上述权利仍需解释。就司法实践而言，值班律师普遍不享有上述诉讼权利，进而导致了法律帮助效果的降低。

除诉讼权利弱化外，法律帮助人的身份定位同样导致了值班律师诉讼义务的立法空白。首先，《刑事诉讼法》为辩护人设定了诉讼义务，第 48 条规定，辩护律师对在执业活动中知悉的委托人的有关情况和信息应予保密。本条款以辩护律师为调整对象，因此所设定之保密义务并不适用于值班律师。那么值班律师在司法实践中是否有义务保守职业秘密，需予以明确。该问题可进一步扩展为值班律师是否需要承担对被帮助对象的忠诚义务。其次，实践中无效辩护制度发挥着约束辩护律师，保障辩护效果的功能。律师的无效辩护是一审程序“违反法定诉讼程序、影响公正审判”的重要情形，并可能导致撤销原判、发回重新审判。[20] 与此同时，律师个人可能因为无效辩护而遭受律协内部的处罚。但是无效辩护制度的规制对象仅限于辩护行为，法律帮助则不在其中。

（二）目的性扩张——值班律师诉讼权利义务之明确

尽管制定法的目的可以通过制定法的语言表述出来，但也可能出现这样的情况，即制定法的内容存在漏洞不足以实现其目的。如此情况下即需要通过目的解释扩张法律词语含义的范围。[21] 值班律师制度包含双重立法目的，首先最重要的即是维护犯罪嫌疑人、被告人的诉讼权利，为其提供法律帮助保障诉讼的有效参与；其次兼顾诉讼效率，在认罪认罚、刑事速裁程序下提供高效援助服务。本部分以上述立法目的为前提，以辩护人法定权利、义务为参照，实现对于值班律师诉讼权利、义务的目的性扩张解释。

1. 诉讼权利

首先，值班律师应拥有阅卷权。值班律师提供即时性法律帮助，初次会见即要为犯罪嫌疑人、被告人提供法律咨询、程序选择建议等帮助，这要求值班律师充分了解案情，否则无法在短时间内提供有效帮助。依据当下实践运行模式，值班律师对于案情的了解往往通过犯罪嫌疑人、被告人陈述，其内容过于主观且片段化，难以保障法律帮助意见的客观性与有效性。因此通过阅卷而全面、客观地了解案情，是保障值班律师提供有效帮助的必

[20] 参见陈瑞华：《有效辩护问题的再思考》，载《当代法学》2017 年第 6 期，第 3 - 13 页。

[21] 参见陈金钊：《目的解释方法及其意义》，载《法律科学》2004 年第 5 期，第 36 - 44 页。

要前提。

其次，取证权的差异性分析。依据《刑事诉讼法》辩护人取证权包括自行取证权与申请取证权。值班律师是否应同样享有两项权利需分别讨论。值班律师所提供之法律帮助具有即时性、暂时性、一次性的特点。在如此的制度模式下，其很难完成个案的证据搜集工作。而且如果要求值班律师个案取证亦违背了制度设计初衷，过分拖慢了诉讼效率。因此不应赋予值班律师自行取证权。但就申请取证权而言，值班律师在履职过程中如发现案情事实不清、证据不足，可申请各专门机关调取或收集相关证据。申请取证权有利于保证诉讼真实，而且不需要值班律师亲自实施，在现制度框架内具有可行性。

最后，控告权之保障。实践中，律师会见难、阅卷难、调查取证难被公认为刑事辩护领域的“三难”。㉒ 相同的境况同样发生于值班律师，这也是为什么“两高三部”出台《值班律师意见》要求保障值班律师会见权。因此，为保障诉讼权利的有效行使，应明确值班律师救济性权利——控告权。参照《刑事诉讼法》第 49 条，值班律师认为公安机关、人民检察院、人民法院及其工作人员阻碍其依法行使诉讼权利的，有权向同级或者上一级人民检察院申诉或者控告。人民检察院对申诉或者控告应当及时进行审查，情况属实的，通知有关机关予以纠正。

2. 诉讼义务

首先，保守职业秘密。保守职业秘密的价值基础在于维护辩护人与被追诉人之间的信任关系。据此犯罪嫌疑人、被告人能够无所顾忌的与辩护人交流案情，消除相关信息泄露的疑虑。否则律师与被追诉人的信任关系难以建立，重要犯罪信息的保留将妨碍辩护行为的有效开展，进而动摇辩护制度的根基。虽然值班律师不具有辩护人身份，但其履行法律帮助职责同样需要相关信息的充分披露。因此值班律师应同样负有保守职业秘密之义务，以推动制度的长远发展。

其次，提供有效帮助。法律帮助的有效性始终是值班律师制度的首要目的。值班律师负有提供有效帮助的义务，实践中的落实需以有效的监管、约束机制为前提。因为，律师是市场经济下自负盈亏的经济主体，而法律援助经济补偿有限，因此实践中律师通常消极应对，法律援助效果难以保证。㉓ 关于值班律师的监管，应与提供辩护的传统法律援助律师有所区别。在刑事辩护领域，无效辩护制度可起到监管性作用：在审判阶段法庭如果认定律师辩护无效，那么相关判决可因此被撤销，而辩护律师将受到司法行政机关或律师协会的处罚。无效辩护的监管模式是依靠诉讼程序的自身运转，来发现和处理无效的辩护行为，但是此模式对于值班律师的法律帮助无法适用。因为在刑事辩护领域每一辩护人负责

㉒ 参见陈光中：《我国侦查阶段律师辩护制度之完善》，载《中国司法》2010 年第 7 期，第 32 – 36 页。

㉓ 司法实践中，值班律师所能获得的办案补贴相对较低，仅占律师市场化收费标准的 20% – 30%。参见陈永生：《刑事法律援助的中国问题与域外经验》，载《比较法研究》2014 年第 1 期，第 32 – 45 页；黄东东：《法律援助案件质量：问题、制约及其应对——以 C 市的调研为基础》，载《法商研究》2015 年第 4 期，第 54 – 62 页。

一整桩案件，因此如果发生无效辩护，那么责任对象非常明确。但就法律帮助而言，每桩案件在不同司法场所、不同诉讼阶段可能经历不同的值班律师，因此即使二审法院判定法律帮助无效，亦不能确认具体责任人。并且在认罪认罚从宽案件中，审判程序极度简化无法就法律帮助效果进行判断。区别于辩护律师，有效帮助的实现不能依靠法院、检察院在诉讼程序中对值班律师监管，而必须有程序外的专门机构负责。具体说来，可在各地法律援助中心内部建立值班律师管理办公室，负责值班律师的派驻与监管。在监管方面应建立律师值班工作回访机制，以当事人的反馈作为值班律师的工作考核标准，并配以相应的奖惩措施。以此为手段督促值班律师的勤勉，提高法律援助效果。

结 语

值班律师制度影响着司法改革进程，并在一定程度上决定了律师辩护权的发展方向，因此其在当下我国刑事司法体系内发挥着举足轻重的作用。明确值班律师的性质和定位是构建值班律师制度的前提和基础，是相关研究应首先解决之问题。事实上，在法律及相关文件的条文之中已蕴含着值班律师的应然身份定位，以法教义学为切入，综合运用各法律解释方法，值班律师的诉讼身份应明确为法律帮助人。就制度的整体建设而言，明确值班律师身份仅是基础性的第一步，后续应进一步完善制度的实践运行规则，包括划定值班律师的权利范围，建立公、检、法机关就法律帮助的协调配合机制，以及完善值班律师工作监督机制等。㉔

（编辑：蒋太珂）

㉔ 参见王迎龙：《值班律师制度研究：实然分析与应然发展》，载《法学杂志》2018 年第 7 期。

商标侵权证据判定中的消费者调查方法*

湛　茜**

摘　要　消费者调查证据在商标诉讼中常被用以认定相关消费者对于特定商标或产品态度和观念。近年来国内外法院逐渐开始采纳当事人提交的消费者调查结果作为判定商标侵权的证据之一。若要确保调查证据具有证明价值，消费者调查方法的重要性不言而喻。开展消费者调查的前提在于合理界定相关公众范围，并从中抽取具有代表性的样本。很多商标案件中由于当事人未能准确界定相关公众范围和选择合适抽样方式，导致法院不予采纳调查结果或赋予很低的证明力。因此开展消费者调查之前，以下关键性问题应当特别重视：相关公众的界定标准、界定方式及常见界定错误，调查样本的抽样标准、抽样方式、抽样范围和抽样数量。

关键词　商标侵权证据判定　消费者调查　相关公众界定　代表样本抽样

一、引言

消费者调查作为搜集数据的科学方法具有明显的优势，其能够以经济且系统的方法搜集相关信息，并能借此推断多数人群的主观态度和观念。① 商标诉讼的特点在于关键事实的认定总是围绕消费者的主观认知。② 消费者调查证据常被用以搜集有关消费者对于特定

* 基金项目：上海市教委教育法学人才项目资助（项目编号：2020JYFXR039）。

** 湛茜，安徽六安人，华东师范大学法学院副教授，研究方向为知识产权法、法学方法论。

① Shari Seidman Diamond, "Reference Guide on Survey Research", in Federal Judicial Center ed., *Reference Manual on Scientific Evidence*, Federal Judicial Center 2000.

② Shari Seidman Diamond and David J. Franklyn, "Trademark Surveys: An Undulating Path", *Tex. L. Rev*, vol. 92, 2013 - 2014, p. 2039.

商标或产品态度和观念的相关数据，其在商标诉讼中具有重要价值。③ 近年来国内外法院逐渐开始采纳当事人提交的消费者调查结果作为判定商标侵权的证据之一。对于法院而言，商标诉讼中消费者调查证据的重要价值在于其能够以科学的方式评估相关消费公众对于特定商标或产品的看法。④ 消费者调查作为搜集信息的科学手段，其能够确保商标案件的审理基于事实本身，而非法官个人对于特定标记的主观认知。法官对于特定标记的主观认知通常源于印象或者个人偏见，一项合理设计的消费者调查能够有效纠正法官的错误认识。消费者调查的科学性使得其相较于法官的主观判断，更具可信赖性。⑤ 对于商标诉讼当事人而言，采用消费者调查搜集消费公众的主观认知，可以有效替代召集大量证人出庭作证，或者提供实际混淆证据。一项合理开展的消费者调查能够提供其他证据形式无法获取的有关消费者主观认知的有效证据。⑥ 部分案件中，由于其他证据形式的匮乏，消费者调查证据甚至是证明消费公众主观认知的唯一方式。⑦

商标案件中多数消费者调查由于调查方法缺陷，导致调查结果不被法院采纳或者证明力很低。⑧ 若要确保调查证据具有证明价值，消费者调查技术的重要性不言而喻。开展消费者调查之前，两个关键性问题需要特别重视。首先，相关公众范围的界定需要非常谨慎。⑨ 准确界定相关公众是确保调查调查结果有效性的前提。如果调查针对错误的人群进行，调查结果不具备任何意义。准确界定相关公众也是开展其他调查事项的先决要件；即使采访过程、数据搜集、调查报告准确无误，如果法院认为调查从一开始就错误界定了相关公众范围，则可能导致调查过程中所有的努力都功亏一篑。⑩ 相比调查问卷设计错误而言，未能准确界定相关公众的错误更为严重。⑪ 如果调查向错误的公众询问问题，即使问题正确，调查结果也不具备相关性。⑫ 其次，调查样本的抽样方法需要非常慎重。消费者调查证据的证明价值取决于从调查样本获得的调查结论能否适用于整体相关公众。⑬ 法院在认定消费者调查证据的可采性和证明力时，通常会重点考察抽样样本的代表性；如果样

---

③ Robert C. Bird, "Streamlining Consumer Survey Analysis: An Examination of the Concept of Universe in Consumer Surveys Offered in Intellectual Property Litigation", *Trademark Rep*, vol. 88, 1998, p. 270.

④ Michael Rappeport, "Litigation Surveys—Social "Science" as Evidence", *Trademark Rep*, vol. 92, 2002, at 959.

⑤ Diamond and Franklyn, at 2029

⑥ Diamond and Franklyn, at 2063.

⑦ Hans Zeisel, "Uniqueness of Survey Evidence", *Cornell L. Rev*, vol. 45, 1960, p. 323.

⑧ Thomas McCarthy, *McCarthy on Trademarks and Unfair Competition*, Clark Boardman Callaghan 1995, § 32: 170.

⑨ Jack P. Lipton, "Trademark Litigation: A New Look at the Use of Social Science Evidence", 29 Ariz. L. Rev, vol. 29, 1987, p. 652.

⑩ Robert C. Bird, at 285.

⑪ Reference Manual on Scientific Evidence, at 377.

⑫ Thomas McCarthy, § 32: 159.

⑬ Kevin H. Smith, "External Validity: Representativeness and Projectability in the Probative Value of Sample Surveys", *Wayne L. Rev*, vol. 39, 1992 - 1993, p. 1456.

本不能够代表相关公众，法院通常不会采纳调查结果。⑭ 因此样本具有代表性是调查结果作为法律证据使用的重要前提。本文旨在探讨可支持司法判定商标侵权证据的消费者调查方法，聚焦于讨论相关公众的界定标准、界定方式和常见界定错误，以及调查样本的抽样标准、抽样方式、抽样范围和抽样数量问题。

二、相关公众界定的标准与方法

消费者调查是通过询问相关公众中的代表性样本展示特定人群心理证据的科学方法。⑮ 因此开展消费者调查的第一步是准确界定相关公众范围（relevant universe）。⑯ 所谓相关公众是指消费者整体中的特定人群，其有关特定产品或服务的观念认知与案件争议具有相关性。⑰ 商标诉讼中准确界定相关公众是确保调查结果具有相关性重要前提。因此界定相关公众需要考虑哪些人群的主观认知和心理状态与特定案件争议息息相关。⑱

（一）界定标准

尽管正确界定合理相关公众非常重要，但其界定标准并不明晰，当事人通常缺乏相应的指导。商标消费者调查中相关公众界定通常考虑下述标准：第一，地理标准；例如Beefeater案中为证明消费者是否会误认为被告BEEFEATER餐馆与原告BEEFEATER杜松子酒之间存在联系，商标调查将相关公众界定为距离被告餐馆方圆五英里的家庭。⑲ 第二，年龄标准；例如Rubber Sole案中为证明儿童运动鞋的鞋底设计商标的第二含义，调查将相关公众界定为年龄在8至18岁之间的儿童。⑳ 再如Zippo案中为证明打火机品牌的知名度，调查将相关公众界定为年满18岁的美国吸烟者㉑。第三，时间标准；例如Brunswick案中为证明渔线轮外观是否存在混淆之虞，调查将相关公众界定为过去12个月内曾在淡水钓过鱼的人群。㉒ 第四，复合标准；例如General Foods案中为证明消费者对于柠檬味混合饮料的混淆之虞，调查将相关公众界定为居住在美国伊利诺伊州库克镇，年龄在18－65岁之间的女性家庭主妇，且该主妇或其家庭成员在进行调查的前一年中曾经喝过该柠檬饮料。㉓

⑭ Robert H. Thornburg, "Trademark Surveys: Development of Computer－based Survey Methods", *J. Marshall Rev. Intell. Prop. L*, vol. 4, 2004－2005, p. 1.

⑮ Robert C. Bird, at 269.

⑯ Rappeport 2002, at 963.

⑰ Robert C. Bird, at 271.

⑱ Rappeport 2002, at 964.

⑲ James Burrough, Ltd. v. Sign of Beefeater, Inc., 540 F. 2d 266, 192 U. S. P. Q. 555 (7th Cir. 1976)

⑳ In re Sneakers with Fabric Uppers & Rubber Soles, 223 U. S. P. Q. 536 (ITC 1983).

㉑ Zippo Mfg. Co. v. Rogers Imports, Inc., 216 F. Supp. 670, 137 U. S. P. Q. 413 (S. D. N. Y. 1963)

㉒ Brunswick Corp. v. Spinit Reel Co., 832 F. 2d 513, n. 6, 4 U. S. P. Q. 2d 1497 (10th Cir. 1987).

㉓ General Foods Corp. v. Borden, Inc., 191 U. S. P. Q. 674 (N. D. Ill. 1976).

正确界定相关公众取决于案件争议类型，需要结合个案情况加以考虑。[24] 总体而言，相关公众界定需要考虑五方面要素：第一，相关性（relevance）；即该人群态度或行为是否与案件争议相关？第二，可及性（accessibility）；即该人群参与调查的几率是否已知；或者该人群是否能够参加调查？第三，识别性（identifiability）；即该人群是否具备突出特征，从而可以筛选适合的受访者。第四，充足性（submissibility）；即该人群是否能确保有效的调查完成率？第五，有效性（validity）；即该人群是否可能表达真实态度？[25]

（二）界定方式

鉴于商标诉讼的特殊性质，商标消费者调查通常会涉及不同类型人群对于争议标记或争议产品或服务的主观认知和客观行为。[26] 界定相关公众时需要特别注意三类人群的区别与关联：第一，争议产品或服务的实际消费者和潜在消费者；第二，原告和被告产品或服务的消费者；第三，争议产品或服务的经销商和最终消费者。

1. 实际消费者 v. 潜在消费者

商标诉讼中相关公众应包含依赖争议标记做出购物决定的所有最终消费者。[27] 多数商标案件中相关公众应当包括争议产品的实际消费者（actual/past purchasers）和潜在消费者（potential/prospective purchasers），以及可能会影响购物决定的其他人（non – users）。[28] 例如 Levi Strauss 案中为证明 Jordache Basics 101 和 Levi Strauss's 501 之间是否存在混淆，调查将相关公众仅界定为在过去六个月曾经购买牛仔裤的消费者，法院认为该界定范围过窄，因其未能包含牛仔裤的潜在消费者。[29]再如 Universal City Studios 案中当事人仅调查曾购买被告产品的实际消费者，法院认为相关公众还应包括打算购买被告产品的潜在消费者。[30]

2. 原告消费者 v. 被告消费者

部分商标案件中相关公众可能同时包括原告和被告产品的所有潜在和实际消费者。[31] 如果调查仅仅针对被告产品消费者，忽略了原告产品消费者，也可能会导致调查结果不具

---

[24] Kevin H. Smith, at 1461.

[25] Robert C Sorensen, "Survey Research Execution in Trademark Litigation: Does Practice Make Perfection", *Trademark Rep*, vol. 73, 1983, at 349.

[26] Janet Hoek and Philip Gendall, "The Use of Survey Evidence in Intellectual Property Disputes, Massey University", available online at http://www.anzea.org.nz/wp – content/uploads/2013/05/the_ use_ of_ survey_ evidence_ in_ intellectual_ property_ disputes.pdf, 2007.

[27] Ralph H. Folsom and Larry L. Teply, "Surveying Genericness in Trademark Litigation", *Trademark Rep*, vol. 78, 1988, p. 1.

[28] John Paul Reiner, "The Universe and Sample: How Good Is Good Enough", *Trademark Rep*, vol. 73, 1983, p. 366.

[29] Jordache Enterprises v. Levi Strauss & Co., 30 U. S. P. Q. 2d 1721 (S. D. N. Y. 1993).

[30] Universal City Studios, Inc. v. Nintendo Co., 746 F. 2d 112, 223 U. S. P. Q. 1000 (2d Cir. 1984).

[31] Reference Manual on Scientific Evidence, at 376.

备证明力。[32] 例如 IDV 案中当事人仅对被告 BAILEY 牌香烟的潜在消费者进行调查，并未对原告 BAILEY 烈酒的潜在消费者进行调查；法院认为这种做法严重损害了调查结果的可信度，因其将那些最有可能意识到 BAILEY 烈酒并非烟草制造商生产的消费者排除在外。[33] 再如 Amsatr 案中由于被告开展的消费者调查未能将对方当事人的消费者纳入相关公众范围，导致法院认定调查结果不具有任何证明力。[34]

3. 最终消费者 v. 中间经销商

商标消费者调查的相关公众范围是否应包括经销商，因案件争议类型而不同。如果案件争议单纯涉及消费者对特定标记的看法，相关公众不应包括经销商；因为相对于消费者而言，经销商更容易识别争议标记。[35] 例如 Winston Rod 案涉及鱼竿上使用的绿色是否具备第二含义，法院认为相关公众应为普通消费者，而非鱼竿销售商。[36]再如 Estée Lauder 案中法院也认为相关公众应为普通消费者，而非雅诗兰黛产品的销售人员。[37]

如果案件争议产品仅向经销商提供，相关公众则不应该包括消费者。[38] 例如 J & J 案中为证明使用在该产品上的标记是否是描述性标记，当事人在商场对消费者进行调查；但是由于涉案产品仅向经销者销售，法院认为该调查错误界定相关公众。[39] 如果案件争议产品同时向消费者和经销商出售，相关公众应该包括二者。例如 Spraying 案中为证明商标具备第二含义，原告将相关公众仅界定为喷雾器的最终消费者；由于涉案产品大部分是直接向经销商和设备制造商销售，法院认为该调查的相关公众范围界定过窄。[40] 再如 Champange 案中法院也认为对于争议标记的混淆可能同时发生在消费者和经销商中。[41] McCarthy 认为，由于经销商最不可能对相似商标产生混淆，因此经销商混淆的证据可用以证明消费者混淆，但是经销商未产生混淆的证据不能反过来证明消费者也未产生混淆。[42]

（三）相关公众范围的界定错误

相关公众必须包括所有相关的受访者，排除不相关的受访者。很多案件中调查结果未被接纳，或者仅具备很少的证明力的部分原因在于调查错误界定相关公众范围。

---

[32] McCarthy, § 32：161.

[33] IDV North America, Inc. v. S & M Brands, Inc. , 26 F. Supp. 2d 815, 830 (E. D. Va. 1998) .

[34] Amstar Corp. v. Domino's Pizza, Inc. , 615 F. 2d 252, 264 (5th Cir.), cert. denied, 449 U. S. 899 (1980) .

[35] McCarthy, § 32：161.

[36] R. L. Winston Rod Co. v. Sage Mfg. Co. , 838 F. Supp. 1396, 1401 – 02 (D. Mont. 1993) .

[37] Pierre Fabre SA v Estée Lauder Cosmetics (1989) 3 TCLR 133.

[38] McCarthy, § 32：161.

[39] J & J Snack Foods, Corp. v. Earthgrains Co. , 220 F. Supp. 2d 358, 65 U. S. P. Q. 2d 1897 (D. N. J. 2002) .

[40] Spraying Systems Co. v. Delavan, Inc. 24 U. S. P. Q. 2d 1181 (7th Cir. 1992) .

[41] Wineworths Group Ltd v Comité Interprofessionel du Vin de Champagne (1992) 2 NZLR 327.

[42] McCarthy, § 32：161.

1. 范围过宽

如果相关公众界定的范围过宽（over – inclusive universe），则可能将不相关公众的观点纳入考虑范围，从而会导致调查结果不准确。㊸ 相关公众如果包含超出年龄范围、地理市场范围或者原告目标消费者范围的受访者，一般会被法院视为不合理界定相关公众。㊹例如 Cabbage Patch Dolls 案中当事人所进行的商场调查将相关公众界定为打算为 12 岁以下女孩购买礼物的消费者；法院认为相关公众范围界定过宽，调查应集中于可能购买原告产品的所有潜在消费者。㊺ 再如 General Motors 案涉及用于船舶的 CADILLAC 商标的混淆问题，法院认为调查对象包含了那些对船舶不感兴趣的人群，因此相关公众范围过于宽泛。㊻ 如果相关公众界定范围过宽，通常不会影响调查结果的可采性。㊼ 法院通常仍会给予调查结果一定证明力。例如 Piper 案中原告调查所界定的相关公众范围略广，法院认为这仅仅会影响到调查结果的证明力。㊽ 由于界定范围过宽的相关公众必然包含真实正确的相关公众，就正确相关公众如何看待该问题而言，调查结果仍然可能具备一定实证价值。㊾

2. 范围过窄

如果相关公众范围界定过窄（under – inclusive universe），则可能丧失部分相关公众的观点，导致调查结果不能全面准确反映案件争议。如果相关公众范围界定过窄，法院通常会拒绝采纳调查结果。㊿ 例如 American Basketball 案中为证明红白蓝三色篮球设计具有第二含义，当事人对年龄在 12 岁至 23 岁之间并于去年曾打过篮球的人群进行调查；法院认为由于当事人未调查篮球购买市场上所有人群，因此相关公众范围过窄，结果不具备实质性证明力。(51)再如 Amstar 案中为证明原告 DOMINO 白糖与被告 DOMINO 披萨是否存在混淆，原告主要针对家庭主妇进行调查；法院认为被告产品的主要消费者为年轻单身的大学男生，而原告产品白糖的主要消费者为家庭主妇，因此原告所进行调查的相关公众范围过

㊸ McCarthy, § 32: 161.

㊹ Fred. W. Morgan, "Judicial Standards for Survey Research: An Update and Guide", *Journal of Marketing*, vol. 54, 1990, p. 62.

㊺ Original Appalachian Artworks, Inc. v. Blue Box Factory (USA), Ltd. 222 U. S. P. Q. 593 (S. D. N. Y. 1983)

㊻ General Motors Corp. v. Cadillac Marine & Boat Co., 226 F. Supp. 716, 140 U. S. P. Q. 447 (W. D. Mich. 1964)

㊼ McCarthy, § 32: 162.

㊽ Piper Aircraft Corp. v. Wag – Aero, Inc., 741 F. 2d 925, 223 U. S. P. Q. 202 (7th Cir. 1984). Cumberland Packing Corp. v. Monsanto Co., 32 F. Supp. 2d 561, 571 – 72 (E. D. N. Y. 1999).

㊾ Shashank Upadhye, "Trademark Surveys: Identifying the Relevant Universe of Confused Consumers", *Fordham Intell. Prop. Media & Ent. L. J*, vol. 8, 1997 – 1998, p. 596.

㊿ Richard J. Leighton, "Using Daubert – Kumho Gatekeeping to Admit and Exclude Surveys in Lanham Act Advertising and Trademark Cases", *Trademark Rep*, vol. 92, 2002, p. 765.

(51) American Basketball Ass'n v. AMF Voit, Inc., 358 F. Supp. 981, 177 U. S. P. Q. 442 (S. D. N. Y. 1973).

于狭窄。[52]再如 King - size 案中为证明大号男装上使用的 King size 商标具备第二含义，当事人对身高 6 英尺至 6.2 英尺的男性进行调查；法院也认为调查公众范围过窄，因其未能包括那些身材不高但体型较胖的男性。[53] 由于界定范围过窄的相关公众不可能包括最低限度的正确公众，因此无论调查过程如何合理进行，其必然会排除部分相关消费者，因此不能用于判断消费者态度。[54] 仅当例外情况下，相关公众界定较窄的调查结果可以用以证明当事人主张的事实。[55] 例如 Vision Sports 案中虽然当事人将相关公众界定为年轻滑板爱好者，而非法院所认定的 15 岁至 25 岁之间运动服消费者，法院仍认为由于该调查足以证明争议商标的第二含义。[56]

三、代表样本抽样的方法

一旦确定相关公众范围，消费者调查需要从相关公众中选取进行调查的样本。[57] 由于商标诉讼中相关公众通常为数量庞大的消费者，对相关公众的每个成员进行普查方式并不现实。调查专家一般采用抽样调查方式（sampling），即从相关公众中选取部分人群进行询问，然后将调查结论适用于整体公众。[58] 商标消费者调查抽样过程存在三个关键性问题：抽样标准的界定、抽样方式的选择，以及抽样范围和数量的确定。

（一）抽样标准

消费者调查的统计学原理基于合理选择的样本特征的存在及范围能够准确反映更大群体相关特征的存在及范围。如果样本能够准确反映群体，则该样本具有代表性，从样本中搜集的数据可以适用于群体；样本对群体的代表性程度越高，意味着来源于样本数据的推论可信度越高。[59] 简言之，调查抽样的原理在于抽样结论能够由个体推广适用于整体。[60] 因此消费者调查证据的证明价值取决于样本的代表性（representativeness），即从调查样本获得的调查结果能够适用于整体相关公众。[61] 无论采用何种抽样方式，抽样样本必须具有代表性，即能够合理准确的代表整体相关公众。[62]

---

[52] Amstar Corp. v. Domino's Pizza, Inc., 615 F. 2d 252, 205 U. S. P. Q. 969 (5th Cir. 1980)

[53] King - Size, Inc. v. Frank's King Size Clothes, Inc., 547 F. Supp. 1138, 1158, 216 U. S. P. Q. 426 (S. D. Tex. 1982)

[54] Shashank Upadhye, at 596.

[55] McCarthy, § 32: 162.

[56] Vision Sports, Inc. v. Melville Corp., 888 F. 2d 609, 12 U. S. P. Q. 2d 1740 (9th Cir. 1989).

[57] Jack P. Lipton, at 652.

[58] Jacob Jacoby and Amy H. Handlin, "Nonprobability Sampling Designs for Litigation Surveys", *Trademark Rep*, vol. 81, 1991, p. 169.

[59] Kevin H. Smith, at 1438.

[60] Jack P. Lipton, at 651.

[61] Kevin H. Smith, at 1457.

[62] Hoek 2007, at 51.

考虑到样本代表性的重要性，法院在认定消费者调查证据的可采性和证明力时，通常会重点考察调查样本的代表性。[63] 如果样本不能够代表相关公众，法院通常不会采纳调查结果。[64] 样本具有代表性是消费者调查结果作为法律证据使用的重要前提。代表性样本必须能够反映相关公众在个体、环境和时间上的多样性。商标诉讼中消费者对于争议标记的主观反应主要来自于下述三方面要素的相互作用：第一，消费者个体特征，例如年龄、教育程度、购买和适用产品的频率、宗教信仰、政治理念、种族背景、婚姻状态、职业特点、居住地点的影响。第二，消费者接触争议标记的具体环境；第三，消费者接触争议标记的时间。[65]

（二）抽样方式

调查抽样分为两种方式：概率抽样（probability sample）和非概率抽样（nonprobability sample）。[66] 二者之间主要区别在于：相关公众中每个要素被选作样本的几率是否已知；以及调查结果的可信区间或误差边际是否可以计算。[67] 抽样方式的选择对样本是否具有代表性、调查结果是否具有实证价值具有重要影响。[68]

1. 概率抽样

概率抽样是指从确定的相关公众通过数学方式随机选取受访者，每个人被选取的概率已知（known）且非零（non - zero）。[69] 概率取样主要包括简单随机抽样（simple random sampling）、系统抽样（systematic sampling）、分层抽样（stratified sampling）和整群抽样（cluster sampling）。概率抽样具备两个基本特征：首先，抽样过程每个阶段中，相关公众中每个成员被选择的概率均等；且每个成员的抽样过程之间相互独立。[70] 其次，调查专家能够计算可信区间（confidence interval），调查结果可以统计学方式在可信度上反映整体大众。[71] 因此概率抽样能够最大程度上实现调查结果的代表性，并能最大程度评估调查结果的准确性。[72]

很多学者青睐概率调查方式，有些专家甚至认为只有概率抽样才值得考虑。[73] 例如

---

[63] Kevin H. Smith, at 1438.

[64] Robert H. Thornburg, at 100.

[65] Kevin H. Smith, at 1469.

[66] McCarthy, § 32: 159.

[67] Jacoby & Handlin, at 170.

[68] Kevin H. Smith, at 1487.

[69] McCarthy, § 32: 164.

[70] Louis M. Rea and Richard A. Parker, *Designing and Conducting Survey Research: A Comprehensive Guide*, Jossey - Bass Publisher 2005, at 157.

[71] Reference Manual on Scientific Evidence, at 380.

[72] Reference Manual on Scientific Evidence, at 380.

[73] Jacoby & Handlin, at 171.

Reiner 认为仅有概率调查才能在在已知统计误差的情况下提供客观数据。[74] Rappeport 也认为从严格意义上来说，概率抽样方式是调查抽样的黄金标准。[75] McCarthy 认为尽管两种抽样方式都能合理反映相关公众，但是仅有采用确定数学统计概率模型的概率抽样才能反映完整的相关公众；如果能以公正科学的方式进行概率抽样调查，则调查结果能够反映案件争议的潜在消费者整体的主观心理状态。[76]但是实践中概率抽样通常难以执行且耗资巨大。[77] 因为采取概率抽样方式，必须彻底充分了解相关公众的构成和数量。概率抽样很少被适用的原因在于很多情况下无法确定抽样总量。[78] 现实生活中基本上没有任何调查抽样能符合概率抽样的定义。[79] 此外，如果相关公众数量巨大或者分布广泛情况下，概率抽样的成本则更加高昂。[80]

2. 非概率抽样

如果相关公众的具体数量和构成无法得知，非概率抽样不失为一种灵活变通的替代方式。[81] 通过合理操作，非概率抽样也可以避免采访者根据主观喜好选择受访者所带来的误差，从而在最大程度上确保调查样本的代表性。[82] 非概率抽样主要包括方便抽样（convenience sampling）、定额抽样（quota sampling）、立意抽样（purposive sampling）以及滚雪球抽样（snowball sampling）。[83] 尽管概率抽样相对于非概率抽样而言更具备科学性，市场领域的调查专家更多采用非概率抽样调查方式。[84] 由于非概率抽样更为简单，更节约时间和金钱成本，[85] 商标诉讼中当事人也大多数采用非概率抽样的调查方式。[86]

部分学者对非概率抽样持否定态度。Smith 认为非概率抽样调查中每个成员被选择参与调查的概率未知，且不能确保每个潜在受访者被选择的概率均等；有些情况下，部分成员被选择作为样本的几率甚至为零；因此非概率抽样不具有代表性和可信性。[87] 例如商标诉讼中普遍适用的商场拦截调查在反映相关公众主观认知方面的实证价值微乎其微。因为首先特定商场的购物者并不能代表所有相关公众；其次部分相关公众可能并不会去特定商场；第三采访者自主选择受访者也可能影响样本的代表性。[88] 此外，调查人员无法在正态

---

[74] John Paul Reiner, at 369.
[75] Rappeport 2002, at 971.
[76] McCarthy, § 32: 159.
[77] McCarthy, § 32: 164.
[78] Rea & Parker, at 157.
[79] Rappeport 2002, at 972.
[80] Reference Manual on Scientific Evidence, at 382.
[81] Hoek 2007, at 119.
[82] Kevin H. Smith, at 1485.
[83] Rea & Parker, at 173.
[84] Reference Manual on Scientific Evidence, at 361.
[85] Rea & Parker, at 172.
[86] Rappeport 2002, at 976.
[87] Kevin H. Smith, at 1487.
[88] Kevin H. Smith, at 1496.

分布的环境下分析样本，不能正确估计抽样误差和边际误差。[89] 调查人员无法计算非概率抽样的准确度，只能通过猜测判断样本的代表性。[90] 因此非概率抽样计算的数值通常被视为公众心理认知的粗略指标，而非精确的定量估计。[91] Bernacchi 也认为，虽然非概率抽样方式为市场研究广泛应用，且能快速搜集信息，却略显不干不净；例如商场拦截调查中，只有出现在调查地点的个人才有机会被选择作为受访者，而那些未在特定时间出现在调查地点的个人则没有任何机会被选择作为受访者。[92] 多数学者对非概率抽样持肯定态度。抽样旨在确保实际参与调查的人群能够代表整体相关公众；虽然本质上来说，概率抽样方式更容易实现这种代表性，但是考虑到调查本身的实际操作，法官不应草率降低非概率调查结果的证明力；法院应当承认合理设计的非概率调查，并赋予其相应的证明力。[93]

商标诉讼中最为常见的非概率抽样是商场拦截调查。[94] 各法院对于商场拦截调查的态度并不一致。有些法院认为非概率抽样调查结果并不能在统计学意义上类推适用整体相关公众，从而拒绝采纳非概率抽样调查结果。[95]例如 Spirits 案中法院认为商场拦截调查并非概率随机抽样，因此调查结果不能适用于整体相关消费者。[96]再如 Calvin Klein 案中法院也认为拦截调查相对于概率抽样调查结果不够精确。[97] 部分法院态度则较为包容，认为非概率调查结果可予以采纳，但属于比较弱的证据形式。[98]例如 Consumers Union 案中法院认为未能采用概率抽样方式会影响调查结果的证明力，但不会涉及调查结果的可采性。[99] 再如 Boehringer 案中法院认为非概率抽样不具备概率抽样调查的证明力。[100] Frank Brunckhorst 案中法院认为概率抽样的电话调查比商场拦截调查更具证明力。[101]

---

[89] Rea & Parker, at 172.

[90] Kevin H. Smith, at 1487.

[91] Reference Manual on Scientific Evidence, at 244

[92] Michael D. Bernacchi, "Trademark Meaning and Non – Partisan Survey Research: A Marriage of Necessity", *Administrative Law Review*, vol. 30, 1978, at 455.

[93] Jacoby & Handlin, at 175.

[94] Larry C. Jones, "Developing and Using Survey Evidence in Trademark Litigation", *Memphis St. U. L. Rev*, vol. 19, 1989, p. 478.

[95] McCarthy, § 32: 165.

[96] In re Spirits International N. V. , 86 U. S. P. Q. 2d 1078, 1089, 2008 WL 375723 (T. T. A. B 2008)

[97] Calvin Klein Co. v. Farah Mfg. Co. , 229 U. S. P. Q. 795 (S. D. N. Y. 1985)

[98] American Home Products Corp. v. Barr Laboratories Inc. , 656 F Supp 1058, 3 USPQ2d 1194 (D NJ 1987)

[99] Consumers Union of United States, Inc. v. New Regina Corp. , 664 F. Supp. 753, 4 U. S. P. Q. 2d 1257 (S. D. N. Y. 1987)

[100] Boehringer Ingelheim G. m. b. H. v. Pharmadyne Laboratories, 532 F. Supp. 1040, 1053, 211 U. S. P. Q. 1163, 1176 (D. N. J. 1980) .

[101] Frank Brunckhorst Co. v. G. Heileman Brewing Co. , 875 F. Supp. 966, 35 U. S. P. Q. 2d 1102 (E. D. N. Y. 1994)

（三）抽样数量

1. 抽样范围

商标消费者调查需要考虑具体的抽样范围（sampling area）。抽样范围的选择必须满足两个要求：第一，从数量上而言，抽样范围具有充分性（adequacy）；第二，从质量而言，抽样范围具有代表性（representativeness）。由于每个案件的相关公众范围不同，就开展调查的具体地理范围而言，并无统一标准。[102] 一般而言，抽样范围应当与当事人的诉讼主张范围一致；如果当事人的诉讼主张涉及全国范围，则其不应该仅仅在其营业地附近的地区开展抽样调查。例如 King – size 案中被告调查在休斯顿市的中部和东部区域开展，而原告的商店主要位于该市西南部，法院认为该调查完全忽视了原告的经营区域。[103]

多数调查专家倾向于在全国范围内抽样，以便将不同地理区域或者不同销售环境的消费者都能够纳入抽样范围。[104] 部分商标案件中消费者调查由于抽样范围过窄而受到法院批评。例如 General Motors 案中法院认为对唯一区域内 150 名消费者所做的调查不足以代表整个美国市场。[105] Exxon 案中法院认为在纽约市地铁站对 194 位受访者所做的调查并不足以代表全国市场[106]。再如 Cookie 案中新西兰法院认为调查抽样范围仅限于奥克兰和威灵顿地区，却未包括原告产品的起源地基督堂市。[107]

如果相关公众如果仅限于非常小的地域，商标调查的抽样范围并不必需覆盖全国范围。例如 Levi Stauss 案中原告在覆盖新西兰 55% 人口的 7 个城市开展调查，虽然被告认为该调查不具备可采性；该案中 William 法官认为调查并不必然需要覆盖全国范围，该调查已经具备充分的代表性。[108]反之，有些案件中商标调查区域过于宽泛也不能反映特定地域市场消费者的观点。例如 Sears 案中法院认为调查范围过于宽泛，而不能反映被告小企业方圆 10 英里内的消费者混淆状况。[109]

2. 样本数量

抽样误差取决于抽样方式和样本数量（sample size）。一般而言，样本数量越大，抽样误差越小，调查结果的准确性越高。[110] 当然，样本数量越大，伴随的调查成本也就越

---

[102] Hoek 2007, at 79.

[103] King – Size, Inc. v. Frank's King Size Clothes, Inc. 547 F Supp 1138, 216 U. S. P. Q. 426 (ND Tex 1982) .

[104] Hoek 2007, at 475.

[105] General Motors Corp. v. Cadillac Marine & Boat Co. , 226 F. Supp. 716, 140 U. S. P. Q. 447 (W. D. Mich. 1964))

[106] Exxon Corp. v. Xoil Energy Resources, Inc. , 552 F. Supp. 1008, 216 U. S. P. Q. 634 (S. D. N. Y. 1981)

[107] Cookie Time Ltd v Griffins Foods Ltd (2000; M1756/SW00)

[108] In Levi Strauss & Co Ltd v Kimbyr Investments Ltd [1994] 1 NZLR 332.

[109] Sears, Roebuck & Co. v. Allstate Driving School, Inc. , 301 F. Supp. 4, 163 U. S. P. Q. 335 (E. D. N. Y. 1969)

[110] Hoek 2007, at 95.

高。因此调查专家需要在调查样本数量、调查成本、调查结果精度三个方面进行权衡。[111] 调查样本数量不足可能会导致调查结果不具备证明力，或者仅具备很少的证明力。[112] 例如 Lisa Frank 案中仅对 32 个受访者进行调查，法院认为该抽样太小，因此降低调查结果的证明力。[113]再如 Mastercard 案中仅有 52 名受访者完成调查，法院认为受访者数量太少而不能提供任何有意义的调查结果。[114] AutoZone 案中仅涉及 110 名受访者，法院因此甚至质疑调查结果是否存在统计学意义。[115]

确定样本数量需要考虑相关公众的性质和范围。[116] 如果相关公众是普通消费者，法院对于样本的数量要求会较高。[117] 例如 Pitstop Exhaust 案调查针对 300 个受访者，法院仍然认为由于样本数量过小，调查结果没有意义。[118] 再如 Spirits 案中对 231 位受访者进行商场拦截调查，商标局认为由于该数量较小，仅能提供很有限的有关消费者观点的信息。[119] 但是如果调查对象仅涉及特定的市场或人群时，例如专家、销售人员或者女性消费者，数量较少的样本就足以准确证明相关法律问题。因为专业群体通常具有同一性，其所做出的回应的差别相对较少；如果问题涉及群体的专业知识时，专业群体回答的差异性更小。因此如果相关公众范围非常具体或者专业，较小的样本数量可以被接受。例如 i – Profen 案中虽然商标异议人仅对 32 名药剂师进行调查，商标局并未对样本数量提出质疑。[120] 如果相关公众的范围非常具体，较少数量的样本也比较容易被接受。例如 ROBOCUP 商标申请案中虽然异议人仅对 18 家音像店进行调查，由于整个新西兰境内的音像店数量都未超过 1000 家，商标局并未批评样本数量。[121] 总体而言，合适的样本数量取决于相关公众的范围；如果证据表明调查本身合理执行，样本数量不足本身并不会直接导致调查结果被拒绝采纳。

四、结语

目前消费者调查证据在我国商标诉讼中的应用率偏低。实证研究表明，2001 年至 2016 年间 17836 例商标侵权案件中仅涉及 93 例消费者调查证据。[122] 影响商标诉讼当事人提交消费者调查证据的主要原因包括开展消费者调查的金钱成本、时间限制、技术困难、

---

[111] Hoek 2007, at 96.
[112] Larry C. Jones, at 480.
[113] Lisa Frank, Inc. v. Impact Int'l, Inc. , 799 F. Supp. 980, 994 (D. Ariz. 1992)
[114] Mastercard Intern. Inc. v. First Nat. Bank of Omaha, Inc. , 2004 WL 326708 (S. D. N. Y. 2004)
[115] AutoZone, Inc. v. Tandy Corp. , 373 F. 3d 786, 71 U. S. P. Q. 2d 1385, 2004 FED App. 0200P (6th Cir. 2004) .
[116] Hoek 2007, at 484.
[117] Hoek 2007, at 110.
[118] Pitstop Exhaust Ltd v Alan Jones Pit Stop International Ltd (1987) 2 TCLR 502.
[119] In re Spirits International N. V. , 86 U. S. P. Q. 2d 1078, 1089, 2008 WL 375723 (T. T. A. B. 2008)
[120] Hoek 2007, at 108.
[121] Hoek 2007, at 107.
[122] Qian Zhan, Consumer Survey Evidence in China Trademark Lawsuits: An Empirical Study, 7 (3) Queen Mary Journal of Intellectual Property Law 306, 330 (2017) .

其他证据形式的存在、争议商标本身的价值，以及可预测的消费者调查结果等。国内法院对于消费者调查证据的态度并不一致，有些法院态度较为包容，有些法院则较为严苛。与较低的应用率鲜明对比的是，我国法院采纳消费者调查证据的比例却偏高。93 例消费者调查中，高达 68 例调查（75.3%）法院予以采纳，仅 25 例调查（24.7）法院不予采纳。法院不予采信调查证据理由主要包括：消费者调查不具备真实性、合法性、相关性，相关公众界定错误，[123] 当事人未提交消费者调查样本，[124] 消费者调查问卷设计问题，[125] 消费者调查系单方当事人做出，或调查机构缺乏相应资质，以及调查执行过程方法问题。

一项合理开展的消费者调查在商标诉讼中可能成为有效的法律工具。消费者调查的质量与法院采纳调查证据和认定证明力之间存在重要关联。操作不当的消费者调查可能导致错误的调查结论，从而显著降低其对于案件最终结果的影响。总体而言，我国商标诉讼中消费者调查证据的应用前景主要取决于消费者调查本身的质量。因此，对于商标诉讼当事人而言，首要任务在于遵循公认的科学方法和标准开展调查，确保消费者调查证据的可采性和证明力。开展消费者调查的前提在于：首先，合理界定相关公众范围，确保调查公众的相关性，避免相关公众范围界定过宽或过窄；其次，合理选择样本抽样方式、抽样范围和抽样数量。

由于国内商标诉讼消费者调查证据的应用率很低，国内法院鲜有机会讨论审查消费者调查证据。为数不多的涉及消费者调查证据的商标案件中，法院很少详细阐明其拒绝采纳消费者调查证据的理由。法院予以采信调查证据的多数案件中，法院仅确认了调查证据的可采性，对于消费者调查证据的证明力探讨相对较少。此外，国内法院也很少给予诉讼当事人如何提交消费者调查证据的任何指导。总体而言，我国法院在商标诉讼中认定消费者调查证据的可采性和证明力方面主观性和随意性较强，缺乏统一客观的标准。法院应当明确其审查消费者调查证据的具体标准，其对于公正评价消费者调查证据的可采性和证明力而言必不可少。消费者调查标准应涉及消费者调查的每个方面，例如相关公众范围界定，样本筛选和样本大小、调查问卷设计、调查人员资质、调查实际执行、调查数据分析，以及调查报告撰写等。

（编辑：杨知文）

[123] 丰田自动车株式会社诉浙江吉利汽车有限公司等侵犯商标权纠纷和不正当竞争案（2003）二中民初字第 06286 号。刘征与上海汉涛信息咨询有限公司侵害商标权纠纷上诉案（2013）沪一中民五（知）终字第 247 号。中粮置业投资有限公司等诉北京元邑房地产开发有限责任公司侵犯商标专用权及不正当竞争纠（2013）朝民初字第 08370 号。

[124] 上海缘禄寿司酒家有限公司诉上海元绿饮食有限公司等商标侵权纠纷案（2001）沪一中知初字第 21 号。

[125] 北京天普太阳能工业有限公司诉青岛天普电器有限公司商标侵权纠纷案（2005）青民三初字第 986 号。大宇资讯股份有限公司诉上海盛大网络发展有限公司侵犯注册商标专用权纠纷案（2006）浦民三（知）初字第 125 号。鲁道夫·达斯勒体育用品波马股份公司与农工商超市（集团）有限公司侵犯商标专用权纠纷上诉案（2009）沪高民三（知）终字第 70 号。刘征与上海汉涛信息咨询有限公司侵害商标权纠纷上诉案（2013）沪一中民五（知）终字第 247 号。

地方政府规章备案审查：参与及控制*

张一鸣**

摘　要　地方政府规章备案审查制度作为社会主义法治体系的重要组成部分，在维护国家法制统一、维护行政相对人合法权益、预防纠正地方政府规章违法失当等方面发挥了积极的作用，同时这一制度在公众参与方面，比如审查建议启动机制、公众参与保障机制、审查建议反馈机制、审查过程公开机制、审查责任追究机制等方面存在不足。要赋予审查建议和审查要求同等待遇，通过对公民、法人和其他组织审查建议权的充分尊重，通过审查建议启动机制、公众参与保障机制、审查建议反馈机制、备案审查公开机制、备案审查责任制度的健全完善，彰显公众参与的民主价值，实现切实维护行政相对人合法权益的目的。

关键词　地方政府规章　备案审查　公众参与　责任

地方政府规章备案审查是指“依法承担报备义务的地方政府，在规章颁布后的一定时间内按照法定的程序将规章及有关材料向法定的国家机关报送备案，接受备案的机关依法对其合法性、适当性和协调性等进行审查与处理的一种事后监督工作。”① 随着《立法法》《监督法》以及《法规规章备案条例》等法律法规的实施至今，无论是从中央政府层面还是各地层面，均建立了地方政府规章备案审查制度，从备案审查机构、备案审查范围、审查方式、审查标准、审查结果的处理等方面进行了规定和明确，形成了备案审查机制，备案审查工作也取得了不少的成效。但是，这一制度还存在不少的问题，特别是备案审查的公众参与以及程序控制等方面还有一些不完善之处，这些都值得我们认真反思总结。

---

* 基金项目：国家社会科学基金项目“新型城镇化进程中的权利平衡及其实现途径研究”（项目编号：14BZZ083）。

** 张一鸣，男，安徽芜湖人，华东政法大学法政治学专业博士研究生，研究方向：地方政府规章。

① 湛中乐、张水海：《法规规章备案问题研究》，载《法治论丛》2009年第3期，第30页。

一、公众参与地方政府规章备案审查的现实考察

我国现有的法律规范规定了地方政府规章审查的必要主体和程序，确认了公众在这一审查中的作用发挥，并取得了一些经验，下文将分别从参与主体、参与方式、参与途径、参与反馈等视角对公众参与地方政府规章备案审查进行分析。

（一）参与主体：公民、法人和其他组织

公众参与地方政府规章备案审查的主体即审查建议主体，是指可以对报备地方政府规章提出审查建议的主体，备案审查机关可以视情开展审查工作。具体而言，在法律层面，《立法法》明确了社会团体、企业事业组织以及公民可以作为行政法规、地方性法规、自治条例和单行条例的审查建议主体。② 在行政法规层面，《法规规章备案条例》同样明确了社会团体、企业事业组织、公民作为行政规章审查建议主体的资格。③ 在地方性法规和地方规章层面，甘肃、贵州、黑龙江、湖北、吉林、云南、浙江等地明确了公民、法人或者其他组织作为地方政府规章的审查建议主体。河南、湖南、辽宁、山东等地明确了国家机关、社会团体、企业事业组织或者公民作为地方政府规章的审查建议主体。对于审查建议主体，湛中乐等在《法规规章备案问题研究》中进行了分析，从扩大公民参与的角度认为审查建议主体资格认定宜宽泛，从而体现参与的广泛性和监督的全面性。④

（二）参与方式：提出审查建议

公众参与地方政府规章备案审查的方式主要通过提出审查建议，即被动审查的方式，它基于“利益的拥有者才能够真正体会利益受侵害的切肤之痛，利益必须由利益的拥有者自己主张”这样一种理念。⑤ 被动审查较之于主动审查的优势在于，一方面大大减少了审查机关的工作量，不需要做到“凡备必审”，从而有利于提高审查工作的质量；另一方面由于针对性较强，面对规章在实践中产生的问题而由个人和组织提出的审查建议，在审查中更加聚焦，从而有利于提高审查工作的效果。⑥ 被动审查从申请主体的分类上又可以分为两种：一种是由有关国家机关提出审查要求而启动的审查；一种是由公民、法人、其他组织等提出审查建议而启动的审查。两者最大的区别是，审查要求一经提出则必须启动审查程序并作出审查结论，也有人称之为“正式审查程序”，审查建议则提出后须经备案审查机构先行研究后必要时再启动审查程序，相当于多了一个“预审”环节。比如甘肃规定

② 参见《立法法》第九十九条。

③ 参见《法规规章备案条例》第九条。

④ 参见湛中乐、张水海：《法规规章备案问题研究》，载《法治论坛》2009 年第 5 期，第 30 页。

⑤ 参见胡锦光：《论公民启动违宪审查程序的原则》，载《人民大学复印报刊资料·宪法行政法》2013 年第 6 期，第 4 页。

⑥ 参见陈道英：《全国人大常委会法规备案审查制度研究》，载《政治与法律》2012 年第 7 期，第 119 页。

公民、法人或者其他组织发现规章与上位法相抵触的，可以向上一级人民政府或者本级人民政府提出审查建议。⑦ 福建规定公民提出审查建议的由省人大常委会法工委会同有关工作机构研究决定，必要时报法制委员会审查并提出意见。⑧ 有些地方如黑龙江、辽宁等对审查建议的格式要求等作出了明确规定：（一）申请人姓名或者名称；（二）申请审查事项以及理由；（三）申请人联系方式；（四）申请日期。⑨

（三）参与途径：听证论证座谈征求意见

公民对于行政事务的参与程度反映了民主政治的程度。“民主是一种把公共偏好转化为公共政策的机制。没有公民方面的积极参与，民主制度不可能产生预期的政策效果”。⑩ 地方政府规章备案审查制度作为行政立法监督制度，同样需要公众的广泛参与，这才是民主政治的真谛。在地方政府规章备案审查工作中，无论是主动审查还是被动审查，审查机构都可以采用邀请公众参与的方式进行审查。比如上海、甘肃等规定通过邀请专家参与审查工作、举行听证会等多种方式对政府规章进行审查。⑪ 江苏规定省人大常委会法工委可以会同相关委员会通过采取召开论证会的方式邀请人大代表、专家学者和实际工作者对政府规章审查进行专题论证。⑫ 山西规定对涉及改革发展稳定和人民群众切身利益、社会普遍关注重大问题等方面的政府规章，可以通过征求专家学者意见、听取专项报告、组织视察调研、论证等方式对政府规章进行重点审查，必要时，还可以组织召开联合审查会议、论证会议、开展专项调研、视察。⑬ 云南规定可以通过会议、书面、网络等形式广泛听取专家及社会各界对政府规章的意见和建议。⑭

（四）参与反馈：审查结果反馈

对于公众参与反馈又可以分为收到审查建议的反馈、审查结束的反馈和审查结果异议反馈三类。一是收到审查建议后的反馈。比如甘肃规定备案登记机构收到政府规章审查建议认为需要审查的报具体审查机构审查，如认为不需要的则应向审查建议人说明情况。⑮ 浙江规定应当在接收对政府规章审查建议之日起 5 日内作出是否属于审查范围的决定，如

---

⑦ 参见《甘肃省规章规范性文件备案审查办法》第十二条。

⑧ 参见《福建省地方政府规章备案审查规定》第十一条。

⑨ 参见《黑龙江省规范性文件制定和备案规定》第三十二条、《辽宁省规章规范性文件备案办法》第九条。

⑩ ［日］诸口孝、［英］爱德华·纽曼、［美］约翰·基恩编：《变动中的民主》，林猛等译，吉林人民出版社 1995 年版，第 5 页。

⑪ 参见《上海市人民代表大会常务委员会关于规范性文件备案审查的规定》第七条、《甘肃省各级人民代表大会常务委员会规范性文件备案审查规定》第十三条。

⑫ 参见《江苏省人大常委会规范性文件备案审查程序规定》第十八条。

⑬ 参见《山西省各级人民代表大会常务委员会规范性文件备案审查条例》第十二条、第十四条。

⑭ 参见《云南省各级人民代表大会常务委员会规范性文件备案审查规定》第九条。

⑮ 参见《甘肃省各级人民代表大会常务委员会规范性文件备案审查规定》第十条。

不属于审查范围则不予受理并告知审查建议人。⑯ 二是审查结束后的反馈，绝大部分地方都规定了审查结束后对于审查建议的反馈，具体又可以细分为视情况而定的反馈和必须进行的反馈。前者如天津规定审查机构在审查结束后可以根据需要将结果书面告知审查建议人。⑰ 后者如江苏规定省人大常委会法制工作委员会应当在审查结束的5日内告知审查建议人。⑱ 三是审查结果异议反馈，具体是指规章审查机关的审查意见与公民、法人或者其他组织之间的意见不一致时的反馈。如新疆规定审查建议提起人对审查结论有异议，再次提出书面审查建议的，备案审查机构可以会同有关工作机构联合审查后，作出终结审查结论。⑲ 重庆规定当公民、法人或者其他组织对审查结论持异议的并再次提出审查建议的，经备案审查机构研究可以重新启动审查。⑳

二、公众参与地方政府规章备案审查的机制性不足

从上述考察可知，公众参与地方政府规章备案审查无论是从审查启动机制上还是参与途径方式上以及结果反馈上都进行了规定，但是还存在不尽完善的地方，比如公众参与启动机制不尽健全、公众参与方式缺乏多样多元、公众参与保障机制不尽完善、公众参与反馈机制不尽合理、公众参与信息公开机制不尽完备等。

（一）公众参与启动机制不尽健全

提出审查建议作为被动审查方式之一，还需要经过审查主体的仔细甄别、分析，而后才作出是否启动审查程序的决定，审查不审查还是两可之间。“提出审查要求是正式审查的启动程序；而提出审查建议，能否进入正式审查程序，还要经过常委会工作机构进行研究，看是否必要。”㉑ 目前从实践中来看，基于审查建议提出的审查，地方政府规章有关备案审查的地方性法规和规章中均有相关的制度设计，但是实际运作中均极少启动，支持、引导和鼓励公民参与的制度设计、立法实践还有不少空白和疏漏，每年地方政府规章备案审查机关受理的被动审查建议相比较于开展的规章报备数量可以说是沧海一粟。㉒ 尽

---

⑯ 参见《江苏省人大常委会规范性文件备案审查程序规定》第十一条。

⑰ 参见《天津市人民代表大会常务委员会和区县人民代表大会常务委员会审查监督规范性文件办法》第二十条。

⑱ 参见《江苏省人大常委会规范性文件备案审查程序规定》第二十五条。

⑲ 参见《新疆维吾尔自治区各级人民代表大会常务委员会规范性文件备案审查条例》第二十条。

⑳ 参见《重庆市实施〈中华人民共和国各级人民代表大会常务委员会监督法〉办法》第九条。

㉑ 信春鹰：《贯彻实施监督法做好备案审查工作》，载《中国人大》2008年第7期。

㉒ 就公民提出审查建议而言，十二届全国人大以来，法制工作委员会共收到公民、组织提出的各类审查建议1527件，其中2013年62件，2014年43件，2015年246件，2016年92件，2017年1084件。参见全国人大常委会法制工作委员会主任沈春耀2017年12月24日在第十二届全国人民代表大会常务委员会第三十一次会议上所作《全国人民代表大会常务委员会法制工作委员会关于十二届全国人大以来暨2017年备案审查工作情况的报告》。中国人大网：http：//www. npc. gov. cn/npc/xinwen/jdgz/2017 - 12/26/content_ 2035313. htm（访问日期：2018年8月2日）。

管各地有报道公民、法人或者其他组织对地方政府规章提出审查建议，有关地方性法规等也规定了对于审查建议的研究反馈制度，但是绝大多数建议审查的申请都石沉大海，这也很大程度上打击了公民、法人或者其他组织提出审查建议的积极性，不利于公民的民主参与。有人认为，审查建议人主体的广泛性可能导致审查建议权滥用的风险，毕竟行政资源和立法资源有限。㉓ 现实情况可能截然相反，不是审查建议权被滥用，而是公民的审查建议权启动几乎空白的实践。因此，当务之急不是限制公民对于规章的审查建议权，而是要大大鼓励、支持和引导公民的审查建议启动权，毕竟相对于滥用建议权的风险，鼓励公民提出审查建议权的风险要小得多。可以说，参与主体的广泛性有利于提高政府规章制定以及施行的质量，有利于法治政府的构建，有利于保障公民参与权和监督权的行使，也为《宪法》《立法法》《法规规章备案条例》等立法实践所支持。㉔

（二）公众参与方式缺乏多样

目前，公众参与地方政府规章备案审查的方式主要采取书面征求意见、召开座谈会、听证会、论证会等形式，相比较国外公众参与地方立法监督的方式，如正式和非正式听证制度、公告—评议制度、公开调查听证制度、社会专家协助制度等，公众参与方式较为简单，缺乏多样性。其次，座谈会、听证会、论证会几种方式之间缺乏明确的功能定位、区分度不高，座谈会和论证会的组织实施和具体程序缺乏明确的规定。听证会的召开程序相对成熟规范，但实际操作中公众代表比例一般在三分之一左右，其他多为单位推荐、听证主持者推荐，对于公众代表的比例、代表的公正性仍有疑虑。㉕ 如果缺乏有效的参与途径，缺乏多样的参与形式，缺乏畅通的参与渠道，则不能发挥公共参与地方政府规章备案审查的力量。“所有民主的价值和意义，只有通过公民参与才能真正实现。”㉖ 可以说，公众参与的方式越是多样，公众参与的选择面就越广，就越能调动公众参与地方政府规章备案审查的积极性和主动性，也就越能保障地方行政立法的民主性和公正性。同样，可供公众参与的方式越丰富，备案审查机构可以选择的面就越大，也更有利于其因地制宜的选择灵活高效的公众参与方式，从而有效提升审查效率、降低审查成本、节约审查资源。与此同时，伴随着自由、民主、法治的普及、公民参与意识的日益增强，公众参与地方立法审查的需求比以往更急切，党的十八届四中全会通过的《中共中央关于全面推进依法治国若干重大问题的决定》中也明确“把公众参与、专家论证、风险评估、合法性审查、集体讨论决定确定为重大行政决策法定程序”。如果公众因其切身利益在“制度化”的公众参与

㉓ 参见张水海：《法规规章备案论要》，载《公法研究》2009 年第 7 期，第 145 页。

㉔ 参见《宪法》第四十一条、《立法法》第九十九条、《法规规章备案条例》第九条。

㉕ 参见王惠玲：《对我国立法听证的反思》，转引自李林：《立法过程中的公共参与》，中国社会科学出版社 2009 年版，第 54 – 64 页。

㉖ 俞可平：《公民参与的几个理论问题》，载《学习时报》2006 年 12 月 18 日版。

不足或失败的情况下，有可能会转而采取“非制度化”的方式去表达利益诉求，比如采取上访、暴力抗法、集体情愿以及其他反社会行为等，这些行为是对现有秩序的破坏和法治的威胁，理应通过合法的参与渠道和畅通的参与方式予以解决。

（三）公众参与保障机制不尽完善

制度的正义在于公众的参与，因为“人们渴望在管理他们的、与他们的生活和命运息息相关的生活中听到自己的声音”。㉗ 在地方行政立法领域，公众参与之所以重要在于一方面可以达成与公权力主体广泛而充分的沟通、促进共同意志的形成，实现“接近国家的自由”。另一方面基于共识基础上的规则可以内化为公众行为自觉和心理预期，也即具备自动遵循的道德基础，从而奠定地方行政立法合法性的基础。现有的参与机制主要集中于参与主体以及参与途径的规定，对于公众的参与保障方面却少有规定。有学者将这方面的问题概括为“基础设施”的问题。㉘ 从参与主体、参与渠道和参与方式上看，首先是公民、法人或者其他组织作为公共参与的审查建议主体，其审查建议可能被采纳也可能不被受理，其最终参与权还是取决于备案审查机关的“一念之间”。其次，可以邀请专家参与论证、召开听证会、书面或者网络形式征求意见，但这些参与形式和参与渠道的制度规定都是“可以”，而不是“应当”，是否启动以及启动何种公民参与最终取决于备案审查机关，所谓公众参与难免流于形式。再次，对于审查建议的审查时限规定不足。比如对于公民、法人或者其他组织作为行政相对人提出审查建议后的审查时限，只有较少地方作出了规定，如辽宁规定了当事人申请审查期限一般为60日，对情况特殊的，可以延长30日。㉙ 吉林规定当事人审查期限一般为60日。㉚ 可以说，制度化的参与渠道、周密的参与程序和完善的参与互动平台是公众参与地方政府规章备案审查的保障基础。目前参与渠道和参与程序的设计还不能满足公众有效参与的需要，参与平台的搭建和完善还有很大的空间。公众参与缺乏制度和程序上的双重“托底”，其效力没有明确的认定，导致公众参与功能和作用的发挥仰赖于备案审查机关的自由裁量，参与意见也难以得到实际尊重并产生实效，㉛ 甚至沦为政府规章正当性、合法性的论证工具。㉜ 同时，缺乏救济途径，没有责任追究机制，也不利于对公众参与的保障。

㉗ ［美］科恩：《论民主》，聂崇信、朱秀贤译，商务印书馆1994年版，第268页。

㉘ 参见胡溢武：《公众参与行政立法的背景、困境以及完善路径》，载《党政干部学刊》2013年第10期，第25－29页。

㉙ 参见《辽宁省规章规范性文件备案办法》第九条。

㉚ 参见《吉林省规章规范性文件监督办法》第十条。

㉛ 参见王起翔：《保障公众参与行政立法有效性之建议》，转引自袁曙宏：《公众参与行政立法——中国的实践与创新》，中国法制出版社2012年版，第275－279页。

㉜ 参见徐璐：《代议与参与——对当前我国公众参与立法的反思》，载《江淮论坛》2010年第1期，第113－117页。

（四）公众参与反馈机制不尽合理

无论是对于提出审查建议还是具体到听证会论证会座谈会形成的纪要记录，目前的法律法规缺少对公众意见反馈的回应机制。这里的反馈是指对公众提出审查建议的反馈，具体包括对收到审查建议的及时反馈、对不属于审查范围的审查建议的反馈和对属于审查范围的审查建议的反馈三种。对于收到审查建议的及时反馈方面，仅有甘肃、浙江等作出了规定。对于不属于审查范围的审查建议的反馈，虽然大部分地方做到了向审查建议人反馈，但是并没有做到畅通进一步参与的渠道，并没有直接将审查建议转呈有权机关。对于属于审查范围的审查建议，具体又分为经研究认为不需要进行审查的、经审查认为报备规章不存在不适当情形的、经审查结束后对审查建议的反馈三种，也没有建立书面告知并说明理由制度，有些地方如天津规定审查机构在审查结束后可以根据需要将结果书面告知审查建议人，而非必须反馈并告知理由。[33] 此外，从反馈的方式上看，存在途径上的单一性、时间上的滞后性和表述上的综述性问题。[34] 反馈机制的要义在于政府对于公众参与的尊重，在于公众意见的是否采纳必须予以及时的回应，在于不采纳时必须作出解释和说明。[35] 反馈机制的建立一方面有利于备案审查主体的集思广益、拓展信息收集的渠道，另一方面也限制了备案审查主体的决策恣意，有利于规章的科学和理性化。

（五）公众参与信息公开机制不尽完备

充分的信息公开程度、便捷的信息获取渠道是对公众参与地方政府规章备案审查的重要保障。但目前信息公开依然不能满足公众有效参与的需要，参与平台的搭建和完善还有很大的空间。一方面审查过程缺乏相关规定。审查过程中如何对报备规章进行审查的问题，《立法法》以及《法规规章备案条例》缺少明确的规定。[36] 各地对于报备规章的审查过程性规定也大体类似，如陕西规定省人大常委会审查机构认为报备规章存在问题的，应向常委会主任会议提出审查意见和处理意见报告，对于省政府规章交省政府处理，对于市政府规章交市人大常委会处理。实践中，通过协商沟通的方式提出意见交换看法，可以说是基于一种内部沟通协商的柔性机制，刚性约束和监督权威性不足，有着中国特色的体制内协商成本低的优势，但同时降低了审查工作的严肃性和权威性，也降低了审查工作的效率。另一方面审查结果没有公开。对于被动审查来说，《立法法》第一百零一条规定了“将审查、研究情况向提出审查建议的国家机关、社会团体、企业事业组织以及公民反馈，

---

[33] 参见《天津市人民代表大会常务委员会和区县人民代表大会常务委员会审查监督规范性文件办法》第二十条。

[34] 参见沈启帆：《地方政府规章制定过程中的公众参与研究》，上海交通大学硕士论文 2014 年。

[35] 参见蔡定剑：《公众参与：风险社会的制度建设》，法律出版社 2009 年版，第 18 页。

[36] 参见《立法法》第九十九条规定了主动审查条款，第一百条规定了审查意见的协商条款。

并可以向社会公开。”此处体现了对于审查建议人“应当”反馈审查结论，对于社会公众“可以”公开而并非应当反馈。实践中地方性立法对于报备规章应相对人申请审查提出审查要求或者审查建议而启动的审查，审查结果一般都做到了向申请人及时反馈，但是对于是否向社会公开则无此规定，可以公开也可以不公开。公开是实现程序正义的前提要件，也是行政程序的核心要义。备案审查制度应该贯彻公开透明原则，从登记备案、受理、审查、结果反馈、异议申请、规章的修订废止等都应该贯彻公开透明原则。可以说，备案审查制度的生命力来自于公众对于备案审查结果公正的理性预期，只有始终注重备案审查的公开、公正、公平，不断促进这一制度的公开化和透明化，不断提升这一制度的公众参与感，才能在更大程度上赢得制度的合法性和合理性基础。

不可否认的是，有些地方在公众参与方面做得比较好，但这主要还是时任领导的重视使然，具有主观性、偶然性的因素在其中。㊲ 公众参与的启动机制、保障机制、参与反馈机制等方面规定还有一定的差距，对地方政府规章的备案审查很大程度上就形成了备案审查机关“单打独斗”、“包打天下”的情形，这也导致了公众参与热情的阙如，与扩大公众监督地方政府规章的初衷渐行渐远。现实表现就是公众参与积极性不够，对地方政府规章提出审查建议的数量不高，无论是政府法制工作机构还是地方人大常委会收到的审查建议数量不多。

三、公众参与地方政府规章备案审查的完善：主体、程序与责任

针对公众参与地方政府规章备案审查存在的问题和不足，改进及完善思路就是要围绕备案审查制度的根本目的，即保护行政相对人合法权益和限制行政权力滥用的目标，分别从主体拓展、程序细化和责任控制的视角进行完善，从而真正发挥好这一具有中国特色的地方行政立法监督制度的应有作用。

（一）主体创新：拓展公众参与地方政府规章备案审查适格主体

站在公众参与主体创新的角度，就是要拓展公众参与地方政府规章备案审查适格主体，健全审查建议启动机制，赋予审查建议和审查要求同等待遇，完善专家咨询制度，不断提高公众参与意识和参与能力。一是赋予审查建议和审查要求同等待遇。审查要求和审查建议尽管一词之差，两者地位待遇悬殊，有关机关提出审查要求则必须启动审查机制，公民、法人、其他组织提出审查建议必要时才启动审查机制，所谓的“必要”缺乏明确的界定，尽管从现实国情以及政治体制角度这样不同待遇的安排具有一定的合理性，但是从法理上很难立住脚，这使得审查主体掌握巨大的自由裁量权，也有悖于《立法法》和

㊲ 比如广州市于2006年6月颁布了全国首部规范公众参与行政立法的地方政府规章《广州市规章制定公众参与办法》，从规章立项、起草和审查、实施等诸多环节均规定了公众参与。

《监督法》的立法初衷。宪法对于公民参与权和建议权的保护是明确的、积极的，《宪法》第四十一条明确规定公民对于国家机关拥有批评和建议权、对于国家机关违法失职行为有申诉、控告或者检举权，这种权利的行使不需要也不应附加其他任何条件限制和前置性的许可，这样才能充分保证公民的合法权益。建议此处的“必要时”应作扩大化理解，审查主体对于公民、法人和其他组织等提出的审查建议经审查言之有据、具有合理性时即应启动审查机制，即符合合理性、适当性要求时则视为“必要”，从而在被动审查的启动上赋予公民、法人、其他组织提出审查建议与有关机关提出的审查要求实现平等对待，通过对公民、法人和其他组织审查建议权的充分尊重，实现切实维护行政相对人合法权益的目的。至于是否会因赋予审查建议与审查要求同等待遇之后，实践中审查建议提起将会迎来井喷之势而使审查主体疲于应付的问题。实际上，由于审查主体的多重多元，如果明确了不同审查主体相应的审查分工和职责权限，以本级人大常委会主动审查为主，以上级政府和人大常委会被动审查为辅。这样一来，基于提出审查建议而启动的被动审查和主动审查可以区分开来，也相应减轻了审查机关的工作量，实践中也不会导致审查主体疲于应付的情况。二是完善专家咨询制度。发挥专家学者在参与地方政府规章备案审查工作中的咨询作用，建立涉及专业、复杂问题专家咨询论证制度，通过遴选办法、操作规范等程序设计保障专家的客观中立性，提升专家咨询的理性化水平，提升备案审查的质量和备案审查过程的透明度。建立公众与专家深入交流、共同协商的理性机制，以防止专家角色越位和知识滥用。[38] 同时，通过专家咨询和专家宣讲制度充分发挥专家对公众参与的教育启发作用。三是提高公众参与意识与参与能力。一方面要让公众意识到参与政府规章备案审查监督是公民的基本政治权利，是民主政治的应有之义，是个人正当权益的合法维护，另一方面也要积极营造良好的公众参与的氛围和环境，鼓励、支持和引导公众积极参与，为公众便捷、高效参与行政立法监督创造良好的条件。

（二）程序完善：细化公众参与地方政府规章备案审查程序控制

站在公众参与程序完善的角度，就是要拓宽公众参与的方式和渠道，强化公众参与的补偿和激励机制，强化听证制度和参与论证制度，就是要对公众参与地方政府规章备案审查的建议反馈、审查异议、权利救济、信息公开等设置最低限度的强制程序规则，避免公众参与流于形式，提升参与质量和审查实效。

首先，健全公众参与保障机制。现代民主政治理论认为“民主过程的本质就是参与决

---

[38] 参见王锡锌：《公众参与和行政过程——一个理念和制度分析的框架》，中国民主法制出版社2007年版，第313页。

策”[39]、民主的本质在于协商而非投票。[40] 正如民主政治需要公民参与，政府规章备案审查制度作为民主政治中行政立法监督的重要一环，无论在理论上还是在实践中都需要公众的参与。由于公众作为利害关系人，是最容易感知颁布生效的规章是否侵害其合法权益的群体，常常能发现通过审查机关主动审查所未能发现的问题。这是因为作为行政管理的相对方，利害关系人对规章规定的权利义务具有高度的敏感性，对其违法或者不适当之处，在规章实施过程中往往也是感受最为直观明了。在公众参与保障方面，一是强化公众参与的补偿和激励机制。比如对于公民提出规章审查建议经受理审查确有问题的，可以对于提出审查建议主体予以奖励，可以是物质奖励比如给予奖金，也可以是精神奖励比如给予荣誉称号之类的激励，从而激发公民参与的热情，扭转现实中公民提起审查建议不多的局面。二是拓宽公众参与的方式和渠道。公众参与的方式和渠道决定着公众参与地方行政立法监督的效果，要在现有的征求意见、听证会、座谈会、论证会等参与方式的基础上，进一步丰富公众参与的方式，比如咨询会、协商、非正式协商、民意测验、公开调查等，进一步发挥网络参与的主渠道作用，充分利用互联网和电子政务建立政府规章备案审查信息交流互动平台，发挥其高效率、低成本、参与便捷等优势，同时重视中介组织、行业协会等有组织群体参与，通过组织体形式反映群体性意见和利益，有效弥补个人参与可能存在的不足，提升参与质量。三是强化听证制度和参与论证制度。目前无论是法律行政法规层面，还是地方性立法层面，对于公共参与立法规定了可以召开听证会，可以邀请专家参与论证，可以书面或者网络形式征求意见，等等。但是，这些参与形式和参与渠道的制度规定大部分都是“可以”，而不是“应当”，是否启动这类公民参与最终决定权还是在备案审查机关之中，所谓公众参与就难免流于形式。建议立法修改为涉及重大、复杂或者涉及群众切身利益事项等类型的立法审查，应当举行听证，并且应当邀请专家参与论证，以提高立法审查的科学性和民主性。在听证内容、参与范围、人员组成、证据取得、质证辩论、听证纪要等方面进一步细化规范，强化听证结果运用。

其次，健全审查建议反馈机制。由于审查建议而启动审查工作需要经过审查主体的“研究”环节，“必要时”才予以启动，存在对于公民建议权的漠视或者侵害可能性，应该完善对于审查建议的反馈机制，对于是否告知、何时告知、告知的形式、告知的说明理由、告知后的权利救济等予以明确。一是建立及时反馈和告知理由制度。可以借鉴辽宁规定，审查主体对于当事人审查建议受理后审查期限一般为60日，情况特殊的可以延长30日。[41] 同时，进一步明确公民提出审查建议的反馈机制，包括对收到审查建议后的及时反

---

[39] ［美］科恩：《论民主》，聂崇信、朱秀贤译，商务印书馆1994年版，第10页。

[40] 参见［澳］约翰·S. 德雷泽克：《协商民主及其超越：自由与批判的视角》，丁开杰等译，中央编译出版社2006年版，第1页；［美］詹姆斯·博曼、威廉·雷吉：《协商民主：论理性与政治》，陈家刚等译，中央编译出版社2006年版，第50－67页。

[41] 参见《辽宁省规章规范性文件备案办法》第九条。

馈、对不属于审查范围的审查建议的反馈和对属于审查范围的审查建议的反馈三种。其中对于收到审查建议后的及时反馈、对不属于审查范围的审查建议的反馈，建议审查主体自收到审查建议之日起 7 日内予以反馈，其中对于不属于审查范围的审查建议的反馈要书面告知理由；对属于审查范围的审查建议的反馈，在自收到审查建议之日起 7 日内予以反馈的同时，同步受理并启动审查过程，应建立书面告知并说明理由制度。二是建立审查异议权利救济制度。审查建议人对于审查主体不启动或者不及时启动审查机制，或者对于审查结果和理由有异议的，应当允许当事人行使权利救济，向审查主体的上级机关提出复查建议，如果对该上级机关作出复查决定仍有异议，应当赋予申请人向该上级机关的同级人大常委会提出申请复核的权利，并在复核申请中说明权利异议的事实、依据和理由等，确保权利救济渠道的畅通。上级人大常委会的裁决为最终裁决。

再次，健全备案审查公开机制。“阳光是最好的防腐剂”，“阳光也是最好的监督媒介”，在信息资讯如此发达的当下，公众对于政府的监督已经形成了全天候、全时效、全方位的网络体系，备案审查过程及结果的不公开不透明只能丧失政府的公信力。“重复‘公开’的理由一定是强有力的，因为公开是恣意与专横的天敌，公开是与非正义进行战斗的天然盟友。”[42] 可以说，备案审查制度的生命力来自于公众对于备案审查结果公正的理性预期，只有始终注重备案审查的公开、公正、公平，不断促进这一制度的公开化和透明化，不断提升这一制度的公众参与感，才能在更大程度上赢得制度的合法性和合理性基础。建议在制度设计上，应当贯彻公开透明原则，在备案审查全过程中尽可能做到信息公开、标准公开、程序公开、结果公开，借助备案审查公开机制消除社会公众的疑虑，及时回应社会的关切。具体而言，一是建立主动公开机制。备案审查主体对于规章备案目录、接受审查要求、审查建议及其处理情况、年度规章备案审查工作开展情况等都要及时公开。其中对于报备规章审查情况，无论是主动审查还是被动审查，审查主体都应当将审查情况和结果及时向社会公开。审查结果不仅仅是对于规章维持、改变或者撤销等审查结论的公布，更重要的是形成审查结论的法律依据、事实理由等说理论证要充分。二是拓展公开载体。一方面要以书面形式在适当的载体上予以公布（比如审查主体官方网站、权威纸质媒体等），另一方面要充分利用互联网平台，加强备案审查信息化建设，打造一个一体化、全覆盖的规章备案审查工作信息平台，实现规章发布、征求意见、提交审查建议、意见处理与回复等一系列信息对外公开的功能。[43]

---

[42] K. C. Davis, Discretionary Justice: A Preliminary Inquiry, University of Illinois Press, 1971. p. 46.

[43] 近年来，备案审查信息平台建设取得很大进展，全国人大备案审查信息平台已于 2016 年底开通运行。地方层面，已有 18 个地方已经建成或者基本建成地方备案审查信息平台，还有其他 13 个地方正在抓紧进行，预计 2018 年上半年，所有省一级的备案审查信息平台都要建成，并逐步往设区的市延伸。参见朱宁宁：《向权力任性亮剑备案审查取得突破性进展》，载《法制日报》2018 年 2 月 27 日版。

（三）责任健全：强化公众参与地方政府规章备案审查责任追究

站在公众参与责任健全的角度，就是要健全公众参与地方政府规章备案审查责任机制，对于应征求公众意见而未征求公众意见以及审查建议应启动而未启动审查等方面进行责任追究。一个完整的法律应包括假定、处理和法律后果三个要素，其中否定性的法律后果即法律责任，对于整个法律是否落地至关重要，是激励和约束行为人履行法律义务防止法律失败的有力屏障。地方政府规章备案审查制度的有效落地，很重要的一方面因素就是法律责任体系的构建。“法律责任的设定是否符合实际、合理恰当，直接关系着法律、法规、规章本身的规范调整功能的健全和完善，关系着能否有效地保障法律、法规、规章的顺畅实施，关系着立法目的的实现程度和社会效果。”[44] 同理，就公众参与地方政府规章备案审查制度而言，如果没有建立起对于规章备案审查主体的责任追究机制，就难以保障公众参与备案审查工作的实效，可能有行政权力滥用和侵犯公民合法权益之虞。具体而言，就是要明确规章备案审查主体在落实公众参与备案审查方面的责任，这里的备案审查主体也即上级政府和所在地人大常委会，如果是设区的市、自治州政府规章，还涉及省、自治区人大常委会，具体经办主体为其法制工作机构。对于备案审查主体的法律责任，《立法法》《监督法》《法规规章备案条例》等法律法规均没有作出规定。对于备案审查主体而言，无论是人大系统备案审查还是行政系统备案审查，其涉及公众参与方面的法律责任主要可以区分为以下几类：一是备案审查机关对报备政府规章审查应征求公众意见而未征求意见的法律责任；二是公众对政府规章提出审查建议备案审查机关应审查而未审查的法律责任；三是备案审查机关对已开展审查由于工作人员疏忽大意或认识业务水平不足未发现合法性、适当性问题的法律责任；四是备案审查机关审查结束应反馈而未向审查建议人反馈的法律责任；五是备案审查机关对经审查发现报备规章违法性或者适当性问题而未予以纠正的法律责任。建议对备案审查机关和相关责任人员不履行报备登记责任，怠于行使审查责任，或者审查发现问题不予以纠正的，给予通报批评、责令限期改正，并且视性质、情节和后果给予撤职、免职、罢免等处分。

结　论

开展地方政府规章备案审查工作，不仅仅是维护法制统一的需要，更重要在于强化对公权力监督、维护行政相对人合法权益，这就要充分发挥公民、法人和其他组织等公众参与在规章备案审查中的作用，通过公众参与，打通公权监督和公民监督之间的“任督二脉”，充分激发公众参与的激情，从而才能在民主政治的维度中真正彰显地方政府规章备案审查这一制度的价值和活力。面对这一制度在公共参与方面存在的问题与不足，解决之

---

[44] 李培传：《论立法》，中国法制出版社2004年版，第402－411页。

道在于赋予审查建议和审查要求同等待遇，通过对公民、法人和其他组织审查建议权的充分尊重，通过审查建议启动机制、公众参与保障机制、审查建议反馈机制、备案审查公开机制、备案审查责任制度的健全完善，彰显公众参与的民主价值，实现切实维护行政相对人合法权益的目的。

（编辑：金　梦）

我国平等权行政裁判的法律解释进路

刘　旭*

摘　要　平等权作为基本权利，其价值属性高度依赖立法形成客观法。但作为基础价值，平等权实践又要求高度的价值判断：它既提出实现具体权利的国家义务，也为行政审判创造了广泛的权利内涵解释空间。通过案例的实证分析表明，我国现有行政诉讼的平等权之诉，是以法律这一位阶上主观权利条文为基础，以法律解释抽象出价值范畴和相对统一的适用规则，审查行政行为蕴含的行政义务或行政任务，确认相对人是否具备或在多大程度上具备主观权利；对没有确定的宪法外主观权利依据的，法院保持谦抑，不对"平等"做价值解释。平等权的双重面向在实务中不断唤起行政诉讼行政监督职能的深入，越发要求司法以平等为目的，明晰或延续立法针对法律利益的公共分配。我国行政诉讼应当发展客观性功能，化解诉讼上个人诉的利益同平等权的结构性矛盾，还原平等权诉讼的客观性质；推进行政诉讼中以宪法平等价值为导向的合宪性解释方法适用，以行政诉讼的法律续造机制介入规范行政法律秩序的塑造。

关键词　价值秩序　平等权　行政诉讼　合宪性解释

一、诉讼中的平等权：语用学抑或语义学

基本权利的双重面向以性质上的相互转化表现其联系。在公法关系中，主观权利和客观价值秩序通过一个媒介——国家义务，在规范上向彼此过渡。这种运动形成了宪法基本权利在整个法律体系中的功能系统。基于公权力行为的绝对法定性，权利的主观性必然转化为作为义务渊源的客观法。另一方面，如果认为某种宪法价值属于公权力应当遵循的法

* 刘旭，男，湖南株洲人，四川大学法学院博士研究生，研究方向为宪法学、人权法学。

律渊源，那么基于公法关系的性质，客观的国家义务就必然表现为被践行的公民权益。①1956 年，德国公法学者杜立希发表《人的尊严的基本权利条款》，将德国《基本法》第 1 条第 1 款规定的“人的尊严”作为法秩序的“最高建构性原则”，提出构建一个价值与请求权体系。② 其中一个重要表现就是基本权广泛的权利函射可以对司法活动产生直接效果，公民有权依据基本权导出诉讼请求，法院则有依照基本权利进行法律论证的义务和空间。这种被称为“基本权利的膨胀”现象③引发了争议。抽象的基本权利规定到具体的社会现实之间存在巨大的跨度，④ 不是所有的公权力义务都能够对应产生主观请求权的权利，现实中的某一诉求也并不能精确对应一项基本权利，且这还关涉到诉讼制度设计和结构。

然而，尽管这种立宪主义基础将宪法适用规范化，直接依据基本权利条款证立主观请求权的意向被严格限缩，但基本权利对请求权和行政义务的解释逻辑以规范化的法律推理完整保留下来。基本权利作为现代意义宪法的“知识型”（福柯），是整个宪法法律体系在建构方法上的实证渊源，从而在现实操作中，基本权利总是最终承担实证法律体系对环境刺激性信息的译介工作，主要是提供新规范的原则和单元。基本权利，在卢曼的二值符码外，是一种实践性符码。所谓实践性符码，承担的是法正义性功能，即在实证规范体系中，它是一种自创生的“永动机”，不是被动地等待着为民主程序作嫁衣，而是主动去捕获民主立法⑤。这个自创生性质很容易在无论是社会学、政治学甚至法教义学研究中被遮蔽，“遮蔽”不是指没有察觉，而是在规范法学研究中以一种默认的姿态进入另一个研究环节。

在“平等”这样一个绝对概念上，其抽象性使研究者和法律工作者早早进入对规范涵摄事物的类别划分上；其在司法适用的研究方面则表现为一种完全的审查基准研究，或者一种解释方法研究。在域外研究领域，即便如德沃金这样的权利——原则论者，也必须进入法解释学来观察原则命题；在国内研究领域，即便不存在域外宪法司法或宪法审查的平台，但其研究方法和旨趣仍大致因循这种具体解释的探求：一是对“平等”概念的探究，

---

① 参见 杨小君：《试论行政作为请求权》，载《北方法学》2009 年第 1 期，第 75 – 78；赵宏：《作为客观价值的基本权利及其问题》，载《政法论坛》2011 年第 2 期，第 66 页。

② 参见张翔：《基本权利的体系思维》，载《清华法学》2012 年第 4 期，第 15 页。

③ 参见 张翔：《基本权利的体系思维》，载《清华法学》2012 年第 4 期，第 17 页。

④ 参见张翔：《基本权利的体系思维》，载《清华法学》2012 年第 4 期，第 19 页。

⑤ 基本权利的这种实践性，主要体现为宪法保留和立法限制。可以参考 沈寿文：《宪法保留：对基本自由权利限制的限制原则》，载《北方法学》，2010 年第 3 期，第 21 – 22 页；蒋清华：《基本权利宪法保留的规范与价值》，载《武汉大学学报（哲学社会科学版）》，2011 年第 3 期，第 11 – 12 页；陈征：《论部门法保护基本权利的义务及其待解决的问题》，载《中国法律评论》，2019 年第 1 期，第 51 – 53 页；邓联繁、蒋清华：《论基本权利的宪法保留》，载《湖南大学学报》，2009 年第 6 期，第 107 – 109 页。

重点是其法规范内涵；二是比较法研究，重点是德国比例原则和美国三重审级方法研究⑥；三是“平等”解释学研究，包括基于论证理论的分析⑦，以及对我国宪法平等司法适用的塑造⑧。这三类研究从最终结果来看，都属于语义学研究，即探求在条文、案情、诉权结构和国家制度结构下，“平等”指的是什么。这当然符合宪法平等作为最抽象的基本权利和原则的规范特征，它必须在填充性解释中获得具体适用内容。然而，语义学意义的“平等”并不是实证法律体系逻辑演绎的第一步：在“平等是什么”之前，存在着一个规范命题——“应当获得平等”。前者是一种涵摄，后者是一种识别符码；前者是规范对象，后者是规范的祈使结构。基于宪法平等的审查和解释何以必要、何以可能？首先不是因为存在所指的语义，而恰恰是命令性的规范结构——使事物呈现符合正义要求的平衡关系。也就是说，宪法平等的那个抽象的平衡关系结构恰恰不是一种语义学填充物，而是正义实践的语用学结构。当宪法平等被实证法律体系承认，它就展开了自我指涉的运动——不是在各种现实情况中探求什么是平等的能指，而是先通过规范文本自发地“矫正”现实。区别于语义学结构，语用学指向了实证法律体系的实践性。宪法平等的语用学研究，不再从静态的教义和各种生活事实入手去解释定义，而是法律动态地塑造社会，是“平等”的“命令”主动去改造社会。

语用学的遮蔽，在域外研究和本土研究中产生了不同效果。在域外研究中，语用学在宪法司法、宪法审查和判例法三个装置中已经被实体化了，这保证了在所有案件的审判中，宪法平等一定会以一个命令形式对案件事实过滤，因此语用学不是被“忽略”，而是“默认”，对具体案件的语义学研究就是对宪法平等研究的唯一内容，尤其是基于这些案例对“平等”的所指的文本反思；但是本土研究（包括比较法研究）则是在没有宪法司法、宪法审查和判例法的系统中进行语义学观察。这意味着我国宪法平等不存在可供司法适用的实证体系，即便是在当事人提出诉讼请求的情况下，法官也不当然适用“平等”检视案件事实，结果是反而无法形成宪法平等的语义学体系。比如，其最终只能停留在“相同情况相同对待、不同情况不同对待”这样和“平等”概念一样，毫无具体内容的递归。本土的平等权研究、尤其是平等权司法适用研究，必须回返语用解释，在缺少制度装置的情况下适用同样的逻辑演绎，回到“平等”作为宪法实践理性的命令性：使每一个案件都实现不同主体间的正义的平衡，使所有案件事实得到反歧视筛查。因此，中国的宪法平等司

⑥ 参见王蕾：《诠释学视域下的宪法平等规范》，苏州大学 2007 年博士学位论文，第 82 – 89 页；马存利：《宪法平等权司法适用研究》，吉林大学 2005 年博士论文，第 49 – 56 页；曾云燕：《平等原则研究》，吉林大学 2014 年博士学位论文，第 73 – 84 页。曾尔恕：《论美国宪法“平等保护”条款的司法检验标准》，载《比较法研究》1998 年第 2 期。

⑦ 参见王蕾：《诠释学视域下的宪法平等规范》，苏州大学 2007 年博士学位论文。

⑧ 该类型研究参见周隆基：《制度性歧视的法律规制研究》，吉林大学 2014 年博士学位论文，第二、第四、第五章；杨松才：《司法平等评价指标分析》，载《学术界》2015 第 7 期；马存利：《宪法平等权司法适用研究》，吉林大学 2005 年博士论文，第二章第二节、第五章；曾云燕：《平等原则研究》，吉林大学 2014 年博士学位论文，第五章；李树忠：《平等权保护论》，中国政法大学 2006 年博士学位论文，第三、五章。

法适用研究，一如本文将要展示的那样，不会是美国或德国研究中呈现的那种语义文本（手段、目的、“嫌疑分类”、“优势利益”），而是某种解释条件、意识形态和部分规范教义的混合体系。

二、行政诉讼实证法体系的“平等权”解释方法论

基于基本权利的性质，平等权行政诉讼归根结底是一个宪法的实施问题。从制度现实看，我国基本权利司法实施有如下认识论和方法论框架：第一，司法不参与基本政治政策的直接形成。宪法条款作为判决依据被明确禁止，十九届全国人大一次会议也将原“法律委员会”更名为“宪法与法律委员会”，我国可期待的合宪性审查制度必然在全国人大这一机关内展开；第二，司法上的具体适用解释、尤其是合宪性解释客观上可能实践⑨，立法机关优位不能、也没有否定司法作用与宪法实施间的客观规律；第三，在成文法和人大制度下，司法程序的价值证成迥异于判例审判式，法官的价值选择非常依赖规范表述，这种依赖往往需要达到直接指明价值维护对象的程度。

也就是说，我国宪法平等的语用学运作装置只有可能的合宪性解释。这样一来，语用学要素就只有两项。第一，宪法平等的语言逻辑结构。这个语词结构的存在不是用来指导有待填充的语义的形成，而是直接形成一种解释命令，也就是一种目的论解释，是人为地矫正案件事实的一个意向。这种目的论意向是用以突破司法仅仅作为“执行权”的规范封闭性。第二，行政诉讼结构。由于一般诉讼作为这种规范命题开展的唯一场域，则特定诉讼类型的模态就成为语用的基本场景。

针对平等权的合宪性解释体现了基本权利在主观权利和客观价值秩序间的运动逻辑，但平等权解释又呈现出独属于平等权的结构特征。由于“平等”在概念上的独立性和语义确定性，可以认为平等权是一种描述特定主体间相互关系的权利⑩，从诉讼上看，与具体案由不相关，对于抽象抑或具体行政行为而言都意味着“针对主体的平衡/不平衡”。由于判别不依赖案由，因此平等权诉讼并不存在类型化问题，而主要是判别“平等”本身的认识标准建构。考虑到对抽象行政行为的审查必须依附于具体行政行为，针对平等权的行政

---

⑨ 关于“合宪性解释”的概念辨析，参见王锴，《合宪性解释之反思》，载《法学家》2015 年第 1 期，第 52 页；张翔：《两种宪法案件：从合宪性解释看宪法对司法的可能影响》，载《中国法学》2008 年第 3 期，第 112 页；黄明涛：《两种“宪法解释”的概念分野与合宪性解释的可能性》，载《中国法学》2014 年第 6 期第 294 页；张翔：《合宪性解释的两个面向——答蔡琳博士》，载《浙江社会科学》2009 年第 10 期，第 63 页。杜强强：《合宪性解释在我国法院的实践》，载《法学研究》2016 年第 6 期，第 108 页。本文采其广义解释，既包括通过对宪法条款的解读来转换、弥补下位法文义，也包括基于宪法精神原则的文义解释或体系解释。

⑩ 平等：1. 指人们在社会、政治、经济、法律等方面享有相等待遇；2. 泛指地位平等。《现代汉语词典》（第七版），商务印书馆 2016 年 9 月版。平等：人们在社会中处于同等地位，在政治、经济、文化等方面享有同等权利。《哲学大辞典》，上海辞书出版社，2001 年 6 月第 1 版。equal：相等的，均等的，平等的。该词用于法律中，并不意味着同一性，而是指二元性，以一事物作为衡量另一事物的尺度。《元照英美法词典》，法律出版社 2003 年 5 月第 1 版。

审判在要素适用上是统一的。这源于“平等”范畴在法律上的投射，即“平等权”的二维法权结构。

行政诉讼以行政行为审查为形式特征，使平等权解释产生不同于民事诉讼的方法论取向。作为行政诉讼标的，行政法律关系是建立在行政高权上的社会关系⑪，其权利义务关系由行政主体单方形成。与通过意思自治自主塑造社会效果相比，相对人权利只能依赖公权力实践，这就包括司法权对行政权审查产生的法律效果。基于诉讼一方的弱势地位，司法权在行政诉讼中应当担负积极的公民权利保障义务，这源于行政司法作为相对人唯一“助手”角色的义务必要性和权能正当性；当这种权利为基本权利时，行政裁判就承担了原则上不亚于立法权的保护义务和制裁权力。

（一）平等权二维法权结构

依照词义，“平等”的现象描述，是两个以上主体间，针对特定事物的平衡，该平衡为主体共同承认⑫。从法权结构观察，平等规范由两个维度组成：第一维度是权利义务关系的对象，即事实上的“物”投射在法律上的“利益”；第二维度是权利义务关系本身，即对“物”的对比转化为法律上的“利益”衡量关系。平等权法权结构的独特之处，在于其第二维度具有法律上的相对独立性，古谚“不患寡而患不均”就是对这种特征的精确描述。即存在“多寡”与“均衡”两个层次：作为第一维度，“多寡”是权利义务对象的存在状态；第二维度的“均衡”是权利义务主体的存在状态。对象的存在是一种纵向的存量，它并不当然引起法律的判断指导功能；主体的存在则是横向的计量。因此，任何可适用、可认识的平等权都由两部分规范构成：一是权利义务内容；二是对权利义务分配的度量，该度量以特定单位为比对标准。前者属于特定利益事实，是不可隐去的假定条件，因此必然表现为一种主观权利；后者则往往不出现在规定某项权利义务的条款中，而更多以独立行文或成篇的方式描述特定单位下的比对关系，典型如妇女权益保护，通过单独成篇对其它法律中的权利义务提出特定分配要求。这种基于度量的立法，一方面并不突破既有的权利义务内容，另一方面，规定仍旧是原则性的，继续有赖于具体情况考量，因此它的作用方式就体现出典型的客观价值面向。

平等权二维结构有固定的作用方式。由于平等权自身必须附着于其它权利义务，所以它在诉讼上是由第一维度出发，考量第二维度是否成立或存在。其中，第二维度的独立性产生了一种法律内部的“元”动力：“均衡”的关系比对现象总是自发地催生关于一种社会分类的价值判定，比如性别、种族、政治身份等；当一部宪法在内容上表明了对平等的

---

⑪　参见翁岳生主编：《行政法》（上册），中国法制出版社2009年版，第五章：行政法律关系和特别权力利关系。

⑫　参见［法］科耶夫：《法权现象学纲要》，邱立译，华东师范大学出版社2011年版，第一章：法权的定义；第二章：法权的现实：法权、社会、国家。

恪守时，所有可以在法律上找到其对应形态的社会主体就立即运用这个结构，以语用学方式进行实证法律实践和社会实践———声明自己在法律体系中的权利。同时，第二维度命令一种强制性解释，实证法律体系（通过司法权）有意识地矫正社会事实以实现法正义性。这个独立的第二维度，就是实证法律体系内宪法“平等”的语用学解释，即反思性的主体的社会存在状态和意义，“在制度化层面上贯穿了整个法制体系的运作过程，而保证法律内容的公正作为对法制源头的有效控制”⑬。在域外研究中，这个第二维度解释的程序化就是宪法司法和宪法审查制度实体，也就是前文所说的被默认的语用学。

这决定了平等权的适用具有显著的客观法价值秩序特征。在缺少宪法司法和宪法审查的环境下，意味着合宪性解释聚焦于“既有权利义务在同一共同体内部的分享”。在这种语用学还没有被实证化默认的情况下，基于宪法的平等权解释并不寻求突破基本法律的既有规范，而是凭借文义辐射，以体系解释方法整合法体系中有利于实现宪法内涵的各种主观权利、价值判断和国家义务条款，达成意欲的宪治目的。

（二）行政诉讼双重取向

学理上，行政诉讼依照其诉讼制度目的或诉讼标的性质，可分为主观诉讼客观诉讼。这是由行政诉讼的结构要素决定的。⑭ 而制度上的双重取向恰好符合基本权利双重面向，即司法通过适用、审查、塑造客观价值秩序，满足起诉人的主观权利请求。进一步，基于平等权二维结构特征，平等权行政诉讼也呈现出相应特性。首先，基于平等权以第二维度作用于第一维度的运动方式，平等权诉讼具有强烈的客观性；其次，基于客观诉讼的性质和制度设立目的，关于案例 01 的假设以及杜立希“不法平等”理论在诉讼逻辑上可以成立。

该问题在诉讼上的实质，是客观诉讼性质对“诉的利益”提出了不同的解释要求，而这种新的解释需求又是由行政关系的性质和社会权理念的全面发展决定的。首先，行政关系异于民事关系。民事关系作为一种私权关系，是逻辑上的原生和内生秩序，这种关系依靠私主体意志的交互（博弈、协商）来分配资源，因此，它呈现一种交换关系和竞争关系；而行政关系作为公权关系，在由对等主体间的“水平”变为不对等的“垂直”的法权过程，其实质是对社会生活资源纳入统一规划的过程，具有浓厚的主权权力意味，它是建构的、给定的，行政主体与相对人关系是一种分配关系。这种超人格的理性分配意味着在一切公法范畴内，请求权和行政义务或行政任务是一组共存的事物。在基本语义中，平

⑬ 曾云燕：《平等原则研究》，吉林大学 2014 年博士学位论文，第 6 页。

⑭ 关于行政诉讼性质划分，参见林莉红、马立群：《作为客观诉讼的行政公益诉讼》，载《行政法学研究》2011 年第 4 期，第 4 页；薛刚凌、杨欣：《论我国行政诉讼构造：‘主观诉讼’抑或‘客观诉讼’?》，载《行政法学研究》2013 年第 4 期，第 32 - 34 页；马立群：《论客观诉讼与我国行政审判权的界限》，载《甘肃社会科学》2011 年第 1 期，第 195 页。

等结构由两方或两方以上同质主体形成，但是在行政法上，平等结构呈现为特殊的三方关系，即同质主体间关系，以及同质主体与异质的行政主体的关系。行政诉讼中，同质主体间的“平等”被转化为同质主体与异质的行政主体间的“法定性”。

其次，社会权理论的发展使得基本权利早就脱离初始的古典防御权视点。个体自由与权利的实现离不开国家的制度性保障，“现代国家仅仅保障人民的自由权，承认个人法地位的独立性是不够的，还应就如何实现‘个人能在社会中独立生存’构建起基本的法秩序，即实现社会基本权的保障。”⑮ 而作为权利保障的最后屏障，诉讼制度必须适应权利变迁，在关涉基本权利的情况下，其审查内容应当兼顾个人的主观请求法定渊源，和宪法客观价值秩序函射的国家制度性义务。

再次，从宏观角度看，行政关系一经引入诉讼，“行政—司法”关系就必然影响“行政—社会”关系，行政诉讼的监督功能必然影响权利救济形式。“平等”现象，由它作为国家主权者地位间的社会关系，变为行政诉讼中司法权与行政权的国家组织机构权力关系，后者的权力博弈结果转化为前者的社会现实。2017 年行政公益诉讼正式写入《行政诉讼法》，意味着我国承认了行政诉讼制度的客观规律，从基本权利视角看，不同诉讼模式的区分针对性容纳了客观价值秩序。

这说明：第一，平等权二维结构天然符合客观诉讼模式。行政诉讼以行政行为为唯一诉讼标的，意味着在结构上以纯粹的合法性审查为目的完全可行，这与平等权第二维度的法律效力契合。第二，客观诉讼与主观诉讼只是以制度建构目的做出的模式划分，行政诉讼本身在任何情况下都兼具公益性。2015 年《行政诉讼法》修改，将第一条中“维护和监督行政机关依法行使行政职权”删去“维护”二字，最终明确了我国行政诉讼监督行政权的客观性⑯。诉讼标的并不因模式的变化而改变，这意味着可以通过改变“诉的利益”内涵强化诉讼公益性，而不依赖客观诉讼。从法律解释方法角度看，合宪性解释恰巧是确保平等权与法律体系最大限度相融的，通过因循宪法精神原则展开体系解释，宪治价值可以使行政判断有效越过诸如行政行为成熟性、利益侵害时间等原告资格问题。第三，行政诉讼以行政行为审查为裁判方式，这意味着诉讼客观性的着眼点在于行政权力监督，而不是创造某种新的法律秩序。从诉讼法规定的附带性审查范围看，规章以下（不含规章）规范意味着审查只集中于特定职能部门或政府级别管辖事项内，这本就体现了排除“国家根本政治政策”影响的立法目的。该条款的修改本就是诉讼制度与复议制度对接，这表明附带性审查范围就是立法精确的“基本公共资源配置格局”。

三、当前我国行政诉讼平等权判断准则

本文以“平等权”为关键词，在中国裁判文书网“行政案件”类收集到 308 份裁判

---

⑮ 徐振东：《社会基本权理论体系的建构》，《法律科学（西北政法学院学报）》2006 年第 3 期，第 24 页。

⑯ 莫于川：《〈行政诉讼法〉修改及其遗留争议难题》，载《行政法学研究》，2017 年第 2 期，第 7 页。

文书，刨除重复判决书及实际与平等权并无关联案件，共计 289 份[17]。通过解读其中代表性展示现行行政诉讼审理“平等权”事实和理由的方式，归纳我国行政诉讼判别“平等”的要素、标准、制度取向。

（一）案例解读

通过完整阅读裁判文书，本文按“何时适用平等权、如何解释平等权”两个目的遴选了 289 件案件中的 5 个案例，外加一例社会报道典型案例，依据关联性，两两一组分为三组，提炼我国行政审判中平等权的实际适用标准。

第一组案例关联性在于明确我国行政诉讼适用“平等权”的条件，对应“何时适用平等权”的考察目的，意在整理 289 件案例中起诉人提出“平等权”理由但法院无法适用审查的原因。[18]

第二组案例关联性在于，什么构成我国行政诉讼上的“不平等”，以及这种“不平等”的依据是什么，对应“如何解释平等权”中，法院认可起诉人提起的“平等权”理由但将其证伪的情形。

第三组案例关联性在于，行政审判如何具体地确证法规范上的“平等”内涵，对应“如何解释平等权”中，法院不认可起诉人理由的情形。[19]

1. 第一组：何时适用平等权

01 号案例：原告曾在县城园林路三里桥头处建有房屋，因整治项目工程需要，房屋所有权人与拆迁人签定了拆迁房屋安置补偿协议，并领取了拆迁安置补偿款。该房屋被拆除后，在房屋原址西侧新建一座商业建筑。后两原告认为该新建的商业建筑系违法建筑，请求县城管局依法查处并予以拆除。城管局回复称，该新建房屋为园林部门根据整治工程规划设计要求建设的，不能定性为违法建筑而予以拆除。法院认为，本案涉案的建筑系在原告家庭的房屋被拆除之后所建，无证据能够证明该建筑侵害了两原告的合法权益。被告履行上述违法建筑的查处与拆除职责的行为与两原告并无法律上的利害关系，故两原告不具备诉讼主体资格，裁定驳回起诉。[20]

裁判逻辑：原告视角采用以平等权为大前提的三段论。大前提可以归纳为：原房屋住

---

⑰ 中国裁判文书网，http：//wenshu. court. gov. cn/list/list/？ sorttype = 1&number = &guid = d25779da – 2fb1 – a2d7d015 – f39c47f93e41&conditions = searchWord + 3 + AJLX + + % E6% A1% 88% E4% BB% B6% E7% B1% BB% E5% 9E% 8B：% E8% A1% 8C% E6% 94% BF% E6% A1% 88% E4% BB% B6&conditions = searchWord + QWJS + + + % E5% 85% A8% E6% 96% 87% E6% A3% 80% E7% B4% A2：% E5% B9% B3% E7% AD% 89% E6% 9D% 83　最后登录日期：2018 年 3 月 12 日在有效的 289 份判决书中，由于存在大量不同相对人就同一事项在同一法院起诉，从而产生相同判决的情况，实际用于分析的判决书 30 件。

⑱ 符合这一情形的共两件。一件为“孙桂珍、朱萍与金湖县城市管理行政执法局不履行法定职责”案；另一件为陈庆丰与广州市荔湾区综合行政执法局、广州市荔湾区人民政府案。

⑲ 符合这一情形的共 4 件，详见后文表 1。

⑳ 孙桂珍、朱萍与金湖县城市管理行政执法局不履行法定职责案。

址为县规划认定的不可建造房屋区域；小前提为：原房屋拆除地址存在再建建筑；结论为：该房屋为违建建筑。原告的这一规范判断应当认为是部分源于《中华人民共和国土地管理法》第九条对我国公民的土地使用权的确权、《中华人民共和国土地管理法实施条例》第三十六条关于违反土地利用规划的法律责任及负有管理职责的行政主体行为规定，以及《中华人民共和国城乡规划法》第九条公民的监督权规定，法院对上述法律渊源予以肯定。

但法院以规范涵摄取代了原告的经验的因果律演绎。首先，尽管原告客观上当然享有土地使用权，但对该权利造成法律效力变动的是整治规划这一行为，这是由《中华人民共和国城乡规划法》、《中华人民共和国土地管理法》、《中华人民共和国土地管理法实施条例》共同规范的行政主体义务；其次，关于本案争议的城管局行政查处义务，应当认为其属于整治项目工程规划法律义务和法律责任的一部分，但是，该查处义务并不能引起原告权利法律效力的任何变更。从法规范角度说，上述法律规范中的监督责任条款与国有土地使用权、征地补偿相关条款在原告与被告的行政权利义务关系中并无相关性，本案监督责任的履行方式无法被规范地涵摄进国有土地使用权变更条款中。

原告与法院的实质认识分歧在于：事实上的某种平衡的行政法律秩序能否作为诉讼上权利的证成理由。原告的诉讼请求实际上就是寄希望于客观价值秩序对行政主体管理土地使用权产生拘束力。但是，法院根本没有采取这种证成逻辑，而是直接从诉讼结构出发，当发现原告没有通过诉讼行为获得事实上法律利益可能后，直接否定了原告提出的一系列关于客观法秩序的论证。本案体现了“通过诉讼改变既有行政法律关系”的诉讼制度对平等权适用的前提要求。

02号案例：原告起诉省教育厅在“2013－2015年全国职业院校技能大赛”广东省选拔赛中，指定使用第三人生产软件，构成事实上的行政垄断。被告提出，其指定使用第三人软件，是源于国家教育部在《“工程造价基本技能”赛项规程》同样指定了该第三人软件。法院认为，被告的指定行为没有遵循正当程序原则，教育部的《赛项规程》不能单独构成排他性使用第三人软件的理由，构成行政垄断行为。[“斯维尔公司诉广东省教育厅行政垄断”二审案]

裁判逻辑：本案的关键除了《反垄断法》第三十二条对行政权力垄断行为的规定，以及《行政诉讼法》第三十二条正当程序规定针对行政主体设定了具有普遍性的权利义务，更包括了《行政诉讼法》司法解释“被诉的行政行为涉及其相邻权或者公平竞争权的”条文。也就是本案中的平等权论证能够使诉讼行为改变既有行政法律关系，使起诉人获得事实上的法律利益。对比地看，01号案例中，“平等的国有土地使用权”是原告提请平等权所欲支撑的诉讼请求，但城管局的查处行为无论如何都不可能改变已经发生的原告的土地权属变更登记。正反两面的例证较为清晰地勾画出，由“平等权”作为证成理由支撑的诉的利益要能直接进行规范函射。

本组小结：本组两个案例皆为“第三人”之诉。从判决结果看，两个案例对第三人身份的认定都是一系列基于案件事实和规范涵摄的逻辑推理，但实际上，直接援引行政诉讼法的诉讼当事人规定，而不是平等权的规范证成，才是适用相关行政法律的原因。两个案例实际显示出，通过审查起诉人是否具有明确的规范上主观权利来源，原告资格要件构成了平等权论证的过滤装置。

2. 如何解释平等权

（1）第二组：什么构成诉讼上的“不平等”。

03 号案例：原告在其父母离异后，随母亲户口迁入某村。原告母亲是村街道大江股份合作经济联合社、村街道大江聚联股份合作经济社的股东。原告向街道办提出申请确认其享有大江经联社、聚联经济社的现金购股资格和福利待遇。街道办《行政处理决定书》对原告的请求不予支持。一审法院认为，街道办做出行政复议的依据男女平等的规定，剥夺了女性股东子女的出资认购权。街道办上诉，称大江股份经济联合社章程没有违反《中华人民共和国妇女权益保障法》、中共广东省委办公厅、广东省人民政府办公厅转发的《省委农办、省女联、省信访局关于切实维护农村妇女土地承包和集体收益分配权益的意见》。二审法院认为，街道办行政处理决定的依据没有违背男女平等原则，没有单独剥夺女性股东子女的出资认购权，遂撤销一审裁判。㉑

裁判逻辑：本案关键在于两次裁判对同一规范产生了不同的解释认定，争议焦点源于《大江股份经济联合社（经济社）章程》（下称《章程》）第十五条和第十六条。《广东省农村集体经济组织管理规定》第十五条第三款规定：实行以家庭承包经营为基础、统分结合的双层经营体制时起，户口迁入、迁出集体经济组织所在地的公民，按照组织章程规定，经社委会或者理事会审查和成员大会表决确定其成员资格。一审原告属于该条款所规定的“户口迁入、迁出集体经济组织所在地”情形。《章程》第十五第（二）—3 款规定：“下列人员属于现金购股对象……（二）在第一次界定股东资格后，至 2012 年 3 月 31 日前户籍迁入本村（社）且未曾迁离的，按下列规定符合条件但未进行现金购股的新增人员。……3. 本社在册男性股东的子女，于 1983 年 1 月 1 日实行家庭联产承包后出生，出生时随父入户本村且未曾迁移的；或出生时因户籍政策造成随母入户成为非农业户的，在 2012 年 3 月 31 日前将其户籍随父迁入本村的，按本章程第十三条规定进行现金购股。”

一审法院将第（二）—3 作如下解释：本条在行文表述上仅规定了男性股东子女获得现金购股资质的条件和办法，但女性股东的相关表述阙如，造成了女性股东的子女现金购股资格的排除。从第（二）—3 款的表述看，该条款并没有排除女性股东子女现金购股的可能：女性股东的子女，如若出生时直接随父入户，且其父亦为股东，则满足该条款的条件。原告以“女性股东”和“女性户籍”双重标准提起诉讼，尽管原告的情形属于规范

㉑ 佛山市禅城区张槎街道办事处与黄志璇行政处理及行政复议案。

上的迁入迁出，但真正需要注意的是，在“子女非迁入迁出”这一情形下，《章程》构成歧视：与（二）—3 款第一句相对应，若出现在册女性股东子女，出生时“随母入户本村且未曾迁移”，其是否可以现金购股？显然，《章程》未对这一事项做出规定，实际是排除了这一适用可能，在“女性股东 + 女性户籍”这一双重标准上，随母入户无论如何无法取得现金购股资格。

但二审却适用“迁入迁出”这一问题做出了解释。上诉人提出，根据《章程》第十五条第（二）项第 3 点的规定，男性股东子女户口如有迁出迁入的，在本次股改中同样不享有现金购股的资格。二审法院首先以《章程》和《广东省农村集体经济组织管理规定》第十五条第三款规定的“迁入迁出”法律效力作为案件事实的规范基础；基于这一秩序，法院重点解释了“或出生时因户籍政策造成随母入户成为非农业户的，在 2012 年 3 月 31 日前将其户籍随父迁入本村的，按本章程第十三条规定进行现金购股”这一表述的规范含义和规范功能。首先，原审原告属于法定的迁入迁出，因此排除了出生入户这一前提，也就是原告不可凭借单独的户籍或股东身份获得现金购股的资质；其次，在迁入迁出这一问题上，法院认同不存在男女性别区分对待的情况，“或出生时因户籍政策”一句不构成例外情形，这一句的含义在于消除《国务院批转公安部关于解决当前户口管理工作中几个突出问题意见的通知》对 1998 年前出生子女的政策性限制，其实质功能在于使这一情况的子女转化适用非迁入迁出情形的规定，即（二）—3 的前半句。值得注意的是，二审法院适用“迁入迁出条款”，但由于《章程》对“迁入迁出”以外的设定使该自治规范总体违反男女社员平等，适用该条款是否能保持正当性存疑。

04 号案例：一审原告四人皆为出生一段时间后将户籍随母亲迁入某村委会五村，其母亲均是莲五经济社股东。后四人向街道办申请作出行政处理决定，责令莲塘经联社、莲五经济社给予现金购股资格。街道办不予支持。一审法院认定街道办适用的规范违背国家关于妇女集体经济组织经济权的规定，构成歧视对待。二审法院维持原判。[22]

裁判逻辑：本案审查的核心规范是《莲塘股份经济联合社（经济社）章程》，《章程》第十条第（四）款规定规定：本社股东嫁出本村外，户口至 2005 年 12 月 31 日止仍在本村的，其子女户口随母的不作配股。本案两审法院都直接援引了中共广东省委办公厅、广东省人民政府办公厅转发的《意见》，但由于《广东省农村集体经济组织管理规定》第八条第一款规定的是“符合法律、法规、规章的规定”，省委、省政府办公厅转发文件并不在此列，因此，法院的援引实际上起到的是证成理由的解释功能，而不是直接裁判依据。真正的裁判依据是《中华人民共和国妇女权益保障法》关于妇女在集体经济组织收益分配上的权益保障规定。《中华人民共和国妇女权益保障法》第三十二条规定：”妇女在农村

---

[22] 佛山市禅城区张槎街道莲塘股份合作经济联合社、佛山市禅城区张槎街道莲塘莲五股份合作经济社与区嘉钰、李某浩、李某琪、吴某莹行政处理纠纷案。

土地承包经营、集体经济组织收益分配、土地征收或者征用补偿费使用以及宅基地使用等方面，享有与男子平等的权利。”本案集中解释的，是“外嫁女”这个主体特质是否属函射在上述规定内。

本案所涉及的《章程》规定非常特殊，一方面，它没有排除户籍身份仍在原组织的外嫁女的股东资格；另一方面，它又限制了这类股东的部分利益。法院援引中共广东省委办公厅、广东省人民政府办公厅转发的《意见》：首先，外嫁女问题的实质是市场经济体制下，集体经济组织作为实际上的市场主体，其同样要遵循市场行为标准，组织成员的利益来自其担负组织经济发展的责任义务；其次，正是由于市场化的组织结构，集体经济组织对成员资质和权利的限制也只能来源于通行的市场准则，集体组织也不能以其他人身性质作为限制权利的理由；最后，本案表面上是女性股东子女的认购权受限，但实际上应当转化为女性股东自身的权益完整性问题。本案中原审被告适用的《章程》在规定上实际自相矛盾。一方面，通过承认女性股东的地位，集体组织实际上承认了该女性作为组织成员担负了组织经济发展任务的责任和义务；另一方面，其在股权这一现代经济形式之外，添加了婚姻关系这一条件。本案中女性股东同时掌握股权和成员权（户籍），其婚恋自由无论如何都不可能阻碍其实践自身对集体经济组织的义务。此外，本案女性股东的子女也一并随母入户，就更不可能摆脱其集体组织成员义务。据此，对女性股东的这一权益限制不存在正当理由，它实质破坏了《妇女权益保护法》对集体组织经济收益分配的平衡性设定。

本组小结：03、04 两个同一法院裁判的同类案件，其对案件事实中的“不平等”的规范涵摄是在两个层面上进行的。第一，存在一个具有特定权利义务关系的基本行政法律秩序，这个秩序由特定主体性质承载；第二，某个行政行为改变了特定主体性质在秩序中承载的权利义务关系，这个变动被证明违背该秩序目的，即行政行为压缩限制了特定主体的法定授益性。

（2）第三组：什么是法规范的“平等”意涵。

05 号案例：原告与某人力资源开发有限公司为劳动关系当事人。公司以劳务派遣形式将原告派遣至浙江省委办公厅，作为编制外人员从事驾驶员工作。原告认为，作为编制外驾驶员，其与工勤编驾驶员薪资差距巨大，违反了我国法律关于“同工同酬”的规定，构成了歧视。法院审理认为，原告为用人单位向用工单位派遣的劳务派遣人员，其薪资支付依据为劳动合同法相关规定，而工勤编人员系按公务员制度管理，两者的依据的性质不同，不具有可比性。㉓

裁判逻辑：本案的核心焦点是编制外驾驶员与工勤编驾驶员的巨大薪资差距是否违反“同工同酬”。原告理解的同工同酬，是指“公务员及其他按照公务员法实行公务员工资制度的人员是一个劳动者，劳务派遣人员也是一个劳动者，如果两个劳动者在同一个部门

㉓ 骆建华与浙江省人力资源和社会保障厅、浙江省人民政府行政复议案。

做着同样的工作但享受的待遇却不能相同，这难道不是歧视人权？造成社会不公?”原告通过将“劳动者”和“同样的工作”两项所指并举，将“同工同酬”中“工”的内涵理解为：第一，“工”指无差别的“工作者”。在对工作主体这一问题的理解上，原告采取了普遍性解释，认为“工”指的就是付出劳动的人员，这一点不因其工作性质、内容、身份有任何差异，只要付出劳动，则都处于“同工同酬”保障范围内；第二，“工”仅仅指工作内容，即“做着同样的工作”，而不涉及工作的政治性质。

相反，法院对“工”的解释，除了工作内容之外，在本案中首先适用的是劳动合同制度和公务员制度两套体系的比较。法院认为，将“工”理解为“工作内容”，仅仅发生在市场化的劳动合同制度系统内。基于本案原告为劳务派遣工作者，法院径行适用了《中华人民共和国劳动合同法》第六十三条规定。法院的指向非常明确，同工同酬不能发生在两套政治性质迥异的人事制度系统交叉范围内。我国对同工同酬的规定，由宪法——劳动法——劳动合同法三层次共同构建，但其均未对公务员系统和一般市场经济系统的比对涵义做出规定，在公务系统大量引进合同制用工的情形下，该判决具有特殊意义。首先，宪法第三十三条第二款对宪法第四十二条劳动权构成了全面性的维护，对于实际发生的公务系统和市场的交叉问题，宪法并不排除将其昂囊括在内。其次，《劳动法》第四十六条规定：工资分配应当遵循按劳分配原则，实行同工同酬。同样的，这一条款的明确指向致力于“同一单位内部”，但对于两套系统的政治比对涵义亦未做任何规定。最后，劳动合同法作为特别法，对劳务派遣问题做出了实质性判断，但恰恰由于劳动合同法作为特别法不能适用于公务员系统，则《中华人民共和国劳动法》作为一般法，其同工同酬条款是否规范公务系统中的合同制，就同宪法一样具有可适用空间。本案实际是一个双轨制问题，法院对这一问题的回答是将同工同酬明确限定在各自的人事系统内。这已经构成了一个宪法价值判断。

06号案例：原告驾驶摩托车在北京市西站北广场行驶时，被交通民警拦截并做出行政处罚。原告认为，被告适用的《关于对本市部分道路交通管理措施进行调整的通告》单独对机动车中的摩托车上路行驶权利予以限制，擅自改变了原告已获得的行驶行政许可，增设了行政处罚种类，公然歧视摩托车行驶人，侵害了摩托车行驶人上路行驶的平等权。法院认为，《通告》有权设定相应的交通管制措施，其并非对公民基本权利的限制。[24]

裁判逻辑：本案法院审查的是《通告》的单独限制是否构成对摩托车行驶者道路通行权的针对性排除。法院需要解释的是，特定交通工具的行驶是否是一个承载特定行政法律秩序权利义务内容的特质，以确保该特质不被彻底抑制。

法院援引了《中华人民共和国道路交通安全法》第三十九条、《北京市实施〈中华人民共和国道路交通安全法〉办法》第四条对于交通管制授权和城市交通规划的规定，论证

㉔ 吴丁亚与北京市公安局公安交通管理局丰台交通支队西站大队行政处罚案。

了《通告》第二条第二点制定的客观法背景，并且明确“《通告》规定特定号牌的摩托车禁止在特定区域行驶并非对公民基本权利的限制，且在一定程度上保护了摩托车驾驶者的安全及其他人的出行利益，体现了行政管理对个人利益与公共利益的衡量”。法院在该事务上做出了权利衡量：由于存在公共利益，基于人身自由的交通方式选择，不能像性别或生理特征等主体特质一样，承载起特定行政法律秩序。这意味着，不单摩托车可以被限制行驶，其它交通工具也可以被排除性的限制在外。该解释结论产生的客观价值秩序效果是，平等通行权在与公共交通利益代表的生命健康权的衡量中被选择牺牲。

本组小结：05、06 号案例展现了作为客观价值秩序的平等权，在行政诉讼中可以达到的最大审查限度。两个案例都实质完成了某种意义上的合宪性解释，05 号案例是对我国宪法劳动权平等的一个重要法律补充，它将劳动权内部进行了政治性质区分；06 号案例则展示了我国行政审判中宪法基本权利价值衡量的一个场景。本组案例要素回溯到了“平等权”根本性、普遍性、抽象性的本质状态中来。

（二）当前行政审判的三层次逻辑递进

理论上，平等权的证成模式是以“平等”的语义结构为依托，展开逻辑推理。但在司法程序中，推理依据既有法律体系中权利义务内容和诉讼结构进行。因此，诉讼中的证成推理有固定的规范标识。从上述案例分析中，可以抽象出如下三个判别要素。

第一，基于行政义务的行政行为。这一要素在法律推理中的结构功能，是它是否构建、变更、消灭了某个普遍的权利义务关系，如果这一要素并不能发挥上述功能，则行政审判进程终止。

第二，以特定权利义务关系为内容的行政法律秩序。这一要素是基于“平等”的语义而必然存在的。在法规范上，“平等”也是描述特定关系的规范性概念，反映在行政审判过程中，就是案件事实所对应的具体规范。

第三，承载特定权利义务关系的主体或主体特质。即“平等”语义结构中的某类同质主体。针对这一要素，法院的审查方向有二：一是诉讼请求中的主体是否是规范上“同质”的，这决定了主体间是否具有可比性，从而是否能形成规范上的秩序关系；二是同质主体间应当是什么样的规范关系，这主要涉及的是比例原则上的正当限制，以及法规范的例外情形。

三种要素构成了目前行政诉讼对平等权的“诉的利益”——“不正当限制”——“实质价值判断”三层递进判断路径，从“诉的利益”到“实质价值判断”审查强度递减，解释空间和解释要求不断扩张。其中，在具体行政行为审查中，对行为依据的文义解释优先；涉及附带性审查的，对同一事项的上位法文义解释优先；对不存在法律位阶明确平等原则的事项，尊重现行法律体系和行政机关实际行为法律效果。

1. 诉的利益：明确的客观法渊源

“诉的利益”概念源于民事诉讼中的确认之诉，由于确认之诉本身只是对既存法律事实的确认，因此它需要在判决前确证原告所提出的诉讼请求具有法律上的实质意义，否则诉讼会面临“无可确认”的境地。后来它成为民事诉讼中通行的诉讼资格要件，逐渐发展为两层含义：一是原告“有没有”利益存在，二是法院“该不该”启动诉讼程序予以保护。本文中，该要件使法院考量是否有保护平等权的诉讼必要性，显示了其作为平等权诉讼的“门槛”性质。首先，被诉行政行为必须具有法定义务来源。在01号案例中，法院明确了城管局的监管查处义务；02号案例则是通过《行政诉讼法》司法解释赋予行政许可机关第三人义务。其次，该行为对起诉人的法律权利义务状态有直接的创设、变更或消灭效力。01和02号案例的根本区别，在于《行政诉讼》司法解释将“公平竞争”直接作为受案范围内容，也就是“公平竞争权”是一项具备了法定效力的权利，从而形成了具有独立内容的例外。需要注意的是，01号案例判决实际没有回应原告诉请的事实理由，甚至没有对城管局的答辩内容进行考量。在发现判决无法变更权利义务关系效力后，法院停止了对案件其它事实的推理论证。

诉的利益作为一种诉讼要件具有普遍性。本文之所以认为它构成我国平等权行政诉讼上具有标准意义的条件，在于平等权诉讼强烈的公益性以及它与客观法秩序、甚至主权权力正当性的联系。假设案例01中，确实将该地块规划为非商业用地，则法院必须解释，请求城管局查处违建是否属于相对人主观权利范畴。因为在这一假设下，平等管理的国家义务是当然存在的。1956年，德国公法学者杜立希提出“不法平等”概念，例举警察只对众多违法停车者中的一人予以处理，该被处罚的人可不可以认为他人已经违法却未被取缔，可援引前例而不受罚。[25] 这个理论的启示是，对于诸如选择性执法和部分行政不作为中造成的实质不平等，在相对人并没有授益性可能的情况下，司法是否能够介入[26]。这一要件关涉司法权对实质平等的裁判权限，本质上是行政诉讼应采取何种模式处理“司法—行政”法律关系。

2. 法定平等对待义务：“不正当限制”审查

在通过诉讼结构的检验后，法院着手适用法律，考察被诉行为中的区别对待是否构成义务冲突。这一标准的逻辑构成如下：第一，法律是否明确对特定主体或事项作出平等对待的行政义务规定。这是我国平等权审查适用标准的最显著特征，与美国依据宪法权利性质的强度审查、德国依据宪法比例原则的“平等推定”形成对比。我国对区别对待合法性

㉕ 参见汪燕：《选择性执法及其治理研究》，武汉大学2010年博士学位论文，第193页。

㉖ 在陈庆丰与广州市荔湾区综合行政执法局、广州市荔湾区人民政府案中，相对人在上诉理由中即提出“被上诉人荔湾区执法局选择性执法，对同样的违法主体客观上造成不公平对待”“上诉人经营店铺的附近存在未取得餐饮许可证的店铺，但被上诉人荔湾区执法局并未对此作出类似的行政处罚，而是选择性执法损害上诉人的利益”。但二审法院未予回应，显然是认定该请求并无对应的实际利益而无需审理。

的第一判断并不源于宪法，而是部门行政法和社会法，即部门行政法或社会法是否制定了平等对待规则，这意味着司法只有对具备法律位阶规则的范畴才负有正当性论证义务，可以称之为“平等法定”原则。作为“平等”价值判定的唯一依据，部门行政法的平等条款是宪法原则同下位法关系的缩影。而基于社会权及特定公共利益的立法是对宪法第四章的具体化过程，从规范内容看可以分为两类，一是直接针对特定主体特质的立法，它是对宪法罗列的主体特质的价值维护具体化；二是基于社会权的直接立法。两种立法都具备围绕“平等”的核心权利义务内容，但对于司法审查的意义不同。第一类立法自身便基于主体特质，因此下位行政立法和司法适用的自主空间被高度限缩，如妇女权益保护法律中对女性婚姻权利、土地权利的保护。第二类立法对平等权的影响仍旧是原则性的，社会权与特定主体的具体关联仍授权其他法律规范根据具体情形规定，如劳动法律对劳动权平等的强调；第二，特定限制是否也有上位法依据。平等权适用渊源整体下移至法律位阶，但仅从法体系角度看，这并未否定法律中的平等条款作为宪法基本权利的实质，因此其限制仍需规范来源；第三，该限制是否符合比例原则。04 号案例是其手段和目的之间没有必要性关联，在如 06 号案例的其他案例中，也出现广义比例原则的各类现象。而 03 号案例存在违背比例原则之虞，二审判决在“男、女社员平等”、“迁出迁出男女社员的平等”以及“迁入迁出社员的平等”几项标准间出现混淆，以至于事实上规避了相对人的诉请事实理由，即真正的性别平等问题；第四，该限制是否遵循正当程序原则。这是 02 号案例提出的裁判理由。

这一层次的判断存在两项特征。一是我国平等权裁判渊源整体下移至法律位阶，对平等权的判断依赖立法对主体、事项已经形成的具体规范。这意味着我国平等权行政裁判首先呈现消极性；二是该审查强度仍可能需要价值判断，主要因为部门行政法和社会法中的相关条文仍具有原则性。这意味着我国平等权行政裁判有法律解释的必要性，以及发展法律内涵的正当性。

3. 宪法价值判断：“釜底抽薪”的法律续造

这一审查强度出现在法律没有具体规定特定主体或事项的平等对待范畴，而行政主体限制相对人相应权利时的情形。这一判别层次源于起诉人自发以抽象的“平等”要求法院规制行政行为，意味着法院不负担区别对待合法性论证义务。如果法院承担了这一审查义务，则面对广阔的规范解释空间和复杂的社会利益现实，其审查方式是客观法价值判断，法院需要为是否存在规范上的平等、平等的规范表征为何等根本问题提供思路。这是实质上对行政主体直接设定义务指导的法律续造。05 号案例是窥视我国立法、司法与基本权利社会政策变迁关系的良好窗口。在一个机关单位内部，就“驾驶车辆”一事同时出现工勤编和劳动合同工就能说明，立法条件已经在发生变化，“公务系统”和“市场体系”在法律上的区隔，是以其事务性质为标准的；而当某一事务本身没有性质区分余地，强行将其分立会造成事实上的不平等。本案中“工”的解释，既应当考虑“工”的制度性质，也应当考量“工”的实际内容。这是我国工勤编不断缩减，尽可能采用合同用工的重要原因。

考虑到我国司法权悬置宪法基本权利条款，以及我国“法律解释”作为全国人大常委会的权力配置，这一标准一般不会予以审查适用。从289件有效案例看，涉及法律未予明确、需要从宪法入手整体考量法律体系的共6件，5例判决都支持被诉行政行为，剩下一例相对人胜诉案件实际也有明确的社会政策认定来源（表1）。联系实际生活中在公务员招录性别失衡㉗、设定特定疾患体检门槛、性取向家庭权益㉘等方面，面对实际需要直接依据宪法条款作出价值解释的语境，法院保持了绝对谦抑。与之相对，我国民事诉讼已经出现有影响的公民平等权诉讼。㉙ 这种基本权利条款不优先拘束行政主体，而首先适用第三人之诉的现象值得反思。

表1　289件有效案件中的实质价值判断

案件名称	案件争议事项	裁判结果	裁判理由
孙文麟、胡明亮诉长沙市芙蓉区民政局不履行婚姻登记法定职责	同性恋伴侣婚姻权利	判决驳回诉讼请求	1. 明显超出婚姻法相关规定中“男女”的文义范围； 2. “依据宪法平等权婚姻登记排除通行构成歧视”系否认法律的效力，理由不成立
张吉星诉高青县人力资源和社会保障局不准报考行政事业单位行政决定	特定事业单位岗位学历要求	判决驳回诉讼请求	”平等就业”中的”平等”不等于”同等”，不是不论条件如何都同等对待

㉗ 参见《2011年国家公务员招考中的就业歧视调查报告》，中国政法大学宪政研究所2011年11月20日发布，腾讯教育2011. 11. 25 http：//edu. qq. com/a/20111125/000311. htm 最后访问日期：2018年3月3日；另参考 微信公众号“就业性别歧视监察大队”：《2017年省级公务员招考中的性别歧视调查报告》，2018年3月20日。

㉘ 参见《禁止同性恋领养，中国领养中心错在哪》，网易新闻2016年3月10日，最后访问日期：2018年3月3日。

㉙ 我国第一例艾滋病人劳动权胜诉案，法院实际适用了基于宪法精神的合宪性解释方法。广州市中级人民法院在二审判决中明确写道：“（上诉人）从事食品检验工作，现行法律、法规、其它规范性文件及行业要求均无禁止艾滋病感染者从事这一岗位的工作”，这一解释实际将不正当限制标准重新还原为宪法判断；随后又使用体系解释：“艾滋病人合法就业权受我国法律保护……《中华人民共和国传染病防治法》于2004年修订时，已将艾滋病归类为乙类传染病，一般无需隔离治疗……原卫生部《传染病防治法实施办法》需要隔离治疗的规定已被修正。2006年施行的国务院《艾滋病防治条例》第二十三条第一款规定：国家实行艾滋病资源咨询和自愿检测制度。”

续表

案件名称	案件争议事项	裁判结果	裁判理由
李名宪诉广东省社会保险基金管理局金融行政管理（金融）案	特定民办教师养老保险缴费工龄计算	适用法律错误，撤销原行政行为，责令重新计算缴费工龄	《广东省人事局关于民办教师被国家机关事业单位录用或招聘为工作人员后工龄计算问题的通知》（粤人新（1993）13号）第二条“退伍或毕业后成为国家机关”的“国家机关”包含原告情形
骆建华与浙江省人力资源和社会保障厅、浙江省人民政府行政复议”案	合同制与工勤编劳动者在同一单位、相同岗位工作中的薪酬差异	判决驳回诉讼请求	同工同酬不发生在两套政治性质迥异的人事制度系统交叉范围内
吴丁亚与北京市公安局公安交通管理局丰台交通支队西站大队行政处罚”案	摩托车驾驶人道路通行权	判决驳回诉讼请求	1. 法律授权交通管理部门实行公共交通管理； 2. 特定号牌的摩托车禁止在特定区域行驶是个人利益与公共利益的衡量
余建、林艳珠与福州市晋安区人口和计划生育局计划生育行政征收案	地方计划生育规定以头胎性别区分能否生二胎	判决驳回诉讼请求	未对该问题作解释说理，径直认定适用地方性法规的合法性

四、我国平等权行政裁判的合宪性解释展望

基于我国基本权利司法实施的框架，行政诉讼平等权的审查适用边界是可以明晰的：对平等权地解释性适用，不得产生实际创造权利种类，或改变国家基本公共资源配置格局的法律效果。对此，行政诉讼对平等权的适用需把握几个关键：第一，如何确保对平等权的适用不会突破基本公共资源配置格局；第二，如何厘定什么是“基本公共资源配置格局”；第三，如何充分发挥平等权诉讼对客观平等秩序的直接推动作用。行政诉讼与平等权二重耦合证明了，在排除宪法条款的直接适用后，平等权的权利结构特征使诉讼并不会打破基本法律；行政诉讼的性质也能有效避免创生性判决。相反，平等权与行政诉讼共有的二重性，使其能在我国司法职权配置范围内，最大化合宪性解释对行政法律秩序的塑造。

从现有情形看，我国目前平等权行政诉讼的主要问题是宪法平等的语用学解释装置缺失造成的规范位阶下移、解释权能僵化和对法律空白问题的过分抑制处理。因此，推动平等权行政诉讼的发展，必然要从回归宪法的角度入手。而在语用学解释视角下，这种对平等权行政诉讼的发展既不会直接催生宪法司法，从而其不可能诞生那种规范语义体系。也

就是说，在宪法审查制度明确之前，现有系统还只能从诉权结构和法官说理论证的说服力入手，第二层次标准“不正当限制”也还不能形成精确的语义结构。

（一）现有行政裁判标准的缺陷

将案例实证归纳同基本理论分析结合，可以看出我国平等权行政诉讼呈现鲜明的主观诉讼特征，且没有在充分的解释空间内运用司法权能。在社会权日益发展，社会主要矛盾转变为人民日益增长的物质文化需求同不充分、不平衡的发展之间的矛盾的当下，这种审查标准无法良好契合平等权二维结构，无法满足基本权利双重面向的作用原理，从而无法有效实现行政诉讼落实平等法秩序的政治功能。

1. 诉讼制度实践违背平等权性质

现有“诉的利益”要件实质否定了平等权二维法权结构。除了《行政诉讼法》司法解释对“公平竞争权”的规定意外创造了一项实体权利，平等权的司法适用完全受制于诉讼结构，以至于对平等权的审查逻辑颠倒了平等权本身的作用原理，将其转变为以第一维度审查第二维度的形式；完全沿用民事诉讼将“有没有”和“该不该”等价并捆绑的结构，显示出对行政诉讼主观性的偏颇和对诉讼成本的过分担忧，一定程度贬抑了行政诉讼的客观性和公益性。例如，如果坚持适用诉的利益标准，则面对公务员招录中的性别歧视，由于女性甚至无法进入报名阶段，则任何起诉都会被被视为非行政行为相对人，从而解释为没有诉的利益[30]。此外，这种诉讼制度安排也是对行政诉讼自身结构的偏离，消解了权利救济和行政监督在制度目的中的作用平衡。

2. 解释方法不能覆盖平等权内涵

从“不正当限制”的解释逻辑看，现有方法存在偏差。首先，现有的“不正当限制”在行政诉讼中可适用性并不高，主要因为第一项解释标准并不将没有法律位阶平等权条款的其他事项纳入解释范围。而比较法中的“不正当限制”一般相反，运用的是反向列举或解释原则，即凡没有规定可以限制的不得限制。这种将宪法原则判断降低为法律位阶判断，致使裁判适用依据整体下移，但仍旧保留基本权利性质的自相矛盾，存在一定程度掏空宪法平等条款的危险，一个突出表现就是，第一项解释标准在第四项“正当程序”标准下进一步限缩了平等条款内涵。“正当程序”有可能使得本就被降低的位阶判断聊胜于无，因为它可能使宪法平等权在实践中变为“法律平等权 + 行政机关形式性限制”，而形式合法性对于行政机关并不困难，败诉后即可以相应形式使被撤销的行政行为继续实施。

其次，《行政诉讼法》审查范围的规定由受案范围和审查对象构成，但其没有规定已经确定的行政行为的审查范围，法院对行政行为合法性审查并不受相对人诉讼请求中利益

---

[30] 现实中已出现此种情形，参见微信公众号“就业性别歧视监察大队”：“山东就业性别歧视第一案终审裁定”，2018 年 3 月 24 日法院终审裁定原告不具有提起行政诉讼原告主体资格。

范围的限定。这同样是由行政诉讼的公益性，以及行政监督职能决定的，它一并体现的是司法与行政的关系。[31] 当一个行政行为受到审查，司法推理除了覆盖行政主体与相对人的行政法律关系，还必定涉及该行为作为公权力行为与客观法的关联。在全面审查的法定形式下，完全有可能超出原告的诉讼理由和事由范围。

3. 司法实施排斥导致价值裁判动力不足

行政诉讼对平等权的实质价值判断呈消极性，既有的主观诉讼模式在立法机关作为权力机关、行政优位权力格局的司法政策下不断强化。这极大削弱了通过司法个案推动和维护基本权利的职能，使得我国在反行政歧视、限制行政机关公共利益分配恣意等方面进展缓慢。这种基本权利解释功能抑制使司法进一步倾向于对行政权让步，对基本权利的“不作为”超出了尊重行政解释的范畴。

这种消极性根本来源于法律解释需要负担的政治风险。但根据分析，实际在现有的“非直接适用宪法”“非径行废止抽象行政行为”“附带性审查仅及于规范性文件”的三重构架下，以文义解释和体系解释为导向的合宪性解释更多是对局部行政权力运作的监督，行政诉讼法和裁判文书通行规则已经权衡了诉讼的效果范围。我国平等权实质价值判断的高发区，目前集中于特定身份（性取向、性别、生理状况、政治身份等）在教育、劳动权益和其他一般社会权的有效分享以及人格尊严提升，没有理由认为这些价值解释会产生资源配置的突破性效果。

综上，我国平等权行政诉讼的发展方向，是回归平等权二维结构，回归宪法基本权利双重性质，还原诉讼制度在法律体系开放性中的作用，释放行政诉讼对行政权力的规制功能。这种基于具体应用法律产生的客观司法判断，既没有在组织机构原则上僭越全国人大常委会的“法律解释”权，也没有通过法律解释方法突破文义的必要，更没有离开法教义学的可能。需要说明的是，对行政诉讼客观性以及客观诉讼的论述，并不代表这种诉讼建构有意用行政监督职能取代或消解固有的权利救济和调处职能。我国行政诉讼的制度方向，不是也无法定位为行政监督[32]。本文毋宁说，是为了实现公民在行政法律关系中的平等权救济，因循平等权自身独有的结构，充分运用行政诉讼存在行政监督功能的客观事实。

（二）三层次判断标准的完善

基于性质与结构的二重性耦合、体系解释的贴切的规范梳理，以及符合政治现实的附带性审查范围，利用平等权法律解释空间，以行政诉讼提升公民人格尊严、促进公共分配正义成本较低。我国平等权行政诉讼的发展，应当从诉讼客观性上寻求突破，依照平等权

㉛ 参见邓刚宏、马立群：《对行政诉讼之特质的梳理与反思》，载《政治与法律》2011年第6期，第96页。

㉜ 参见沈岿：《检察机关在行政公益诉讼中的请求权和政治责任》，载《中国法律评论》2017年第5期，第76－77页。

作为基本权利的性质和特殊构造，在多层次判断结构上充分运用行政诉讼的公益性和塑造客观法的功能，在解释方法上发挥体系解释对宪法原则的涵摄作用，发挥宪法原则精神整合法律体系、灵活规制公权力的作用。

1. “诉的利益”到“法律上利益”

作为平等权行政诉讼在结构上的首要难点，“诉的利益”内涵需要扩张至符合平等权二维结构的范畴边界。从制度目的看，是调和权利救济和行政监督的结构比例，使诉讼功能整全化。在民事诉讼中，“有没有”和“该不该”是不可分离的，因为解权利纠纷或权利救济的唯一目的要求当事人必须具有保护权利的诉讼根据，但在行政诉讼、尤其是具有公益性的诉讼或客观诉讼中，这两层含义在诉讼上具有独立性：原告的行政法律关系可能并不因诉讼而变更，但法院单独依其职权对行政行为进行合法性审理不仅可能，而且必要。因此，行政诉讼中的“有没有”应当从“有没有法律关系变更影响”转为“有没有显著关联/利害关系”。具体标准应当有以下内涵。

第一，充分的信赖和期待理由。作为一项行政法准则，平等权也有其“信赖利益、期待利益”，它表示针对特定法益，以相应规范的“效力范围”为轴进行比对的效果。平等权的信赖和期待，是相对人对特定规范同等覆盖第三人的法律评价和法律指导，它有两层含义：一是相对人同等地获益，二是第三人承受同等不利。第二层含义在主观诉讼中被结构性排除，实际上，由于行政诉讼标的是且仅是“行政行为”，所以无论从相对人视角还是第三人视角考量行政法律秩序，都不会影响法院的合法性审查结论。这是客观诉讼得以存在的原因。对01号案例的假设情形说明了这种情况：如果整治项目工程规划将该地块明确划为公共绿化用地，那么城管局作为法定义务机关，其行政不作为必定违法。而原告作为该地块原有使用权人，其针对同一份工程规划效力自然有充分的信赖理由。从结果上看，原告确实不能从“第三人建筑被拆除”行为改变其非使用权人的法律事实，但“第三人房屋可以不被拆除”则使得原告房屋被拆除的行为不具有法律上的合理性，只能说明对该地块使用权的分配存在明显的利益偏袒。因此，尽管01号案例实际情况与此不同，但法院在原告提出平等权为依据，并且可能存在对工程规划理解模糊的情况下，应当在判决中对该问题进行回应，对本案区别对待情形进行论证说理。

第二，具有规范保护目的。最高人民法院在刘广明案[33]中正式使用“规范保护目的”概念。该理论滥觞于德国公法学者奥托马·比勒（Ottmar · Bühler）的公法要件阐释，经奥拓·巴霍夫（Otto · Bachof）修正，最终由埃贝哈特·施密特·阿斯曼（Eberhard · Schmidt · Assmann）提出了“新保护规范理论”。阿斯曼认为，当立法者意图不明时，有三种途径来确认“保护目的”的存在与否：一是用历史的解释方法来寻求立法者的愿意，

[33] 参见中国宪治网：《刘广明诉被申请人张家港市人民政府行政复议案》http：//www. calaw. cn/article/default. asp？ id = 12190 最后访问日期：2018 年 1 月 12 日。

但阿斯曼并不认同这种方法的优先性；二是立足于当前与该行政活动相关的整个规范体系与整体制度环境，探究客观化的规范目的；三是在立法原意不明，需要对规范目的进行“客观解释”的场合，则使用合宪性解释方法，亦即参照基本权规定，对规范目的的各价值因素全面考量；当行政活动对私人基本权造成重大损害，且在具体的规范中找不到任何主观权利的依据，则可以考虑直接以宪法基本权作为主观权利的依据㉞。刘广明案公报判决意图以规范保护目的理论，说明行政规划行为并没有对刘广明的权利进行实际处分。对于平等权诉讼，规范保护目的的适用应证明行政行为的依据或应当适用的规范，是否具有使原告和第三人获得同等利益分配的意涵，从而审查行政行为是否遵循该意涵。02 号案例中，司法解释对《行政诉讼法》的说明已经无需司法进一步挖掘其保护目的；但 01 号案例的判决显然忽视了这一必要，在原告已经明确针对项目工程规划和城管局的执法权提出异议的情况下，没有对工程规划对该地块的使用权分配做出必要说明，也就实质回避了工程规划对城管局行政行为的规制效力问题。

2. “不正当限制”解释方法重构

由于宪法基本权利价值判断依据整体下移，这一标准适用必须以“实质平等”为导向，确立全面覆盖的审查对象范畴，否则存在这一审查强度无法发挥应有效用的后果。应将法律位阶明确的平等权作为我国宪制根本价值形态，进而作为替代宪法表达的一种人民主权意识形态。法院需要综合考量诉讼请求权益的性质、审理范围对应的成本、行政职权的范围以及客观法对该问题的规制程度等。本文认为，目前行政裁判的这一审查层次在技巧上是可取的，但是在“实质平等”的方法论目的下，需要确立解释原则引导解释内容的合理化。

第一，基本权利冲突原则。只有当下位法规范是为了保障另一种宪法基本权利，从而与平等权冲突时，法院才负有审查论证行政行为合法的解释义务，否则径行判断相对人受益。

第一，相对人受益范围最大化原则。由于平等权为宪法基本权利，因此在相对人法益和行政义务没有明显超出规范限度和诉讼结构的情况下，应当推定相对人享有权利。即，把“不正当限制”标准推至行政行为可能的范围边界，要求限制的正当理由必须遵循位阶效力和宪法权利优先性。该原则的直接要求是，非经上位规范以法定程序授权限制，行政机关不得限缩平等权适用范围和内涵；行政机关内部程序不能作为正当性认定理由。

第二，推定“不正当”。宪法基本权利必需适用法律保留原则，行政行为只能遵循法律的利益衡量规则。正因此，民事诉讼中“谁主张谁举证”的证明责任不应当在平等权行政诉讼中适用，行政主体对宪法基本权利必须履行严格保护职责，相对人仅对自己的平等权主张担负基本说明义务，由行政机关相应担负严格证明责任——除非行政机关有明确证

㉞ 参见鲁鹏宇：《德国公权理论评介》，载《法制与社会发展》2010 年第 5 期，第 43 页。

据证明其限制不是基于平等权理由，或其已经尽到平等保障义务，否则法院应当推定行政主体没有尽到平等权保障责任，判定相对人受益性。

03号案例在这一角度上体现出一定的复杂性。法院的推理逻辑实际以“迁入迁出社员平等”取代了“男、女社员平等”。本案确实存在依性别的社员权同依迁入迁出历史的社员权的混合，法院依迁入迁出条款审理，在程序和实体上都合法，但仍有两点值得商榷。首先，该自治条款实际侵犯了女性社员的集体组织权利；其次，迁入迁出条款表面上以“迁入迁出”历史本身作为划分依据，不涉及性别问题，但实际上，由于农村中发生迁入迁出情形的主要为女性社员，该条款实质有明显的针对性。尽管该条款单独考量符合宪法、组织法和相关法律文件，但结合第一点看，它实质进一步削弱了本社的女性社员权。

3. 推进宪法平等价值的体系解释

即便不对“诉的利益”要件进行重构，法院对诸如05、06号案件的审判仍旧要面对客观法的总体判断，这种判断具有根本的客观性、公共性和政治性。正是在面对此类案件时，司法对客观法的塑造作用、司法与立法在法律体系开放性中的互动、司法对行政的基本规制效力都体现出来。在不得适用宪法条款裁判的前提下，应当扩大行政诉讼价值解释范围，法院对法律未予规定平等对待的事项，应当按照宪法基本权利教义学原则，在体系化视角下担负同等解释义务。基于本文目的，以下行文不涉及行政公益诉讼。

平等权在现象上的基本表现是，它没有属于自身的实质。从结构上说，“平等”概念无法提供客体，它必须附着于特定权利类型。因此，法院对“平等”的实质判断，从现象上说，是要判定法律体系是否围绕特定法律权利，在特定主体间规定了具有普惠意义的分配规则。从结构上说，就是第二维度是否有可以作用的第一维度依据。根据“非直接适用宪法”“非径行废止抽象行政行为”“附带性审查及于规范性文件”，我国行政诉讼中对平等问题的实质判断是：考量法律体系是否针对特定权利义务内容，按照某种标准，设置了统一的行政法律秩序；对这一范围外的客观法，法院不予适用平等权。也就是法学理论中的“同等情况同等对待，不同情况差别对待，类似情况比例对待”。其中，“同等情况”：法律体系设定或可以认为设定了针对不特定标准的某个行政义务；“差别对待”：法律体系设定或可以认为设定了针对特定标准的特定行政义务。

我国宪法对平等权的规定，是以划定范畴的形式陈述的。通说中所谓的“立法上的平等”和“法适用平等”，从公民主体在宪制秩序中的政治身份来看，指的是歧视性立法和法律实施偏颇两个部分。宪法第四条、三十六条、四十五条、四十八条采取列举说明方式，对公民主体身份性质的价值意义作出相应国家义务要求，为针对特定主体设定专门义务做出了预先承诺，此即“歧视立法的原则性禁止”。宪法第三十三条第二、四款则不再着眼于主体在类型和性质说明，而是强调规范上法益的无差别赋予，即“法律实施偏颇的概括性禁止”。另外，“歧视立法的原则性禁止”中包含了对“合理区别”的消极授权，首先，通过列举表述，宪法表达了平等权鉴别的一般规范，即在涉及主体的某项不可变更的或先天的特质，若对法规范指向的领域不构成根本例外，则适用禁止歧视；其次，对于所列举特征以外的特质，宪法表达了两重意蕴：第一，与所罗列特质构成类比关系的，遵从宪法已有条款规定，为原则性禁止歧视，这一部分属于第三十三条第二款条内的当然解释范围；第二，与宪法罗列特征有本质不同，或未被纳入共识但可能值得维护的特质，宪法授权下位立法来具体地判定该特征是否受保护。但该授权为严格有限授权，第三十三条第二款对这种授权构成了概括性限制：除非被证明确有必要，否则下位立法不应当对任何主体特质在特定事务中做否定性规定。

上述两类条款给定了解释可能依据的价值论和方法论范畴，其中判断标识是“公民的共同体地位”，这是预设的实证价值，它表明国家作为政治共同体的正当性；推理结构是“行政法律关系同一性”，是宪法规定的法权现象。据此，对宪法平等条款的法律解释，应当以该条款为顶点，整合运用法律体系中体现其精神的规范，以教义学方法进行价值判断。可以认为，这是一种合宪性解释+目的解释+体系解释的司法方法，其中目的解释与基于宪法价值的解释为法律容纳社会发展预留了充分空间，体现的是司法程序在诉讼过程中应当承担的宪法义务。当然，该义务并非适用义务，而是应当重视平等权的宪法基础性质，对起诉人提出平等权事实理由的，应当给予回应说明，需要作出价值解释的，履行充分说理义务。

具体而言，这种程序性解释义务包含如下方法论原则。第一，法律的“保留”原则。该原则不是指其原意，而是指除非法律明确规定行政主体不履行或可以不履行统一行政义务，任何下位规范不得实质限制平等；第二，推定受益原则。与“相对人受益范围最大化原则”类似，指若没有法律规定，法院在需要利益衡量时应当优先考虑适用平等权，应当避免制造区别对待；第三，基本权利平衡原则。当存在与平等权相冲突的其它基本权利，法院应当从多方面谨慎考量，以一般功利原则为基准，对冲突进行有效平衡，实现整体法益最大化，包括追求法律效果同社会效果的统一；第四，狭义比例原则。当基于特定考量，确实需要牺牲法秩序的平等性以获得更大法益，应当力争客观法失衡效果最小化，达到手段与目的的匹配。

（编辑：金　梦）

《法律方法》稿约

《法律方法》是由华东政法大学法律方法论学科暨法律方法研究院编辑出版，陈金钊、谢晖教授共同主编的定期连续出版物。本刊自2002年创办以来已出版多卷，2007年入选CSSCI来源集刊，并继续入选近年来CSSCI来源集刊。从2019年起，本刊每年拟出版3至4卷。作为我国法律方法论研究的一方重要阵地，本刊诚挚欢迎海内外理论与实务界人士惠赐稿件。

稿件请以法律方法论研究为主题，包括部门法学领域有关法律方法的研究论文，稿件正文应在1万字以上。本刊审稿实行明确的三审制度，对来稿以学术价值与质量为采稿标准，并由编辑委员会集体讨论提出相应的最终用稿意见。本刊倡导优良学风，逐步实行国内期刊界倾向的反对在他人论文上挂名的做法，对作者单独完成的稿件优先采用。本刊将不断推进实施用稿与编辑质量提升计划。

一、栏目设置

本刊近几卷逐渐形成一些相对固定的栏目，如域外法律方法、法律方法理论、司法方法论、部门法方法论等。当然，也会根据当期稿件情况，相应设置一定的主题研讨栏目。

二、版权问题

为适应我国信息化建设，扩大本刊及作者知识信息交流渠道，本刊已被《中国学术期刊网络出版总库》及CNKI系列数据库收录，其作者文章著作权使用费与本刊稿酬一次性给付。如作者不同意文章被收录，请在来稿时声明，本刊将做适当处理。

三、来稿要求

1. 本刊属于专业研究集刊，只刊登有关法律方法论研究方面的稿件，故请将这方面的作品投稿本刊。

2. 稿件须是未曾在任何别的专著、文集、网络上出版、发表或挂出，否则本刊无法采用。

3. 来稿如是译文，需要提供外文原文和已获得版权的证明（书面或电子版均可）。

4. 来稿请将电子版发到本刊收稿邮箱 falvfangfa@ 163. com 即可，不需邮寄纸质稿件。发电子邮件投稿时，请在主题栏注明作者姓名与论文篇名；请用WORD文档投稿，附件WORD文件名也应包括作者姓名和论文篇名。请把作者联系方式（地址、邮编、电话、电子信箱等）注明在文档首页上，以便于联系。

5. 本刊一般在每年的6月和12月集中审稿，请在此之前投稿。本刊不收任何形式的版面费，稿件一经采用即通知作者，出版后邮寄样刊。

6. 来稿需要有中文摘要（300 字左右）、关键词（3 – 8 个）。欢迎在稿件中注明基金项目。作者简介包括：姓名，性别，籍贯，工作（学习）单位与职称、学历和研究方向等。

7. 为方便作者，稿件请采用页下注释，注释符用“1、2、3…”即可，每页重新记序数。非直接引用原文时，注释前需要加“参见”，引用非原始资料时，需要注明“转引自”。每个注释即便是与前面一样，也要标注完整，不可出现“同前注…”“同上”。正文中注释符的位置，应统一放在引用语句标点之后。

四、注释引用范例

1. 期刊论文

陈金钊：《法治之理的意义诠释》，载《法学》2015 年第 8 期，第 20 页。

匡爱民、严杨：《论我国案例指导制度的构建》，载《中央民族大学学报（哲学社会科学版）》2009 年第 6 期，第 65 页。

2. 文集论文

参见焦宝乾：《也论法律人思维的独特性》，载陈金钊、谢晖主编：《法律方法》（第 22 卷），中国法制出版社 2017 年版，第 119 – 120 页。

3. 专著

参见王泽鉴：《民法思维：请求权基础理论体系》，北京大学出版社 2009 年版，第 165 – 166 页。

4. 译著

［德］卡尔·拉伦茨：《法学方法论》，陈爱娥译，商务印书馆 2005 年版，第 160 页。

5. 教材

张文显主编：《法理学》（第 4 版），高等教育出版社 2011 年版，第 274 页。

6. 报纸文章

葛洪义：《法律论证的“度”：一个制度问题》，载《人民法院报》2005 年 7 月 4 日，第 5 版。

7. 学位论文

参见孙光宁：《可接受性：法律方法的一个分析视角》，山东大学 2010 年博士论文，第 182 页。

8. 网络文章

赵磊：《商事指导性案例的规范意义》，载中国法学网 http：//www. iolaw. org. cn/showArticle. aspx？id = 5535，最后访问日期：2018 年 6 月 21 日。

9. 外文文献

See Joseph Raz，“Legal Principles and The Limits of Law”，*Yale Law Journal*，vol. 81，

1972, p. 839.

See Aleksander Peczenik, *On Law and Reason*, Dordrecht/Boston/London: Kluwer Academic Publishers, 1989, pp. 114 – 116.

Tom Ginsburg, "East Asian Constitutionalism in Comparative Perspective", in Albert H. Y. Chen, ed., *Constitutionalism in Asia in the Early Twenty – First Century*, Cambridge: Cambridge University Press, 2014, p. 39.

引用英文以外的外文文献请依照其习惯。

《法律方法》编辑部
2019年